路堑边坡工程理论与实践

廖小平　朱本珍　王建松　编著

王恭先　主审

中国铁道出版社

2011年·北　京

内 容 简 介

边坡工程作为岩土工程的一个重要分支，涉及公路、铁路、水电、采矿和建筑等工程行业。近年来，随着高速公路和高速铁路等高等级道路工程建设向山区的延伸和发展，路堑边坡工程的稳定与安全问题日益突出。本书基于大量的路堑边坡工程实践，总结了边坡工程的成功经验，归纳了边坡工程的特征与规律，介绍了边坡工程的关键技术和研究创新，为读者提供了一套系统的路堑边坡工程基础理论和实用方法。

本书可供边坡工程勘察、设计、施工和管养技术人员以及相关院校师生研习和参考。

图书在版编目（CIP）数据

路堑边坡工程理论与实践/廖小平，朱本珍，王建松编著．—北京：中国铁道出版社，2011.8
ISBN 978-7-113-13115-9

Ⅰ.①路… Ⅱ.①廖… ②朱… ③王… Ⅲ.①路堑—边坡—道路工程 Ⅳ.①U416.1

中国版本图书馆 CIP 数据核字（2011）第 112625 号

书　　名：路堑边坡工程理论与实践
作　　者：廖小平　朱本珍　王建松

责任编辑：徐　艳　　　　**电话：**010-51873193
助理编辑：张　浩
封面设计：崔　欣
责任校对：胡明锋
责任印制：李　佳

出版发行：中国铁道出版社（100054，北京市宣武区右安门西街 8 号）
网　　址：http://www.tdpress.com
印　　刷：中煤涿州制图印刷厂北京分厂
版　　次：2011 年 8 月第 1 版　2011 年 8 月第 1 次印刷
开　　本：787 mm×1 092 mm　1/16　**印张：**23.25　**字数：**582 千
书　　号：ISBN 978-7-113-13115-9
定　　价：120.00 元

前　言

边坡工程作为岩土工程的一个重要分支，广泛涉及公路、铁路、水电、采矿和建筑等工程行业。边坡的稳定与安全是一个普遍的工程问题，历来为国内外专家学者和广大的工程技术人员所关心和重视，并历经了从实践积累到理论归纳、再实践、再归纳并逐步总结提高的过程。

作者自参加工作二十多年以来，一直从事边坡工程理论和滑坡灾害防治的研究与实践。承蒙中铁西北科学研究院专家群体的谆谆教诲和无私奉献的同事们的大力协助，成功设计路堑边坡上千处，治理滑坡灾害百余个，在边坡工程的理论研究和工程实践中取得了一些新的认知和技术创新。值此中铁西北科学研究院建院五十周年大庆之际，在总结边坡工程经验、揭示滑坡灾害规律、突出关键技术和系统化研究成果的基础上，特编著《路堑边坡工程理论与实践》一书，谨以答谢和祝贺。

全书共分 13 章。第 1 章绪论，归纳了边坡工程的理论、实践、研究和发展；第 2 章边坡工程地质基础，总结了路堑边坡工程的基本类型、地质背景、坡体结构特征和地质病害规律；第 3 章边坡工程力学分析，介绍了边坡开挖卸荷效应及其松弛区的划分与确定；第 4 章边坡失稳破坏机理，介绍了主要路堑边坡变形的力学机制及潜在破坏模式；第 5 章边坡工程稳定性评价，介绍了路堑边坡常用岩土强度参数评估和稳定性分析计算方法；第 6 章边坡工程防护加固技术，介绍了路堑边坡防护加固工程对策及锚固工程的应用和发展；第 7 章边坡工程地质勘察，介绍了路堑边坡工程分阶段勘察技术和要求；第 8 章边坡工程设计理论和方法，介绍了边坡工程设计的基本原则和预应力锚索抗滑桩等结构计算方法；第 9 章动态设计理念和信息化施工技术，介绍了动态设计流程、仿真设计技术和信息化施工方法；第 10 章边坡工程工后评估，介绍了常用工后评估方法及其评价等级与标准；第 11 章边坡工程安全监测，介绍了边坡变形破坏规律及其安全监测与预警体系；第 12 章边坡工程养护管理，介绍了一个边坡养护管理系统及高边坡安全检查与风险评价标准；第 13 章典型滑坡灾害治理，介绍了箭丰尾等 4 个大型滑坡的地质病害特征及其工程治理措施。

本书可供边坡工程勘察、设计、施工和管养技术人员以及相关院校师生研习和参考。

本书由中铁西北科学研究院廖小平研究员任主编，朱本珍研究员、王建松教授级高工任副主编。参加编写工作或者提供研究成果的还有：中国铁道科学研究院王浩博士（第 3、4、8、9 章）、程建军博士（第 11 章）、安孟康硕士（第 4 章）和冷景岩硕士（第 5 章），福州大学刘代文硕士（第 5、7 章）和林灿阳硕士（第 12 章），以及西南交通大学周德培教授（第 6 章）和肖世国博士（第 3 章）。王恭先研究员对全书进行了审校，郑静教授级高工和张璇女士对本书的出版做了大量的工作，王玉兰女士为本书的资料收集、文字校对和图表清理等付出了辛勤的劳动，在此一并致谢。

本书得到了福建省高速公路发展有限公司和浙江省交通投资集团有限公司及其下属公司的大力支持，并参阅和引用了大量的相关文献资料，在此对上述部门和有关著作者表示衷心的感谢。

廖小平

2011年4月

目　录

第 1 章

绪 论

1.1 边坡工程概述

1.1.1 边坡工程定义

坡、坡地、或坡面，是在山区地表广为分布的一种基本地貌单元要素，它与人们生产和生活密切相关。为此，刘兴远等(2007)将坡的形式总结并划分为："平缓"，地面坡度$<10°$，对人类生产、生活影响较小，一般不引起人们特别注意；"缓坡"，地面坡度 $10°\sim30°$，对人类生产、生活有一定影响，在特定条件下可能引起相关安全问题；"陡坡"，地形坡度 $30°\sim50°$，对人类生产、生活影响很大，在一定的条件下易于发生安全问题；"陡壁"，地形坡度 $50°\sim90°$，对人类生产、生活有严重影响，在一般的条件下即有可能发生安全问题；"峭壁"，地形坡度为 $90°$，亦称直立边坡，极易发生掉块、落石、崩塌及倾倒等地质病害。

边坡经常与山坡、斜坡和滑坡等概念相关。

"山坡"是指山顶与山麓之间的坡地或坡面。

"斜坡"顾名思义为具有侧向临空面的地质体，可以定义为两个地质夷平面之间的坡地或坡面。

"边坡"经常用于因人类工程活动改造地形地势而形成的坡地或坡面，一般是指自然斜坡和人工边坡的统称，是人类生存及工程活动最常见的自然地质环境之一。自然边坡是在自然界地质环境中经长期演化形成的；人工边坡则是人类为了满足生产、生活的需要，在建设过程中对地形地势进行改造形成的。

"滑坡"是边坡变形破坏的主要形式之一，是一种边坡地质灾害。"滑坡"是指斜坡上的部分岩土体由于各种原因在重力作用下沿一定的软弱面(或软弱带)整体地向下滑动并以水平运动为主的坡体地质病害现象。滑坡可以是自然斜坡，也可以是人工边坡的变形和破坏；可以是正在进行，也可以是已经发生的边坡变形和破坏。

在岩土工程或工程地质(地质工程)研究领域，所谓"边坡"一般是指自然斜坡、河流水库岸坡、台塬塬边、崩滑流堆积体、以及人工边坡(交通道路、露天采矿、建筑场地与基础工程等所形成)等坡体形态的总称。

边坡也可以广义地视为地球表面具有倾向临空的地质体，主要由坡顶、坡面、坡脚及其下部一定深度范围内的坡体组成。

边坡的基本要素或术语有：坡面、坡顶、坡脚、坡体，坡顶线、坡脚线，坡角、坡高、坡长，边坡走向、边坡倾向，边坡断面、边坡立面等，见图 1-1。

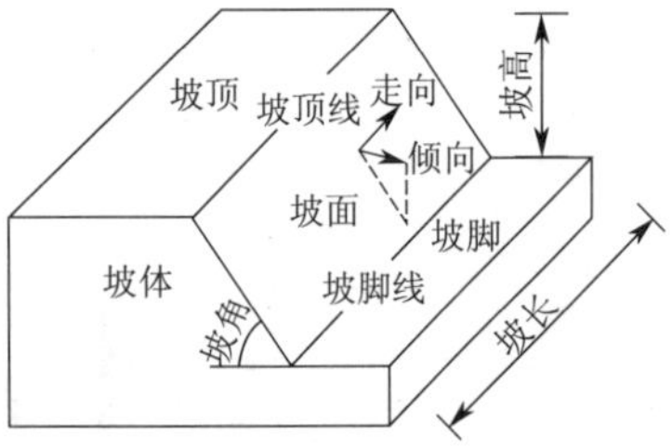

图 1-1 边坡基本要素图

随着边坡工程的发展，国内许多专家学者和工程技术人员广泛开展了边坡工程的理论研究与实践总结，取得了许多成果和进步，著书立说甚多。但是，对于边坡工程的定义尚缺乏明确的概念和统一的认识。

基于上述边坡的概念，结合边坡工程实践的要求，可以定义边坡工程的概念如下：

“边坡工程”即是指在边坡场地进行人类工程活动、建设或改造的一个工程体系。主要包括边坡或滑坡的地形地质调查、成因机制分析、稳定状态评价、变形规律和发展趋势预测、防护加固设计、安全与风险评估、以及建设与管理等理论研究和工程实践活动。

1.1.2 边坡工程分类

关于边坡分类，由边坡的定义与内涵可以看出，从其物质组成或岩性条件、边坡工程特点或要素、工程类别或研究领域、边坡成因与坡体结构、变形状态与病害性质，以及各种综合因素等方面都可以进行划分和介定。分类指标不同，分类方法各异，常见边坡分类指标和方法见表 1-1。

表 1-1 常见边坡分类汇总表

序号	分类指标	边坡类型
1	物质组成	土质边坡、岩质边坡、二元结构边坡等
2	边坡高度	低边坡、高边坡、特高边坡等
3	边坡坡度	缓坡、陡坡、悬崖、倒坡等
4	工程类别	道路边坡、水电边坡、采矿边坡、建筑边坡等
5	坡体结构	(似)均质结构边坡、类均质结构边坡、分层结构边坡、块状结构边坡、层状结构边坡、碎裂结构边坡、散体结构边坡等
6	使用年限	永久边坡、临时边坡等
7	边坡成因	自然边坡、人工边坡等
8	病害性质	崩塌、滑坡等

(1)按边坡物质组成分类

根据边坡坡体组成物质或岩性条件，边坡可以分为土质边坡、岩质边坡和二元结构边坡三个基本类型。

土质边坡，即边坡主体由土类物质组成的边坡。一般地，按土体的成因或种类又可细分为黏性土边坡、黄土边坡、膨胀土边坡、堆积土边坡和填土边坡等亚类。

岩质边坡，即边坡主体由岩类物质组成的边坡。一般地，按岩石的强度又可细分为硬岩边坡、软岩边坡和风化岩边坡等亚类；按岩体的结构特征又可细分为整体块状或巨块状边坡、块状边坡、层状边坡、碎裂状边坡和散体状边坡等亚类。

二元结构边坡，亦称土石混合边坡，即边坡主体由土石混合组成。一般上部为土类物质，下部为基岩，呈典型的土石二元结构特点。

(2)按边坡的高度分类

基于边坡高度，可以将边坡分为低边坡、高边坡和特高边坡三类。

低边坡，一般认为土质边坡高度小于 20 m 或岩质边坡高度小于 30 m 的边坡为低边坡，其边坡设计与防护可参考相关规范或手册的经验处理。

高边坡，对于土质边坡高度大于 20 m 或岩质边坡高度大于 30 m 的边坡，其边坡高度因素将对边坡稳定性产生重要作用和影响，其边坡稳定性分析和防护加固工程设计应进行个别或特别设计计算，这些边坡常称为高边坡。

特高边坡，边坡高度大于 100 m 的边坡常称为特高边坡。由于其边坡特别高陡，坡体稳定性普遍较差，在相关工程建设中，需要特别重视和研究。

(3)按边坡的坡度分类

根据边坡的坡度陡缓程度可以分为平缓边坡、缓坡、陡坡、陡壁、峭壁和倒坡等边坡类型。平缓边坡：坡度＜10°；缓坡：坡度 10°～30°；陡坡：坡度 30°～50°；陡壁：坡度 50°～90°；峭壁(直立边坡)：坡度为 90°；倒坡：坡度＞90°。

(4)按边坡的工程类别分类

按照边坡工程所属的行业类别进行分类，一般可以分为道路边坡、水电边坡、采矿边坡和建筑边坡等基本类型。

道路边坡，又可细分为公路边坡和铁路边坡。

水电边坡，又可细分为水坝边坡、坝肩边坡、库岸边坡和渠道边坡等。

采矿边坡，又可细分为露天矿边坡、尾矿坝边坡、弃碴场边坡或排土场边坡等。

建筑边坡，又可细分为场地边坡和基坑边坡。

(5)按边坡的坡体结构分类

基于组成边坡的岩土体结构特征进行分类，一般可以分为均质结构边坡、类均质结构边坡、分层结构边坡、块状结构边坡、层状结构边坡、碎裂结构边坡和散体结构边坡等。

均质结构边坡、类均质结构边坡和分层结构边坡多属于土质边坡，即体现土质边坡的坡体结构特征；块状结构边坡、层状结构边坡、碎裂结构边坡和散体结构边坡则多属于岩质边坡，即体现岩质边坡的坡体结构特征。

(6)按使用年限分类

按照使用年限分类，可以将边坡分为永久边坡和临时边坡。

永久边坡，即边坡使用年限两年以上的边坡(《建筑边坡工程技术规范》2002)，亦称长期处于临空状态或工作状态的边坡。

临时边坡，即边坡使用年限两年以内的边坡，亦称仅在短时间或工程施工期处于临空状态或工作状态的边坡。

(7)按边坡的成因分类

按照边坡的形成原因进行分类，一般可以分为自然边坡和人工边坡。

自然边坡，即天然存在的、由自然营力形成的边坡。自然边坡也包括自然营力形成的滑坡和岩堆等重力堆积边坡。

人工边坡，即因人类工程活动改造而形成的边坡。人工边坡常包括开挖边坡和堆填边坡，如道路工程建设中形成的路堑边坡和路堤边坡。

(8)按边坡的病害性质分类

按照边坡是否产生变形和破坏，可以分为未变形边坡和变形边坡。基于边坡变形产生坡体病害的性质不同，变形边坡又可分为崩塌、坍塌、倾倒、错落和滑坡等。

此外，如果按照边坡稳定程度分类，边坡还可分为稳定边坡、基本稳定边坡、欠稳定边坡和不稳定边坡等。如果按照安全等级分类，边坡还可分为一级边坡、二级边坡和三级边坡等。

1.1.3　边坡变形破坏

由于边坡的地质环境不同，失稳孕育条件各异，触发因素多样，因此边坡的变形破坏性质、规模和危害常常是各有特点和多种多样的。为了确定边坡的变形破坏类型，首先需要从坡体的物质组成、坡体结构特征、不利结构面发育状态、地下水赋存条件与运移规律，以及各种自然的或人为的诱发因素对其边坡稳定性的作用和影响程度等条件出发，分析边坡常发各种变形破坏现象的运动学特征，明确相关病害现象描述的概念和意义。总结归纳常见边坡变形破坏的运动学特征有剥、落、倒、崩、塌、错、滑、坍、溜、流等，如图 1-2 所示。根据边坡变形破坏运动特征，总结归纳边坡常见病害类型有风化剥落、流石流泥、掉块落石、崩塌、倾倒、溃屈、坍塌、溜坍、坍滑、滑坡、错落等共 11 大类。

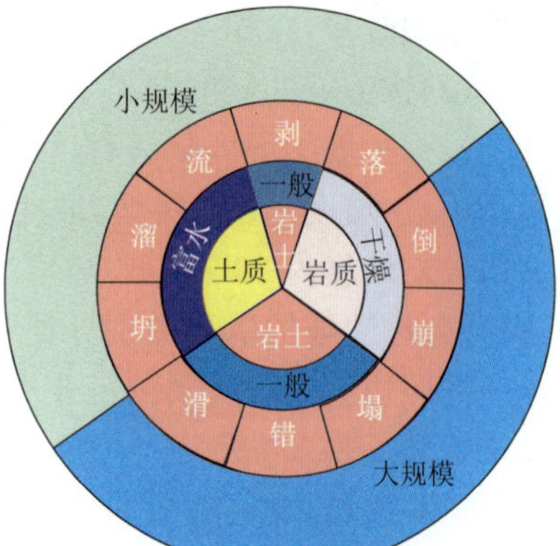

图 1-2　边坡变形破坏运动特征

(1)风化剥落

指坡面裸露的岩体在岩石物理风化和水理作用下逐渐演变成碎屑物质剥离底层岩面而形成坠落的病害现象，如图 1-3 所示。风化剥落是较为常见的岩质路堑边坡病害类型，硬质岩剥落较缓慢，而软质岩则相对较严重。岩石特征、气候和地形条件是控制岩石风化的主要因素。不同的岩石具有不同的矿物组成和结构构造，不同矿物的溶解性差异很大。节理、层理和孔隙的分布状况和矿物的粒度，又决定了岩石的易碎性和表面积。

图 1-3　风化剥落

边坡风化剥落对道路安全影响不大，但是由于长期风化剥落，可能使边坡软质岩体形成较大的凹崖腔，使上部硬质岩体形成危岩，同时堵塞排水沟，影响工程安全使用。

(2)流石流泥

指坡面岩土在坡面泾流或暴雨的冲刷作用下产生泥石流失的现象(规模较大时可产生坡面泥石流)。这种病害在施工期十分常见，在运营期也时有发生，对于普通防护的低等级山区公路则更为普遍，见图 1-4。

南方花岗岩地区常发育砂土状全、强风化层，颗粒较粗，黏粒含量很少，易崩解，抗冲刷能力很差，因此在雨季期间流石流泥现象十分严重，大量坡面冲刷物流向碎落台或路面，堵塞排水沟，常在坡面形成密集的冲刷沟槽，并导致喷播草子流失而影响坡面绿化效果。

(3)掉块落石

坡体上由于节理、风化等形成的小型土块或岩石等分离体在重力、冰劈、根劈或其他外力的作用下从坡顶或坡面掉落的病害现象，见图 1-5。

图 1-4 流石流泥

图 1-5 掉块落石

落石的物质来源一种是坡顶或坡面由于风化破碎、植物根劈形成的碎石或崩塌残留物，另一种是由于结构面切割形成的小型楔体；土块的来源通常为坡顶覆盖层的解体物质。掉块落石的体积较小，其破坏力也不高，但高边坡的掉块落石，其能量也不可低估，常构成较大的安全隐患。

(4)崩塌

坡体上部分岩土体在重力作用下突然脱离坡体向下坠落、翻滚、甚或碰撞并堆积于坡脚的坡体病害现象。大小不等，零乱无序的岩块(土块)呈锥状堆积在坡脚的堆积物称崩积物，也可称为岩堆或倒石堆，见图 1-6。

崩塌一般具有突发性，破坏力强，常造成较大的危害。崩塌可以分为滑移式崩塌、倾倒式崩塌和错断式崩塌三种类型。崩塌按物质可分类土崩、岩崩及雪崩(自然坡体)。规模大者称为山崩，河库岸边称为崩岸，此外还有堤崩等。

(5)倾倒

倾倒变形是在河谷下切或人工开挖作用后，经应力重分布，坡体上部岩体向外回弹松弛，并向临空方向作悬臂弯曲，逐渐向坡内发展，同时岩层之间发生错动并伴有拉裂，最后形成坡体突发失稳现象，见图 1-7。

倾倒常见于反倾或陡倾层状结构边坡岩体中。这种破坏模式在沉积岩和变质岩地区的反倾地层中较为多见，在似层状构造的火成岩中也有发现。

图 1-6 崩塌

(6)溃屈

溃屈破坏主要发育在等坡顺倾层状岩石边

坡中。岩层倾角与坡角大致相近时，坡脚岩层因剪切变形而呈鼓起状，同时产生层面拉裂、脱层等现象，见图1-8。

图1-7　倾倒变形

图1-8　溃屈变形

(7)坍塌

坍塌一般是指土质边坡或破碎岩石边坡，在降雨或地下水等触发因素的作用下，由于坡脚软化失去支撑，致使其上覆相应部分岩土崩解、坍落，并散堆于坡脚的坡体病害现象，见图1-9。

坍塌具有富水性和突发性，在路堑边坡工程中常见。

(8)溜坍

溜坍是指坡面土体在强度软化和动静水压力等作用下产生浅表层沿某些沟槽溜滑并坍移堆积于坡脚的病害现象，多发生在降雨期，一般具塑流性质，见图1-10。

图1-9　坍塌破坏

图1-10　溜坍破坏

根据非饱和土力学理论分析，坡面岩土体的强度是由黏聚力、摩擦角和基质吸力三者共同组成的。一旦降雨使坡面岩土饱和时，基质吸力急剧消失，岩土强度降低，并产生动静水压作用，容易形成溜坍病害。

(9)坍滑

坍滑是指坡面岩土在饱水的状态下产生浅表层部分岩土整体坍移滑动的坡体病害现象。大多因暴雨触发,呈流塑状,见图1-11。

图1-11 坍滑破坏

(10)错落

错落来源于国内铁路部门的坡体变形分类,这种破坏与滑坡在发生条件、破坏机制和防治对策上均有所区别,因此有必要将其作为一种独立的类型来考查。错落是指被陡倾的构造结构面与后山完整岩体分开的风化破碎岩体,一般具有软弱的岩土基座,易于压致变形和破坏。河岸边坡常因坡脚受冲刷诱发,路堑边坡常因人工开挖诱发,从而引起坡体以垂直下错为主的变形破坏现象,见图1-12。

在一定的结构面组合下,如变形体的后缘是沿一组陡而深的结构面发育时,往往变形体比不动体破碎。由于变形体在压力增大的条件下,先自行下错压密,同时挤压中前部,直到形成向临空面倾斜的底部破碎带。

(11)滑坡

滑坡是指斜坡上的部分岩土体由于各种原因在重力作用下沿一定的软弱面(或软弱带)整体地向下滑动,并以水平运动为主的坡体地质病害现象,见图1-13。

图1-12 错落破坏

图1-13 滑坡破坏

滑坡是边坡工程常见的和重要的病害现象之一。滑坡一般性质复杂、规模相对较大、灾害后果严重、治理工程投资和难度也相对较大。

1.2 边坡工程实践

1.2.1 山区道路建设

山区一般是指山地、丘陵和崎岖的高原的总称，其面积约占我国国土总面积的2/3以上。按山区的景观，可分为高寒山区、密林山区、荒山区等；按距离城市和交通线的远近，可分为深山区、浅山区；按山区的地面组成物质，可分为石山区、土山区等；按山区的高度，可分为高山区、中山区、低山区、丘陵区和台塬区。

在各种山区地形地质条件下，由于国民经济建设的需要和社会的进步与发展，人们为其生产、生活以及国防建设等广泛开展公路和铁路等道路工程建设。

公路工程建设遍布各大小山区，特别是改革开发以来，我国公路建设发生了翻天覆地的变化，由1979年的88万公里发展到2001年的170万公里，再到2007年约200万公里。根据规划，至2020年，我国公路通车里程将达到300万公里。

同样，近年来我国铁路工程建设快速发展，路网规模快速扩大，现已覆盖全国各省、自治区和直辖市。至2009年，全国铁路营业里程达到8.6万公里，路网密度达89.1公里/万平方公里，较新中国建国初期增长约3倍，居亚洲第一位，世界第二位。一个横贯东西、沟通南北、干支结合的具有相当规模的铁路运输网络已基本形成并逐步趋于完善。

山区地形条件困难，经常呈现山脉相连、高低起伏、坡大沟深以及山崖陡峭等情况。伴随着大小水系分布着大小河流及山间谷地，山区河流具有河床纵坡大、流量小、流速快，形成山区地形山高谷深、垂直切割明显的特点。山区道路工程路线布设在平、纵、横三个方面均将不同程度地受到限制，迫使其路线平、纵断面转折频繁。

山区地质条件复杂，一般地表坡度较大，覆盖层薄，植被稀少，坡残积层及全强风化的土石易于冲刷流失。或岩石裸露，岩体破碎，产状多变，褶曲断裂发育等，呈现脆弱的地质环境背景。裂隙水和地下水的长期作用对地质稳定有很大影响，加之气候变化，地表经常存在着一些不良地质现象，如岩堆、错落、崩塌、滑坡、泥石流、岩溶等。山区道路路基的稳定性多取决于其所处地段工程地质条件的稳定性，即受控于其地层岩性、岩层产状、地质构造、不利结构面或软弱夹层情况，以及地下水的作用和影响。

山区气候条件多变，一般温度较低，昼夜温差较大，温度垂直性差异非常明显。夏季多暴雨，往往会伴随着山洪暴发。由于其地形、地貌特征及雨水的作用显著，故沿河路基易受冲刷。

基于山区复杂的地形条件、脆弱的地质背景和多变的气候气象等因素的影响，山区道路工程勘察设计应加强现场调查研究工作，合理选用技术指标，重视工程地质问题，确保工程设施正常使用和运营安全。

交通道路作为建造在大地表面的人工构造物，直接暴露在自然环境中，所经地区的地形、地质、气候、土壤等自然条件差异很大，会遇到各种不同类型的工程地质问题，对路基、桥涵、隧道及其他人工构造物的强度和稳定性有着极大的影响。由于山区地形、地质、气候条件变化急剧，不良地质现象突出，路线通过这些地段将会造成长期的路基病害和繁重的养护工作。在过去的勘察设计中，多注意路线的线型标准，而对沿线地质调查重视不够，往往从解决路基边坡稳定、确定土石成分，以及寻找筑路材料等方面着手，而不从路线布置上研究地质问题。即使做了一些调查亦不够深入，只是简单的目估判断，致使一些项目破土动工后才发现地质情况很不利，需要变更设计，不仅加大了工程投资，而且也加大了后期使用的养护费用，甚至会由于地质灾害造成交通中断并发生安全事故。事实上，提高标准主要解决通行能力大小的问题，而防治或清除路基病害才能保证道路的畅通。

因此，在山区道路工程勘察设计时，需要加强山区地质的调查研究，贯彻落实“地质选线”的原则，重视边坡与滑坡等路基地质病害问题，一切从实际出发，因地制宜地采用各项技术指标与治理工程措施，坚持经济性原则、可靠性原则和协调性原则，确保道路工程的使用安全。

1.2.2 边坡工程实践

近年来，由于国民经济的发展和路网完善的需求，高速公路和高速铁路等高等级道路逐步进入山区。山区高等级道路由于其路幅宽度大、线形指标高，一般工程艰巨、投资巨大，对山区自然环境的改造大，对其破坏也非常严重。山区一般地形地质条件复杂，地质环境脆弱，地质灾害多发，高等级道路的建设不可避免的要切坡、填沟、打洞，对地质环境造成严重破坏，甚至还会诱发和加剧各种地质灾害，增加工程建设投资，影响工期，并给运营阶段带来严重的安全隐患。其中，路堑边坡工程问题尤为突出。

京福国道主干线福建境内三明—福州高速公路段全长共200余公里，高度大于40 m的边坡达180多处；云南省元江—磨黑高速公路全长147 km，高度大于50 m的边坡有160余处；宝成铁路陕西省宝鸡至四川省绵阳段，大部分为深山峡谷区，河道蜿蜒，山坡陡立，自然斜坡一般接近其临界坡度，稳定性较差。据不完全统计，这段铁路的边坡开挖多达293处，累计长度79.7 km，其中接近或超过临界安全坡度的有123处，累计长度42.3 km，占边坡开挖长度的53%。

水利和矿山建设中的边坡高度更大，范围更广。黄河上的龙羊峡、李家峡、刘家峡、小浪底电站，长江上的三峡、葛州坝电站，其他如小湾、二滩、五强溪、龙滩、天生桥、溪洛渡、锦屏电站等都存在大量的岩石高边坡，有些甚至高达500 m。矿山工程中露天矿与地下矿的开采都会造成工程边坡。

在工业与民用建筑方面，我国东南沿海的福建、浙江、广东、广西，以及广大的西部地区，随着国民经济的飞速发展，开展了大量的建筑边坡工程，是我国边坡工程的重要组成部分。如重庆市仅市中心区有记录的建筑边坡有上万处，香港地区有记录的建筑边坡就有5万处之多。

在道路边坡工程交通运营过程中，亦有因路堑边坡工程失稳而造成较大规模山体变形和破坏的事例，轻则增加投资、影响交通，重则毁路伤人、损失巨大。

2003年5月22日，甘肃省兰州至临洮高速路发生一起山体滑坡事故，共造成7人死亡、1人受伤。

2004年12月11日晚10时30分左右，浙江省甬台温高速公路柳市附近突发大面积山体滑坡事故，60余米高的山体突然崩塌，近1.5万m^3的岩石倾泻而下，掩盖了整条高速公路，最大的石块达800 m^3，致使白鹭屿至乐成镇一段的高速公路双向车道全部瘫痪，如图1-14所示。

2005年雨季，江西遭受了持续的强降雨，自南向北普降大到暴雨。6月1日10时05分，昌九高速公路九江市德安县境内79 km处发生大面积山体滑坡，交通随即被迫中断。

2007年6月16日晚8时20分，兰海高速公路K1713＋150～K1713＋300处、K1734＋775～K1734＋820处、K1738＋470～K1738＋530处、K1739＋700～K1739＋750处、K1744＋750～K1744＋780处相继发生大规模塌方，K1752＋980处涵洞伸缩缝断裂，塌方总量达67 000 m^3，造成兰海高速公路交通完全中断。

图 1-14 浙江甬台温高速公路山体滑坡

2008 年 5 月 8 日清晨，贵遵高速公路乌江至三合路段发生山体滑坡，大约 5 000 m^3 山石堆积在行车道上，贵阳往遵义方向交通中断。

2008 年 6 月 18 日 13 时许，广西平乐—钟山高速公路平乐县路段突发大面积山体滑坡，超过 40 000 m^3 的土石将高速公路拦腰截断，广州至桂林的高速路交通被迫中断，如图 1-15 所示。

图 1-15 广西平钟高速公路山体滑坡

1.2.3 边坡工程研究

边坡工程作为岩土工程的一个重要分支，广泛涉及到公路、铁路、水电、采矿等工程行业，边坡的稳定与破坏作为一个普遍的工程问题，历来受到国内外专家学者和广大的工程技术人员的关心和重视，并历经了从实践积累到理论归纳、再实践、再归纳并逐步总结提高的过程。

20 世纪上半叶，随着发达国家的大规模土木工程建设，出现了大量的边坡工程问题，特别是滑坡问题随之产生。人们开始应用材料力学、土力学和地质学的理论对边坡问题进行半经验、半理论的研究，基本以定性分析为主，及定量计算进行辅助分析与评价。主要侧重于两个方面：①应用经典土力学的刚体极限平衡理论计算边坡的稳定性；②从地质学的角度分析滑坡产生的条件、因素、机理和过程，并进行相应的工程地质类比分析。

进入 20 世纪后半叶，发生了包括法国 Malpasset 双曲拱坝溃坝、意大利 Vajout 滑坡、美国 Teton 坝岩基溃决等重大工程事故，均造成了巨大的人员和财产损失，从而掀起了边坡工程的研究热潮。人们开始重视地质条件与坡体结构对边坡稳定的控制作用，开展了边坡地质力学模式研究，开始对边坡进行系统分类，并进行相应的变形破坏机理研究。

20 世纪 80 年代以来，学科之间的相互渗透使得概率论、分形几何学、混沌理论、灰色理论、神经网络理论、遗传算法理论、系统工程理论等被引入边坡工程的稳定分析；特别是随着岩土本构模型和数值计算技术的发展，有限单元法等数值计算方法得以逐步应用，使边坡稳定性研究逐步从定性研究过渡到定性与定量相结合的研究阶段。其主要研究成果和发展方向综述如下：

(1)边坡的变形破坏机理研究

边坡的变形破坏机理研究综合考虑了边坡的基本地质条件、破坏模式、变形特点和影响稳定性的各种因素等，在边坡工程稳定分析的定性分析和宏观把握中占有重要地位，因此历来是国内外学者关注和重视的基础研究内容。并且，主要从典型变形破坏模式和力学机理解释等方面进行分析研究。

有关边坡典型破坏模式的研究方面，国外开展的较早，并在 20 世纪 70 年代得到系统总结。Brawner(1971)等根据实践经验，提出了边坡常见的 6 种破坏模式，即圆弧滑动、整体岩石与非连续节理破坏、平面破坏、块状破坏、楔形破坏和倾倒式破坏。Hoek 和 Bray(1973)从研究露天采矿边坡入手，将边坡失稳破坏归纳为平面破坏、楔体破坏、圆弧破坏和倾倒破坏 4 种类型，系统论述了边坡破坏的基本力学行为。D. J. Varnes(1978)综合部分学者的观点提出了斜坡移动分类六分法方案，即崩塌、倾倒、滑动、侧向扩展、流动和复合型，包含了边坡失稳的主要变形模式。中国学者结合国内边坡研究的工程实践进一步丰富和发展了边坡破坏模式的研究。孙玉科(1988)以岩体工程地质力学为基础，在分析岩质边坡失稳工程实例的基础上，提出了反倾边坡的倾倒破坏、沿水平软弱夹层的整体性滑动破坏、顺层边坡的快速滑动破坏、座落式平推滑移和具滑移倒坍特点的山崩五种地质模式。孙广忠(1993)将边坡破坏分为圆弧滑动、沿层面滑动、块体滑动、追踪节理面破坏、倾倒变形、溃屈破坏、崩塌和水平层滑动八种类型。这些研究成果对于在工程现场总体把握边坡的变形破坏特征具有重要意义。

在边坡变形破坏的力学机理解释和特征规律的研究方面，中国学者作出了较为突出的贡献。张倬元(1982)将斜坡变形机制分为 6 种模式：蠕滑—拉裂、滑移—压致拉裂、滑移、滑移—弯曲、弯曲—拉裂、塑流—拉裂，用这 6 种变形模式相互复合可以解释更为复杂的斜坡变形机制。在此基础上，王兰生等(1992)提出了边坡变形的旋转滑移—拉裂模式；黄润秋等结合近年来西南山区水电系统高边坡的研究成果，提出了滑移—拉裂—剪断三段式机理、阶梯状蠕滑—拉裂机理、高应力—强卸荷深部破碎机理和倾倒变形的压缩—倾倒—拉裂机理与压缩—倾倒—错动机理，进一步完善和发展了这一理论体系。

20 世纪末至 21 世纪初，随着我国山区大规模工程建设的发展，有关研究人员充分利用现代数值计算技术的发展成果和逐步完善的岩土工程测试与试验技术，分别从边坡的坡体结构类型、变形发育特征、破坏力学本质以及失稳原因与规律等方面，对重点高边坡工程的变形破坏机理进行定量的剖析研究，希望总结归纳得到较为可靠的定性结论。

近年来，随着山区道路工程的迅猛发展，经常遇到大量复杂的路堑高边坡工程问题，作为边坡工程的重要工程分支及根据其工程实践要求，在基本力学机理解释和结合路堑边坡工程特点等方面有待进行深入的系统分析和研究，以便为其稳定性评价与防护加固工程设计提供依据。

(2)边坡的稳定性分析与评价

边坡的稳定性分析与评价是在边坡变形破坏机理研究的基础上，针对不同的边坡破坏类型，通过多种方法和手段对其稳定性作出定性分析或定量评价。一直以来，国内外学者研究和发展了多种边坡的稳定性分析评价方法，取得了令人瞩目的进步。概括起来，边坡稳定性分析与评价方法大体有定性分析法和定量分析法两类。

传统的定性分析有自然地质历史分析法、工程地质类比法和模型试验法。前苏联学者提出的自然地质历史分析法是通过分析边坡破坏的形成和发展来判断其原因，进而判断当前边坡的稳定状态，并预测其未来发展趋势。20世纪50年代，我国学者继承和发展了地质历史分析法，在岩体结构控制论的理论基础上，结合地质力学原理和赤平极射投影理论，在岩质边坡和滑坡的分析和研究中取得了一定的成果。工程地质类比法是根据工程类比和工程经验对边坡稳定性进行定性评价，该方法能综合考虑多种因素，快速对边坡的稳定状况和发展趋势进行推测，为勘测定量分析和综合治理创造条件，是现阶段经常采用的稳定性评估方法。模型试验法历来受到国内外学者的重视，在早期主要以光弹性模型试验或室内相似模型试验来考察边坡岩体的应力分布特征、变形规律和稳定状态；近期则以基于重力模拟的离心模型试验、底摩擦模型试验和大容重模型试验等为主，例如：松岗元采用铝棒堆砌的边坡模型来研究边坡的变形形态；武汉岩土所采用室内小比例模型试验研究具有潜在滑动面的规则节理岩体的变形破坏；廖小平等采用"坡面分条逐级加载大容重法"模拟室内边坡模型的滑动面生成过程；冯君等采用离心模型模拟顺层边坡的松动变形和破坏。但总体来讲，由于经费限制等原因，这方面的成果并不多见。

边坡稳定性评价的定量分析法主要有极限平衡分析法和应力应变分析法两大类，前者以条分法和楔形体解析法为代表，后者主要是有限单元法等数值模拟计算法。

边坡稳定分析的极限平衡理论最早可追溯至1773年的库仑(Coulomb)理论，1820年法兰西斯(Fransais)和1866年库尔曼(Culman)的平面滑动面的分析方法，1916年彼得森(Petterson)的圆柱滑动面的分析方法。1926年费伦纽斯(Fellenius)创立的瑞典条分法是极限平衡理论在边坡稳定分析方面的标志性成果。然后，经过许多学者卓有成效的理论研究和工程应用，发展了一系列基于不同假定条件的条分计算法，具代表性的有Bishop法(1955)，Janbu法(1954，1973)，Morgenstern-Price法(1965)，Spencer法(1967)，Sarma法(1973)，以及其他致力于条间力的合理假定和平衡条件完善的各种刚体极限平衡分析方法。楔形体计算法则以1973年Hoek在《岩石边坡工程》中介绍的有关计算方法最为系统，至今仍被广泛采用。基于这些极限平衡法，1937年Taylor首次提出稳定分析图表，其后Bishop和Morgenstern(1960)，Morgenstern(1963)，Spencer(1967)，Hoek(1973)等陆续设计出了各种图表，在早期的工程实践中得到了很好的应用。

边坡的应力应变分析法虽然早在20世纪60年代就已经出现，但却是在80年代以后随着计算机技术的发展而逐步走向工程实际应用，其研究成果突出表现为岩土本构模型研究的进步和数值计算方法的成熟。

在岩土本构模型方面，线弹性模型、非线性弹性模型、各向异性弹性模型、弹塑性模型、黏弹性模型、黏塑性模型、黏弹塑性模型，以及损伤模型、软化模型等逐一被引入描述边坡岩土体的复杂应力与变形特性。Goodman 单元(1976)及后续发展的类似节理模型较好地解决了数值分析中不连续面的模拟。其后，通过将岩体与节理相结合，发展了刚块—弹簧法(井川忠彦，1981)、刚体节理元法(殷有泉，1990)等耦合分析法。在岩体本构模型方面另一个重要的学术贡献是 Heok 和 Brown(1980)提出并不断发展和完善的 Heok-Brown 强度准则，提供了基于岩体质量评价，应用经验公式来确定节理岩体综合抗剪强度的方法。

数值计算方法引入边坡稳定分析始于 1967 年 Clough 和 Wodward 发表的第一篇关于边坡和路堤方面的有限元分析论文，其后计算机技术的发展使得 ANSYS、ABAQUS、SAP、ADINA、PLAXIS、PHASE2 和 SIGMA/W 等大量工业化标准的有限元分析程序得以在边坡工程中应用。Cundall(1971)提出了离散单元法(DEM)，并逐步开发和完善了二维和三维的离散元分析代码，在分析被结构面切割的岩质边坡的变形和破坏过程中取得了重要进展。在同一时期，Cundall 提出并发展的显式有限差分程序 FLAC，可以很好地模拟材料的屈服、塑性流动、软化直至大变形，适合解决非线性材料的大变形问题。1985 年石根华和 Goodman 创立了块体系统连续变形分析方法(DDA)，是一种基于岩体介质非连续性发展起来的数值分析方法，可以模拟出岩石块体的移动、转动、张开、闭合等全部过程。20 世纪 90 年代初由石根华、林德璋等人提出数值流形元法(NMM)，对解决有如动、静交叉以及连续与非连续介质藕合问题是一种新的数值分析方法。另外，在数值分析中求解边坡稳定系数的方法有 Fredlund 和 John Krahn 倡导的有限元应力分析法，Griffiths(1999)、郑颖人等(2001)研究并倡导的强度折减法，以及 Colby C. Swan 等(1999)系统研究的容重增大法等多种方法。

近 20 年来，耗散结构论、协同理论、突变理论、混沌理论、分形理论等非线性科学理论的发展为边坡工程稳定性评价带来了更多的手段和方法，在边坡失稳的突变模型和灰色系统模型、滑面形成的自组织临界过程描述、边坡岩体的分形描述以及人工神经网络理论等方面取得了一些开创性的成果。但是，由于边坡工程系统的复杂性和多样性，这些研究工作大多还停留在定量分析辅助定性或理论分析研究的阶段，距离工程界的定量计算还有一定的距离。

(3)边坡设计理论和方法

我国 2/3 国土面积是山地，山区道路工程建设，特别是山区高等级道路工程的快速推进，使线路设计不可避免地穿越山岭重丘区，其工程技术等级与边坡安全要求越来越高。路堑边坡病害作为山区道路工程建设遭遇的主要地质病害类型，由于其工点数量多、分布范围广、类型多样化、工程地质条件复杂多变等特点，给山区公路边坡工程建造带来了巨大挑战，也给山区高等级道路的工程建设和生产运营带来了潜在危害和威胁。

作为道路工程建设中的路堑边坡工程问题，随着工程实践的积累和理论研究的发展，逐渐被广大学者和工程技术人员所重视，并着重在变形破坏机理、稳定性分析评价、防护加固工程对策、设计理论和方法，以及建设管理等方面开展广泛而深入的总结归纳和分析研究。

边坡设计理论一般是基于以刷方设计稳定坡率为原则，结合坡体稳定条件和工程要求，必要时设计防护加固工程。其支挡加固工程设计的原则要求为：对于稳定边坡，一般无需增设额外支挡加固工程，必要时可局部调整坡率设计或防护工程措施；对于不稳定的边坡，须增设支挡加固工程，或放缓边坡坡率，以及采用刷坡放缓与支挡加固相结合处理以维持坡体稳定；对于欠稳定或稳定性差的边坡若不增设支挡加固工程，可以保持暂时稳定，但在考虑各种不利因素的作用下，将有边坡失稳的可能，需要增补一定的支挡加固工程，或经刷坡放缓处理，使边坡稳定系数满足设计安全要求。

当前边坡的设计方法，归纳起来可以分为三类：其一是工程地质类比设计法或工程经验设计法；其二是相关规范或手册的图表公式设计法；其三是稳定系数或安全系数计算设计法。

工程地质类比设计法或工程经验设计法是基于设计边坡对象的地形地貌条件、坡体结构特征、岩土力学性质、岩体质量指标、风化破碎程度、构造裂面发育状态以及地下水活动状况和外部环境条件等工程地质与水文地质条件，参考具有类似工程地质与水文地质条件的既有边坡工程实践或其他相关成功设计经验，对其坡形坡率及防护加固工程进行设计。这类方法为定性分析设计法，在路堑边坡工程实践中广泛应用，但其人为性问题、合理性问题和可靠性问题倍受质疑和困扰，对于高等级道路等工程建设的经济性和安全性不可避免地存在隐患。

图表公式设计法是基于设计边坡对象的坡体物质组成、风化破碎程度、坡体结构特征以及边坡设计高度与坡度等边坡稳定性主要影响因素，以图表或公式的形式指导边坡工程设计。如《铁路路基设计规范》(TB 10001—2005)、《公路路基设计规范》(JTG D30—2004)和《建筑边坡工程技术规范》(GB 50330—2002)均根据边坡岩土体类型、岩石软硬和风化程度，以及边坡高度等因素给出了边坡坡率的参考值或允许值，以及岩土与结构面的强度和锚固支挡设计的有关参考值。同样设计手册或有关专著也提供一些设计参考值，如《铁路工程设计技术手册(路基)》和《公路路基设计手册》均在规范的基础上提出了更为详细的坡率参考值；Hoek 在《岩石边坡工程》中提供了一系列简便的参考算图；陈祖煜在《土质边坡稳定分析》和《岩质边坡稳定分析》中总结了有关边坡设计的参考数据；姜德义等在《边坡稳定性分析与滑坡防治》中提供了露天矿边坡的一些设计参考值。总体来讲，图表公式设计法一般适用于边坡高度较小或安全等级较低的边坡。

稳定系数或安全系数计算设计法，是重要工程建设边坡、重点复杂边坡或安全等级要求较高的边坡工程等通常采用的设计方法，这类方法是在拟设坡形坡率的条件下，根据设计边坡对象地形地质条件建立其边坡工程地质模型，通过数值分析计算(极限平衡计算或应力应变分析)其坡体稳定性条件和潜在失稳模式，必要时调整设计坡形坡率或设计支挡加固工程措施，并进行边坡与工程总体稳定性检算。有关支挡加固边坡稳定性检算方法又可分为分离法(结构受力与岩土作用分别计算)、虚力法(虚设支挡力与岩土作用协同计算)和耦合法(结构与岩土变形协调的耦合计算)三类。

近年来，动态设计理念和信息化设计被引入路堑高边坡工程设计。2000 年，中铁西北科学研究院在福建等山区高速公路高边坡工程建设生产实践过程中，较为系统地提出了“动态设计理念和信息化施工技术”，并结合高边坡专项设计程序，在千余处高边坡工程实践中成功应用。

此外，国内外不少学者也作了相似的工作和总结，如徐卫亚论述了岩石工程设计理论与方法基本问题，开发了“高陡边坡岩体工程动态反馈设计系统”软件；唐辉明等总结了公路高边坡岩土工程信息化设计的理论与方法；肖世国、周德培等分析了岩石高边坡工程设计施工过程中的主要动态信息，提出了计算设计—开挖施工的螺旋式循环的动态设计施工模式。

当前边坡工程的理论研究与工程实践虽已取得了诸多进展，然而总体来说，当前对于破坏模式和岩土介质均相对简单的土质边坡的研究较为系统和成熟，而对于工程中分布较为广泛的岩质边坡，由于问题的复杂性，研究手段的局限性以及研究工作的具体困难，至今尚未有一套比较成熟的设计理论和计算方法可以较好地指导边坡的稳定性分析和防护工程设计，在具体工程设计中还存在很多问题。如边坡岩体强度参数评估、岩质边坡开挖卸荷松弛带的划分与确定、岩质边坡工程潜在失稳模式与变形破坏机制、岩质边坡稳定性分析计算方法，以及岩质边坡防护加固工程对策模型与工程效果评价等。

(4)边坡防护加固技术与滑坡整治工程措施

边坡防护加固可以分为稳定边坡防护工程技术与不稳定边坡或欠稳定边坡(地质病害边坡或潜在失稳边坡)的支挡加固工程技术。

20世纪80年代以前，我国道路工程路堑边坡主要是以缓坡设计维持坡体自身稳定为主。其中，铁路边坡由于安全等级较高，大多采用砌体工程和植被防护等普通防护工程措施，以防止岩石风化剥落、坡面表土冲刷、坡顶掉块落石等；对局部危石危岩采用嵌补、支顶和锚固等工程措施；如遇有滑坡崩塌等坡体地质病害，主要采用桩墙支挡结合排水等工程措施，有条件时采用刷方清除措施。公路部门，由于边坡防护等级较低或限于投资控制，一般路堑边坡少有防护措施而采用坍方后清刷自稳的被动设计理念。

20世纪90年代以后，由于公路工程建设等级的提高与建设规模的扩大和发展，要求提高边坡防护等级，确保道路交通的畅通和安全，路堑边坡的防护与加固技术得以逐步重视并开展广泛的研究与实践，特别是近十年来，岩土锚固技术的发展和进步促使其在路堑高边坡设计中大量应用。

路堑高边坡的普通防护技术主要有圬工护墙、喷浆防护、拱型骨架和网格骨架植草等传统防护形式；各类截排水工程；三维植被网、土工格室、厚层基材喷射等植草工艺和主被动网防护等新工艺，兼有防风化、抗冲刷和美化坡体的作用。当前的发展趋势是减少圬工防护，增加绿化防护，发展喷播工艺和主被动网等防护措施。

路堑高边坡的支挡结构形式主要有抗滑挡墙、抗滑桩、锚索抗滑桩、刚架桩、多排桩、微型桩群、抗滑明洞等多种形式，当前的发展趋势是完善和优化各种支挡工程结构及其设计理论与计算方法。边坡锚固技术经多年发展已经在边坡加固工程中获得了广泛应用，形成拉力型、压力型、拉压复合型等多种锚固结构，并设计和推广了钢筋混凝土框架梁、格子梁、地梁、十字板、叠合板、锚喷网等坡面复合抑制结构体系。当前的发展趋势是开发大功率锚孔钻造设备，发展高强低松弛锚筋材料和高强复合锚具，进一步研究荷载分散型锚固结构，提高锚固系统的防腐工艺和耐久性，如全长黏结锚固技术和自锁锚固技术等。此外，地表防排水和地下引排水工程措施在路堑边坡工程中越来越受到重视，在工程中发挥着重要作用并产生了显著效果。

当前，路堑高边坡防护加固技术研究主要需要解决根据坡体结构特性和稳定条件等设计防护加固工程对策，并加强结构与岩土相互作用规律及其耦合计算研究。同时，防护加固工程效果评估与预测也是其主要研究发展方向之一。

(5)边坡工程与滑坡灾害的监测和预报

由于边坡工程与滑坡灾害问题的重要性和复杂性，在当前认识水平和研究手段较为局限的情况下，人们对边坡工程病害治理与滑坡灾害的防灾减灾工作都已高度重视，并期待其监测技术和方法的发展与应用。

无论是在生产实践还是在科学研究中，边坡工程监测已被广泛应用。边坡工程监测已成为掌握边坡动态、确保工程安全、了解失稳机理和开展边坡稳定性预警预报的重要手段。

目前，边坡监测已由过去以大地测量为主发展为多种方法和手段综合运用、相互验证。高新技术也正逐渐应用于边坡监测中，如干涉雷达遥感的RS技术、全球定位系统的GPS技术和地理信息系统的GIS技术，即3S技术的研究与推广应用。基于现代信息技术，监测仪器的自动化水平得到提高，边坡的自动监测系统正在逐步开发和应用当中。

边坡工程监测技术的进步和发展具体表现在以下二个方面：一是监测方法及仪器本身的进步，现代物理，特别是电子技术的成就，已广泛应用于新型监测仪表器具中，优化了仪表结构性能，提高了精度和稳定性；二是监测内容的不断扩大与完整，分析方法的不断提高，边坡岩土体竖向变形和侧向位移、岩土中初始应力及二次应力、土体侧向压力、基础结构内力、接触面应力、孔隙水压力以及施工环境诸因素和对象的反应监控等都能较全面地得到实施。

但是，目前岩土工程监测及应用方面还存在着一些问题，主要表现以下几点：①监测仪表器具本身在线性、稳定性、重复性、响应特性及操作性方面还存在不少问题；②监测信息的采集对基础地质信息重视不够，信息处理的新技术、新方法有待进一步的研究和发展；③在一些工程项目中，虽然重视了岩土工程监测工作，但岩土工程信息却没有得到充分的应用；④对于公路、铁路等道路边坡工程，由于其边坡工程数量繁多、类型与性质复杂多样以及其稳定与安全的重要性等特点，边坡工程监测新技术和新方法的应用尚处于示范研究阶段，其可行性与有效性都存在不同程度的挑战，需要大力研究开发简便易行、行之有效、针对性较强并不失可靠性和先进性的边坡工程监测技术方法，完善道路边坡工程监测体系。

在大量的边坡监测工程实践资料的基础上，有关专家和学者广泛开展边坡与滑坡灾害的预测预报研究与应用，常用的滑坡预测预报方法有以日本学者斋藤为代表的统计分析法，晏同珍等提出的灰色系统预测预报法及人工神经网络预测法等，中铁西北科学研究院廖小平等提出的基于变形功理论的滑坡时间预报法等。

随着非线性科学理论的发展，人们逐渐认识到边坡的演化系统是一个复杂的非线性动力系统。考虑到这种因素，秦四清等把非线性动力学的知识引入滑坡研究，建立了滑坡研究的非线性动力学模型。基于动力学理论，易顺民采用动力学方法进行了滑坡的定量预测的研究。汤连生等考虑了滑坡演化的动力分维特点，提出了利用分维进行滑坡预测的方法。秦葆瑚则探讨了混沌理论和耗散结构理论在滑坡预测中的应用问题。秦四清、黄润秋等把突变理论引入滑坡预测研究中，探讨了滑坡突然滑动破坏的过程。另外，重正化群理论、混沌理论、协同理论等也被应用到滑坡预测研究中。

(6)边坡工程工后评估等方面

在边坡稳定性分析与评价工作中，常用的方法有工程地质类比法、地质数据图解分析法和数值分析计算法，以及近年来受到日益重视和被广泛应用的工程检测监测法。

工程地质类比法和工程经验法可以通过分析边坡变形破坏的形成和发展来判断其原因，进而判断当前边坡的稳定状态，并预测其未来发展趋势。工程地质类比法能综合考虑多种因素，快速对边坡的稳定状况和发展趋势进行推测，为勘测定量分析和综合治理创造条件，是现阶段经常采用的稳定性评估方法之一。

地质数据图解分析法，一般是针对岩质边坡的坡体性质和结构条件，根据结构面发育状态与组合特征，对其坡体或岩体稳定性进行图解分析和评价。这种分析法是对岩质路堑边坡岩体结构面及结构面组合进行调查分析，对坡体稳定性、稳定程度及潜在变形破坏模式进行评价和判断的有效手段和重要方法。

数值分析计算法即是通过建立边坡计算模型，确定岩土计算指标，选择特定计算方法，得出边坡稳定程度或安全程度的定量指标和结论，即稳定系数或安全系数。常用于土质边坡稳定性分析和评价的极限平衡条分法，岩质边坡楔形体稳定性解析计算法，以及重点复杂边坡数值模拟分析的应力应变分析法。

近年来，由于边坡工程检测与监测技术水平的提高与普及，基于客观反映边坡历时活动状态与规律的监控量测资料对重点复杂的边坡工程进行稳定性评价越来越被广大的工程技术人员和有关专家学者所重视，并体现出了明显的有效性和可靠性。

工程检测监测评估法又可分为工程检测评估法和动态监测评估法。工程检测评估法是对路堑边坡工程质量及结构应力状态进行检测，通过比对路堑边坡工程设计条件和工作状态要求，进行边坡稳定性安全校核评估。动态监测评估法是通过实时监控量测路堑边坡坡体变形、结构应力及其他相关物理特征参量，研究分析其活动动态和发展规律，建立相应的边坡稳定程度分级标准，依此进行路堑边坡稳定性分析和评价，必要时可以建立预警阀值或进行预测预报。工程检测评估和动态监测评估相结合，即工程检测监测综合评估方法，是今后路堑边坡工程稳定性评估的发展趋势和重要研究与应用方向。

纵观我国，基础建设正以前所未有的速度发展，道路工程特别是高等级公路工程建设向山区挺进，深挖切坡筑路遭遇了大量边坡工程技术难题，尤以路堑高边坡更为突出，迫切需要就路堑高边坡工程的相关基础理论和建筑技术方法进行系统的研究与推广应用。

第 2 章

边坡工程地质基础

2.1 路堑边坡工程

2.1.1 路堑边坡特点

在山区道路工程建设过程中，经常需要通过开挖原始(天然)地面修筑路基或路面，这种路基称为路堑。开挖路堑所形成的边坡称为路堑边坡。路堑边坡，与一般的自然边坡既有本质的联系，又存在一些明显的差别，其主要的工程特点可以总结如下。

(1)工程活动的破坏性

路堑边坡是一种典型的人工边坡，或称工程边坡。路堑开挖破坏了原始地形或斜坡的自然平衡状态，经开挖暴露后，受到各种不利条件与自然因素的作用，容易发生变形和破坏。

(2)防护加固的必要性

路堑边坡的稳定性主要取决于其地形、地质和水文条件，以及边坡高度和边坡坡度。路堑边坡设计首先是要确定路堑断面设计形式，即边坡坡形坡度。然后检算路堑边坡的稳定程度及潜在的变形破坏模式，必要时设计防护加固工程措施，确保边坡稳定和安全。

(3)边坡稳定的时效性

路堑边坡是经开挖形成的人工边坡，开挖卸荷变形的历时动态与规律，以及边坡环境背景因素的动态变化，对路堑边坡稳定状态具有显著的作用和影响，并体现明确的时效特征。我们经常发现道路工程路堑边坡在边坡开挖成形后 1～3 年内发生变形破坏的机率相对较高。

(4)工程重要性与公共安全性

路堑边坡是道路工程的重要组成部分，边坡的失稳破坏直接危害和威胁交通运营畅通与公共安全。

2.1.2 路堑边坡类型

在前述常用边坡分类方法的基础上，结合公路或铁路等交通道路工程边坡的工程特点和要求，经过总结分析大量的路堑边坡工程实践经验，发现路堑边坡工程较适于按照边坡的物质组成结合其坡体结构特征进行分类。即主要类型基于边坡物质组成，亚次类型基于坡体结构特征。

据此，基于边坡物质组成，路堑边坡类型可以划分为土质边坡、岩质边坡和二元结构边坡等三个基本类型，如图 2-1 所示。

(1)土质边坡

土质边坡是指构成边坡主体为土类物质，根据土类物质的均匀性程度的不同，可分为均质土边坡和类土质边坡。

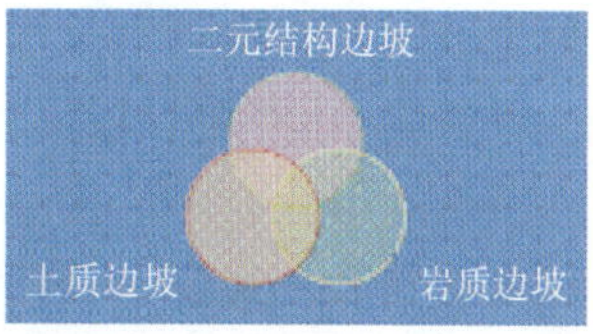

图 2-1　路堑边坡工程基本类型

一般地，对于交通道路边坡工程，纯土质边坡较为少见，大多由坡残积土层、全强风化土层和堆填土层组成。

均质土边坡，严格地说，即似均质土边坡，常见于填土路基或路堤，其物质组成相对均匀，土层性质较为单一，坡体结构比较简单，其边坡稳定性分析计算理论和方法亦相对完善和可靠；对于路堑边坡，由于其坡体组成土体物质的成因性质和结构状态等的差异和变化，坡体结构条件相对复杂，一般概称为类土质边坡，也可视为含有结构面（或不连续面）的土质边坡。

（2）岩质边坡

岩质边坡是指构成边坡主体由岩石组成，基于岩体风化破碎程度和结构面特征，可以分为节理岩石边坡、破碎岩石边坡和层状岩石边坡。

节理岩石路堑边坡是指风化破碎和节理发育不规则的岩体组成的边坡，如图 2-2 所示。节理岩石路堑边坡主要由以下各岩组岩石构成：沉积岩组的巨厚层或厚层石灰岩、白云岩、砂岩、砾岩及其过渡岩类；岩浆岩组的花岗岩、闪长岩和流纹岩等；变质岩组的混合岩、片麻岩和大理岩等。

节理岩石路堑边坡的组成岩体通常呈块状结构、镶嵌结构或厚层状，岩体较完整，一般稳定性条件较好，易形成高陡边坡，其失稳形态多沿结构面产生崩塌、局部楔形体破坏或沿复合结构面的整体滑动，稳定性受结构面抗剪强度与岩石抗剪断强度控制，常体现为岩体综合抗剪强度。另外，差异风化界面是节理岩石路堑边坡产生变形破坏的另一个重要依附面，尤其当风化界面过渡较为剧烈时，其物理力学性质差异较大，且产状一般顺倾向坡面，易聚水软化发育成控制性滑移底界。

破碎岩石路堑边坡是指坡体由构造破碎带、风化破碎成碎块状的岩体或破碎岩块组成的边坡，如图 2-3 所示。破碎岩石边坡的稳定性取决于岩块间的镶嵌情况和咬合力，一般发育为圆弧破坏模式或者圆弧与折线的组合模式。破碎体内经常发育软弱带或软弱夹层，特别是在地下水富集时将成为边坡变形破坏的主要依附面。

图 2-2　节理岩石边坡

图 2-3　破碎岩石边坡

构造破碎体一般发育于大断层破碎带或几条断层交汇处，岩体经历了褶曲等构造挤压、风化和地下水等内外营力作用而严重破碎，节理裂隙密集，岩块尺寸非常小，咬合程度很差。岩体结构面发育，多、短、小且分布不规则，密度大，平整度很差，充填物复杂。按其破碎程度也可细分为碎裂状和散体状两种，其岩体结构一般呈碎裂结构和散体结构。这种破碎岩石边坡在路堑边坡中虽然数量不是很多，但是一旦发生破坏威胁很大，往往成为极难处理的焦点工程。

层状岩石路堑边坡是指由层状或似层状结构的岩体组成的路堑边坡。层状岩石路堑边坡因为特殊的层状岩体结构和结构面、软弱夹层的存在而表现为强烈的各向异性特征，多发育于沉积岩和变质岩地层，火成岩地层也可能存在似层状的坡体结构。按成因类型一般可划分为两类：一是以沉积岩为代表的原生层状结构；另一是以变质岩为主的，与构造成因有关的板裂层状结构。

层状岩石边坡的划分有多种方式，孙广忠(1993)将层状结构岩体按边坡与岩层产状关系分为四种类型，即水平岩层边坡、切层边坡、顺层边坡及反倾边坡。姜德义(2005)根据工程实际，将层状岩石路堑边坡分为层状同向缓倾岩质边坡、层状同向陡倾岩质边坡、层状反向结构岩质边坡和层状斜向结构岩质边坡。

作者基于岩层产状与坡体形态的相对关系，重点考察或关注层面倾角对边坡的稳定性影响程度的不同及其边坡变形破坏模式的差异，将层状岩石路堑边坡分为水平层状岩石边坡、顺倾层状岩石边坡、直立层状岩石边坡和反倾层状岩石边坡。顺倾层状岩石边坡又可依据其与边坡坡角的相对陡缓细分为缓坡顺倾层状岩石边坡、等坡顺倾层状岩石边坡和陡坡顺倾层状岩石边坡；反倾层状岩石边坡又可根据其倾角陡缓细分为缓坡反倾层状岩石边坡和陡坡反倾层状岩石边坡，如图 2-4 所示。这种划分是依据岩层产状与开挖面在平面内的交角组合关系而确立的，一般认为优势结构面走向与线路走向成斜交时，其层状控制效应将弱化，但通过视倾角的投影来对边坡稳定性进行评估仍然具有重要的工程意义。

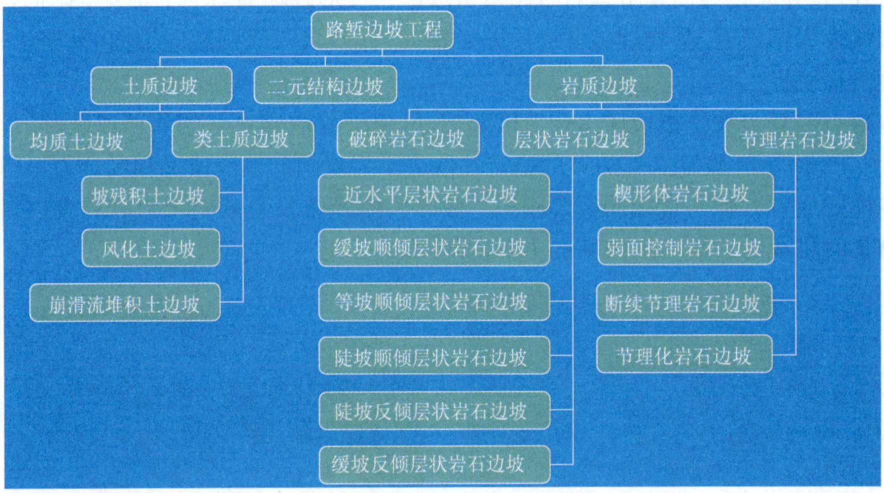

图 2-4　路堑边坡分类树型图

(3)二元结构边坡

二元结构边坡是指组成边坡主体的上覆土层与下伏岩体基本相当，其工程特性主要体现其上下二元接触特征。

根据结构面或不连续面的性质，特别是与其边坡稳定性和变形破坏模式的相关特点，路堑边坡工程的主要亚类边坡还可以进一步细分。如类土质边坡、层状岩石边坡和节理岩石边坡等还可细分亚次类型，见图 2-4。

(4)类土质边坡

根据类土质边坡的物质组成、成因机制和坡体结构特征，又可细分为坡残积土边坡、风化土边坡和崩滑流堆积土边坡。

1)坡残积土边坡

坡残积土边坡,即边坡主体由坡残积土层组成,并且根据其坡积层、残积层及下伏风化岩层的不同结构组合特征,主要体现以下三种工程结构和破坏地质模式。

①坡体结构由上覆坡积土层和下伏残积土层所组成,坡体变形和破坏一般体现上覆坡积层沿下伏残积层的坍滑变形和破坏。这种情况一般的接触界面倾角为 25°～30°,由于其接触界面大多相对隔水,在接受大气降雨等因素的作用下,比较容易造成接触带附近地下水的积聚,从而浸泡和软化接触带附近岩土,降低岩土强度指标,并急剧增加孔隙水压力及各种动静水压作用。在边坡开挖切削坡脚支撑并致使其接触带临空暴露的情况下,极易产生上覆坡积层因岩土层沿其下伏残积层接触带的坍滑变形和破坏,如图 2-5 所示。

②边坡坡面揭露地层为坡残积层,其下基座为基岩(边坡刷方线以下),组成坡体的坡残积土层常常发生沿基岩顶面的变形和破坏。在这种情况下,基岩顶面产状一般顺倾坡面,倾角为 20°～25°,亦由于其基岩顶面接触界带附近相对隔水,容易造成地下水的汇集,从而浸泡和软化接触带附近岩土,降低岩土强度指标,并急剧增加孔隙水压力及各种动静水压作用。在边坡开挖切削坡脚支撑的情况下,经常产生上覆坡残积土层沿其下伏基岩顶面的滑动变形和破坏,如图 2-6 所示。

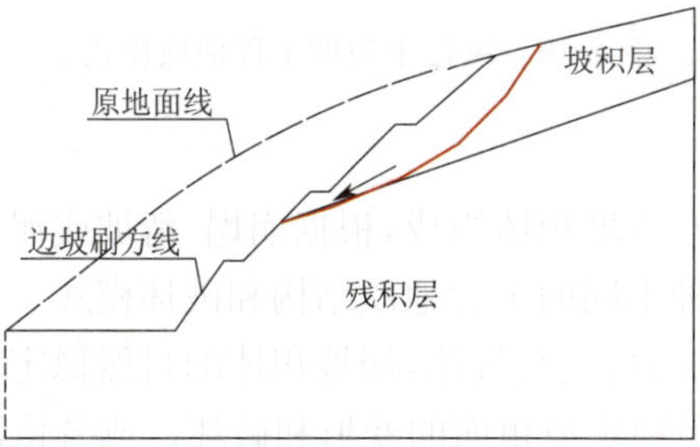

图 2-5 坡残积土边坡工程地质模式①

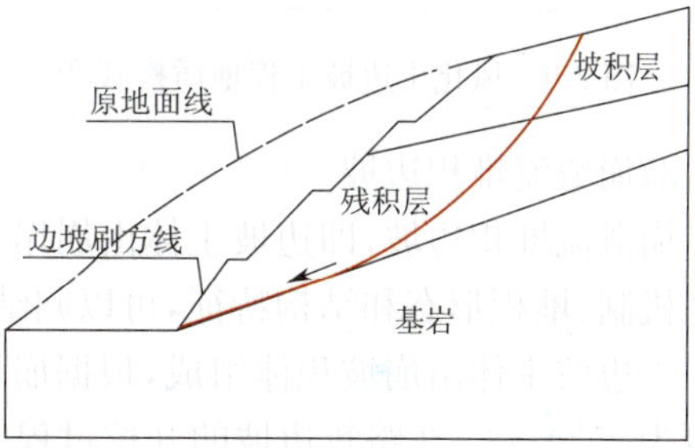

图 2-6 坡残积土边坡工程地质模式②

③边坡主体由坡残积土层及下部风化土层组成,由于其各种成因的坡残积层及风化层土层的接触界面相对平缓,沿其接触界面变形和破坏的可能性较小。然而,如果设计坡率较陡,或者因为持续暴雨作用,在防护工程不及时的情况下,容易产生局部台阶坍塌变形和破坏,甚至有可能在地下水的长期作用和影响下产生较大规模的滑动变形和破坏,如图 2-7 所示。

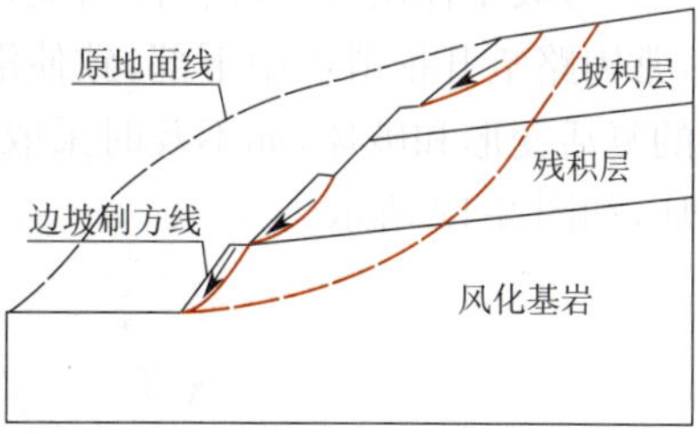

图 2-7 坡残积土边坡工程地质模式③

2)风化土边坡

风化土边坡,即边坡主体由全强风化土层或砂土状强风化层组成,根据其坡体岩土不同风化程度和结构特征,可以归纳为以下三种工程地质结构和破坏模式。

①边坡开挖切削岩层风化壳,一般为全强风化土层,经常发生风化壳土层依附其下伏相对风化轻微岩层表面的滑动变形和破坏。这种情况,在花岗岩地区或凝灰岩地区较为常见。特别是在花岗岩地区,由于其不均匀风化强烈,球状风化或壳状风化发育,其风化物的渗水性一般较好,在表水渗透和淋滤作用下,不均匀风化界面容易形成地下水和黏性物质的聚集,在特定的形态组合下产生变形和破坏,如图 2-8 所示。

②边坡主体由坡残积层及强风化土层组成，甚或局部夹强至中风化岩体，由于地质构造作用和影响，常见一些强烈风化软弱带，如果其产状倾向坡面，在边坡开挖切削坡脚支撑并致使其软弱带临空暴露的情况下，极易产生上覆风化岩土体沿其下伏基岩顶面产生较大规模的滑动变形和破坏，如图2-9所示。

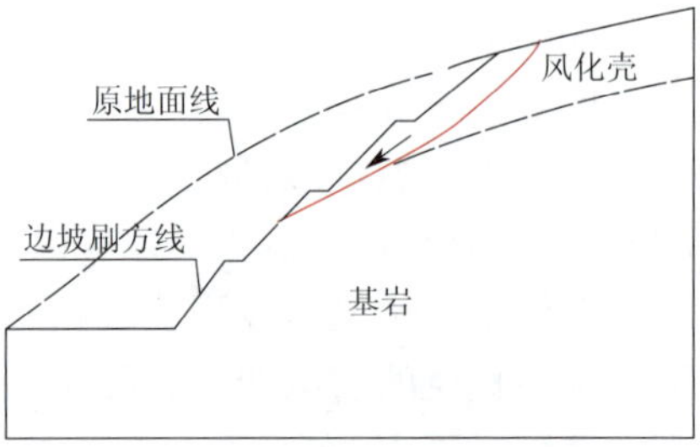

图 2-8　风化土边坡工程地质模式①

③边坡主体由坡残积土层及砂土状强风化层组成，由于其原岩结构面发育，常见一组或多组陡倾角和缓倾角裂面长大贯通，并存在倾向临空的缓倾角结构面，在各不利结构面的组合作用下，经常发生陡缓裂面切割块体沿其下伏缓倾角裂面的变形和破坏，如图 2-10 所示。

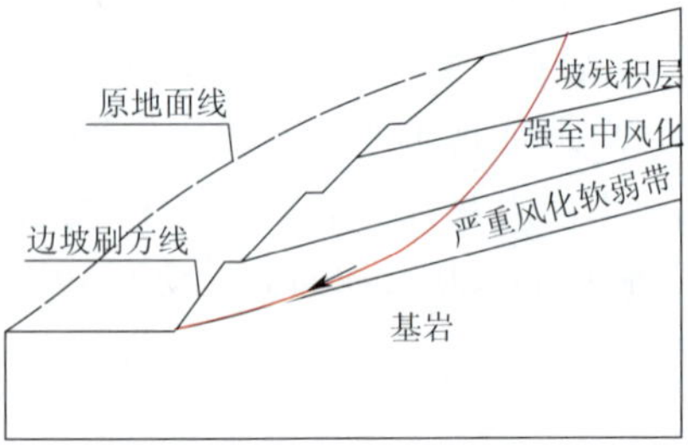

图 2-9　风化土边坡工程地质模式②

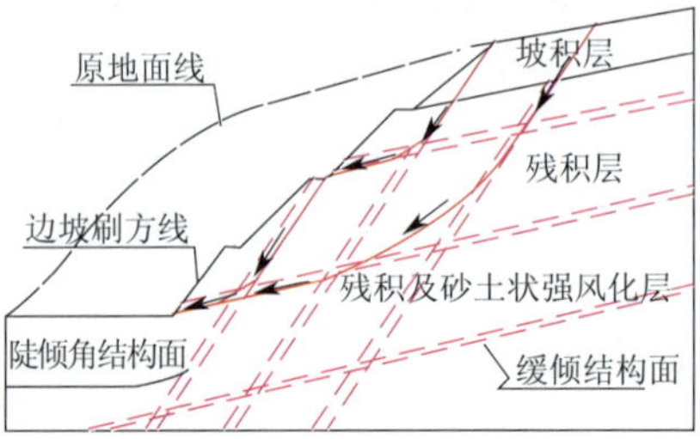

图 2-10　风化土边坡工程地质模式③

3）崩滑流堆积边坡

崩滑流堆积边坡，即边坡主体由崩塌、滑坡或泥石流堆积体组成，根据崩塌、滑坡或泥石流成因机制、堆积形态和结构特征，可以归纳为以下三种不同的工程地质结构和破坏模式。

①边坡主体由崩坡积体组成，根据崩塌地质现象的特点与规律，崩坡积体的自然稳定坡角一般为 35°～38°，在路堑边坡的开挖过程中，常见其沿稳定坡角面的变形和破坏。或者依附其堆积界面产生更大规模的滑动变形和破坏，如图 2-11 所示。

②边坡主体由滑坡堆积体组成，结合滑坡地质现象的特点与规律，在路堑边坡的开挖过程中，常因路堑开挖滑坡中下部，致使滑坡坡脚失去支撑，破坏坡体力学平衡，从而导致滑坡中前部的复活变形和破坏，如不及时采取有效的治理工程措施，甚至会引起更大规模的滑动变形和破坏，如图 2-12 所示。

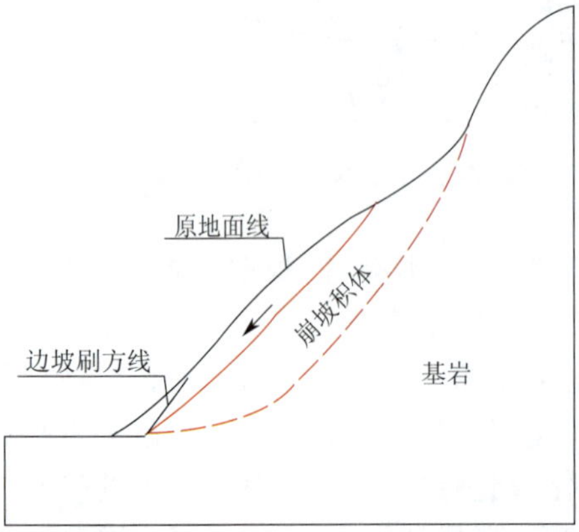

图 2-11　崩滑流堆积边坡工程地质模式①

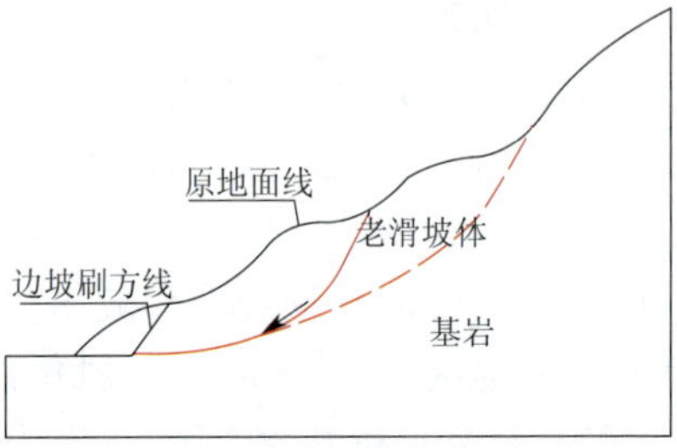

图 2-12　崩滑流堆积边坡工程地质模式②

③边坡主体由泥石流堆积体组成，基于泥石流地质现象的特点与规律，在路堑边坡的开挖过程中，由于泥石流堆积体一般含水率普遍较高，地下水丰富，岩土强度较低，较易产生堑坡变形和破坏，如不及时采取有效的治理工程措施，甚至会引起大规模的滑动变形和破坏，即滑坡地质病害（泥石流转化成滑坡），如图 2-13 所示。

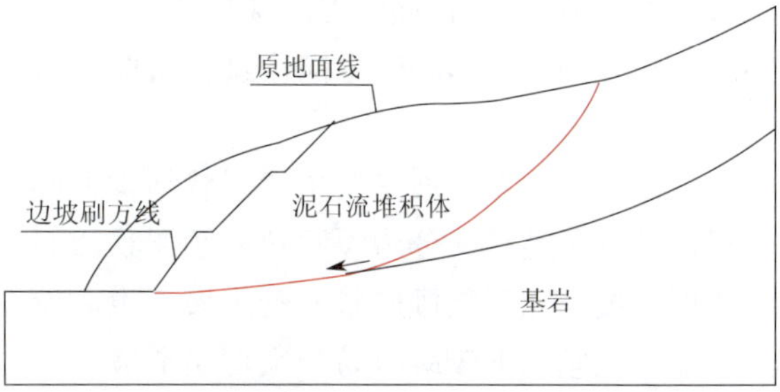

图 2-13 崩滑流堆积边坡工程地质模式③

(5)层状岩石边坡

根据层状岩石边坡的层面产状与边坡坡面的空间关系及其对边坡稳定性的影响特点，又可细分为水平层状岩石边坡、缓坡顺倾层状岩石边坡、等坡顺倾层状岩石边坡、陡坡顺倾层状岩石边坡、陡坡反倾层状岩石边坡和缓坡反倾层状岩石边坡等。

水平层状岩石边坡或近水平层状岩石边坡是指主控岩层产状水平或接近水平，其倾角一般在 10°之内，这种层状岩石边坡在一般地层中是较为稳定的。但是在一些砂、页、泥岩地层，由于特殊的岩性和坡体结构，或者由于相对隔水引起结构面形成泥化软弱夹层，在路堑开挖切断结构面出露时极易产生顺层滑动。另一种类型是上覆厚层硬岩而下伏软弱岩层时，有可能产生挤出型滑坡或倾倒型崩塌。

缓坡顺倾层状岩石边坡是指主控层面或层状结构面顺坡外倾且倾角小于边坡开挖面坡度但大于 10°的层状岩石边坡。这种层状岩石边坡的变形受控于岩层倾角与层间综合抗剪强度，一般易产生顺层滑坡，其滑动面(带)地层一般是相对隔水且因水浸泡软化而强度降低明显的泥质地层或层间错动带，在软硬相间的砂泥岩互层地区尤为典型，如图 2-14 所示。

图 2-14 层状岩石边坡

等坡顺倾层状岩石边坡是指主控层面或层状结构面顺坡外倾且倾角与边坡开挖坡度大致相当（一般偏差在 5°之内）的层状岩石边坡。这种层状岩石边坡的变形受控于层间综合抗剪强度和岩桥的抗弯剪能力，一般易产生溃屈破坏。其变形首先产生于上部坡体沿顺坡向软弱结构面蠕滑，在坡脚前缘处因变形受阻而发生纵向弯曲，变形累积至一定程度产生岩桥的弯曲断裂形成整体破坏。

陡坡顺倾层状岩石边坡是指主控层面或层状结构面顺坡外倾且倾角大于边坡开挖坡度的层状岩石边坡，其结构面一般较陡或近乎直立。这种层状岩石边坡开挖后产生卸荷回弹，陡倾结构面松弛张开并向临空方向作悬臂弯曲，并逐渐向坡内扩大牵引，最终发育成倾倒变形或倾倒型崩塌。

反倾层状岩石边坡是指主要层状结构面倾角倾向坡内的层状岩石边坡。反倾层状岩石边坡根据其倾角陡缓又分为缓倾角反倾层状岩石边坡和陡倾角反倾层状岩石边坡。这种层状岩石边坡一般类似于陡倾层状岩石边坡产生倾倒变形，或受构造作用岩体破碎、节理裂隙发育，并且层面反倾角度较缓时易产生切层滑坡。

(6)节理岩石边坡

根据节理岩石边坡的节理或不连续面的发育与组合特征，及其对边坡变形破坏模式的控制作用，又可细分为楔形体岩石边坡、弱面控制岩石边坡、断续节理岩石边坡和节理化岩石边坡等。

2.2 边坡地质环境

2.2.1 边坡岩土体工程特性

无论是自然边坡还是人工边坡，边坡的稳定性程度和变形破坏规律均与坡体组成物质及其结构状态直接相关，即边坡岩土体结构特征是边坡稳定性的主要地质基础条件之一。

边坡岩土体结构特点主要体现在其不连续性、非均质性、不利结构面控制特性、遇水软化或弱化特性、渐进性破坏特性以及开挖卸荷松弛特性等。

(1)不连续性

无论是土质边坡还是岩质边坡，坡体中由于不连续面的存在和作用形成坡体组成介质的不连续性。

对于土质边坡，不同成因或不同时期的堆积界面，软弱夹层或软弱带，以及原生结构面(残积层或风化土中)等形成各种不同性质与特点的不连续面。

对于岩质边坡，岩体中普遍存在的各种不同发育状况、规模大小、地质成因的断层、层面和节理等不连续面。

一般地，坡体中的不连续面往往形成边坡稳定性的不利结构面或软弱面，是边坡变形与失稳破坏的主要依附面。

(2)非均质性

边坡岩土组成物质，就其结构均匀性而言，即便是土质边坡，由于其形成条件或堆积环境的不同，含水状态各异，可以形成较大的物理性差异。

对于岩质边坡，由于岩性条件、风化差异、破碎程度、含水状态、地质构造及其结构面发育状态与规律等因素的不同，致使边坡岩体呈现显著的非均质性结构特点。

边坡岩土结构的非均匀性特点是边坡弱面形成和变形破坏的孕育基础和条件。

(3)不利结构面控制特性

不利结构面在边坡变形破坏过程中的控制作用十分明显。

岩质边坡的楔形体破坏主要体现岩体不利结构面的组合条件与稳定性状态。

在土质边坡中，特别是类土质边坡，其不利结构面的控制作用同样非常重要，类土质边坡滑坡等大多依附不利结构面变形和破坏。

(4)遇水软化或弱化特性

水是边坡变形和破坏的重要原因之一，水对边坡稳定性的作用主要体现在对岩土力学性质的影响。

边坡土体遇水浸润或饱和，孔隙水压力急剧升高，抗剪强度明显降低。水对边坡岩体的作用，除岩石浸水软化、加剧风化等，更主要体现在水对岩体结构面的弱化甚至泥化作用，导致岩体结构面强度急剧衰减，从而恶化坡体的稳定条件，奠定边坡变形破坏的基础。

(5)渐进性破坏特性

大量的边坡或滑坡变形破坏事例表明，在无明显降雨、地震、或人为等触发因素的作用下，据其滑面材料常规试验成果计算边坡是稳定的，而实际工程中却发生了失稳事故。

分析这一现象表明边坡变形破坏存在渐进性破坏特性，即边坡岩土体强度的应变软化作用和过程，其强度由峰值强度渐进过渡到残余强度的特性。

(6)开挖卸荷松弛特性

由于边坡的开挖卸荷作用引起坡体应力场的调整，在边坡开挖场区形成应力下降区(应力解除)、应力上升区(应力转移)和原岩应力区(应力基本不变)等三个特征区域。

其中，应力明显下降区即为边坡开挖卸荷松弛区(或松弛带)，该区域岩土体因应力场的急剧调整而使坡体应力水平超出了岩土体材料的抵抗能力，产生变形甚至破坏。其区内岩土体的物理力学特性产生弱化效应，并为风化营力、地下水等外动力作用提供了通道，促进了岩土体的进一步变形与破坏。

开挖卸荷松弛主要表现为边坡坡面的回弹变形、裂面的张开与扩展、岩体或土体的松动等基本物理现象，以及新裂隙的产生、塑性区的形成和边坡的局部或整体破坏解体等衍生破坏结果。

2.2.2 边坡失稳的孕育条件

边坡失稳产生滑坡等病害，其变形破坏性质复杂，影响因素较多，无论其规模大小、病害性质，还是变形破坏速度、灾害严重程度，都将经历一个孕育和发展的过程，并具有一定的形成和发育条件。

基于大量的边坡工程实践和滑坡灾害事件，总结归纳边坡失稳产生滑坡等变形和破坏的孕育条件主要包括：地形地貌条件、地层岩性条件、地质构造条件、坡体结构条件、气候气象条件、地下水活动状态以及不利结构面发育特点与规律等。

(1)地形地貌条件

地形地貌特征是地质体在内外营力长期共同作用下形成的地表景观，是地质环境中最明显最直接的外在表现。

场区总体地形地貌与地质灾害的发育程度和规律具有统计上的关联，崩塌病害常发育在较陡的自然斜坡上，自然坡度大于45°；滑坡病害一般发育相对较缓的自然斜坡上，自然坡度约20°～45°，缓于20°的滑坡病害较为少见；当坡体内部存在软弱基底时，缓坡地形条件产生的滑坡病害也时有发生。

在山区河谷地段，由于河流下切与侧蚀，或由于断层影响与岩性差异，地质灾害较为发育。

高山峡谷区，一般是崩塌体较为发育；宽谷缓坡区，经常发育有滑坡病害；在峡谷与宽谷的交界处，由于岩性差异接触或地质构造作用等原因，往往也是滑坡灾害的易发地段；在主沟与支沟的交汇处，常因双向切割侵蚀或构造作用影响，同样较易发生滑坡等地质病害；在河曲凹岸冲刷部位和山区河谷的缓坡段均是容易产生滑坡的地区；在周围高中间低的簸箕状缓坡地带，往往发育一定厚度的崩坡积物，易产生堆积层滑坡。

自然斜坡坡面形态也在一定程度上反映坡体的稳定条件与发育规律。坡面平顺或呈直线坡，一般稳定性较好，少见发生滑坡；坡面上陡下缓或称凹形坡，其理论稳定性最好，但多见崩滑灾害遗迹，其坡体稳定性较差；坡面上缓下陡或称凸形坡，其理论稳定性相对较差，以阶梯或台阶状斜坡较为多见，如古老滑坡堆积具有潜在不稳定的特性；如无古老病害堆积，一般较为稳定。

对于宽缓的台阶状边坡，或具多级缓坡平台，多见滑坡体等古老病害堆积。由于山区地形条件限制而多将此类边坡设为公路互通区或铁路站场区，常因工程扰动诱发较大规模的滑坡复活变形和破坏，如福建山区高速公路的八尺门互通滑坡、梅列互通滑坡、官秀互通滑坡等。

路堑开挖面的陡缓坡形对路堑高边坡的稳定性同样具有影响。坡顶地形是陡坡、缓坡、平坡还是反坡不仅是评估路堑开挖坡面稳定性的重要参考，同时也一定程度上决定了路堑边坡潜在变形的体积规模和防护加固工程量的大小。

一般山地地貌场区均是路堑高边坡稳定性问题较为突出的地段，对崩塌、错落、滑坡及其堆积体形成的重力地貌应特别注意查明。因此，在路堑边坡的踏勘调查中，应重视场区地貌特征的调查，尤其应尽可能查明与路堑高边坡稳定性关联紧密的古老病害特征、江河库岸条件、地面建筑限界、斜坡自然坡率、开挖地形等，并结合已有工程的经验类比，对边坡工程的稳定现状作出定性评价。

(2)地层岩性条件

地层岩性是影响边坡稳定程度的基本因素之一。总体来讲，火成岩一般岩性坚硬，节理裂隙不甚发育，一般地质灾害发育程度较低，常表现为崩塌落石等破坏形式；沉积岩和变质岩岩性相对软弱，具有层面、片理面等优势性弱面，易形成边坡变形的依附面，发育滑坡、倾倒等地质病害。

边坡发生滑坡多发育于泥质、粉质、泥灰质、凝灰质及其变质岩系的地层组成的坡体内，它与这些地层中含有如黏土、粉土，特别是富含高岭土、伊利土、蒙脱土等水化性强的物质密切相关。这些地层易于产生滑动，常称为易滑地层，或易滑岩组。

当道路工程穿越地层以沉积岩为主的山区时，此时人工开挖形成的路堑边坡，由于其岩层组成的坡体内分布有易滑的地层而多易形成滑带，当降雨入渗转化为地下水时，地下水软化易滑带，并沿构造裂隙面富积水体而产生滑动。

对于一些易滑的地层，由于路堑边坡坡体是由此类岩层破坏后形成的坡积体或者残积体，因而其含有大量易于水化的岩土，在地下水的作用下极易产生边坡滑坡工程事故。

沉积成因的地层，以黏土和粉土为主组成的岩土组分，由于岩土结构松散易于进水，因此常常在裂隙面形成滑带，这类地层通常形成年代较新，为 Q_4 地层。第四系中 Q_3 地层受过地质时代的压力，岩土压密，较为稳定，但是当坡体内含有倾向临空、成层的不良土质时，在地下水的作用下通常易成为边坡变形破坏的孕育条件。第四系 Q_2、Q_1 地层都为半成岩状态，产状较为平缓，因此 Q_2、Q_1 地层多为稳定地层，但是在新构造发育地区可见构造裂隙面。

对于泥岩及其变质成因的地层，在地下水的作用下容易软化，坡体有泥岩组分时，易沿着泥岩的顶底面产生滑动；当泥岩与其他岩性地层互层时，比如与粉砂岩互层时，泥岩夹层常常由于其相对较差的性质而成为滑动面，因此泥岩地层常常被定义为易滑地层。当泥岩成岩于湿热环境下（如沿海地区）并在构造破碎后经风化作用，风化作用在坡体触及的范围越深越大，则容易产生滑动的范围就越大。

对于含煤系的地层，巨厚的煤层一般是稳定的，不稳定的是第三系的煤层。第三系的煤层，由于成岩比较晚，基本上是泥煤，其性质接近泥岩。对于含多层这种煤层的坡体，处理起来较为棘手，采用放缓边坡往往不能保证坡体的稳定，采用锚固措施，锚固段地层往往不能提供足够的锚固力，且由于这种地层构造裂隙发育，钻孔注浆存在漏浆现象。这种地层便是易滑地层，是路堑边坡发生滑坡的工程地质孕育地层。

火成岩地层，如花岗岩风化后的残坡积地层，这种地层在我国沿海地区较为多见，坡体风化厚度达三四十米，最深可以达到 80 m，且坡体内的岩土风化不均匀，基本上是由多层灰白色夹暗红的残积黏土包裹坚硬的球状残核组成，坡体在雨季常常产生逐层硬核向坡下滑动的现象。具备这种火成岩成因的地层为滑坡的产生孕育了条件，是边坡产生滑坡的物质基础。凝灰岩以及由火山灰堆积而成的地层中含有大量的凝灰质成分，由于其疏松、遇水容易软化而产生大量滑坡，因此，含有凝灰土夹层的坡体也是常发生边坡滑坡的物质基础。

上述地层之所以成为边坡产生滑坡的孕育地层，是因为其地层岩土组织结构疏松，易于进水，遇水后发生水-岩化学作用，岩土强度急剧降低。

易滑地层的岩石一般都为水化性强的造岩矿物组成，比如蒙脱石、白云母、石膏、绿泥石、钾盐等等，还有一些矿物其次生矿物风化后多为易滑的岩性，如长石风化成高岭土、黑云母风化成以绿泥石为主的黏土矿物，蛇纹石风化成黏土类土等等。

以高岭石与蒙脱石为主要矿物的坡体岩性条件之所以能成为边坡发生滑坡的岩性孕育基础，是因为以高岭石为主的高岭石黏土和以蒙脱石为主的蒙脱石黏土具有润滑作用，从矿物的微观组成上可以被认为是由于高岭石的胶体膨胀机制以及蒙脱石的分子膨胀机制引起的微观变形。

高岭石晶胞之间连接力较强，水分子较难进入，遇水后体积膨胀较小，水对其的作用主要体现在矿物黏粒遇水后表面具有游离价原子和离子，这些原子和离子在黏土表面形成静电引力场。水分子受吸引力的作用在黏粒表面分别形成强结合水和弱结合水，此两部分水在黏粒间形成的水化膜使黏粒的体积膨胀。且黏粒的比表面积大，吸附作用较强，所以会引起较大膨胀，这就是高岭石的微观变形机制。

蒙脱石的晶体由很多相互平行的晶胞组成，每个晶胞都有上、中、下三层，上、下为 Si-O 四面体，中间夹一层 Al-O-OH 八面体，晶胞与晶胞之间以 O^{2-} 连接，故不够紧密，因而结构格架活动性大，亲水性强。当含蒙脱石矿物的泥岩遇水后，其中的蒙脱石晶胞之间的沸石水的一部分反离子逸出，使吸引力减小，水分子挤入，晶胞间距增大，矿物颗粒本身急剧膨胀，引起蒙脱石矿物微观变形。这种润滑作用同样体现在页岩中的云母矿物组分。

总而言之，具有泥质结构、粉砂质结构的高岭石、云母、绿泥石等矿物组成的岩性成为边坡发生变形破坏的岩性物质基础。

岩体风化程度同样是影响边坡稳定性的基本因素之一。同样的地层岩性条件，由于风化破碎程度的差异，其物理力学特性也存在较大差异。岩体在自然地质环境中，因为物理、化学和生物作用等风化营力的驱动，产生原生裂隙的扩展或产生新的裂隙，并发生体积变化和化学成分的改变，将改变岩体的物理力学特性，弱化岩体的承载能力，易产生坡体的变形破坏。

因此，在路堑边坡的工程地质调查中应通过开挖露头的调查分析、工程勘探与岩土试验等手段确定边坡岩土体的岩性条件和力学性质，并进行边坡岩土体的分类和分级，以利于对边坡稳定性进行评估。

(3)地质构造条件

在漫长的地质历史中，边坡岩体往往经历了不止一次的构造作用，形成了规模不等、性质各异的褶皱和断裂，对边坡的稳定性具有显著影响。

从全国范围看，从青藏高原到黄土高原与云贵高原，再到华北平原和江汉平原，这两级大陆斜坡地带是滑坡的密集分布区，与大的地质构造有关；从局部地区看，大断裂通过的河谷两岸滑坡灾害呈带状分布。

大中型断层是强烈构造作用的产物，往往伴生规模不等的断层破碎带，破碎带内岩层产状紊乱、节理发育、岩体破碎，形成的破碎岩石边坡破坏一般均具有比较大的体积规模。同时，由于岩体破碎造成治理工程施工相对困难，往往成为山区道路建设的控制性工程。

中小型断层在出露于开挖面附近时，常形成岩质路堑边坡破坏的控制性界面，断层内的泥化夹层等严重弱化岩体强度参数，是边坡稳定性分析中特别需要重视的问题。

在褶曲轴部岩层变形极其剧烈，岩体破碎，容易产生边坡变形；大中型褶曲的一翼往往表现为单斜岩层，易产生顺层滑动。

在地质构造发育地带，还有可能形成较高的地应力，地应力的主轴方向一般近平行，特别是对超高路堑边坡(百米以上)，地应力对其稳定性的不利作用和影响不可忽视。

因此，在路堑边坡工程地质调查分析工作中，应通过露头调查、坑槽探、地质钻探，工程物探等多种手段尽可能查明场区地质构造特征和展布规律。尤其应重视对路堑开挖揭示的地质条件进行工程地质复核。

(4)坡体结构条件

路堑边坡发生变形破坏受控于山坡的局部构造与坡体结构特征。坡体发生变形破坏常常孕育在岩浆岩活动频繁区、地槽内隆起与凹陷带的边缘、山体受挤压严重区域、路堑坡体深开挖所造成的地应力半释放与释放的松弛带(区)。

路堑边坡所遭遇的边坡坡体通常都由不同岩性的分层组成，在形成坡体的过程中都经历过多次地质构造作用，产生了一系列的构造面，在漫长的地质历史时期，经历地壳上升以及岩浆活动等地质历史事件使山坡坡体的岩层组分复杂多样。当坡体经历过这些地质历史事件活动后处于相对平衡静止状态时，又要受到风化作用、剥蚀作用，最终演化成我们所见到的坡体。

坡体的变形趋势受到组成坡体结构的组分的影响，这些影响因素包括第四系覆盖层、基岩风化带、地应力释放的松弛带、储存着原岩应力的坡体核部，他们也是通常所指的坡体的地质结构部分。

路堑边坡开挖属于侧向卸荷作用，这种卸荷作用所产生的向临空面的卸荷裂隙组成了山坡的坡体构造部分，这些坡体构造是坡体发生变形破坏的孕育因素，当这些裂隙逐渐增加，并伴随其他地质应力、地下水等作用最终贯通发生变形破坏。

查明坡体结构是边坡稳定性分析和防护加固工程处理的重要环节。在路堑边坡踏勘调查与稳定性分析中，应强化坡体结构的认识，综合考虑各方面因素的影响，进行边坡坡体结构的分析与评价。

(5)气候气象条件

气候是以冷、暖、干、湿等特征来衡量，气象要素包括温度、降水、风等，其各种统计量(均值、极值 、概率等)是表述气候的基本依据。

由于热量与水分结合状况的差异,或水分季节分配不同,或有巨大的山地、高原存在,有的同一个气候带内,其内部气候仍有一定差异,可以划分不同的气候类型。我国主要气候类型如下:

1)热带季风气候

我国云南西双版纳地区、西藏东南部等地属于热带季风气候。全年气温较高,年平均气温超过20 ℃。盛行风向的季节转换显著。夏半年受赤道气团控制,降水充沛,形成雨季,气候特征与热带雨林气候相似;冬半年,有些地方在热带大陆气团控制下,降水明显减少,形成干季。年降水量 1 500~2 000 mm,雨季降水量占年总量的 80%以上,干湿两季分明。自然植被为热带季雨林。

2)亚热带季风气候

我国秦岭—淮河以南,为亚热带季风气候。盛行风向季节变化显著。冬季受极地大陆气团影响,气温偏低,降水少;夏季受热带海洋气团影响,高温多雨,水分季节分配不均。自然植被是亚热带常绿阔叶林。

3)温带季风气候

我国华北、东北地区,为温带季风气候。冬夏盛行风向明显交替。冬季风,受极地大陆气团控制,寒冷干燥;夏季风,主要受热带海洋气团影响,暖热多雨。年降水量 500~700 mm,分配不均,相对集中在夏季,具有大陆性特征。自然植被是落叶阔叶林或针叶与落叶阔叶混交林。

4)高山高原气候

我国喜马拉雅山、青藏高原等地区,为高山高原气候。高大山地,气温随高度增高而降低,气候垂直变化显著,在一定高度内,湿度大、多云雾、降水多,愈向山地上部,风力愈强。我国青藏高原海拔高、气温低,但辐射强、日照丰富、降水少,冬半年风力强劲。气温的年较差小,日较差大。

气候气象条件主要是指降水条件、风化条件和植被条件,降雨集中丰沛的地区滑坡较为发育,干旱少雨季节边坡变形破坏概率较低;冷热温差较大,变化较为频繁的地区,岩石风化作用强烈,将恶化坡体的稳定条件;湿润多雨地区,植被较为发育,有利于水土保持,干旱少雨地区,植被发育不良,不利坡体稳定。

我国南方地区,降水较多,风化深度较大,边坡失稳产生滑坡等灾害的概率较高;我国北方地区,干旱少雨,崩塌、滑坡、泥石流等灾害相对较少。

(6)地下水活动特点

地下水活动状态对路堑高边坡稳定性的影响是非常活跃的。大气降雨引起的坡表径流与入渗以及地下水位升降常成为公路沿线地质灾害集中发生的诱导因素。

地下水对边坡稳定性的影响主要体现在对潜在失稳面产生的静水压力、浮托力(或孔隙水压力)和渗透力,总体上增加了边坡失稳的下滑驱动力。另外地下水位的急剧升高将严重损伤近滑面区岩土的强度特性,同时地下水的浸润对坡体岩土和结构面夹层有很强的软化效应,总体上减小了边坡的抗滑能力。

坡体发生变形破坏常常依附于坡体内易滑的岩土带及结构面,而岩土与结构面强度又与其含水状态密切相关,因此坡体地下水的作用常常是边坡变形破坏的主要因素之一。

路堑边坡在通常情况下都可以被看成一个地下水含水系统,而坡体作为含水系统其发育主要受到坡体地质结构构造的控制，松散沉积物构成的含水系统发育于近代构造沉降的堆积体之中，其边界（底界）通常为不透水的基岩。含水系统内部一般不存在完全隔水的岩层，仅有黏土亚黏土层等构成的相对隔水层，并包含若干由相对隔水层分割的含水层。各含水层之间可以发生广泛的水力联系，当黏土层厚度较大时，水力联系逐渐减弱。

由基岩构成的含水系统总是发育于一定的地质构造之中，或是褶皱，或是断层，更为较多的是既有褶皱又有断层的坡体之中，以及广为发育的节理裂隙之中。基岩中往往包含有厚而稳定的泥质岩层构成的相对隔水层。

在地下水的长期作用下，地质界面接触带、软弱夹层的岩土强度进一步弱化，随之发育成为滑带。如一定厚度风化壳的坡体、含松弛破碎软岩层的坡体以及由软硬岩石互层组成的坡体。

对于土质边坡，地下水常常以孔隙水方式赋存于沉积物颗粒构成的孔隙网络之中，第四系与部分第三系胶结或半胶结的松散沉积物，赋存孔隙地下水。

对于岩质边坡，地下水常常以裂隙水方式赋存于各种成因的岩体裂隙中，如成岩过程中形成的成岩裂隙；经历构造变动产生的构造裂隙；风化作用形成的风化裂隙。因此，裂隙水按其介质中孔隙的成因对应可以分为成岩裂隙水、风化裂隙水、构造裂隙水。由于其各自所赋存介质的不同，其空间分布、规模及渗流特性存在一定的差异，研究成岩裂隙水对坡体变形破坏的孕育贡献意义不大，而对坡体变形破坏孕育较大的是风化裂隙水，因为风化裂隙通常是在成岩裂隙与构造裂隙的基础上进一步发育而成的，其特点是密集均匀、无明显方向性、连通良好成裂隙网络状。

水在裂隙中流通、长期浸泡裂隙面，发生水-岩作用，不断消减裂隙破碎带岩土介质材料的抗剪强度，使坡体孕育趋向变形破坏的界限。

在路堑高边坡的踏勘调查中应注意开挖面露头的干湿状态，可以通过地质钻探、工程物探和地下水位监测等确定坡体地下水活动状态和规律，也可以通过地下水的渗流模拟来加深对边坡水力学特征的了解。

（7）不利结构面发育状态

路堑高边坡的变形破坏大都与边坡岩土体的结构特征和空间组合关系密切相关，对岩土体结构面具有很强的依附特性。

岩土体中的不连续面包括节理、断层、层理面、片理面、地层分界面、风化破碎差异界面等。虽然岩块的强度一般较高，但是由于不连续面的存在将严重弱化岩体的力学性能，特别当在路堑开挖的影响范围内，这些不连续面存在不利倾向或组合时，岩体的承载能力将主要取决于不利结构面的强度。

研究表明，一个或多个结构面组合边界的剪切滑移、张拉破坏和错动变形是引起路堑边坡失稳的主要原因之一。

2.2.3 边坡失稳的触发因素

边坡发生变形破坏，在坡体内要有具备发生变形破坏的条件，即形成潜在变形、滑动面（带）的条件。在这样的面（带）以上，岩土体才可能在重力或者其他因素作用下沿其发生滑动变形和破坏。具备这些内部条件仅是边坡发生变形破坏的必要条件，还必须具备外部条件，即触发因素。

路堑边坡，发生变形破坏的外部条件或触发因素主要为大气降雨与人工开挖等。大气降雨将增加坡面雨水入渗，软化岩土强度，加剧各种动静水压作用；人工开挖将改变边坡外形，破坏坡体的力学平衡条件，结合其他外因的共同作用，将引发边坡的变形和破坏。

因此，边坡失稳产生滑坡等病害变形和破坏的触发因素包括自然触发因素和人为触发因素两个方面。自然触发因素主要有：大气降雨、风化营力、河流冲刷、水位升降和地震作用等；人为触发因素主要有：开挖卸荷、坡面堆载、地下采空、爆破振动、灌溉入渗和植被破坏等。

(1)自然触发因素

1)大气降雨

大气降雨作为坡体变形破坏的一种触发因素，直接体现在降雨期间的地表径流，间接的体现就是当地表水入渗转化为地下水时，这种本为外部条件的因素转化为坡体变形破坏的内在致滑因素。

地下水对滑带岩土介质材料的软化作用，导致岩土强度衰减并最终发生变形破坏。

坡体聚集的水体通常是由降雨入渗转化为地下水的，坡体含水以及入渗的地下水充填于岩土孔隙和裂隙之间，增加滑体重量，使孔隙水压升高，动静水作用加剧，这仅是地下水的作用方式之一。

地下水另一作用方式是对滑带土体的润滑效应，更确切地说是地下水与边坡岩土体之间的复杂作用——水-岩相互作用(降低岩土强度)，它不仅是路堑边坡发生滑坡灾害的主要激发因素，而且在坡体变形破坏的孕育过程中也发挥着重要的作用。

2)风化营力

在风化营力的作用下，通过物理的(如温度变化导致的热胀冷缩和水、冰、风的机械作用)、化学的(如水、CO_2 和有机酸导致的溶解和化学变化)以及生物的(如树根扎入岩石裂缝使其崩解)各种因素，使岩石变成碎块、砂、土和溶液。

风化营力产生的风化作用通常是一种长期的作用，地下水在软弱层、裂隙面、破碎带发生的水-岩相互作用也属于风化作用。对于岩质边坡，风化营力决定着风化裂隙的深度。

岩石风化总是从出露面、临空面、裂隙面首先开始，逐渐向深部发展。研究风化作用在各种工程上都有及其重要的意义，岩石的物理风化、化学风化、生物风化三者不是单独存在的，而是同时存在、综合作用、互为因果、相互加剧的。物理风化形成碎屑，最小粒径一般为0.02 mm。物理风化的结果大大增加了颗粒的表面积，除有利于进一步物理风化外，还大大地增加了和水、气体的接触面积，这有利于化学风化。化学风化的结果形成胶体溶液，甚至形成真溶液，由此形成很细的颗粒，这又加剧了物理风化。

气候干燥而温差大的地区，岩石热胀冷缩及水的冰胀等物理风化作用强烈，有利于形成导水的风化裂隙。在湿热气候区，以化学风化为主，泥质次生矿物及化学沉淀常充填裂隙。

风化营力的作用是路堑边坡产生风化剥落、掉块落石等地质病害的主要触发因素，协同大气降雨，将加剧破坏作用，甚至诱发大面积坡面流石流泥或坡面泥石流，或者产生局部坍塌、坍滑等病害现象。

3)河流冲刷

河流的冲刷作用，即河流的下切和侧蚀，是江河库岸边坡破坏产生崩塌、滑坡等病害的主要触发原因之一。

河床冲刷下切降低后，河岸崩塌的概率增加。在河床冲刷下切或者岸滩淘刷的过程中，黏性岸滩会出现纵向裂隙。当河床冲刷到一定程度，河流岸滩将发生崩塌，逐级向上牵引甚至产生较大规模的滑坡灾害。弯曲河道的进口处的凸岸、弯顶及其以下部位都是河岸崩塌的严重区域，凹岸部位则崩退速率较大。

4）水位升降

河库水位升降将改变岸坡的水文地质条件，经常造成崩岸、塌岸等地质病害。地下水位抬升，孔隙水压上扬，浸水岩土或滑面软化与弱化，致使古老滑坡等病害堆积体产生复活变形和破坏；水位骤降将加剧动静水压力的作用，恶化岸坡稳定。

洪水长期浸泡后，河岸土壤的内摩擦角和内聚力有较大幅度的减小，河岸稳定系数减小。

对于黏土岸滩，洪水迅速上涨期间，水压力对河岸的稳定性是有利的，而洪水骤降时，河岸崩塌的几率增大；对于非黏土岸滩，洪水缓慢上涨期间，河岸稳定性变化不大，而洪水缓慢下降后，岸滩稳定系数减小。

岸滩崩塌对河岸堤基的渗透和渗透破坏（管涌、流土）有重要的促进作用。崩岸导致堤内滩地缩窄，堤基渗径缩短，从而堤后发生渗透破坏的机会增加。

5）地震作用

一般地，高烈度地区滑坡灾害严重，大地震将触发大面积的山体变形和破坏，如2008年四川汶川大地震，其滑坡规模较大，且呈片状分布。

地震对边坡稳定性的影响主要体现在地震累积效应和地震触发效应两个方面。累积效应主要表现为地震作用引起边坡岩体结构松动，破裂面、弱面错位和孔隙水压力累积上升等；触发效应则主要表现为地震作用造成边坡中软弱层的触变液化以及使处于临界状态的边坡瞬间失稳。

地震作用下边坡稳定性影响因素主要反映在边坡所处的地质背景、边坡的岩体结构类型和地层岩性组合、边坡的地形地貌条件以及边坡的水文地质条件等几个方面。

对于边坡的动力失稳机制，普遍认为地震惯性力的作用以及地震产生的超静孔隙水压力迅速增大和累积作用共同导致了地震区边坡的失稳。

对不同的边坡破坏类型，作用强度也不同。对于塑性流动失稳破坏是孔隙水压力的累积起主导作用；对于崩塌型、层体弯折型则是地震惯性力起决定作用；对于滑动型破坏则视情况而定；对于后发型边坡失稳，则是由于地震的累积效应导致边坡岩体力学参数的降低，为后来的外地质营力创造了条件，最终导致了边坡的失稳破坏。

（2）人为触发因素

1）开挖卸荷

路堑边坡的开挖卸荷效应主要体现为在近开挖面坡体因为应力卸荷而产生松弛区。开挖卸荷松弛区内边坡岩体因为应力状态产生急剧变化而产生节理裂隙的扩展和体变扩容，造成岩体力学性质的弱化，继而产生松弛区的变形破坏，这种破坏可以是局部的，也可以是整体的。

当线路通过老滑坡或不良地质体，在其中下部开挖路堑削弱了支撑使病害体复活，而这种开挖就是在坡体已经孕育了变形破坏的条件时，在外部触发因素的作用下产生的变形破坏。

线路穿越坡体的位置不同，引起的老坡体病害的复活性质和规模亦不同。如路堑位于老滑坡的抗滑段，坡体开挖后将引起老滑坡的牵引式滑动，最终使老滑坡整体复活；当路堑位于老滑坡的中部主滑段时，路堑开挖深度达到滑动带附近，也将引起老滑坡后部滑体的复活；如果滑坡前部保持稳定，路堑位于老滑坡病害的后缘时，只要水文地质条件不比开挖前更恶化，老滑坡病害体一般不复活。

同时，施工过程影响也是路堑高边坡失稳的主要原因之一。施工过程对路堑高边坡稳定性的影响主要体现为施工过程中的开挖过度超前而支护严重滞后。虽然设计强调采用逐级开挖逐级支护的施工工序，但实际施工时，超前开挖提前揭露顺倾向不利结构面引起边坡失稳，或开挖面长期暴露而未能实施有效加固而引起边坡整体失稳的现象有较多的案例。另外，由于不合理堆载、地表水引排不当等原因引发边坡开挖施工的次生病害也是屡见不鲜的。

2)坡面堆载

坡面堆载一般有填堤和弃碴两种情况，它们对边坡稳定性的作用和影响主要体现为增加下滑驱动力和恶化坡体地下水的条件与状态。

在坡体上部不适当地堆载，将增大下滑力，破坏坡体原始平衡条件，产生边坡变形和破坏，如路堤滑坡等。

在地下水较为丰富的地区或古老滑坡等病害场区，不适当的坡面堆载还有可能改变地下水的运移路径，甚至阻塞其正常排泄通道，造成地下水局部积聚，恶化坡体稳定。

3)地下采空

地下采空塌陷将引起坡体应力调整与变化，因地下采空而造成地面沉陷有时还将有直接楔推坡体向临空变形的可能。因此，地下采空塌陷触发山体滑坡病害时有发生。

4)爆破振动

边坡开挖过程中的爆破施工对路堑高边坡稳定性的影响是明显的。爆破形成龟裂带，或称为爆破直接损伤区，区内岩体强度可能降低30%～50%，而实际施工中的确有不少边坡是由于不合理的爆破作业而失稳破坏。

5)灌溉入渗

农业灌溉用水、工业生产用水或人类生活用水等入渗坡体，将增加岩土体含水率，造成孔隙水压升高，岩土吸力减小，并软化与弱化滑带，降低滑带岩土抗剪强度，恶化坡体稳定。如遇坡体裂缝发育，还将产生集中入渗，加剧各种动静水压作用和影响。我国西北黄土台塬区因农业提水灌溉入渗而造成黄土台塬边滑坡灾害问题非常严重。

6)植被破坏

边坡植被对边坡的作用主要有保护坡面免受冲刷和减少表水入渗两个方面，并有预防风化剥落的功能。在山区道路工程建设中，大规模的土石方填挖工程将破坏其原有的生态环境，导致边坡植被遭遇大面积损毁和破坏，水土流失严重，风化作用加剧，表水入渗增加地下水的作用和影响，最终将恶化坡体稳定或触发边坡的变形和破坏。

2.3　边坡坡体结构

2.3.1　岩土结构特点

(1)土体结构

土是指还没固结硬化成岩石的疏松沉积物，是由固体、液体、气体三相组成的体系。

土体是一个在自然历史发展过程中形成的以土为基质的综合体系，它处在岩石圈、水圈、生物圈及大气圈相互渗透和相互作用的地球表层，具有复杂的化学成分和物质结构。

工程地质学和土力学分别从不同的角度对土体结构体系中的各个层次开展了不同程度的研究。工程地质学主要运用地质成因观点，对土体的成因、物质组成、结构特征进行了大量的研究，从而揭示土体在自身演化和外界因素作用下的形成机理、工程特性和发展规律，为土体的工程利用和性质改良提供科学依据。而传统的土力学是通过对土体试样的力学测试获得各种力学性质指标，通过对土体工程地质条件的简化，建立土体的本构关系来刻画土体的工程性质。

土体结构系统可定义为由广泛存在于地球表层，经历一定地质历史时期，在各种复杂的自然因素作用下形成的具有固液气多相介质、多矿物和特定结构联结的分散体系。就土体的结构性而言，它可以涵盖从地质学上的不同成因和不同发育程度的土区的空间分布、边界条件及相互关系、宏观土体结构面及其组合，到细观和微观结构单元体的大小、形状、表面特征及颗粒间的排列组合形式和联结属性等。

施斌等(2007)将土体结构系统划分为土区、土体、土层、土块、土粒、微粒和粒子等结构层次，提出了一套较完整的土体结构系统层次划分方案。

其中，土体指的是由一种以上土层构成的组合体，其性质不等于其中某一土层的性质，也不等于各土层性质的简单叠加，而是土层间相互作用、相互影响的有机整体。土体可分为均质、非均质和复杂土体 3 种类型。当土体性质比较均一，如由单一土层构成时(例如西北的一些黄土土体和沙漠区的砂土土体等)，土体的工程性质与构成土体的土层性质相一致；而分布更为广泛的是由不同岩性和成因土层构成的非均质土体，具有明显的各向异性，加上各种土体结构面的不同组合形成更为复杂的土体。土体的结构性常是决定土体工程性质好坏的控制性因素。

土体结构特征主要包括：构成土体各单元土层的几何形状和分布；土体的内部结构，如不同成因土层的关系、互层情况、厚度及其空间关系等；构造运动或其他运动造成的各种结构面，如层面、第四纪断层面、软弱层、土岩界面、风化面、裂隙面、环境变化界面、结构物与土的接触面等。

研究表明，土体中的结构面对土体的力学性质及其变形破坏具有控制作用。土体的破坏常常是沿土体中的宏观结构(软弱)面发生，再沿次一级软弱面发生破坏。同时，土体结构面还是水侵入和运移的良好通道。

人们常采用野外大型抗压、抗剪等力学试验测试土体的力学性质。通过钻孔、开挖探坑、踏勘等地质勘察，搞清楚土体的结构，从而判断该土体的均一性，评价其稳定性。

土体宏观上的结构特性、力学性质等都对土体的变形破坏起着控制性的作用，影响着土体的工程地质性质。

土体的结构有微观和宏观之分，土体结构特性受岩性和构造因素所控制。当土体的规模较小和性质较均一时，土体的变形破坏机理主要受土的微观结构所控制。但土体均一的情况是比较少的，绝大多数情况下是不均一的复杂土体，它的变形破坏受宏观结构面的控制。土体结构面指的是宏观上土体中的软弱面或带，其中对土体稳定性起控制作用的结构面称优势结构面。

谷德振教授曾经指出：对于土体的变形破坏，除研究土体的微观结构外，更应特别注重土体中的宏观结构面的研究。而土体的宏观结构面在工程地质学、土力学和土体工程地质学勘察中往往注意不够，但其在很多情况下是极其重要的。

通过对边坡土体研究发现，土体中的优势面一般是基岩顶面、断裂面、风化界面、软弱层及它们的组合面。

土体优势结构面对土体变形破坏有控制作用。土体中的结构面的破坏机制主要是外界因素(大气降雨、工程活动等)通过结构面而起作用，即激活结构面而导致土体滑动。不论是河流冲刷、暴雨或融雪还是工程施工诱发的滑坡，滑动面常发生在顺坡的层面、大节理面、不整合面、断层面软弱结构面上，正说明了由于优势结构面上抗剪强度的降低，结构面上土的阻抗力抵抗不住上覆土体自重而产生滑移。

优势结构面对土体的力学性质起控制作用主要体现在以下几个方面：

1)裂隙的存在使土体的力学性能显著降低。对原状裂隙性黏土的无侧限抗压强度试验结果表明，在相同含水率和密度的情况下，重塑试样的抗压强度是原状土的1.9 ～2.4倍。说明裂隙对黏土强度的降低作用大大超过粒间连接力对黏土力学性能的强化效应，即原状裂隙黏土强度低于重塑土强度。

2)含相同数量裂隙的试样的力学性能反映出明显的倾角效应。在30°～50°范围内，力学性能随倾角增大而降低；在30°～70°范围内抗剪强度的变化与摩尔-库仑理论有较好的一致性；最低值出现在45°～55°。内摩擦角值的变化也有类似规律，而c值则随倾角的增大而持续减小。

3)黏土力学性能随裂隙数量的增加而降低，这在变化和强度上均有表现。

4)裂隙中土的厚度对黏土力学性能产生的重要效应随其厚度增加而增加，裂隙对整个土体力学性能的影响增大。可以看出，裂隙性黏土中的裂隙-优势结构面对土体力学性质起控制作用。

优势结构面加剧了水的渗流。许多岩土工程事故，如流砂、管涌、滑坡、岩土污染灾害都是由于土体结构面上水的渗流问题而引起的。

土体中的裂隙、层面或土岩界面为地表水的介入提供了良好的通道，而水又加速了土体的软化及新裂隙的生成。水与结构面相互促进，形成了恶性循环，削弱了土体的强度，降低了边坡的稳定性。

在基坑开挖中，当地下水产生向上的渗透水压，若动水力坡度大于砂土层的极限动水力坡度时，砂土颗粒就会处于悬浮状态，在渗透力作用下先沿着一些土体中的结构面(如裂隙面、层面、桩与土的接触面等)发生渗透，经过发展把一些主要的结构面给串通起来，最后发生了流土和管涌。因此，对土体的渗流问题应充分考虑土体结构面的影响。

优势结构面是对土体稳定性起控制作用的结构面，当土体失稳时，不论从宏观上还是微观上都是沿着优势结构面发生破坏的。

如果在分析土坡、地下工程和地基土体稳定性时，没有注重土体中这种结构面的控制效应的话，就有可能带来诸多如滑坡、地面变形、基坑砂涌、土体污染等环境岩土问题。例如黄土中的构造节理，引发了地裂缝、滑坡、崩塌和水土流失，由此足见其对工程地质环境质量适应性和敏感性的影响。

土体作为岩土的一部分，虽然在颗粒间的联结程度和应力场组成上有着明显区别，但是它们作为地质体具有统一性，都是原始成分相同或不同的物质，即是相同或不同的地质环境中不同的地质年代的产物，并且它们可以进行相互转化，对工程地质性质起直接控制作用的根源都是矿物成分与结构，其中结构起首要的控制地位。所以，土体的结构和其组合特征，对于了解岩土类型的空间变化，全面论证工程地质条件和工程地质问题具有重大意义。

对土体宏观结构的研究，可以运用罗国煜教授的优势面理论，用优势指标判定优势结构面，以优势结构面组合为岩土体稳定性模型，使地质问题向量化分析方面进一步发展。

(2)岩体结构

谷德振教授首先提出了岩体结构的概念。岩体是在地质作用过程中经受过变形和破坏的，由一定岩石成分组成，并具有一定结构的、赋存于一定地质环境中的地质体。

岩石的成因决定着岩石的联结类型和岩体的原生结构或产状。它们对岩体力学性能具有重要的影响。岩体内存在的原生的层理、层面及以后在地质作用中形成的断层、节理、劈理、层间错动面等各种类型的地质界面统称结构面。由结构面切割成的大小、形状不同的岩石块称结构体。结构面和结构体的组合称岩体结构，如图2-15所示。

岩体结构的突出特点是不连续性。这种不连续性使岩体在力学性质上的各向异性更加增强。在受到力的作用时，岩体结构控制着岩体的变形和破坏。

岩体是经过多次、多种、长期的地质作用形成的。岩体在形成过程中经历的地质作用分为建造过程和改造过程，这些过程使岩体和岩体所处的环境受到改变。如在建造过程中形成的黏土岩在高温高压作用下发生变质作用，转变为板岩、千枚岩、片岩等变质岩。又如岩体在风化作用下隐节理变为显节理，同时还会产生新的节理和卸荷裂隙等，这样的结果使岩体的力学性能发生弱化或恶化。岩体的赋存环境也会因内、外地质作用改变了地应力场和地下水状况而发生变化。

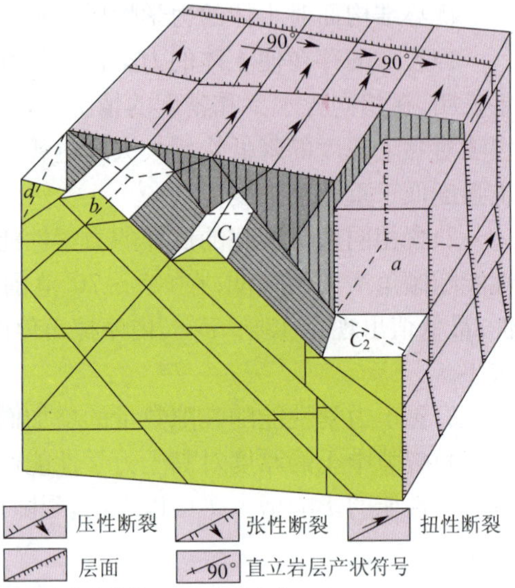

a—方柱(块)体；b—菱形柱体；
C_1,C_2—三棱柱体；d—锥形体

图 2-15　岩体结构示意图

按结构面和结构体组合形式，尤其是结构面性状，可将岩体划分如下结构类型：

①整体块状结构：包括整体(断续)结构、块状结构和菱块状结构；

②层状结构：包括厚层状结构和薄层(板)状结构；

③碎裂结构：包括镶嵌结构和层状碎裂结构；

④散体结构：包括块夹泥结构和泥夹块结构等。

岩体结构力学效应，即结构对岩体力学性能的影响。岩体在力学作用和力学性质上有明显的结构效应，结构类型不同，力学效应不一。若岩体内存在着软弱结构面，则岩体结构力学效应主要受它控制，而且取决于它的充填度(即充填物在结构面内填充程度)、充填物成分与结构、充填物厚度以及结构面的起伏度(即结构面的起伏程度，常用起伏差即起伏最大值表示)。

其中，又以充填物厚度、充填度和起伏度最为重要。充填物厚度大小与其物质成分有关，一般颗粒越粗厚度越大；反之，颗粒越细，厚度越小。起伏的结构面内充填物的充填度越大，结构面抗剪强度越低。当充填度大于200%时，结构面强度便稳定于一定的水平上，即与软弱充填物质的强度相当，这种关系称之为充填度的力学效应。

结构面起伏度用起伏差及起伏角表示。起伏差的力学效应常与充填度相联系。起伏角α为迎着受力方向结构面的仰角，又称为爬坡角。结构面具有爬坡角为α的起伏时，其抗剪强度中的摩擦角ϕ_a将增加α，即：

$$\phi_a = \phi_j + \alpha \tag{2-1}$$

式中，ϕ_j为平直结构面的基本摩擦角。

岩体结构的力学效应主要取决于结构面密度(单位尺寸上的结构面数)、结构面产状(结构面出露的空间方位)和结构面组数。岩体强度随着岩体内含的结构面组数和结构体数增多而降低。

在多组结构面发育的岩体，结构面对岩体力学作用和力学性质的影响，是各组结构面力学效应的叠加。显然，结构面组数越多，岩体力学性质越均匀化。整体结构岩体的力学效应规律

基本上与节理化岩体相近。

孙广忠等进一步提出岩体结构控制论的观点认为:岩体是有结构的,其变形和破坏是由岩体结构控制的,岩体变形不仅是材料的变形,而且许多情况下是结构的变形。岩体的破坏也不仅是材料的破坏,而且许多情况下是结构失稳。

孙玉科等在岩质边坡稳定性分析中总结出岩体结构分析的方法,主张在边坡结构类型划分的基础之上,以结构面与边坡的具体组合关系为依据来分析边坡稳定性。

(3)结构面对坡体稳定性的作用和影响

在边坡工程的理论研究和工程实践中,结构面对边坡稳定性的控制作用和影响越来越被重视,有关学者和工程技术人员对边坡岩土体不利结构面的作用和影响进行了系统的分析和研究。边坡岩土体不利结构面的研究是源于岩体结构控制论,是优势结构面理论在边坡工程的研究与应用。

岩体结构控制论最初是由中国科学院地质研究所工程地质研究室提出的。岩体结构控制论认为:岩体是不完整的,它被各种各样的结构面所切割,这些结构面包括节理裂隙、断层面、劈理、缝、软弱层等。

优势结构面就是上述各种结构面中按一定的优势指标找出的对岩体工程性质起控制作用的结构面。不利结构面就是上述优势结构面中在坡体组成物质与临空状态的组合条件下具有潜在失稳变形破坏可能的结构面。

对于路堑边坡工程而言,无论是岩质边坡,还是土质边坡,不利结构面对其边坡稳定性的影响都是十分具体而明显的。

对于土质边坡,坡体不利结构面主要是指上部覆盖土层与下伏基岩的接触面、不同时期或不同成因类型的堆积界面、不同风化程度的差异风化界面、软弱夹层或软弱面(带)以及第四纪断层和各种风化结构面。

对于岩质边坡,坡体不利结构面主要是指边坡岩体中发育的断层面、层理面、片理面、节理面、不整合面、接触界面(带)以及它们的组合。

主要结构面对边坡稳定性的作用和影响可以总结如下:

1)上部覆盖土层与下伏基岩的接触面,又称土岩界面,或者基岩顶面。在福建、广东和浙江等南部沿海地区,无论是人工边坡还是自然边坡,坡体上部覆盖土层沿其下伏基岩顶面的变形和破坏现象十分普遍,特别是在台风暴雨期,是山区道路水毁与地灾严重的主要原因。

2)不同时期或不同成因类型的堆积界面,简称堆积界面。在坡体上部坡残积层的形成过程中,由于不同时期或不同成因的影响,将存在明显的堆积界面,其力学性质差异显著,相对较为软弱,并且是地下水运移与积聚的优势面(带),经常孕育发展形成边坡变形破坏的依附面。

3)不同风化程度的差异风化界面,简称风化界面。在福建、广东和浙江等南部沿海地区,花岗岩广为分布,且风化深度较大,差异风化严重,不同风化程度的差异风化界面极为发育。其风化界面的物理力学性质及地下水的作用对边坡工程的稳定性均具有控制性的作用和影响,因此,该地区花岗岩风化壳边坡经常发生变形和破坏。

4)软弱夹层或软弱面(带),简称软层。多层结构的边坡土体,不同土层之间含有软弱夹层或充填细粒黏土物质的裂隙充填条带,往往是控制坡体破坏的结构面。软层在边坡岩体中的控制作用和影响则更为明显,往往是大规模岩石边坡滑坡孕育发展的主要地质条件和基础。

5)断层面。岩层发生相对位移时,总是沿着一个破碎裂面进行。断层面可以是平坦的,也可以是起伏的;可以是直立的,也可以是倾斜的。边坡体内的断层面往往是大型边坡滑坡的主要依附面，若其断面规模较大，将以断层破碎带的形式呈现，其坡体稳定性则更为复杂。

6）层理面。沉积岩的岩层之间的分割面或接触面称为层理面，或称层面。层面一般物理力学性质较差，存在软弱夹层时更甚，对边坡工程的稳定性具有控制作用和影响，如顺层岩石边坡滑坡是岩石路堑边坡工程的主要的变形破坏形式和重要病害类型。

7）片理面。变质岩的片理构造是板状矿物、片状矿物和柱状矿物在定向压力作用下，发生平行排列而形成的构造，又分为板状构造、千枚状构造、片状构造和片麻状构造等。岩层的片理面与层理面类似，同样控制和决定其变形和破坏，是边坡岩土体潜在失稳的优势方向。

8）节理面。节理是很常见的一种构造地质现象，就是我们在岩石露头上所见的裂缝，或称岩石的裂缝。按节理的成因，节理包括原生节理和次生节理两大类。原生节理是指成岩过程中形成的节理。次生节理是指岩石成岩后形成的节理，包括非构造节理（风化节理）和构造节理。其中，构造节理是所有节理中最常见的，它根据力学性质又可分为张节理和剪节理。岩体节理面对边坡变形破坏的作用和影响是众所周知的，常形成不同性质、不同形状和不同规模的边坡崩塌或滑坡病害。此外，节理面在土质边坡中的决定作用和影响也在工程实践中不断地体现。

9）组合面。一般的组合面包括软弱层、断层面、裂隙面、基岩面等。大量的边坡工程实践与失稳破坏实例表明：由不同性质或产状的不利结构面的组合可以形成圆弧与圆弧的组合、圆弧与直线的组合、直线与直线的组合，以及由多段直线或圆弧组成的折线或复式失稳破裂面。

2.3.2 坡体结构类型

所谓“坡体结构”，即边坡体的地质结构，或称边坡岩土体的结构组成，是指边坡体中各种不同岩性的物质组成，不同性质与规模的不连续面或结构面（包括断层面、层理面、片理面、节理面、不整合面、接触界面或带、风化界面、沉积或堆积界面等）的发育状态，以及它们与边坡临空面之间的组合关系。

边坡岩土体的力学性质具有不连续性、非均质性和各向异性。边坡的稳定性程度依赖于坡体结构特征，边坡的破坏模式受控于坡体结构类型。对不同的坡体结构特征进行分类，是研究边坡的稳定程度与工程特性及其他相关规律的有效方法。

坡体结构分类主要是以边坡岩土体的物质组成、不连续面发育状态以及岩土结构与边坡临空面的组合特征等因素为基础，在一定程度上反映边坡的稳定条件和潜在危害。据此可以分为均质结构、似均质结构、分层结构、块状结构、层状结构、碎裂结构、散体结构等基本坡体结构类型及其相关亚类，如图2-16所示。

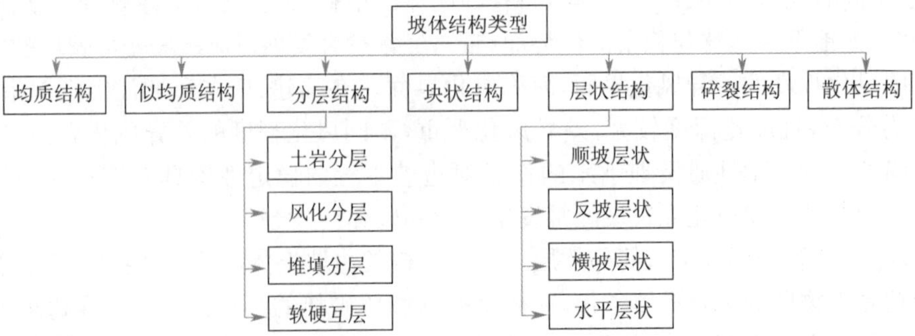

图2-16 坡体结构类型框图

均质结构一般是指坡体组成物质成分单一、结构均匀、力学性质相同并且各向同性的坡体结构状态。如人工填方、弃土或弃碴边坡等成分与结构较为均匀单一的坡残积土层边坡。

似均质结构一般是指坡体组成物质较为单一，结构较为均匀，在同一厚度、高度或方向条件下的力学性质基本一致，具有条件均质同性或横观各向同性的结构状态。如坡残积土边坡，地基土边坡（基坑边坡）等。

分层结构，亦称多层结构，一般是指坡体组成物质由于不同时期、不同成因的堆积或填筑而分层，或者由于不同的风化程度而分层，或者由于土岩接触关系而分层，或者由于岩性差异而软硬相间等，形成两层以上的物性差异明显的分层结构。如土岩分层、风化分层、堆填分层、软硬互层等。

块状结构是指边坡主体由岩性单一的、强度相近的岩体组成，岩体一般呈厚层状或大块状，结构面不发育，且多为刚性结构面，少见贯通性软弱结构面。块状结构边坡一般稳定性较好，易于形成高陡边坡，在不利条件组合的情况下可能产生沿某组结构面或结构面组合的崩塌与滑移变形或破坏。

层状结构在以沉积岩为主体组成的岩石边坡中较为常见，主要与其原生建造的层理有关，亦有称为原生层状结构；此外，在变质岩类边坡中，由构造作用产生板裂，或称板裂层状结构。层状结构边坡由于层面产状与坡面临空的不同组合关系又可分为顺坡层状结构、反坡层状结构、横坡层状结构（岩层走向与坡面走向大角度相交）和近水平层状结构等。一般地，横坡层状结构和近水平层状结构边坡相对稳定性较好；顺坡层状结构不利边坡稳定，如顺层岩石边坡滑坡为常发边坡工程病害；反坡层状结构相对较为利于边坡稳定；在岩性较软或相对较为破碎的条件下，陡坡反倾层状结构边坡稳定性最差。

碎裂结构是指坡体组成物质存在各种构造影响带、破碎带、蚀变带或风化破碎岩体，岩体内一般断裂发育、裂隙张开或充填夹泥，岩石破碎呈碎块或板片状，间有夹泥，局部夹大块或条块状岩体，岩块间存在一定的咬合力，但其结构较为松散，岩体的完整指标较低。此类边坡稳定性较差。

散体结构是指坡体组成物质主体为各种岩石的构造破碎带及其强烈影响带、强风化破碎带内的岩体，一般岩体极其破碎，呈碎块、岩粉、岩屑和鳞片状，常有大量的断层泥充填，呈松散堆积或压密状，软弱结构面极为发育，岩体完整性极低。散体结构边坡的稳定性一般极差，需要重点对待和特别处治。

2.4 边坡地质病害

2.4.1 路堑边坡病害

在我国广大山区，地形条件困难，地质构造复杂，山地灾害较为严重。随着大规模工程建设向山区发展，以及其他人类改造活动的作用和影响，边坡工程相对较为突出。包括道路工程边坡、水利水电边坡、建筑场区边坡、露天采矿边坡和自然边坡滑坡等。

近年来，随着国民经济建设和交通工程发展向山区辐射和延伸，道路边坡工程问题十分突出，并蒙受了较为严重的边坡工程地质病害和灾害经济损失。总结路堑边坡工程地质病害主要有以下几个方面：

（1）互通区古老滑坡病害

古老滑坡体部分或整体复活变形或破坏。如福宁高速公路八尺门互通大滑坡、福泉高速公路官秀互通滑坡、漳龙高速公路新祠互通滑坡、三福高速公路梅列互通滑坡和陈大北互通滑坡等，如图 2-17 所示。

(2)高陡坡体地质病害

由于设计边坡高度较大或边坡坡率较陡，造成坡脚应力集中发展，超过坡脚岩土的承载能力，在边坡土石方开挖施工过程中，经常产生路堑边坡工程坍塌或坍滑变形和破坏等地质病害，如图 2-18 所示。

图 2-17 互通区古老滑坡病害

图 2-18 高陡坡体地质病害

(3)控制性不利结构面或不连续面病害

由于各种不同时期或不同成因堆积面、地层层面、风化界面、断层和节理等不连续面的控制作用和影响，当控制性不利结构面或不连续面走向大体平行于坡面且倾向线路时，在路堑边坡开挖揭露临空的条件下，经常产生依附不利结构面或不连续面的滑移变形和破坏，如图 2-19 所示。

图 2-19 控制性不利结构面或不连续面病害

(4)防护加固工程滞后病害

在路堑边坡工程施工过程中，经常出现土石方工程开挖较快，而其防护加固工程严重滞后的情况，从而产生边坡工程变形和破坏，如图 2-20 所示。

图 2-20 防护加固工程滞后病害

(5)锚固工程不及时病害

由于锚固工程一般施工周期较长,时有发生锚固工程预应力张拉不及时,不能及时发挥锚固工程的有效主动加固作用,从而产生边坡工程变形和破坏,如图 2-21 所示。

图 2-21　锚固工程不及时病害

(6)坡脚支挡工程施工病害

在坡脚支挡工程基础坑槽施工过程中,因其一般开挖断面大且坡率陡,削减坡脚岩土支撑作用显著,若因施工工序或方法不当,将在坡脚支挡工程发挥作用前产生坡体变形和破坏,如图 2-22 所示。

(7)支挡加固范围不足病害

在路堑边坡支挡加固工程实践中,存在个别边坡因坡体地形地质变化,在某些局部或边角部位,特别是沟口部位考虑范围不足,导致时有局部坡体产生变形和破坏的现象发生,如图 2-23 所示。

图 2-22　坡脚支挡工程施工病害

图 2-23　支挡加固范围不足病害

(8)持续暴雨入渗和冲刷病害

路堑边坡工程在施做过程中甚或运营阶段，往往由于持续暴雨的作用，对于个别坡体，因雨水入渗软化岩土强度，加剧各种动静水压作用，致使孔隙水压上扬，边坡稳定程度显著降低，从而产生坡体变形和破坏；或因暴雨冲刷坡面，产生坡面局部坍塌或坡面流石流泥，如图 2-24 所示。

图 2-24　持续暴雨入渗和冲刷病害

(9)设计缺陷或工程质量病害

设计缺陷病害一般表现在边坡设计坡率过陡、支挡工程不够，或锚固工程加固深度或范围不足，从而造成边坡工程失败；工程质量病害一般表现在基础工程、砌体工程和锚固工程等施工不能满足设计要求，造成边坡工程隐患病害，如图 2-25 所示。

图 2-25　设计缺陷或工程质量病害

2.4.2　典型滑坡灾害

在道路边坡工程建设过程中，发现有因施工扰动产生的古老滑坡复活变形病害，也有因施工开挖路堑边坡产生一些新生的边坡滑坡病害。

例如福建地区，滑坡地质灾害较为发育的有福宁高速公路、三福高速公路、漳龙高速公路、龙长高速公路、浦南高速公路、泉三高速公路和永武高速公路等山区高速公路路段。具有代表性的有福宁高速公路八尺门滑坡、三福高速公路三明梅列互通滑坡、南平牛头山滑坡、漳龙高速公路颜中高边坡滑坡、龙长高速公路考塘滑坡、浦南高速公路金斗山滑坡、泉三高速公路下格寨大桥滑坡、永武高速公路箭丰尾滑坡等。

其中，福宁高速公路八尺门滑坡、三福高速公路梅列互通滑坡、浦南高速公路金斗山滑坡和永武高速公路箭丰尾滑坡，因其规模巨大尤为典型，现已成功治理或正在实施之中，详见第13 章“典型滑坡灾害治理”。

第3章

边坡工程力学分析

3.1 边坡工程力学基础

3.1.1 边坡工程基本问题

边坡工程研究主要包括对其成因机制、稳定性分析、工程状态、活动规律、发展趋势、工程对策和工程可靠性与安全性的研究。

在边坡工程实践活动中，我们一般都会面临三类基本问题，其一是边坡坡体是否稳定；其二是边坡为何产生变形或破坏；其三是如何进行边坡防护加固或设计合理工程措施。这些不仅与组成边坡坡体的岩土力学性质直接相关，而且主要体现在边坡稳定性分析的力学方法，以及边坡稳定系数与安全系数的定义和计算。

(1)边坡稳定性分析的力学方法

在分析一个边坡是否稳定，或者计算一个边坡可以开挖到的最大坡高和最大坡角问题时，一般较多地假定组成边坡岩土体材料为连续的，甚或均质的，即采用连续介质力学的方法进行分析计算。然而，组成边坡的岩土体材料是不连续的，它的结构状态与力学性能受控于一些像断层、节理或层面等不连续面的发育状态与组合特征。并且，其岩土材料经常是非均质的。因此，在边坡稳定性分析中应充分考虑不连续结构面的作用。

结合边坡坡体组成岩土体的材料性质和力学特点，对于土质边坡的稳定性分析与计算，一般可以采用连续介质力学的方法；对于岩质边坡的稳定性分析与计算，经常在连续介质力学方法的基础上还应考虑不连续结构面的发育状态及其结合效应的影响。

(2)边坡稳定系数与安全系数

在边坡或滑坡的稳定性分析计算中，一个非常重要的概念就是边坡的“稳定系数”或“安全系数”，或称“稳定性安全系数”。

对于边坡的稳定系数与安全系数，经常发现有将边坡的稳定系数与滑坡推力安全系数混淆的情况，为此，我们应明确分析对象和基本概念，揭示边坡“稳定系数”与“安全系数”的区别与联系。

边坡的“稳定系数”是用来表征边坡的稳定性，即反映其坡体稳定程度。边坡的大于 1 为稳定，小于 1 为不稳定，等于 1 则处于极限平衡状态。稳定系数越大，边坡稳定性越好或越高，稳定系数越小，则边坡的稳定性越差或越低。

所谓“安全系数”，一般是在工程结构设计方法中用以反映结构安全程度的系数。安全系数的确定不仅需要考虑荷载、材料的力学性能、试验值和设计值与实际值的差别、计算模式和施工质量等各种不确定性，还须涉及工程的经济效益及结构破坏可能产生的后果，如生命财产和社会影响等诸因素。

对于滑坡推力的计算，考虑到设计防护加固或治理工程的安全储备，以及所采用计算模式、计算方法、计算参数等的不确定性，用一个设计安全系数 K 计算边坡或滑坡推力的大小，作为结构设计荷载。

边坡稳定系数的定义因不同的计算方法具有较显著的区别和不同，概括起来主要有如下三种：

第一种，是以瑞典圆弧法为代表（早期边坡分析计算较多采用），即以整体相对滑动圆心的抗滑力矩与滑动力矩之比作为边坡的稳定系数。

$$F_s=\frac{\text{抗滑力矩之和}}{\text{滑动力矩之和}} \tag{3-1}$$

第二种，是以传递系数法或不平衡推力传递法为代表（我国公路、铁路等部门的路基设计规范采用），即以整体沿滑裂面的抗滑力与下滑力之比作为边坡的稳定系数。

$$F_s=\frac{\text{抗滑力之和}}{\text{下滑力之和}} \tag{3-2}$$

第三种，是以毕肖普简化法为代表（适于强度折减理念和极限平衡的方法），即以沿滑裂面可以获取的岩土抗剪强度与其相应的剪应力之比作为边坡的稳定系数。

$$F_s=\frac{\text{抗剪强度}}{\text{剪应力}} \tag{3-3}$$

除此之外，还有一些基于上述三种方法进行等价或变换的其他方法及荷载稳定系数法等，以适用不同场合的使用目的与要求。

边坡或滑坡推力计算安全系数的取值，基于不同的设计规范或不同的工程等级有不同的参考取值范围和要求。

根据《公路路基设计规范》(JTG D30－2004)："边坡稳定性验算时，其稳定安全系数应满足表 3.7.4 规定的稳定安全系数要求，否则应对边坡进行支护"，"滑坡稳定性应采用工程地质类比法和力学计算进行综合分析。验算时，高速公路、一级公路安全系数应采用 1.20～1.30；二级及二级以下公路安全系数应采用 1.15～1.20；考虑地震力、多年暴雨的附加作用影响时，安全系数可适当折减 0.05～0.1。"

根据《铁路路基设计规范》(J 447－2005)："土质路堑边坡高度大于 20 m 时，其边坡坡率应满足本规范第 8.2.2 条规定并结合边坡稳定性分析计算确定，最小稳定安全系数应为 1.15～1.25。"

根据《建筑边坡工程技术规范》(GB 50330－2002)："边坡工程稳定性验算时，其稳定性系数应不小于表 5.3.1 规定的稳定安全系数的要求，否则应对边坡进行处理"，"滑坡稳定性分析应按第 5 章有关规定执行。工程滑坡稳定安全系数应按表 5.3.1 确定；自然滑坡和工程古滑坡的稳定安全系数应按滑坡破坏后果严重性、稳定性状况和整治难度以及荷载组合等因素综合考虑，对破坏后果很严重的、难以处理的滑坡宜取 1.25，较易处理的滑坡可取 1.20；对破坏后果不严重的，难处理的滑坡宜取 1.10，较易处理的滑坡可取 1.05；对破坏后果严重的滑坡可取 1.15 左右。特殊荷载组合时，自然滑坡和工程滑坡的稳定安全系数可根据现行有关标准和工程经验降低采用。"，"滑坡推力安全系数，对工程滑坡取 1.25，对自然滑坡和工程古滑坡的滑坡推力安全系数按 13.1.8 条确定。"

根据《水利水电工程边坡设计规范》(SL 386－2007)："采用 5.2 节规定的极限平衡方法计算的边坡抗滑稳定最小安全系数应满足表 3.4.2 的规定。经论证，破坏后给社会、经济和环境带来重大影响的一级边坡，在正常运用条件下的抗滑稳定安全系数可取 1.30～1.50。"

根据《水电水利工程边坡设计规范》(DL/T 5353—2006)："针对具体边坡工程所采用的设计安全标准，应根据对边坡与建筑物关系、边坡工程规模、工程地质条件复杂程度以及边坡稳定分析的不确定性等因素分析，从表5.0.4中所给范围内选取"，"对于特别重要或有变形极限要求的边坡，应经过边坡应力变形分析论证确定设计安全系数，通常要求高于表5.0.4中的规定。"

基于上述分析和相关规范规定可以看出，在边坡稳定性分析计算中，表征边坡的稳定性程度的应称之为稳定系数，常用 F_s 表示。在边坡或滑坡推力计算中，考虑结构安全储备或荷载计算确定的安全范围应称之为安全系数，或称设计安全系数，常用 K 表示。

在进行边坡稳定性验算时，要求边坡稳定系数不小于相关规范规定的边坡稳定性安全系数或稳定安全系数，否则，应采取工程措施使其处理后的边坡稳定系数达到或满足规范规定的稳定安全系数的要求。

在边坡防护加固工程设计计算时，应根据相关规范规定选用设计安全系数。

边坡稳定安全系数与设计安全系数在其工程概念和工程应用方面均有一定差别，当采用虚拟力法或数值耦合法进行边坡处理后稳定性检算时，稳定安全系数与设计安全系数一致，并宜取相同的数值或标准；当采用分离法等计算滑坡推力荷载时，稳定安全系数与设计安全系数具有明确区别，其取值范围和标准亦可不同。

3.1.2　边坡应力应变状态

自然边坡由于经历了长期的地质年代，其坡体内的应力状态为天然应力状态。在没有遭遇人类工程活动等外界因素扰动的情况下，天然应力状态主要是指在重力场和构造应力场的综合作用下，以及包括坡体岩土介质的物理变化、化学变化、岩浆侵入等作用下形成的应力状态。

在重力场作用下生成的应力为自重应力，重力场造成坡体内某一点的应力值大小与该点上覆岩土层重量有关，呈现对应关系。

构造应力是由于地壳运动而造成的。构造应力即是通常所指的地应力，是地壳内现代正在积累的，能够导致岩层变形和破裂的应力，这种应力与坡体的稳定性有一定的对应关系。对于一个自然坡体在未受到开挖卸荷作用前，其地应力为一定值，受开挖卸荷作用后，坡体将产生应力释放与调整。

路堑边坡开挖致使坡体处于卸荷状态。坡体开挖时，在重新构建新的力学平衡体系的过程中坡体内应力在一定范围内重新调整，形成新的坡体应力场。

新的应力场在坡体侧向临空面附近出现应力重分布与应力集中作用现象，并在开挖临空面方向上发生膨胀回弹，坡体内的应力重分布与坡体临空面的膨胀回弹过程相联系，坡体经历开挖过程，其应力状态由天然应力状态调整至新的应力场。

由于坡体原始应力状态与空间状态的不同，其新应力场也不相同，总结坡体应力状态体现如下的分布特点与规律：

(1)主应力方向偏转。主应力的方向在开挖临空面附近发生明显的变化，通常重分布后的最大主应力与开挖临空面近于平行，而最小主应力则与之近于垂直，如图3-1所示。

(2)主应力大小突变。考查同一水平线，最大主应力由内向外逐渐增大，达某一最大值后，至临空面处降至最小；最小主应力的变化与最大主应力的变化相反，即由内向外逐渐减小，直至临空面处减小为零，有时甚至出现拉应力，其量值突变较为明显，如图3-2、图3-3所示。

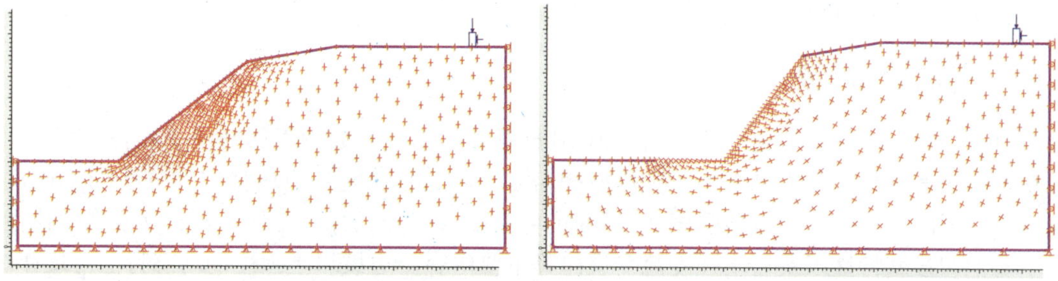

（十字叉代表主应力矢量，长线方向代表大主应力σ_1，短线方向为小主应力σ_3）

图 3-1　自然边坡开挖前后坡体主应力矢量对照图

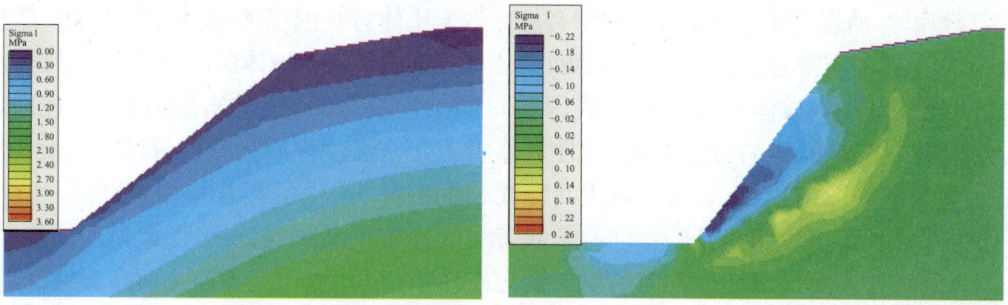

图 3-2　自然边坡开挖前后坡体最大主应力σ_1云图

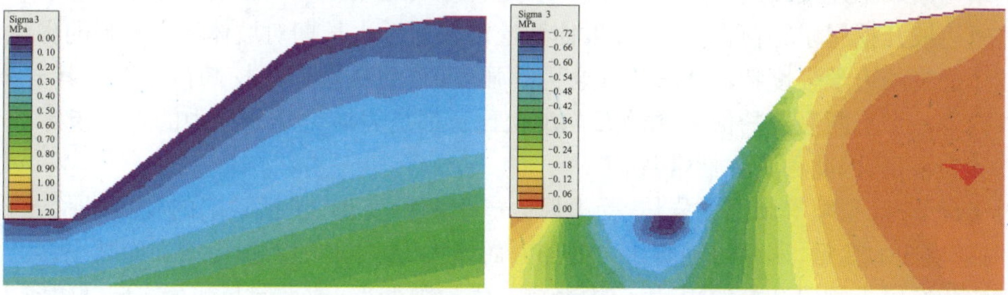

图 3-3　自然边坡开挖前后坡体最小主应力σ_3云图

（3）最大剪应力集中。最大剪应力在临空面附近、特别是在坡脚与坡肩处显著增大，呈集聚发展态势，如图 3-4 所示。

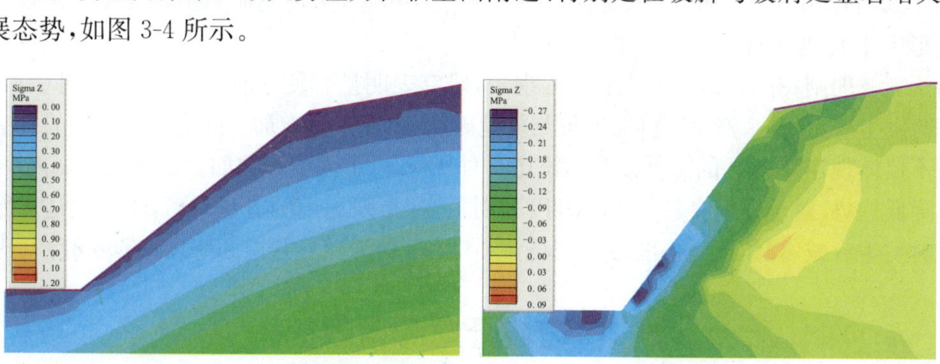

图 3-4　自然边坡开挖前后坡体最大剪应力云图

（4）松弛应力区形成。路堑边坡开挖过程中，随着边坡侧向应力的解除（卸荷），边坡开挖卸荷面产生回弹变形，坡体应力产生相应的调整，其结果是在坡体一定深度范围内形成卸荷松弛应力区。开挖后形成的坡体二次应力场包括应力降低区（$\sigma<\sigma_0$）、应力增高区（$\sigma>\sigma_0$）和原岩应力区($\sigma \approx \sigma_0$,为不受开挖卸荷影响的区域)。

3.1.3 边坡岩土强度规律

对于路堑边坡坡体岩土介质材料来说,其最基本的物性参数为天然密度 γ 和含水率 ω,而最基本的强度参数主要为黏结力 c 和内摩擦角 ϕ。岩土的强度是边坡稳定性分析的基础,边坡岩土强度研究包括土的抗剪强度、岩石的抗剪强度、结构面的抗剪强度、岩土峰残强度特性、岩土非饱和强度特性以及岩土强度流变规律等主要内容。边坡岩土强度的动态特征与规律决定边坡稳定性动态及其发展趋势。

路堑边坡在未经开挖前,属于自然边坡,其坡体岩土介质材料的强度特性遵循一定的分布规律。对于均质坡体或者类均质坡体由于自坡表至坡体深部,随着深度的增加,岩土体单元的自重应力 σ_Z 将线性递增,而岩土体自重应力的递增必然导致岩土体容重的增加;随着深度增加,岩土的孔隙比减小,岩土体的质密程度将越来越高,因此岩土体强度由坡表至坡体深部必然逐渐增强。

对于自然边坡,当坡体内含有各种成因的软弱结构带(面),诸如岩层层面、节理面、断层带、岩层差异风化界面、土岩分界面等,致使坡体岩土介质强度性质在软弱带(面)处最为劣化。在地下水富集的坡体内,水与软弱带岩土间存在长期的物理、化学相互作用,致使岩土体矿物成分、化学成分改变,颗粒间联结力减弱,软弱带强度性质不断减弱,最终形成薄弱的滑动带。

其中,土岩分界面是边坡岩土体的主要变形破坏依附面,由于其不连续面显著特征与地下水的突出作用,在山区道路历经台风暴雨作用时,其边坡工程病害更为严重。同时,边坡土体中原生结构面或不连续面的不利作用和影响,是类土质边坡工程病害的主要原因。

路堑边坡开挖属于卸荷作用,因此坡体开挖以及地下水长期对坡体岩土材料的劣化作用,致使坡体最终的力学强度特性体现为残余力学强度值,而在坡体开挖卸荷过程中其岩体力学强度参数是一个不断衰减的值。弹模 E 与泊松比 υ 都是岩体力学研究中的重要指标,对于完整岩体其为常量,因此称为弹性常数。

对于含节理、裂隙等缺陷的岩体,受力后会产生两种变形,包括缺陷的变形以及岩石的变形,此时弹模成为变量,压缩时随着压力的加大而增大,拉伸时随着拉力增加而减小。

边坡开挖属于侧向卸荷作用,因应力释放产生松弛变形,使走向与卸荷方向交角较大的节理、裂隙面产生扩张,弹模因此变小。

由于卸荷作用致使节理扩张、延伸、串通、产生新裂隙,呈现明显的扩容现象。出现卸荷方向的变形大于其他方向的变形现象。

对于三峡船闸花岗岩卸荷造成的扩容现象,研究表明扩容使 υ 值由 0.23 增大到 0.47,说明侧向卸荷发生应力释放,产生回弹胀变形与松弛破裂,因此 υ 值增加。卸荷作用造成岩体力学参数衰减不仅体现在弹模 E 的降低以及泊松比 υ 的升高,对于强度参数如 c(黏聚力)、ϕ(内摩擦角)都呈现降低趋势,对于强度参数的衰减可以采用霍克-布朗运用的方法求解,不仅上述参数在岩体卸荷时发生衰减,岩体抗压强度(σ_{cm})与抗拉强度(σ_t)均为随着开挖卸荷衰减的变量。

3.2 边坡开挖卸荷效应

3.2.1 开挖卸荷的基本理论和力学基础

(1)岩土开挖卸荷松弛的概念

工程开挖卸荷引起的围岩松弛(动)变形问题历来受到岩石力学界的重视,国内外的研究首先是围绕地下洞室的开挖展开的，而近年来在边坡的开挖分析中取得了一些进展。

地下工程中的相关研究以 ZEDEX(Zone of Excavition Disturbance Experiment)项目最具有代表性。1994～1996 年，由法国、英国和瑞典的三家科研单位联合以瑞典东南部 Aspo 岛的硬岩试验室为基地，选取 TBM(隧道掘进机)、低能光面爆破、常规光面爆破三种开挖方法，开挖了两条试验隧洞，并沿洞周径向布置一系列钻孔，采用声波、地震波、声发射、水力试验、岩块力学试验、收敛与多点位移计量测多种手段开展了试验与分析工作，以研究三种方法在开挖前后所形成的开挖扰动区 EDZ(Excavation Disturbed Zone 或 Excavation Damaged Zone)。研究结果表明:EDZ 中的岩体力学与水力学特性在开挖后发生了明显变化;在大多数情况下，EDZ 的范围小于洞径的 1/2;岩体类型、地应力场和开挖方法是影响 EDZ 范围与性质的主要因素。

T. Sato 等在日本中部的 Tono 矿区的第三纪沉积岩地层中进行了一系列开挖扰动试验，比较了爆破开挖和机械开挖中隧洞岩体 EDZ 的大小，试验结果显示试验隧洞因机械开挖产生的 EDZ 约为洞壁后 0.3 m 范围之内，因此机械开挖将有效控制 EDZ 的范围及其相应岩体力学参数的改变。

G. Backblom 和 C. D. Martin 在研究加拿大、日本和瑞典等国对核废料地下储藏室岩体的开挖扰动性状的基础上，将开挖影响的岩体划分为 Failed Zone(区内块体与岩体分离)，Damaged Zone(区内岩体发生不可逆变形，例如裂缝拓展、变形模量衰减和渗透性改变等，这些改变是因为临近开挖区附近岩体大范围或局部屈服的结果)，Disturbed Zone(区内岩体力学参数改变不明显或可逆的)。J. Autio、K. Schuster、H. J. Alheid 和 Zhengmeng Hou 等也进行了类似的研究工作。

在我国，围绕隧道围岩自承体系理论的发展和完善，也开展了不少相关试验研究工作。钟世航等将隧道围岩分为松弛带、压密区和原岩区，并采用陆地声纳法和超声波法对比测量了松弛带的厚度。聂运钧、鲁先元等根据声波测试结果将隧道开挖围岩分为应力下降区(松弛圈)、应力上升区(承载圈)和弹性区，分析了实测围岩波速曲线的几种典型类型，并指出光面爆破影响围岩的深度仅 0.2～0.4 m。黄毅等结合龙滩水电站洞室的爆破振动监测与围岩松弛变形检测成果，将洞室开挖影响区分为松弛变形区、塑性变形区和弹性变形区。朱维申等指出需在隧道开挖面附近考虑存在一个松弛开裂区，从而使数值分析更为接近实际。

开挖松弛区同样对边坡的稳定与安全具有重要的作用和影响，国外这方面的研究较少，可查阅的资料有 M. B. Etkin 和 A. E. Azarkovich 针对露天爆破开挖产生的损伤区的形状和范围，给出的确定爆破开挖损伤区半径的公式。而在国内，相关研究以水利水电工程和高速公路深路堑工程为主。

围绕三峡工程开展的相关研究是比较多的。

哈秋舲等在国内较早认识到岩体边坡开挖卸荷力学问题，他们结合三峡船闸边坡工程研究了卸荷岩体的各向异性特性、强度理论、尺寸效应、流变性质及宏观力学参数的数值模拟方法，建立了一套卸荷岩体力学研究方法。

邓建辉等在三峡船闸边坡和隔墩上进行了一系列的现场试验研究，研究手段包括详细的工程地质调查，裂隙张开度统计，声波、地震波和地质 CT 物探，室内岩石力学试验和现场钻孔弹模试验，滑动变形监测等。研究认为围岩开挖松动区表现为岩块沿原结构面的张裂和错动，岩体的完整性下降(岩体扩容);在松动区形成过程中，岩块的强度和变形性质受影响较小，在爆破的直接破损区(厚度一般小于 2 m)之外，未见新生结构面生成;岩体的松动程度从边坡表面向内逐渐降低。

高大水等采用多种监测试验手段结合数值分析结果，将三峡船闸中隔墩岩体分为爆破-卸荷松弛带、卸荷松弛带和未松弛带，并给出了岩体力学参数的分带建议值。

朱焕春等根据三峡升船机及临时船闸高边坡岩体声波测试结果，结合边坡控制性因素差异，将边坡岩体松弛划分为表层松弛、浅层松弛和深层松弛，对应的深度期望值分别为 0.3～0.5 m、2.0～3.0 m 和 5.0 m 以上，并与石安池等对边坡块体破坏机制进行了初步分析。

盛谦等采用非线性有限元分析、现场试验、仪器监测、反分析和岩体质量分级等手段研究了三峡船闸高边坡的开挖扰动区（EDZ)的分布范围，并将之划分为开挖损伤区，卸荷影响区和轻微扰动区。分析了开挖扰动区内岩体力学参数的弱化效应，并指出实测的开挖扰动区与非线性有限元计算的塑性区总体上是非常相似的。

彭良伟、王军怀等总结了当前工程界一般采用的表层松弛带(爆轰致裂，一般小于 5 m)、卸荷松动带(5～20 m)、应力调整带的三带划分办法来分析边坡开挖松弛效应，并据此采用弹黏塑性模型模拟了边坡的爆破松弛效应。

黄润秋等研究了边坡开挖或河谷下切的卸荷过程中边坡应力场的重分布，提出了边坡二次应力的“驼峰应力分布规律”，分析了岩质高边坡卸荷带的形成机理，并结合三峡船闸高边坡的开挖和监测实践，讨论了卸荷带的工程地质意义及其力学性状。

聂德新等运用波动力学关于平均应力与体积模量，岩体纵波速度与弹性模量、变形模量间的关系，通过部分实测资料及边坡应力场有限元分析的资料，分别建立了纵波速度与岩体变形模量、岩体应力间的关系，研究了开挖边坡岩体变形模量的变化，预测了岩体松弛带的厚度，并指出大规模爆破在边坡表部岩体形成的强烈松弛带的厚度一般在 3 m 之内。

李晓等对岩体卸荷和工程特性进行分带研究。

肖世国等通过考查开挖松弛区的应力场与位移场特征，将边坡开挖应力场分为应力释放区、应力集中区和原岩应力区，将边坡开挖位移场分为松动区、塑性变形区和弹性变形区，讨论了应力场分析和位移场分析的一致性。并借鉴了强度折减和安全系数等值线的分析思路，通过考查坡体开挖后的应力场或位移场在坡体不同深度处沿相应参考线段的应力或位移变化曲线，来寻找相应稳定系数条件下开挖影响区的范围。

在上述研究基础上，冯君等在 16 组小比例模型试验中，通过考察坡体内岩体相对于给定限定值的位移变化，研究了顺层岩质边坡开挖松弛区的分布范围和变化特征，并讨论了顺层边坡经卸荷回弹、拉裂面扩展，最终产生滑动破坏的变形失稳机制。

赵晓彦等分析了类土质边坡开挖过程中卸荷裂隙的产生机理，并通过开挖卸荷的离心模型实验考察了卸荷裂隙的发展规律，并将边坡卸荷松弛岩土体分为表层松动带、卸荷变形带和应力调整带，提出了在实际工程中确定卸荷带宽度的方法。

总体来说，当前工程界对边坡开挖松弛问题还停留在定性和半定量的基础之上，通常从卸荷现象的角度研究开挖边坡岩体的变形，将卸荷岩体分为强卸荷带、弱卸荷带。而从岩体松弛着手研究边坡开挖松弛带的厚度及工程特性变化还比较少，对开挖松弛区的力学特性还未完全搞清楚，对开挖松弛区对边坡稳定性的影响机理及其控制手段还缺乏深入研究，对岩体松弛区或卸荷带的划分尚无统一标准和明确方法，在实际的工程设计中的应用还很困难。因此，研究边坡岩土体开挖后的松弛厚度和物理力学性质的变化，对评价边坡稳定性、优化边坡防护措施具有实际意义。

(2)边坡开挖卸荷松弛的定义

如前所述，对开挖松弛区的认识首先是从隧道的开挖分析和支护加固开始的。近年来，国内大规模的水利水电和山区道路建设形成了大量人工开挖高陡边坡工程，使得人们开始重视边坡的开挖松弛问题。

边坡开挖卸荷松弛的问题，有别于普通材料应力松弛的概念。普通材料的应力松弛是指在保持应变的条件下，其应力随着时间而减小或降低的物理力学现象，体现一个时间效应的问题。而边坡开挖卸荷松弛虽然也存在时效的特征，更主要的是指坡体应力场的调整所产生的松弛行为或现象。为明确边坡开挖松弛区的基本概念，我们分别就边坡开挖松弛的定义、现象、力学特征和工程意义进行分析和探讨。

边坡开挖卸荷松弛的定义可以理解为由于边坡的开挖卸荷作用引起坡体应力场的调整，在开挖坡面附近的一定区域或范围内其应力水平急剧降低，或解除，或释放，或至某一新的平衡的应力水平，该区域即称之为边坡开挖卸荷松弛区（或松弛带）。

边坡开挖卸荷松弛的现象主要表现为边坡坡面的回弹变形、裂面的张开与扩展、岩体或土体的松动等基本物理现象，以及新裂隙的产生、塑性区的形成和边坡的局部或整体破坏解体等衍生破坏结果。

对于边坡开挖卸荷松弛的力学特征及其工程作用和意义，经过理论分析、数值模拟和现场实测等多手段的对比研究，工程界接受了边坡开挖松弛区的概念。并且，对边坡开挖松弛区有了以下基本认识：边坡的开挖破坏了岩土体原有的应力平衡，并产生应力场的调整，从而导致坡体松弛带的形成。伴随这一过程，在边坡开挖面附近一定深度范围内的岩土体因应力场的急剧调整而使坡体应力水平超出了岩土体材料的抵抗能力，产生变形甚至破坏，其区内岩土体的物理力学特性产生弱化效应，并为风化营力、地下水等外动力作用提供了通道，促进了岩土体的进一步变形与破坏。

开挖松弛区对边坡稳定性分析与防护加固工程设计具有重要的作用和影响，对路堑边坡的工程设计而言，人们关心的是开挖松弛区产生的原因，松弛区的分布特征和影响因素，如何在工程设计中确定松弛区的范围，松弛区岩土的强度衰减效应如何影响边坡的稳定性，以及如何对边坡开挖松弛区进行控制（如施工方案和防护加固技术）以保证边坡的稳定性等。

(3)边坡开挖卸荷的力学机制

路堑边坡的开挖松弛效应一般可分为两种：一种是因为采用开挖爆破导致坡表一定范围内岩土体的原生裂隙的张开扩展或产生新的微裂隙（称之为“爆轰作用”），从而产生岩土体应力水平下降和物理力学性质的弱化，可称之为爆破致裂松弛；另一种是因为开挖面应力解除导致坡体内应力场的重分配而产生的卸荷松弛效应。

坡体开挖前后的应力场变化可用下式表示：

$$\{\sigma\}=\{\sigma_i\}+\{\Delta\sigma_s\}+\{\Delta\sigma_d\} \tag{3-4}$$

式中，$\{\sigma\}$为边坡开挖后的应力场；$\{\sigma_i\}$是边坡开挖前的初始应力场；$\{\Delta\sigma_s\}$为坡体开挖面应力解除导致应力重分配产生的附加应力场；$\{\Delta\sigma_d\}$为坡体爆破开挖动力效应产生的附加应力场及其影响。

边坡开挖爆破引起的岩体松弛范围与采用的爆破工艺和岩体的力学性质有关，既有的研究成果认为对于完整性较好的岩石（如三峡船闸高边坡），可通过光面或预裂爆破将爆破直接损伤区控制在1 m之内。一般工程界认为大规模爆破在边坡表部岩体形成的强烈松弛带的厚度一般在3 m之内。在实际工程设计中，这一范围是坡表防护的范围，可通过锚喷或局部增加系统锚杆来处理，对边坡的整体稳定性影响较小，因此路堑边坡工程的实际设计工作中主要是考察$\{\Delta\sigma_s\}$对边坡开挖松弛区的影响。

开挖面附近岩土体的应力调整同样可能经历弹性和塑性两个阶段的变形，我们首先来分析岩土体节理的张开和错动机理，然后讨论卸荷过程中应力的调整和材料的屈服变形。

为研究边坡岩土体开挖裂隙孕育和发展的原理，可以考察一个边坡应力场，其应力条件一般可分解为法向压应力和切向剪应力。在平面应变条件下，以自重应力场的垂直开挖为例来说明原生裂隙的张开过程和剪切过程，如图 3-5 所示。该模型开挖面附近岩土体在开挖前后主应力方向基本是不变的，即水平向的 σ_3 与开挖面近垂直，且铅直方向的 σ_1 基本不变。

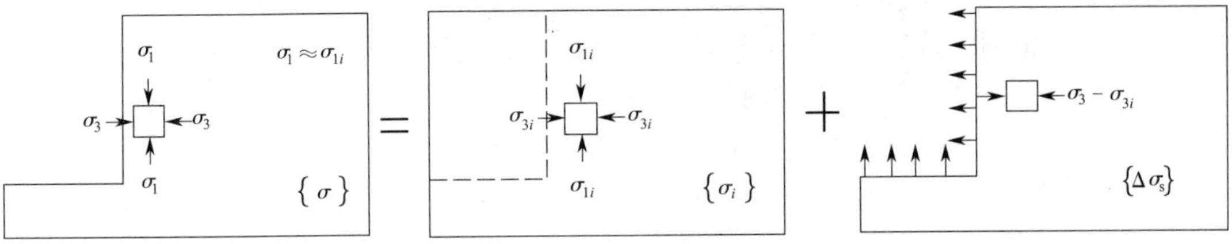

图 3-5　自重应力场垂直开挖示意图

在开挖应力调整的弹性卸荷阶段，调整应力场变化实质上就是坡体应力状态中的围压 σ_3 得到一定程度的释放，这样就相当于在岩土体上施加了一个沿原 σ_3 方向的拉力 σ_t，拉力大小为 $\sigma_3-\sigma_{3i}$（σ_{3i} 为初始水平应力），在拉力 σ_t 的作用下，坡体中与 σ_3 垂直方向的原生裂隙因不能承拉而张开，这就是原闭合裂隙张开的过程。

对于随机分布裂隙的张开过程，其原理与之类似，皆起源于裂隙法向压应力分量的减小。开挖后应力场中的岩土体裂隙所受的剪应力为 $(\sigma_1-\sigma_3)/2$，而在开挖前剪应力值为 $(\sigma_1-\sigma_{3i})/2$，这样开挖前后剪应力差值 $\Delta\tau$ 可计算为 $(\sigma_{3i}-\sigma_3)/2$，正因为 $\Delta\tau$ 的存在，裂隙将产生剪切变形 $\gamma=\Delta\tau/G$（G 为裂隙的剪切模量），当 $\Delta\tau$ 量值超过裂隙的抗剪强度 τ_f 时，裂隙将产生屈服滑移，这就是原生裂隙错动的过程。

对于随机分布裂隙的滑移变形，其原理亦与之相似，皆起源于裂隙切向剪应力分量的变化。

实际工程中，原生裂隙的张开和错动是松弛区岩体的基本特征之一。

边坡开挖面附近的岩土体在开挖卸荷的作用下产生应力状态的急剧调整，导致岩土体内裂隙的张开或错动变形，产生岩土体扩容，降低了岩土体的弹性模量，并进一步加剧了裂隙的扩展过程和岩土体承载能力的衰减过程，从而有可能使局部岩土体首先达到屈服，进入塑性状态，体现为残余强度承载。

塑性区内岩土体因不能承载而与周边处于弹性状态的岩土体产生应力调整和转移，塑性区内岩土体应力适当降低（有可能卸载进入弹性状态），而周边岩土体应力适当增高以维持应力场的平衡和岩土体的稳定。

当岩土体承载能力不断下降，塑性区范围不断扩大以致于在岩土体内部形成贯通性的屈服区（带）时，岩土体将产生累进性破坏。

需要明确的概念是，岩土体材料处于屈服状态并不意味着材料的完全破坏，可能因为外部因素的扰动作用产生局部变形和破坏，也可能因为材料的应力应变硬化和软化特征而表现为进一步的承载功能。

弹塑性问题的数值模拟允许材料屈服发生后继续求解，且破坏状态本身可能随着模拟进展而不断变化，可以较好的模拟这一过程。

根据以上分析，边坡开挖卸荷引起的坡体塑性区应具有以下两个基本特征：其一是塑性区必然是渐进发展的，从分布范围上讲，应该是包含一定的范围，而且应该在应力调整最剧烈的开挖面附近；其二是塑性区内岩土体的应力将有所降低，而塑性区边缘的弹性岩土体的应力应有所增高。

3.2.2 边坡开挖卸荷的数值分析

(1)数值分析理论和方法

采用经典力学的解析法处理具有复杂边界条件和强烈非线性的边坡工程问题是十分困难的。随着计算机技术的飞跃发展，使得人们有条件运用另一种求解途径和方法，即数值解法，来得到分析问题的近似解，以满足工程应用的需要。一直以来，国内外学者开拓创新，将很多数值解法引入到边坡稳定性分析领域，取得了不少成果，主要有有限单元法、离散单元法、有限差分法、块体系统连续变形分析法和流形元法等，其中，有限单元法是目前应用最为广泛的。

离散单元法(DEM)1970年由Cundall首次提出，它将所研究的区域划分成一个个分离的多边形块体单元，块与块之间没有变形协调的约束，但需满足平衡方程。块体的运动不是自由的，它会遇到邻接块体的阻力。本构方程可以是线性的，也可以是非线性的。这种方法适用于解决非连续介质大变形问题，对分析被结构面切割的岩质边坡的变形和破坏过程比较实用。

有限差分法的代表是美国I-TASCA咨询集团推出的快速拉格朗日分析程序FLAC。FLAC是一种显式有限差分程序，它提供了各向同性和横观各向同性材料线弹性模型、Mohr-Coulomb和Drucker-Prager模型、应变软化和双屈服模型以及修正的Cam-clay模型等，这种算法可以很好地模拟材料的屈服、塑性流动、软化直至大变形，适合解决非线性材料的大变形问题。

块体系统连续变形分析方法(DDA) 1985年由石根华和Goodman创立，是基于岩土体介质非连续性发展起来的一种崭新的数值分析方法。DDA法可以模拟出岩石块体的移动、转动、张开、闭合等全部过程。据此，可以判定出岩土体的破坏程度、破坏范围，从而对岩土体的整体和局部的稳定性作出正确的评价。当然，DDA法在岩土体参数的选取、计算时步的大小、边坡渗流及解决大变形问题等方面有一定的局限性。

数值流形元法(NMM)于20世纪90年代初由石根华、林德璋等人提出，对解决有如动、静交叉以及连续与非连续介质藕合问题等是一种新的数值分析方法。NMM法以拓扑流形学为基础，应用有限复盖技术，通过在分析域各物理复盖上建立通用的复盖函数和以加权求和形成总体位移函数，从而把连续和非连续变形学问题统一到这种方法之中，因此该法具有更为通用的特色(汪益敏，2001)，但这种方法目前还不成熟，还有不少问题需要解决。

有限单元法(Finite Element Method，简称FEM)是较早引入边坡工程数值模拟的算法之一，也是目前应用相对成熟的数值算法，近年来在边坡稳定分析中取得了不少成功应用。有限单元法不用引入过多的假定条件，也不受边坡几何形状不规则和材料不均匀性的限制，全面满足了静力许可，应变相容和应力、应变之间的本构关系，提供了应力、变形的全部信息，可以考虑变形体中不连续结构面的控制作用和泥化夹层的渗流效应、孔隙水压力与土体颗粒之间的相互作用、滑动面上的压应力与剪应力随时间的增减变化过程、塑性屈服过程、加工硬化与膨胀软化过程等力学性态，是一种比较理想的分析边坡应力、变形和稳定性态的手段(陈祖煜，2003)。

有限单元法的应用和发展是与计算机程序分不开的，在有限元的发展过程中，软件往往代表了理论和应用的最新进展，商业化的有限元程序提供了人性化的交互式操作界面和便利的前后处理模块，极大地方便了有限元模型的建立和计算结果的整理、归纳。作为一个通用的数值解法，有限元的商业通用程序主要有 ANSYS、ABAQUS、SAP、ADINA 等，但这些软件大都侧重于结构有限元的分析。在岩土工程领域比较成熟的有限元软件主要有 SIGMA/W、PHASE2 和 PLAXIS 等。SIGMA/W 软件是加拿大 GEO-SLOPE 公司出品的岩土工程分析软件包中的有限元应力应变分析程序。PHASE2 软件是加拿大 Rockscience 公司研发的更适用于岩土体工程的有限元应力应变分析程序，并能结合岩土强度折减技术求解边坡工程稳定性安全系数。这些程序除了拥有较为完善的前后处理模块外，同时针对岩土工程的分析内容做了专门的设计，在世界各地拥有广泛的用户群。

传统的极限平衡分析法采用瞬时开挖来分析边坡开挖前后的稳定性变化，有限单元法则可以模拟复杂地质条件下的复杂的开挖过程。有限单元法用逐段线性或非线性的增量法来模拟填方或挖方能得到比较满意的结果(朱百里、沈珠江，1990)。

在当前边坡工程开挖模拟中，应用较广泛的是将初始应力场求得的开挖面上的面力值反向施加于边界上作为开挖荷载，通过开挖时步的迭代计算模拟边坡开挖过程。

SIGMA/W 和 PHASE2 软件都可以直接定义开挖时步，并可在任何计算时步通过挖去相应单元网格来模拟开挖过程。单元开挖以后，其求解器自动计算开挖单元内力引起的结点力，然后作为开挖荷载反向施加于开挖边界上，并调用初始应力场或上一时步的应力场，进行开挖模拟分析。

从路堑边坡的坡体物质组成和变形破坏特点来看，有关边坡变形破坏机制和加固工程对策的数值分析研究，属于岩土体小变形的研究范围，采用有限单元法应该是比较适合的，而且有限单元法的计算程序也相对更为成熟可靠，可以考虑较为复杂的工况条件和工程措施的作用。因此，我们采用 PHASE2 软件作为边坡开挖数值模拟的计算工具。

(2)边坡开挖卸荷数值模拟

实际边坡开挖的情况是不是与理论分析的结果相符合呢？为了进一步研究边坡开挖松弛的力学特性，我们讨论一个边坡开挖的有限元计算分析结果，考查模型的开挖坡率为 1∶0.5，开挖单级坡高 8 m，共依次开挖 8 级，最终开挖形成坡高 64 m 的边坡，如图 3-6 所示。材料模型为 Mohr-Coulomb 弹塑性模型，采用 Phase2 程序计算，主要参数如表 3-1 所示。

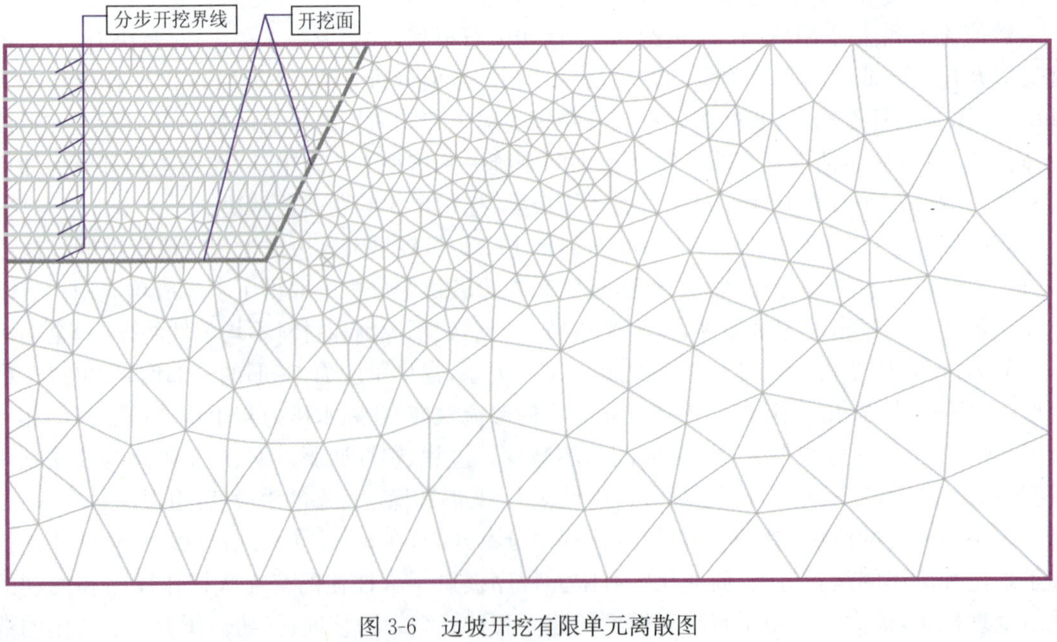

图 3-6　边坡开挖有限单元离散图

表 3-1　边坡开挖模型计算参数表

重　　度	弹性模量	泊松比	抗拉强度	黏聚力	残余黏聚力	摩擦角	残余摩擦角	剪胀角
$\gamma(\mathrm{kN\cdot m^{-3}})$	E(kPa)	υ	T(kPa)	c(kPa)	c'(kPa)	ϕ(°)	ϕ'(°)	ψ(°)
25	500 000	0.3	5	100	85	40	35	20

该分析模型基于以下基本假定。

①边坡场区受自重应力场控制；

②遵循二维平面应变假定；

③不考虑节理和地下水影响；

④采用强度折减法计算安全系数。

图 3-7 给出了开挖完以后坡体最大剪应变云图及应力矢量方向，采用强度折减算法计算开挖完边坡的稳定系数为 1.0，并形成了如图最大剪应变所示的破坏面。图中可看出，在边坡远离开挖面处，坡体应力条件改变很小，主应力方向基本未变；趋近于破坏面附近，边坡主应力场逐步产生明显偏转，σ_1 方向逐步向平行坡面方向发展；在坡面处，σ_1 方向将完全调整至平行坡面方向。

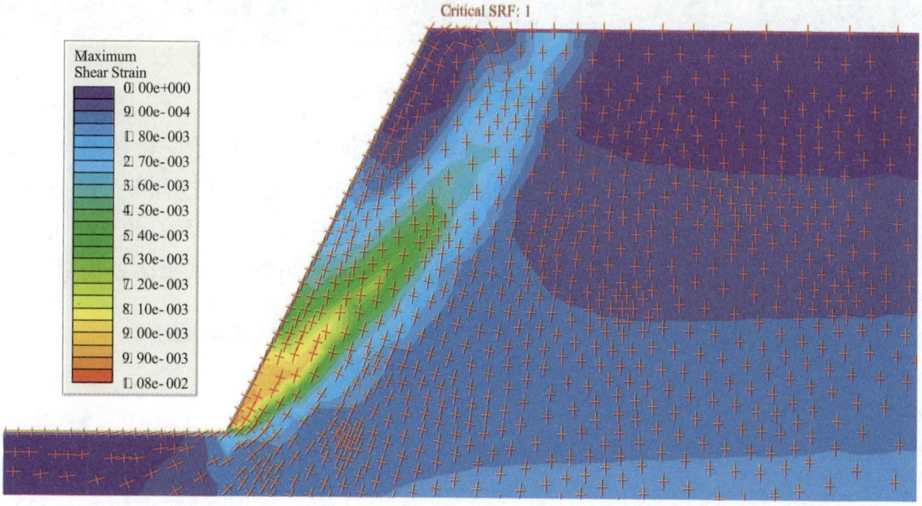

图 3-7　边坡开挖后最大剪应变云图及应力矢量图(十字叉为主应力矢量)

根据以上分析，边坡开挖引起坡体应力场的调整是的确存在的，下面通过考查 σ_1 的增减变化来研究坡体应力调整量值的大小。

图 3-8 显示的是边坡开挖所导致应力张量增量的最大主应力分量云图，可简称为 σ_1 增量。其量值的获取是通过求取开挖前后坡体单元应力张量之差(仍然是应力张量)，然后将其在节点上分解到该差值应力张量的最大主应力分量方向上，而不是考虑两个比较时步最大主应力的标量值大小，因此体现了坡体岩土最大主应力方向的偏转，全面表征了边坡应力场的改变。为简化叙述，下文采用 σ_1 增量这一简称。

如上图 3-8 所示，在近开挖坡面附近，存在一个岩土体应力水平呈明显降低的区域，σ_1 降低最大值约 600 kPa，最大值区分布在坡脚上方的坡面附近，σ_1 量值降低程度随与开挖面距离增大而逐步减小；相对不同的高程对应位置，在距离开挖面 8～15 m 处 σ_1 量值基本与开挖前相当；进一步考察边坡应力场发现，在应力降低区内侧存在一个应力急剧升高的区域，σ_1 最大增量值约 360 kPa，区内应力场量值梯度较大，而且这个应力升高区与应力降低区的过渡是剧烈的；随着与开挖面距离的进一步增大，在应力升高区内侧的大片区域，坡体应力状态的改变是比较小的，基本与原岩应力水平相当。

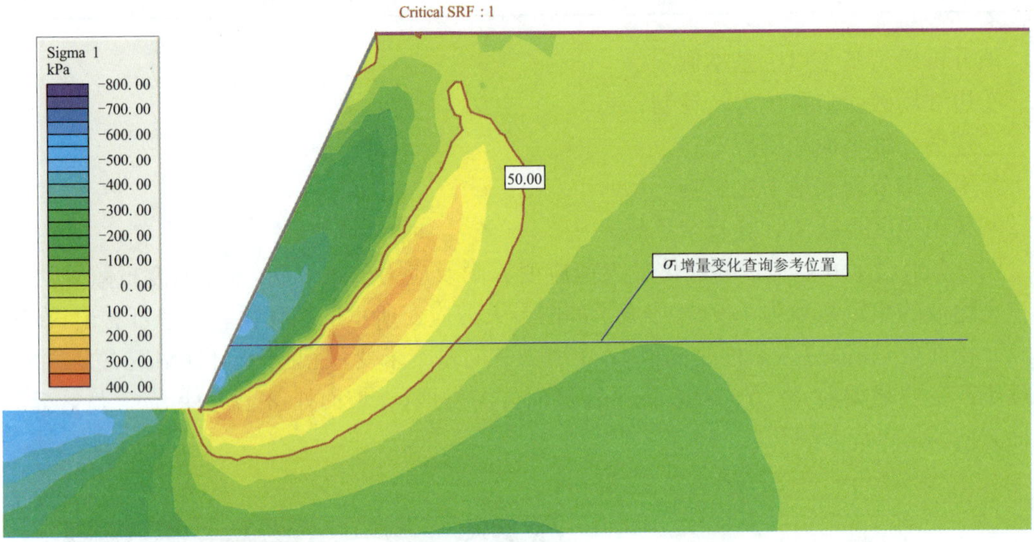

图 3-8　边坡开挖后 σ_1 相对初始应力场的增量云图

考查图 3-8 所示近坡脚高程位置的水平参考线上坡体岩土 σ_1 增量变化如图 3-9 所示。由图分析，与开挖面水平距离 0～8 m 处 σ_1 降低最多约 450 kPa；距离开挖面 8～12 m 处 σ_1 增量急剧变化趋于 0；在距离开挖面 12～20 m 处 σ_1 增量急剧升高，至最大值约 320 kPa；其后在 20～45 m区域内 σ_1 增量逐步衰减至 0，其内侧区域坡体应力适当降低，基本体现为原岩应力场。

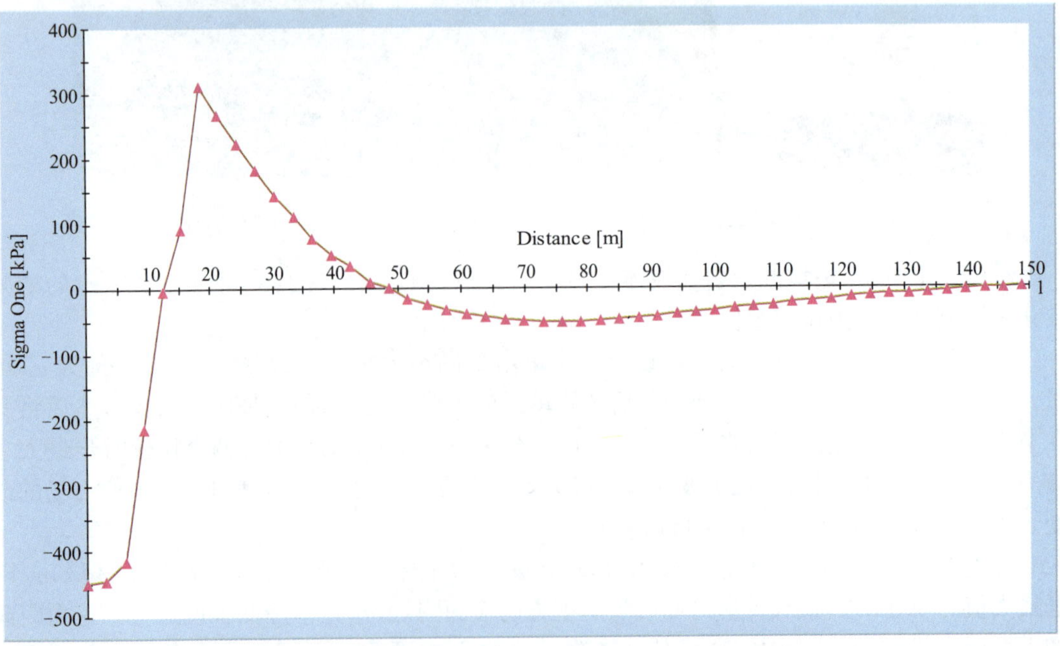

图 3-9　近坡脚高程处水平参考线处岩土体 σ_1 增量变化图

基于以上分析计算结果,根据开挖坡体的应力调整水平,结合与开挖面的距离,可将边坡应力场分为应力下降区、应力升高区和应力基本不变区。这种应力场分布类似于隧道开挖中应力下降区(松弛圈)、应力上升区(承载圈或压密圈)和原岩应力区。

图3-10给出了开挖完成后坡体的塑性区分布形态,经与图3-8对比发现,塑性区的分布范围与应力降低区的范围是基本一致的。结合图3-7分析发现,塑性区范围内岩土的应变是比较明显的,而在距离开挖面较远区域,即相当于应力基本不变区内的岩土体的应变则是很小的。因此从坡体变形的分布形态来看,可将坡体变形场划分为塑性变形区、弹性变形区和微量变形区(考虑采用的是连续介质力学的分析方法,该区实际上是未变形区)。

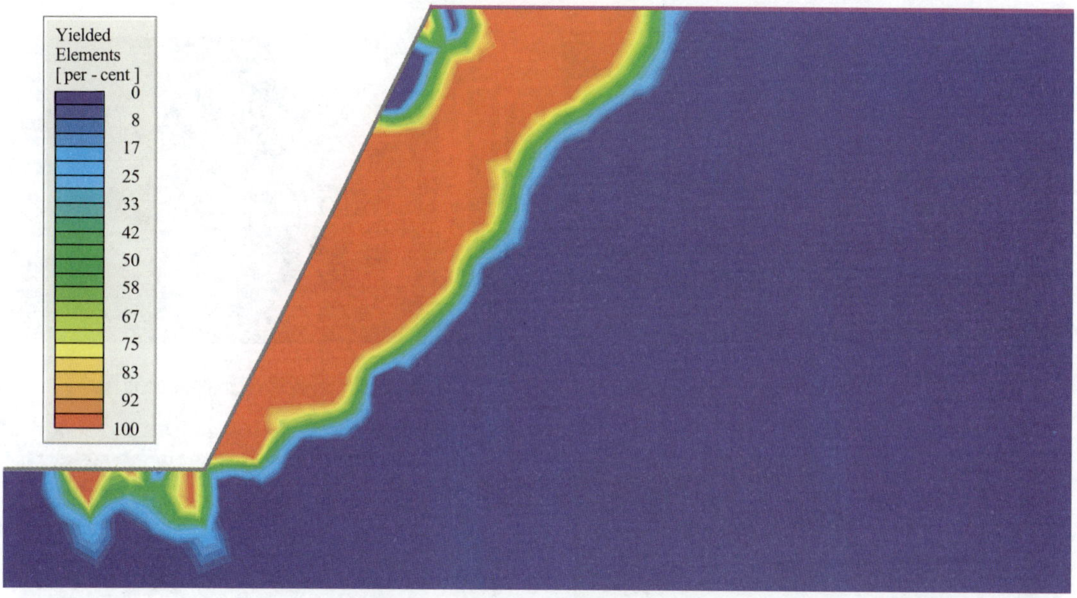

图3-10　边坡开挖后塑性区分布图

这一现象并不是偶然的,我们可以从前述边坡岩土体卸荷过程中应力的调整转移和材料的屈服变形特征来解释:开挖面附近岩土体因不能承载而产生塑性屈服,并经坡体应力重分配而产生区内应力水平的降低;而塑性区内侧的岩土体将转而承受系统的主要荷载,体现为较高的应力水平和较明显的应变变形。

另一方面,还可以从能量的角度来解释边坡开挖塑性区或应力降低区的形成机理。近开挖面的岩土体在开挖面边界约束解除这一不利工况条件下,首先产生应力条件的急剧改变,一般将产生明显的应力增高,并体现为较高的弹性应变能;在应力水平突破岩土体的屈服强度后,产生明显的塑性变形,在塑性变形做功的过程中将伴随明显的能量损失,从而引起系统应变能的降低,也包含坡体应力水平的下降,该部分岩土体进入屈服后的残余强度承载阶段;与此同时,岩土体应力升高区的范围则逐步向坡体内侧推移。

为了进一步说明边坡开挖卸荷产生变形失稳的渐进破坏过程,下面给出在分8步开挖时,边坡σ_1增量和塑性区变化的完整过程,如图3-11至图3-26所示。

边坡开挖1～2级,首先在开挖面产生卸荷应力调整,并在开挖坡脚产生应力集中,此时开挖坡面未见屈服,而此时水平开挖面处最小主应力为铅垂方向,并为负值,该处处于受拉状态,体现为局部卸荷受拉屈服,此时对开挖边坡而言属于弹性变形阶段(无塑性区)。

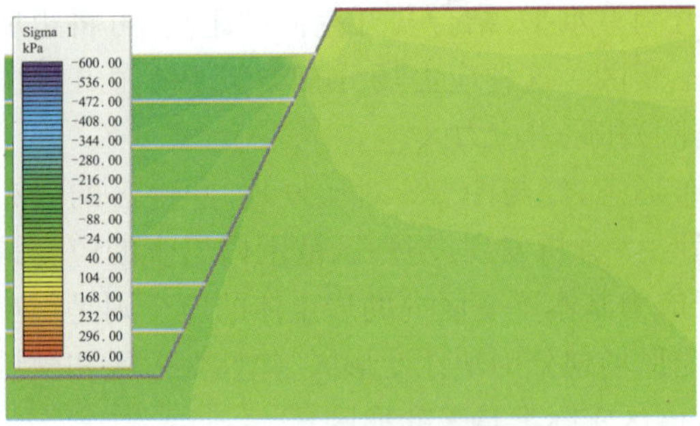

图 3-11　开挖 1 步 σ_1 增量云图

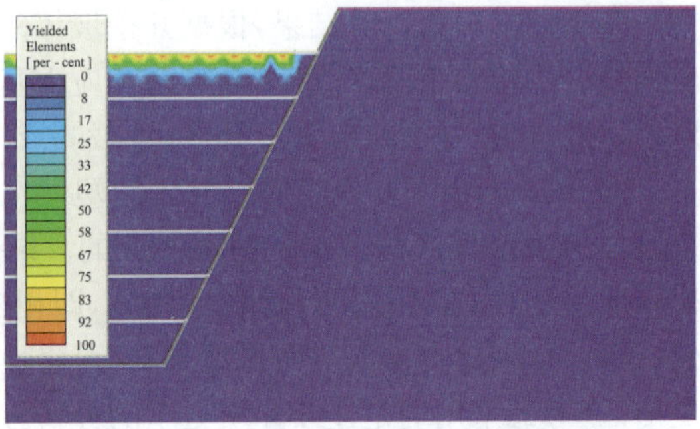

图 3-12　开挖 1 步塑性区分布图

图 3-13　开挖 2 步 σ_1 增量云图

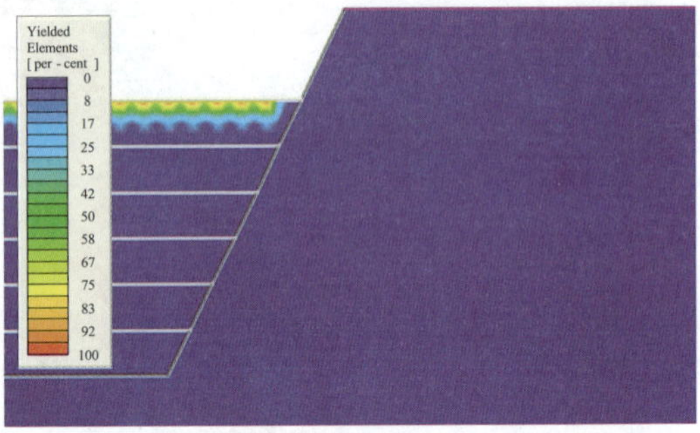

图 3-14　开挖 2 步塑性区分布图

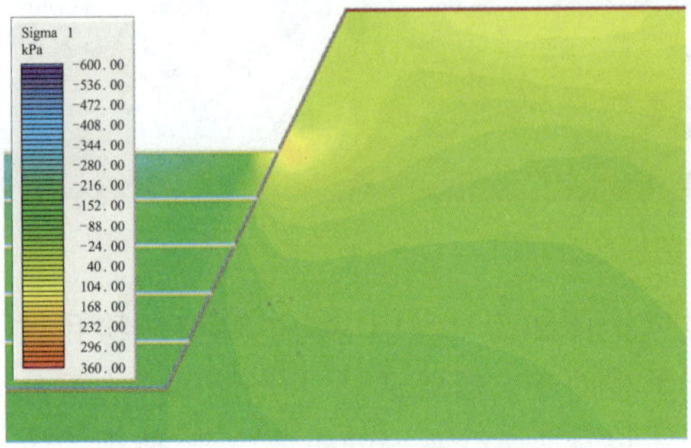

图 3-15　开挖 3 步 σ_1 增量云图

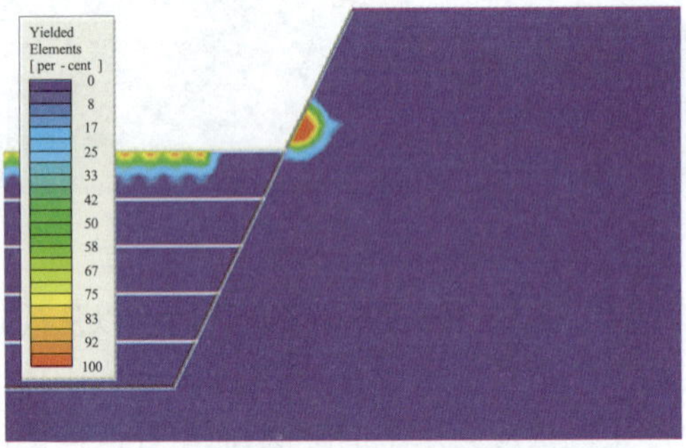

图 3-16　开挖 3 步塑性区分布图

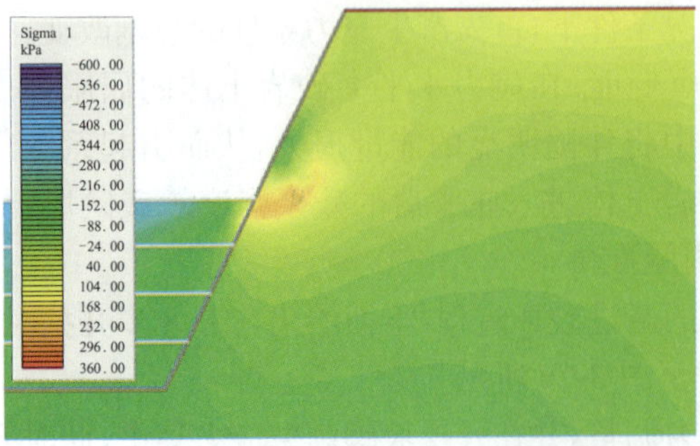

图 3-17　开挖 4 步 σ_1 增量云图

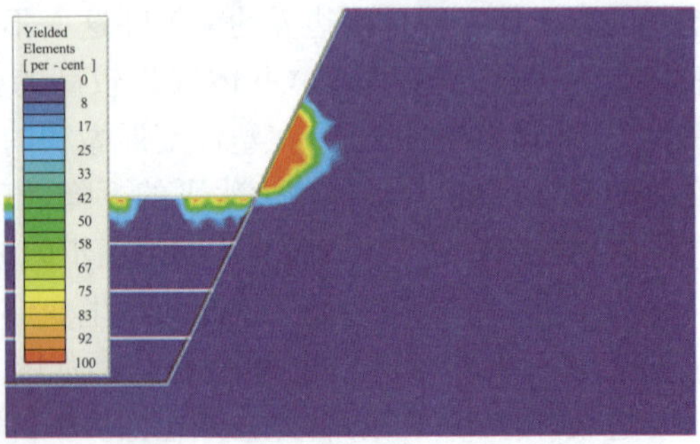

图 3-18　开挖 4 步塑性区分布图

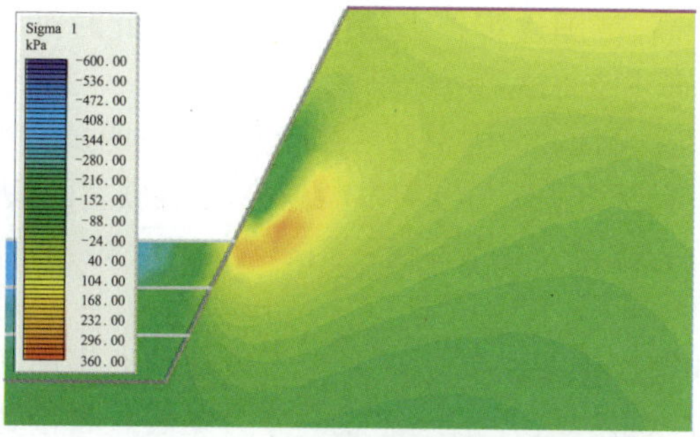

图 3-19　开挖 5 步 σ_1 增量云图

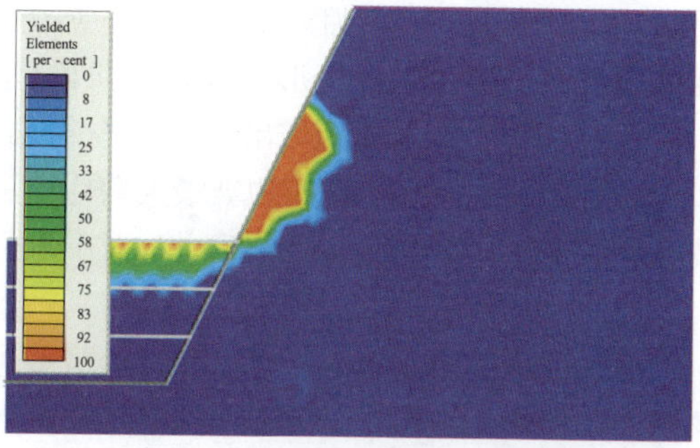

图 3-20　开挖 5 步塑性区分布图

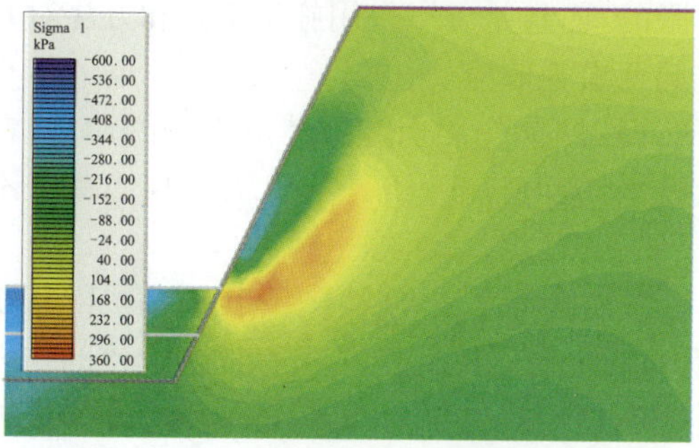

图 3-21　开挖 6 步 σ_1 增量云图

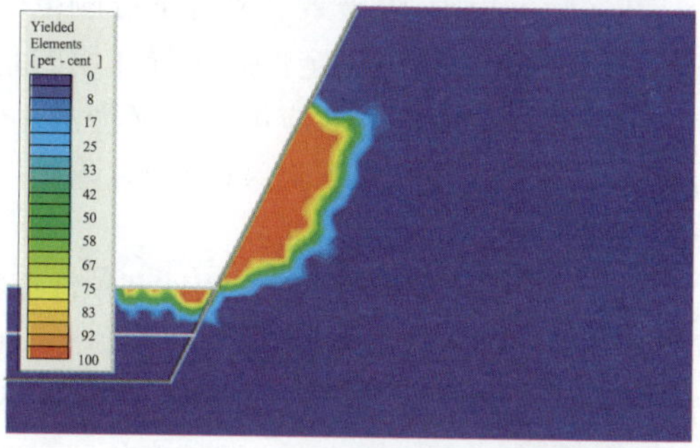

图 3-22　开挖 6 步塑性区分布图

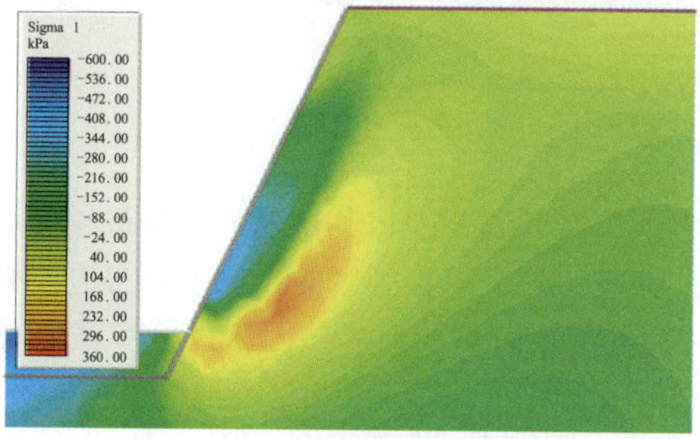

图 3-23　开挖 7 步 σ_1 增量云图

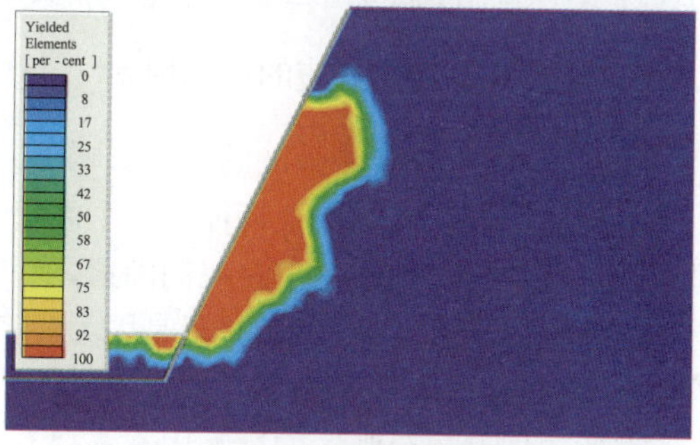

图 3-24　开挖 7 步塑性区分布图

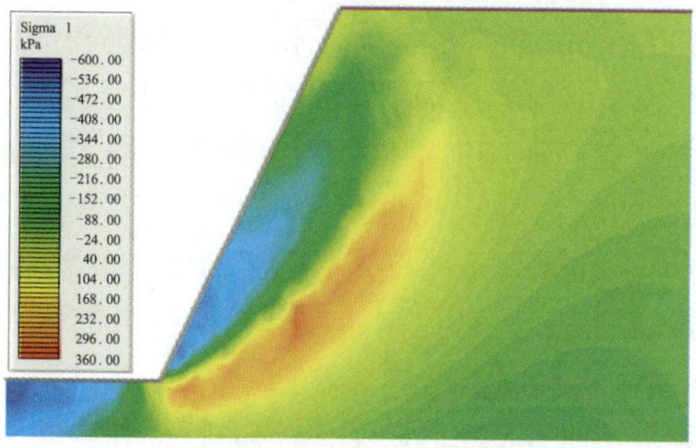

图 3-25　开挖 8 步 σ_1 增量云图

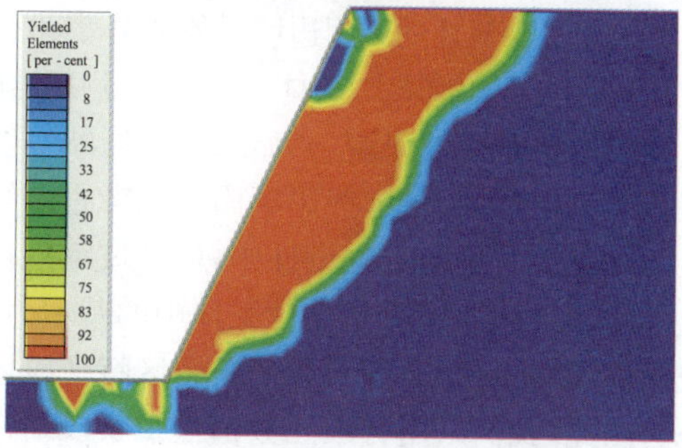

图 3-26　开挖 8 步塑性区分布图

开挖 3 级，坡脚产生明显应力集中区的拓展，伴随产生的是坡脚的局部屈服，比较二者的相对位置可发现塑性区位于坡脚上方，而应力集中区位于坡脚下方，二者区域几乎是没有交集范围的，此时对于开挖边坡而言属于进入塑性变形阶段或局部塑性变形阶段(局部产生塑性区)。

开挖 4～7 级，边坡的塑性区是成片发展，逐步扩大的，分布范围是与靠近开挖面的应力降低区基本吻合的，在塑性区内侧分布是应力逐步升高、范围逐步扩大的应力上升区，此时对于开挖边坡而言属于塑性变形发展扩大阶段（塑性区成片扩展）。

开挖8级，此时开挖边坡出现塑性区的贯通，应力下降区和应力上升区都产生范围的明显扩展和变化量值的急剧增高，此时边坡最大剪应变和体积应变均呈明显定向发展趋势，形成破裂面，边坡安全系数为1.0，边坡产生破坏，此时对于开挖边坡而言属于整体破坏变形阶段（塑性区全面贯通）。

（3）边坡开挖卸荷松弛效应

通过前面的分析和讨论可以知道，路堑边坡开挖松弛区主要是在开挖爆破的动力作用和开挖面卸荷应力调整的双重影响下产生的，因此可以将边坡开挖松弛效应分为爆破致裂松弛和开挖卸荷松弛两种基本类型。

在实际工程中，爆破致裂松弛的影响范围是有限的，而且是可以采用施工工艺和方法对其进行控制，因此对边坡稳定性起主导作用的是开挖卸荷松弛效应。

边坡开挖卸荷松弛效应可以定义为由于边坡的开挖卸荷作用引起坡体应力场的调整，在边坡开挖场区形成应力下降区（应力解除）、应力上升区（应力转移）和原岩应力区（应力基本不变）三个特征区域。

其中，应力明显下降区即为边坡开挖卸荷松弛区（或松弛带），该区域岩土体因应力场的急剧调整而使坡体应力水平超出了岩土体材料的抵抗能力，产生变形甚至破坏，其区内岩土体的物理力学特性产生弱化效应，并为风化营力、地下水等外动力作用提供了通道，促进了岩土体的进一步变形与破坏。主要表现为边坡坡面的回弹变形、裂面的张开与扩展、岩体或土体的松动等基本物理现象，以及新裂隙的产生，塑性区的形成和边坡的局部或整体破坏解体等衍生破坏结果。

3.2.3 边坡开挖卸荷效应的影响因素

（1）边坡开挖卸荷松弛区的主要影响因素

开挖边坡岩土体的松弛特征是一个涉及多因素的复杂问题，并且，其松弛区的分布与特点是路堑边坡失稳与加固的主要控制因素之一。因此路堑边坡开挖松弛区的影响因素与边坡稳定性的影响因子大体是一致的，只是因为考查的对象更具体而需要对一些因素进一步仔细分析，并研究在这些因素影响下开挖松弛区的特征规律。

路堑边坡开挖松弛区的影响因素主要有坡形坡率、坡体结构、岩土强度、结构面特征、防护加固、初始应力条件和地下水发育状态等。

对于一个具体的工程边坡对象来说，其坡体结构可能是非常复杂的；地下水的分布状态和运移规律则受控于大气降水、坡体结构、岩土物理性质等多方面的影响，更需要对实际情况具体分析。

对于路堑边坡来说，初始地应力影响一般不明显，在高地应力条件下则应根据工程实测加以详细分析，因此对这些影响因素的考查应结合具体的工程对象来进行。

在路堑边坡的工程设计中，坡形坡率是根据边坡工程地质条件首先要确定的设计参数，岩土强度和结构面特征是设计工作中的基本力学参数，锚固工程是控制边坡开挖松弛区的主要技术手段，而复杂边坡对象的松弛区特征应该体现这些影响因素的复合效应。

因此，我们采用有限元数值模拟手段，着重研究坡形坡率、岩土强度、结构面特征和锚固工程对边坡开挖松弛区的影响及其规律，以期在路堑边坡的稳定性分析中利用这些规律指导工程设计和防护施工。

（2）坡形坡率对边坡开挖松弛区的影响

1）边坡坡率对松弛区的影响

为了考查不同开挖坡率对边坡开挖松弛区的影响，分别按1∶0.5、1∶0.75和1∶1.0三种坡率进行边坡开挖，开挖 8 级共 64 m，以进行计算对比分析。

分析模型同样沿用前述开挖模型提出的 4 个基本假定，采用的计算参数同表 3-1，给出三种不同坡率开挖后 σ_1 增量和塑性区分布如图 3-27 所示(三者云图变化量值范围一致)。

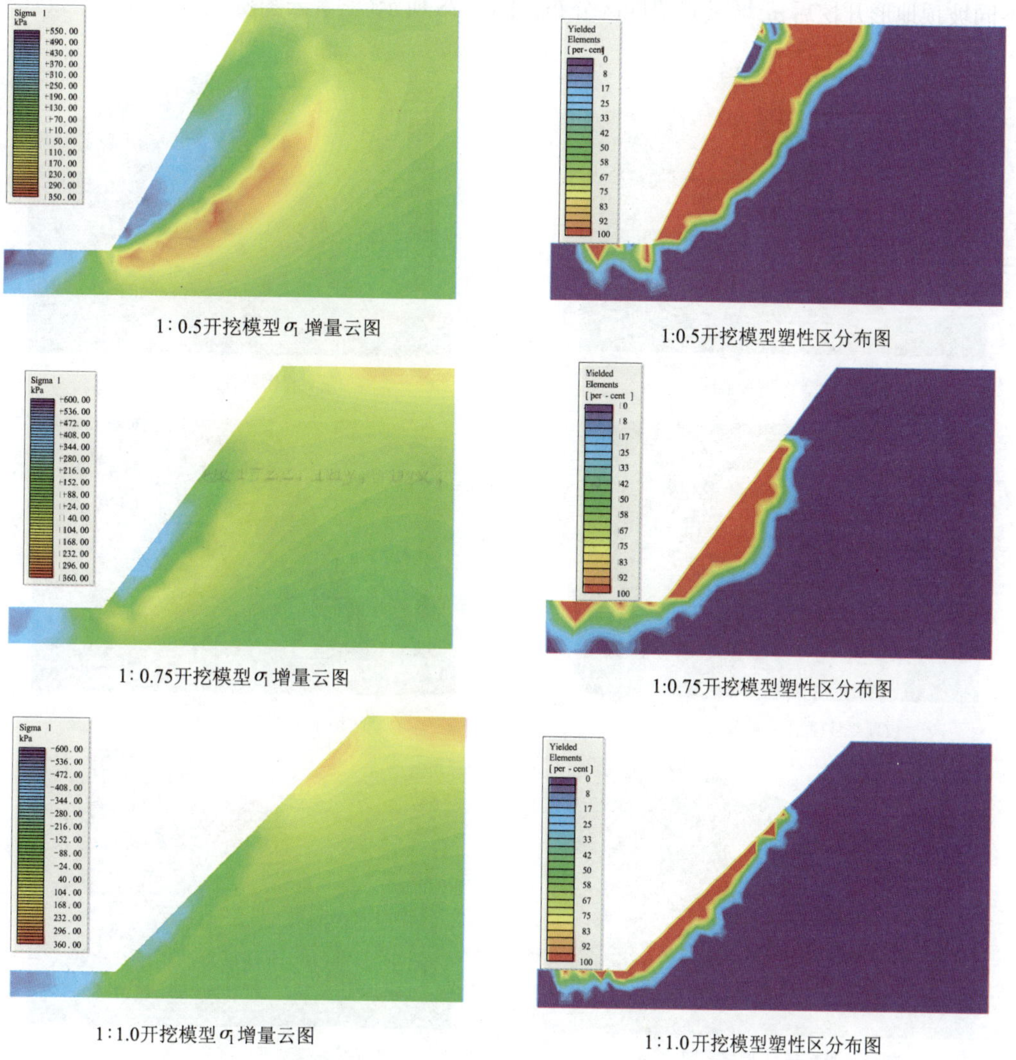

图 3-27　不同开挖坡率条件 σ_1 增量云图与塑性区分布对比分析图

经对比分析可见，边坡开挖松弛特征对开挖坡率非常敏感。1∶1.0 开挖，开挖松弛区范围分布于浅层坡表，总体范围较小，应力衰减程度低，应力集聚效应不明显，边坡稳定系数为 1.46。1∶0.75 开挖，开挖松弛区范围明显扩大，应力衰减加剧，应力集聚效应趋于明显，量值较高，边坡稳定系数为 1.21。1∶0.5 开挖，开挖松弛区范围急剧扩大，应力衰减增幅明显，并体现明显应力集聚效应，边坡稳定系数为 1.0，为极限状态。

综上分析，边坡开挖坡率越陡，开挖松弛效应越明显，主要体现为开挖松弛区范围的扩大、松弛区内应力衰减程度和相应的应力集聚现象的明显提高，并体现为边坡稳定性的较大差异。因此，在边坡设计中以坡率设计来控制开挖松弛区的大小是非常有效的。

2)坡顶地形对松弛区的影响

为研究坡顶地形陡缓条件对边坡开挖松弛区的影响，对比分析的三个计算模型是边坡坡顶反坡 20°、坡顶水平和坡顶顺坡 20°三种地形，均以 1∶0.5 坡率开挖 8 级共 64 m，考查其开挖松弛区的规律。

该分析模型同样沿用前述开挖模型提出的 4 个基本假定，采用的计算参数同表 3-1，给出三种不同坡顶地形开挖后 σ_1 增量和塑性区分布如图 3-28 所示（三者云图变化量值范围一致）。

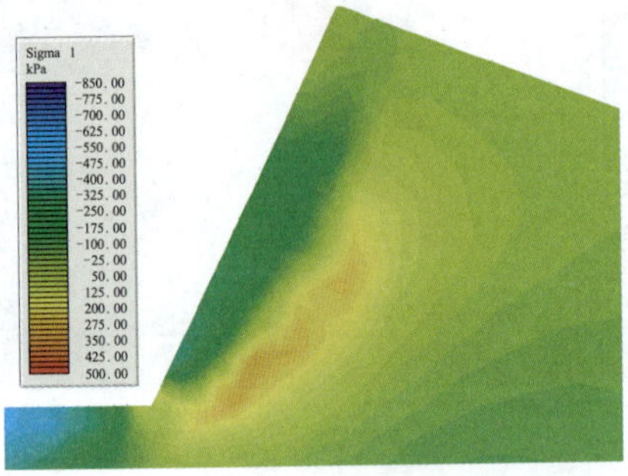

坡顶反坡模型 σ_1 增量云图

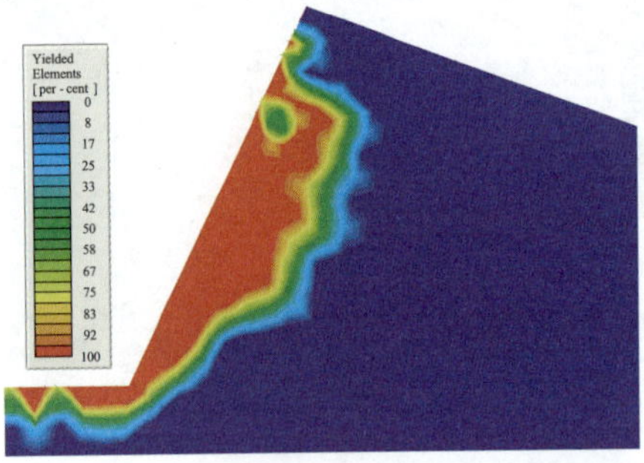

坡顶反坡模型塑性区分布图

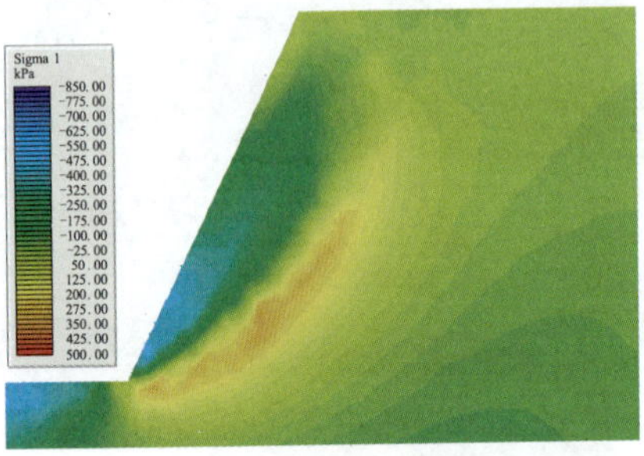

坡顶平坡模型 σ_1 增量云图

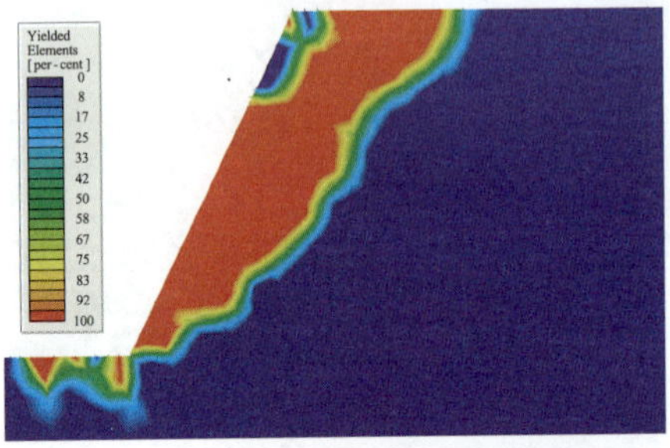

坡顶平坡模型塑性区分布图

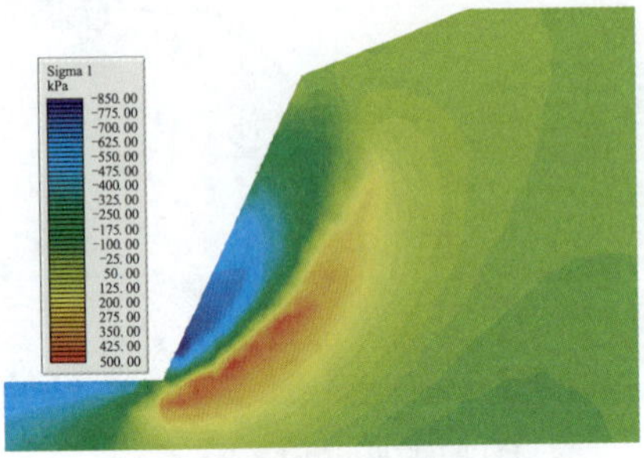

坡顶缓坡模型 σ_1 增量云图

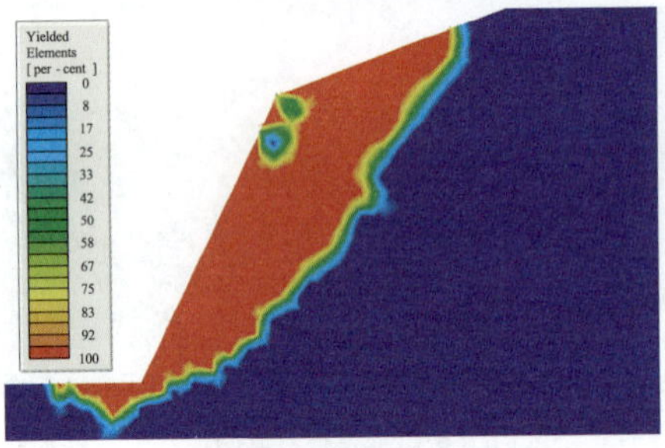

坡顶缓坡模型塑性区分布图

图 3-28　不同坡顶地形条件 σ_1 增量与塑性区对比分析图

对比三者模型发现：坡顶反坡者，开挖松弛区范围最小，且松弛区内应力衰减程度最低，边坡稳定系数为 1.05；坡顶顺坡者，开挖松弛区范围最大，且松弛区内应力衰减程度最高，相应的应力集聚现象也最为突出，边坡稳定系数为 0.97；坡顶平坡者，开挖松弛区范围及应力衰减程度介于以上二者之间，边坡稳定系数为 1.0。

综上分析，坡顶自然坡形越陡，边坡开挖松弛效应越明显，主要体现为开挖松弛区范围的扩大和松弛区内应力衰减程度的提高；坡顶反坡者影响规律则与之相反。这一影响最终体现为不同坡顶条件下边坡开挖后稳定系数的差异。因此，边坡调查和分析中，坡顶地形的陡缓应作为考查和评判边坡稳定性的因素之一。

(3)岩土强度对边坡开挖松弛区的影响

1)峰值强度对松弛区的影响

同样采用按 1∶0.5 开挖 8 级共 64 m 的边坡模型来研究开挖松弛区对岩土峰值强度高低的敏感性，计算对比的模型采用高低不同的两种强度参数组合，见表 3-2。图 3-29 给出了两种模型 σ_1 增量和塑性区的对比分析。

表 3-2 岩土强度高低影响比较模型计算参数表

名　称	重　度	弹性模量	泊松比	抗拉强度	黏聚力	残余黏聚力	摩擦角	残余摩擦角	剪胀角
	$\gamma(\mathrm{kN\cdot m^{-3}})$	E(kPa)	υ	T(kPa)	c(kPa)	c'(kPa)	ϕ(°)	ϕ'(°)	ψ(°)
高强度模型	25	500 000	0.3	5	120	100	45	40	20
低强度模型	25	500 000	0.3	5	100	85	40	35	20

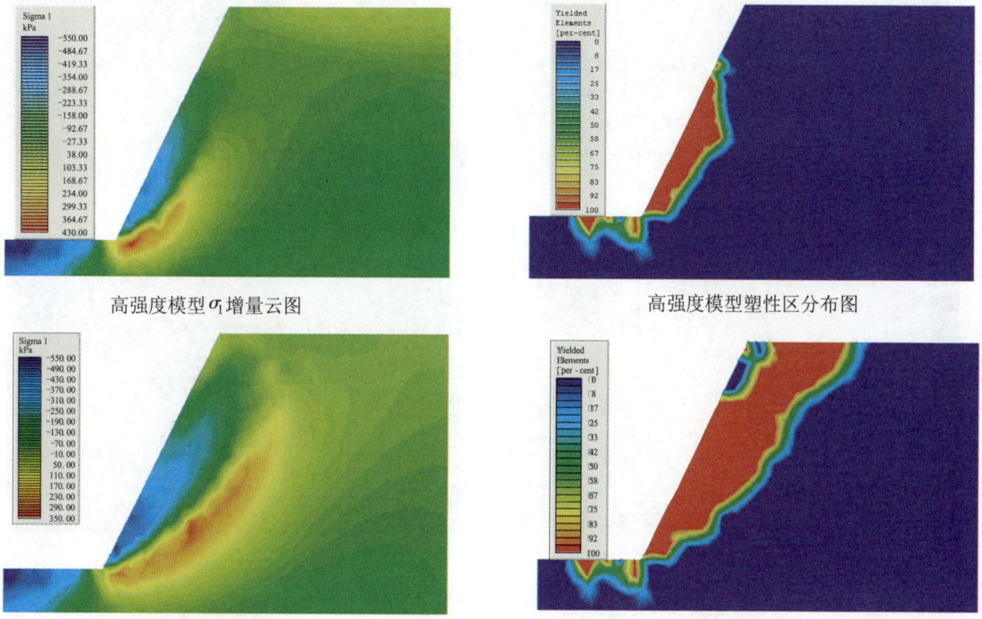

高强度模型 σ_1 增量云图　　高强度模型塑性区分布图

低强度模型 σ_1 增量云图　　低强度模型塑性区分布图

图 3-29 不同岩土强度条件 σ_1 增量云图与塑性区对比分析图

由图 3-29 分析，岩土强度的高低对边坡开挖松弛区的影响显然是非常明显的。高强度模型开挖后仅在坡脚近坡面处产生小片塑性松弛区，区内应力降低不甚明显，边坡稳定系数为 1.2。低强度模型开挖后处于极限状态，边坡形成贯通坡顶和坡脚的塑性松弛区，区内呈现明显的应力降低现象，其内侧的应力升高区范围也较高强度模型明显扩大，边坡稳定系数为 1.0。

总体而言，岩土强度越高，边坡开挖松弛区范围越小，区内岩土体应力降低水平越低，相应的应力集聚区范围也越小；岩土强度越低，边坡开挖松弛区范围越大，区内岩土体应力降低水平越明显，相应的应力集聚区范围也越大。

2)残余强度对松弛区的影响

同样采用按 1∶0.5 开挖 8 级共 64 m 的边坡模型来研究不同残余强度值的影响，计算对比的模型有三种：考虑较高残余强度影响的“高残强模型”，其残余强度与峰值强度相同；考虑中等残余强度影响的“中残强模型”，其残余强度约相当于峰值强度的 85%；考虑较低残余强度影响的“低残强模型”，其残余强度约相当于峰值强度的 70%。有关比较模型计算参数见表 3-3，图 3-30 给出了三种模型 σ_1 增量和塑性区的对比分析(三者云图变化量值范围一致)。

表 3-3　不同残余强度影响比较模型计算参数表

名　称	重　度	弹性模量	泊松比	抗拉强度	黏聚力	残余黏聚力	摩擦角	残余摩擦角	剪胀角
	γ(kN·m^{-3})	E(kPa)	υ	T(kPa)	c(kPa)	c'(kPa)	ϕ(°)	ϕ'(°)	ψ(°)
高残强模型	25	500 000	0.3	5	100	100	40	40	20
中残强模型	25	500 000	0.3	5	100	85	40	35	20
低残强模型	25	500 000	0.3	5	100	70	40	30	20

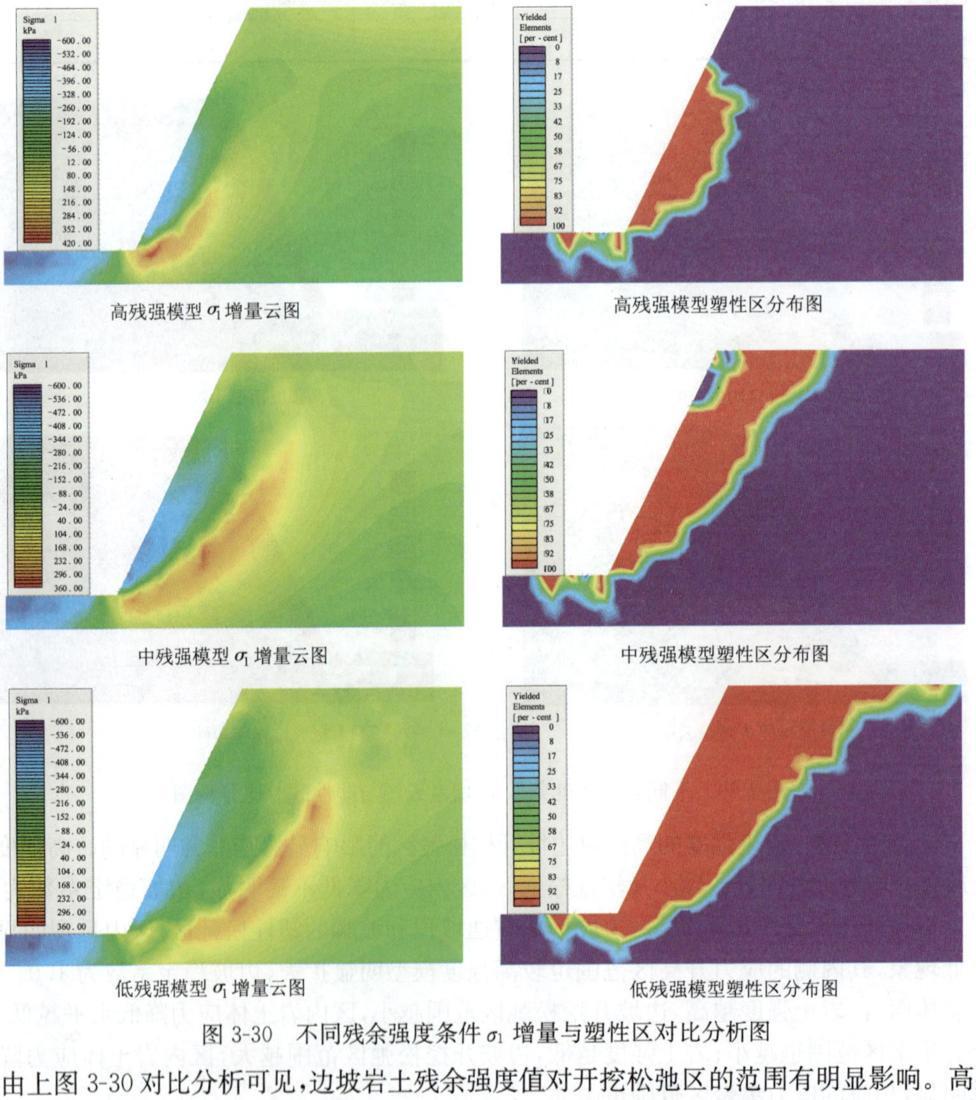

高残强模型 σ_1 增量云图　高残强模型塑性区分布图

中残强模型 σ_1 增量云图　中残强模型塑性区分布图

低残强模型 σ_1 增量云图　低残强模型塑性区分布图

图 3-30　不同残余强度条件 σ_1 增量与塑性区对比分析图

由上图 3-30 对比分析可见，边坡岩土残余强度值对开挖松弛区的范围有明显影响。高残强模型松弛区范围最小，主要集中于边坡中下部坡面，区内应力降低程度最大约 430 kPa，量值最小，其应力升高区主要集中于坡脚附近一定范围，区内应力升高程度最明显，约 420 kPa，计算边坡稳定系数 1.19；中残强模型松弛区范围扩大并贯通坡体，区内应力下降相对最为明显，约 500 kPa，其应力升高区范围也相应逐步扩大，区内应力升高约 320 kPa，计算边坡稳定系数 1.0；低残强模型松弛区范围进一步扩大，区内应力下降相对最为明显，约 410 kPa，其应力升高区范围向坡体内侧迁移，区内应力升高约 300 kPa，其量值相应有所降低，计算边坡稳定系数 0.89。

总体而言，残余强度越低，边坡开挖松弛区范围越大，区内岩土体应力降低水平在高残强模型条件下最为明显；应力升高区范围随塑性区范围的扩大逐步向坡体内侧推移，范围逐步扩大，区内应力升高水平则逐步降低。

3）剪胀角对松弛区的影响

为考虑不同剪胀角对开挖松弛区的影响，采用三种计算对比模型："无剪胀模型"，其剪胀角为0；"低剪胀模型"，其剪胀角约相当于峰值内摩擦角的50%；"高剪胀模型"，其剪胀角与残余摩擦角相同。有关比较模型计算参数见表3-4。图3-31给出了三种模型 σ_1 增量和塑性区的对比分析（三者云图变化量值范围一致）。

表3-4 不同剪胀角影响比较模型计算参数表

名　　称	重　　度	弹性模量	泊松比	抗拉强度	黏聚力	残余黏聚力	摩擦角	残余摩擦角	剪胀角
	γ(kN·m^{-3})	E(kPa)	υ	T(kPa)	c(kPa)	c'(kPa)	ϕ(°)	ϕ'(°)	ψ(°)
无剪胀模型	25	500 000	0.3	5	100	85	40	35	0
低剪胀模型	25	500 000	0.3	5	100	85	40	35	20
高剪胀模型	25	500 000	0.3	5	100	85	40	35	35

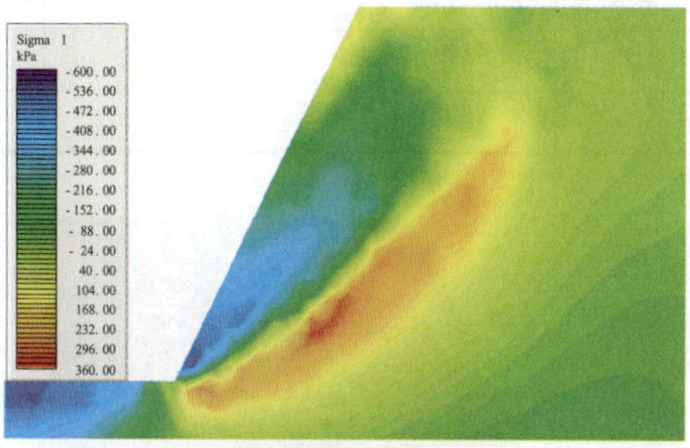

无剪胀模型 σ_1 增量云图

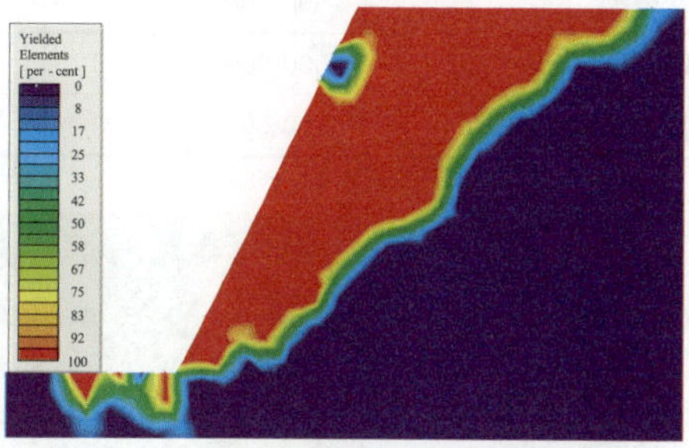

无剪胀模型塑性区分布图

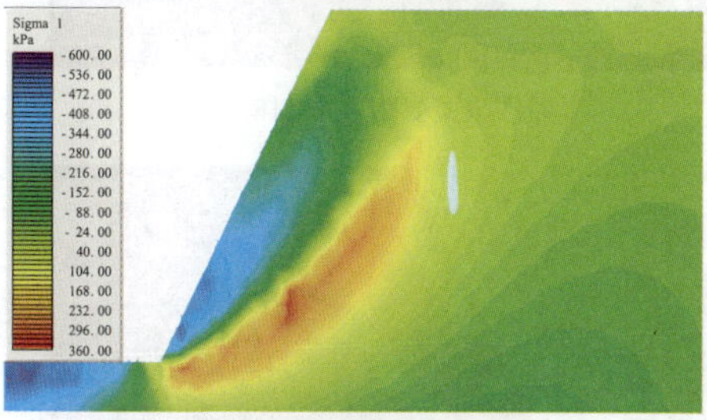

低剪胀模型 σ_1 增量云图

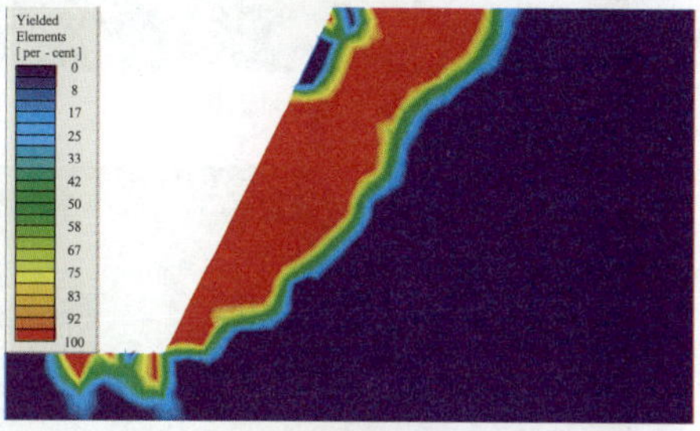

低剪胀模型塑性区分布图

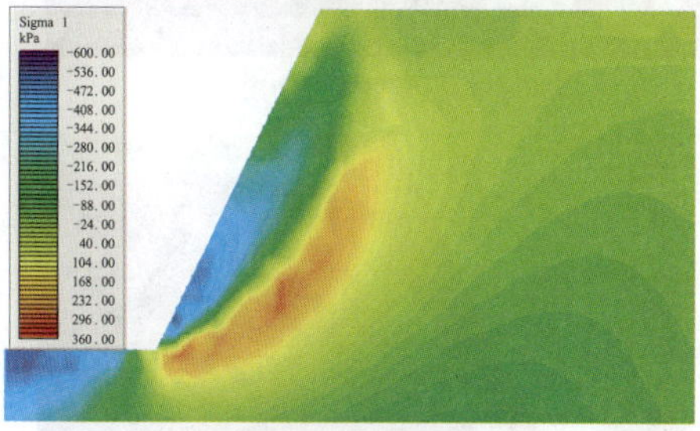

高剪胀模型 σ_1 增量云图

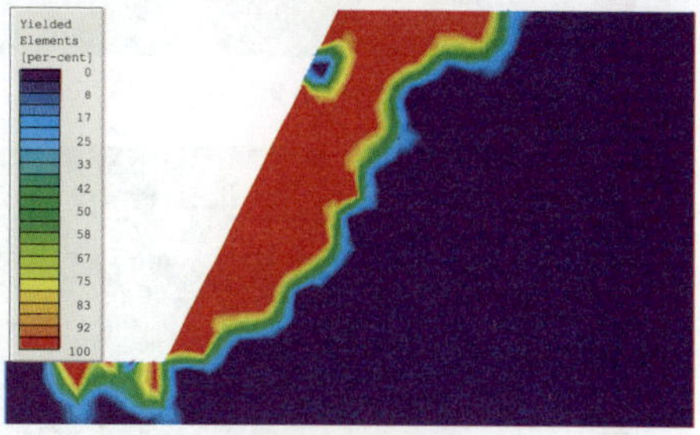

高剪胀模型塑性区分布图

图3-31 不同剪胀角条件 σ_1 增量云图与塑性区对比分析图

由上图3-31对比分析可见，边坡剪胀角对开挖松弛区的范围有明显影响，无剪胀模型的松弛区范围最大，总体近三角形分布，应力升高区也相对最大，计算边坡稳定系数0.95；高剪胀模型的塑性区范围最小，距离开挖面厚度基本相当，应力升高区范围相对最小，计算边坡稳定系数 1.01；低剪胀模型松弛区与应力升高区介于以上两者之间。

总体而言，剪胀角越大，体现边坡岩土体抵抗体积变形的能力越强，边坡开挖松弛区越小，应力升高区范围越小。

4）c、ϕ 值对松弛区的影响

最后，考查 c、ϕ 值对开挖松弛区的影响，即考查 c、ϕ 参数的敏感性。计算对比的模型按 c、ϕ 值对岩土强度的贡献大小分为有三种：c 值相对较大的"黏性模型"；ϕ 值相对较大的"砂性模型"和介于两者之间的"黏砂性模型"。通过调整 c、ϕ 值的不同组合使得三个模型经开挖后都达到极限状态，计算边坡稳定系数为 1∶1.0。有关比较模型计算参数见表 3-5。图 3-32 给出了三种模型 σ_1 增量和塑性区的对比分析（三者云图变化量值范围一致）。

表 3-5　不同强度参数组合影响比较模型计算参数表

名　　称	重　　度	弹性模量	泊松比	抗拉强度	黏聚力	残余黏聚力	摩擦角	残余摩擦角	剪胀角
	γ(kN·m^{-3})	E(kPa)	υ	T(kPa)	c(kPa)	c'(kPa)	ϕ(°)	ϕ'(°)	ψ(°)
黏性模型	25	500 000	0.3	5	123.5	123.5	28	28	20
黏砂性模型	25	500 000	0.3	5	88	88	35	35	20
砂性模型	25	500 000	0.3	5	10.5	10.5	54	54	20

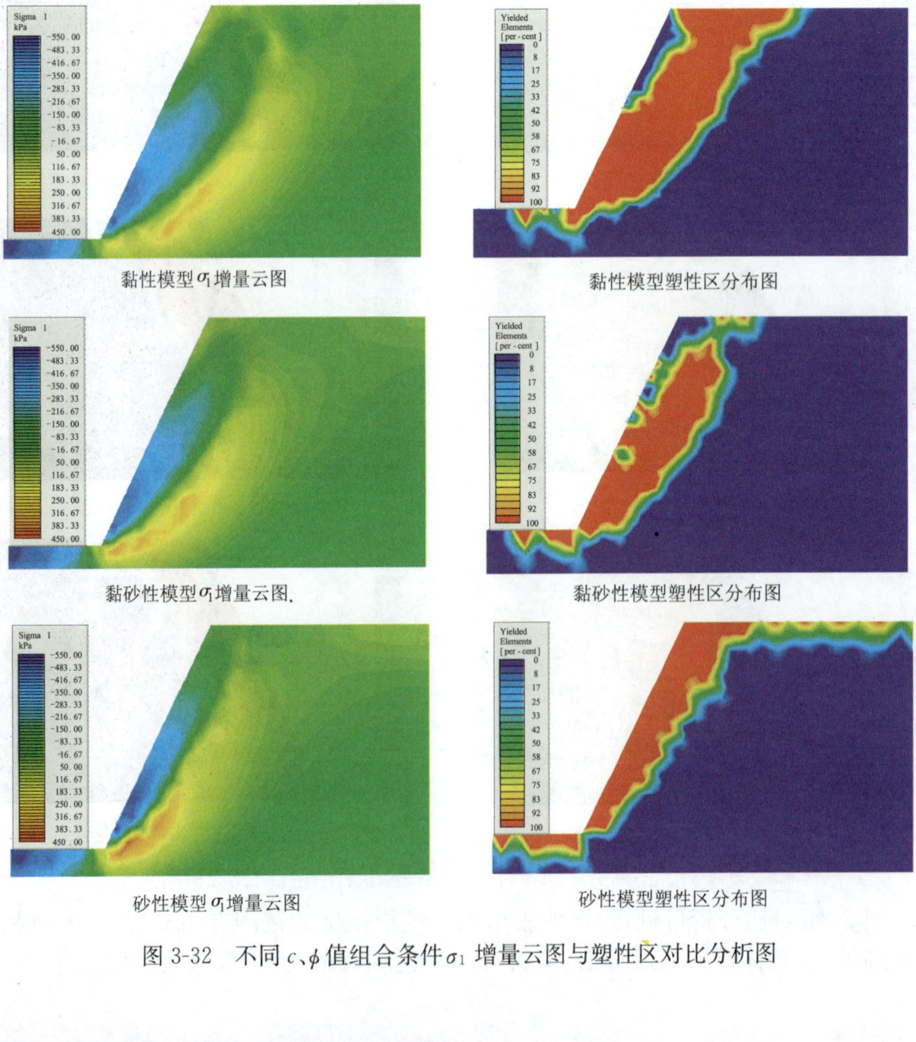

黏性模型 σ_1 增量云图　　黏性模型塑性区分布图

黏砂性模型 σ_1 增量云图　　黏砂性模型塑性区分布图

砂性模型 σ_1 增量云图　　砂性模型塑性区分布图

图 3-32　不同 c、ϕ 值组合条件 σ_1 增量云图与塑性区对比分析图

经图 3-32 对比分析可见，边坡岩土 c、ϕ 值的不同组合对开挖松弛区的范围有明显影响。“黏性模型”的开挖松弛区范围最大，比较而言松弛区内应力降低量值相对较小，而其应力集聚区分布于较靠近坡体内侧位置，区内应力增量值相对最小；“砂性模型”的开挖松弛区范围最小，基本分布于坡表一定范围，区内应力降低量值最大，其对应的应力集聚区内应力增高最为明显；“黏砂性模型”开挖松弛区的特征介于以上二者之间。

总体而言，c 值较高，其在岩土强度中的贡献越大时，开挖松弛分布范围也最大，松弛区内应力降低量值和应力集聚区内应力上升量值则相对较小；ϕ 值较高，其在岩土强度中的贡献越大时，开挖松弛分布范围相对最小，但松弛区内应力降低量值和应力集聚区内应力上升量值则相对最为明显。

(4)结构面对边坡开挖松弛区的影响

1)结构面强度对松弛区的影响

为分析结构面强度特征对边坡开挖松弛区的影响，同样采用 1∶0.5 坡率开挖 8 级共 64 m 的边坡模型，只是因为结构面的存在使得计算网格的离散有所不同。比较的模型是在工程中常见的开挖坡脚附近出露缓倾的硬性结构面和软弱结构面两种条件，结构面倾角为 15°。为了简便起见，不考虑残余强度和剪胀角对岩土体力学性质的影响，有关计算参数见表 3-6。图 3-33 给出了两种模型 σ_1 增量和塑性区的对比分析(云图变化量值范围一致，结构面红色表示屈服)。

表 3-6　结构面影响比较模型计算参数表

名　称	重　度	弹性模量	泊松比	抗拉强度	黏聚力	摩擦角	法向刚度	切向刚度
	γ(kN·m^{-3})	E(kPa)	υ	T(kPa)	c(kPa)	ϕ(°)	K_n(kPa·m^{-1})	K_s(kPa·m^{-1})
岩土体	25	500 000	0.3	5	80	35		
硬性结构面				0	30	25	1.0×10^8	1.0×10^7
软弱结构面				0	10	15	1.0×10^6	1.0×10^5

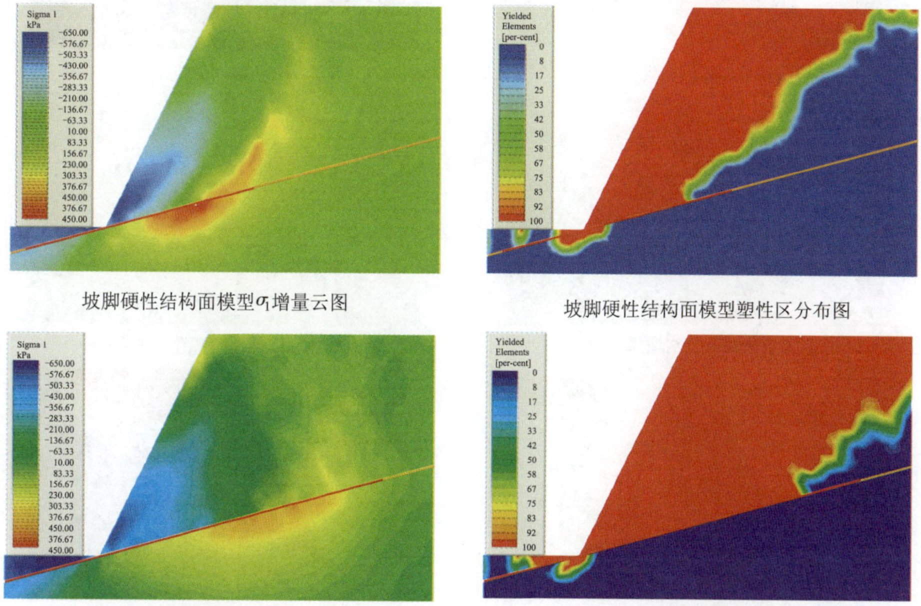

坡脚硬性结构面模型σ_1增量云图　　坡脚硬性结构面模型塑性区分布图

坡脚软弱结构面模型σ_1增量云图　　坡脚软弱结构面模型塑性区分布图

图 3-33　不同结构面强度条件 σ_1 增量云图与塑性区对比分析图

由图 3-33 结合模拟中间结果对比分析可以发现，硬性结构面模型和软弱结构面模型对边坡开挖松弛区的影响主要体现为以下四点。

①结构面的屈服特征有差别：前者在开挖 6 级时才出现结构面屈服，后者在开挖 4 级时就产生结构面屈服。

②松弛区的范围存在差别：软弱结构面模型松弛区范围明显大于硬性结构面模型。

③松弛区的应力特征存在差异：开挖 7 级时，两者的应力下降区差异尚不明显，但应力上升区相对于应力下降区的位置则存在较大差异，前者为右侧偏下位置，后者为下方位置，更接近结构面，且应力上升量值相对较高；开挖 8 级后，前者的应力下降区范围相对较小，区内总体应力下降量值较大，后者的应力下降区范围则相对较大，其应力上升区对结构面体现为更明显的依附特征。

④稳定程度差别明显：在开挖 7 级时两者的稳定程度差异并不明显，均接近极限状态；缓倾结构面的控制效应在开挖 8 级使其暴露时方能凸显其影响，并主要受控于结构面强度而体现为差异明显的安全度，前者为 0.93，后者为 0.55。需要加以说明的是，在前 7 级开挖中，两者的安全系数差别并不大，而主要是在开挖第 8 级使得结构面出露于坡面时才产生明显的差别。

2)结构面倾角对松弛区的影响

为考查结构面的倾角对开挖松弛区的影响，比较的模型是缓倾软弱结构面出露于坡脚、陡倾软弱结构面出露于坡顶和软弱结构面平行坡面的顺坡条件共三种对比工况。有关计算参数同上表 3-6，其中缓倾结构面倾角 15°，陡倾结构面倾角 80°。图 3-34 给出了两种模型 σ_1 增量和塑性区的对比分析。

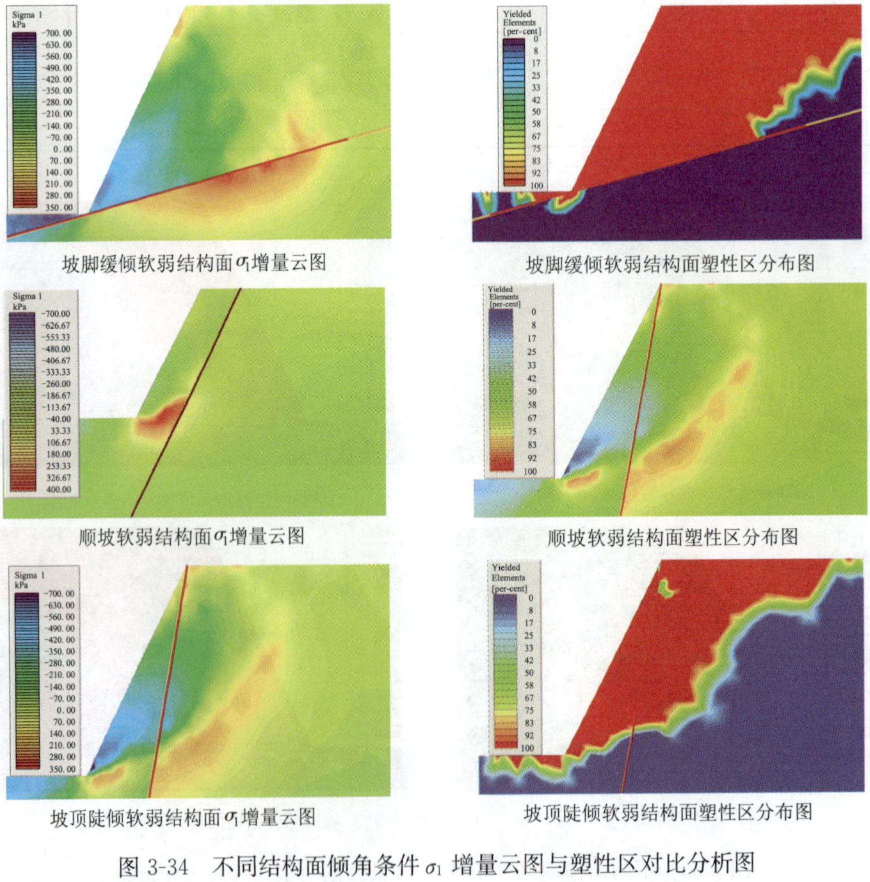

坡脚缓倾软弱结构面 σ_1 增量云图　坡脚缓倾软弱结构面塑性区分布图

顺坡软弱结构面 σ_1 增量云图　顺坡软弱结构面塑性区分布图

坡顶陡倾软弱结构面 σ_1 增量云图　坡顶陡倾软弱结构面塑性区分布图

图 3-34　不同结构面倾角条件 σ_1 增量云图与塑性区对比分析图

如前所述，坡脚缓倾软弱结构面模型在开挖第 4 级时产生结构面屈服，之后逐步扩大发展，与岩土体屈服区结合形成破坏面。而坡顶陡倾软弱结构面模型在开挖第 1 级时就产生结构面屈服，之后逐步发展，并明显减少陡倾结构面后部岩土体的屈服破坏，最后与岩土体屈服区结合形成破坏面。而顺坡结构面在开挖 5 级时产生边坡变形破坏，其破裂面后部依附顺坡状结构面，前部为开挖坡脚岩土体的弧形剪切破坏面。

由图 3-34 结合模拟中间结果对比分析可见，坡脚缓倾软弱结构面模型、顺坡软弱结构面模型和坡顶陡倾软弱结构面模型对边坡开挖松弛区的影响主要体现为以下三点。

①结构面屈服状态差异明显：缓倾结构面模型在开挖 4 级后出现结构面屈服，且以剪切屈服为主；顺坡结构面模型在初始应力场作用下就产生屈服，以剪切屈服为主；陡倾结构面模型在开挖第 1 级即出现结构面屈服，以张拉屈服为主，逐步向剪切屈服转化。

②松弛区形态差异较大：缓倾结构面模型的开挖松弛区形态为“上圆下直型”，着重体现软弱结构面的控制效应；顺坡结构面模型松弛区为“上直下圆型”，体现结构面对松弛区后界的影响；陡倾结构面模型的松弛区也以“上直下圆型”为主，但除体现其后界控制效应外，还可见结构面后部岩土体的牵引变形。

③松弛区范围差异较大：缓倾结构面模型的松弛区范围向坡后扩展很多，主要受控于结构面强度；顺坡结构面模型松弛区范围集中于结构面外侧的岩土体，变形体现为岩桥破坏和节理滑动的复合；陡倾结构面模型的松弛区范围仍然主要受控于岩土体的剪切强度。

3)结构面位置对松弛区的影响

为考查结构面的出露位置对边坡开挖松弛区的影响，补充坡中缓倾软弱结构面模型和坡后一定距离陡倾软弱结构面模型，结合前述坡脚缓倾软弱结构面模型、坡顶陡倾软弱结构面模型和顺坡软弱结构面模型来考查开挖松弛区相应特征规律，计算参数见表 3-6。图 3-35 给出最终失稳时两者 σ_1 增量、塑性区云图和位移矢量(红色表示结构面屈服)。

结合以上几个模型的对比分析，结构面出露位置对边坡开挖松弛区的影响主要体现为以下几点。

① 结构面位置对松弛区形态具有影响：缓倾结构面出露于开挖坡面的不同位置都可能产生滑移而形成松弛区的底界；陡倾结构面接近于开挖面出露时，其对松弛区形态的控制效应将减弱，当与结构面保持适当距离时则较易形成松弛区的扩展边界，并成为破坏的依附界面。图 3-35中显示边坡失稳时的位移矢量，充分说明了结构面对松弛区形态的控制作用。

② 结构面位置对松弛区范围具有影响：开挖提前揭露坡中出露的缓倾结构面时将引起上部坡体的松弛区发展而产生局部破坏；而坡脚出露结构面时，只要满足足够的强度，边坡即可开挖多级而不产生松弛区的突变式发展；陡倾结构面近坡面出露时，松弛区范围较小，但当其出露于坡后一定范围时，松弛区范围常常最终沿其发展。

③ 结构面位置对松弛区的影响最终体现为边坡稳定系数的差异：同样的强度参数，当缓倾结构面出露于坡中时，边坡只可开挖 4 级；出露于坡脚时，则可开挖 8 级。陡倾结构面规律与之类似。

4)单组结构面对松弛区的影响

前文主要考查单一结构面即单条长大贯通控制性结构面的影响，边坡岩土体中出现成组结构面是更为常见的类型，下面考查成缓倾状或陡倾状的单组遍布节理对边坡开挖松弛区的影响。

由于遍布节理将进一步削弱岩土体的强度，为了比较完整的再现结构面的控制效应，采用表 3-7 中硬性结构面的计算参数，缓倾结构面倾角 15°，陡倾结构面倾角 80°。图 3-36 给出了有关计算结果。

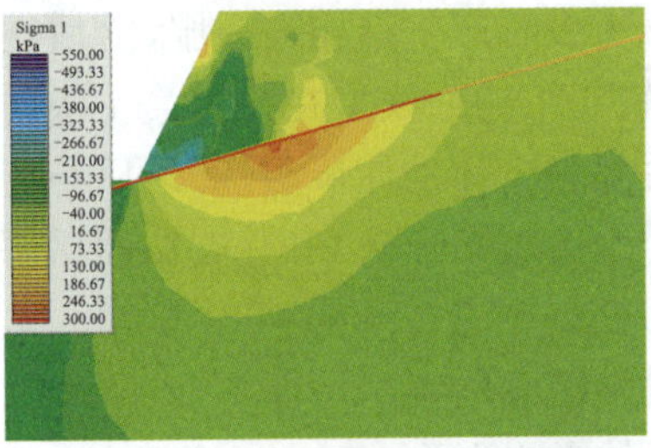

坡中缓倾结构面模型 σ_1 增量云图(开挖4级)

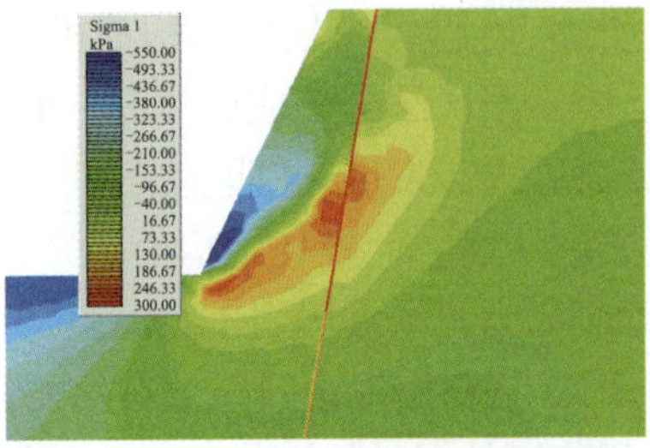

坡后陡倾结构面模型 σ_1 增量云图(开挖7级)

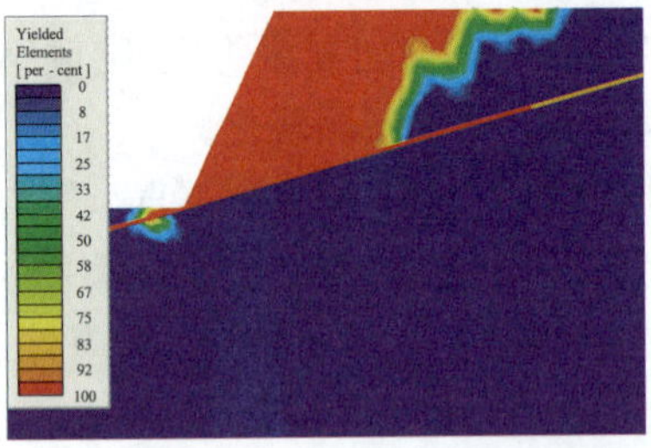

坡中缓倾结构面模型塑性区分布图(开挖4级)

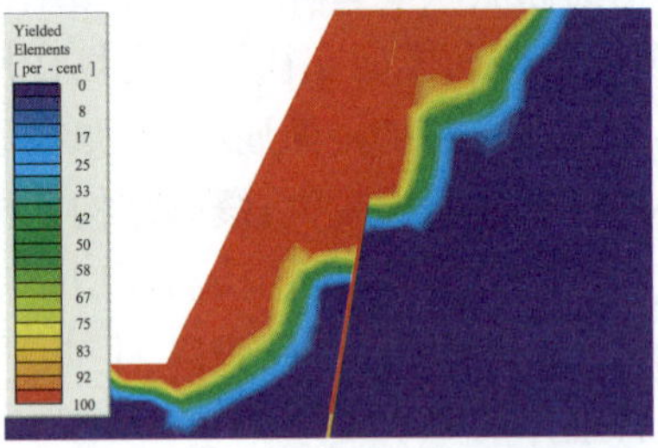

坡后缓倾结构面模型塑性区分布图(开挖7级)

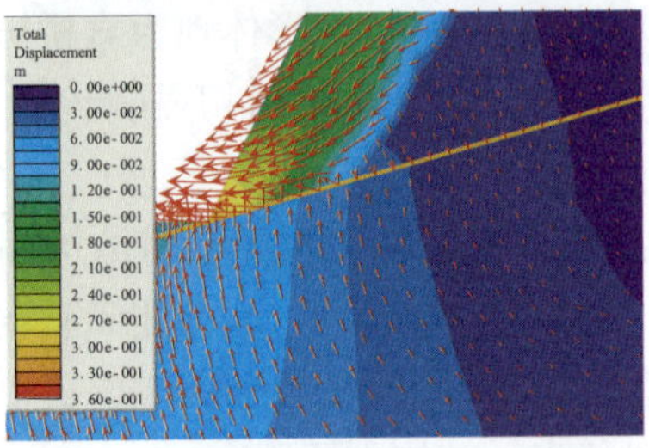

坡中缓倾结构面模型位移云图及矢量(开挖4级)

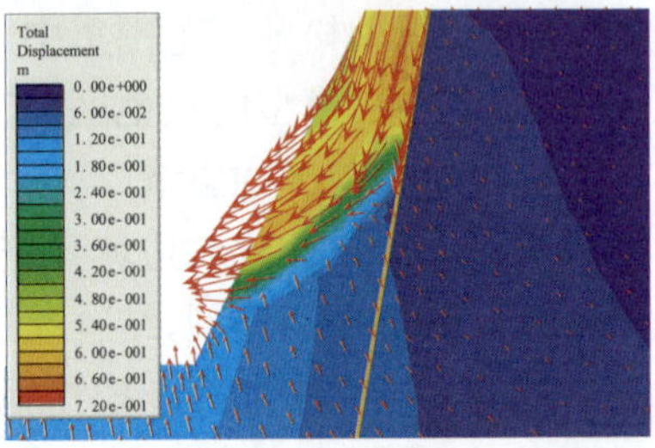

坡后陡倾结构面模型位移云图及矢量(开挖7级)

图 3-35 不同结构面位置条件应力、塑性区和位移对比分析图

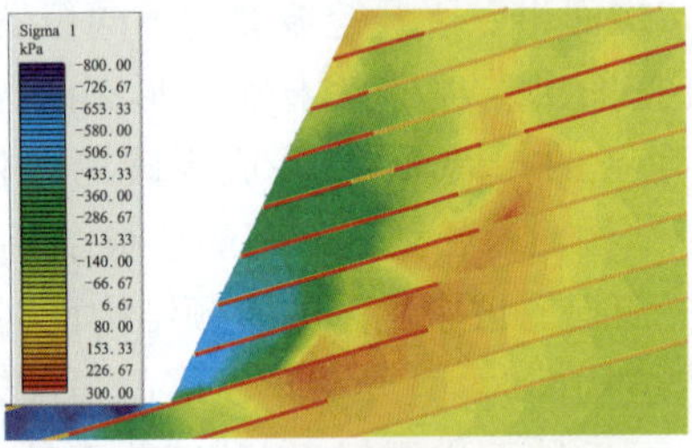

缓倾遍布节理 σ_1 增量云图

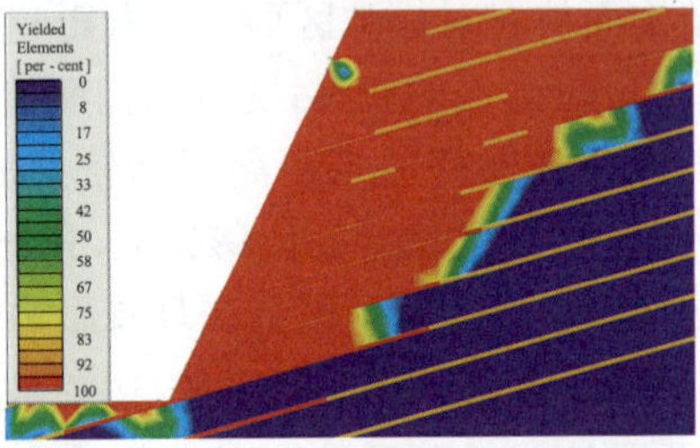

缓倾遍布节理塑性区分布图

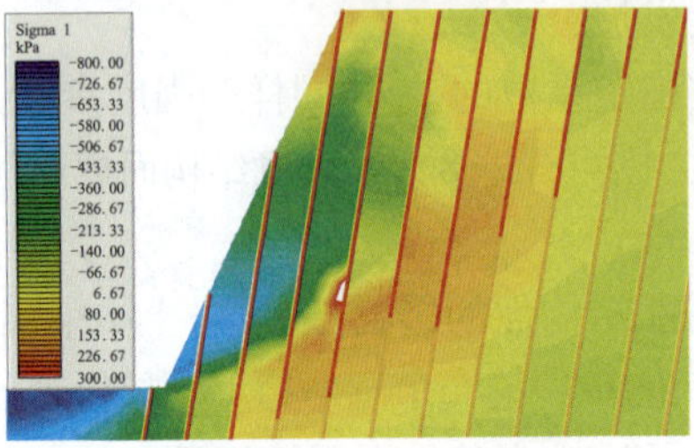

陡倾遍布节理 σ_1 增量云图

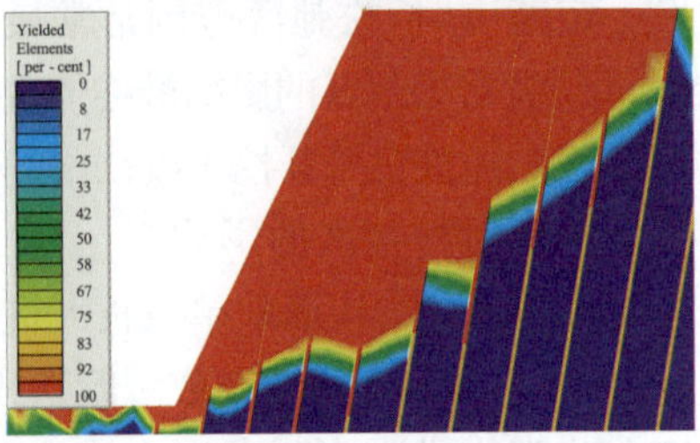

陡倾遍布节理塑性区分布图

图 3-36 缓倾和陡倾遍布节理条件 σ_1 增量与塑性区对比分析图

对计算成果研究分析后，可总结单组遍布节理对边坡开挖松弛区的影响规律如下：

①遍布节理将控制松弛区的形态：缓倾遍布节理将控制松弛区底界，并产生多级错层滑动变形；陡倾遍布节理将控制松弛区后界，形成多级下错变形。

②遍布节理将扩大松弛区的范围：缓倾时依赖于强度大小而控制牵引范围；陡倾时由于密布节理而使岩土体强度存在明显削弱，导致岩桥依次剪断而不断向后牵引发展。

③应力升高区和应力降低区的特征仍然明显，但由于结构面的存在而呈“锯齿”状分布。

5）多组结构面组合对松弛区的影响

边坡岩土体中分布具有不同倾角的多组结构面是普遍情况。为了考查岩土体中存在陡缓组合遍布节理时边坡开挖松弛区的特征规律，对前述1∶0.5开挖模型分布有陡缓两组遍布节理条件时进行模拟计算。缓倾结构面倾角15°，陡倾结构面倾角80°，同样采用硬性结构面参数，实际开挖7级时，边坡失稳。图3-37给出有关计算结果。

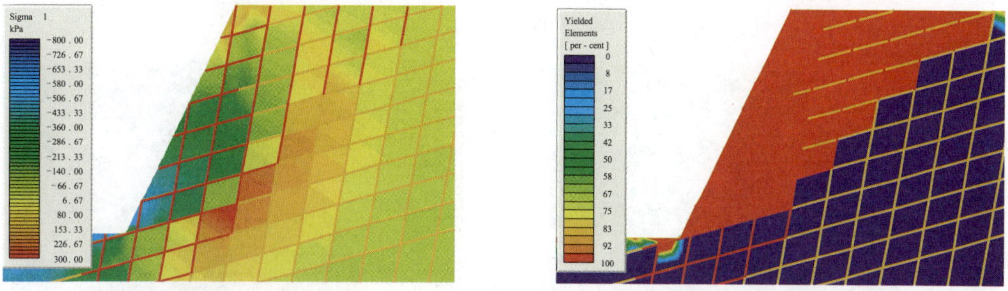

陡缓两组遍布节理σ_1增量云图　　陡缓两组遍布节理塑性区分布图

图3-37　陡缓组合遍布节理条件σ_1增量云图与塑性区分析图

整理计算结果总结分析认为，陡缓组合遍布节理对边坡开挖松弛区的影响主要体现为结构面的组合控制效应。从松弛区形态来说，缓倾节理控制其底界，陡倾节理控制其后侧界，松弛区边界体现为明显的“台阶步进”状。从变形形态来说，将可能产生多层剪出与多级下错的复合形态，最终破坏面与岩土体和结构面的强度组合关系有关，体现了工程现场中顺层边坡的复合错动剪出变形的力学机理。

3.2.4　锚固工程对松弛区的影响

路堑边坡常采用锚固工程对边坡岩土体进行加固，为了研究锚固工程的作用效果，对按1∶0.5开挖8级共64 m高的边坡进行锚固前后的计算对比分析，边坡岩土体黏聚力85 kPa，摩擦角38°，其余参数与表3-1相同。

锚固工程采用逐级开挖逐级施工的方案，拟在边坡自上而下开挖3级、5级和7级时共进行3级加固。单级边坡锚索设计上下两排，水平间距3 m，锁定预应力1 000 kN，锚索预设计自上而下分别长34 m，33 m，36 m，35 m，33 m，32 m，锚固段均长12 m，坡面抑制结构采用井字型混凝土框架梁。

在不设锚固情况下，边坡随开挖推进，松弛区范围逐步扩展，至开挖8级完成后形成如图3-38(a)所示的应力增减变化和塑性区分布。边坡因塑性区贯通而失稳或处于临界状态；松弛区内应力降低值最大达500 kPa，相应应力升高区应力最高增幅为280 kPa；边坡稳定系数为1.0，有关松弛区基本特征已在前文述及。

在施工中逐级增加锚索加固后，锚固工程顺次产生预应力作用，控制了松弛区的发展和规模，至开挖 8 级完成后形成如图 3-38(b)所示的应力增减变化和塑性区分布。最终工况时松弛区集中于坡面附近，范围明显减小，区内应力降低值最大为 460 kPa；对应的应力升高区范围也相应减小，集中于坡脚附近，区内应力升高值最大约 450 kPa；边坡稳定系数为 1.21。

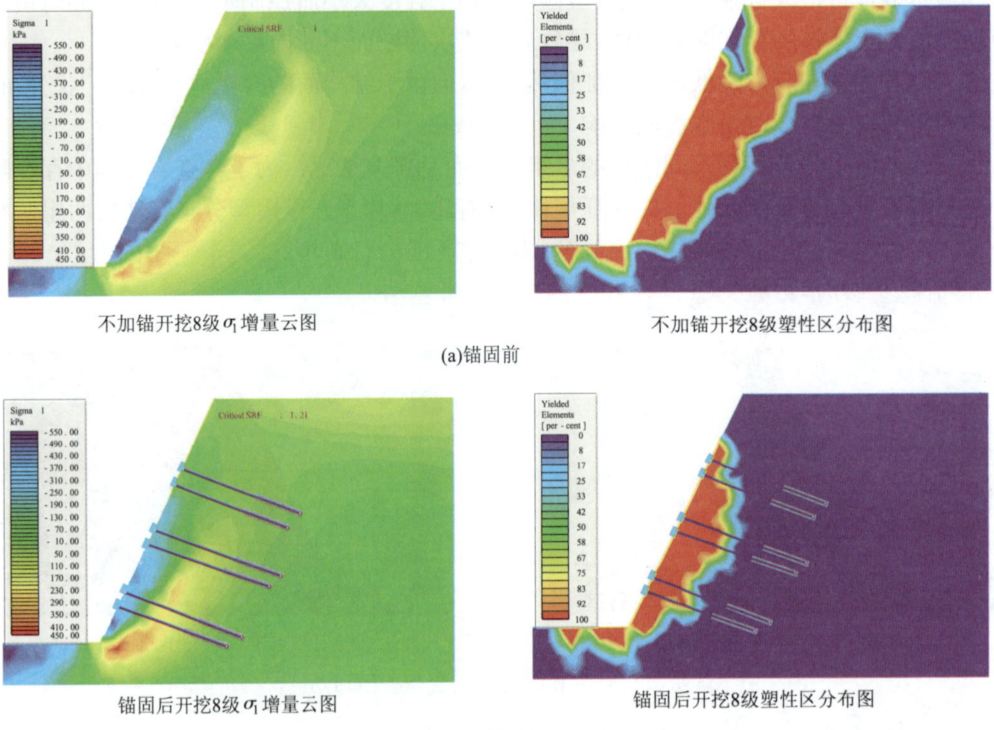

不加锚开挖8级 σ_1 增量云图　　不加锚开挖8级塑性区分布图

(a)锚固前

锚固后开挖8级 σ_1 增量云图　　锚固后开挖8级塑性区分布图

(b)锚固后

图 3-38　锚固前后边坡 σ_1 增量云图与塑性区分析图

经全面考查模拟各阶段的有关应力、应变和位移等计算成果，总结锚固工程对边坡开挖松弛区的作用规律如下。

(1)锚固工程效应体现为边坡应力状态调整

锚固后 σ_3 明显提高，体现为侧向抗力增强；锚固后应力下降区的范围及应力下降量值均减小；应力升高区范围也得到控制，从而减小了开挖松弛区扩展的速率和范围。

(2)锚固工程效应体现为边坡开挖变形控制

不加锚开挖完成后，边坡剪应变有突变，形成剪切变形带，产生大变形；加锚开挖后，边坡仅坡脚局部发育较明显剪应变，计算最大水平位移为 0.05 m。位移的控制效应既来源于坡体应力分布均匀程度，同时锚固系统的变形约束作用也是重要影响因素之一。

(3)锚固工程效应体现为塑性区控制

为了避免应力恶化，加强变形约束，同时因为侧向围压的增加使得岩土体强度有所提高，这些因素的综合效应使得加锚后塑性松弛区的范围能控制在坡面附近一定范围内，未形成贯通性屈服，边坡稳定性明显提高。

(4)锚固工程的综合效应

锚固工程的综合效应体现为锚固前后最终开挖工况边坡稳定性的明显差异。如图 3-39 所示，在施作锚索加固的第 4 步、第 7 步和第 10 步，边坡稳定系数均有提高。同时应指出的是，随着开挖加深，坡体应力水平增大，整体稳定性降低，加固工程对稳定性的提高幅度越来越小，揭示了对路堑边坡宜尽早加固，或施作必要的预张拉措施，以减少开挖对坡体的扰动，提高边坡的整体稳定性。

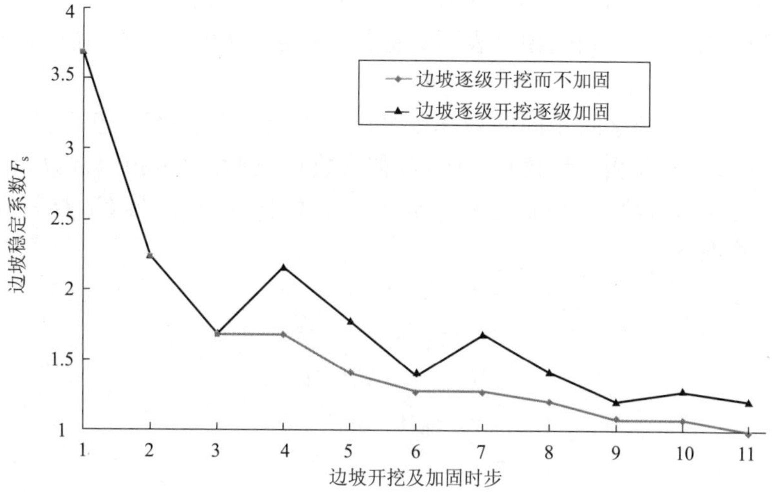

图 3-39　边坡开挖及加固各时步稳定系数变化

(5)其他因素的作用和影响

在调整预应力锚索的长度时，我们发现在同等加固力值的情况下，锚索过长时，加固工程的效果将略有下降，例如当全部锚索均为 50 m 长时，实际加固后边坡的稳定系数为 1.15。分析认为，过长的锚索由于其应力调整范围扩大，在同等加固力值条件下，其对边坡开挖松弛区的约束效应将减弱。这也充分说明应力应变分析法较之极限平衡法更为合理。

3.3　边坡开挖卸荷的模型试验

为了研究开挖卸荷过程中坡体位移变化规律性和开挖稳定性，确定开挖影响范围以及研究作用于加固支挡结构上的坡体压力等，西南交通大学肖世国等针对某一典型的高速公路路堑高边坡 K98 工点，按照相似理论进行地质力学模型试验。

3.3.1　模型试验原理和方法

地质力学模型试验是由结构模型试验与岩土力学模型试验组合而成，即岩土力学模型试验融结构模型试验与岩土力学试验为一体，它是建立在相似理论基础上的，研究结构与其有关岩土体共同作用下的应力、变形机制及稳定问题。

基于相似原理，若模型和原型为两个系统，则它们的几何特征和各物理量之间必然互相保持一定的比例关系，这就可以由模型系统的物理量推测原型系统的相应物理量。因此，为了能够反映原型的主要特点，模型与原型的几何特征和主要物理量之间就要建立一定的比例关系，即在模型上要模拟结构的几何形状、岩土体的物理力学特性以及作用在其上的荷载。模型试验的相似理论就是指模型上重现的物理现象应与原型相似，即要求模型材料、模型形状及荷载等均遵循一定的规律。

对实际的高边坡开挖工程来说，其地质力学模型试验不但要研究在正常荷载作用下结构与岩土体的变形及应力相特性，还要研究超载下岩土体的破坏模式与稳定规律。同时，它还要模拟结构与岩土体的力学特性。因此，它具备线弹性模型和破坏模型的特征，既要满足结构模型试验的相似关系，又要满足岩土体力学模型试验的相似关系。

对于线弹性模型来说，可以根据弹性力学的基本原理求出相似关系，即模型内所有点均满足平衡方程、相容方程、几何方程、模型表面所有点应满足界条件，模型材料应象原型一样均应服从虎克定律。

把原型(p)和模型(m)之间相同的物理量之比称为相似常数(C)，于是有：几何相似常数 C_L、应力相似常数 C_σ、应变相似常数 C_ε、位移相似常数 C_δ、弹性模量相似常数 C_E、泊松比相似常数 C_μ、边界应力相似常数 C_τ、体积力相似常数 C_F、材料密度相似数 C_ρ、材料容重相似常数 C_γ 等等，其表达式如下。

$$\left.\begin{aligned} C_L = L_p/L_m, C_\sigma = \sigma_p/\sigma_m \\ C_\varepsilon = \varepsilon_p/\varepsilon_m, C_\delta = \delta_p/\delta_m \\ C_E = E_p/E_m, C_\mu = \mu_p/\mu_m \\ C_\gamma = \tau_p/\tau_m, C_F = F_p/F_m \\ C_\rho = \rho_p/\rho_m, C_\gamma = \gamma_p/\gamma_m \end{aligned}\right\} \tag{3-5}$$

对于破坏模型而言，还要考虑结构与岩土体的强度特性，如抗压强度相似常数 C_R、岩土体黏聚力相似常数 C_c、内摩擦角相似常数 C_Φ 等。同时，还需考虑岩土体的节理裂隙与结构面等特征。

把这些相似常数代入弹性力学的基本方程与边界条件中，可以得到相似条件方程。进而又可以得到表示相似物理量关系的相似判据。相似判据又称为相似不变量，它反映了系统相似的数量特征。

具体地说，相似不变量是指在一个系统中的某一量(若干物理量的乘幂组合)，它在该系统的不同点(不同的物理量以乘幂形式的组合)上具有不同的数值。但当这一系统转换为与其相似的另一系统时，该量在对应点和对应时刻上保持相同的数值。简言之，相似不变量(相似判据)在所有相互相似的系统中保持不变。

一般地，对于地质力学模型试验而言，所有的相似条件都满足是不可能的，相似总是近似的，模型只能在某些性质上与原型相似。因此，一般遵循的原则是对现象进行深入分析，抓住对全局有决定意义的重要因素，而对于居于次要地位、起局部作用、不影响全局的因素只作近似的保证或忽略不计。这样，对于坡体开挖的地质力学模型试验，起重要作用的相似常数主要为 C_E、C_μ、C_γ、C_c、C_Φ、C_R 等。

3.3.2　边坡开挖卸荷模型试验

西南交通大学岩土中心试验室用于高边坡稳定性研究的地质力学模型试验槽的尺寸为长 6 m、高 3 m、宽 0.9 m。为了尽量做大比例模型试验，选择几何相似比为 $C_L=1:30$。对于所选广东省某高速公路边坡滑坡的三个断面 K98＋520、K98＋560 和 K98＋670，实际模拟边坡的三维尺寸均为长 180 m、高 90 m、宽 27 m。这样大的范围较好地包含了坡体的边界条件和水文地质特征。所选各断面的试验模型如图 3-40 至图 3-42 所示。

(1)边坡坡体材料模拟

根据所选三个断面的坡体地层结构 W_1(弱风化泥岩、砂岩)、W_2(全—强风化泥质砂岩、砂岩、泥岩及煤层)、W_3(残坡积黏土层)的力学参数，研制坡体模型的相似材料。

根据桩、地梁、锚索等的力学参数，研制加固支挡结构模型的相似材料。

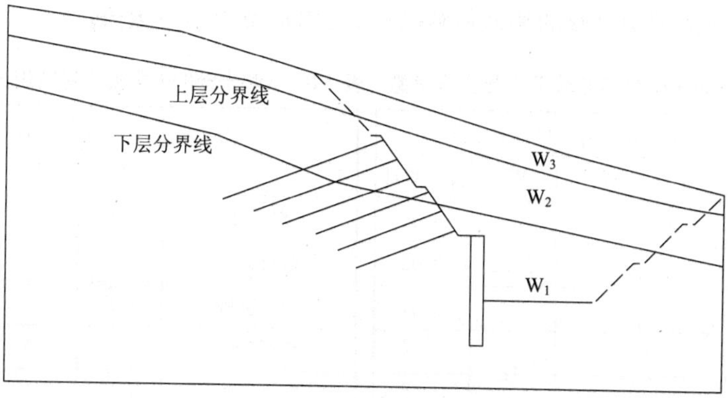

图 3-40 K98＋520 断面设计图

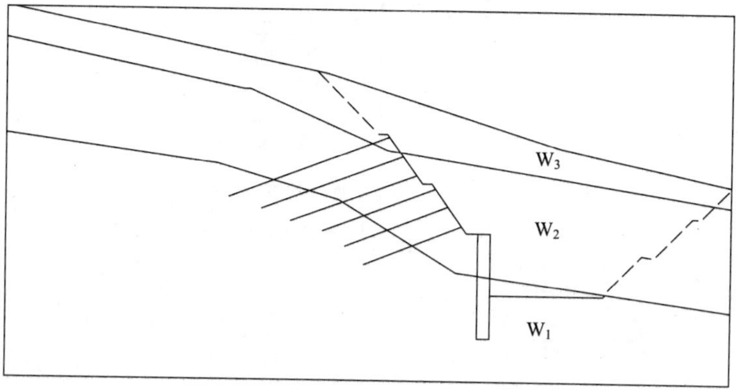

图 3-41 K98＋560 断面设计图

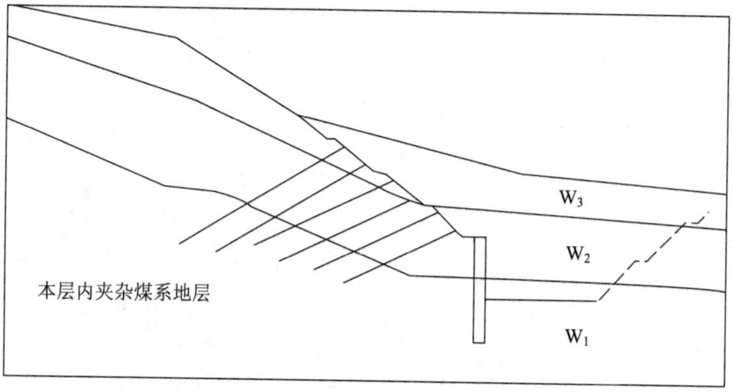

图 3-42 K98＋670 断面设计图

考虑到本次试验研究是在自重应力作用下的开挖卸荷，因此选择容重相似比为 $C_\gamma=1:1$。按照相似理论，其他物理量的相似比如下：

应力相似比 $C_\sigma=1:30$，弹性应变相似比 $C_\varepsilon=1:1$，塑性应变相似比 $C_\varepsilon=1:1$，变形模量相似比 $C_E=C_\sigma=1:30$，位移相似比 $C_\delta=1:30$，泊松比相似比 $C_\mu=1:1$，内摩擦角相似比$C_\Phi=1:1$，时间相似比 $C_t=1:5.5$，黏滞系数相似比 $C_\eta=165$，抗压强度相似比 $C_R=1:30$ 抗拉强度相似比 $C_T=1:30$，黏聚力相似比 $C_c=1:30$。

根据这些相似比研制模拟岩土、加固支挡结构的相似材料，如表 3-7 至表 3-9 所示，给出了所选三个断面坡体模型试验的相似材料的成分、用量及力学参数值。

表 3-7 K98+520 断面相似材料组分及主要力学参数

材料＼用量	各地层及各种材料的用量(t)			
	W_1	W_2	W_3	配材累计
混合砂	6.31			6.31
粗石英砂			2.02	2.02
中石英砂	6.31			6.31
细石英砂		4.0		4.0
重金石粉	3.16	2.56	0.67	6.39
滑石粉		1.24	0.67	1.91
水	0.32	0.20	0.04	0.56
合计用量(t)	16.1	8.0	3.4	27.5
原型与模型的力学参数				
原型容重(kN·m^{-3})	23	21	19	
原型黏聚力(kPa)	330	230	40	
原型内摩擦角(°)	32	30	24	
模型容重(kN·m^{-3})	23	21	19	
模型黏聚力(kPa)	9.2	8.4	4.4	
模型内摩擦角(°)	35	31	32	

表 3-8 K98+560 断面相似材料组分及主要力学参数

材料＼用量	各地层及各种材料的用量(t)			
	W_1	W_2	W_3	配材累计
混合砂	6.31			6.31
粗石英砂			2.02	2.02
中石英砂	6.31			6.31
细石英砂		3.97		3.97
重金石粉	3.16	2.17	0.67	6.0
滑石粉		1.44	0.67	2.11
水	0.32	0.22	0.04	0.58
合计用量(t)	16.1	7.8	3.4	27.3
原型与模型的力学参数				
原型容重(kN·m^{-3})	23	21	19	
原型黏聚力(kPa)	330	230	40	
原型内摩擦角(°)	32	30	24	
模型容重(kN·m^{-3})	23	21	19	
模型黏聚力(kPa)	9.2	8.4	4.4	
模型内摩擦角(°)	35	31	32	

表 3-9 K98+670 断面相似材料组分及主要力学参数

材料＼用量	各地层及各种材料的用量(t)			
	W_1	W_2	W_3	配材累计
混合砂	6.21			6.21
粗石英砂			2.86	2.86
中石英砂	6.21			6.21
细石英砂		3.35		3.35
重金石粉	3.08	1.86	0.94	5.88
滑石粉		1.19	0.94	2.13
水	0.30	0.20	0.06	0.56
合计用量(t)	15.8	6.6	4.8	27.2
原型与模型的力学参数				
原型容重(kN·m^{-3})	22	21	19	
原型黏聚力(kPa)	310	220	40	
原型内摩擦角(°)	32	30	24	
模型容重(kN·m^{-3})	22	21	19	
模型黏聚力(kPa)	9.2	8.1	4.4	
模型内摩擦角(°)	35	31	32	

由此可见，所选模拟坡体的相似材料基本上能满足上述相似比的要求。

(2)加固支挡结构模拟

①模拟地梁及抗滑桩的相似材料：这两种加固支挡结构都是由钢筋混凝土材料制成。采用石膏∶白水泥∶铁粉∶乳胶∶水＝20∶10∶6∶1∶20 的混合材料模拟现场浇筑法，制成模型上的地梁和抗滑桩，容重可达 19 kN/m^3。浇筑并达到强度后材料的力学参数是变形模量 620 MPa，泊松比 0.28，抗压强度 600 kPa。基本满足相似比要求。按几何相似比，地梁尺寸长 41.7 cm、宽 2.67 cm、厚 2 cm。在三级坡与二级坡上自中轴线起向两侧以中心间距 10 cm 设置地梁，各设 5 根，对称布置。抗滑桩尺寸长 83 cm、宽 6.7 cm、厚 10 cm。抗滑桩布置在一级坡上，中轴线处设一个，两侧中心间距 25 cm 处各布置一个，共设置 3 根抗滑桩。

②模拟锚索的相似材料：该工点的锚索由 4 束直径为 15.2 mm 的钢绞线组成。相似材料则选用 4 根直径为 0.5 mm 的软铝丝，弹性模量为 4×10^4 MPa，泊松比 0.26，抗拉强度 70 MPa。坡体模型上的钢绞线的平均长度为 1.2 m。在锚头部位安装测锚索张力的传感器，测量锚索张力的变化。模型上锚索张力为 25 N。相似材料的这些参数也基本满足相似比要求。

③模拟水泥砂浆的相似材料：采用石膏浆作为坡面喷浆和锚索孔注浆的材料。该工点坡面喷浆应达到 C20 混凝土的要求，相似材料则采用水：石膏：白乳胶＝1：0.6：0.08 的混合浆液；锚索孔注浆要达到 350 号混凝土的要求，相似材料则采用水：石膏：白乳胶＝1：0.8：0.08 的混合浆液。

按照原型坡体地质特征及其边界条件做成坡体模型进行试验，试验中严格按照开挖施工顺序模拟开挖和设置加固支挡结构（例如地梁、锚索、桩等）。每个地段的坡体进行如下试验：在边开挖边设加固支挡结构的条件下开挖路堑，测坡体内的应力和变形及坡面位移，以及坡体变形作用于加固支挡结构上的土压力，并确定开挖影响范围。

为明确地比较设置加固支挡措施前后的效果，对于每个试验断面，共有两组试验，一组为分层开挖到底，不加任何加固支挡措施；另一组则为分层开挖过程中设置坡面防护、坡体加固支挡措施，即完全模拟现场实际施工过程。试验开挖（支护）完成后的模型如图 3-43 所示。

图 3-43　典型模型试验照片图

3.3.3　模型试验方法与结论

（1）试验步骤和方法

在上述边坡工程模型的基础上，采用如下试验步骤和方法：

①在模型槽两个大面上画出坡体地表线，W_1、W_2、W_3 的地层分界线，开挖坡面线以及桩、锚、地梁及各测点的位置。

②装填各地层的相似材料直到坡体地表线，并在三根桩的位置预埋木桩。装填到各测点位置时，设置该测点压力或位移传感器。在各地层分界线表面均匀布置细微注水管。装

填中还要随时取样测试其容重、抗剪强度等指标，使之满足要求。装填完开挖前，将各测点对零。

③自上而下开挖。先开挖第四级坡面，对此坡面喷浆护坡面，逐一记录各测点的读数。安装坡面测点 54、53。

④开挖第三级坡面，然后坡面喷浆防护，记录各测点的读数。打锚索孔，下锚，向锚孔内注浆。浆液达到预定强度后，安装预制好的预应力地梁，在地梁上安装调试好测锚索张拉力的传感器，并张拉到预定值。再次记录各测点的读数。安装坡面测点 52。

⑤开挖第二级坡面，然后坡面喷浆防护，记录各测点的读数。打锚索孔，下锚，向锚孔内注浆。浆液达到预定强度后，安装预制好的预应力地梁，在地梁上安装调试好测锚索张拉力的传感器，并张拉到预定值。再次记录各测点的读数。安装坡面测点 51。

⑥取出一根预埋的木桩，放入粘贴了应变片的细铝丝网，注入浆液，浆液达到预定强度后，再分别取出另外两根预埋的木桩，再放入网，注浆并使之达到预定强度。开挖第一级坡面，然后在桩间对坡面进行喷浆防护，记录各测点的读数。

⑦修整路面，并将右侧坡面开挖出来。

⑧每隔一定时间记录一次各测点的读数，隔一定时间按照一定的含水率注水，逐一记录各测点的读数。

相应试验结果如图 3-44 至图 3-47 所示。

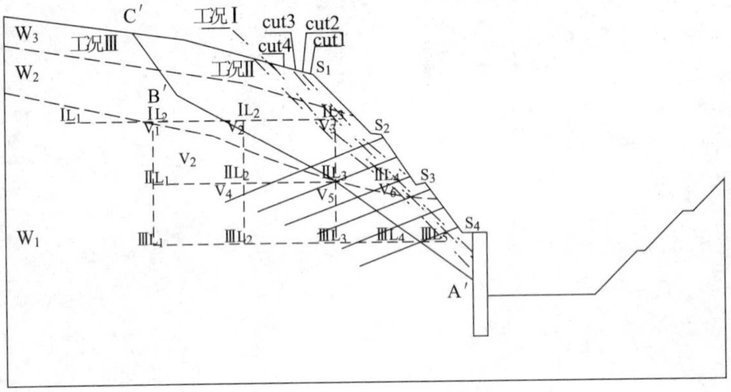

图 3-44　K98＋520 断面各工况的松弛区范围

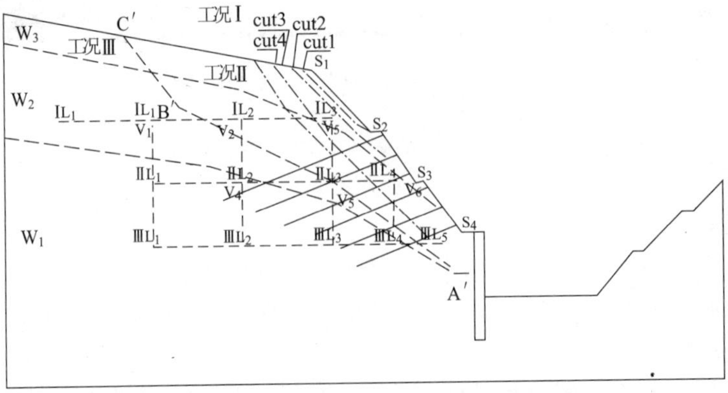

图 3-45　K98＋560 断面各工况的松弛区范围

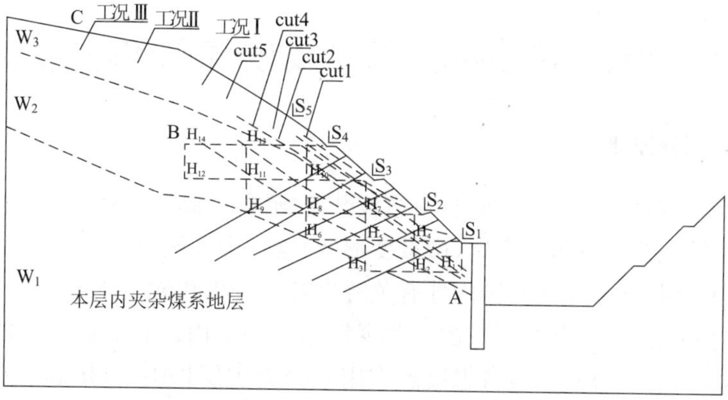

图 3-46　K98＋670 断面各工况的松弛区范围

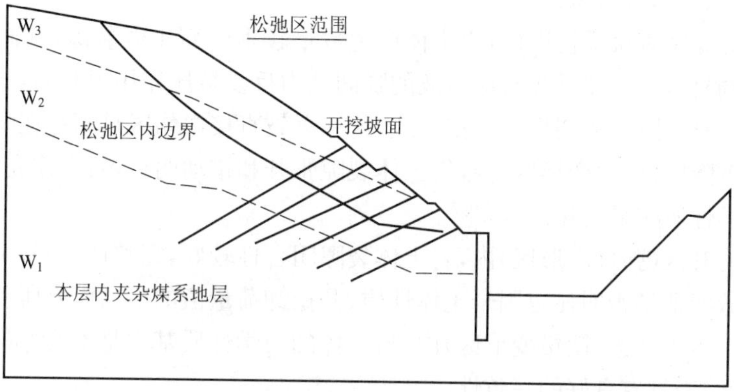

图 3-47　K98＋670 断面加固施工完成后的松弛区对应原型情况

(2)主要试验结论

①K98 工点地质条件复杂，岩土体软弱破碎，开挖后自稳能力差。开挖后的路堑边坡发生较大变形的原因是坡体材料在开挖卸荷应力作用下发生了较大变形，雨水渗入加速了坡体材料的蠕变，使坡体变形进一步扩大。

②所设计的预应力锚索地梁和抗滑桩能较好控制开挖施工期间坡体的变形。但在每级坡面开挖和施作这些加固支挡结构时，因耗费时间较多，引起了较大的施工变形，因此建议在施工期间应设法尽快施加加固支挡结构，减小施工变形。

③坡体和坡面水平位移是上部大下部小，这是由于雨水渗入后，上部很大的沉降滑移挤压下部坡体造成的。

④在分步开挖施工过程中，坡体松弛区范围较小，而经雨水渗入影响后则明显增大，但锚索锚固段仍在非松弛区内，坡体一般仍能维持较好的稳定。

⑤K98 工点在雨水渗入导致较大坡体变形的条件下，抗滑桩桩顶位移与桩长之比一般都超过了 2%，桩的最大弯矩引起了较大的弯曲应力。这种情况还会因坡体蠕变变形的扩展而加剧，为保证坡体长期稳定，建议桩上增加预应力锚索，变抗滑桩为预应力锚索抗滑桩，以便减小桩顶位移和桩身截面的最大弯矩。

⑥由于 K98 工点的岩土体软弱破碎，桩前岩土抗力差，建议施工完毕后采取措施加固桩前土体，提高抗力系数。其措施有夯实锚固段端部(上端)岩土体、用短锚杆加固或用注浆法提高其强度和密度。

3.4 边坡开挖卸荷松弛区的划分原则和确定方法

3.4.1 松弛区的划分原则

通过理论分析和数值模拟可以知道，在边坡开挖场区存在应力下降区（塑性变形区）、应力上升区（弹性变形区）、应力基本不变区（微量变形区）这三个区域，在这三个区域内边坡岩土体的物理力学性质有何特殊变化呢？国内外有关隧道开挖分析和岩土体测试的结果给我们以启示，国内结合水利水电边坡和路堑开挖的一些现场测试和室内试验的成果一般把边坡岩土体分为强卸荷带、弱卸荷带和原岩，或考虑爆破作用划分为表层松弛带（爆破—卸荷松弛带），卸荷松动带和应力调整带等。总结他们的实测成果，结合我们的分析可以对边坡开挖松弛区的物理力学特性有以下基本认识：

（1）在坡表的爆破直接损伤区内，岩土体产生数量较多的新生微裂隙，从而引起岩土体物理和力学性质的弱化，这主要是爆破应力波的瞬间动力反复拉压作用引起的，这可以理解为爆破引起的附加应力松弛；若采用机械开挖方式，这一爆破直接损伤区是不存在的。

（2）在应力下降区（塑性变形区）内，岩土体裂隙张开和错动明显，岩土体完整性降低，声波测速值下降，力学性质明显弱化。

（3）在应力上升区（弹性变形区）内，岩土体裂隙闭合性较好，完整性较好，声波测速值也较高，当然这一区域特征是否明显也因岩土体性质、开挖卸荷量值的不同而有所差异。

（4）在应力基本不变区（微量变形区）内，岩土体的力学性质基本是不改变的。这些实测和分析结果与作者结论具有良好的一致性。

综上所述，岩土体应力增减变化、屈服区特性、应变场分布以及岩土体物理力学性质弱化是边坡开挖卸荷松弛区的基本特征，可以作为划分开挖松弛区的主要标准。

需要指出的是，对于路堑边坡的工程设计来说，由于经费限制和实际困难，来源于工程现场的实测资料是极其有限的。但是，我们可以从理论分析、数值模拟和试验测试结果的一致性中发现边坡开挖卸荷松弛区的基本规律，并主要依据数值仿真分析中再现的松弛区的分布范围和特征规律作为边坡开挖松弛区的划分原则，建立相应的确定方法。并且，根据施工信息化反馈的结果对其进行相应的调整和核正。

从而，我们基于开挖边坡岩土体应力增减变化、岩土体屈服状态与应变特征以及岩土体力学性质变化规律等因素，将开挖边坡体划分为应力衰减塑性松弛区、应力集聚弹性挤压区和原岩应力不变区，边坡开挖卸荷松弛区的划分原则见表 3-10。

表 3-10 边坡开挖卸荷松弛区的划分原则

划分原则	应力衰减塑性松弛区	应力集聚弹性挤压区	原岩应力不变区	备 注
应力变化	应力下降	应力升高	应力基本不变	设计过程中的确定依据
屈服状态与应变特征	塑性屈服，应变很大	弹性，应变相对较小	弹性，应变很小	
力学性质变化规律	裂隙张开或错动，岩土体完整性差，透水性好，声波测值较小，弹模降低，残余强度承载	裂隙闭合性相对较好，岩土体较完整，透水性较差，声波测值较高，弹模较高	裂隙闭合，岩土体较完整，透水性差，声波测值高，弹模高	信息化施工反馈信息的调整

3.4.2　松弛区的确定方法

在实际工程设计中采用数值仿真分析确定边坡开挖松弛区的范围涉及到边坡模型、岩土体参数、计算方法等多方面的问题，为了提高这一方法的准确性和适用性，有必要明确各种因素的影响，建立起一套具有实用意义的边坡开挖松弛区确定方法。

图3-48给出了在设计工作中确定边坡开挖松弛区的基本流程。在该流程中，首先应根据现场调查和试验分析来采集有关工程地质基础资料，根据这些资料及相应的分析成果构筑边坡稳定分析的工程地质模型，在此基础上建立边坡数值仿真计算模型，然后进行开挖模拟计算，最后对计算结果进行后期处理和分析，确定边坡开挖松弛区的范围，并研究相应的边坡开挖松弛特征。

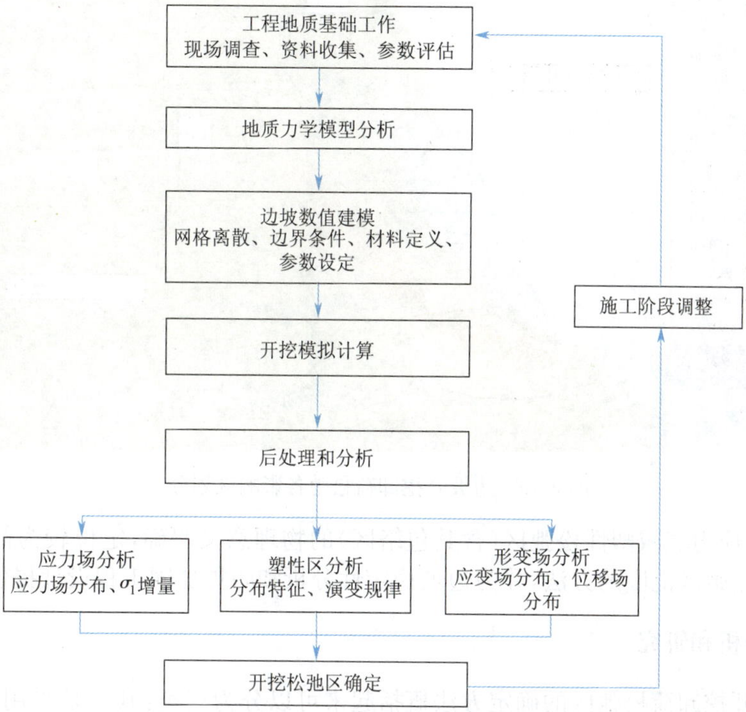

图3-48　边坡开挖松弛区的确定流程

在施工期的信息反馈阶段可以调整数值分析模型或结合相关试验和监测来对边坡开挖松弛区范围进行修正。

数值模拟计算结果的后处理和比较分析对研究边坡卸荷松弛问题非常重要，其关键是如何从复杂的计算成果中提取出反应边坡开挖卸荷力学本质的信息，并建立简化的分析处理方法以方便工程设计中的应用，可以从应力场、塑性区和形变场三个方面来说明问题。

边坡开挖的应力场体现了在任意开挖步骤下边坡系统总体的应力响应：σ_1揭示了边坡中压应力的脊线和最可能形成受压屈服的部位；σ_3揭示了边坡产生张拉屈服的可能部位；$(\sigma_1-\sigma_3)/2$揭示了边坡产生剪应力集中的部位；而σ_1增量则从应力变化的过程方面反应了边坡开挖卸荷松弛区的形成过程和力学本质，是最有代表性的特征参量。

塑性区的形成和演化则进一步阐明了边坡开挖卸荷松弛区的力学机理和岩土渐进破坏的

孕育发展过程。

形变场的分析非常直观地反应了边坡的破坏形态，在实际分析中最大剪应变和水平位移场特别具有直观特征，可以作为开挖松弛区分析的辅助判据。

总体而言，σ_1 增量增减变化的范围是最具有特征性的参考指标。

从力学意义来说，σ_1 增量的负值区即为边坡开挖松弛区的范围，相应 σ_1 增量的正值区即为应力集聚挤压区。但是，由于有限元等数值算法的本质是基于某一收敛标准的近似迭代计算，为了减小计算误差的影响，根据计算比较分析，推荐以 σ_1 增量小于－50 kPa 的范围视为应力衰减塑性松弛区；以 σ_1 增量大于 50 kPa 的范围视为应力集聚弹性挤压区；二者之间的部分可视为过渡区域；其余区域视为原岩应力不变区，如图 3-49 所示。

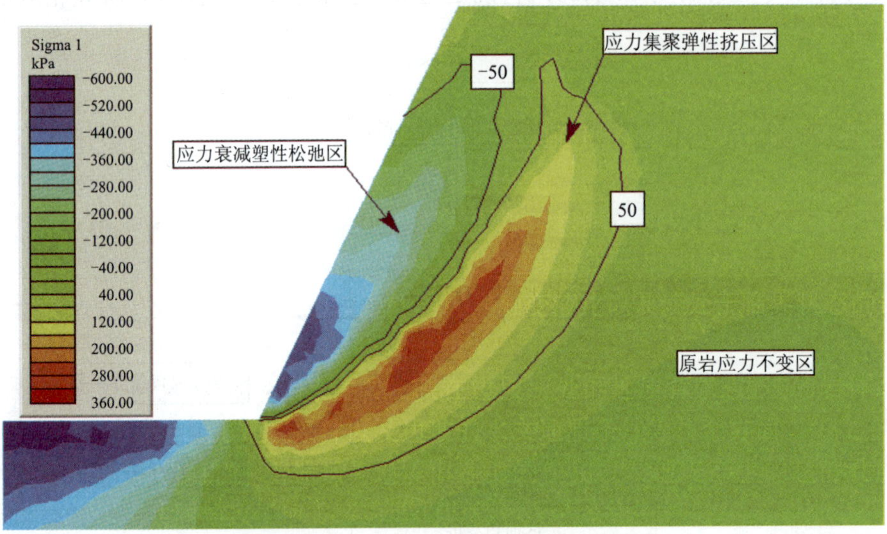

图 3-49 边坡开挖卸荷松弛各影响区划分

如图分析，应力衰减塑性松弛区（含其包络区）的物理意义明确，定位较为简单，可以作为确定边坡开挖松弛区范围的方法，并为边坡稳定性分析和防护加固工程设计提供有用的参考。

3.4.3 对比分析和研究

路堑边坡开挖卸荷松弛区的确定方法概括起来可以分为三类：其一是采用工程物探手段和坡体监测资料进行开挖松弛区范围确定，以盛谦等在三峡船闸高边坡开展的工作为代表；其二是将数值模拟计算中边坡场区水平位移或稳定系数的突变点连线而形成开挖松弛区的内边界，以肖世国等研究的方法为代表；其三是将数值模拟计算中边坡场区应力增减变化作为松弛区的划分标准，即前述研究提出的方法。

现场实测确定松弛区的方法，无论是其基本原理、测试手段、实用方法，还是工程可行性和结果的可靠性，都有待进一步研究开发和完善，以适应边坡工程实践的需要。但是，现场实测法是理论分析和数值计算等方法的验证手段和标准，并有利于促进相关理论分析和数值计算方法的发展和提高。

边坡场区水平位移或稳定系数的突变点连线确定法，由于其场区变化的连续渐变特征，在边坡产生破坏以前将难以确定突变点，不便工程应用，仅当边坡产生明显的破坏变形时才得以体现，且稳定系数的突变不明确或规律性不强。因此，这种方法的工程应用有一定的局限性。对比分析结果如图 3-50(a)、图 3-50(b)、图 3-50(c)和图 3-50(d)所示。

边坡场区应力增减变化确定法，由于松弛区体现为负增长，压缩区体现为正增长，正负分界明确，物理概念清晰，计算方法简单，便于工程应用，如图 3-50(e)和图 3-50(f)所示。并且，在边坡数值分析计算中，由于岩土体变形模量或弹性模量参数的不确定性，其变形场的计算结果可信度较低，常常存在数量级的差别；而由于边坡自重应力场的相对确定性，其应力场计算结果较为可靠，但其现场实测应力较为困难。因此，有必要结合工程物探等现场实测手段，研究其场区应力变化的相关规律，研究开发和完善边坡场区应力增减变化确定的方法。

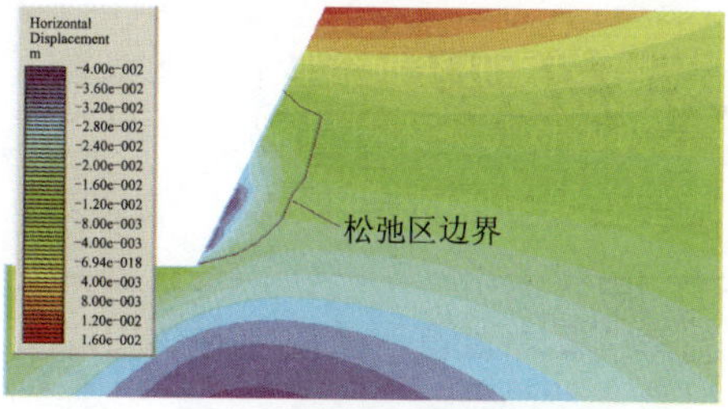

(a)开挖6级松弛区(水平位移变化)

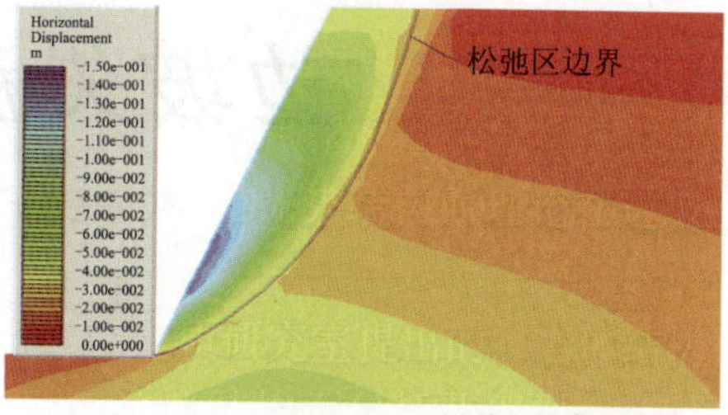

(b)开挖8级松弛区(水平位移变化)

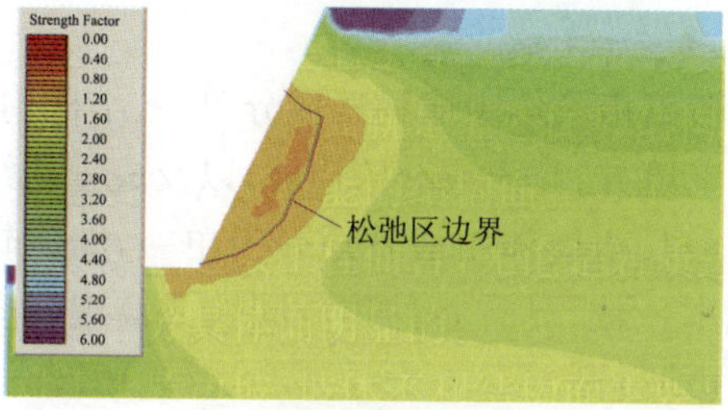

(c)开挖6级松弛区(稳定系数变化)

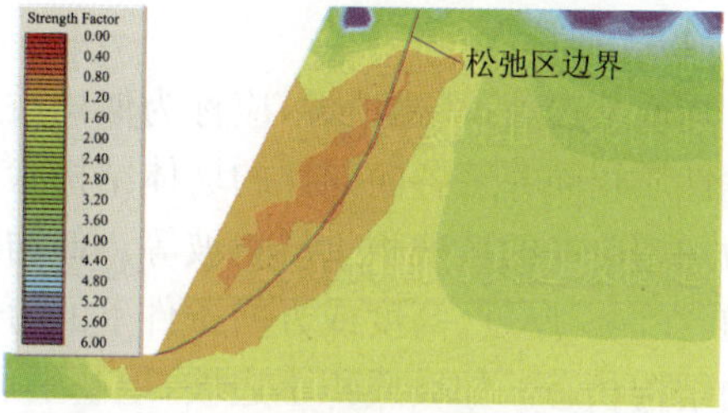

(d)开挖8级松弛区(稳定系数变化)

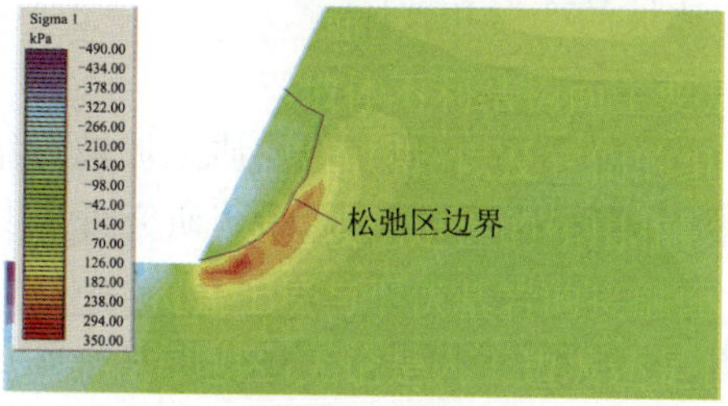

(e)开挖6级松弛区(应力增减变化)

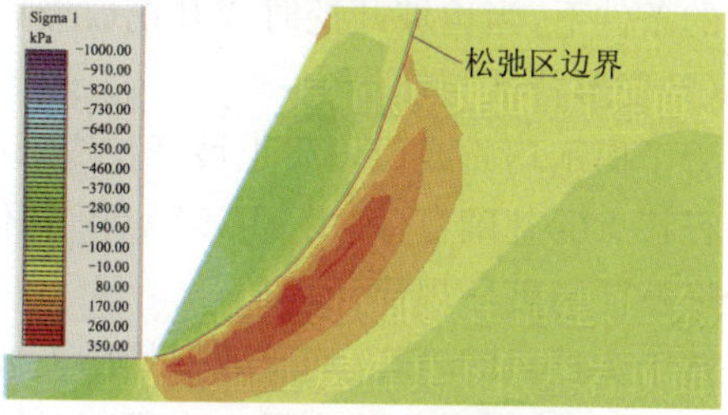

(f)开挖8级松弛区(应力增减变化)

图 3-50　边坡开挖松弛区确定方法对比分析图

第 4 章

边坡失稳破坏机理

4.1 土质边坡

4.1.1 均质土边坡

(1)工程特点

均质土边坡,严格地说,应称为似均质边坡。一般是指坡体组成物质成分单一、结构均匀、力学性质相同并且各向同性的坡体结构状态。如人工填方、弃土或弃碴边坡,以及成分与结构较为均匀单一的坡残积土层边坡等。似均质结构一般是指坡体组成物质较为单一,结构较为均匀,在同一厚度、高度或方向条件下的力学性质基本一致,具有条件均质同性或横观各向同性的结构状态。如坡残积土边坡,地基土边坡(基坑边坡)等。

无论是均质结构还是似均质结构的土坡,其边坡土体富水强度较低,特别是在坡脚地下水浸润的条件下,当边坡开挖时或开挖成坡后极易产生边坡的变形和破坏。

(2)变形特征与规律

为了揭示均质或似均质土坡开挖变形破坏机理,我们在总结均质或似均质土坡坡体结构与工程特点的基础上,采用 SIGMA/W 软件进行此类边坡开挖数值模拟,系统研究分析其开挖变形特征与破坏规律。

基于上述目的,建立均质或似均质土坡模型如图 4-1 所示,该模型左右两侧取水平零位移边界,底部取双向零位移边界。本研究对该路堑高边坡共分 6 级进行开挖模拟,自上而下坡率依次为 1∶1,1∶1,1∶1,1∶0.75,1∶0.75,1∶0.5。边坡主体由坡积土和残积土组成,坡残积层与砂土状强风化层分界于坡脚附近,基岩顶面距离边坡刷方线较远,各地层岩土物理和力学参数见表 4-1。

经边坡开挖时步运算,可以获取各时步边坡应力、应变、位移、塑性区等信息,具体计算结果见表 4-2,各开挖时步相关参量的分布形式和分布范围可用等值线图表示,图 4-2 至图 4-15 给出了各时步最大剪应力、最大剪应变以及塑性区等主要参量典型分布图。

综合相关计算成果,从应力分布,剪应变孕育过程和塑性区发展历程三方面分析如下:

从应力分布规律来看(如图 4-2 至图 4-7 所示),在边坡开挖以前,最大剪应力沿深度呈线性增加,其等值线沿深度均匀分布;开挖 1～2 级,剪应力场偏转,体现向坡脚集中的趋势,但坡脚剪应力量值较小,整个边坡尚未发现拉应力区;开挖 3～4 级,开挖坡脚出现明显的剪应力高值区,坡脚剪应力集中程度逐步明显,量值明显增大;开挖 4 级时坡脚最大剪应力达243 kPa,坡顶一定距离范围内发育有最小主应力负值区,体现坡顶受拉特点。此外,开挖坡脚局部出现零星最小主应力负值区，体现坡脚局部区域的受拉特征。

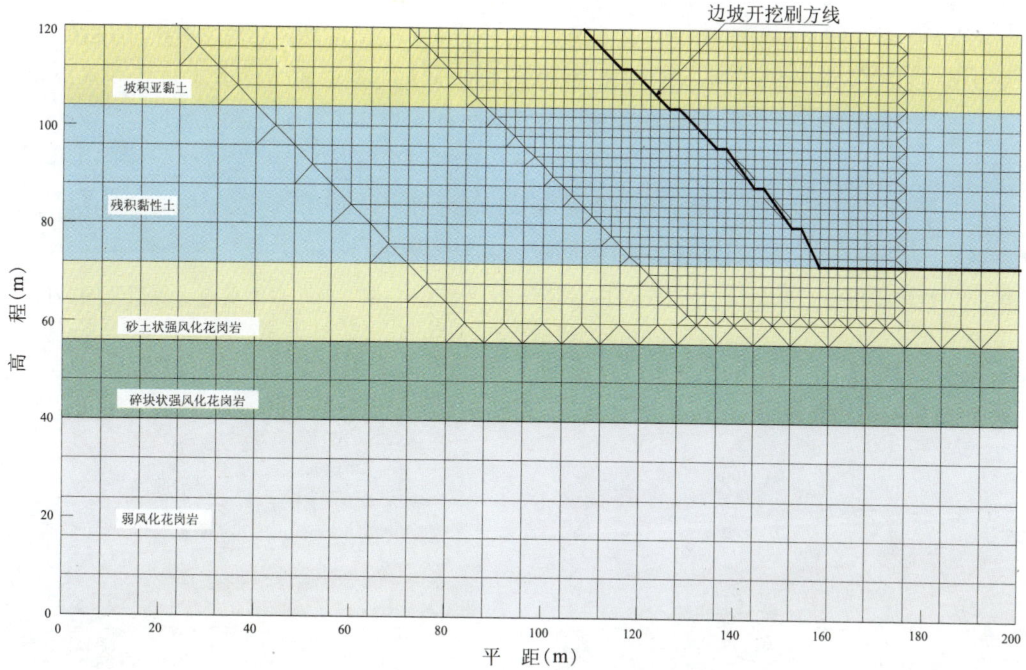

图 4-1　均质土坡模型有限单元网格离散图

表 4-1　均质土坡模型岩土物理和力学参数表

序号	地　层	γ(kN/m³)	c(kPa)	ϕ(°)	E(kPa)	υ
1	坡积亚黏土	19	28	24	1.0×10^4	0.45
2	残积黏性土	21	30	28	2.0×10^4	0.40
3	砂土状强风化花岗岩	23	20	32	5.0×10^4	0.35
4	碎块状强风化花岗岩	25	100	40	5.0×10^5	0.30
5	弱风化花岗岩	26	600	50	1.0×10^7	0.26

表 4-2　均质土坡计算成果表

类型 时步	平坦场地模型Ⅰ			平坦场地模型Ⅱ			平坦场地模型Ⅲ		
	坡脚最大剪应力(kPa)	最小主应力最小值(kPa)	最大剪应变	坡脚最大剪应力(kPa)	最小主应力最小值(kPa)	最大剪应变	坡脚最大剪应力(kPa)	最小主应力最小值(kPa)	最大剪应变
1	46	8	0.014	47	7	0.008	45	4	0.008
2	81	1	0.035	81	−4	0.016	71	−7	0.019
3	168	−104	0.042	112	−34	0.039	105	−58	0.039
4	243	−138	0.115	238	−205	0.081	220	−193	0.073
5	339	−421	0.172	311	−148	0.080	220(195)	−192	0.074
6	386	−347	0.310	368	−234	0.081	267	−192	0.074

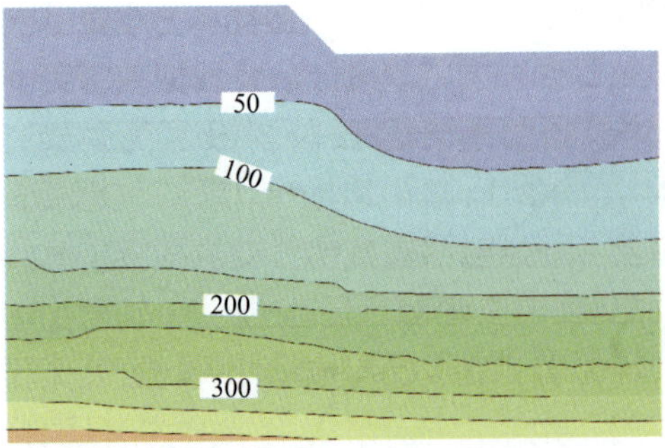

图 4-2 第 1 时步最大剪应力等值线图(kPa)

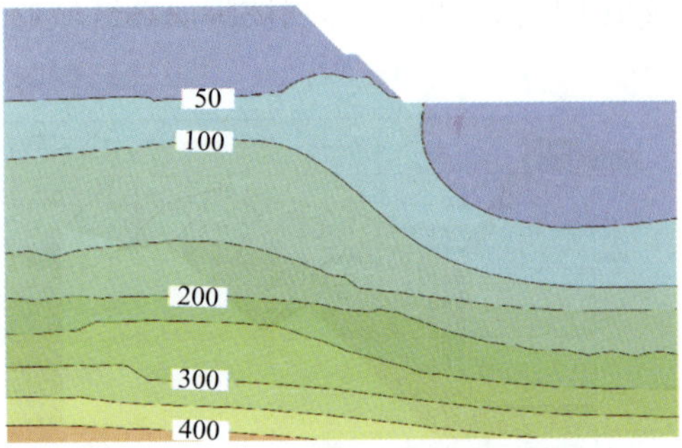

图 4-3 第 2 时步最大剪应力等值线图(kPa)

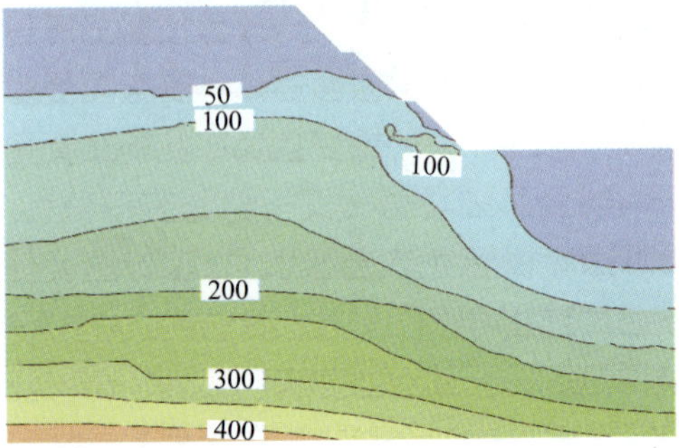

图 4-4 第 3 时步最大剪应力等值线图(kPa)

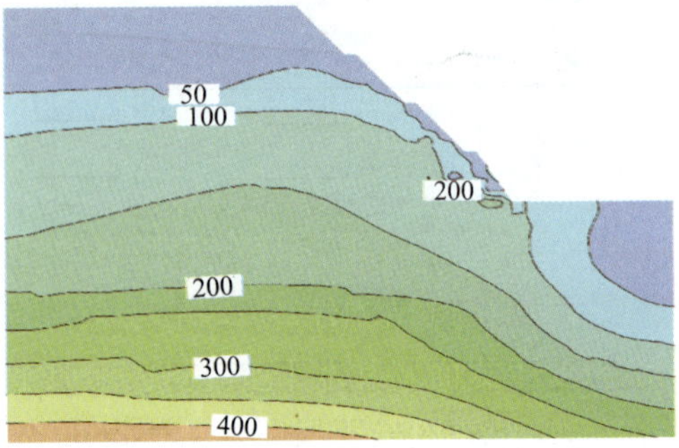

图 4-5 第 4 时步最大剪应力等值线图(kPa)

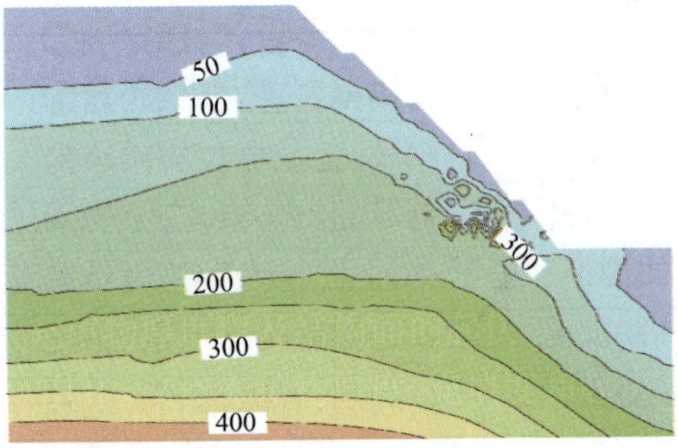

图 4-6 第 5 时步最大剪应力等值线图(kPa)

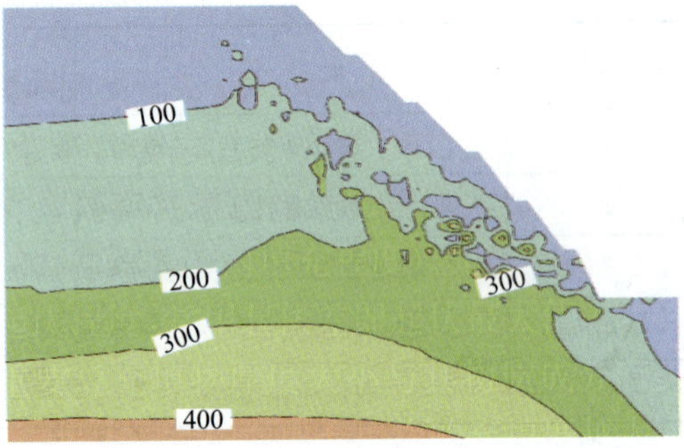

图 4-7 第 6 时步最大剪应力等值线图(kPa)

图 4-8 第 1 时步最大剪应变等值线图

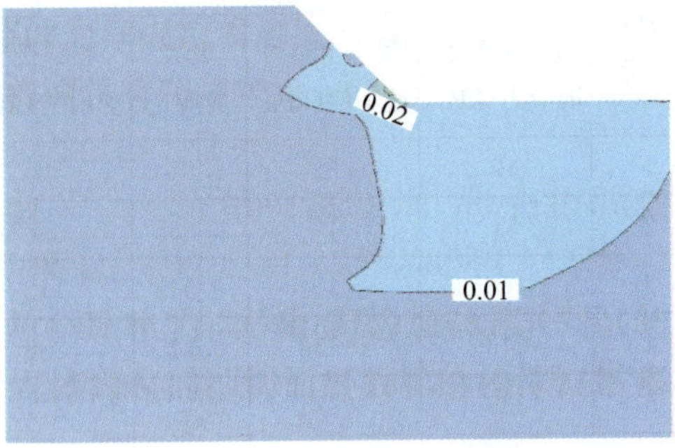

图 4-9 第 2 时步最大剪应变等值线图

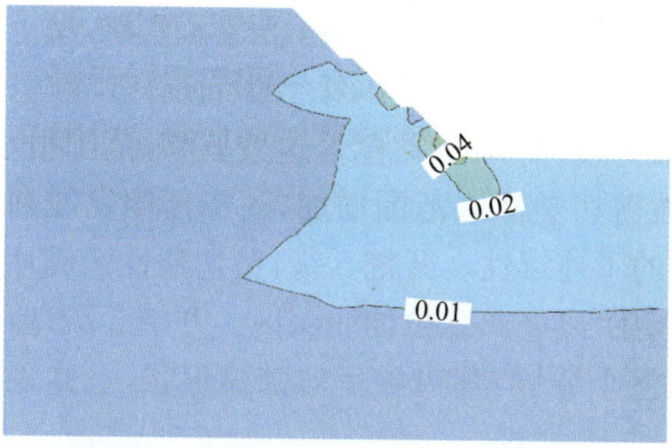

图 4-10　第 3 时步最大剪应变等值线图

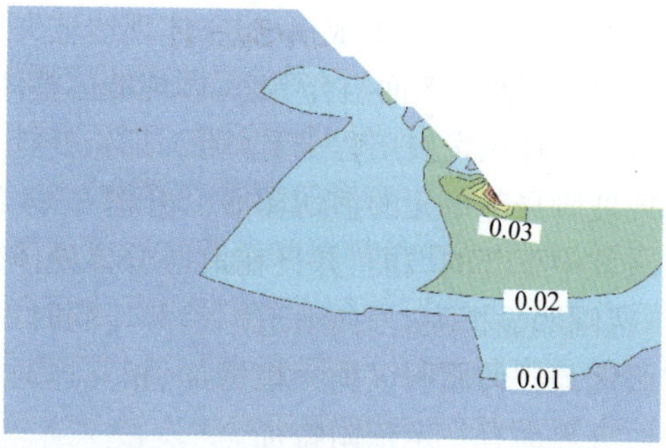

图 4-11　第 4 时步最大剪应变等值线图

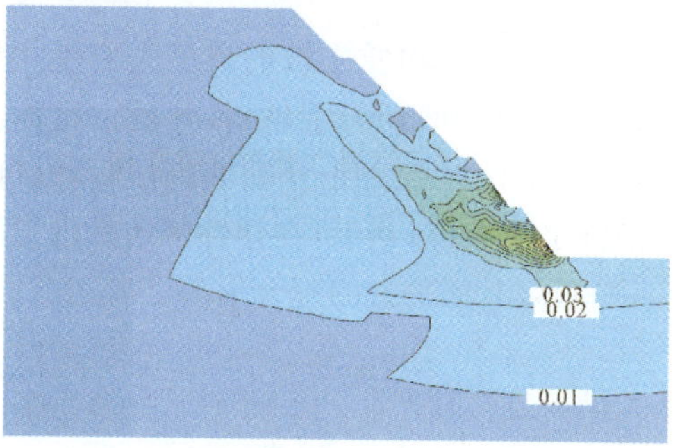

图 4-12　第 5 时步最大剪应变等值线图

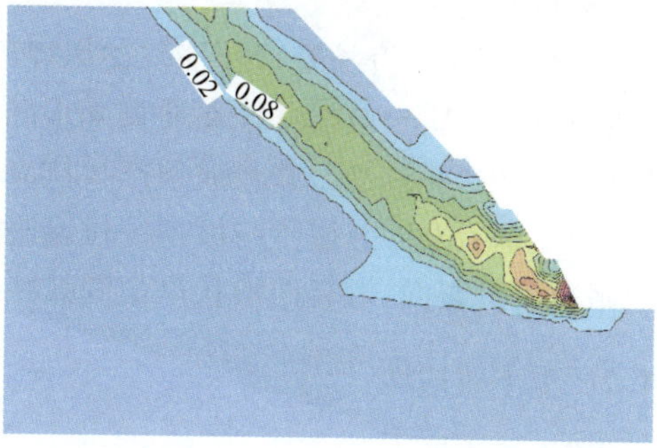

图 4-13　第 6 时步最大剪应变等值线图

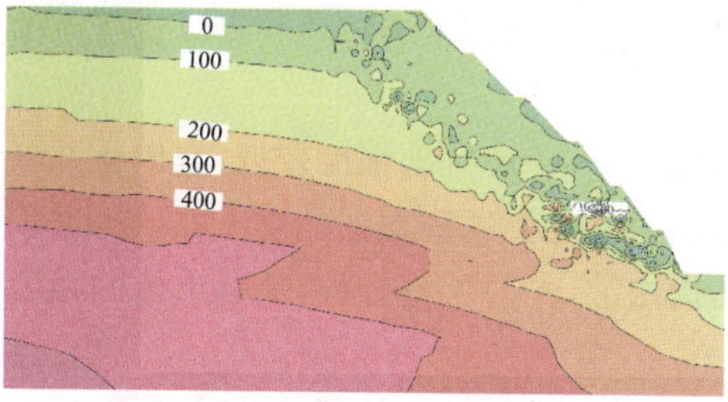

图 4-14　第 6 时步最小主应力等值线图(kPa)

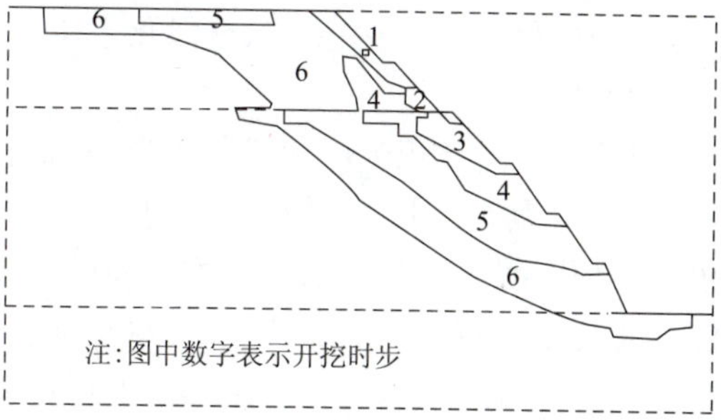

图 4-15　对应各开挖时步的塑性区分布、发展图

开挖 5～6 级,坡脚剪应力集中已经非常明显,剪应力高值区呈“散斑状”密集分布,向上呈似圆弧状追踪,形成一带状分布的剪切区域,坡脚最大剪应力量值持续增大,最终达 386 kPa;坡顶最小主应力负值区明显扩大,量值增加,显示边坡中下部变形引起的坡顶牵引受拉范围逐步扩大;坡脚拉应力区域范围明显扩大,向上呈似圆弧形状追踪形成受拉条带,并延展至边坡中下部坡面,其分布区域与剪切区基本吻合,呈相互交错分布。

据以上分析,随边坡开挖剪应力在坡脚逐步产生明显集中,同时沿坡脚逐步向上延伸发展,在坡体中产生似圆弧状剪切和拉伸混合的条带,可命名为“剪拉带”。

由剪应变孕育过程分析(图 4-8 至图 4-13),开挖 1～3 级,剪应变集中于坡脚,呈逐步增大趋势,但量值甚小,皆小于 0.05,与剪应力和塑性区发展相对应,体现坡脚剪切屈服产生的变形。开挖 4 级,最大剪应变量值大幅度增长,其等值线显示坡脚剪应变集中明显,并且变形呈向上牵引发展趋势。开挖 5 级,最大剪应变量值继续增加,其等值线交汇于开挖第 4、5 级坡脚,等值线的脊线揭示边坡潜在滑裂面具有一定的似圆弧特征。开挖 6 级时,其最小主应力等值线如图 4-14

所示，最大剪应变量值成倍增长，体现边坡失稳特征，其等值线脊线清晰揭示滑裂面形状，呈上部平面与下部似圆弧面组合形态，体现坡体整体剪切滑移与坡顶拉裂破坏组合的特征。

从塑性区发展历程来看(图 4-15)，开挖 1～2 级，塑性区局部发育于边坡坡脚，范围很小，体现坡脚局部单元的剪切屈服。开挖 3～4 级，边坡剪切塑性区范围增加，逐步延伸发展到开挖边坡中下部的坡面，并且在地层分界处体现一定的不连续性。开挖 5 级，剪切塑性区成片发展，范围明显扩大，呈向上追踪趋势。同时，坡顶一定距离处产生拉伸屈服区。开挖 6 级，剪切屈服区与拉伸屈服区均大幅增加，相互连通并贯穿整个坡体，其边界呈似圆弧形状，且体现对地层分界面有一定依附特征。

整个塑性区孕育过程与上述“剪拉带”的发展过程相互印证，故可将之命名为“剪塑带”。

(3)典型破坏模式

总结上述边坡开挖变形特征与破坏规律，可以归纳均质或似均质土坡的典型失稳模式如下：均质或似均质土坡随开挖在坡脚逐步产生剪应力集中，由于坡脚岩土软弱，开挖一定深度后坡体内产生“剪拉带”，并在坡顶产生拉应力区；同时，其塑性区起源于开挖坡脚，逐步沿“剪拉带”向上牵引发展并逐步与坡顶受拉屈服区连通，最终贯通坡体；最后，在塑性区条带内发展形成最危险滑裂面，滑裂面形状呈似圆弧状或呈下部圆弧与上部平直的组合形态。

4.1.2 类土质边坡

(1)工程特点

在花岗岩等火成岩分布地区，受湿热气候影响，风化壳具有明显的垂直分带性，自上而下一般分为坡积土层、残积土层、全风化土层、砂土状强风化层，再往下为碎块状强风化层及中至微风化基岩。

风化壳中的坡积土层和残积土层为黏性土或砂质黏土，一般抗剪强度较低；全风化及砂土状强风化层为砂性土，呈散粒状结构，原岩矿物界限隐约可见。这些地层的岩土物质经过长期的物理和化学作用，其大部分矿物已经风化变质，结构松散，一般手捏即碎，具有土体的强度性质，边坡变形体现岩土的剪切变形或拉裂破坏特征。

但是，这种边坡岩土在一定程度上仍然继承和保留着母岩的结构特征，这些结构面的存在有时对边坡稳定性产生很大的影响；而且，不同地层之间的差异风化界面，以及不同时期或成因的堆积界面往往对边坡的稳定状态起控制作用，这就使得此类边坡的变形破坏往往比较复杂。

为了与均匀土质边坡相区别，我们可以将其命名为类土质边坡，以准确体现其“类土”又不完全似土的工程特性，并开展了有关的专门研究。

类土质边坡是指边坡主体由不同时期或成因坡体堆积物，或岩土体经过强烈风化作用形成并保留或残存原岩结构特征的风化土体物质，或砂土状强风化岩层物质组成的边坡。

类土质边坡的工程特性主要体现不同时期或成因堆积界面，不同程度风化界面和残存结构面的控制作用和影响；类土质边坡一般包括坡残积土边坡，全风化或强风化软岩边坡。

图 4-16 是一个典型的类土质路堑边坡的实例，自然边坡共分 6 级开挖形成路堑高边坡，边坡上部是坡残积土层，中下部为风化成砂土状的岩层，岩土体结构较紧密。

长期以来，由于对类土质边坡的工程特征缺乏认识，研究工作开展的比较少，因此类土质边坡的工程设计大多采用传统的黏性土边坡的分析和设计方法，忽略了类土质边坡内部的不同时期或成因堆积界面、差异风化界面和母岩结构面的控制作用，致使部分边坡一垮再垮，给道路工程造成了严重的威胁，最后不得不投入更多的人力和财力进行整治。

表 4-3 是由三种方法测得的花岗岩残积土抗剪强度指标（杨明，2002）。按此指标，边坡可直立 7～8 m 高，但是实际上类土质边坡几乎没有发现可以达到此要求，绝大多数边坡会在更小高度，更缓坡角的工况条件下失稳。显然除了边坡的抗剪强度指标，差异风化地层界面和原生结构面等地质不连续面对边坡稳定性也产生了很大的影响。

图 4-16　典型类土质路堑边坡实例

表 4-3　花岗岩残积土抗剪强度试验值

试验类型	试件数量	黏聚力 c(kPa)		内摩擦角 ϕ(°)	
		范围值	平均值	范围值	平均值
直剪试验	205	20～54	32	16.6～38.3	31
三轴试验	23	15～50	30	10.6～35.0	21
野外大剪试验	6	19～61	40	23.8～39.7	29.4

类土质路堑边坡由于其地质环境差异大，坡体结构比较复杂，其变形破坏模式通常较为复杂多样。在路堑边坡工程实践中，我们发现存在似圆弧面的破坏模式，图 4-17 是类土质路堑边坡呈似圆弧滑动破坏模式的一个工程实例。

发生边坡圆弧破坏模式的一般是土体性质相对均一的坡残积土边坡，其风化比较均匀、完全，土体的失稳破坏主要体现为最危险滑裂面处的应力突破土体的抗剪强度，从而引起土体的剪切滑移。

类土质路堑边坡中最常见的是受坡体不连续面，尤其是基岩顶面或者缓倾不利结构面控制形成的平面与似圆弧面组合的破坏模式，图 4-18 就是一个似圆弧面和平面组合破坏模式的工程实例。

图 4-17　类土质路堑边坡呈似圆弧滑动破坏

图 4-18　类土质边坡似圆弧面与平面组合破坏模式

对于此种类型的边坡，基岩顶面、不同风化土层的接触界带、不同时期或成因堆积界面附近的岩土性质(包括黏聚力、内摩擦角、弹性模量与泊松比等)差异很大，往往成几何级数变化。加上坡体不连续面接触界相对隔水，容易造成地下水的汇集，从而浸泡和软化接触界附近岩土，降低岩土强度指标，并急剧增加孔隙水压力和各种动静水压的作用。在边坡开挖切削坡脚支撑的情况下，经常发生上覆风化土层沿下伏基岩顶面或上覆坡残积土层沿下伏全风化、强风化土层顶面的滑动变形和破坏。在这种情况下，基岩顶面或者差异风化界面的坡度多为20°～30°。

在路堑边坡工程实践中，我们也发现类土质路堑边坡有沿陡倾结构面和缓倾结构面或地层界面交切组合形成的折线型破坏模式，甚至是主要沿缓倾结构面或地层界面发育呈平面型破坏模式，虽然为数不多，但也颇能说明问题。

图 4-19 体现的就是主控陡倾结构面对边坡后缘变形的控制作用。在这种类土质路堑边坡坡体结构中，存在两个或两个以上的地质不连续面，其走向大体平行于坡面而且倾向线路。由于此地质不连续界面同样存在上下岩土性质差异和界面隔水软化岩土的问题，从而依附着多组地质不连续面发展形成了折线型或平面型滑裂面。

图 4-19　陡倾结构面对类土质边坡变形的控制

(2)变形特征与规律

为了揭示类土质边坡开挖变形破坏机理，我们在总结类土质边坡坡体结构与工程特点的基础上，采用 SIGMA/W 软件进行此类边坡开挖数值模拟，系统研究分析其开挖变形特征与破坏规律。

为此建立一典型类土质边坡模型的有限单元离散图，如图 4-20 所示，边坡主体由坡残积土和砂土状强风化花岗岩组成，开挖坡脚揭露到碎块状强风化基岩。边坡分 7 级开挖，各级坡率自上而下依次为：1∶1，1∶1，1∶0.75，1∶0.75，1∶0.75，1∶0.75，1∶0.5。各地层相关物理和力学参数见表 4-4。

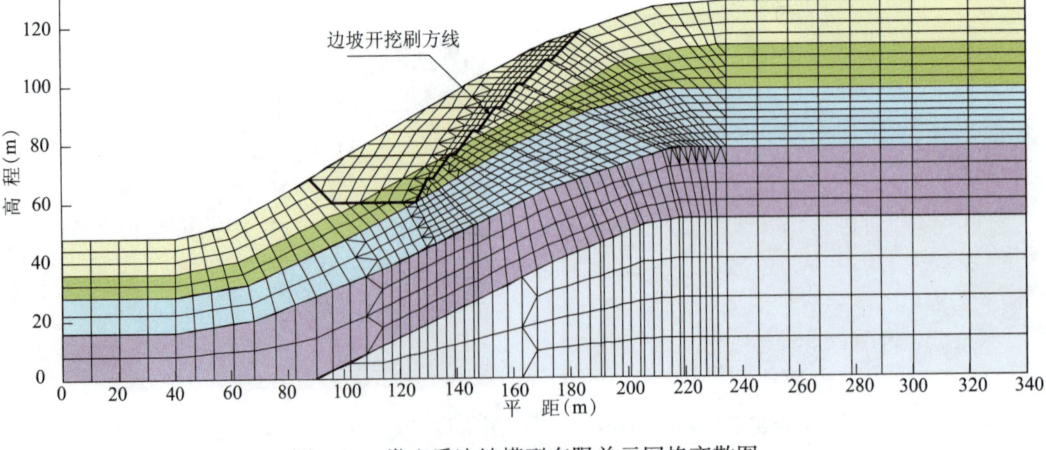

图 4-20　类土质边坡模型有限单元网格离散图

表 4-4　类土质边坡模型岩土物理和力学参数表

序号	地　　层	γ(kN/m³)	c(kPa)	ϕ(°)	E(kPa)	υ
1	坡残积土	20	28	26	2.0×10^4	0.40
2	砂土状强风化花岗岩	23	20	32	5.0×10^4	0.35
3	碎块状强风化花岗岩	25	100	40	5.0×10^5	0.30
4	弱风化花岗岩	26	600	50	1.0×10^7	0.26
5	微风化花岗岩	26.5	1 200	55	3.0×10^7	0.23

通过开挖时步运算，获得各时步边坡应力、应变等信息，并绘制了各开挖时步相关参量的等值线图，图 4-21 至图 4-24 给出了应力、应变和塑性区的典型分布形态及发展图。

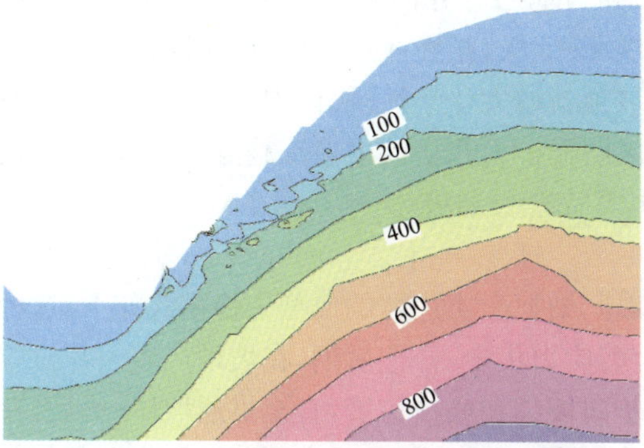

图 4-21　第 7 时步最大剪应力等值线图(kPa)

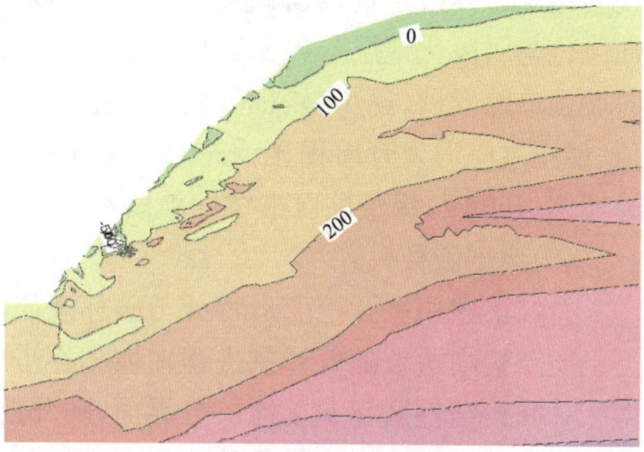

图 4-22　第 7 时步最小主应力等值线图(kPa)

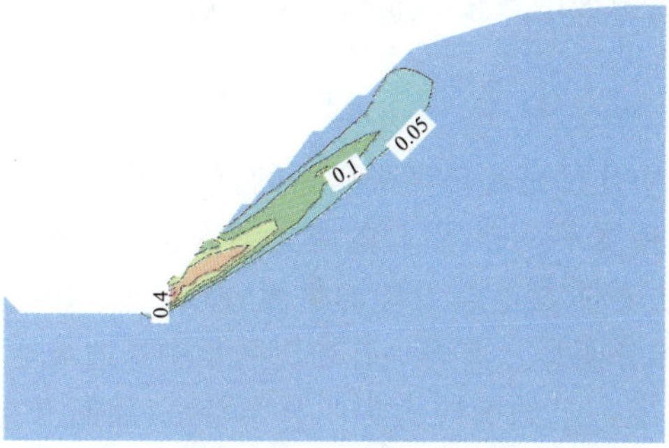

图 4-23　第 7 时步最大剪应变等值线图

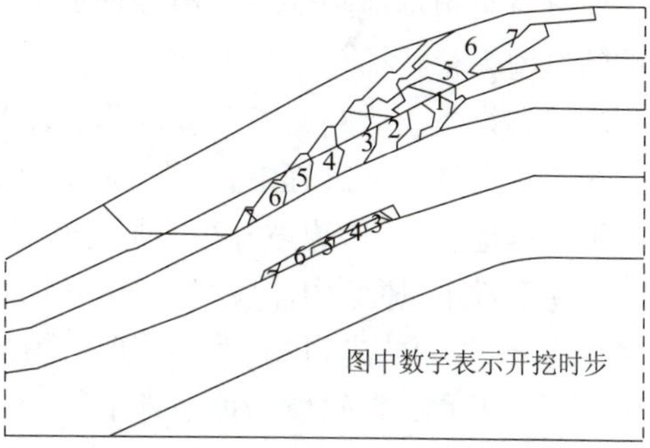

图 4-24　对应各开挖时步的塑性区分布、发展图

综合相关计算成果，从剪应力分布，剪应变孕育过程和塑性区发展历程三方面就这种类土质路堑高边坡失稳机制分析如下：

从剪应力分布规律看，在边坡开挖以前，最大剪应力同样成层均匀向坡体深部过渡；开挖 1～3 级，剪应力场偏转，体现向坡脚集中的趋势，但坡脚剪应力量值较小；开挖 4 级，坡脚剪应力集中加剧，最大量值达 112 kPa，其等值线体现向坡脚汇集趋势；开挖 5 级，此时地层界线与坡脚相交，剪应力集中明显，最大量值达 207 kPa，坡脚位置出现明显剪应力高值区；开挖 6 级，坡脚剪应力最大值增至 286 kPa，坡体下部剪应力高值区大幅增加，其等值线呈“帚状”分布特征向底部两级坡脚集中；开挖 7 级，此时坡脚与基岩面相交，最大剪应力等值线集中的“帚状”分布特征更为明显，同时坡体下部沿地层交界面发育有局部“散斑状”剪应力高值区。

由最大剪应变孕育过程分析可见，开挖1～3级，最大剪应变发育于坡脚，量值很小，呈线性增加，坡体单元位移显示此阶段边坡主要体现为开挖卸荷变形；开挖4～5级，最大剪应变量值增加，其等值线分布体现对坡残积层和砂土状强风化花岗岩分界面具有一定依附特征，此阶段边坡变形体现为卸荷回弹变形和水平临空变形的组合；开挖6级，此时剪应变依附特征加剧，体现对砂土状强风化层顶面和基岩顶面都具有依附特征，边坡变形主要以水平临空位移为主；开挖7级，最大剪应变、位移都呈几何级数增长，体现边坡失稳特征，其等值线脊线清晰揭示滑裂面(图4-23)对基岩顶面具强烈依附特征，呈下部基岩顶面与上部似圆弧面的组合形态。

从塑性区发展历程看，开挖1～2级，塑性区发育于坡残积层、砂土状强风化层的分界面，随开挖沿地层分界线向斜下方漂移，同时在开挖坡脚分布有零星塑性区；开挖3级，开挖刷方线向地层分界线逼近，坡脚塑性区范围明显扩大，并与地层分界面塑性区连通，同时在碎块状强风化与弱风化地层分界面出现局部塑性区；开挖4～5级，塑性区逐步向开挖坡脚延伸，同时向坡顶追踪发展，逐步呈贯通趋势；开挖6级，在坡顶新增大片塑性区，体现变形已经牵引至坡顶，最小主应力发育历程显示此时步坡顶拉应力区明显扩大并呈向下追踪趋势，塑性区基本贯通坡体；开挖7,级塑性区继续向坡脚和坡顶延伸，并完全贯通坡体。

(3)典型破坏模式

总结上述边坡开挖变形特征与破坏规律，可以归纳类土质边坡的典型失稳模式如下：这种类土质路堑高边坡随着开挖进程在坡脚逐步产生剪应力集中，开挖后期，在坡顶产生大片拉应力区；同时，塑性区起源于地层分界面，随开挖逐步向坡脚和坡顶扩展，直至贯通坡体；最后，在塑性区条带内发展形成最危险滑裂面，滑裂面形状依附于基岩顶面，呈中下部平面与上部似圆弧面组合形态。

通过对平坦场地和斜坡场地各种类土质路堑高边坡的数值模拟分析，可就类土质路堑高边坡的典型失稳特征总结如下：

1)坡脚是类土质路堑高边坡的薄弱环节

在路堑边坡开挖过程中，坡脚产生的剪应力集中往往是边坡变形破坏的直接原因。

不同场地条件下，边坡开挖对原始山体的扰动程度不一样，引起的应力调整也有区别。在平坦场地条件下，原始山体应力场分布较为均匀，主要体现正应力均匀过渡分布，施工开挖形成路堑边坡，从而使应力场，尤其是剪应力场调整十分明显。剪应力在坡脚的集中是边坡变形破坏的主导因素。在斜坡场地条件下，自然边坡体现一定的剪应力集中分布特征，路堑开挖，增加坡高，加陡坡角，形成剪应力在路堑边坡坡脚集中，但是其集中程度较平坦场地条件略轻。

2)岩土的抗剪强度与边坡变形和失稳关联紧密

当坡脚为软弱土层时，边坡变形较大，受塑性流变影响，应力集中程度较高。

当坡脚为基岩时，由于其强度较高，不易形成剪切屈服区，变形很小，对边坡整体稳定性有益，此时可以减少坡脚防护，并着重于风化界面的变形控制。

3)类土质路堑高边坡的拉应力区位置分布较为复杂

拉应力区在平坦场地下主要在开挖后期出现在坡顶位置。

斜坡场地一般在坡顶位置继承自然边坡的拉应力区，但同样一般在开挖后期产生明显变化。

同时，拉应力区并不仅仅在坡顶出现，在边坡变形后期，坡体中下部也存在局部拉应力区，其分布位置常常与剪切部位交错分布，形成剪拉条带，这一特征在平坦场地体现更为明显。

4)不同场地条件下类土质路堑高边坡的塑性区分布范围和发展历程具有不同的特征

平坦场地下,初始应力场分布较为均匀,在路堑边坡分布范围内一般不产生塑性区,在边坡开挖过程中,首先在剪应力集中的坡脚出现剪切屈服区,并逐步发展,随后在坡顶产生一定的受拉屈服区,在边坡接近失稳时,剪切屈服区向上追踪,受拉屈服区向下延伸,最终贯通坡体。

斜坡场地下,自然边坡即存在部分塑性区,一般位于不同地层的交界面上,随边坡开挖卸荷,塑性区经历一个向下漂移的过程,并逐步发展扩大。同时,坡脚和坡顶逐步产生剪切屈服区和受拉屈服区,在开挖后期,这三部分塑性区相互连通,并贯穿坡体。

5)类土质路堑高边坡的滑裂面形状通常呈平面与似圆弧面组合形态

由于坡体不连续面的存在,在滑裂面的下部常依附于风化界面或基岩顶面产生;同时受坡顶拉应力区的控制,其滑裂面的上部有时呈较陡的近似直线的形状;滑裂面的中部一般受控于岩土抗剪强度发育呈似圆弧形状。整个滑裂面的形状与坡体各地层的空间分布位置和范围有关,通常比较复杂。

6)类土质路堑高边坡的滑裂面剪出口位置具有一定的规律性

如果坡体主体物质较为均匀,其剪出口位置一般位于边坡坡脚。

如果边坡主体物质为坡残积层和砂土状强风化层,此两种地层的岩土强度指标都比较低,因此常具有多级剪出的可能,具典型"帚状"发育特征。

如果类土质路堑高边坡为二元接触特性,基岩顶面常成为边坡变形剪出的位置,即高位剪出变形和破坏。

4.2 岩质边坡

4.2.1 破碎岩石边坡

(1)工程特点

破碎岩石路堑边坡是指坡体岩土由构造挤压、风化破碎成碎块状的岩土体或破碎岩块组成的路堑边坡。破碎岩石边坡的稳定性取决于岩块间的镶嵌情况和咬合力,一般发育为圆弧破坏模式或者圆弧与折线的组合模式。破碎岩石路堑边坡的物质来源主要有构造破碎体和变形堆积体,破碎体内经常发育软弱带或软弱夹层,特别是在地下水富集时将成为边坡变形破坏的主要依附面。

构造破碎体一般发育于大断层破碎带或几条断层交汇处,岩土体经历了褶曲等构造挤压、风化和地下水等内外营力作用而严重破碎,节理裂隙密集,岩块尺寸非常小,咬合程度很差。岩土体结构面发育,多、短、小且分布不规则,密度大,平整度很差,充填物复杂。按其破碎程度也可细分为碎裂状和散体状两种,其岩土体结构一般呈碎裂结构和散体结构。这种破碎岩石边坡在路堑边坡中虽然数量不是很多,但是一旦发生,破坏威胁很大,往往成为极难处理的焦点工程。

变形堆积体主要有崩塌或滑坡等形成的碎块石堆积物,经历翻滚、滑动、挤压等作用形成,或者是由矿渣、洞渣等堆积体组成,其碎块间几乎没有黏聚力,产生破坏一般是整体性失稳。

(2)变形特征与规律

为了揭示破碎岩石边坡的开挖变形破坏机理,我们在总结破碎岩石边坡坡体结构与工程特点的基础上,采用 FLAC2D 软件和 PHASE2 软件进行此类边坡开挖数值模拟,系统研究分析其开挖变形特征与破坏规律。

破碎岩石边坡由于岩土体相对均匀，可简化成似均质体结构模型考虑，本节研究模型采用按1∶0.5坡率开挖8级共64 m的边坡。计算网格离散如图4-25所示，有关计算参数见表4-5。

图4-25　边坡计算网格离散图

表4-5　破碎岩石边坡模型计算参数表

密度	体积模量	剪切模量	抗拉强度	黏聚力	摩擦角
$\rho(\mathrm{kg\cdot m^{-3}})$	K_b(kPa)	K_s(kPa)	T(kPa)	c(kPa)	ϕ(°)
2 548	4.167E6	1.923E6	5	80	40

图4-26给出了边坡逐级开挖过程中偏应力和塑性区的演化历程。

边坡逐级开挖时坡体应力场调整主要体现为坡脚区应力集中和开挖面附近应力释放。容易看出边坡开挖后在开挖坡脚逐步形成偏应力的集中现象，且随着开挖不断推进，偏应力集中的量值也越来越大，在极限状态时，坡脚处偏应力值从开挖前约800 kPa增加到约1 200 kPa。此外，坡面处应力趋于零值，在开挖后期从坡顶15 m处向下局部散布拉应力区。

边坡在逐步开挖过程中首先在开挖面附近产生塑性区，经应力调整后塑性区内岩土体卸荷至弹性状态。随着开挖的逐步推进，塑性区范围逐步扩大，并首先在开挖坡脚产生不可逆受剪屈服，在开挖坡面产生不可逆受拉屈服。在开挖8级后，坡脚形成明显剪切屈服带，并逐步向上延伸，此时FLAC程序计算边坡稳定系数为1.02，PHASE2程序计算边坡安全系数1.04。继续降低强度至边坡破坏，剪切屈服带迅速向坡顶延伸扩大，并在坡顶产生大片张拉屈服区。

在整个开挖过程的前期，边坡变形以卸荷回弹变形为主，直至边坡临近破坏时，坡体变形将沿塑性剪切带发展形成贯通性剪切变形带，体现为突变型失稳破坏。

图4-27和图4-28给出了采用FLAC2D程序和PHASE2程序获得的极限状态时最大剪应变云图，即似圆弧状破裂面，破裂面下部为剪切屈服，上部为张拉屈服。

(3)典型破坏模式

总结上述边坡开挖变形特征与破坏规律，可以归纳破碎岩石边坡的典型失稳模式如下：破碎岩石边坡开挖扰动后，开挖面附近产生卸荷回弹，并在坡脚逐步产生剪切变形以至屈服，开挖后期在坡脚剪切屈服区内形成剪切滑移变形条带，并牵引坡体上部产生拉张屈服；在极限状态时，拉裂屈服区和塑性剪切带贯通，产生应变和位移的突变，其典型的潜在失稳模式为剪切滑移破坏，浅表层常表现拉剪复合坍塌破坏，深部为剪切滑移破坏，破裂面呈似圆弧状。

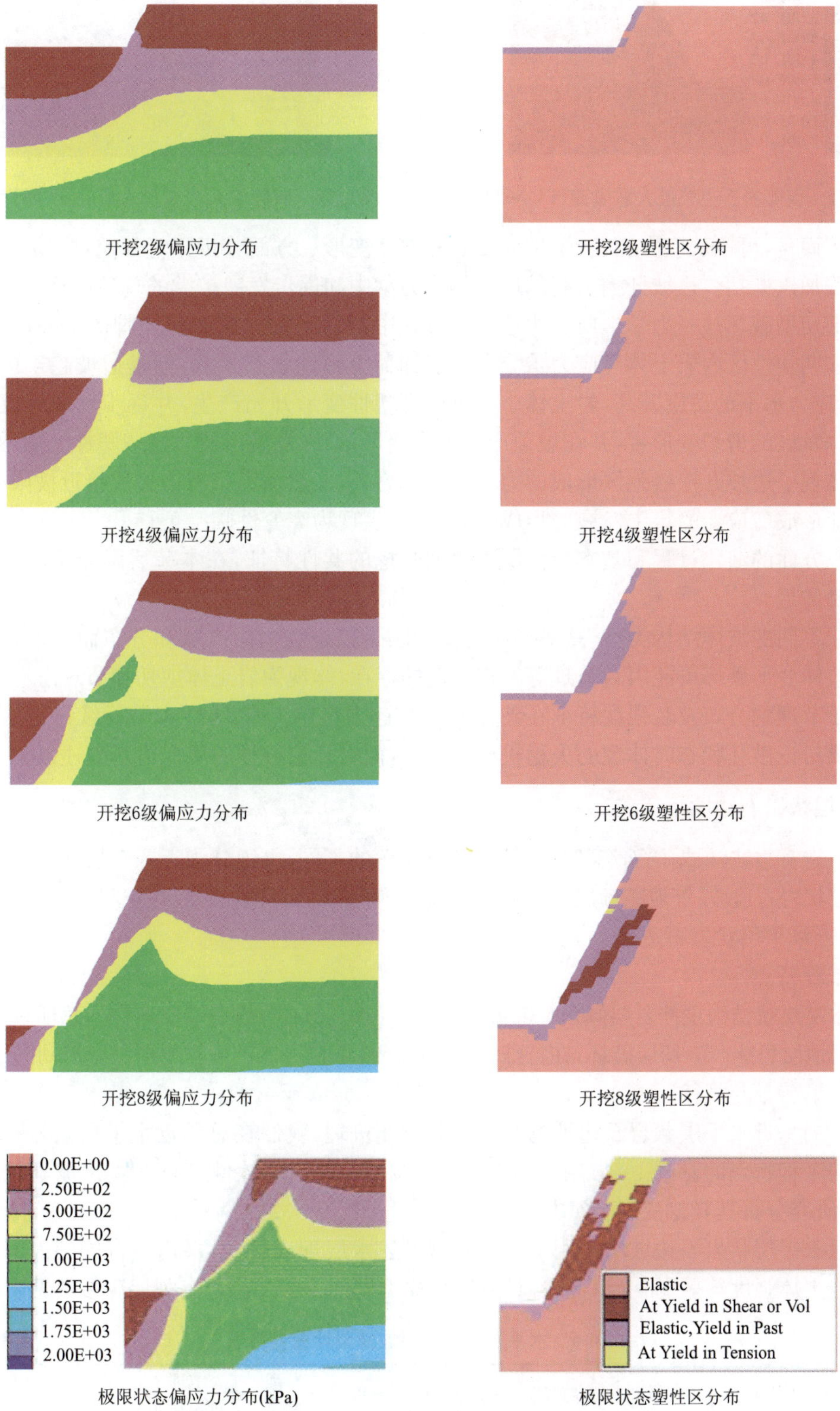

图 4-26　破碎岩石边坡各开挖时步偏应力及塑性区演化历程(FLAC2D)

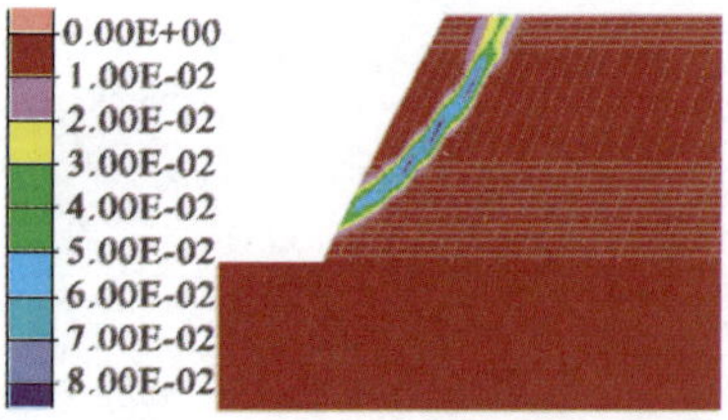

图 4-27 破碎岩石边坡最大剪应变(FLAC2D)

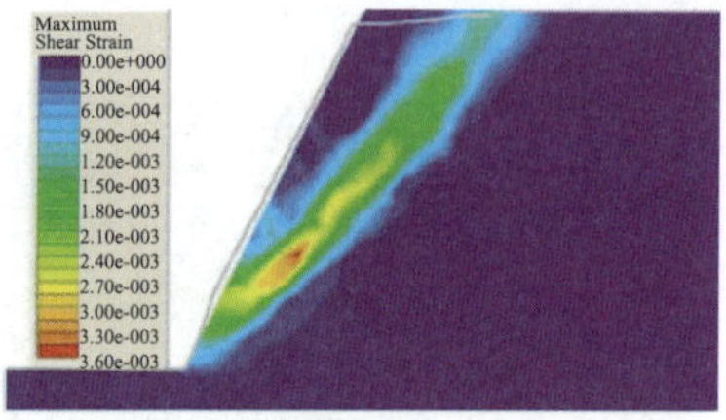

图 4-28 破碎岩石边坡最大剪应变(PHASE2)

总体而言,可以从应力调整、塑性区发展和坡体变形三方面分析路堑开挖对边坡变形以至失稳过程加以概括。边坡开挖引起的坡脚偏应力集中和逐步发展扩大的现象体现了路堑边坡主要为剪切型破坏这一力学本质。边坡开挖过程中塑性区在开挖面和坡脚产生并逐步扩大,在开挖前期塑性区内岩土体经应力重分布均能卸荷至弹性状态承载,但是边坡趋于极限状态时,由于应力水平的急剧升高,岩土体中不可恢复塑性变形开始产生,并逐步发展形成自坡脚向上追踪发展的剪切变形带,并在坡顶产生拉裂变形,最终发展贯通。这一塑性区的孕育发展过程也体现了边坡开挖松弛区形成的力学机理。另外,一般而言只有当边坡接近极限破坏时,边坡才能形成剪应变的集中发展而形成破裂面,并表现为突变性临空位移。

这三方面的演化过程和基本特性属于边坡开挖的共性特征,在本节后续介绍的其他模型都有明确体现。

对于不同的坡体结构类型,一般偏应力集中区受控于结构面产状和分布而在形状上略有不同。坡体变形破坏可能因为节理等不连续面的存在,体现为岩土体剪切和节理滑动的复合,最终由于节理的分布及其强度特征在破坏形态上有所差异。因此,在本节后续讨论的其他模型将主要讨论破坏状态时体现的失稳机理的差异,而对开挖过程的演变适当简述以突出重点。

4.2.2 层状岩石边坡

层状岩石边坡,根据层面产状与边坡开挖面交角的不同,可细分为近水平层状岩石边坡、缓坡顺倾层状岩石边坡、等坡顺倾层岩石边坡、陡坡顺倾层状岩石边坡和反倾层状岩石边坡等。

(1)近水平层状岩石边坡

1)工程特点

近水平层状结构主控岩层倾角一般近于水平状($\alpha\in[0,10°]$或$(170°,180°]$),总体较为稳定,但在软岩地层可能产生切层破坏,在特殊软弱地质条件下也可能产生沿软弱基底滑动的情况。

2)变形特征与规律

为了揭示近水平层状岩石边坡的开挖变形破坏机理,我们在总结近水平层状岩石边坡坡体结构与工程特点的基础上,采用 FLAC2D 软件和 PHASE2 软件进行此类边坡开挖数值模拟,系统研究分析其开挖变形特征与破坏规律。

在近水平层状岩石边坡中采用节理化模型描述水层理或层面,层内发育的裂面考虑为相应层内岩土体强度等效弱化(下同)。计算网格模型同图 4-25 所示,有关计算参数见表 4-6。

表 4-6 水平层状岩石边坡模型计算参数表

密度	体积模量	剪切模量	抗拉强度	黏聚力	摩擦角	节理倾角	节理抗拉强度	节理黏聚力	节理摩擦角
ρ(kg·m^{-3})	K_b(kPa)	K_s(kPa)	T(kPa)	c(kPa)	ϕ(°)	α_j(°)	T_j(kPa)	c_j(kPa)	ϕ_j(°)
2 548	4.167E6	1.923E6	5	120	40	0	5	30	28

图 4-29 至图 4-32 给出极限状态时的主要计算结果。

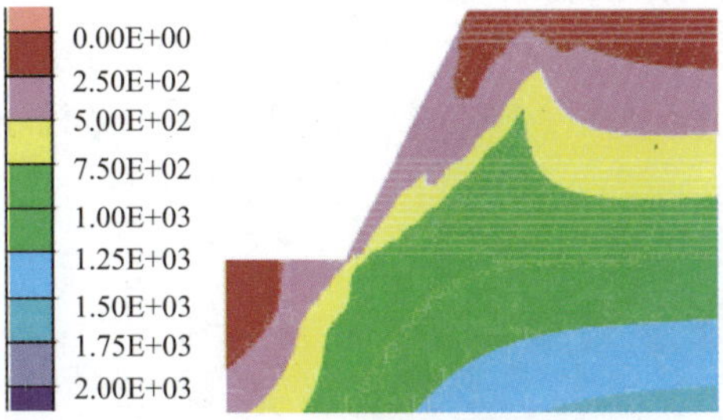

图 4-29　水平层状岩石边坡偏应力(FLAC)

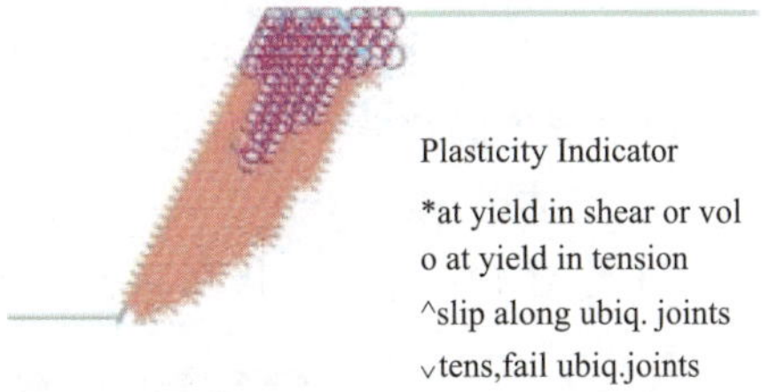

图 4-30　水平层状岩石边坡塑性区(FLAC)

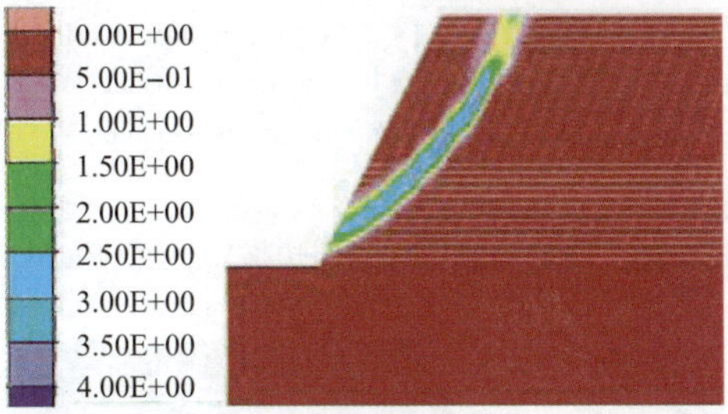

图 4-31　水平层状岩石边坡最大剪应变(FLAC)

图 4-32　水平层状岩石边坡最大剪应变(PHASE2)

近水平层状岩石边坡逐级开挖时坡体应力场调整同样具有坡脚区应力集中和开挖面附近应力释放特征。其应力分布特征与类均质体结构的破碎岩石边坡是十分相似的,如上图 4-29 所示偏应力计算结果。

塑性区发展规律与分布特征同破碎岩石边坡模型也是十分类似的。坡体上部主要以岩土体拉张屈服为主,伴以结构面张开;坡体下部基本为剪切屈服,在坡脚见节理面剪切屈服。这些特征在 FLAC 程序和 PHASE2 程序的计算结果中都是存在的,FLAC 程序计算安全系数为 1.21,PHASE2 程序计算安全系数为 1.16。

坡体变形特征与破碎岩石边坡模型也非常相似。极限状态时,剪应变在塑性屈服带内发展形成似圆弧状破裂面,体现为切层破坏。

3)典型破坏模式

总结上述边坡开挖变形特征与破坏规律,可以归纳近水平层状岩石边坡的典型失稳模式如下:近水平层状岩石边坡在开挖扰动后的变形破坏机理与破碎岩石边坡非常相似,均体现为坡体中下部剪切变形和坡体上部拉张变形的力学破坏特征,其典型的潜在失稳模式为切层滑移破坏,坡面多现松弛拉裂,深部为剪切滑移,破裂面呈似圆弧状。

(2)缓坡顺倾层状岩石边坡

1)工程特点

缓坡顺倾层状结构主控岩层的倾角相对边坡坡角较缓($\alpha\in[10^\circ,\theta-5^\circ)$,$\theta$ 为边坡坡度或坡角),其变形受控于岩层倾角与层间综合抗剪强度,易发育产生顺层滑坡,是常见的破坏类型,常表现为分层错动的破坏形态。

2)变形特征与规律

为了揭示缓坡顺倾层状岩石边坡的开挖变形破坏机理,我们在总结缓坡顺倾层状岩石边坡坡体结构与工程特点的基础上,采用 FLAC2D 软件和 PHASE2 软件进行此类边坡开挖数值模拟，系统研究分析其开挖变形特征与破坏规律。

缓坡顺倾层状岩石边坡的开挖变形存在明显结构面控制效应，仍然可以采用图 4-25 所示网格离散模型，FLAC 程序模拟中将节理化模型中层面倾角设为 30°（水平向顺时针转角），即令材料参数中节理倾角 $\alpha_j=30°$，其余计算参数见表 4-6 所示。在与之比较的 PHASE2 程序中采用缓倾 30°实体节理。

图 4-33 至图 4-38 给出了极限状态下的有关计算结果。

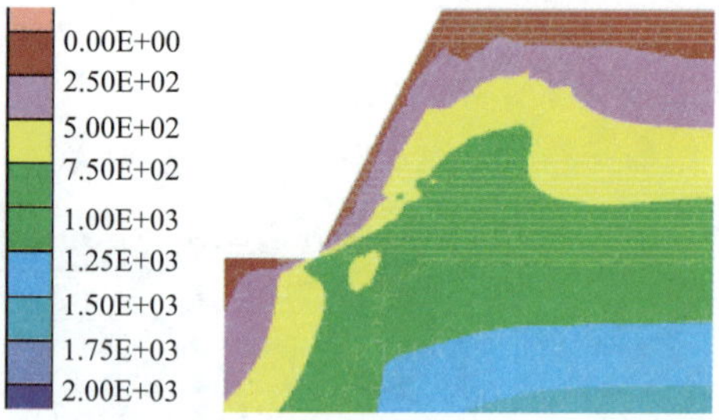

图 4-33 缓坡顺倾层状岩石边坡偏应力(FLAC)

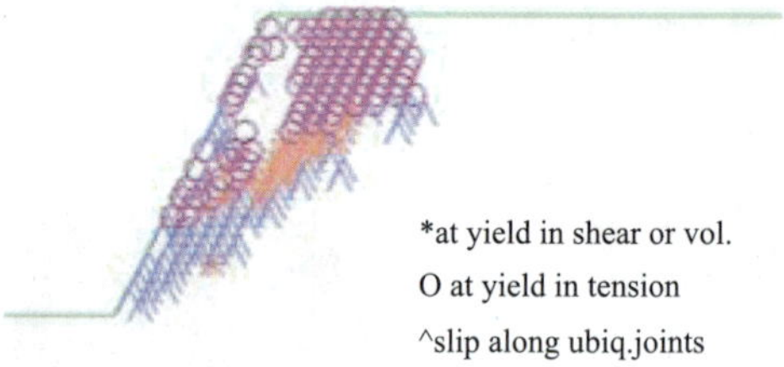

图 4-34 缓坡顺倾层状岩石边坡塑性区(FLAC)

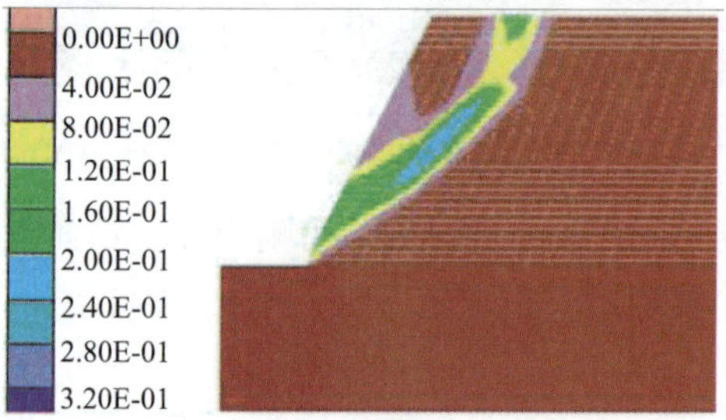

图 4-35 缓坡顺倾层状岩石边坡最大剪应变(FLAC)

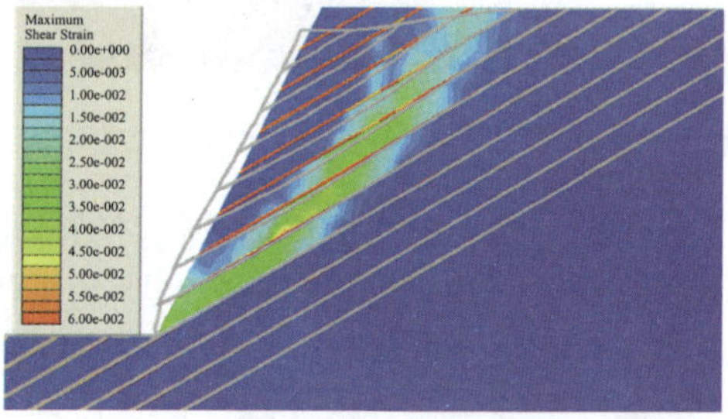

图 4-36 缓坡顺倾层状岩石边坡最大剪应变(PHASE2)

图 4-37 节理强度降低后边坡位移云图(PHASE2)

图 4-38 节理强度降低后边坡塑性区云图(PHASE2)

根据计算结果分析如下：

缓坡顺倾层状边坡逐级开挖时坡体应力场调整同样具有坡脚区应力集中和开挖面附近应力释放特征；不同之处在于坡顶受拉区范围也向坡后延伸的更远，应力调整的范围明显扩大，且坡体下部偏应力集中效应体现出依附结构面定向发展的趋势，如上图 4-33 所示。

塑性区发展则体现为剪切屈服、拉张屈服和结构面滑移的复合形式。边坡开挖后首先在开挖坡面附近节理错动和岩土体张拉屈服；开挖 5 级时坡顶出现局部张拉屈服变形区；开挖 6 级时坡顶张拉屈服区明显扩大，坡体中下部局部产生剪切屈服和结构面滑移；开挖 7 级剪切屈服、张拉屈服和层面滑移处于贯通发展的临界状态；开挖 8 级则形成贯通型屈服和滑移带，

FLAC 程序折减计算边坡安全系数 0.93，PHASE2 程序折减计算边坡安全系数 1.01；与破碎岩石边坡模型比较易发现在岩土体强度明显提高的情况下，由于顺倾结构面的控制效应，边坡的稳定状态仍然较低；与相同强度参数条件的水平层状岩石边坡相比，边坡稳定系数大为降低。

坡体变形在失稳破坏时体现为上圆下直的定向发展特征。极限状态时坡体上部因拉裂形成弧形破坏。坡体下部滑移面倾角约 38°，陡于层面倾角 30°，分析认为岩土体破坏时局部存在岩桥剪断而形成阶梯状破坏，主要依附层面方向，可近似为平面破坏，PHASE2 分析的结果可以支持这种观点，工程现场也常有这样的例证。

当节理强度较低时，边坡变形将主要依附于结构面产生，对缓坡顺倾层状边坡模型的节理强度降低后即可以再现这一破坏过程。上图 4-37 给出了节理综合摩擦角为 10°时的位移等值线，上图 4-38 给出了相应的塑性区范围，边坡开挖 3 级即沿结构面失稳。

3)典型破坏模式

总结上述边坡开挖变形特征与破坏规律，可以归纳缓坡顺倾层状岩石边坡的典型失稳模式如下：缓坡顺倾层状岩石边坡在开挖扰动后，坡体上部为拉张型变形，坡体中下部为岩土体剪切和节理错动的复合变形，其典型的潜在失稳模式为顺层滑移破坏，破裂面总体为上圆下直形，呈步进台阶状；当层面强度综合摩擦角较低时，破裂面呈平直状，即依附某一相对软弱层面滑动，其稳定性较差。

(3)等坡顺倾层状岩石边坡

1)工程特点

等坡顺倾层状结构的层面倾角与边坡开挖坡度大致相当($\alpha\in[\theta-5°,\theta+5°]$)，其变形受控于层间综合抗剪强度和岩桥的抗弯剪能力，易在坡脚前缘处产生岩层纵向弯曲状，进而发育成溃屈破坏。

2)变形特征与规律

为了揭示等坡顺倾层状岩石边坡的开挖变形破坏机理，我们在总结等坡顺倾层状岩石边坡坡体结构与工程特点的基础上，采用 FLAC2D 软件和 PHASE2 软件进行此类边坡开挖数值模拟，系统研究分析其开挖变形特征与破坏规律。

为了模拟等坡顺倾层状岩石边坡的变形破坏，对图 4-25 所示计算模型中节理化模型的层面倾角调整为 65°(水平向顺时针转角)，即令材料参数中节理倾角 $\alpha_j=65°$，基本与开挖坡度相当，其余计算参数同表 4-6。

图 4-39 至图 4-42 给出极限状态时有关计算成果。

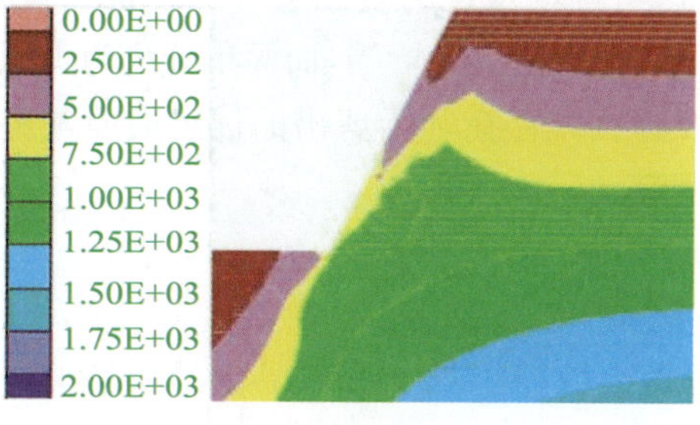

图 4-39　等坡顺倾层状岩石边坡偏应力(FLAC)

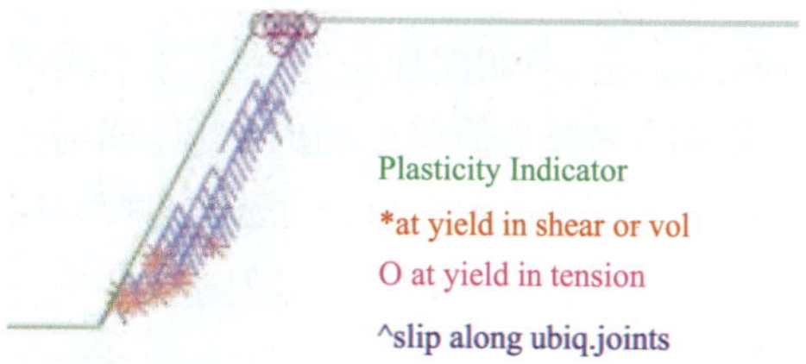

图 4-40　等坡顺倾层状岩石边坡塑性区(FLAC)

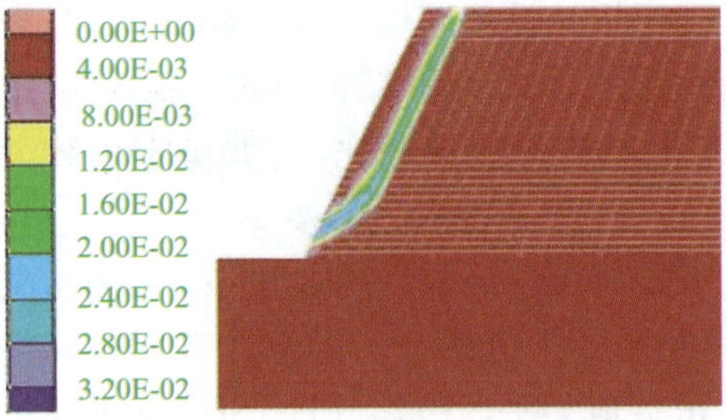

图 4-41　等坡顺倾层状岩石边坡最大剪应变(FLAC)

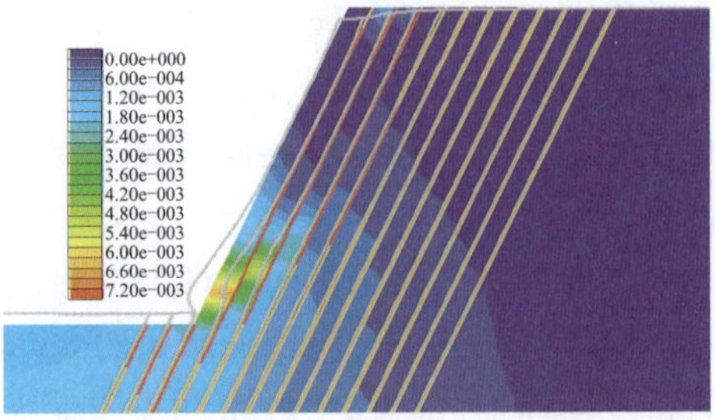

图 4-42　等坡顺倾层状岩石边坡最大剪应变(PHASE2)

根据计算结果分析如下：

等坡顺倾层状岩石边坡逐级开挖时坡体应力场调整范围相对较小，坡后受拉区集中于坡顶 10 m 附近。坡脚存在应力集中特征，偏应力量值约 1 100 kPa，偏应力集中效应具有明显依附结构面定向发展的趋势。坡脚偏应力高度集中处岩土体的主应力方向几乎完全与层面产状相吻合。

塑性区发展特征在开挖前期主要以坡脚剪切屈服和顺坡层面屈服为主，临近失稳破坏时坡脚岩土体形成剪切屈服带，上部层理产生贯通滑移。边坡开挖前 7 级在坡面 5～10 m 范围内岩体产生剪切屈服或层理面滑移，但经应力调整后大部分区域都卸载至弹性状态，仅坡脚局部见不可逆塑性变形或层理滑移。开挖 8 级时，在距离坡面约 10 m 范围内产生近贯通的节理错动带，坡脚岩土体产生弧状剪切带，FLAC 程序计算稳定系数为 1.01。

由图 4-41 及图 4-42 可见，PHASE2 程序计算结果与 FLAC 程序的计算结果非常相似，坡体上部沿近坡面的几条顺坡节理产生屈服，坡脚为岩土体剪切屈服，并且由于岩土体的剪切变形而呈弯曲拱起状，PHASE2 程序计算安全系数为 1.03。与缓坡顺倾结构面模型对比发现，等坡顺倾节理产状对边坡稳定是有利的。

坡体变形特征在失稳破坏时体现为上直下圆的定向发展特征。极限状态时坡顶分布少量岩土体拉裂变形；坡体上部沿顺坡陡倾产状层理面产生滑移；坡体下部因岩桥剪断而呈圆弧状破坏。

3)典型破坏模式

总结上述边坡开挖变形特征与破坏规律，可以归纳等坡顺倾层状岩石边坡的典型失稳模式如下：

等坡顺倾层状岩石边坡开挖扰动后，坡顶产生局部拉裂变形；坡体中部体现为沿顺坡层面的滑移变形；坡脚区则产生岩体剪切失稳。其典型的潜在失稳模式为剪切溃屈破坏，破裂面总体为顺坡平直形，坡脚因岩体剪切变形而呈隆起状，这与现场发现的溃屈破坏形态是一致的。需要指出的是，剪切溃屈破坏的力学本质理解为岩桥剪断拱起更为恰当，而简单分析为类似于压杆失稳的解释是值得斟酌的，工程现场往往因为坡脚岩体存在利于剪出的优势面而常常体现为整体性剪出变形，难以观察到坡脚岩层弯曲的现象。

(4)陡坡顺倾层状岩石边坡

1)工程特点

陡坡顺倾层状结构的结构面一般较陡或近乎直立($\alpha \in (\theta+5°, 90°]$)，易因卸荷松弛产生张开变形，并向临空面悬臂弯曲，最终发育成倾倒变形或倾倒型崩塌。

2)变形特征与规律

为了揭示陡坡顺倾层状岩石边坡的开挖变形破坏机理，我们在总结陡坡顺倾层状岩石边坡坡体结构与工程特点的基础上，采用 FLAC2D 软件和 PHASE2 软件进行此类边坡开挖数值模拟，系统研究分析其开挖变形特征与破坏规律。

为了模拟陡坡顺倾层状岩石边坡的变形破坏，对图 4-25 所示计算模型中的节理化岩土体模型的节理倾角调整为垂直 90°方向，即令材料参数中节理倾角 $\alpha_j=90°$，其余计算参数同表 4-6。

图 4-43 至图 4-46 给出极限状态时有关计算成果。

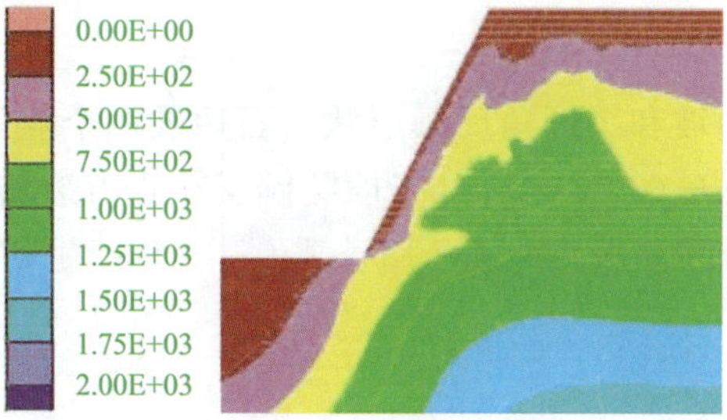

图 4-43　陡倾层状岩石边坡偏应力(FLAC)

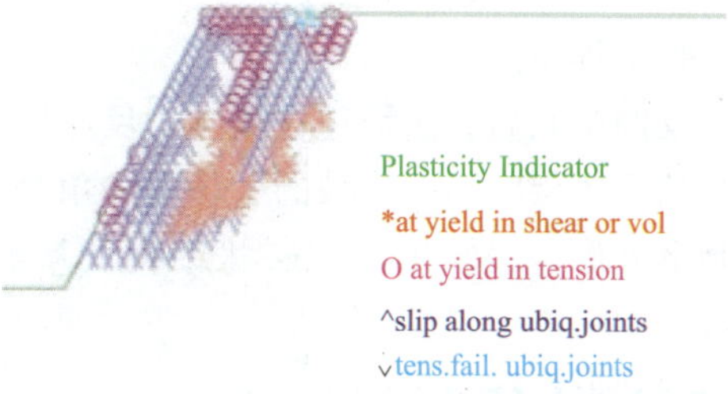

图 4-44　陡倾层状岩石边坡塑性区(FLAC)

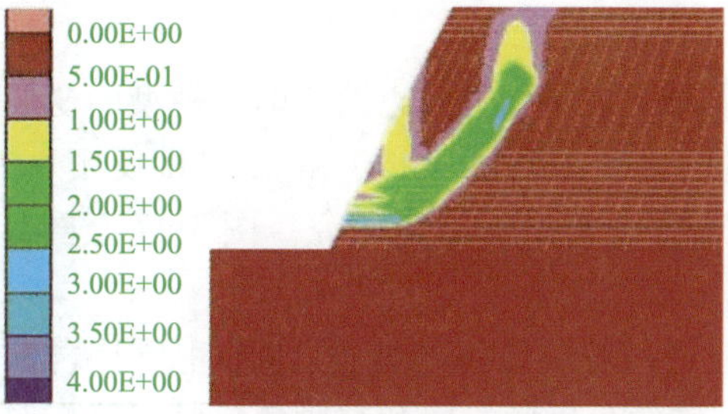

图 4-45　陡倾层状岩石边坡最大剪应变(FLAC)

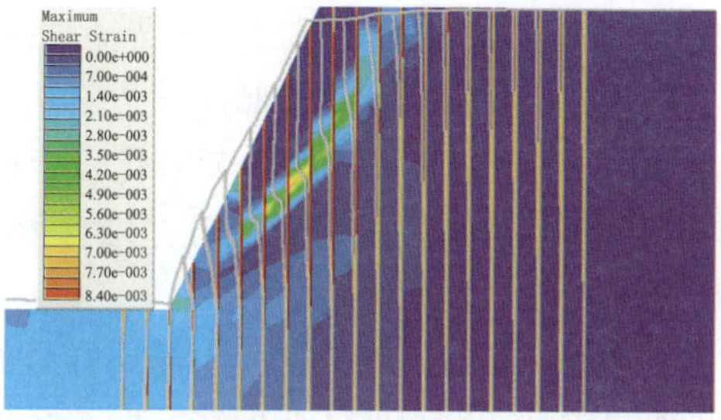

图 4-46　陡倾层状岩石边坡最大剪应变(PHASE2)

根据计算结果分析如下：

陡坡顺倾层状岩石边坡在逐级开挖时坡体应力场调整范围明显扩大；坡后受拉区范围为坡顶 15～30 m 之内，坡体内侧也分布大量受拉区；偏应力集中区也明显向坡体内侧转移。

塑性区发展过程同样是渐进发展过程，但其分布范围和发育特征则比较复杂。坡表附近发育拉张屈服和层理错动；坡顶附近主要分布岩体或层理的拉张屈服；坡体内部则主要发育剪切屈服；近坡脚处则以节理错动带为主。需要注意的是在坡体中上部分布两组垂直向拉张屈服区，分析认为是坡体存在变形不连续特征。

开挖 8 级时计算稳定系数为 0.86，与等坡顺倾结构面模型对比发现，陡坡顺倾层理产状将降低边坡稳定性。PHASE2 程序分析结果在塑性区分布特征与 FLAC 分析结果类似，但是分布范围则小很多，其稳定系数为 1.1，分析原因认为是 PHASE2 中实体模拟的岩层间距为 10 m，属厚层状，岩桥的抗剪断能力很强，而 FLAC 可以模拟薄层状岩土体的错动，因而边坡稳定性较差。

坡体变形在失稳破坏时体现为三部分组合特征。极限状态时坡体上部为陡倾层面滑移和岩体拉张破坏，可近似为直线；坡体中部为弧形剪切变形带；坡脚处则体现为较为平直节理错动带而产生切层破坏；在坡体前部存在垂直向次级剪切带，在岩体内发育两个可能的变形破坏面。

3）典型破坏模式

总结上述边坡开挖变形特征与破坏规律，可以归纳陡坡顺倾层状岩石边坡的典型失稳模式如下：

陡坡顺倾层状岩石边坡在开挖扰动后，坡体内层理错动带范围广泛，在坡体上部分布垂直向拉张屈服区和层理下错，坡体中部发育有节理错动和岩体剪切，坡脚处形成近水平剪切错动带。其典型的潜在失稳模式为错断崩塌破坏，破裂面总体为上直下平折线形，中部呈剪切错断状，坡脚多发生弯曲倾倒或局部坍塌。

(5)反倾层状岩石边坡

1)工程特点

反倾层状岩石边坡包含陡倾角反倾层状岩石边坡和缓倾角反倾层状岩石边坡两个亚类。陡倾角反倾层状岩石边坡的层状面倾角倾向坡内($\alpha\in(90°,135°]$)，一般陡倾层状岩石边坡产生倾倒变形。缓倾角反倾层状结构的层状面倾角倾向坡内($\alpha\in(135°,170°]$)，易产生切层滑坡。

2)变形特征与规律

为了揭示陡坡顺倾层状岩石边坡的开挖变形破坏机理，我们在总结陡坡顺倾层状岩石边坡坡体结构与工程特点的基础上，采用 FLAC2D 软件和 PHASE2 软件进行此类边坡开挖数值模拟，系统研究分析其开挖变形特征与破坏规律。

为了对比分析陡倾角反倾层状岩石边坡和缓倾角反倾层状岩石边坡这两类模型的变形破坏，对图 4-25 所示计算模型中节理化岩土体模型的节理倾角调整为 120°和 150°，即反倾 60°和反倾 30°，其余计算参数同表 4-6，并结合 PHASE2 程序计算进行对比研究。图 4-47 至图4-52 给出极限状态计算成果。

反倾层状岩石边坡开挖应力场同样具有坡脚剪切和坡顶拉张的特征，本节主要从岩土体和节理的屈服特性和坡体变形特征两个角度来比较陡倾角反倾岩层和缓倾角反倾岩层变形破坏机理的异同。

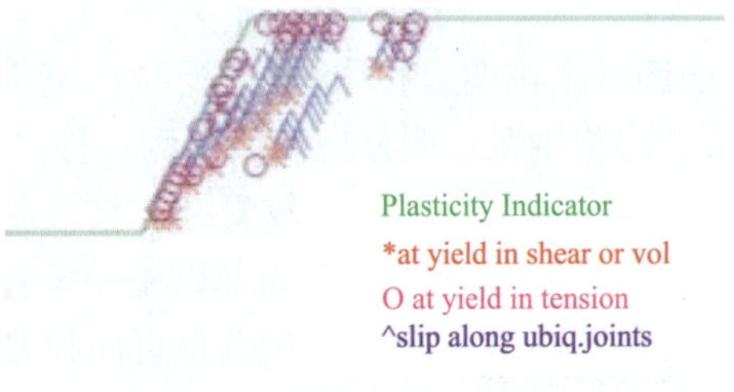

图 4-47　反倾 60°层状岩石边坡塑性区(FLAC)

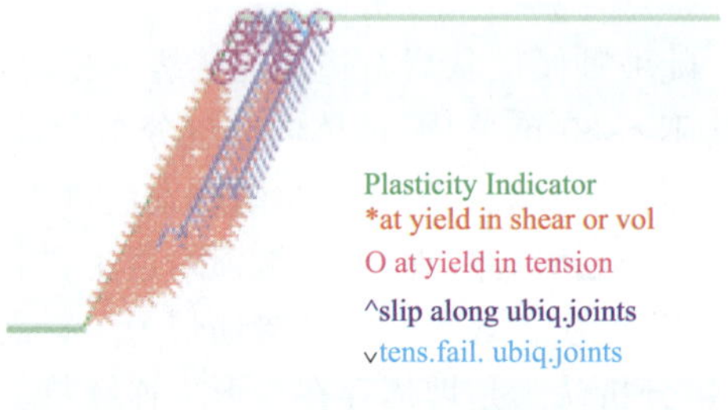

图 4-48　反倾 30°层状岩石边坡塑性区(FLAC)

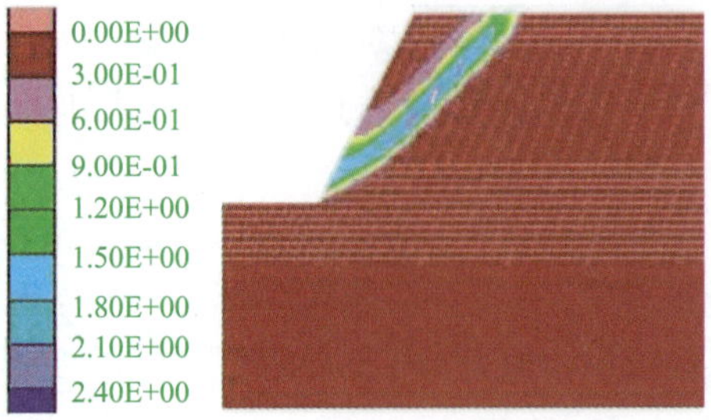

图 4-49　反倾 60°层状边坡最大剪应变(FLAC)

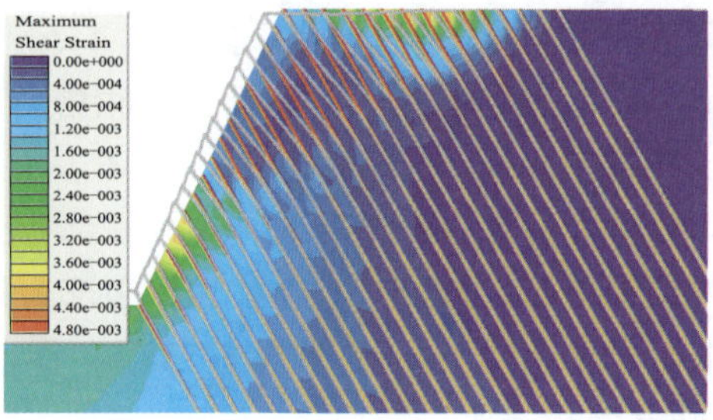

图 4-50　反倾 60°层状边坡最大剪应变(PHASE2)

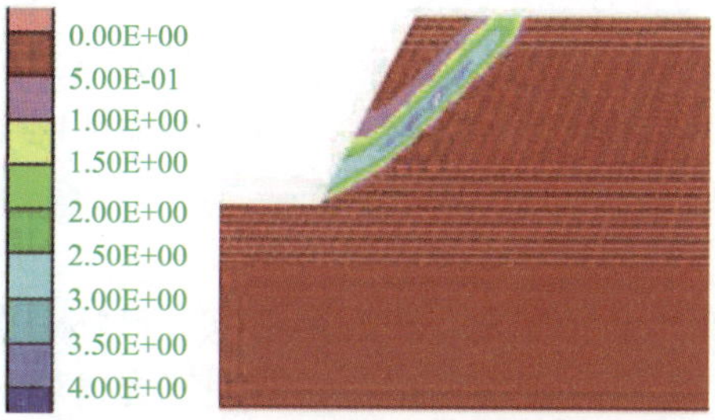

图 4-51　反倾 30°层状边坡最大剪应变(FLAC)

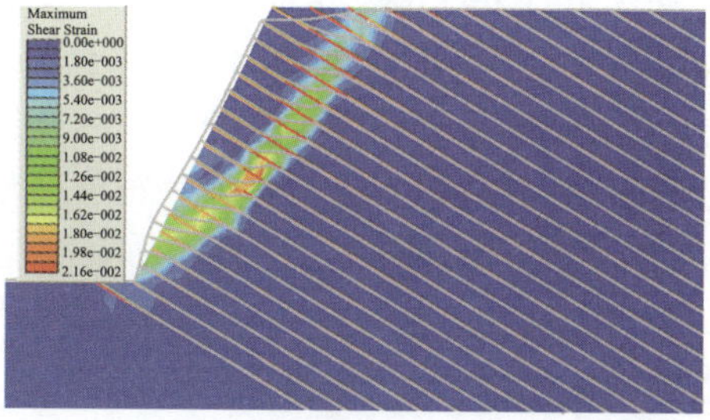

图 4-52　反倾 30°层状边坡最大剪应变(PHASE2)

反倾 60°层状岩石边坡模型在开挖 6 级即告失稳，在开挖前期开挖面主要为拉张屈服，开挖 4 级后在坡脚产生剪切屈服，继续开挖在坡脚拉剪屈服区范围明显扩大，破坏状态时坡顶产生大量拉张屈服，坡体内分布大量节理屈服和错动，坡脚附近沿破坏方向发育岩体屈服区。这些特征在 FLAC 程序和 PHASE2 程序的分析中是极为相似的，而且两个程序的计算结果都提示边坡稳定性极低不能给出稳定系数，分析认为是节理错动的不连续变形影响了计算程序的收敛。

反倾 60°层状岩石边坡 FLAC 分析给出了明确的岩桥剪断破裂面，近似为直线，在破坏面包络区内岩体整体滑移。PHASE2 程序的分析也给出了类似的结果，而且实体节理的错动变形和岩层的弯曲变形直观阐明了陡倾角反倾岩层倾倒变形的破坏模式。

反倾 30°层状岩石边坡模型随开挖首先从坡脚产生剪切屈服，随后坡脚屈服区体现为拉剪屈服的复合，在开挖后期坡脚剪切屈服带沿顺坡方向往坡顶追踪发展并在坡顶产生岩体拉张屈服，在极限状态时塑性区主要由坡顶拉张屈服区、坡脚岩体剪切屈服区和沿滑移方向的节理错动区三部分组成。需要指出的是，FLAC 程序和 PHASE2 程序均表明节理错动引起滑移的优势方向与开挖坡角基本一致的结果。FLAC 程序给出的稳定系数为 1.14，PHASE2 程序给出的稳定系数为 1.17。

反倾 30°层状岩石边坡 FLAC 分析揭示了缓倾角反倾岩层的破坏是由坡脚处岩体剪切和坡体内侧节理错动变形导致岩桥剪断复合而成的，其破坏面是由坡脚弧形剪切带和顺坡向节理错动带组合而成的圆弧与平面复合形态。PHASE2 程序的分析结果支持这一结论，并直观阐明了缓倾角反倾岩层切层滑动的变形模式。

3)典型破坏模式

总结上述边坡开挖变形特征与破坏规律，可以归纳反倾层状岩石边坡因为岩层倾角的不同体现出两种典型破坏模式：陡倾角反倾岩层因为岩层弯曲导致岩桥断裂，其典型的潜在失稳模式为弯曲倾倒破坏，多发生在坡体上部，稳定性较差，破裂面总体为平直形，多呈正向阶梯状；缓倾角反倾岩层由于坡体上部岩层错动导致岩层断裂，坡脚处岩体剪切屈服，其典型的潜在失稳模式为切层滑移破坏，具有坡面松弛拉裂和深部剪切滑移特征，破裂面呈似圆弧状。

4.2.3　节理岩石边坡

(1)陡缓组合节理岩石边坡

1)工程特点

节理化岩石边坡，即包含多组产状各异的遍布节理的岩石边坡。由于多组结构面的存在，边坡的变形破坏往往比较复杂，可将其细分为随机分布节理化模型、优势分布节理化模型和陡缓组合节理化模型 3 个亚类。

陡缓组合节理化边坡岩土体存在一组缓倾向遍布节理和一组陡倾向遍布节理，这是优势分布节理化模型的一个特例，但是由于其在边坡的破坏中是十分常见的类型，因此将其分离出来，具有实际的工程意义。这种边坡的变形破坏常体现沿缓倾节理的分层滑动和沿陡倾节理的分级下错，其分析方法与优势分布节理化岩石边坡是一致的。

2)变形特征与规律

节理岩石边坡由于结构面的倾角变化、发育程度和组合特征比较复杂，在实际破坏过程中往往突出地体现出结构面的组合控制效应，故应进一步分析陡缓两组遍布节理组合边坡开挖模型，研究节理岩石边坡的变形破坏机理。

图 4-53 和图 4-54 给出了主要计算成果。

图 4-53　节理岩石边坡偏应力

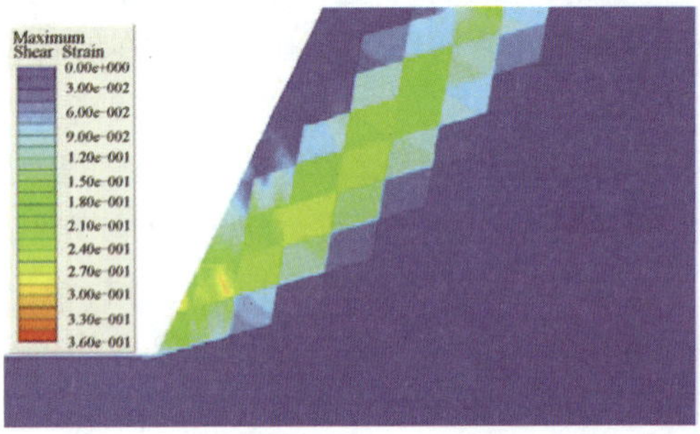

图 4-54　节理岩石边坡最大剪应变

坡体变形在失稳时体现出明显的结构面依附特征。变形区后界为陡倾节理控制，变形从坡面到坡内逐级递减，具有明显多级台阶状下错变形特征，如图 4-54 所示。变形区底界为缓倾节理控制，体现出明显分层滑动变形迹象。

3)典型破坏模式

总结上述边坡开挖变形特征与破坏规律，可以归纳陡缓组合节理岩石边坡的典型失稳模式如下：

节理岩石边坡开挖扰动后，其变形破坏首先产生节理剪切屈服，临近极限状态时，体现为岩土体与节理的复合破坏；当陡缓节理在开挖坡面和坡顶出露时，其最不利工况即为陡缓组合节理的贯通；其典型的潜在失稳模式为滑移崩塌破坏，破裂面总体为步进台阶形，呈陡缓组合状，常有分级下错、多级剪出，以及局部掉块落石现象。

(2)弱面控制节理岩石边坡

1)工程特点

弱面控制岩石边坡是指在边坡影响范围内出露一条或有限的几条长大贯通结构面(如断层等)的岩石边坡。这些结构面可能为不同岩性的交界面、差异风化界面、软弱夹层、断层或其他类型的长大贯通结构面，是实际工程中特别应该留意的类型。这些贯通性结构面虽然数量很少，但是连通性很好，在开挖卸荷后常常张开变形或产生错动，同时可能存在泥化或软化特性，易成为滑移变形的依附面或控制边界，具有明显的宏观控制作用。

2)变形特征与规律

弱面控制节理岩石边坡总体岩体质量较好，但是由于在开挖影响区内出露有限条长大贯通的软弱结构面，而且这些控制性不连续面的强度、产状和位置各异，其对边坡变形破坏的影响是非常复杂的。前文已经探讨了这些因素对边坡开挖松弛区的影响，本节进一步探讨这种类型岩石边坡的变形破坏机理。

图 4-55 和图 4-56 给出了主要计算成果。

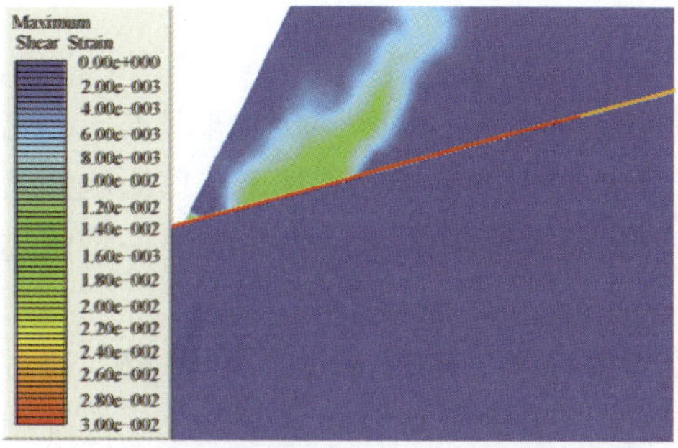

图 4-55 缓倾宏观控制节理剪应变

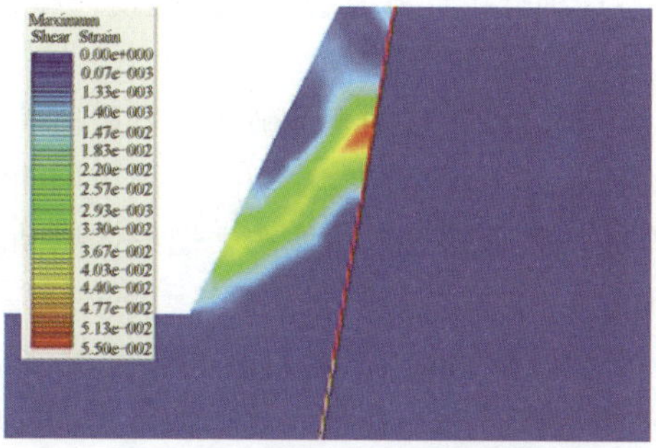

图 4-56 陡倾宏观控制节理剪应变

弱面控制节理岩石边坡在开挖过程中的应力调整特征概括为以下几点：

①σ_1 增量揭示了开挖坡体应力集聚区的分布和岩土体加载变形的荷载来源；

②坡顶的拉应力集中揭示了拉张裂缝的形成机理；

③开挖坡脚的偏应力集中揭示了坡脚剪出变形的荷载来源；

④沿节理面的偏应力集中揭示了结构面产生剪切屈服和滑移变形的荷载来源。

开挖过程中的塑性区分布特征概括为以下几点：

①坡面的拉张屈服和剪切屈服揭示了边坡开挖过程中，边界条件急剧变化时的应力调整的力学机理；

②坡顶岩体的拉张屈服形成了边坡破坏时的拉张后界；

③坡脚的剪切屈服揭示了应力集中条件下滑移破坏的出口；

④坡体内侧岩体的剪切屈服形成了滑移破坏的内边界；

⑤结构面的剪切屈服揭示了岩体产生变形破坏的优势方向。

开挖过程中的变形则是坡体应力调整和屈服破坏的综合反应。坡体位移矢量和等值线阐明了边坡的开挖变形区域；最大剪应变揭示了最终失稳时的破裂面，一般由岩体剪切屈服的弧形破坏面和沿节理滑移的破坏平面复合而成；缓倾结构面一般发育成滑移底界，陡倾结构面出露于开挖影响带内，特别是坡面后一定距离时易形成变形下错的依附面。

3)典型破坏模式

总结上述边坡开挖变形特征与破坏规律，可以归纳弱面控制节理岩石边坡的典型失稳模式如下：

弱面控制节理岩石边坡在边坡开挖后产生坡脚岩土体剪切变形和坡顶岩土体张拉变形，并沿控制性缓倾结构面产生滑移变形，沿控制性陡倾结构面产生下错变形，相应其典型的潜在失稳模式为缓倾滑移或陡倾下错破坏；破裂面总体为上圆下直或上直下圆形，呈圆弧与平面组合状。

(3)楔形体控制节理岩石边坡

1)工程特点

楔形体岩石边坡是最常见的楔形体破坏的岩石边坡工程。边坡岩体被结构面切割而形成大小不等的块体，关键块体的失稳大多依附于切割的结构面及其组合。典型情况就是滑体沿顺倾向的交切结构面的组合交线滑移。实际现场更多的情况为其中一个面为滑移底界依附面，而另一个面为变形破坏边界的控制面。

影响楔体稳定的因素有滑体重力、依附面抗剪强度、地下水和外荷载等。因此，首先通过赤平投影来判断可能产生楔形体破坏的关键块体，然后应用极限平衡法对其稳定性进行计算分析，这种分析计算方法是当前比较合理和实用的方法。

2)变形特征与规律

节理岩石边坡的楔体破坏是岩质边坡的一种典型破坏类型，其变形破坏机理本质上是由重力产生的下滑力超越交切的外倾结构面提供的抗滑能力而产生变形破坏。这些影响因素的综合效应将直接导致边坡产生楔形体滑动，下面结合楔形体极限平衡计算方法进一步阐述其变形破坏的力学原理。

Hoek 和 Bray 在《岩石边坡工程》中给出一个仅考虑摩擦力阻抗滑动的简化分析，通过力系平衡解算给出了安全系数计算公式，可以很好的说明楔体破坏的力学原理。这一传统楔形体分析的极限平衡理论包含有 3 个假定：①楔形体是沿交切外倾结构面的交线产生滑移；②楔形体破坏是沿结构面的剪切变形，而岩体是不产生破坏的；③构成楔体的两个底滑面上的剪力平行于交棱线。基于这些假定的极限平衡分析法总体上可以满足工程设计的需要。

假定两个交切面的摩擦角 ϕ 相同，可求出图 4-57 和图 4-58 所示的楔体的稳定系数 F。

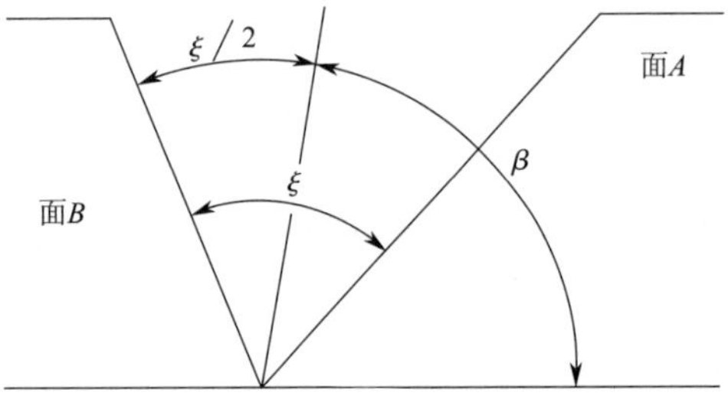

图 4-57　楔体沿交线的视图

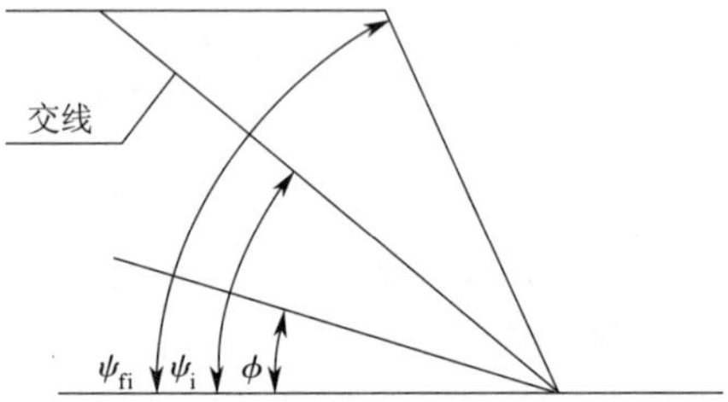

图 4-58　楔体正交交线的视图

$$F=\frac{(R_A+R_B)\tan\phi}{W\cdot\sin\psi_i} \tag{4-1}$$

式中　R_A、R_B 为面 A 和 B 所提供的法向反作用力；W 为楔体重量；ψ_i 为交线倾角。

在顺交线的视图上对力做水平和垂直方向的分解，可以求得 R_A、R_B：

$$R_A\cdot\sin\left(\beta-\frac{1}{2}\xi\right)=R_B\cdot\sin\left(\beta+\frac{1}{2}\xi\right) \tag{4-2}$$

$$R_A\cdot\cos\left(\beta-\frac{1}{2}\xi\right)-R_B\cdot\cos\left(\beta+\frac{1}{2}\xi\right)=W\cdot\cos\psi_i \tag{4-3}$$

式中　ξ 为面 A 和面 B 的夹角；β 为交线与水平面夹角。

将式(4-2)和式(4-3)代入式(4-1)得：

$$F=\frac{\sin\beta}{\sin\frac{1}{2}\xi}\cdot\frac{\tan\phi}{\tan\psi_i} \tag{4-4}$$

式(4-4)既给出了楔体稳定系数的解答，也蕴含了楔形体破坏的力学原理。在此基础上，Hoek 还给出了考虑黏聚力、水压和坡顶倾角等因素条件的楔体计算公式。

3)典型破坏模式

结合楔形体岩石路堑边坡工程开挖的特点阐述其变形破坏机理，主要有以下几点：

①从楔体破坏的几何条件来说，岩土体内存在外倾坡面的控制性结构面，这些控制性结构切割而成的岩体经开挖暴露后，特别是当开挖坡角陡于结构面组合交线倾角时，将形成潜在不

稳定岩体；

②从楔体破坏的作用荷载来说，其基本荷载为楔形体的自重力，当边坡开挖且坡表未经防护时，大气降雨入渗将产生明显地下水位升高，从而产生裂隙间静水压力和渗透力，增大了坡体下滑力；

③从楔体的抗滑力来说，边坡开挖产生应力衰减松弛区，应力水平的衰减将直接导致节理面法向应力的降低，从而使结构面剪切强度下降。

此外，地下水对结构面岩土的软化作用更加剧了其抗剪强度的衰减。

4.3　二元结构边坡

二元结构边坡是指组成边坡主体的上覆土层与下伏岩土体基本相当，其工程特性主要体现其上下二元接触特征。根据土岩接触界面的陡缓，二元结构边坡又可分为近水平二元结构边坡和倾斜二元结构边坡。

4.3.1　水平接触二元结构

(1)工程特点

近水平二元结构边坡，即坡体土岩接触界面近水平状。一般地，其下部岩土体较为稳定，边坡的稳定与破坏主要体现为上部土体的变形特征与规律。

(2)变形破坏规律

为了揭示近水平二元结构边坡开挖变形破坏机理，我们在总结近水平二元结构边坡坡体结构与工程特点的基础上，采用 SIGMA/W 软件进行此类边坡开挖数值模拟，系统研究分析其开挖变形特征与破坏规律。

基于上述目的，建立近水平二元结构边坡模型的有限单元离散如图 4-59 所示。

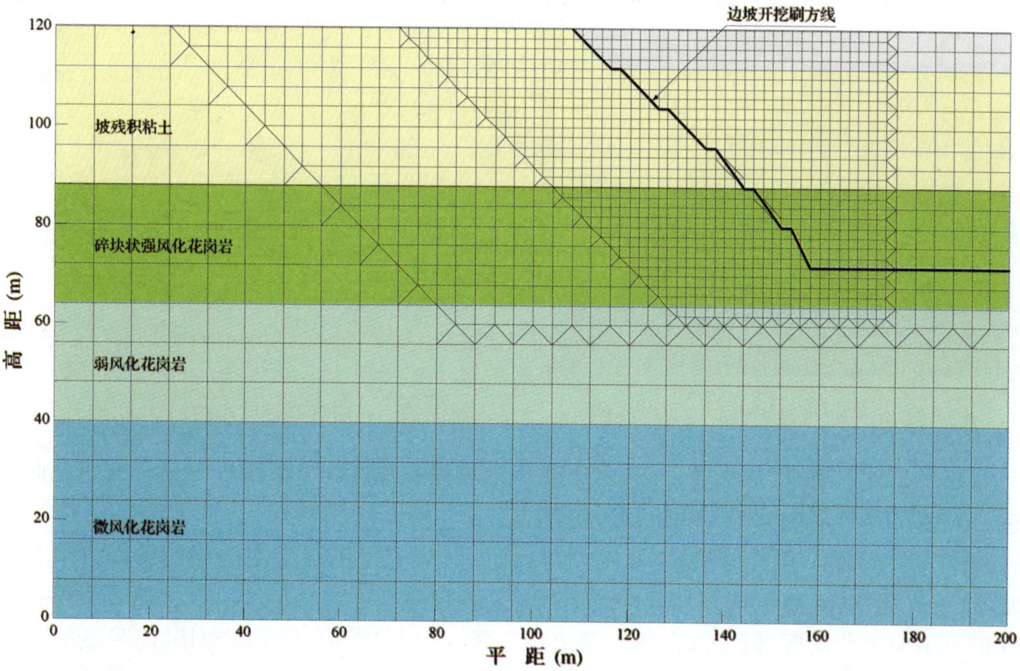

图 4-59　近水平二元结构边坡模型有限单元网格离散图

模型边坡主体由坡残积土和碎块状强风化花岗岩组成，砂土状强风化缺失，此种边坡体现土岩二元接触特性。边坡分 6 级开挖，自上而下坡率依次为 1∶1，1∶1，1∶1，1∶0.75，1∶0.75，1∶0.5。各地层岩土的物理和力学参数见表 4-7。

表 4-7　近水平二元结构边坡模型岩土物理和力学参数表

序号	地　　层	γ(kN/m^3)	c(kPa)	ϕ(°)	E(kPa)	υ
1	坡残积黏土	20	26	24	2.0×10^4	0.40
2	碎块状强风化花岗岩	25	100	40	5.0×10^5	0.30
3	弱风化花岗岩	26	600	50	1.0×10^7	0.26
4	微风化花岗岩	26.5	1 200	55	3.0×10^7	0.23

经边坡开挖时步运算，同样可以获取各时步边坡应力、应变、位移、塑性区等信息，同时绘制了各开挖时步相关参量的等值线图，图 4-60 至图 4-63 给出了第 6 时步应力、应变和塑性区的典型分布。

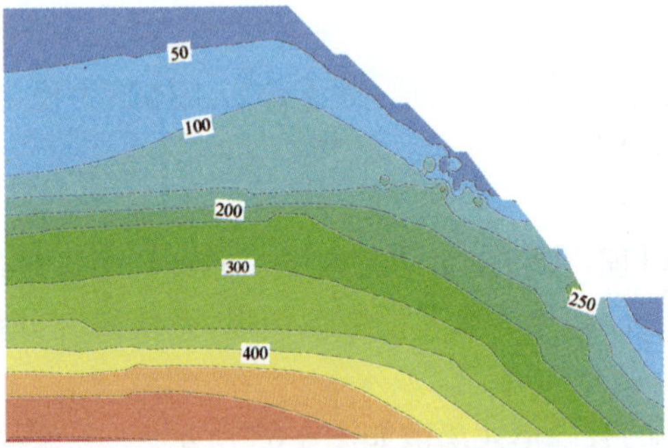

图 4-60　第 6 时步最大剪应力等值线图(kPa)

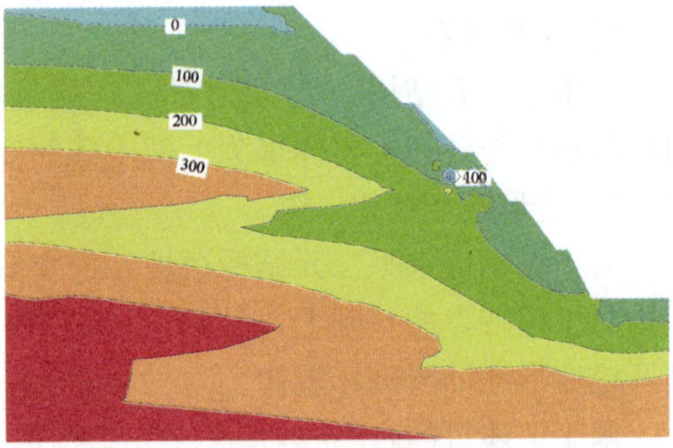

图 4-61　第 6 时步最小主应力等值线图(kPa)

图 4-62　第 6 时步最大剪应变等值线图

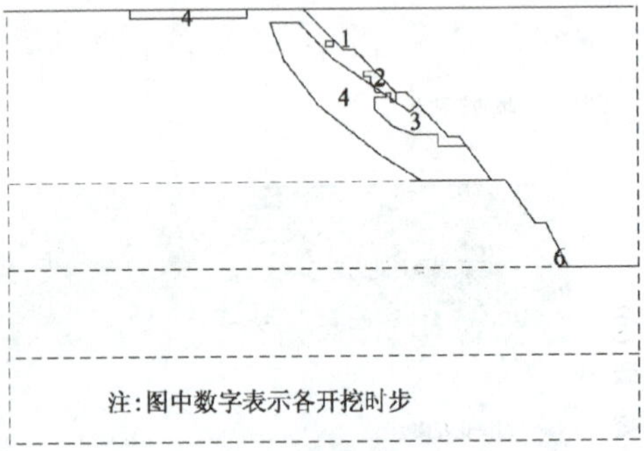

图 4-63　对应各开挖时步的塑性区分布、发展图

综合相关计算成果，从应力分布，剪应变孕育过程和塑性区发展历程等三个方面就此种类型的二元结构路堑高边坡的失稳机制分析如下：

从应力分布规律来看，在边坡开挖以前，最大剪应力等值线沿深度均匀分布。开挖 1～2 级，剪应力场偏转，体现向坡脚集中的趋势，但坡脚剪应力量值较小。开挖第 2 级时在坡顶出现最小主应力负值区，但分布范围和量值均非常小。开挖 3～4 级，坡脚出现明显的剪应力高值区，剪应力集中逐步明显，量值增大，其等值线在边坡坡脚汇集，开挖 4 级时达 220 kPa；

坡顶最小主应力负值区加大，坡顶受拉特征明显。另外，开挖坡脚局部出现零星最小主应力负值区，体现坡脚局部存在受拉现象。开挖5～6级，坡脚剪应力进一步集中，主要分布于地层分界面的第4级开挖坡脚，且量值增加不明显。坡顶最小主应力负值区范围亦不断增大，显示牵引受拉的范围逐步扩大，但量值未见增加。据以上分析，随边坡开挖在坡脚逐步产生明显剪应力集中，开挖至基岩以后，剪应力量值增长减缓，剪应力集中范围主要涉及土岩接触面。

由剪应变孕育过程分析，开挖1～3级，剪应变集中于坡脚，呈逐步增大趋势，但量值甚小，皆小于0.05，与剪应力和塑性区发展相对应，体现坡脚剪切屈服产生的变形。开挖4级，最大剪应变成倍增长，产生突变，其等值线显示变形向上牵引发展，等值线脊线揭示边坡潜在滑裂面具有一定的似圆弧特征。开挖5级以后，坡体剪应变基本未见增加。最大剪应变等值线脊线清晰揭示滑裂面形状，底部依附于土岩接触面，主体呈似圆弧形态。碎块状强风化层应变量值很小。

从塑性区发展历程来看，开挖1～2级塑性区局部发育于边坡坡脚，范围很小，体现坡脚局部单元的剪切屈服。开挖3～4级，边坡剪切塑性区范围增加，向上牵引发展，形成似圆弧形状的塑性区条带，对基岩面有一定依附特征，并逐步延伸发展到开挖边坡中下部的坡面。开挖5～6级，塑性区基本未见进一步发展，仅开挖6级时在坡脚有个别单元屈服。从塑性区发展过程来看，边坡开挖过程中主要体现土体强度不足引起的剪切屈服，屈服区范围在坡残积土层内呈似圆弧条带发展，未再向碎块状强风化层发展。

(3)典型破坏模式

总结上述边坡开挖变形特征与破坏规律，可以归纳近水平二元结构边坡的典型失稳模式如下：

这种近水平二元结构边坡随开挖在坡脚逐步产生剪应力集中，在坡顶产生拉应力区，但开挖至基岩面以后，应力增长不明显；同时，塑性区起源于开挖坡脚，随开挖逐步呈似圆弧状向上牵引发展，开挖至基岩面，塑性区发展基本停滞，最终在坡残积土层内形成贯通性屈服区；最后，在塑性区条带内发展形成最危险滑裂面，滑裂面形状呈似圆弧形态。

4.3.2　倾斜接触二元结构

(1)工程特点

倾斜二元结构边坡，即坡体土岩接触界面倾斜状，一般大于10°，其边坡的工程性质主要体现为上覆坡残积土层沿下伏基岩顶面的变形和破坏。

(2)变形破坏规律

为了揭示倾斜二元结构边坡开挖变形破坏机理，我们在总结倾斜二元结构边坡坡体结构与工程特点的基础上，采用SIGMA/W软件进行此类边坡开挖数值模拟，系统研究分析其开挖变形特征与破坏规律。

基于上述目的，建立倾斜二元结构边坡模型的有限单元网格离散图，如图4-64所示。

模型边坡主体由坡残积土和碎块状强风化花岗岩组成，砂土状强风化缺失，残积土与砂土状强风化花岗岩接触界面二元特征较为明显。在工程实践中，此种类型的路堑高边坡极易产生变形，属于破坏较多的类型之一。该模型同样分7级开挖，各级坡率自上而下坡率依次为1∶1，1∶1，1∶0.75，1∶0.75，1∶0.75，1∶0.75，1∶0.5。各地层相关物理和力学参数见表4-8。

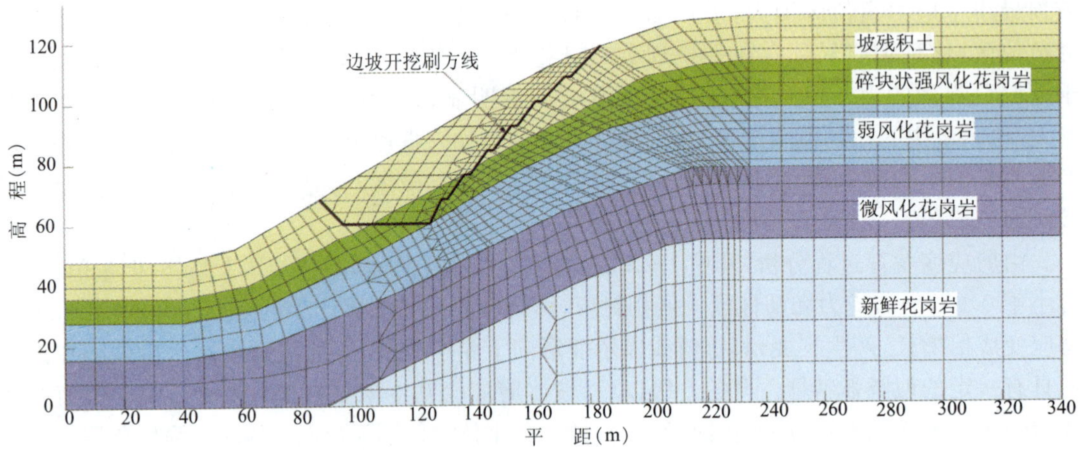

图 4-64　倾斜二元结构边坡模型有限单元网格离散图

表 4-8　倾斜二元结构边坡模型岩土物理和力学参数表

序号	地　层	γ(kN/m³)	c(kPa)	ϕ(°)	E(kPa)	υ
1	坡残积土	20	28	24	2.0×10^4	0.40
2	碎块状强风化花岗岩	25	100	40	5.0×10^5	0.30
3	弱风化花岗岩	26	600	50	1.0×10^7	0.26
4	微风化花岗岩	26.5	1 200	55	3.0×10^7	0.23
5	新鲜花岗岩	27	1 500	60	4.0×10^7	0.22

通过开挖时步运算，得到各时步边坡应力、应变等信息，具体计算结果见图 4-65 至图 4-68 所示的边坡应力、应变及塑性区的典型分布形式。

综合相关计算成果，从剪应力分布，剪应变孕育过程和塑性区发展历程三方面就这种二元结构路堑高边坡失稳机制分析如下：

从剪应力分布规律看，在边坡开挖以前，最大剪应力同样成层均匀向坡体深部过渡。开挖 1～3 级，剪应力场偏转，体现向坡脚集中的趋势，但坡脚剪应力量值较小。开挖 4 级，坡脚剪应力出现局部集中，但影响范围较小。开挖 5 级以后剪应力集中趋势未见明显发展，直至开挖 7 级在坡脚出现集中加剧现象。据以上分析，由于此类型的边坡揭露基岩较快，故坡脚剪应力集中相对不明显。

图 4-65　第 7 时步最大剪应力等值线图(kPa)

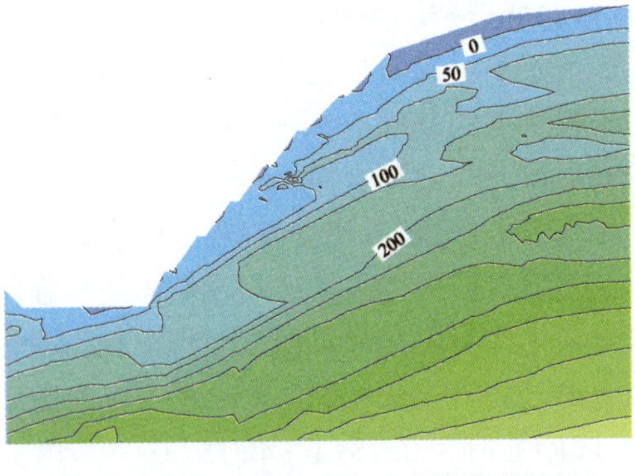

图 4-66　第 7 时步最小主应力等值线(kPa)

图 4-67　第 7 时步最大剪应变等值线图

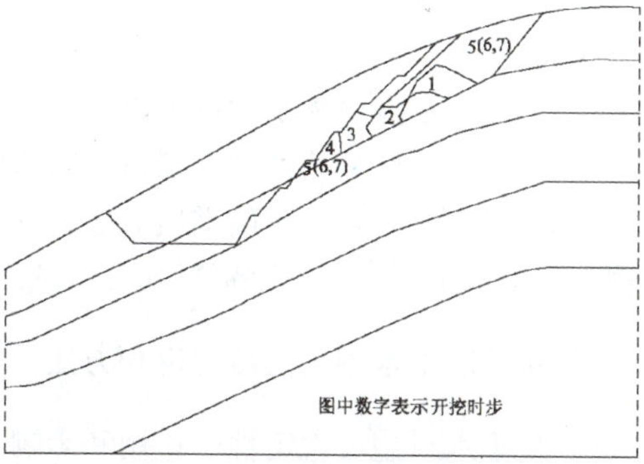

图 4-68　对应各开挖时步的塑性区分布、发展图

由最大剪应变孕育过程分析，开挖 1～3 级，最大剪应变发育于坡脚，量值很小，呈线性增加，坡体位移显示此阶段边坡主要体现为开挖卸荷变形。开挖 4 级，最大剪应变量值成倍增加，体现对基岩顶面具有一定依附特征，此阶段边坡变形体现为卸荷回弹位移和水平临空位移的组合。开挖 5 级，此时剪应变依附基岩加剧发展，体现上覆坡残积层沿基岩顶面滑动的特征，边坡变形以水平临空位移为主，其等值线脊线清晰揭示滑裂面(图 4-67)呈下部基岩顶面与上部似圆弧滑裂面的组合形态。

从塑性区发展历程看，开挖 1～2 级，塑性区发育于基岩顶面，随开挖沿地层分界线向斜下方滑移；开挖 3～4 级，刷方线向地层分界线逼近，塑性区扩展至坡脚，在开挖第 4 级时，坡顶受拉屈服区范围扩大，并呈向下追踪趋势；开挖 5 级，在坡顶新增大片塑性区，体现变形已经牵引至坡顶，坡顶受拉屈服区继续向下追踪，与坡脚剪切塑性区连通并基本贯通；开挖 6～7 级，塑性区基本未见发展，受卸荷影响，塑性区范围略有减少。

(3)典型破坏模式

综上所述，此类倾斜二元结构路堑高边坡随开挖进程逐步体现坡脚剪应力集中趋势，由于揭露基岩较快，集中程度不明显，开挖后期，在坡顶产生大片拉应力区；同时，塑性区起源于地层分界面，随开挖逐步向坡脚和坡顶扩展，直至贯通坡体；最后，在塑性区条带内依附于基岩顶面发展形成呈中下部平面与上部似圆弧面组合形态的最危险滑裂面。

4.4　河库岸边(滑)坡

一般地，边坡坍塌和滑坡等地质灾害的发生同坡体地下水渗流场动态特征和变化规律具有密切关系，大气降雨及水库蓄水等对地下水渗流场构成大的影响事件，往往引起一系列边坡失稳灾害。如福建省省道福三线雁石至白砂段，共长约 20 km，1998 年底通车，1999 年雨季(三、四月份)即发生了数十处边坡坍塌及滑坡灾害，严重影响线路正常运营并造成较大财产损失，被迫又进行边坡防滑加固等工程处理。

水库诱发的滑坡亦十分普遍，如 1963 年发生的意大利瓦依昂(Vaiont)水库左岸 2.4 亿 m^3 大滑坡，涌浪越坝，冲毁下游 5 个村庄，死亡 1 925 人，举世震惊。山区江河上水库蓄水和降落，造成库岸或岸边道路工程边坡坍滑入水，危及正常交通安全等事故时有发生。这些事例表明渗流场的变化对边坡的稳定具有直接的作用和影响。

对于边坡稳定性评价，必须先对边坡渗流场的变化进行充分的了解，在此基础上，才能正确分析边坡的稳定状况，为其稳定性评价和治理工程措施的实施提供坚实基础。

我们在前人研究的基础上，结合一实际工点——贡川滑坡，运用非饱和土渗流及其强度理论，对贡川滑坡在降雨和水库蓄水以及二者共同作用下地下水渗流场特征及边坡稳定性变化进行系统评价，并检算其治理工程措施的适用性和可靠性。从而，揭示大气降雨和水库蓄水对贡川滑坡的作用和影响，明确贡川滑坡的变形破坏机制和稳定性发展趋势，并为贡川滑坡病害治理工程提供了可靠的基础资料和分析结论，具有重要的实用意义和参考价值。

4.4.1　边坡地下水渗流模拟理论和方法

(1)地下水对边坡稳定性的作用和影响

一般地，地下水因素是边坡变形破坏和滑坡灾害的主要内在或触发因素之一。地下水的作用和影响主要体现在软化或泥化岩土，降低抗剪强度，导致孔隙水压力上扬，加剧各种动静水压作用，渐驱边坡状态向不稳定方向发展，协同其他各种不利因素，导致边坡产生失稳破坏成灾。

(2) 非饱和土渗流理论

在边坡工程实践中，经常发现全部或大部分潜在滑动面可能分布于边坡地下水位线以上，即潜在滑动面可能通过具有负孔隙水压力的非饱和土，涉及非饱和土的许多实际问题，需要对非饱和土的渗流和抗剪强度等特性进行研究才能解决。

水在非饱和土中渗流仍服从达西定律，与饱和土中渗透系数 k 为定值不同的是，非饱和土中 k 是基质吸力(u_a-u_w)或体积含水率(θ_w)的函数。渗透系数 $k(\theta_w)$可由土-水特征曲线(即基质吸力与体积含水率关系曲线)估计。

根据水流连续性条件及假定孔隙气压力不随时间变化，不考虑不同流体流动同土结构平衡条件之间相互作用条件下，通过饱和与非饱和区的非稳定地下水渗流控制方程可写为：

$$\frac{\partial}{\partial x}\left(k_x\frac{\partial H}{\partial x}\right)+\frac{\partial}{\partial y}\left(k_y\frac{\partial H}{\partial x}\right)+Q=m_w\gamma_w\frac{\partial H}{\partial t} \tag{4-5}$$

当水头不随时间变化时，可得到稳态流控制方程：

$$\frac{\partial}{\partial x}\left(k_x\frac{\partial H}{\partial x}\right)+\frac{\partial}{\partial y}\left(k_y\frac{\partial H}{\partial x}\right)+Q=0 \tag{4-6}$$

式中　H——水头高度；

k_x——X 方向渗透系数；

k_y——Y 方向渗透系数；

Q——流量；

m_w——水体积变化系数；

γ_w——水的容重。

上述两方程就是我们进行边坡地下水渗流模拟所应用的非饱和二维渗流控制方程。

同饱和渗流理论不同的是，方程中渗透系数 k_x 和 k_y 都是基质吸力(u_a-u_w)的函数，且 m_w 是土-水特征曲线的斜率，也是基质吸力或体积含水率的函数。

4.4.2　贡川滑坡地质背景和环境条件

(1)贡川滑坡概况

贡川滑坡位于福建省永安市以北约 13 km，永安市贡川镇境内，国道 205 线在滑坡前缘以浅挖路堑通过。该滑坡病害为一巨型厚层古滑坡的中前部局部“复活”，新生滑坡沿线路宽

200 m,平均厚度约 15 m,滑动岩土体约 53 万 m^3。其滑坡主轴断面如图 4-69 所示。

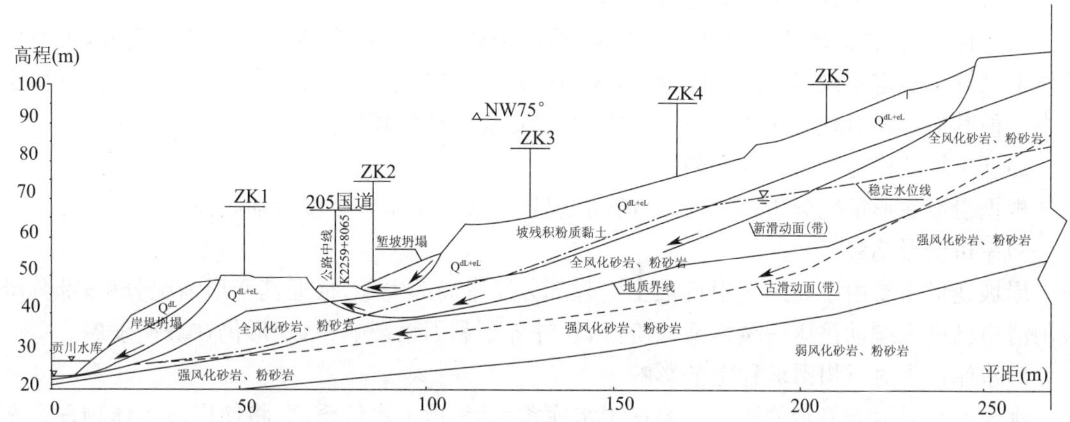

图 4-69 贡川滑坡主轴地质断面图

贡川滑坡区地处亚热带季风气候区,雨量集中充沛,多年平均降雨量 1 586.5 mm,历史上最大年降雨量 2 338.9 mm,降雨主要集中于 3～6 月份,可占全年降雨量的 50%～65%。

滑坡区属低山丘陵地貌,从地貌上看,该坡体具明显的"双沟同源"、"河岸凸出"以及断面上地形"陡缓相间"等古滑坡地貌特征。现贡川滑坡是古滑坡的中前部局部"复活",古滑坡范围大致沿公路宽 600 m 左右,滑坡出口在沙溪河岸坡下部,其后缘大致在山体中后部陡崖一带。

国道 205 线改扩建时,在滑坡前缘形成 10 m 高的堑坡。

滑坡场区地下水主要有两种类型,即上层滞水和基岩裂隙水,其补给主要依赖于后部山体的地下水径流及大气降雨。下部的强风化地层及中～微风化地层中裂隙较发育,形成导水通道。滑坡区内地下水主要向沙溪河排泄。

沙溪河在滑坡区下游约 1 km 处修建的贡川水电站,正常蓄水位 157.5 m,比平常河水位高约 10～11.0 m,死水位 156.5 m。水库的修建将对滑坡区地下水位产生影响。

贡川滑坡区位于华南褶皱系东部,闽西南坳陷带北缘。区域性北西向主断裂从滑坡区以北约 2 km 通过,滑坡位于该断裂影响带内。滑坡区地层为石炭系下统林地组(C_1L)的石英砂岩、泥质砂岩及泥岩等,且具有轻微变质现象。滑坡区地层结构为第四系坡残积粉质黏土、角砾土层→全风化泥质砂岩、泥岩以及粉砂岩层→强风化粉砂岩、砂岩→中～微风化砂岩、砂砾岩。

(2)滑坡性质及产生原因

1)古滑坡性质及产生原因分析

贡川古滑坡属于巨型顺层岩石滑坡,滑坡的产生,是由于其坡体地层顺倾等不良地质基础以及河流的下切和侧向侵蚀等因素综合作用的结果。

2)新生滑坡性质及产生的原因

古滑坡是其产生的不良地质基础。公路改扩建时开挖路堑,是滑坡形成的主要原因。由于开挖堑坡,其一是形成临空面,有利坡体变形,其二是清走滑坡前部土体,削减了抗滑力,诱发古滑坡体局部复活。地下水的长期作用,也是导致滑坡产生的重要因素。地下水的长期浸泡,造成滑坡土体抗剪强度降低,协同大气降雨的作用和影响,从而影响坡体的稳定。

(3)滑坡稳定状态和发展趋势

1)古滑坡的稳定状态和发展趋势

从整体上看，古滑坡两侧界冲沟已较宽缓，滑坡体上后部及两侧块体上植被茂盛，古滑坡整体上已处于稳定阶段，若外界环境没有大的变化，整体“复活”可能性很小，现处于相对稳定状态。但其前部相对独立块体受新滑坡影响，稳定程度估计较低。

2)新生滑坡稳定状态及发展趋势

根据滑坡变形情况分析，滑坡已经滑动，现处于蠕动挤压～缓慢滑动阶段。

3)岸边变形趋势

岸坡变形主要由于在岸坡附近堆土引起部分原岸局部失稳，根据其变形情况分析，部分岸坡坍滑也已进入蠕动挤压～缓慢滑动阶段，在外界不利因素影响下，变形仍在缓慢发展。

4)水库蓄水对贡川滑坡稳定的影响

水库蓄水对滑坡稳定的影响主要在于水库蓄水后，地下水位壅高，将使岸坡土体物理力学性质明显恶化，抗剪强度降低。库区内库水波浪对库岸的冲刷淘蚀作用以及动水压力的影响等，将对库岸产生不利影响。水库蓄水后对边坡稳定的具体影响程度，见下文的分析计算。

4.4.3　贡川滑坡地下水渗流模拟

(1)地下水渗流模型

1)渗流地层划分以及渗流参数确定

贡川滑坡区地层风化严重，其渗透性主要受风化程度的控制。从试验资料看，坡残积层与全风化地层渗透性基本较接近，坡残积层饱和渗透系数平均值为 7.9×10^{-7} m/s，全风化地层饱和渗透系数平均值为 4.5×10^{-7} m/s，都属于弱透水层。由于缺少试验资料，强风化以下地层的渗透系数需通过初始水位反演模拟来确定。如前文所述，非饱和土的透水性除和其饱和渗透系数有关外，而且主要与基质吸力(u_a-u_w)或体积含水率有密切关系。各层土的渗透性与基质吸力关系曲线均引自经验曲线。坡残积层、全风化地层渗透系数与基质吸力关系曲线如图 4-70 所示。

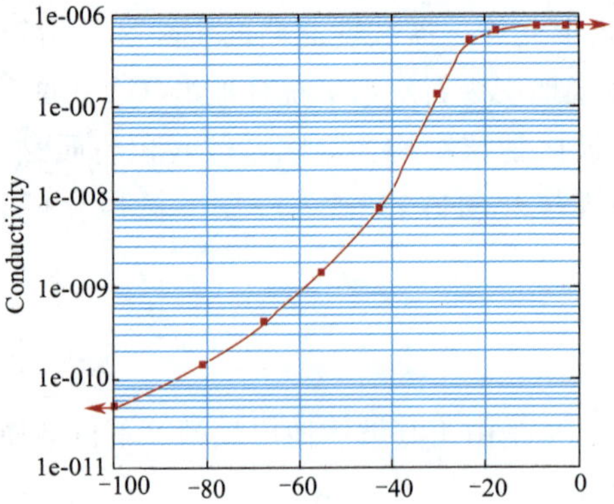

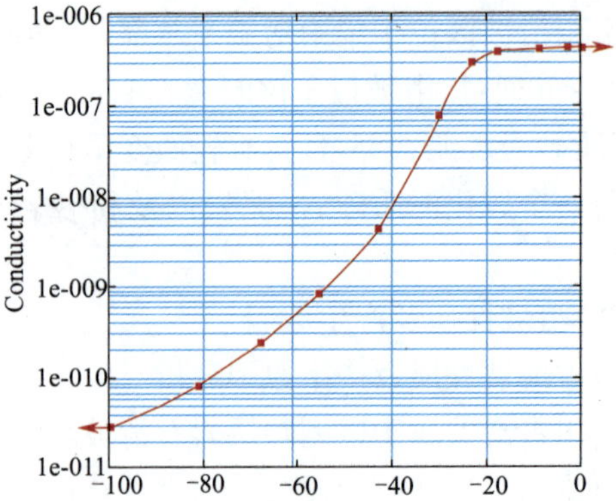

图 4-70　渗透系数(Conductivity:m/s)与基质吸力(Pressure:kPa)的关系曲线

2)边界条件的选定

由于初始条件渗流模拟是其他情况模拟的基础，所以先确定其边界条件。首先对于边坡后部边界，由于无法确定后部的流量，所以无法应用流量边界条件，但根据 ZK6 的水位资料，可将其处理为定水头边界地下水位以上为不透水边界。

对于南方河流，由于补给丰富，河流与地下水存在直接水力联系，所以将河水位以下节点设置为定水头边界应是合理的。

(2)初始条件渗流模拟

初始条件渗流模拟是以稳态方法(稳定流)模拟地质勘察期间所测得稳定地下水位。边界条件以坡体后部为定水头边界，$H=82.4$ m(换算计算高程，下同)，前部河水位以下为定水头边界 $H=23.6$ m，其余均为零流量边界。

经过计算模拟，各钻孔模拟水位与实测水位差别见表 4-9。

表 4-9　初始条件渗流模拟结果与实测水位对比表

钻孔 水位	ZK1	ZK2	ZK3	ZK4	ZK5
实测(m)	20.00	8.80	13.10	8.60	17.10
模拟(m)	22.20	8.80	13.30	13.10	18.20
差值(m)	2.20	0.00	0.20	4.50	1.10

注：其中 ZK4 号孔钻探过程中测水位为 12.50 m，最终水位偏高，估计与塌孔有关。

根据反演模拟结果，强风化地层饱和渗透系数为 9×10^{-7} m/s，基岩渗透性系数为 2×10^{-6} m/s。对于古滑坡前部河床平水位附近强渗透带，其渗透系数相当于砂层，为 5.4×10^{-5} m/s。

(3)水库蓄水渗流模拟

水库蓄水后水位上升过程可以应用瞬态方法(非稳态流)进行模拟。

1)边界条件处理

水库蓄水后，沙溪河水位上升至 33.4 m(黄海高程 157.5 m)，此高程以下节点设成水头边界。水库蓄水模拟时，假设库水位瞬时上升至正常蓄水位，然后保持不变，

2)模拟结果表明，水库蓄水后，在坡体后部(ZK5 以后)受库水位影响小，水位上升幅度不明显。模拟结果(各钻孔水位变化情况)见表 4-10。

表 4-10　水库蓄水后钻孔水位变化表(单位：m)

孔号 状态	ZK1	ZK2	ZK3	ZK4	ZK5
蓄水前	22.20	8.80	13.30	13.10	18.20
蓄水后	12.60	2.20	9.40	11.00	17.00
上升幅度	9.60	6.60	3.90	2.10	1.20

3)水库蓄水后，坡体内特别是库岸至 ZK3 一带水分分布变化很大，坡体随着水位升高，饱和区扩大，非饱和区内水分增加，坡体内基质吸力水平下降。

(4)大气降雨渗流模拟

根据有关文献中大气降雨与边坡稳定研究的结论，结合贡川滑坡区大气降雨资料，分别选定一日、一旬以及一月历史最大降雨量进行模拟(以下简称日降雨、旬降雨以及月降雨)，降雨雨型选择为等强型。永安地区日、旬以及月历史最大降雨量见表 4-11。

1)边界条件

边界以初始水位模拟模型边界为基础，在坡面增加降雨入渗流量边界，以构成降雨模拟的瞬态模型(非稳态流分析)。若降雨强度超过土的入渗系数，多余雨量将不计入渗流计算。

表 4-11　福建永安地区历史最大降雨资料(单位：mm)

时间	日(1 天)	旬(10 天)	月(30 天)
雨量	244.7	390.5	602.5

2)日降雨模拟

日降雨采用等强型雨型，平均降雨强度 2.83×10^{-6} m/s。降雨结束 1 天后，ZK1，ZK2，ZK3 孔附近水分入渗深度约 1.5～2 m。其中 ZK1、ZK3 附近入渗深度大于 ZK2 附近入渗深度

0.3～0.5 m左右。降雨结束21天后，ZK2附近雨水入渗深度反大于ZK1和ZK3附近入渗深度，随着时间的推移，ZK1附近水分逐渐消散，而堑坡附近水分向下运移，逐渐汇入地下水。

3）旬降雨模拟

旬降雨采用等强型雨型，平均降雨强度 4.52×10^{-7} m/s。旬降雨同日降雨类似，随着降雨的结束，ZK1所处岸坡上平台水分逐渐消散，而ZK2附近堑坡水分逐渐聚集向下运移，补给地下水。

4）月降雨模拟

月降雨采用等强型雨型，平均降雨强度 2.33×10^{-7} m/s。月降雨情况下，坡面附近水分分布同日及旬降雨是类似的。由于其雨量大，历时长，雨水入渗深度增加，对坡体水分运移影响更显著。

日降雨、旬降雨、月降雨除雨水入渗深度有一定差异外，由于三种情况下降雨雨量不同，雨水入渗带内水量也是不同的，具体是降雨停20天后，月降雨、旬降雨、日降雨情况下，入渗带内平均体积含水率是递减的。

（5）水库蓄水后大气降雨渗流模拟

边界条件采用水库蓄水基本稳定后水位作为初始条件，即河侧为固定水头边界（$H=$33.4 m），坡体后部也为固定水头边界（$H=82.4$ m），然后在坡面增加模拟降雨的流量边界条件，采用瞬态模型（非稳态流）进行模拟。其降雨函数分别选用月降雨量、旬降雨量及日降雨量结合等强型雨型。

从水库蓄水后再遇月降雨情况的模拟看，对于原来基质吸力很高的钻孔ZK1处岸坡附近，降雨结束2天后，降雨影响带同未蓄水前差别不大，大约入渗深度为2.50 m左右，但降雨结束20天后，入渗深度为3.80 m，与未蓄水前水分逐渐消散比，入渗深度增加1 m多。由于ZK2附近水位已接近地表，该处基质吸力小，渗透系数大，降雨的结果是基质吸力的一致降低。

从模拟结果看，在水库蓄水情况下，降雨对坡体内渗流的影响更加明显。三种降雨情况下，水分更容易在堑坡，库岸坡附近积聚。

（6）贡川滑坡地下水渗流特征与规律

①水库蓄水对地下水渗流影响显著。水库蓄水后，库水位从现河水位向上抬升10.0～11.0 m，使库岸及附近水位大幅升高。国道山侧堑坡下地下水位已接近地表。

②大气降雨对地下水位影响较小。根据模拟资料，在月最大降雨情况下，地下水位也未见有明显变化，表明由于地表覆盖层粉质黏土透水性弱，使降水入渗速度以及入渗量大大降低。

③大气降雨的入渗受地下水位埋深影响显著。在ZK1所在台地上，三种降雨情况下雨水入渗深度基本相同；堑坡附近，则三种降雨情况下有较显著的差异。表明降雨入渗受坡体内原有水分分布的控制。

④从模拟结果看，总体上月降雨量对坡体内水分分布影响较旬降雨与日降雨大，降雨对坡体渗流影响主要受坡体入渗量控制。

⑤水库蓄水后，由于坡体内地下水位大幅上升，坡体地下水渗流对大气降雨响应明显。

4.4.4　大气降雨与河库水位升降对贡川滑坡稳定性的影响

（1）基本理论和方法

目前工程实践中多采用极限平衡法。在边坡稳定性极限平衡分析中，集中体现了塑性破坏的极大值原理和极小值原理。从极限平衡法角度看，正确评价边坡的稳定性主要在于运用摩尔-库仑破坏准则时正确选取岩土的抗剪强度指标。当滑动面位于饱和土中时，可应用有效应力原理来选取合适的抗剪强度指标（c'和 ϕ'）。而对于滑动面位于非饱和带内的情况，则需按照非饱和土理论来选取岩土的抗剪强度指标。

加拿大学者 Fredlund 和 Morgenstern 认为，由于非饱和土中存在基质吸力（$u_a - u_w$），所以其抗剪强度应用（$\sigma - u_a$）和（$u_a - u_w$）这两个独立的状态变量来表示，而且利用这两个应力状态变量建立了与饱和土相似的抗剪强度公式，即：

$$\tau_{ff} = c' + (\sigma_f - u_a)_f \tan\phi' + (u_a - u_w)_f \tan\phi^b \tag{4-7}$$

式中　τ_{ff}——土的抗剪强度；

c'——有效黏聚力；

$(\sigma_f - u_a)_f$——破坏时破坏面上的净法向应力；

ϕ'——与法向应力（$\sigma - u_a$）有关的内摩擦角；

$(u_a - u_w)_f$——破坏时破坏面上基质吸力；

ϕ^b——表示抗剪强度随（$u_a - u_w$）而增加的速度。

边坡稳定性计算方法一般采用条分法，Morgersten-price 法满足力和力矩平衡，并假定条间正应力与剪应力关系满足函数条件 $X/E = \lambda \cdot f(x)$，该方法是边坡稳定性计算的最一般方法，也是作者所采用的分析方法。

(2)主要岩土力学指标

根据贡川滑坡的变形现状和发展趋势，贡川滑坡病害存在几种相对独立的滑移机构或变形破坏块体，即岸坡坍滑、堑坡坍滑、新生滑坡和古滑坡共 4 种变形破坏块体。

要确定各块体岩土的抗剪强度指标，需先设定坡体变形的外部条件，即确定变形是在某一降雨条件下产生的。根据贡川地区降雨集中的特点，以最大月降雨量做为边坡变形的外部触发条件。根据边坡变形确定的稳定系数和反算指标见表 4-12。岸坡与堑坡坍滑采用圆弧滑面进行搜索计算，新生滑坡和古滑坡（前级）采用固定滑面计算。其中，岸坡坍滑和堑坡坍滑根据其变形情况，滑动面仅在坡残积层中，堑坡距地下水位接近，所以指标较低。

表 4-12　主要岩土力学性质指标

地层 指标 坡体	坡残积层			全风化层			强风化层			稳定系数
	c'	ϕ'	ϕ^b	c'	ϕ'	ϕ^b	c'	ϕ'	ϕ^b	
岸坡坍滑	12	20	9	/	/	/	/	/	/	0.996
堑坡坍滑	8	15	8	/	/	/	/	/	/	0.989
新生滑坡	8	15	8	4	17	9	/	/	/	1.025
古滑坡	8	15	8	4	17	9	11	18	9	1.118

(3)水库蓄水对边坡稳定性的作用和影响

水库蓄水后，库岸坍塌、堑坡坍滑、新滑坡、古滑坡（前级）稳定系数随时间变化如图 4-71 所示。

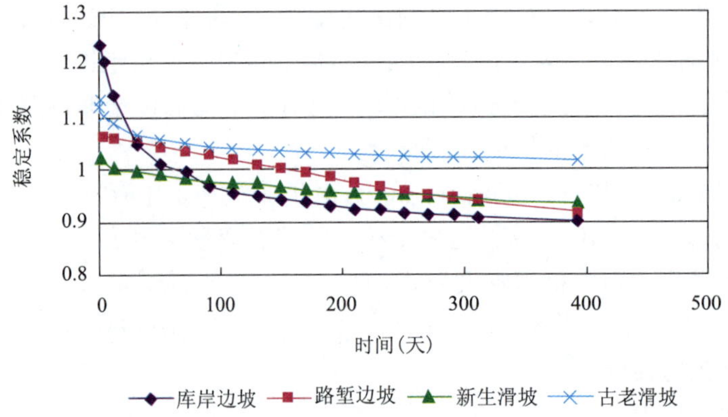

图 4-71　水库蓄水边坡稳定系数历时曲线图

从上图中可以看出，水库蓄水后，边坡各不稳定块体稳定系数都有明显下降，库岸边坡下降 0.169，新生滑坡下降 0.094，堑坡下降 0.43，古滑坡(前级)下降 0.118。其中库岸边坡，新生滑坡与堑坡稳定系数已下降至 0.95 以下，已进入滑动破坏状态。

(4)大气降雨对边坡稳定性的作用和影响

1)月降雨情况下边坡稳定系数的变化

库岸边坡、路堑边坡、新生滑坡以及古滑坡(前级)的稳定系数随时间变化如图 4-72 所示。

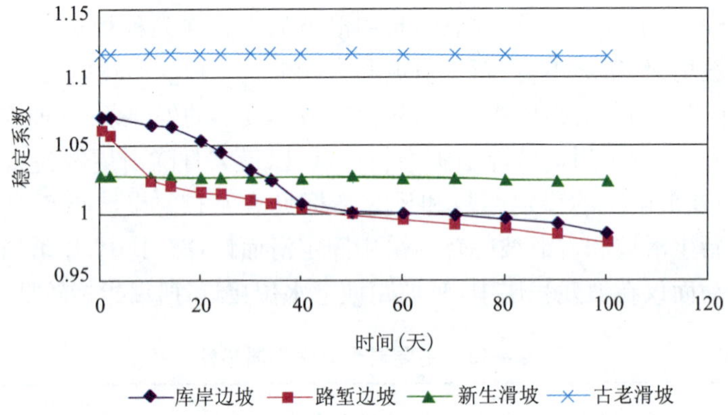

图 4-72　月降雨边坡稳定系数历时曲线图

从图中可见，古滑坡与新生滑坡降雨结束 50 天后，稳定系数仅下降 0.001～0.002。库岸边坡与路堑边坡则受月降雨影响明显，在降雨开始后不久即快速下降。库岸边坡雨停后 10 天，稳定系数基本保持缓慢下降，而路堑边坡稳定系数则降雨开始 10 天后，基本持缓慢下降态势。在月降雨情况下，库岸边坡与路堑边坡均进入失稳状态。

2)旬降雨情况下边坡稳定系数的变化

旬降雨情况下边坡稳定系数变化趋势与月降雨情况下趋势基本一致，仅下降幅度有差异，如图 4-73 所示。路堑边坡降雨开始后 80 天，边坡稳定系数基本保持在 0.994 左右，已进入失稳状态。

3)日降雨情况下边坡稳定系数变化

日降雨对边坡渗流场影响较小，对边坡稳定性的影响也没有月降雨与旬降雨显著。边坡稳定系数随时间变化情况如图 4-74 所示。

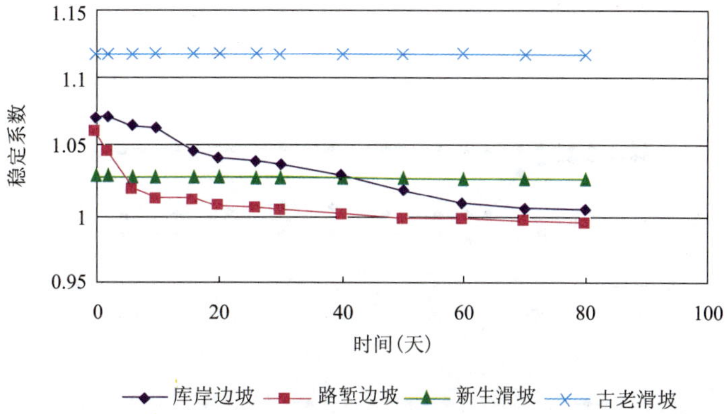

图 4-73　旬降雨边坡稳定系数历时曲线图

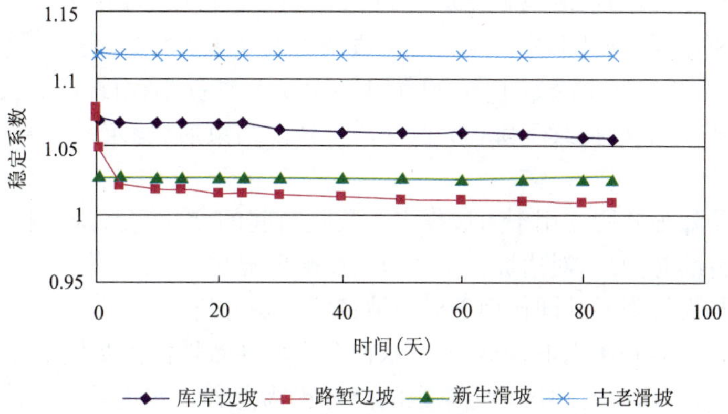

图 4-74　日降雨边坡稳定系数历时曲线图

4)大气降雨对边坡稳定性的作用和影响

三种降雨模式，由于降雨强度、降雨历时、雨量各不相同，所以对边坡稳定性的影响程度也有差异。

在月降雨、旬降雨、日降雨三种模式下所形成渗流场对新生滑坡和古滑坡(前部)稳定性影响不大。

对于库岸边坡，其稳定系数受降雨的强度、历时等影响具有特定的滞后效应。

对于路堑边坡，其下地下水位埋藏浅，降雨开始后，边坡安全系数即持续下降，随后的稳定系数下降与入渗雨量有关。

大气降雨沿裂缝灌入后形成的静水压力作用机制，也应是影响新滑坡稳定的因素之一，特别对这种由弱透水地层组成的坡体。

假设在月降雨情况下，新滑坡坡体后部形成深 7 m 的张裂区，裂缝 80%灌水。计算结果表明坡体稳定系数下降为 0.999，已进入临界滑动状态。表明后部张裂缝中雨水的灌入，是降雨对贡川新滑坡稳定性影响的主要机制之一。

(5)水库蓄水后大气降雨对边坡稳定性的作用和影响

1)水库蓄水与月降雨共同作用对边坡稳定性的影响

水库蓄水与月降雨共同作用下边坡稳定系数与时间关系如图 4-75 所示。

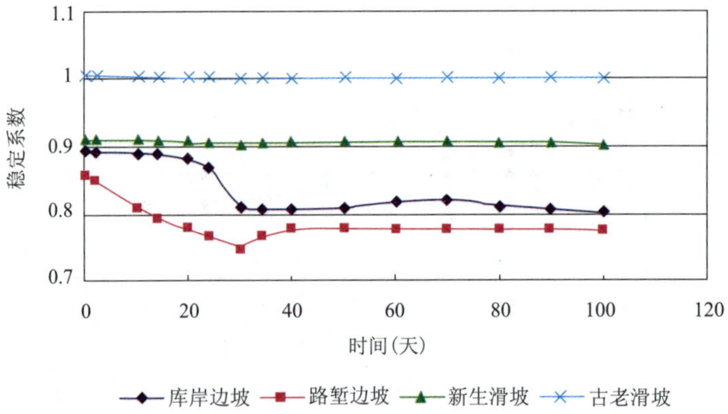

图 4-75 水库蓄水后月降雨边坡稳定系数历时曲线图

从该图看,新生滑坡与古滑坡(前级)受降雨影响小,安全系数仅下降 0.005～0.01,但与仅考虑大气降雨相比,影响已十分明显。库岸边坡受大气降雨影响,稳定系数下降的滞后效应也更加明显,稳定系数迅速下降始于降雨开始后的 25 天左右,降雨结束后又迅速稳定。而路堑边坡降雨后,稳定系数则持续下降,直至 0.75。降雨结束后,稳定系数又迅速有所恢复,其后一直稳定在 0.78 左右。

水库蓄水和旬降雨共同作用下边坡稳定系数随时间的变化与月降雨相似,但影响程度较小。日降雨由于持续时间短,对边坡稳定系数的影响明显更小。

2)水库蓄水与大气降雨共同作用下对边坡稳定影响分析

水库蓄水和降雨共同作用下,由于地下水位升高而导致坡体内基质吸力水平降低,有利于大气降雨入渗,所以降雨引起边坡稳定系数的降低更为急骤。水库蓄水和降雨共同作用情况与大气降雨单独作用稳定系数的下降与时间关系对比曲线如图 4-76 所示。

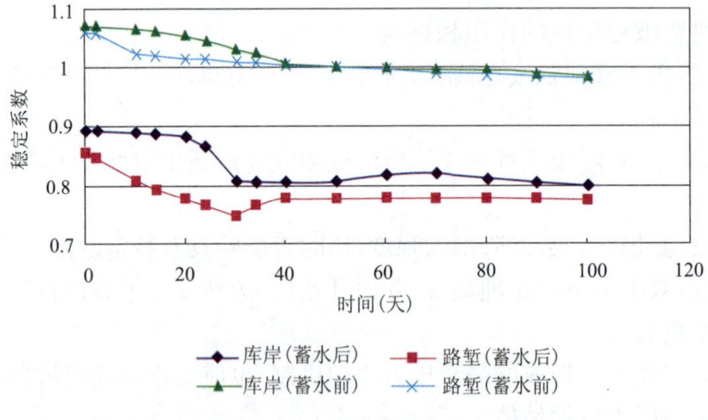

图 4-76 水库蓄水前后月降雨对边坡稳定系数影响对比曲线

水库蓄水与降雨共同作用下,库岸边坡和路堑边坡稳定系数下降幅度更加明显。

值得指出的是,由于边坡场区地下水的赋存条件与作用规律均非常复杂,上述数值模拟分析结果的定量数值仅有参考价值,有利于进一步揭示大气降雨和河库水位变化对边坡或滑坡稳定性影响的作用机理和发展趋势。

第 5 章

边坡工程稳定性评价

5.1　边坡稳定性主要影响因素

5.1.1　地形地貌

自然边坡是在长久地质年代内外界营力作用下趋于稳定而形成的。对边坡工程建设而言,原稳定自然坡体在人工开挖、扰动情况下,影响坡体的原有平衡,其开挖后的坡面形式、对坡体的扰动程度都在直接影响整个坡体的平衡。在工程中较为常见的由古老滑坡复活、边坡坡脚开挖且支挡防护不及时等因素引起的边坡破坏均是此类因素,且无论是在山区道路工程建设过程中还是建设完成后都时有发生。

评价一个坡体的平衡状态,需要结合整个坡体范围内的地貌特征,根据开挖形成后的坡面形态来综合确定。自然边坡坡顶状况是陡坡、缓坡、平坡还是反坡,也是评估路堑开挖坡面稳定性的重要参考,同时也在一定程度上决定了路堑边坡影响的体积规模和需要加固工程量的大小。

在古老滑坡病害复活的处理中,首先需要根据整个坡体较大范围的地形地貌特征准确地判断出是否是古老滑坡等地质病害并评价其稳定性,才能对边坡工程病害提出经济合理和安全可靠的治理工程方案。

一般地,山地地貌场区均是路堑高边坡稳定性问题较为突出的地段,对崩塌、错落、滑坡及其堆积体形成的重力地貌应特别注意查明。因此,在路堑边坡工程的踏勘调查中,应重视场区地形地貌特征的调查,尤其应尽可能查明与路堑高边坡稳定性关联紧密的古老病害特征、江河库岸条件、地面建筑限界、斜坡自然坡率与开挖地形等,并结合既有工程的经验类比,对边坡工程的稳定现状作出定性评价。

5.1.2　地层岩性

地层岩性是影响边坡稳定程度的基本因素之一。总体来讲,火成岩一般岩性坚硬,节理裂隙不甚发育,一般地质灾害发育程度较低,常表现为崩塌落石等破坏形式。沉积岩和变质岩岩性相对软弱,并发育层面、片理面等优势性弱面,易形成边坡变形破坏的依附面,发育成滑坡、崩塌、倾倒等地质病害。

边坡发生滑坡多发育于泥质、粉质、泥灰质、凝灰质等及其变质岩系的地层组成的坡体内,它与这些地层中含有水化性强的如黏土、粉土,特别是富含高岭土、伊利土、蒙脱土等岩性条件密切相关。这些地层易于产生滑动,常称为易滑地层,或称为易滑岩组。

因此，在路堑边坡工程的地质调查中应通过开挖露头的调查分析、工程勘探与岩土试验等手段确定边坡坡体的岩性条件，并进行边坡岩体的风化分级，以利于对边坡稳定性进行评估，必要时辅以定量分析计算。

5.1.3 地质构造

在漫长的地质历史中，边坡岩体往往经历了不止一次的构造作用，形成了规模不等、性质各异的褶皱和断裂，对边坡的稳定性具有显著影响。

大中型断层是强烈构造作用的产物，往往伴生规模不等的断层破碎带，破碎带内岩层产状紊乱，节理发育，岩体破碎，形成的破碎岩石边坡破坏一般均具有比较大的体积规模，同时，由于岩体破碎造成治理工程施工相对困难，往往成为道路工程建设的控制性工程。

中小型断层在出露于开挖面附近时，常形成路堑边坡破坏的控制性界面，断层内的泥化夹层等严重弱化岩体强度参数，是边坡稳定性分析中特别需要重视的问题。

因此，在路堑边坡工程地质调查分析工作中，应通过露头调查、坑槽探、地质钻探，工程物探等多种手段尽可能查明场区地质构造特征和展布规律。尤其应重视对路堑开挖揭示的地质条件进行工程地质复核。

5.1.4 坡体结构

边坡岩土体的力学性质具有不连续性、非均质性和各向异性。边坡的稳定性程度依赖于坡体结构特征；边坡的破坏模式受控于坡体结构类型；不同的坡体结构特征体现不同的坡体稳定条件。

基于边坡岩土体的物质组成、不连续面发育状态，以及岩土结构与边坡临空面的组合特征等因素，坡体结构可以分为均质结构、类均质结构、分层结构、块状结构、层状结构、碎裂结构、散体结构等基本坡体结构类型及其相关亚类，详见“2.3.2”。

查明坡体结构是边坡稳定性分析和防护加固工程设计的重要环节。在路堑边坡踏勘调查与稳定性分析中，应强化坡体结构的认识，综合考虑各方面因素的影响，进行边坡坡体结构的分析与评价。

5.1.5 岩土性质

边坡岩土类型是决定边坡稳定性的根本因素。坚硬完整的岩石如花岗岩、石灰岩等，能够形成很陡的高边坡而不失其稳定，而软弱岩石或土只能形成低缓的边坡。

沉积岩的最大特点是具有层理，它们对边坡稳定性具有控制性的作用。沉积岩还常夹有软弱岩层，如厚层灰岩中夹薄层泥灰岩，砂、砾岩中夹薄层泥岩和页岩等，这些软弱岩层易构成滑动面。

根据滑坡分布与岩性的关系分析，黏性土类、堆积土类、砂页岩类和有软弱夹层岩类等属易滑地层，在边坡稳定性研究中，查明研究区是否有易滑地层分布是十分重要的。

5.1.6 结构面发育状态与规律

路堑高边坡的变形破坏大都与边坡坡体的结构面特征和空间组合关系密切相关，对岩土体结构面具有很强的依附特性。岩土体中的不连续面包括节理、断层、层理面、片理面、地层分界面、风化破碎差异界面等。

虽然岩块的强度一般较高，但是由于不连续面的存在将严重弱化岩体的力学性能，特别当在路堑开挖的影响范围内，这些不连续面存在不利倾向或组合时，岩体的承载能力将主要体现为不利结构面的强度。

研究表明一个或多个结构面组合边界的剪切滑移、张拉破坏和错动变形是引起边坡失稳的主要原因之一。

从边坡工程设计的角度出发，不利结构面的产状、发育程度、组合特征与强度参数是首要关心的问题。在实际边坡调查中应加强结构面的地质测绘与统计分析，特别需要对结构面产状及组合与开挖临空面的关系进行详细分析，并通过采样试验或经验比较来确定主控结构面的抗剪强度参数等。

5.1.7 水的作用和影响

大气降雨作为坡体变形破坏的一种触发因素，直接体现在降雨期间的地表径流，间接的体现就是当地表水入渗转化为地下水时，这种本为外部条件的因素转化为坡体变形破坏的内在致滑因素。

地下水对滑带岩土介质材料的软化作用，导致岩土强度衰减并最终发生变形破坏。坡体聚集的水体通常是由降雨入渗转化为地下水的。入渗的地下水充填于岩土孔隙和裂隙之间，增加滑体重量，孔隙水压升高，动静水作用加剧，这仅是地下水的作用方式之一。地下水另一作用方式是对滑带土体的润滑效应，更确切地说是地下水与边坡岩土体之间的复杂作用——水-岩相互作用，它不仅是路堑边坡发生滑坡灾害的主要激发因素，而且在坡体变形破坏的孕育过程中也发挥着重要的作用。

在路堑高边坡的踏勘调查中应注意开挖面露头的干湿状态，通过地质钻探、工程物探和地下水位监测等确定坡体地下水活动状态和规律，也可以通过地下水的渗流模拟来加深对边坡水力学特征的了解和判断。

5.1.8 工程开挖

路堑边坡的开挖卸荷效应主要体现在近开挖面坡体因为应力卸荷而产生松弛区。

开挖卸荷松弛区内边坡岩土体因为应力状态发生急剧变化而产生节理裂隙的扩展和体变扩容，造成岩土体力学性质的弱化，进而产生松弛区的变形破坏。这种破坏可以是局部的，也可以是整体的。边坡开挖卸荷问题是岩质路堑高边坡稳定性分析与防护加固工程对策的核心问题。

当线路通过老滑坡或不良地质体，在其中下部分开挖路堑削弱了支撑使病害体复活，而这种开挖就是在坡体已经孕育了变形破坏的条件时，在外部触发因素的作用下产生的变形破坏。

同时，施工过程影响也是路堑高边坡失稳的主要原因之一。施工过程对路堑高边坡稳定性的影响主要体现为施工过程中的开挖过度超前而支护严重滞后。

总体来说，在路堑高边坡人为改造过程中的扰动作用一般有开挖卸荷影响、施工工艺影响、施工工序影响与施工期自然营力影响等，可统称为边坡工程效应。

5.1.9 防护加固

边坡的防护加固工程可以分为普通防护工程和支挡加固工程两大类。

边坡的普通防护工程是采用砌石、喷浆、植草等封闭防护措施防止坡面岩土风化剥落、淋滤冲刷、掉块落石，以及水土流失等坡面病害，维持边坡坡面浅表层的稳定和安全。

边坡的支挡加固工程是采取人工措施将边坡的滑动传送或转移到另一部分稳定体中，使整个边坡达到一种新的稳定平衡状态。加固措施的种类不同，对边坡稳定的影响和作用也不相同，但都是为了保证边坡的稳定与安全。

5.1.10 地震等其他因素

地震对边坡稳定性的影响主要体现在地震累积效应和地震触发效应等两个方面。

地震累积效应主要表现为地震作用引起边坡岩体结构松动，破裂面、弱面错位和孔隙水压力累积上升等。地震触发效应则主要表现为地震的作用造成边坡中软弱层的触变液化以及使处于临界状态的边坡瞬间失稳。

一般地，高烈度地区滑坡灾害严重，大地震极易触发大面积的山体变形和破坏，如2008年四川汶川大地震产生的滑坡，规模较大且呈片状分布。

此外，河流的冲刷作用，即河流的下切和侧蚀，是江河库岸边坡破坏产生崩塌、滑坡等病害的主要触发原因之一。

5.2 岩土强度参数试验与评估

5.2.1 滑带土强度指标的选择

对滑带土强度指标的确定，由于其复杂性，仅凭试验数据通常不能准确确定滑带土的强度指标，对于目前分析计算主要为其抗剪强度指标难以确定。因而在边坡稳定性分析中，又提出了工程地质类比的经验法与强度参数反算法来确定滑带岩土的抗剪强度。

工程地质类比法主要依据当地类似工程的经验数据以及工程技术人员的经验。该方法通常只能定性确定滑带土体强度参数指标，且有些地方数据较少，技术人员的经验不足，应用该方法易出错，因而一般作为校正方法使用。

目前，确定滑带土强度指标通常采用现场试验方法、室内试验方法、以及工程类比、地区经验和反算方法等。滑带土岩土抗剪指标应以实验结果为基础，结合宏观地质判断、工程类比和地区经验、反算方法等综合确定。要求做到数据可靠、分析严谨、判断准确、取值合理。

5.2.2 岩土强度参数试验评估法

试验评估法是获取边坡岩土物理力学参数的直接方法，在边坡工程实践中广为应用。由于采用手段的不同，一般可分为室内试验评估法、现场试验评估法和数值试验评估法三类。

(1)室内试验评估法

室内试验常被用来确定岩石和土的密度、孔隙比、含水率等常规物理指标，以及岩石和土的抗拉强度、抗压强度、黏聚力、摩擦角和变形模量等力学参数。有条件时可开展岩土结构面强度的试验和研究。

(2)现场试验评估法

现场试验同样是获取边坡岩土强度参数的有效方法，在边坡工程实践中采用的主要有回弹试验、点荷载试验、旁压试验、现场大型剪切试验等。

目前的现场试验成果，由于受到试验条件、设备和方法等的种种限制，要达到全面而真实地反映岩土体的实际工作情况仍有一定的困难。而且，大型现场试验要耗费大量的人力和物力，在一般路堑边坡工程的实践中难于推广。

(3)数值试验评估法

岩土体的数值试验是以全面描述岩土体力学行为的本构模型为基础，采用数值计算手段，对试验的边界条件、加载方式等进行仿真模拟，并对岩土体的有关力学参数进行预测的方法。通过数值试验可以将常规试验参数转化为其他相关的力学参数，这在采用复杂本构模型的数值模拟中具有实际意义。

(4)一种边坡岩体强度等效体数值评估法

冷景岩和廖小平等(2005)提出一种边坡岩体强度等效体数值评估方法。通过引入代表单元等效体模型，采用 RFPA(Rock Failure Process Analysis)软件对层状岩体进行数值试验模拟，从而获得横观各向同性体的力学参数，并应用于顺倾层状岩石边坡的数值模拟，在获取节理岩体的强度参数方面具有推广意义。

代表单元等效体作为"亚宏观"模型，具有两个基本特征：其相对于整个岩体的尺度足够小，以消除尺寸效应的影响；其相对于结构面间距又足够大，可以包含岩块和不连续面的基本特征。通过代表单元等效体在宏观岩体力学参数与岩体微观破裂机理之间建立了联系。

首先对代表单元等效体按有限元的要求进行离散，产生岩石单元和结构面单元；然后对代表单元等效体进行数值试验，研究代表单元等效体的变形和强度特性，获得代表单元等效体的物理力学参数；最后将宏观节理岩体视为横观各向同性介质，对路堑边坡进行稳定性分析。

采用代表单元等效体模型的数值试验法能够用节理单元精确地模拟出每一个结构面，可以准确地反映结构面的产状要素(厚度、间距和角度等)、分布型式及连通率等。对该模型用有限元进行数值模拟时，计算结果满足弹性力学的基本方程，而不需要任何假设条件。因此，该模型具有易于广泛采用，还能够反映出结构面间的相互作用等优点，具有很高的工程意义和应用价值，对于弥补室内试验和现场试验的不足是一种崭新的方法。详见 5.3 节。

5.2.3　岩土强度参数经验评估法

对于路堑边坡，特别是岩质边坡工程，在工程实践中能够通过试验获取的强度参数指标是非常有限的，在实际设计工作中，基于工程类比的经验评估法得到了更多的应用。

由于这种类比方法的人为性和随意性很高，评估的结果往往难以满足工程设计的需要。因此，国内外学者通过完善岩体质量分级体系和建立经验强度准则来辅助工程人员的经验判断，以提高经验评估法的精度。如基于岩体分级的经验评估法，基于 Hoek-Brown 强度准则的经验评估法，基于 Barton 公式的硬性结构面抗剪强度经验评估法等等。同时，这种学术思想和方法的发展有助于利用边坡开挖面调查中揭露的地质信息来加强对边坡岩体强度的认识，对基于施工信息反馈的动态设计具有实际意义。

(1)基于岩体分级(分类)的经验评估法

岩体分级(分类)是针对不同类型岩体工程的特点，根据影响岩体稳定性的各种地质条件和岩体物理力学特性，将岩体划分为稳定程度不同的若干类别，并以此为依据对岩体的稳定性作出初步评价。几乎所有岩体分类系统都会为不同级别的岩体提供力学指标的范围或参考值，这样就可以为强度参数的经验类比评估提供参考依据。

国内外的岩体分级(分类)系统有很多，主要有 Terzaghi 分类、RQD 分类、Q 分类、RSR 分类、RMR 分类和 SMR 分类等若干类型及其改进型，其中在边坡工程中应用较多的是 RMR 分类和 SMR 分类。

(2)基于 Hoek-Brown 强度准则的经验评估法

基于岩体分级的经验评估法，有助于减少经验类比分析的随意性，提高强度预测的精度，但是一般仍然难于将现场的调查分析和判断直接与岩体的强度指标关联起来。Hoek 和 Brown 提出的基于岩体质量评价，应用经验公式来确定边坡岩体综合抗剪强度的工作较好的解决了这一问题。

(3)基于 Barton 公式的硬性结构面抗剪强度经验评估法

在工程实践中，由于软弱结构面的抗剪强度主要由结构面的充填状态、填充物的物理力学性质、含水状态和岩性等确定，较易通过采样试验结合相应的评估方法确定。但是，硬性结构面的抗剪强度还与结构面的粗糙度、胶结特性等因素相关，其抗剪强度确定较为复杂，一般是通过经验评估法来确定的。既有的研究成果认为硬性结构面的抗剪强度与结构面粗糙度和壁面强度有紧密联系，并提出了不少经验和半经验的公式，其中应用较多的是 Barton 与他的合作者根据试验结果提出的经验公式。

(4)一种边坡岩体强度 Hoek-Brown 经验评估改进法

对边坡工程采用广义 Hoek-Brown 强度准则进行研究和修正，一是为了更好地扩大该强度准则适用的岩体工程范围，二是为了建立一套适用于边坡工程岩体强度评价分析方法。并且主要集中在两个方面，即岩体强度指标的定量化问题和结构面影响效应问题。

刘代文和廖小平等(2007)以岩质路堑边坡工程为研究对象，应用广义 Hoek-Brown 强度准则对其稳定性进行评价，在前人研究的基础上，分两个部分对 Hoek-Brown 岩体强度评估与预测方法进行修正，即 GSI 定量化修正和主控结构面弱化修正，并探讨了开挖扰动因子的修正问题，提出一种边坡岩体强度 Hoek-Brown 经验评估改进法，以便于 Hoek-Brown 强度准则在岩质路堑边坡工程中的推广和应用。详见 5.4 节。

5.2.4 岩土强度参数反算评估法

滑带岩土强度的反算方法是根据边坡滑动这一现象所体现的边坡稳定程度来对岩土强度参数进行反演分析，或称之为稳定度反分析法，属于岩土工程反分析的范畴，是边坡工程中研究较早和较为成熟的方法。

通过考查边坡位移迹象和变形发展规律，可以建立边坡稳定度分级方法，并将其推广到一般路堑边坡稳定度反分析中，以建立边坡岩体强度参数的反算评估法。

通过系统总结路堑边坡动态设计和位移监测的过程中对边坡变形和稳定性评估结果的对应关系，可以将边坡变形分为蠕动阶段、挤压阶段、滑动阶段和剧滑阶段，其对应的稳定系数区间范围具体见表 5-1。

表 5-1 边坡变形阶段对应稳定性程度评值表

序号	变形阶段	稳定系数	变形特征
1	蠕动阶段	1.10～1.05	微地貌特征不明显：坡体后缘产生不连续、隐约可见的微裂缝，在向挤压阶段过渡时，后缘裂缝成微张开下错状，但未贯通；深部位移监测可捕捉到变形反应
2	挤压阶段	1.05～1.02	微地貌特征逐步出现：后缘的拉张裂缝已贯通，并有少量下错；两侧出现羽毛状裂缝，但未贯通并未沿剪切裂缝方向错断。向滑动阶段过渡时，两侧羽毛状裂缝已贯通，但仍未错断，前缘受挤压，斜坡出现 X 型裂纹，并有局部坍塌现象；剪出口附近出现带状分布的泉水或湿地；深部位移监测发现明显变形，但变形速率较稳定

续上表

序号	变形阶段	稳定系数	变形特征
3	滑动阶段	1.02～0.98 或1.0左右	微地貌特征比较明显：地面变形加剧，岩体结构松弛，后缘张开裂缝错距增大，可能在后部出现反方向的下错裂缝；两侧的剪切裂缝已贯通，羽毛状裂缝被错开；前缘隆起，产生不连续的鼓胀裂缝和放射状裂缝，并出现小量坍塌；常体现时滑时停的状态；深部位移监测变形量值加大，呈加速状态，可能存在测斜管被剪断
4	剧滑阶段	0.98～0.95	微地貌特征更清楚：产生明显滑动，前部可产生气浪，并伴随有声响；后缘错壁高陡，擦痕鲜明，错壁后缘产生断续的张裂缝，且不断坍塌；前缘斜坡产生大量坍塌或被推垮，可能流出大量浊水；岩体进一步松弛，并可能解体呈放射状地覆盖于地面上；深部位移监测变形很大，常有测斜管被剪断的现象

在边坡工程稳定性分析计算过程中，选择与确定滑带岩土的力学性质指标的总体原则是：以反算指标为主，有条件结合各种试验指标进行校核。考虑室内试验指标一般偏低，而现场试验指标一般偏高的特点，因此，反算指标介于室内试验指标和现场试验指标之间较为可靠。经验指标一般可以对拟定计算指标进行分析与判断，特别是当发现反算指标与相关试验指标相冲突时，作为辅助手段，综合分析和判断确定计算指标。

5.3 等效体强度参数评估法

5.3.1 代表单元等效体

(1)代表单元等效体概念

如图5-1所示，在层状岩质边坡中宏观上主要分布有层内的岩石和层间的层面两种地质材料，此时，应该可以找到一种足够大的代表单元等效体，它能够将岩石、层面和节理等特征包括进去，代表单元等效体相对于工程尺度应该足够小，而相对于层面间距又足够大，如图5-2所示。

根据Muller，Goldstein，Lama等人的研究成果认为，所取代表单元等效体的线尺度L与层面间距d之比L/d若大于10，则可以认为代表单元等效体所反映的岩体强度和变形特征基本上是稳定的，也就是说消除了尺寸效应的影响，认为所取代表单元等效体的力学特性是能够代表整个层状岩体的力学特性。

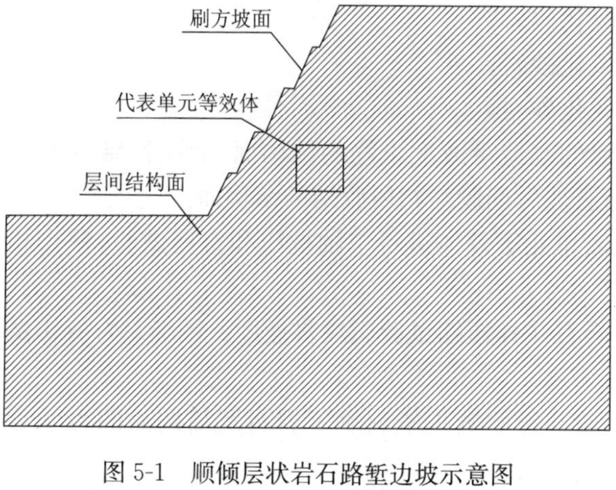

图5-1 顺倾层状岩石路堑边坡示意图

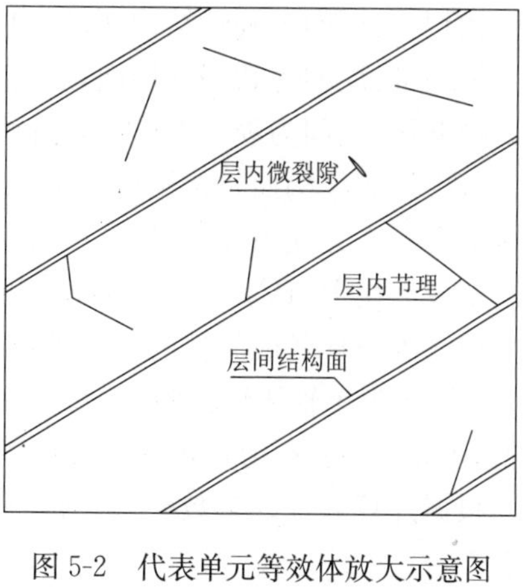

图5-2 代表单元等效体放大示意图

从尺度上来说，整个层状岩质边坡属于“宏观”范畴，代表单元等效体属于“亚宏观”范畴。本节拟对代表单元等效体进行数值模拟实验，研究代表单元等效体的变形与强度特性，进而将这个特性作为该层状岩体的宏观力学特性，用于进一步进行岩体工程的稳定性分析与研究。

（2）代表单元等效体模型

用“代表单元等效体”模型研究层状岩体力学性质的基本原理是：首先对代表单元等效体按有限元的要求进行离散，产生岩石单元和层面单元；然后对代表单元等效体进行数值模拟试验，研究代表单元等效体的变形和强度特性，获得代表单元等效体的材料力学参数；最后将宏观层状岩体视为横观各向同性介质，对岩体工程进行稳定性分析。具体流程如图 5-3 所示。

图 5-3 层状岩体力学性质研究流程图

代表单元等效体模型能够用节理单元精确地模拟出每一个层面，能够准确地反映层面的产状要素（厚度、间距和角度等）、分布型式及连通率等。对该模型用有限元进行数值模拟时，计算结果满足弹性力学的基本方程，而不需要任何假设条件。因此，该模型具有易于广泛采用，还能够反映出层面间的相互作用等优点，具有重要的工程意义和应用价值。

5.3.2 代表单元等效体数值试验

单轴压缩、剪切试验是岩石力学的两种常规试验，其目的在于了解岩石和节理的基本性质（包括变形性质和强度性质），探讨在载荷作用下岩石或岩体的力学性质变化规律，寻求岩石和岩体力学性质之间的相互关系。RFPA 对这两种试验的模拟效果非常理想。

（1）模型建立及参数选择

对于层状岩体，由于成岩时间和矿物成分不同，各岩层厚度和力学性质及岩体风化程度等方面存在很大程度上的差异，这给数值模拟带来很大的困难。

本节是基于对顺倾层状岩石边坡数值模拟方法上的探讨，将问题适当地简化。选取具有典型地层和结构特征的顺倾层状砂岩边坡，按照风化程度和结构面类型的不同组合分别建立了顺倾层状岩石边坡代表单元等效体。

模型Ⅰ：层间为软弱结构面，层内为强风化砂岩；

模型Ⅱ：层间为硬性结构面，层内为强风化砂岩；

模型Ⅲ：层间为软弱结构面，层内为弱风化砂岩；

模型Ⅳ：层间为硬性结构面，层内为弱风化砂岩。

其中软弱结构面是指结构面中含有明显的改造带或充填物的结构面，而硬性结构面是指结构面中基本无充填物或很少，或者结构面已被后期胶结物所胶结的结构面。

本节运用 RFPA 对以上四种模型的代表单元等效体进行单轴抗压和直剪试验，获得相应代表单元等效体各向异性的力学参数。

图 5-4 为单轴压缩试验模型，图 5-5 为岩石试样压缩试验裂纹贯通图。图 5-6 为剪切试验模型，图 5-7 是岩石剪切带扩展破坏图。

根据计算软件的参数要求，结合有关试验与经验数据资料确定岩石及结构面的力学参数见表 5-2。

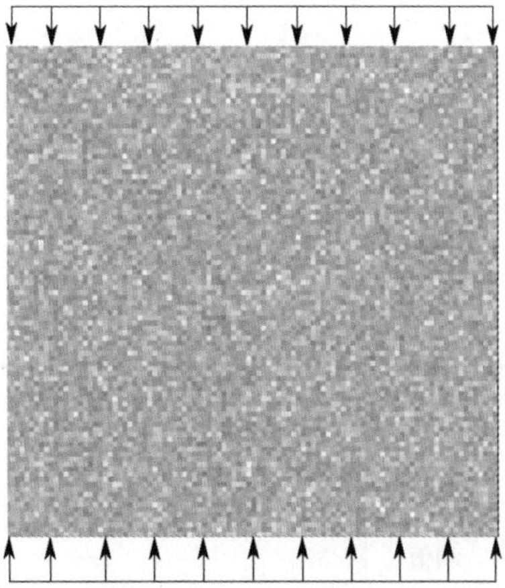

图 5-4　单轴压缩试验模型

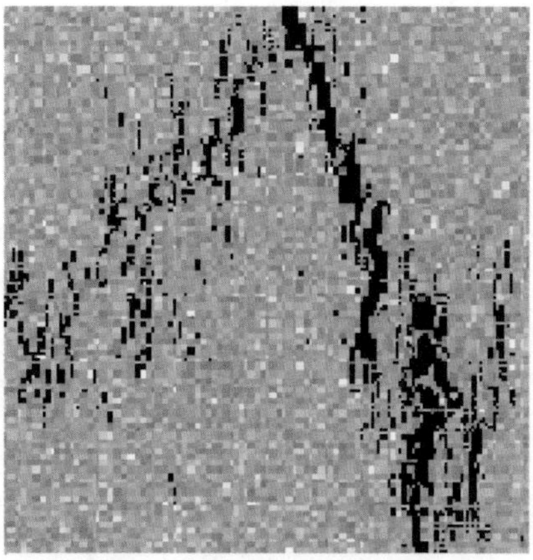

图 5-5　压缩试验裂纹贯通图

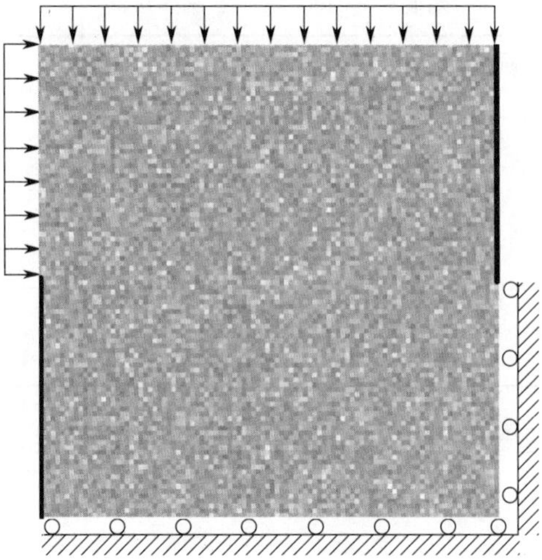

图 5-6　剪切试验模型

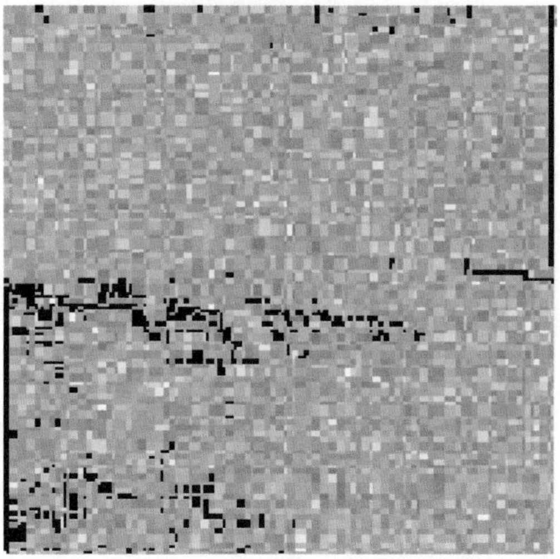

图 5-7　剪切试验剪切带扩展破坏图

表 5-2　顺倾层状砂岩边坡岩石及结构面的力学参数表

参数 材料	弹性模量 (MPa)	泊松比 υ	摩擦角 ϕ (°)	抗压强度 σ (MPa)
弱风化砂岩	5 000	0.25	55	50
强风化砂岩	500	0.30	50	5
硬性结构面	100	0.35	45	1
软质结构面	10	0.45	25	0.1

基于简便的目的，这里亚宏观地质体采用正方形模型，模型尺寸为 10 000 mm×10 000 mm，层厚为 500 mm，层间结构面厚为 2 mm，用节理单元模拟层面，单元网格为 100×100。因为材料单元是不均匀的，故假设基本单元的弹模和强度力学参数服从 Weibull 分布。采用修正的库仑判据作为单元破坏准则。

(2)单轴抗压试验

对每个模型分别在垂直于层面方向和平行于层面方向上进行压缩试验，加载方式为位移逐级加载控制，侧边无约束，拉压强度比为 1∶10，计算按平面应力进行，具体加载步长、步数根据不同模型有所不同。

根据试验结果，可以绘制应力应变曲线，从而得到代表单元等效体在这两个方向上的力学参数。

各计算模型的力学性质参数见表 5-3 至表 5-6。

表 5-3 模型Ⅰ抗压数值试验参数表

材料 \ 指标		E (MPa)	σ (MPa)	υ	ϕ (°)
岩石	均质度	3	2	100	50
	均值	500	5	0.30	
层面	均质度	3	2	100	25
	均值	10	0.1	0.45	

表 5-4 模型Ⅱ抗压数值试验参数表

材料 \ 指标		E (MPa)	σ (MPa)	υ	ϕ (°)
岩石	均质度	3	2	100	50
	均值	500	5	0.30	
层面	均质度	3	2	100	45
	均值	100	1	0.35	

表 5-5 模型Ⅲ抗压数值试验参数表

材料 \ 指标		E (MPa)	σ (MPa)	υ	ϕ (°)
岩石	均质度	3	2	100	55
	均值	5 000	5	0.25	
层面	均质度	3	2	100	25
	均值	10	0.1	0.45	

表 5-6 模型Ⅳ抗压数值试验参数表

材料 \ 指标		E (MPa)	σ (MPa)	υ	ϕ (°)
岩石	均质度	3	2	100	55
	均值	5 000	50	0.25	
层面	均质度	3	2	100	40
	均值	100	0.1	0.35	

根据压缩试验结果，绘制压缩应力应变曲线，图 5-8 至图 5-15 为各个模型在垂直层面方向和平行层面方向上压缩应力应变曲线。

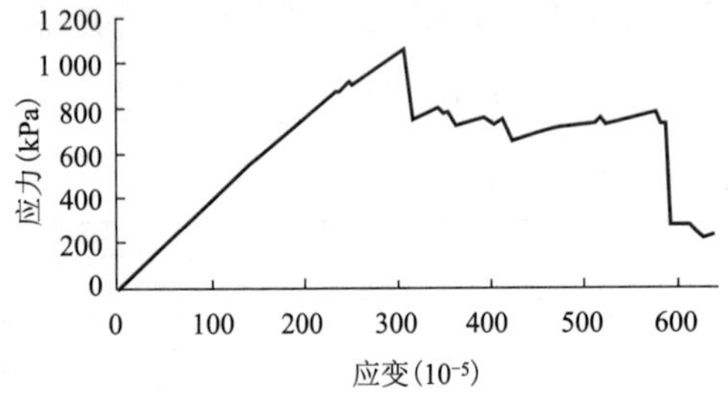

图 5-8 模型Ⅰ垂直层面压缩应力应变曲线

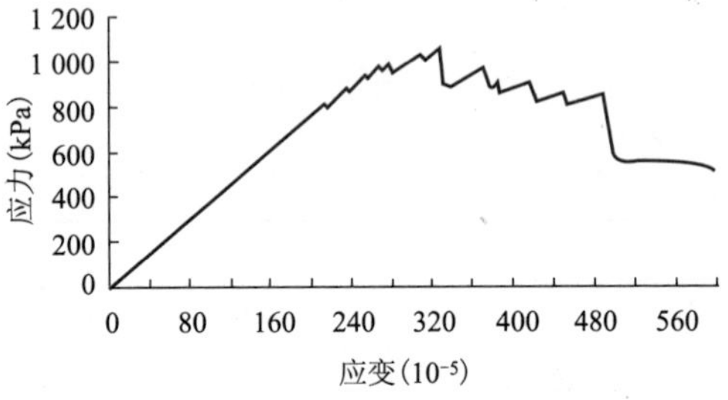

图 5-9 模型Ⅰ平行层面压缩应力应变曲线

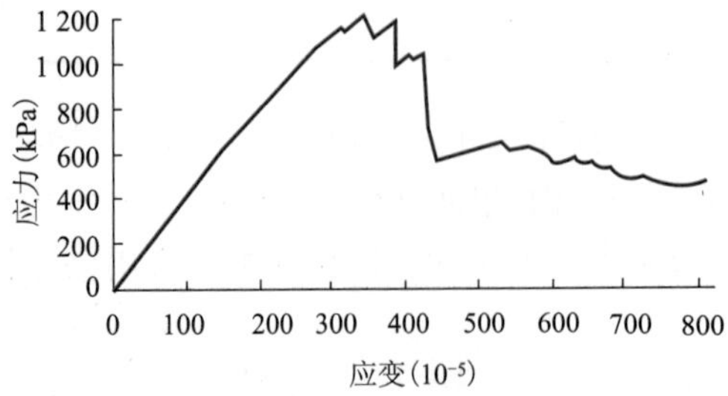

图 5-10 模型Ⅱ垂直层面压缩应力应变曲线

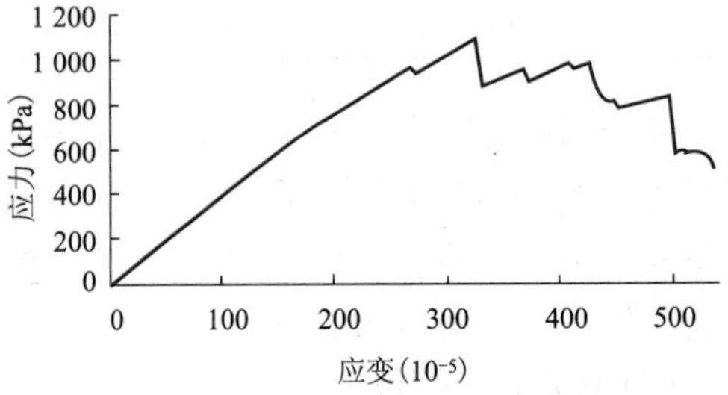

图 5-11 模型Ⅱ平行层面压缩应力应变曲线

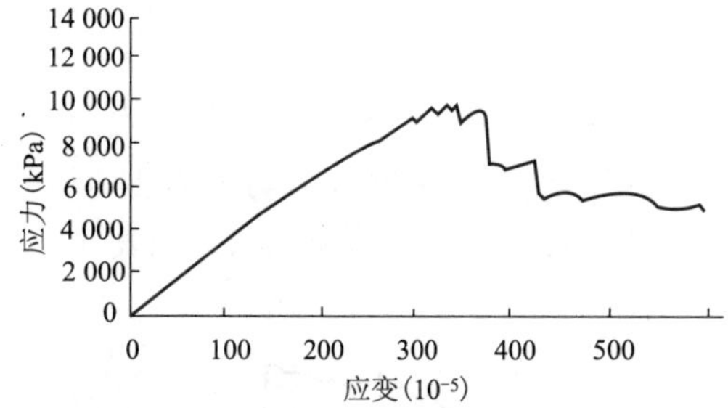

图 5-12　模型Ⅲ垂直层面压缩应力应变曲线

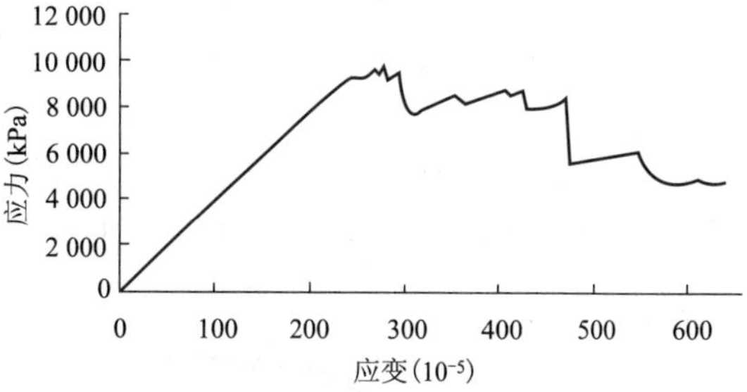

图 5-13　模型Ⅲ平行层面压缩应力应变曲线

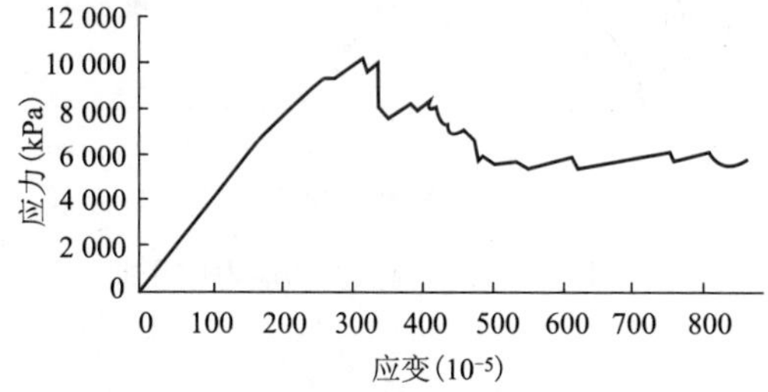

图 5-14　模型Ⅳ垂直层面压缩应力应变曲线

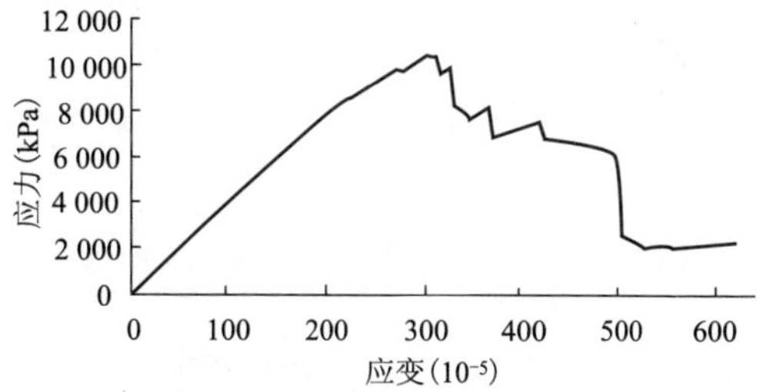

图 5-15　模型Ⅳ平行层面压缩应力应变曲线

试验结果汇总见表 5-7。其中，弹模 E 和泊松比 υ 为平均值，强度 σ 为极限抗压强度。

表 5-7　各种模型抗压数值试验力学参数成果汇总表

指标 / 方向	模型Ⅰ			模型Ⅱ			模型Ⅲ			模型Ⅳ		
	E (MPa)	υ	σ (MPa)	E (MPa)	υ	σ (MPa)	E (MPa)	υ	σ (MPa)	E (MPa)	υ	σ (MPa)
垂直层面方向	390	0.29	1.12	420	0.30	1.19	4 100	0.26	10.40	4 200	0.28	11.5
平行层面方向	350	0.31	0.80	390	0.29	0.88	3 800	0.28	6.90	3 900	0.25	7.5

(3)直剪试验

根据层状岩质边坡的结构特点及常见的破坏形式，本节进行两种类型的直剪试验。一是沿层面的剪切，也就是对层间结构面材料的剪切，可单独建立层间结构面材料的亚宏观模型，以求得较为理想的结构面材料的力学参数。另一是切层方向剪切，是对层状岩体建立亚宏观模型，进行垂直层面方向上剪切，这种方式能够较形象地模拟层状岩体发生切层破坏时层间和层内的相互作用关系。

由于我们研究方向是顺倾层状岩石边坡，对顺倾层状岩石边坡稳定性起控制作用的是层间结构面的抗剪性能，所以下面分别对两种类型结构面材料和四种模型垂直层面方向(切层方向)进行剪切数值试验。

代表单元等效体模型尺寸为 10 000 mm×10 000 mm，单元网格为 100×100 个单元，硬性结构面直剪模型形状如图 5-6 所示。各计算模型的力学性质参数详见表 5-3 至表 5-6。

模型上部采用施加恒定荷载，根据有关研究成果结合本数值试验实际情况，对软弱结构面剪切恒定荷载应小于 0.2 MPa；对模型Ⅰ、Ⅱ切层剪切和硬性结构面剪切时，恒定荷载在0.2～0.5 MPa 为宜；对模型Ⅲ、Ⅳ切层剪切时，恒定荷载一般在 1～2 MPa 范围。

模型侧边采用位移控制的逐级剪力加载方式，计算按平面应力进行，具体步长和步数根据模型的不同而有所变化，拉压强度比选为 1∶5。

根据试验结果，可以绘制各模型的剪应力-剪应变曲线，图 5-16 至图 5-21 为各个模型剪应力-剪应变曲线，从而可求得相应的剪切模量 G 和抗剪强度 τ，剪切模量 G 取剪应力-剪应变曲线上最高点的割线模量，抗剪强度 τ 取曲线上的最高点值，几种模型数值模拟结果见表 5-8。

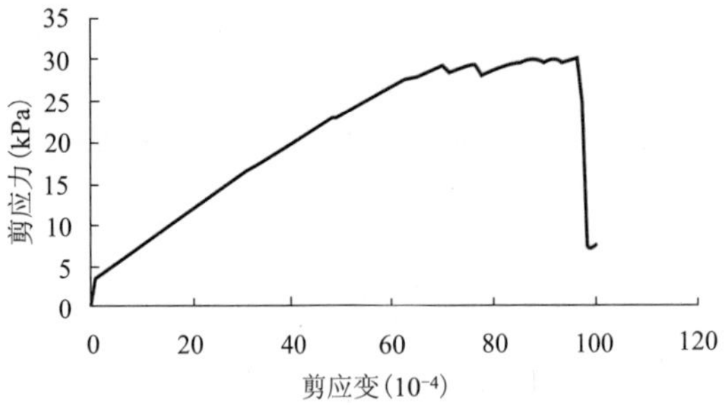

图 5-16　软弱结构面剪切应力应变曲线

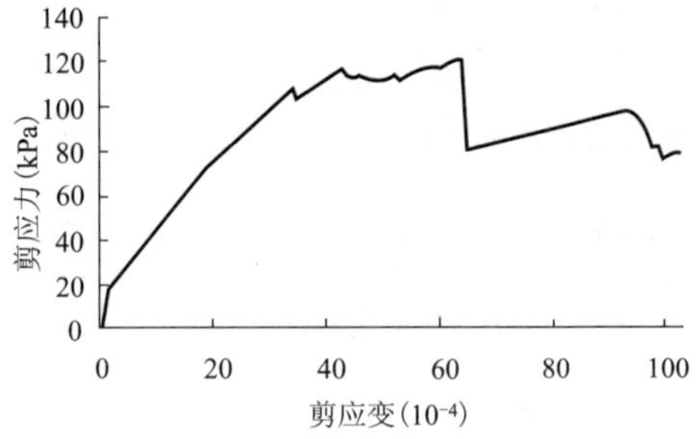

图 5-17　硬性结构面剪切应力应变曲

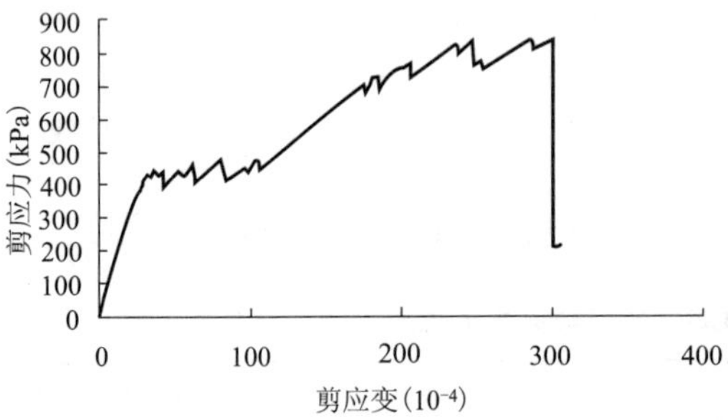

图 5-18　模型Ⅰ切层剪切应力应变曲线

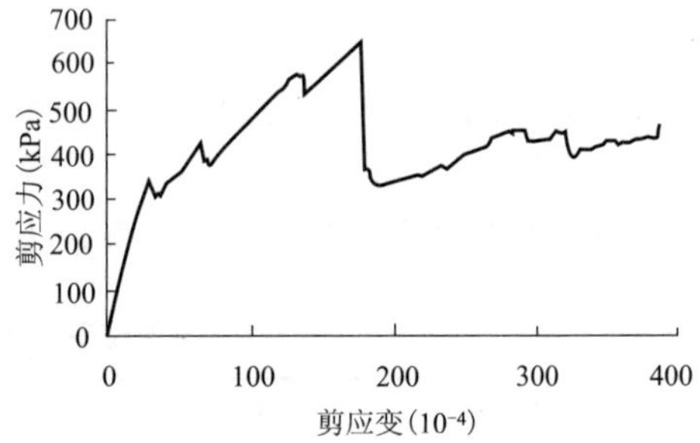

图 5-19　模型Ⅱ切层剪切应力应变曲

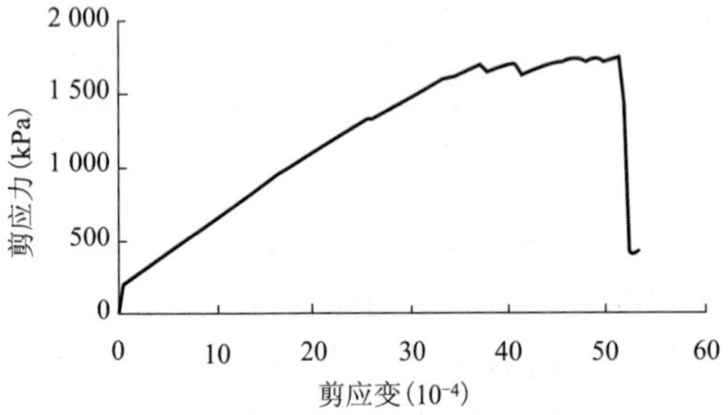

图 5-20　模型Ⅲ切层剪切应力应变曲线

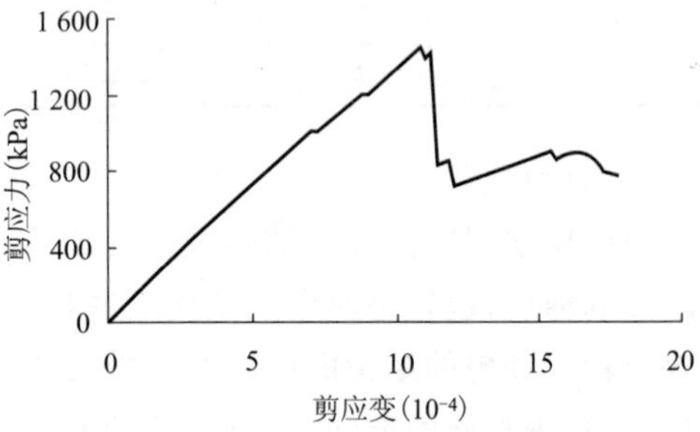

图 5-21　模型Ⅳ切层剪切应力应变曲

表 5-8　各种模型剪切数值试验力学参数成果汇总表

软弱结构面		硬性结构面		模型Ⅰ(切层剪)		模型Ⅱ(切层剪)		模型Ⅲ(切层剪)		模型Ⅳ(切层剪)	
G (MPa)	τ (MPa)	G (MPa)	τ (MPa)	G (MPa)	τ (MPa)	G (MPa)	τ (MPa)	G (MPa)	τ (MPa)	G (MPa)	τ (MPa)
3.4	0.029 7	37.1	0.12	28.3	0.84	38.1	0.644	1 036	1.80	1 331	1.44

通过以上对层状岩体亚宏观模型的数值试验，获得了层状岩体代表单元等效体的横观各向同性物理力学性质参数。这样，我们就可以假定层状岩体是横观各向同性的连续介质材料，从而进一步利用有限元软件(如 ADINA 等)对顺倾层状岩石边坡进行数值模拟，分析并总结

顺倾层状岩石路堑边坡的失稳模式，进而探讨防护加固工程对策。

5.4　改进 Hoek-Brown 强度参数评估法

在岩质边坡工程稳定性研究中，岩体强度参数的确定是数值分析的依据和关键。岩体强度的确定其影响因素很多，同时也体现出岩体强度确定的困难。

对边坡工程采用广义 Hoek-Brown 强度准则进行研究和修正，一是为了更好地扩大该强度准则适用的岩体工程范围，二是为了建立一套适用于边坡工程岩体强度评价分析方法。并且主要集中在两个方面，即岩体强度指标的定量化问题和结构面影响效应问题。

目前，对于边坡稳定性分析主要是考虑 SMR 方法评价岩体强度参数。Romana（1985，1988，1992）结合地质力学分类系统 RMR 法，将岩质边坡结构面产状及坡面产状的组合关系对边坡稳定性的影响量化后纳入评价系统，提出了边坡岩体分级体系（SMR 体系）。该方法较好的结合边坡工程特点，除了利用 RMR 评价系统对岩体质量进行评分外，考虑了结构面产状和坡面产状的组合关系所产生对坡体稳定性的弱化作用，提出了更为合理的计算模式。

苗青（2001）、石豫川（2004）、周应华（2005）等人分别将 SMR 评分方法应用于水电出口和公路边坡工程中。利用该方法较好的且简单易行的提出了对边坡实际工程的评分标准。由于其合理的考虑了结构面等影响因素，能够合理的体现弱化因素对边坡稳定的影响。需要指出的是，用于坡体有地应力影响区域时，特别是高地应力是应慎用的。

石豫川（2004，2006）对 CSMR 在边坡工程中的应用予以说明，通过对 100 多个公路边坡的实际评价情况，并对其统计分析，提出了两种不同岩层、坡面产状组合下坡高修正系数的数学表达式。评分标准在路堑边坡工程中的应用研究，最终均是对 Hoek-Brown 强度参数的定量化计算的完善，使其能真实的反映坡体的稳定状态。

Sonmez 等（1999，2002）针对岩体质量评价人为性较强的缺点，提出强度参数 GSI 的修正。

目前，Hoek-Brown 准则在岩质路堑边坡工程中的应用研究相对有限。并且，针对能满足岩体质量较差的广义 Hoek-Brown 强度准则的应用研究，还需要做更多的工作。强度参数 GSI 在工程中确定时，人为性和经验性较强，对专家工程经验要求也较高，因而也限制了准则评价岩体强度方法在工程中的应用和推广。

由于对 GSI 的评价是确定岩体强度的一个关键因素，因而能对 GSI 提出定量化确定方法也是对强度评估的优化。在另一方面，Hoek-Brown 岩体强度评估方法不适用于受主控性结构面控制的边坡工程岩体，因此，主控结构面修正是 Hoek-Brown 强度准则在边坡工程中应用的另一个主要优化内容之一。

本节介绍以路堑边坡工程为研究对象，应用广义 Hoek-Brown 强度准则对其稳定性进行评价，在前人的基础上分两个部分对 Hoek-Brown 岩体强度评估与预测方法进行修正，即 GSI 定量化修正和主控结构面弱化修正，并探讨了开挖扰动因子的修正问题，以便于 Hoek-Brown 强度准则在岩质路堑边坡工程中的推广和应用。

5.4.1　GSI 的定量化修正

利用 Hoek-Brown 强度准则，参数 σ_{ci}（岩石单轴抗压强度）可由岩石试验确定，且已经很成熟。m_i（完整岩石常数）由试验手段通过统计分析可以得到，在没有试验情况下，可根据岩性查表确定。而参数 GSI，目前其取值是以图表为标准，根据现场地质揭露岩体结构情况，判断得出。且 GSI 的取值在一定程度上确定了参数 m 和 s 的值，显而易见参数 GSI 对准则定量化计算的重要性。本节介绍在借鉴前人研究成果的基础上，基于岩体块度指数对 GSI 进行定量化研究，并提出其定量计算公式。

(1)岩体块度指数(RBI)

岩石质量指标 RQD(Rock Quality Designation)，它是 Deere 于 1964 年提出的概念，是用来表示岩体良好度的一种方法。我国从上世纪 80 年代开始应用于工程建设中，积累了丰富的经验，也发现了该指标中存在的问题。从 RQD 定义上可以看出，只将完整岩芯分为大于 10 cm和小于 10 cm 两段，显然这对于客观评价岩体完整性过于粗糙。

胡卸文借鉴刘克远等人提出的岩体块度指数 RBI(Rock-mass Block Index)概念，根据岩体结构分类标准，提出了岩体块度指数的定义，即在平硐或钻孔中将实测岩芯长度按 3～10 cm、10～30 cm、30～50 cm、50～100 cm 和大于 100 cm 的岩芯获得率作为权值，与各相应系数乘积的累计值，即

$$\mathrm{RBI}=3\times C_{r3}+10\times C_{r10}+30\times C_{r30}+50\times C_{r50}+100\times C_{r100} \tag{5-1}$$

式中 C_{r3}，C_{r10}，C_{r30}，C_{r50}，C_{r100}分别为岩芯长度 3～10 cm、10～30 cm、30～50 cm、50～100 cm 和大于 100 cm 的岩芯获得率，以百分数表示，视为权值；3，10，30，50，100 为常数。

岩体块度指数 RBI 可以作为岩体块度大小及其结构类型的综合指标，能反映组成岩体的块度(尺寸)大小及其相互组合关系，RBI 能很好的作为 RQD 的改进和补充，见表 5-9。

表 5-9 岩石结构类型及其岩体块度指数 RBI

岩体结构类型	岩体结构特征	RBI
整体状结构(巨厚层状结构)	岩体极完整，呈巨块状或巨厚块状，结构面不发育，间距>100 cm	50～100
块状结构(厚层状结构)	岩体完整，呈块状或厚层状，结构面轻度发育，一般发育 1～2 组，间距一般 100～50 cm	30～50
次块状结构(中厚层状结构)	岩体较完整，呈次块状或中厚层状，结构面中等发育，一般发育 2～3 组，间距一般 50～30 cm	10～30
镶嵌结构(互层状结构)	岩体较破碎或完整性差，岩块镶嵌紧密或呈互层状，结构面较发育或发育，一般发育 3～4 组，间距一般 30～10 cm	3～10
碎裂结构(薄层状结构)	岩体破碎，呈碎裂状或薄层状，结构面很发育，间距一般<10 cm	1～3
散体结构	岩体极破碎，呈松散状，岩块、角砾夹岩屑或泥质物	<1

(2)岩体结构率(RSR)定量化

根据 RBI 分类，将岩体分为散体结构、碎裂结构、镶嵌结构、次块状结构、块状结构和整体状结构。具体各结构定义涵义，其分类方法与 Hoek 关于岩体结构分类相同(Hoek 分为层状结构、散体结构、破碎结构、镶嵌结构、块状结构和整体结构)。

本节将二者建立联系，依 Hoek 分类为准，即在 RBI 分类中将次块状结构与块状结构根据其划分依据合并为块状结构。由于层状结构其分类与 RBI 分类不一，在 GSI 确定时单独考虑。即将层面作为一组主控结构面，通过主控结构面对其岩体强度进行弱化修正的方式考虑。

采用 RBI 评价指标定量化确定其岩体类型见表 5-10。

对岩体类型修正，为便于其结构类型评价，线性化这五种结构评价值。本节定义散体结构下限取 0，整体状结构取 100，均分其值。结合 Sonmez 等(1999，2002)研究成果，均分五种岩

体值，见表 5-11。

表 5-10　RBI 取值

散体结构	破碎结构	镶嵌结构	块状结构	整体状结构
<1	1～3	3～10	10～50	50～100

表 5-11　RSR 取值

散体结构	破碎结构	镶嵌结构	块状结构	整体状结构
0～20	20～40	40～60	60～80	80～100

本节定义岩体结构指标（RSR），其 RSR 由 RBI 值计算，统计分析表 5-9 与式（5-1）函数关系为：

$$\mathrm{RSR}=17.380\,21\times\ln(\mathrm{RBI}+0.367\,755)+16.995\,07 \quad (5\text{-}2)$$

$$R^2=0.992\,0$$

统计关系曲线如图 5-22 所示。

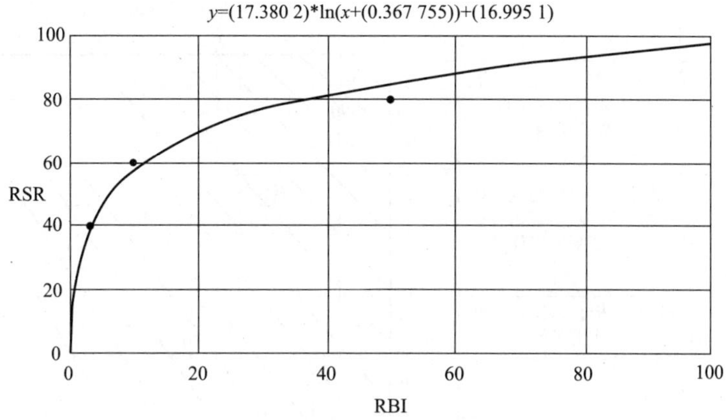

图 5-22　RBI-RSR 统计关系曲线

（3）结构面条件（SCR）定量化

采用 Hoek-Brown 强度准则，GSI 取值由两种条件确定，即岩体类型和结构面条件。前面对岩体类型定量化计算作以说明，这里对结构面条件借鉴 Sonmez 等 1999 年研究成果，定义结构面条件 SCR，其由下面参数确定：

$$\mathrm{SCR}=R_r+R_w+R_f \quad (5\text{-}3)$$

式中　R_r、R_w、R_f 分别指结构面的粗糙率、地下水影响率和裂隙填充率。其取值采用评分标准，见表 5-12。

表 5-12　SCR 取值

粗糙率	非常粗糙	粗糙	轻微粗糙	光滑	光滑滑面
R_r	6	5	3	1	0
地下水	无	轻微潮湿	中等潮湿	严重潮湿	渗水
R_w	6	5	3	1	0
填充率	无	坚硬、裂隙<5 mm	坚硬、裂隙>5 mm	软岩、裂隙<5 mm	软岩、裂隙<5 mm
R_f	6	5	3	1	0

（4）地质强度指标（GSI）定量化

综合 RSR 与 SCR 评价，定量化计算 GSI 值。其 GSI 取值参考如图 5-23 所示。图表曲线右下角第一条线 GSI 取值为 10,往上以 5 递增。

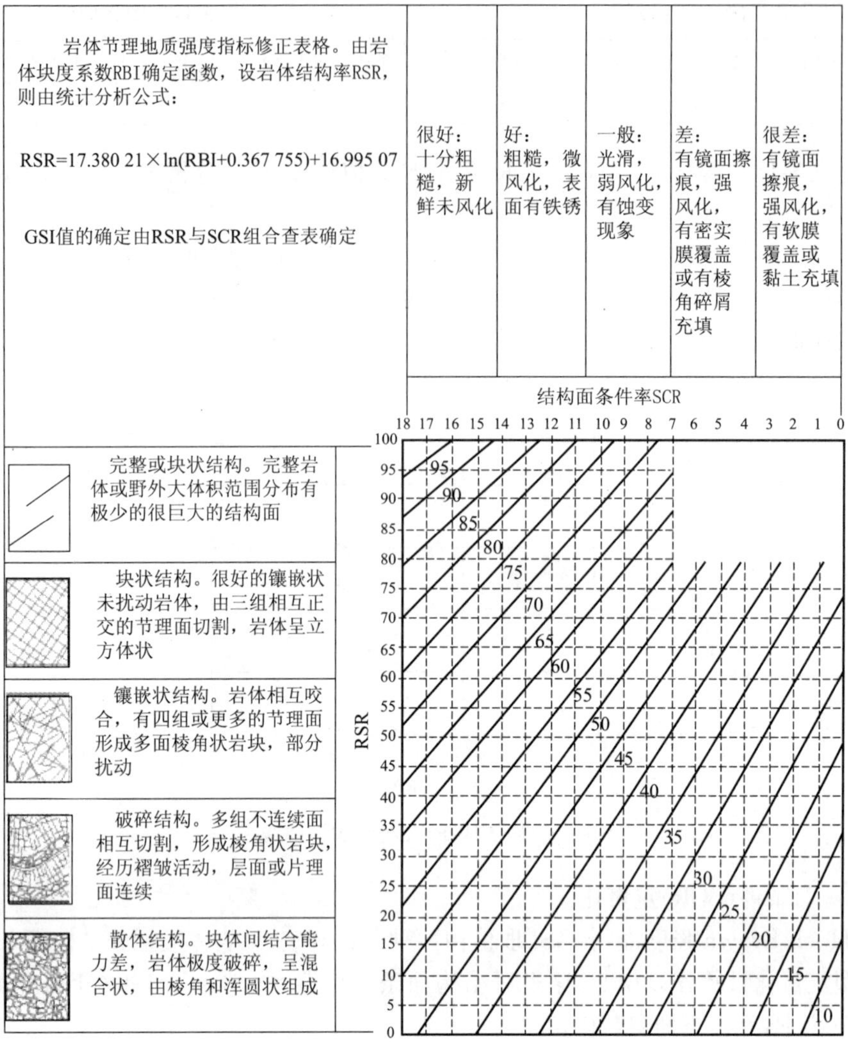

图 5-23　定量化 GSI 取值

5.4.2　主控结构面修正

对于 Hoek-Brown 强度准则的适用条件,Hoek 在讨论时指出应考虑岩体的结构面发育条件和分布情况,根据结构面的组数,将岩体分为以下情况:

①对无结构面的完整岩体,可认为它宏观上为均质、各向同性的材料,直接应用 Hoek-Brown 经验准则来确定岩体强度。

②对含一、二、三组结构面的岩体,其力学性质表现为各向异性。结构面的强度整体满足 Coulomb 公式。而岩块之间岩块的破坏遵循 Hoek-Brown 强度准则。因此需要在考虑结构面对强度控制效应的前提下来对岩体强度进行估算,而不能直接应用 Hoek-Brown 强度准则。

③若岩体被四组或四组以上的等规模、等间距强度基本相同的结构面切割,可将此类节理岩体作为均质、各向同性的破碎材料,可直接应用 Hoek-Brown 强度准则对岩体强度进行估算。但当岩体内含有一条规模更大、更长的结构面,或结构面内含有较多断层泥填充时,则不

能直接应用该准则。只能在计算其他几组结构面切割形成的强度后，再用预测含一组结构面强度的方法进行估算。

④根据 Serrano 的研究，对泥岩、板岩、页岩等软弱岩体，由于岩块强度与结构面强度接近，即使其中只含有一、二或三组结构面，也可将其视为各向同性均质材料，可直接应用 Hoek-Brown强度准则对岩体强度进行估算。

根据 Hoek-Brown 强度准则工程应用的适用条件，对坡体内含有主控性结构面不能直接应用其对路堑边坡的稳定性进行直接的评估计算，该强度准则适用于均质体材料的强度估算。

根据路堑边坡工程的特点，结构面的组合与坡面关系往往是形成坡体欠稳定的主要因素，且结构面强度往往比其岩体的强度要低或低很多，坡体变形失稳主要是由结构面处强度相对较低引起。如何分析和确定含有此类结构面的坡体稳定是工程建设中主要考虑的情况。

对岩质路堑边坡的工程应用，Romana(1985)提出了考虑结构面组合下不利坡体稳定的修正(SMR)分析评价方法。即通过对评价指标(RMR)的折减来实现对岩质路堑边坡含有弱面控制时的计算方法，并应用于边坡工程的稳定性评价中，且取得了相应的成果。

我们在边坡工程实践中经常发现，边坡的失稳破坏往往依附于一些结构面产生，这些结构面即坡体主控结构面，其力学性质和作用规律在边坡稳定性分析中起着关键或控制性作用。

坡体主控结构面可以分为两类，其一是单一结构面，如一条或几条轮廓分明的结构面；其二是单组结构面，成组发育，如天然产出的各向异性岩体或层状岩体，层面为其典型代表，有时也可以是优势结构面。对于这些结构面的考虑，最早一般采用基于 Mohr-Coulomb 强度准则的单弱面理论。

在 Hoek-Brown 强度准则中认为，单弱面理论虽适于岩样内有轮廓分明的单一结构面的情况，但不能描述天然产出的各向异性岩体的强度。因此，他建议通过修正 Hoek-Brown 准则中的经验参数 m 和 s，来研究含一组结构面的各向异性岩体或层状岩体的强度特征。然后又于 1983 年接受 Bray 公式，认为由大剪或三轴试验确定结构面经验参数 m 和 s 后，可以据之预测结构面抗剪强度。并将研究思路转移到 Jeager 的单弱面理论，又提出了一种岩体强度预测方法。这种方法虽已得到试验验证，但将结构面也赋予 m,s 的含义，并以之预测结构面抗剪强度有些牵强，受经费限制，二者也不可能由多组大剪或三轴试验统计确定。因此，用此方法预测岩体强度不太现实。

在另一方面，我们同时发现，对于边坡工程，坡体结构面对边坡岩体强度和边坡稳定性的影响不仅局限于强度的弱化，还要考虑坡体与结构面的相互关系和作用规律，即边坡形态与结构面产状的相对关系及其影响。

因此，主控结构面对坡体强度的影响或含主控结构面的岩体强度预测方法，应在考虑结构面强度和结构面产状的基础上，同时研究边坡形态与结构面产状的组合关系对坡体稳定性的作用和影响。

本节首先基于遍布节理本构模型(正交各向异性模型或层状结构模型)的数值分析成果，研究结构面倾角对岩体强度和边坡稳定性的作用和影响。同时，基于楔体极限平衡理论，研究结构面倾向对岩体强度和边坡稳定性的影响。据此，对 Hoek-Brown 强度准则进行结构面效应修正，作为 Hoek-Brown 强度准则在岩质路堑边坡工程中应用的补充和完善。

(1)结构面倾角修正

为了研究结构面倾角对岩体强度和边坡稳定性的作用和影响，首先考察一个原理性边坡模型，如图 5-24 所示。坡体材料采用基于 Mohr-Coulomb 强度准则的遍布节理本构模型(正交各向异性模型),数值计算方法采用有限差分法 FLAC5.0。

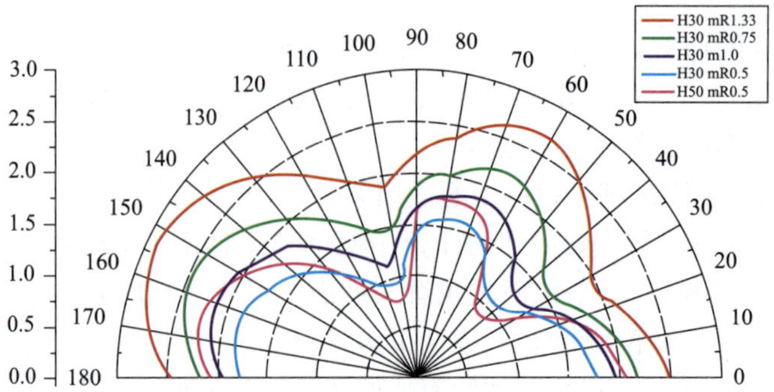

图 5-24 结构面倾角对边坡稳定度的影响

首先,通过设定几组典型的边坡模型及不同的结构面倾角条件,采用强度折减法分别计算各种坡体组合的稳定性(稳定系数或安全系数),研究分析结构面倾角对边坡稳定性的影响。

然后,在总结结构面倾角对边坡稳定性的作用规律的基础上,研究结构面倾角对 Hoek-Brown 岩体强度评估与预测方法进行修正。

1)结构面倾角对边坡稳定性的影响

本项研究共设计五组边坡模型,每组边坡设计 36 个不同结构面倾角组合,即在 0°～180°的范围内间隔 5°递增,其坡体要素及材料参数见表 5-13、表 5-14 所示。

表 5-13 坡高 30 m 时遍布节理化模型计算强度参数

容重 kg/m³	体积模量 kPa	剪切模量 kPa	抗拉强度 kPa	黏聚力 kPa	内摩擦角 ϕ	节理抗拉强度 kPa	节理黏聚力 kPa	节理摩擦角 ϕ_j
2 548	4.167E6	1.923E6	5	120	40	5	30	28

注:该计算参数为坡高 H=30 m,坡率分别为 1∶0.5,1∶0.75,1∶1.0 和 1∶1.33 时计算参数取值。

表 5-14 坡高 50 m 遍布节理化模型计算强度参数

容重 kg/m³	体积模量 kPa	剪切模量 kPa	抗拉强度 kPa	黏聚力 kPa	内摩擦角 ϕ	节理抗拉强度 kPa	节理黏聚力 kPa	节理摩擦角 ϕ_j
2 548	4.167E6	1.923E6	5	300	40	5	30	28

注:该计算参数为坡高 H=50 m,坡率分别为 1∶0.5 时计算参数取值。

各组边坡稳定度经计算如图 5-24 所示。从该图中可以看出,结构面倾角对边坡稳定性具有明显的影响,总结规律如下:

①总体上看:结构面倾角对边坡稳定性的影响具有明显优势性,即 20°～60°和 90°～120°影响最大,140°～170°影响最小。

②从边坡坡度变化(1∶0.5～1∶1.33)可以看出:不同的边坡坡度对边坡稳定性变化趋势存在一定的影响,相对结构面倾角与边坡坡度之差呈递进状。

③从坡高 H=30 m 坡度 1:0.5 和坡高 H=50 m 坡度 1∶0.5 两组边坡可以看出:不同的边坡高度和岩土体强度对边坡稳定性均有明显的影响,但其总体方向性趋势基本相同,主要体现量值的变化。

④不同的结构面倾角体现不同的边坡失稳破坏模式。如图 5-25(a)至 5-25(d)所示,为坡

高 H=50 m，坡率 R 为 1∶0.5 时，计算最大剪应变云图。

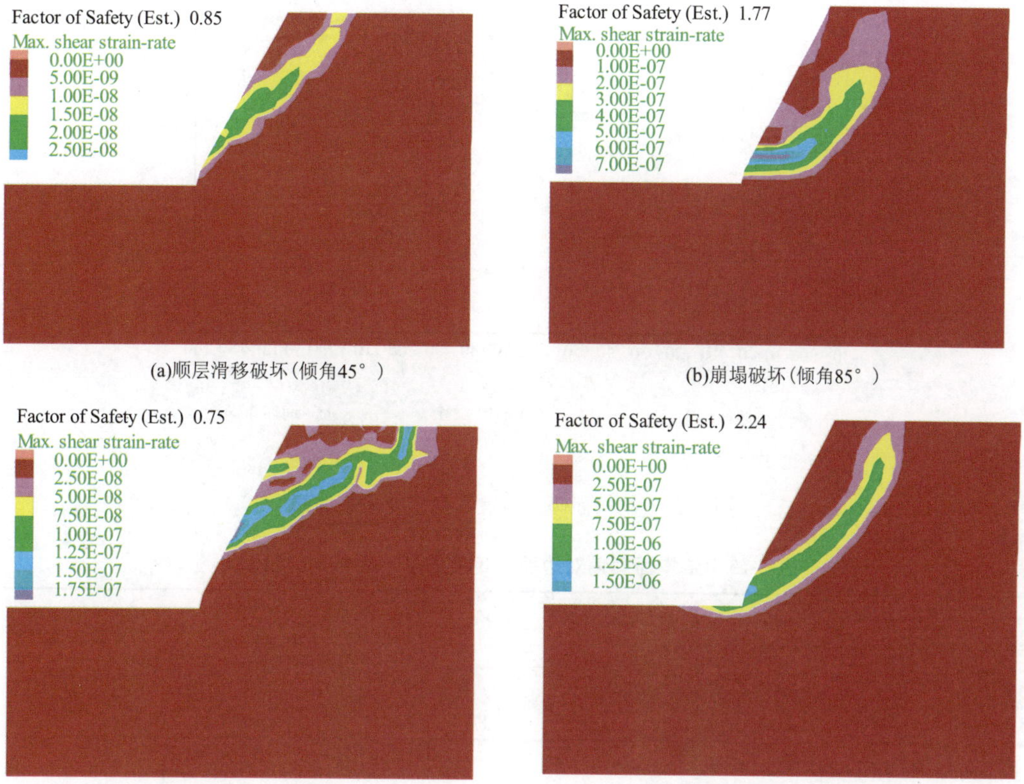

(a)顺层滑移破坏（倾角45°）　(b)崩塌破坏（倾角85°）

(c)弯曲倾倒破坏（倾角105°）　(d)切层滑移破坏（倾角165°）

图 5-25　节理化模型最大剪应变云图

2）结构面倾角对岩体强度的修正

在上述结构面倾角对边坡稳定性影响的计算成果的基础上，研究分析其规律性可以发现：

①对边坡稳定性影响最大和最小的对应结构面倾角与边坡坡度存在较好的相关关系，即与 $\beta-\frac{\alpha}{2}$ 存在较好的相关性。其中：α 为边坡角；β 为结构面倾角。

②结构面倾角对边坡稳定性的影响程度与边坡基本岩体强度和结构面强度存在较好的相关关系，即与 $\frac{F_s^i-F_s^m}{F_s^i-F_s^j}$ 存在较好的相关性。其中：F_s^i 为不考虑结构面时边坡的稳定度或结构面强度与基本岩体强度相同时的边坡稳定度，F_s^j 为不考虑基本岩体强度时边坡稳定度或基本岩体强度与结构面强度相同时的边坡稳定度，F_s^m 为考虑结构面且基本岩体强度与结构面强度不一致时边坡的稳定度。

这样，我们可以 $\beta-\frac{\alpha}{2}$ 为横轴，以 $\left(\frac{F_s^i-F_s^m}{F_s^i-F_s^j}\right)^{0.4}$ 为纵轴，建立结构面倾角与边坡稳定度的相关关系曲线，如图 5-26 所示。

在上图中，纵轴 $\left(\frac{F_s^i-F_s^m}{F_s^i-F_s^j}\right)^{0.4}$ 与横轴 $\beta-\frac{\alpha}{2}$ 具有较好的分段线性相关性，从而可以建立一个分段线性取值表，见表 5-15 所示。作为结构面倾角对边坡稳定度的影响系数 $\mathrm{FJ}=\left(\frac{F_s^i-F_s^m}{F_s^i-F_s^j}\right)^{0.4}$。

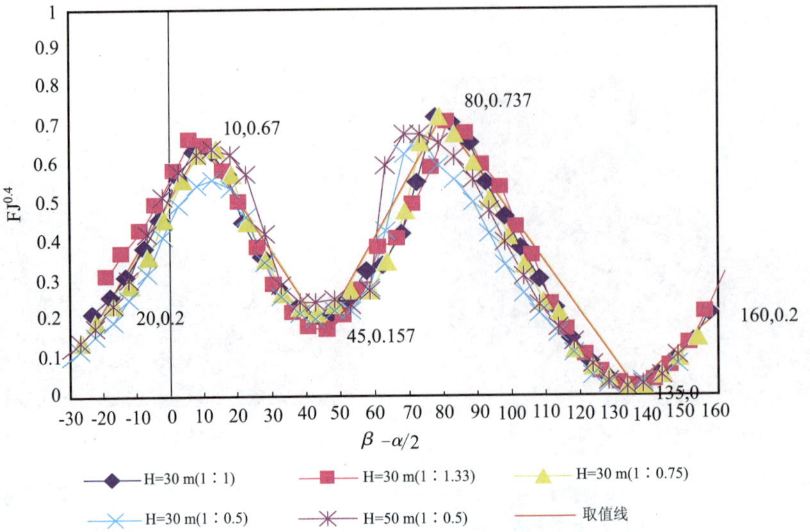

图 5-26 结构面倾角与坡体稳定度关系曲线

表 5-15 结构面倾角对边坡稳定度的影响系数 FJ 取值表

$\beta-\frac{\alpha}{2}$	−20°	10°	45°	80°	135°	160°
$FJ=\left(\frac{F_s^i-F_s^m}{F_s^i-F_s^j}\right)^{0.4}$	0.2	0.67	0.16	0.74	0	0.2

注：区间内取值采用线性插值。

另一方面，在 Hoek-Brown 强度准则中，对于基于强度折减法进行边坡稳定性分析，选取折减系数 FOS，一般是将节理岩体强度参数 σ_{ci}、m_b 分别进行折减（如 FLAC 软件），而 s，a 仅与地质强度指标 GSI、岩体弱化因子 D 有关，并非岩体强度指标，在强度折减时不对这两个参数进行折减。且又由广义的 Hoek-Brown 强度准则 $\sigma'_1=\sigma'_3+\sigma_{ci}\left(m_b\frac{\sigma'_3}{\sigma_{ci}}+s\right)^a$ 可知，边坡稳定度所考虑的强度折减仅与 σ_{ci} 有关，则可建立如下表达式

$$\frac{\sigma_s^i-\sigma_s^m}{\sigma_s^i-\sigma_s^j}=\frac{F_s^i-F_s^m}{F_s^i-F_s^j} \tag{5-4}$$

$$\frac{\sigma_{cm}}{\sigma_{ci}}=1-\frac{F_s^i-F_s^m}{F_s^i-F_s^j}\left(1-\frac{\sigma_{cj}}{\sigma_{ci}}\right) \tag{5-5}$$

式中，σ_{ci} 为岩石单轴抗压强度；σ_{cm} 为岩体单轴抗压强度；σ_{cj} 为等效节理岩体单轴抗压强度。

令 $KJ=\frac{\sigma_{cm}}{\sigma_{ci}}$ 为结构面对岩体强度的修正系数

则：

$$KJ=1-FJ^{2.5}\left(1-\frac{\sigma_{cj}}{\sigma_{ci}}\right) \tag{5-6}$$

式中，σ_{ci} 和 σ_{cj} 均可按 Hoek 所推荐的三轴试验及有关公式导出，考虑到结构面强度参数一般均采用 Mohr-Coulomb 强度准则的方式表达，即以 c_j 和 ϕ_j 描述，这时可以采用下式等效计算 σ_{cj}。

$$\sigma_{cj}=\frac{2c_j\cos\phi_j}{1-\sin\phi_j} \tag{5-7}$$

(2)结构面倾向修正

结构面倾向对边坡岩体强度及边坡稳定性的作用和影响,在二维问题分析中,一般是基于结构面倾向与坡面倾向的相对空间关系,将结构面真倾角换算为计算断面的视倾角,然后基于结构面视倾角考虑结构面对边坡岩体强度及稳定性的影响和修正。

视倾角

$$\beta_s = \arctan(\tan\beta\cos\theta) \tag{5-8}$$

式中 θ 为结构面倾向与坡面倾向的夹角。

此外,由工程经验可知,不同倾角和不同倾向的结构面可能换算为相同的视倾角,而这些不同的结构面即使在结构面力学强度性质基本一致时,对坡体稳定性或岩体计算强度的影响可能存在明显的差异,因此其结构面强度参数亦需进行换算。

基于上述目的,我们采用三维楔体的极限平衡计算法,探讨一种在二维计算中对结构面强度进行等效变换的方法,分析采用的原理性楔体模型如图 5-27 所示。

在该原理性楔体模型中,A 面垂直于边坡走向,为虚拟破坏面,在平面应变问题分析中其强度可视为零或计算断面间不产生相对运动;B 面为影响边坡稳定的优势结构面,即主控结构面,采用试验或经验评估所得的结构面强度参数值。

在等效楔形体的稳定性分析中采用以下假定:①在滑动期间楔体与两个不连续面都保持接触;②忽略力矩的影响,即假定没有倾倒或旋转滑动发生;③结构面抗剪强度遵循摩尔-库仑强度准则;④坡顶面倾斜,且不考虑坡顶线后张拉裂缝和滑动面上的水压力的影响;⑤A 面和 B 面的组合交线出露在坡面上,即满足楔体滑动的运动机构。

根据极限平衡理论,楔形体稳定系数可计算如下:

$$F_s = \frac{c_j A_j + xW\tan\phi_j}{\sin\beta_s W} \tag{5-9}$$

式中 W 为楔体重量;c_j 为 B 面的黏聚力;ϕ_j 为 B 面的摩擦角;A_j 为 B 面的面积;α 为坡面的倾角即边坡坡度;δ 为坡顶面的倾角;β 和 β_s 为 B 面的倾角和视倾角;x 为解析计算系数。

图 5-28 给出三维虚拟破坏楔体的二维等效平面破坏模型,等效破坏平面垂直于边坡走向,在边坡断面上的投影即为三维楔体的组合交线,其倾角为组合交线的倾角。基于极限平衡理论,二维等效平面模型的稳定系数计算如下:

$$F'_s = \frac{c'A_p + W\cos\beta_s\tan\phi'}{W\sin\beta_s} \tag{5-10}$$

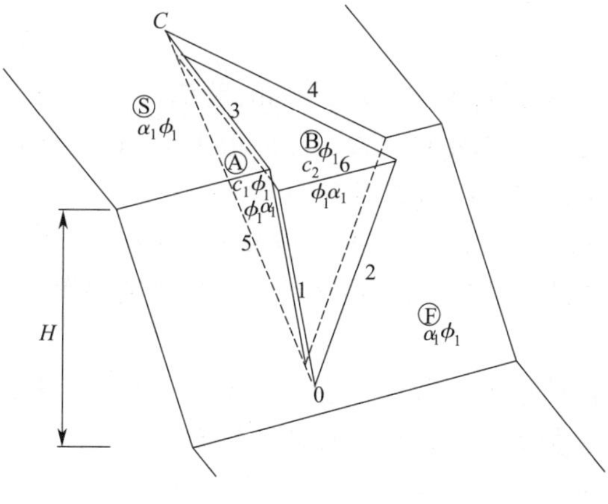

图 5-27 三维虚拟楔体破坏示意图

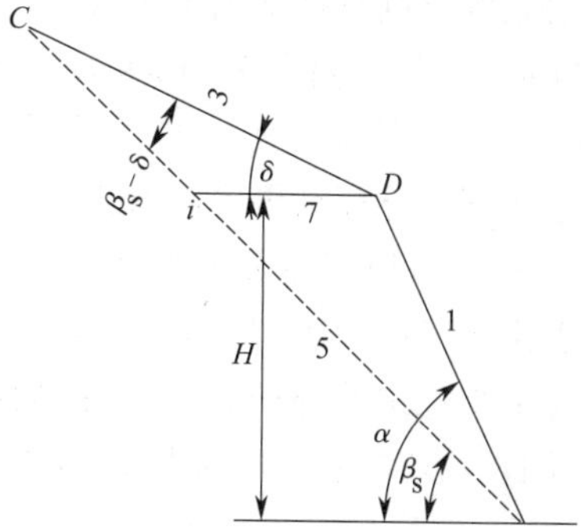

图 5-28 二维等效平面破坏示意图

式中　A_p 为 A 面在等效破坏平面上的投影；c'_j 为平面破坏等效黏聚力；ϕ'_j 为平面破坏等效摩擦角。

设定三维虚拟楔体破坏和二维等效平面破坏的等效原则为：$F_s = F'_s$ 且 $W = W_p$，则有

$$c'_j A_p + W\cos\beta_s \tan\phi'_j = c_j A_j + xW\tan\phi_j \tag{5-11}$$

根据摩尔-库仑强度准则关于 c，ϕ 参数的线性无关性，令上式含有 c，ϕ 各项对应相等，经简化则有如下表达

$$c'_j = \frac{c_j A_j}{A_p} \tag{5-12}$$

$$\phi'_j = \arctan\left(\frac{x\tan\phi_j}{\cos\beta_s}\right) \tag{5-13}$$

其中：

$$x = \frac{\cos\beta}{1-\sin^2\beta\sin^2\theta} \tag{5-14}$$

$$A_j = \sqrt{S_B(S_B - L_2)(S_B - L_4)(S_B - L_5)} \tag{5-15}$$

$$A_P = \frac{1}{2}L_5 L_6 \tag{5-16}$$

$$S_B = \frac{(L_2 + L_4 + L_5)}{2} \tag{5-17}$$

$$L_2 = \sqrt{\frac{1}{\sin^2\alpha} + \frac{\sin^2(\alpha-\beta)\tan^2\theta}{\sin^2\alpha\sin^2\beta}} \tag{5-18}$$

$$L_4 = \sqrt{\frac{\sin^2(\alpha-\beta)}{\sin^2\alpha\sin^2(\beta-\delta)} + \frac{\sin^2(\alpha-\beta)\tan^2\theta}{\sin^2\alpha\sin^2\beta}} \tag{5-19}$$

$$L_5 = \frac{\sin(\alpha-\delta)}{\sin\alpha\sin(\beta-\delta)} \tag{5-20}$$

$$L_6 = \frac{\sin(\alpha-\beta)\tan\theta}{\sin\alpha\sin\beta} \tag{5-21}$$

因此，结构面倾向对 Hoek-Brown 岩体强度评估与预则方法的修正，包括两个部分。即根据结构面倾向与坡面倾向的相对关系，先后进行结构面视倾角换算修正和结构面强度等效修正。

5.4.3　对扰动系数 *D* 的考虑

采用假设算例对扰动因子 D 对边坡稳定性的影响进行说明，坡高 30 m、坡率 1∶1.33、容重 $\gamma = 20\ \text{kN/m}^3$，采用广义 Hoek-Brown 评价时 σ_{ci} 为 5 MPa、GSI 取 20、m_i 取 10，进行计算分析，D 从 0～1 范围内取值，对应安全系数（简化 Bishop 法计算）如图 5-29 所示。

从上述例子计算结果可以看出，采用 Hoek-Brown 分析岩质路堑边坡坡体稳定时，岩体扰动系数 D 对边坡稳定性影响明显。一方面说明了边坡开挖扰动对坡体稳定性的影响显著，另一方面也说明了准确确定 D 的重要性。

为对工程稳定性分析取得准确结果，对岩体扰动系数本节这里主要借鉴巫德斌、徐卫亚（2005）、闫长斌（2005）研究成果，引入岩体完整性系数 K_V，确定岩体扰动系数 D：

$$D = 1 - \left(\frac{V_{pe}}{V_{po}}\right)^2 \tag{5-22}$$

式中　V_{pe}、V_{po}为开挖前后的纵波速。

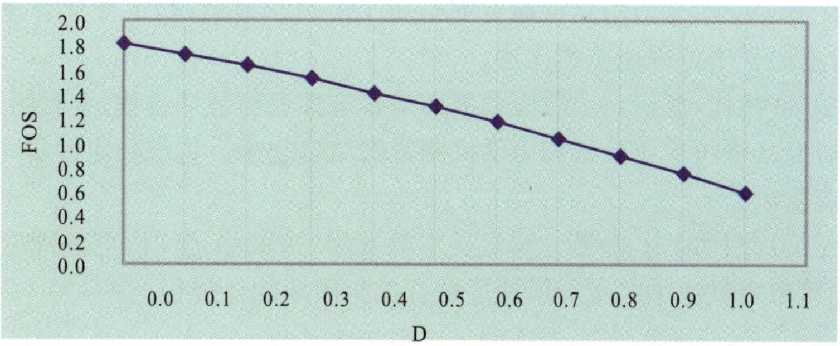

图 5-29　扰动因子 D 对坡体安全系数影响的关系曲线

对 D 的确定，公式(5-22)以岩体完整性指标为评价依据，利用岩体弹性纵波速比在开挖前后的差异来确定岩体的扰动系数。

节理岩体扰动参数 D 主要是考虑爆破和应力松弛对节理岩体的扰动程度，它从非扰动岩体的 $D=0$ 变化到扰动性较强的 $D=1$。Hoek 提供了在边坡工程中 D 的建议值，见表 5-16。

表 5-16　岩体扰动因子 *D* 的建议值(Hoek. 2002)

节理岩体的描述	D 的建议值
小规模爆破导致岩体引起中等程度破坏	0.7(爆破良好)
应力释放引起某种岩体扰动	1.0(爆破效果差)
由于大型生产爆破或移去上覆岩体而导致大型矿山边坡扰动严重	1.0(生产爆破)
软岩地区用撬挖或机械开挖方式开挖，因此边坡破坏程度很低	0.7(机械开挖)

表中数据是由 Hoek 主要针对水电等高大边坡而提出的，对高达几百米的岩质边坡，坡体应力变化大，对于岩体质量差异的岩质边坡，岩体扰动影响因素差异也较大，对于质量较好和较差岩体扰动与未扰动考虑，对坡体分析影响较大。

本节主要是对目前高等级道路工程建设中的路堑岩质边坡提出的分析。一般岩体开挖较小，坡高相对较小(一般低于 100 m)。且岩体位于近表层，风化严重，较破碎。对其扰动系数作如下考虑：

(1)勘察阶段，岩体还未开挖，坡体处于勘察设计阶段。在利用 RBI 分析岩体地质强度指标时，钻孔岩芯已为扰动后试样，因而在考虑扰动系数时，D 值应取小值。

(2)开挖阶段和变形阶段，地质揭露，岩体由于开挖扰动或岩体卸荷松弛。根据开挖方式的不同，可根据 Hoek(2002)提供经验值，对比分析得到。对扰动系数考虑，根据陈祖煜研究分析，结合道路工程岩质路堑边坡工程地质特点，对 D 取值较 Hoek 应偏小。

5.5　边坡稳定性分析计算方法

5.5.1　边坡稳定性研究

边坡稳定性最早由地质工程师提出，后来力学研究的学者也参加了边坡稳定性研究，随着工程实践和诸多工程灾害的发生，两种学派趋于融合并相互借鉴，使边坡稳定性研究形成比较完善的理论体系。

边坡稳定性研究大致经历了三个阶段：

(1) 20 世纪 50 年代，边坡稳定性研究完全属于土力学范畴，稳定性计算建立在刚体极限平衡的基础上，主要采用工程地质类比法。

(2) 20 世纪 70 年代，意识到边坡失稳破坏是累进性变形破坏过程，有着明显的时间效应，对边坡稳定性研究必须将地质分析和力学机制紧密结合起来。边坡稳定性研究进入力学机制和内部作用研究阶段。

(3) 20 世纪 80 年代以来，随着计算机技术的发展，边坡稳定性研究的理论和方法更加成熟，可以利用计算机定量或半定量的模拟边坡开挖至破坏的全过程。

5.5.2 边坡定性分析法

边坡稳定性的定性评价，目前常采用的方法是工程地质分析法。

工程地质分析法主要包括自然历史分析法和工程地质类比法两种方法，是生产实践中最常用、最实用的边坡稳定性分析方法。

自然历史分析法又可称为过程机制分析法，其实质是根据边坡变形、破坏的基本规律，通过对边坡变形、破坏全过程的分析，确定边坡所处的演变阶段及发展趋势，找出影响边坡变形、破坏的主控因素，最终对边坡的稳定性做出评价。

工程地质类比法的实质是把已有的天然斜坡或人工边坡的研究或设计经验应用到条件相似的新斜坡的研究或人工边坡的设计中去。在进行类比时，不但要考虑边坡结构特征的相似性，还要考虑边坡所处环境的相似性，以及促进边坡演变的主导因素和边坡发展阶段的相似性。

工程地质类比法的优点是能够综合考虑影响边坡稳定的各种因素，快速评价边坡稳定性状况及其发展趋势。缺点是只能定性地评价边坡稳定性，不能为边坡的支护设计提供准确的数据。

5.5.3 边坡定量分析法

边坡稳定性的定量评价，目前常采用的方法是强度极限平衡分析法。极限平衡分析是针对变形发展到累进性破裂阶段即滑动面基本形成后的状态，认为边坡的滑动面是连贯的面。对绝大多数高边坡而言，滑动面是伴随变形-破裂发展而逐渐孕育的，所以极限平衡分析法刚体的假定在多数情况下与实际也不相符，边坡的破坏更非单一的滑动，在一些情况下是以渐进破坏的形式出现。鉴于此，近年逐渐发展起一种基于变形理论的定量稳定性分析方法。

定量分析方法有极限平衡计算法、楔体理论计算法和有限单元等数值分析计算法。

(1)极限平衡计算法

各种极限平衡分析方法均是在力学上做出了一些简化假设，所以均有一定的适用范围与局限性。但极限平衡方法抓住了问题的主要方面，简单直观，并有多年的实用经验，若使用得当，将得到比较满意的结果，因而是目前应用最多的一种分析方法。

(2)数值分析计算方法

数值分析方法是利用某种方法求出边坡的应力分布和变形情况，研究岩体中应力和应变的变化过程，求得各点上的局部稳定系数，由此判断边坡稳定性。

主要数值分析方法有：有限元法(FEM)、边界元法(BEM)、有限差分法(FLAG)、离散元法(DEM)、块体理论(BT)和不连续变形分析方法(DDA)、运动单元法、NMM 法等。除上述方法外，还有一些不确定性分析方法应用于边坡稳定性分析研究中，如系统可靠性分析方法、灰色系统方法、模糊分级评判法、神经网络法等。

任何一种分析方法都不是万能的、唯一的、排它的方法，而需要把两种或多种分析方法融合起来，取长补短，这种手段目前在工程界得到了广泛的应用。

5.5.4　各种方法的技术特点与适用条件

数值计算方法的选择同样是路堑高边坡数值模拟的主要技术问题之一，同样需要考虑两个基本原则：其一是应根据岩质路堑高边坡的潜在失稳模式来选取能描述其基本应力和变形特征的数值计算方法；其二是应比较和确定计算参数具有明确物理意义和简易获取方法的数值计算方法类型。通过对上述数值计算方法的基本特征和适用条件进行总结分析见表 5-17。

表 5-17　各种数值计算方法的基本特征及适用性

计算方法	基本特征	适用条件
极限平衡法	理论成熟，参数便利，经验丰富；可以模拟典型工况条件，给出通用的安全系数解答	建模方便，计算快速，适用于破碎岩石边坡圆弧破坏，楔形体破坏
有限单元法	理论成熟，模型丰富，计算便利；考虑了介质的非均匀、不连续性，可以求解弹性、弹塑性、黏弹塑性等问题，可以给出应力应变场量的分布和大小，并求解安全系数	建模方便，前后处理功能强，适用于节理岩石边坡整体破坏，层状岩石边坡破坏
有限差分法	理论成熟，模型丰富；可以考虑岩土体不连续性、大变形特征，求解速度较快，并求解安全系数；前后处理功能弱	大变形分析功能强，适用于节理岩石边坡整体破坏，层状岩石边坡破坏
离散单元法	模型丰富；可以考虑岩体的非均质、不连续和大变形等特点，允许块体间发生平动、转动甚至相互脱离；可给出应力、速度和位移等参量的量值和变化，可以求解安全系数；前后处理功能较弱	大变形分析功能强，适用于节理岩石边坡局部和整体破坏分析，层状岩石边坡倾倒和崩塌分析
其他方法	算法先进，对岩土工程的机理分析具有理论上的先进性，在网格离散、边界条件模拟或大变形分析等方面各有特点；参数复杂，功能不成熟	适用于机理研究，或作为上述方法的补充

结合边坡工程设计的具体情况和实际需要，提出路堑高边坡工程推荐数值计算方法见见 5-18。

表 5-18　数值计算方法推荐选用表

<table>
<tr><th colspan="2" rowspan="2">边坡类型</th><th colspan="2">推荐计算方法</th></tr>
<tr><th>预设计阶段</th><th>动态设计阶段</th></tr>
<tr><td rowspan="2">土质边坡</td><td>均质土边坡</td><td>极限平衡法</td><td>有限单元法、有限差分法</td></tr>
<tr><td>类土质边坡</td><td>极限平衡法、有限单元法</td><td>有限单元法、有限差分法</td></tr>
<tr><td rowspan="3">岩质边坡</td><td>破碎岩石边坡</td><td>极限平衡法、有限单元法</td><td>有限单元法、有限差分法</td></tr>
<tr><td>节理岩石边坡</td><td>极限平衡法、有限单元法</td><td>有限单元法、有限差分法、离散单元法</td></tr>
<tr><td>层状岩石边坡</td><td>极限平衡法、有限单元法</td><td>有限单元法、有限差分法、离散单元法</td></tr>
<tr><td rowspan="2">二元结构边坡</td><td>水平接触</td><td>参考相应土质或岩质边坡</td><td>参考相应土质或岩质边坡</td></tr>
<tr><td>倾斜接触</td><td>极限平衡法、有限单元法</td><td>有限单元法、有限差分法</td></tr>
</table>

第 6 章

边坡工程防护加固技术

6.1 常用防护加固工程措施

6.1.1 防护加固技术研究

路堑边坡的防护加固工程技术是在边坡工程地质基础、开挖卸荷松弛区、变形破坏机理和潜在失稳模式等研究的基础上，结合其稳定性分析与评估结论，对特定边坡工程对象进行防护加固工程方案设计。一般包含防护加固工程设计原则和方法、防护加固工程对策模型以及主要防护加固工程技术等方面的研究与应用。

近年来，随着国家对基础设施投资规模的不断加大，交通道路工程建设迅速发展，山区高速公路，国、省道干线公路，以及高速铁路等高等级道路对边坡工程的稳定与安全要求逐渐提高，有关学者和工程技术人员对边坡工程防护与加固技术日趋重视，在其理论研究与工程实践等方面均有长足的进步和发展。

边坡防护加固工程措施根据其工程目的与设计要求可以分为三种主要类型：一类是对于稳定或基本稳定的边坡工程，仅需对边坡浅表层或局部出现的可能变形破坏采取工程防护措施，称之为边坡普通防护工程；另一类是对于不稳定或稳定性较差的边坡工程，即边坡可能潜在失稳变形和破坏的边坡，需要采取有效的支挡或加固工程措施进行处理，改善边坡的力学平衡条件，确保边坡的稳定和安全，即设计边坡支挡加固工程措施；还有一类就是对于设计边坡存在不稳定的因素情况下，主要是针对水对边坡稳定性的作用和影响，即清理不稳定因素，采用防排水等工程措施提高边坡的稳定性，即边坡的防排水工程措施。

边坡的防护加固工程即是根据设计边坡的稳定程度、主要稳定性影响因素以及可能产生的边坡工程病害类型和危害程度等，综合运用边坡的普通防护加固工程措施、支挡加固工程措施和防排水工程措施，进行全面系统、经济合理、工程可行、积极有效和安全可靠的防护加固工程设计。

6.1.2 防护加固工程分类

边坡防护加固工程总体上可以分为三个主要类型，即普通防护工程、支挡加固工程和防排水工程，如图 6-1 所示。

(1)普通防护可分为砌石防护工程、喷锚防护工程和柔性防护工程。砌石防护工程包括浆砌片石护坡防护、浆砌片石护面墙防护、人字拱型或网格骨架植草防护等。

(2)支挡加固工程可分为支挡工程措施和锚固工程措施。主要支挡工程措施有路堑挡墙、半挡墙(或脚墙)、预加固桩、微型桩群等；边坡锚固工程有锚杆(索)框架、锚杆(索)地梁、锚杆

(索)墩垫(或十字面板类),以及锚杆(索)桩墙等工程措施。

(3)防排水工程可以分为地表排水工程、地下排水工程和生态防护工程。路堑边坡地表排水工程主要包括坡脚排水沟、平台排水沟、坡顶截水沟、坡面急流槽,及其区段路基排水系统;路堑边坡地下排水工程主要包括边坡渗沟、支撑盲沟、平式钻孔排水和泄水隧洞工程措施等。

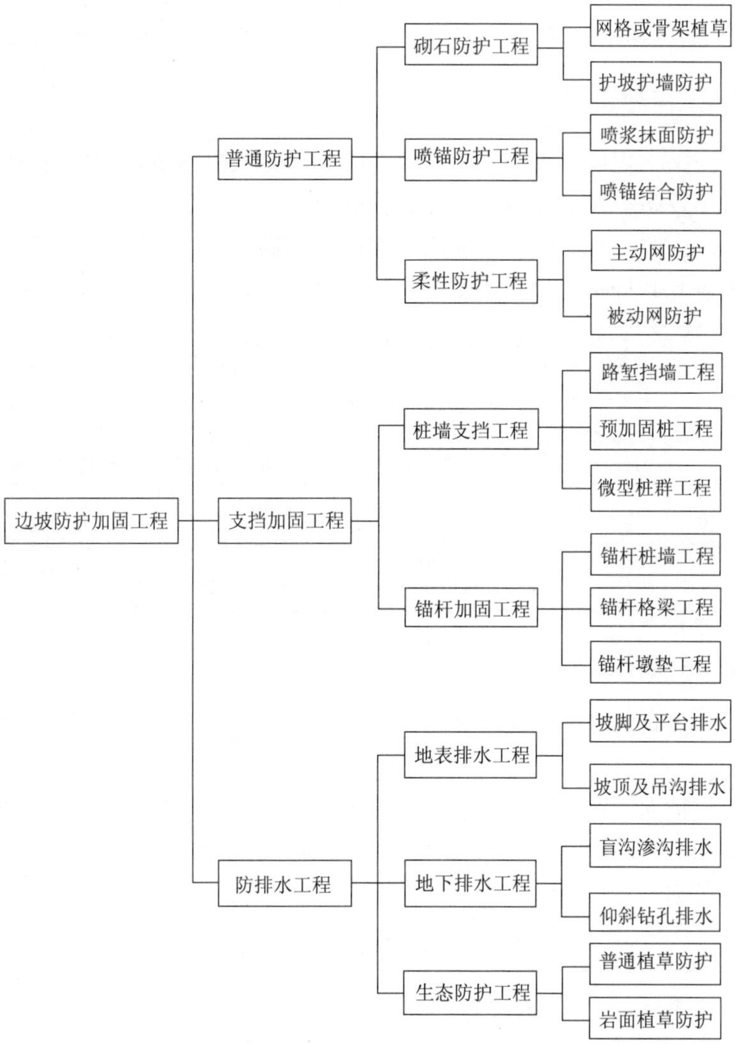

图 6-1　主要边坡防护加固工程分类

6.2　防护加固工程对策技术

6.2.1　工程对策研究概述

在山区道路路堑边坡防护加固工程设计过程中,防护加固工程措施的选择,即防护加固工程对策,是边坡工程设计与施工过程中首要的和重要的工作。

在选择防护加固工程措施时,通常需要考查边坡的岩土组成、工程类型、设计坡率、坡体结构、潜在失稳模式、病害产生原因及主要触发因素等。

经分析总结，可以归纳为基于边坡类型设计的普通防护工程对策、基于潜在失稳模式设计的支挡加固工程对策和基于边坡病害的触发原因与影响因素的减避增强工程对策。

其总体思路是：通过详细调查边坡地形、地质和水文条件，认真研究和确定边坡潜在病害性质、成因类型、体积规模、活动状态、稳定程度和发展趋势；分析形成边坡稳定的主要与次要因素及彼此的联系；贯彻从病害产生原因到防护加固工程对策的设计理念；结合公路的重要程度、施工条件及其他各种情况，综合设计防护加固工程对策，确保边坡稳定和交通安全。

6.2.2 普通防护工程对策

常用的普通防护工程措施有砌石防护、窗孔砌石防护、喷播植草防护、骨架植草防护、客土植草防护和基材植草防护、喷锚防护、柔性防护等等。

通过总结山区道路路堑边坡防护加固工程设计实践经验，基于边坡类型设计的普通防护工程对策归纳见表 6-1，即基于边坡类型与边坡设计坡率建立边坡普通防护工程对策模型。

表 6-1 普通防护工程对策模型

类型＼坡率	1∶0.25	1∶0.5	1∶0.75	1∶1	1∶1.25	1∶1.5
土质边坡		砌石防护	窗孔砌石骨架植草	骨架植草窗孔防护	喷播植草骨架植草	喷播植草
岩质边坡	柔性防护 喷锚防护 砌石防护	柔性防护 喷锚防护 砌石防护	柔性防护 喷锚防护 砌石防护 基材植草	基材植草 客土植草 砌石防护	客土植草 砌石防护	

6.2.3 支挡加固工程对策

常用的支挡加固工程措施有路堑挡墙，抗滑桩，预应力锚索加固，预应力锚杆加固，浅层系统锚杆加固等等。

通过总结山区道路路堑边坡防护加固工程设计实践经验，基于路堑边坡潜在失稳模式设计的支挡加固工程对策归纳见表 6-2，即基于边坡病害类型与边坡破坏机理模式建立边坡支挡加固工程对策模型。

表 6-2 支挡加固工程对策模型

病害类型＼机理模式	陡倾裂面松弛	缓倾裂面松弛	陡缓裂面组合（楔形体）	浅层滑移	深层滑移
落石	系统锚杆				
掉块		挡墙支护 锚杆加固			
崩塌			锚杆加固 系统锚杆 锚索加固支护		
坍塌坍滑				锚杆加固 挡墙支护	
滑坡					桩墙支墙 锚索加固 锚杆加固

6.2.4 减避增强工程对策

常用的减避增强工程措施有植被防护、砌石封闭、地表截排水等地表防排水工程措施，盲沟渗沟排水、平式钻孔排水、排水隧洞等地下水引排工程措施，以及减重反压工程，桩墙支挡工程，预应力锚固工程，改坡刷方工程等。

通过总结山区道路路堑边坡防护加固工程设计实践经验，基于边坡病害产生原因设计的减避增强工程对策归纳见表 6-3，即基于边坡病害产生原因与触发因素建立边坡减避增强工程对策模型。

实践表明，对于边坡工程的稳定，排水措施总是应首先被考虑采用的。

表 6-3 减避增强工程对策模型

变形破坏原因	降雨	地下水	开挖	堆载	岩土软弱	软弱面(带)
防护加固措施	植被防护 砌石封闭 地表排水系统	盲沟渗沟 平孔排水 隧洞截排	应急反压 恢复支挡 锚固工程	应急减载 改坡刷方 支挡加固	改坡刷方 注浆加固 桩墙支挡 锚固工程	桩墙支挡 锚固工程

6.3 锚固技术应用和发展

6.3.1 岩土锚固技术的发展历史

尽管岩土工程作为一门技术学科被国际学术界公认至今只有 50 年的历史，它作为一门工程专业学科被引入我国也只有 20 余年的时间，但是目前我国岩土工程的实践和发展水平在世界上是名列前茅的，其应用领域也是最广泛的。无论是规模宏大的三峡、小湾、龙滩等大型水电工程，还是具有特大埋深和长度的南水北调隧道工程；无论是世界海拔最高的川藏、滇藏、青藏公路和铁路工程，还是具有高技术难度的各类大跨度城市地下工程，所有这些工程的庞大计划和随之而来的工程安全问题已经吸引了国内外专家的高度重视和参与，并正在策划着各种中长远的综合技术措施。在保证岩土工程成功和安全的所有措施中，岩土锚固技术无疑是可供选择的最成熟和最经济可靠的技术之一。正因为如此，对于在建大型工程中的高边坡、深基坑、大跨度地下工程来说，岩土锚固技术已经成为一项具有重要意义的关键技术。

6.3.2 岩土锚固技术在福建山区公路边坡工程中的应用

近年来，锚固工程技术在岩土工程生产实践中大量推广和应用，并取得了成功，积累了较为丰富的经验。在福建省已建和在建的山区高速公路路堑边坡的防护加固工程实践中，根据坡体地质基础、坡体结构、稳定状态和场地条件等，采用了大量的预应力锚杆和预应力锚索工程措施，汇总见表 6-4。

鉴于福建地区高速公路滑坡病害数量较多、地质基础脆弱、坡体结构复杂，以及在施工过程中经常产生边坡变形和破坏等情况，为确保边坡稳定和交通安全，在滑坡病害治理工程设计中，大量地应用了锚固工程技术。根据统计，目前锚固工程治理的边坡个数约 2 000 余处。如福宁高速公路八尺门互通大滑坡，使用预应力锚索总长度约 40 000 m、预应力锚杆总长度约 10 000 m。大量的路堑边坡锚固工程的实践表明，岩土锚固技术在山区道路边坡防护加固工程中具有关键的和决定性的作用。

表 6-4 福建省已建或在建山区高速公路路堑高边坡锚固工程

路段名称	锚固边坡/处	预应力锚杆/孔	预应力锚杆总长/m	预应力锚索/孔	预应力锚索总长/m
漳诏高速公路	7	226	3 996	525	12 103
漳龙高速公路漳州段	27	374	6 312	1 734	47 808
三福高速公路	200	11 913	194 937	14 829	404 435
邵三高速公路	91	3 216	58 289	2 567	68 952
福宁高速公路	14	88	1 765	356	7 853
龙长高速公路	270	3 371	65 169	4 731	111 971
浦南高速公路	198	2 395	46 952	5 239	125 179
永武高速公路	23	256	4 992	926	20 914
泉三高速公路	263	6 156	114 461	10 372	271 313
合计	1 093	27 995	496 873	41 279	1 070 528

福建地区已建和在建山区高速公路路堑边坡锚固工程取得了大量成功经验，确保了路堑边坡稳定和交通安全。在历年的台风雨季期间，锚固工程边坡经历了严峻的考验，确保了加固边坡的稳定，为线路的安全畅通做出了决定性贡献。

尤其在2006年福建遭遇百年不遇的特大台风暴雨灾害侵袭，全省遭受严重洪水以及由特大暴雨触发的地质灾害期间，在国道、省道甚至铁路主干道由于滑坡与边坡失稳等路基灾害造成断道、断路，交通受阻极为严峻的情况下，唯有全省的高速公路网络保持了畅通无阻，为积极及时的抢险救灾工作做出了巨大的贡献。

特大暴雨灾害期间高速公路的安全畅通，锚固工程边坡加固结构起到了关键性作用，突出显示了福建省边坡锚固工程技术应用的成功，取得了巨大的社会效益和经济价值。

近年来，随着我国道路工程向山区的开发和延伸，不可避免地遭遇大量的边坡工程问题，为了确保边坡稳定和道路畅通，大量采用了预应力锚杆(索)技术，在高等级道路工程建设中发挥了积极和有效的作用，克服了一个又一个边坡工程难题。但是，在边坡工程实践中，我们也发现一些迫切需要解决的关键技术问题。

首先，在锚固工程设计方面，边坡岩土与锚固材料的相互作用特性与规律是边坡锚固工程设计的核心内容和控制因素。其研究发展方向是进一步补充和完善路堑边坡工程地质勘察，研究边坡岩土与锚固结构的耦合技术，强化动态设计理念和反分析技术，发展和提高路堑边坡锚固工程的仿真设计方法。

其次，锚固工程质量是边坡工程稳定的基础，而且锚固工程基本属于地下隐蔽工程，并因各种复杂的地形、地质及地下水等环境背景条件而难于控制其技术工艺与水平。因此，边坡锚固工程质量检测工作显得非常重要和必要，甚至成为边坡防护工程成败的关键。其发展趋势是在进一步完善现有监管手段和检测方法的基础上，大力研究发展无损检测技术，确保路堑边坡锚固工程的质量。

此外，在对特定的边坡工程实施锚固技术加固以后，对其边坡锚固工程作用效果的评价亦显同等重要，以保障边坡稳定和道路畅通，避免灾难事故的发生或最大限度地减少灾害损失。同时，为确保边坡锚固工程质量与加固工程效果，针对其失效致灾因素，研究开发其相关控制技术对策，如锚固工程结构和施工工艺技术等，具有重要的理论意义和实用价值。

作者基于大量路堑边坡工程实践经验，制订了路堑高边坡工程地质勘察基本内容和原则要求，完善了路堑高边坡工程勘察设计工作程序，建立了路堑高边坡防护加固工程设计计算方法，贯彻执行了路堑高边坡动态设计理念，加强了锚固工程设计与施工水平，发展了路堑边坡防护加固工程仿真设计技术。

作者结合多条已建和在建山区道路边坡工程实例，进行边坡锚固工程质量检测和效果评价及其控制技术对策的研究，内容包括边坡锚固工程质量检测技术的研究、边坡锚固工程效果评价方法的研究，以及锚固工程控制技术对策的研究等。为福建省等多山地区及全国的边坡锚固工程理论与实践提供指导，为在建或拟建山区道路工程相关主管部门修改、制定专门的边坡锚固技术工程质量检测标准和工程效果评价体系提供技术支持。

6.3.3 边坡锚固工程新技术与新方法

(1)提高地层锚固力工法

1)基本原理

通过增大注浆体直径来提高地层锚固力的基本原理是在预应力锚杆(索)上增加一根高强注浆管，并在底端用低强度材料封闭，先对锚固结构正常低压注浆(一般压力不超过 0.5 MPa)，此时浆体自孔底向孔口返浆，因高强注浆管底端被封闭，浆液无法进入管内，待浆体初凝后，改对高强注浆管进行高压劈裂注浆(一般注浆压力不小 2.0 MPa)。此时自由段以上浆液体以自身强度和重力对下部高压浆液体形成抵抗力，使高压浆液体难以从孔口溢出。而锚固段原低压注浆体则在高压浆液体作用下被破坏，同时该高压浆液体将进一步破坏钻孔周围的软弱地层，并且在该地层范围内渗透、劈裂，不但注浆体直径显著增大，而且使周围地层形成复合地基，强度得到提高。待浆液体凝固后，其锚固段的直径和黏结强度都增大，所以锚固结构的极限锚固荷载也得到显著提高。

2)试验结果

为了测定软弱岩层及土层中采用二次高压劈裂注浆提高锚固荷载的效果，分别在不同的锚固地层中进行现场平行试验，试验结果统计见表 6-5。可以看出，劈裂注浆后预应力锚索的极限荷载都得到显著提高，而且劈裂注浆压力随着锚固段地层强度的降低也相应减小，但总体上劈裂注浆压力不宜小于 2.0 MPa。

表 6-5 劈裂注浆试验结果统计表

序号	钻孔孔径(mm)	锚固段地质条件	锚固段长度(m)	注浆压力(MPa)	极限荷载(kN)	荷载提高度(%)
1	130	碎块状 强风化花岗岩	3	0.5	418	61.24
				3.0	674	
			6	0.5	563	63.06
				3.5	918	
			9	0.5	780	60.0
				3.7	1 248	
2	150	砂土状 强风化砂岩	3	0.56	406	60.59
				2.7	652	
			6	0.5	514	68.48
				2.8	866	
			9	0.5	704	67.33
				2.8	1 178	

续上表

序号	钻孔孔径(mm)	锚固段地质条件	锚固段长度(m)	注浆压力(MPa)	极限荷载(kN)	荷载提高度(%)
3	150	强～弱风化泥岩	3	0.5	326	47.24
				2.4	480	
			6	0.5	468	50.85
				2.5	706	
			9	0.5	658	49.85
				2.5	986	
4	150	全风化花岗岩	3	0.5	308	54.55
				2.0	476	
			6	0.5	451	49.45
				2.1	674	
			9	0.5	610	48.36
				2.2	905	

3)适用条件

利用劈裂注浆提高锚固段地层的极限锚固荷载,在福建地区高速公路高边坡加固工程中应用较多,取得了良好的效果。如三福高速三明梅列互通高边坡加固工程、漳龙高速 K55 高边坡加固工程等。

其主要适用条件如下:

①坡体内岩层风化层厚度较厚,且岩层下部无影响坡体稳定的软弱结构面,当采用预应力锚索加固时为满足锚固荷载的需要,穿过该地层的长度过长的情况下,宜采用该种技术改进。

②需要快速对坡体实施加固工程并尽快发挥加固效果时,其他加固工程速度较慢,而低压注浆又需降低单根预应力锚杆(索)锚固荷载时,可采用二次高压劈裂注浆提高其锚固荷载,缩短加固时间,提高效率。

③对于一些特殊坡体受场地及坡体地质条件限制时,采用二次高压劈裂注浆预应力锚杆(索)进行加固,具有明显的经济性价比。

(2)压力分散型锚索结构

1)结构组成

由于传统拉力型和压力型预应力锚索在锚固段上荷载呈指数衰减分布,显然高应力区成为锚固荷载及锚固结构的控制环节,如果峰值应力超过注浆体强度,将引起该区域注浆体破坏,峰值点移动,不但影响锚固段长度,而且严重时可能引起锚固结构破坏。因此,在相同锚固荷载作用下,降低峰值强度,尽量使锚固段内应力分布趋于均匀分布,不但能有效提高锚固力,而且锚固结构安全储备更高,压力分散型预应力锚索就是为满足上述需要研发的新型锚固结构。

压力分散型预应力锚索典型结构及锚固段应力分布如图 6-2 所示。

这种预应力锚索结构是将每束锚索分成多个单元,每个单元的钢绞线根数相同,并将锚固段也按相同的单元数分段,自孔底端开始逐渐按分段增加锚固段单元,即孔底段设置一个单元的锚固段,紧邻段设置两个单元的锚固段,依次类推。所有单元的锚固段和张拉段钢绞线都设置防腐隔离结构。

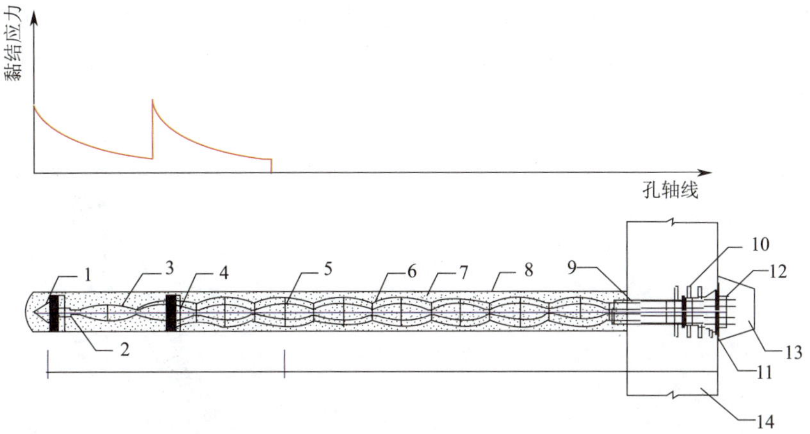

图 6-2　压力分散型预应力锚索结构及锚固段应力分布示意图

1—导向帽；2—钢绞线；3—注浆管；4—承载体；5—扩张环；6—紧箍环；7—注浆体；8—孔壁；9—隔离套管；10—螺旋筋；11—锚垫板；12—锚具；13—锚头防腐结构物；14—反力结构物

2)技术优势

拉力型和压力型预应力锚索锚固段都属于集中受力型，而压力分散型预应力锚索实质上将锚固段分解为多个独立的锚固段单元，而每个单元对应的锚固荷载也是整体锚固荷载按单元数平分的，因此其峰值强度大大降低。而且由于每个单元的锚固段长度减小，实质减少了锚固段低应力区的长度，因此其应力分布也比较均匀。

压力分散型预应力锚索结构具有以下优点：

①大幅度降低锚固段应力场峰值强度，可有效避免锚固段地层强度较低时锚固结构失效或发生破坏；

②锚固段应力分布比较均匀，而且低应力区域比例较低；

③与拉力型和压力型预应力锚索相比较，当锚固荷载相同时，可减小锚固段长度，节省材料；当地层及锚固段长度相同时，可提高锚固荷载；

④压力分散型预应力锚索具有多重防腐结构，能大大提高锚固结构的耐久性。

3)适用条件

压力分散型预应力锚索具有较广泛的应用范围，尤其在锚固段地层强度较低、地下水含量丰富、单根锚索锚固荷载较高等情况下具有明显的优势。但是相比较而言，压力分散型预应力锚索制索工艺和张拉工艺比较复杂，而且单位长度其材料成本要高一些。同时，端部承载体与钢绞线联结要求较高，防腐处理要求较严，并且孔底段注浆体强度受沉渣影响，在该处容易诱发突发事故。

(3)自锁预应力锚索结构

1)结构特点

现有预应力锚索的受力模式主要局限于锚固段反力结构的作用模式，导致自由段仅起传递力的作用，在预应力锚索应力场中没有发挥有效作用，存在反力结构附近的高应力区、防腐措施不到位容易诱发突发破坏，以及锚固地层尤其是张拉段地层和钢绞线自身的蠕变引起锚固荷载损失等不利因素，成为锚固工程的潜在隐患。因此，研究一种新型预应力锚索结构，能够充分利用自由段地层的能量场，改善力系平衡模式，力求材料利用效率均衡，减少锚固荷载损失，将对工程实际有着重要的意义。这种预应力锚索结构即称之为自锁型预应力锚索结构。

自锁型预应力锚索结构同样由锚固段、张拉段和外锚段等三个主要部分组成，其主要创新在于锚头或锚点的设置与分布，包括内锚头、自锚器和外锚头，其中自锚器的结构与作用是关键，如图 6-3 所示。

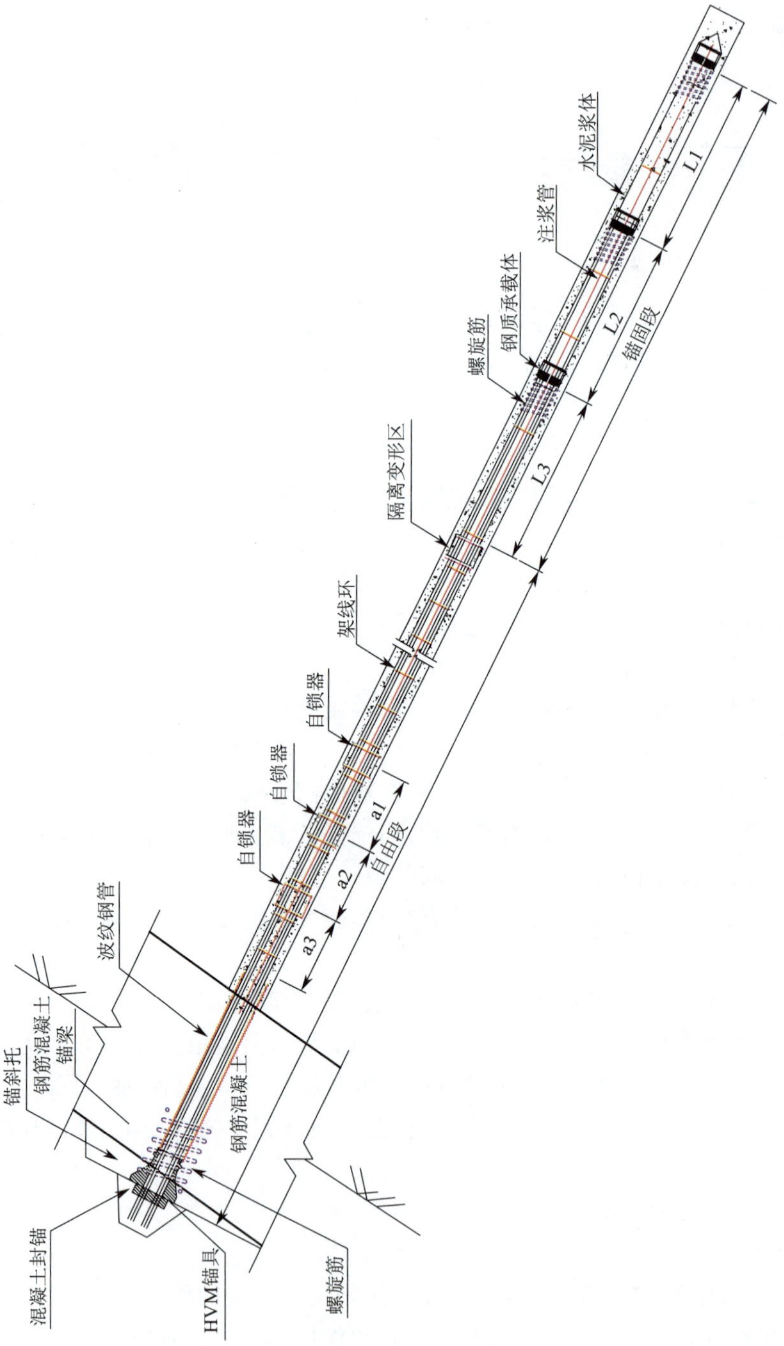

图 6-3　自锁型预应力锚索结构示意图

2）自锚原理

自锁型预应力锚索的实质为双向对锚结构，即充分利用自由段地层的强度和外锚头锁定荷载与锚固荷载进行平衡，不但能大量减少反力结构工程量，而且还能对自由段地层进行主动加载，有利于该段地层的稳定性。其作用机理为：

①首先在外锚头分单元对自锁型预应力锚索进行加载，锚固段受力，此时钢绞线自由通过自锁器，自锁器不受力。

②外锚头张拉机具卸载时，在锚固段荷载作用下，钢绞线回缩受到自锁器限位作用，自锁器受力，并通过其周围注浆体传递至孔周地层。

③当锚索张拉完毕并对张拉机具全部卸载后，即形成锚固荷载等于自锁荷载加外锚头锁定荷载的平衡。

④自锁荷载的实质就是自锁器周围自由段地层与注浆体之间的黏结力，所以该段地层受到来自孔底方向的拉力，即该段地层受到向坡体内的分散压力，所以有利于边坡稳定。

3)适用条件

自锁型预应力锚索的结构特点是能够将锚头集中的力分散到离坡面深度不同的地层中去，以解决坡面的应力集中和坡面防护结构工程量大、进度慢的问题。其主要适用范围如下：

①建筑物表面不出现防护结构，即需要将锚固形式隐藏起来，保持加固结构物的原貌。特别是在岩石性质的文物加固和防护工程中，可以修旧如旧；

②防护的坡面为非软弱地层，能够承受一定集中力的岩石坡面；

③抢险工程中，由于混凝土工程需要较长的工期，自锁型预应力锚索可减少坡面的混凝土工程，从而缩短工期；

④对于保持原自然环境的工程，自锁型预应力锚索可以直接隐藏在地下，不破坏表面的自然环境。

(4)全长黏结预应力锚杆

1)基本结构

全长黏结预应力锚杆的基本结构为：在普通预应力锚杆(索)的张拉段和锚固段之间采用一对止浆袋形成一个无侧限可变形黏结段或预留变形区(封闭油脂防腐)，锚固段为先期黏结(一次注浆)，无套管张拉段为后期黏结(二次注浆)，从而形成一个全长黏结型预应力锚杆(索)结构，其锚固段类型和外锚头结构及防腐技术可以采用常规方法或其他更先进工艺技术。该结构锚固段和张拉段由水泥砂浆体(水泥浆体或其他黏结与胀扩楔嵌体)固结锚筋材料和孔壁岩土，当锚固段注浆(一次注浆)完成并达到强度要求后，对锚筋材料施加预应力进行张拉锁定，然后对张拉段进行注浆(二次注浆)，最后可根据实用工况条件与要求对锚头进行最终预应力锁定、部分解除或全部解除。全长黏结型锚杆(索)的基本结构如图6-4所示。

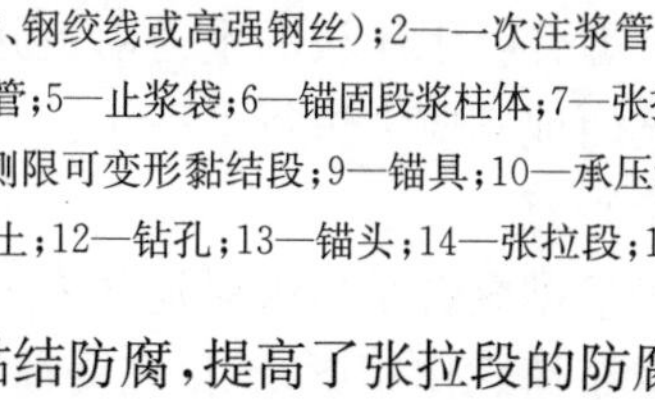

图6-4　全长黏结型预应力锚杆(索)基本结构图

1—锚筋(钢筋、钢绞线或高强钢丝)；2—一次注浆管；3—排气管；4—二次注浆管；5—止浆袋；6—锚固段浆柱体；7—张拉段浆柱体；8—无侧限可变形黏结段；9—锚具；10—承压结构；11—孔壁岩土；12—钻孔；13—锚头；14—张拉段；15—锚固段

2)技术特点

全长黏结型锚杆(索)结构，对全段锚筋采用浆体黏结防腐，提高了张拉段的防腐性能。同时，当岩土因持荷蠕变或锚头锁片拽滑变形时，其损失预应力将大部分通过张拉段浆柱体传递至孔壁岩土，减少预应力损失，并增强预应力对潜在破裂面的加固作用效果。而且，当锚头预应力解除或失效时，张拉段孔壁岩土将形成自锁提供预应力，即产生岩土自锁锚固效应形成外锚段，并具一定抗剪切和抗弯曲能力，避免被加固体产生突发的灾难性破坏后果和损失。

3）工程意义

概括起来，采用全长黏结预应力锚杆具有如下工程意义：

①该种锚固工程结构在张拉段具有可靠的岩土自锁锚固特征；

②可以明显减少预应力损失，或者在锚头预应力损失的条件下能够使杆体保持有效的预应力水平，避免发生灾难性破坏和损失；

③能够提高加固工程的可靠性与安全性；

④该结构具有结构简单、施工便利、工程成本相应较低的特点，在防腐技术即耐久性方面亦可相应提高和改善。

（5）十字叠合承压板结构

1）基本原理

十字型叠合承压板由几片单独构件组成，构件外轮廓尺寸从坡面接触处开始向外逐渐减小，呈台阶状。构件间主要传递压力，并以相互之间的摩擦力平衡其重力。预应力锚杆的锚固力首先作用于锚头承压板，然后通过十字型叠合承压板传递给岩土体，从而在岩土体中产生附加应力，如图 6-5 所示。

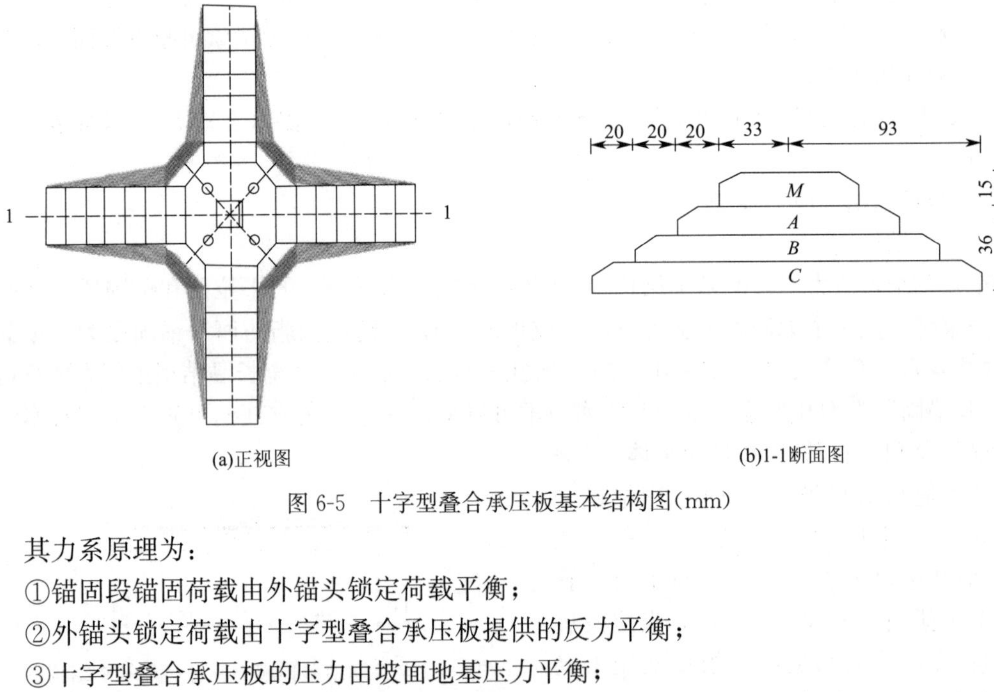

(a)正视图 (b)1-1断面图

图 6-5 十字型叠合承压板基本结构图（mm）

其力系原理为：

①锚固段锚固荷载由外锚头锁定荷载平衡；

②外锚头锁定荷载由十字型叠合承压板提供的反力平衡；

③十字型叠合承压板的压力由坡面地基压力平衡；

④十字型叠合承压板的重力由板间及板与坡面地基之间的摩擦力平衡，锚固段的锚固荷载最终由坡面地基应力进行平衡。

2）试验研究

因为十字型叠合承压板对地基来说是一种刚性结构，锚固力被近似均匀地分布在梯形面积上。在均布荷载作用下，不仅在受荷面积的垂直下方范围内产生附加应力，而且在荷载面积以外的区域也产生附加应力，即存在应力扩散现象。

对十字型叠合承压板结构应力状态的数值模拟，可以观察到承压板在锚固外力作用下的内部应力分布规律和应力变化规律，从而为结构设计提供了参考，有利于进一步优化承压板形状和结构尺寸。对承压的岩土体的模拟，岩土体表面附加应力分布规律为锚杆间距合理布置提供了参考。附加应力在岩土体表面以及深度逐步扩散，表明了十字型叠合承压板作为锚固工程承压结构的适用性。

同时，为了验证十字型叠合承压板承压性能及工程可行性和有效性，对上述结构进行1∶1的现场实测试验。试验是在邵三高速公路三明段 MA6 标段某高边坡进行的，试验坡面为碎块状强风化粉砂岩，单孔锚杆设计拉力 250 kN；十字型叠合承压板由 4 块 C40 钢筋混凝土板叠合而成。

通过试验表明，十字型叠合承压板结构设计合理，强度满足要求，除个别的受预制模板和刻槽不平的影响，变形较大（6.05 mm）外，其余变形均较小（0.64～3.80 mm），十字型叠合承压板均未出现宏观裂缝，变形也满足要求。而且十字型叠合承压板拼装时间短，外形新颖、美观。

3）工程意义

边坡锚固工程能否快速及时发挥作用，主要受控于反力承压结构的施工周期和养护龄期，由于现有现浇结构施工难度较大，工期较长，而且受养护龄期限制，导致锚固效果滞后。然而预制结构重量较大且坡体高陡，其吊运安装非常困难甚至不可行，因此十字叠合承压板结构具有非常重要的工程意义：

①克服现有锚固工程现浇反力承压结构的制约因素，尽快发挥锚固工程的加固效果；

②解决现有锚固工程预制反力结构的不足之处，使其具有工程实际应用价值；

③新型结构自身具有结构轻巧、施作简单、工期短暂、成本低廉、性能可靠等特点。

6.3.4　锚固工程质量与安全检测技术

（1）锚筋体长度检测方法

1）基本原理

结合锚固工程结构的特点和目前应力波检测理论和技术的发展，将应力波无损检测技术引入锚固工程结构锚固深度的检测。

锚筋体长度应力无损检测的基本原理是利用应力波在杆件中传播时的时域反射理论，进行锚固深度的检测。当应力波在杆件中匀速传播，在介质发生变化时应力波在介质变化的界面发生反射，检测其入射和反射的时间与波速的乘积可以得到传播的距离，即锚固深度，如图 6-6 所示。

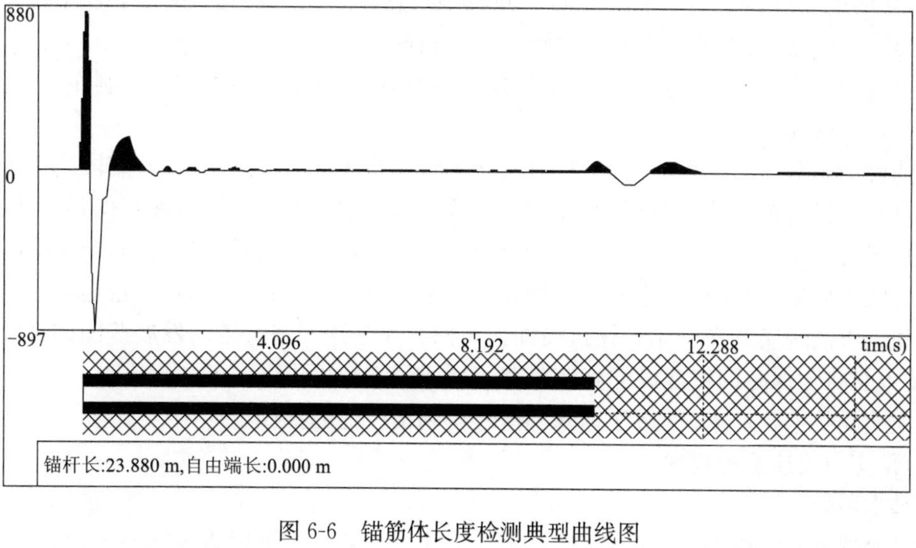

图 6-6　锚筋体长度检测典型曲线图

2)结构组成

锚筋体长度检测的主要采用JL-MG锚杆质量检测仪和锚索专用耦合装置。锚杆质量检测仪由采集仪、发射震源、检波器和分析处理软件组成。其检测方法是:发射震源产生的弹性波,沿着锚筋体传播并向锚索(杆)周围辐射能量,当遇到端头时会反射回来,检波器检测到反射回波,并由检测仪对信号进行分析与存储。由于脉冲弹性波在锚索中的传播速度是恒定不变的,通过测试脉冲弹性波的反射回波的时间可以计算锚索的长度,长度测试误差应在1%以内,以满足工程要求。

3)工程应用

依据锚筋体长度无损检测技术,福建省高速公路建设总指挥部成立了边坡工程检测实验室,针对全省高速公路边坡锚固工程质量引入应力波无损检测技术进行质量检测和监督。该技术自2005年4月起从龙长高速公路开始使用,截至目前已经完成龙长高速、泉三高速三明段、三明高速泉州段、蒲南高速公路、永武高速公路等高边坡锚固工程的质量检测监督工作。

自2005年至2007年底,完成对龙长高速公路共计116处锚固高边坡的施工质量监督。其中完成预应力锚索4 731孔的监督施工,按5%抽检比例,实际抽检284孔;完成锚杆3 371孔的监督施工,按照5%抽检比例,实际完成抽检227孔的检测工作。

自2005年下半年至2008年底,完成浦南高速公路共计105处锚固高边坡的施工质量监督。其中完成预应力锚索5 599孔的监督施工,按5%抽检比例,实际抽检320孔;完成锚杆2 945孔的监督施工,按照5%抽检比例,实际完成抽检151孔的检测工作。

自2006年上半年至2008年底,完成泉三高速公路共计266处锚固高边坡的施工质量监督。其中完成预应力锚索11 010孔的监督施工,按5%抽检比例,实际抽检619孔;完成锚杆6 418孔的监督施工,按照5%抽检比例,实际完成抽检382孔的检测工作。

其他在建高速公路亦正在实施检测工作。

通过边坡锚固工程的质量抽检工作,对福建省高速公路高边坡施工质量起到以下作用和效果:

①显著提高了锚固工程施工质量,高边坡现场施工人员的质量意识和责任意识明显加强和提高;

②通过现场抽检,大大减少了锚固工程中最易出现的长度不足以及张拉力不足的质量隐患,通过对不合格现象的处置,起到了警示作用。在消除质量隐患以外,也加强了对施工队伍的管理,并促进了施工技术水平的提高。同时,通过组织业代、监理、施工方配合进行检测工作,也提高了现场施工人员对边坡工程施工质量的重视;

③通过现场检查以及组织现场交流与技术咨询活动,规范了锚索(杆)的制作,促进了锚固工程施工质量的提高;

④抽检结果和现场检查情况表明,引入并实施锚筋体长度检测以后,各路段高速公路后期出现质量不合格的锚孔数量明显少于前期时的数量,锚固工程施工质量逐步得到提高。

在福建省采用锚固工程质量无损检测技术,并结合有效的实际工程应用,对于提高全省的锚固工程施工质量,消除和防范锚固工程施工质量隐患,为确保边坡的长期稳定安全具有重要的作用和重大的现实意义。尤其在目前加大海西高速公路网络通道的发展蓝图即将实施的时期,该技术必将为保障即将建设的高速公路边坡质量安全提供坚实的技术支撑。

该项检测技术在广东、贵州和青海等地区得到了广泛的推广与应用。

(2)预应力快速检测技术

1)基本原理

通过对锚索外露段钢绞线的接长,对高应力状态下的预应力锚索施加外力,当外力逐渐增加并达到锚索内力时，锚索外锚头达到平衡状态。平衡状态之前理论上锚头处于静止状态，没有位移，当外力继续增加至大于锚索原有内力时候，锚索自由段将产生伸长变形，锚头松动向外位移变形，在荷载位移曲线上表现为突变点或突变区。基于这一原理，通过描绘荷载与位移的关系曲线可以推算平衡时的外力，即为锚索的当前预应力。其工作原理如图 6-7 所示。

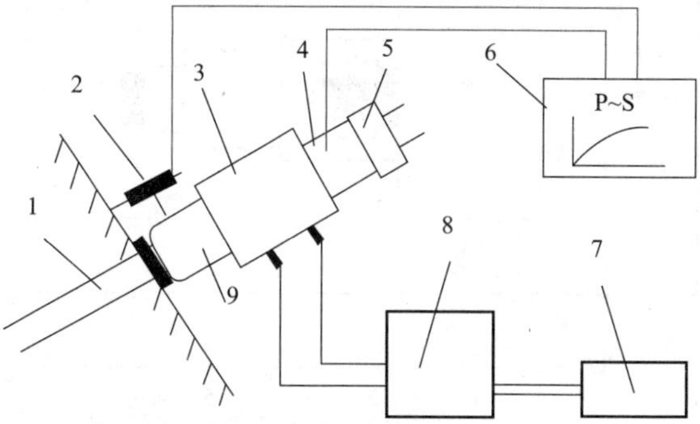

图 6-7　预应力锚索快速检测原理图

1—预应力锚索；2—电子尺；3—千斤顶；
4—锚力计；5—工具锚；6—P～S 检测仪；
7—移动电站；8—高压油泵；9—锚索连接器

2)检测方法

检测开始前首先要标识检测孔位，并注以明确的唯一性标识或编号。锚索孔位较高时应搭设可靠的脚手架和工作平台，工作人员必须佩戴安全帽、安全带等安全保护装置。准备完毕后详细记录封锚混凝土的工作状况，然后破除封锚混凝土，并将附着于钢绞线、夹片、锚具和锚垫板上的混凝土清理干净，详细记录锚头的工作状况。

依次安装锚索连接器、张拉千斤顶、位移测量等设备，并调整设备轴心与锚索轴心一致。

设备调试完毕即可进行应力状态检测。

应力检测过程按照设计荷载的 0.1 倍逐级加荷。如该边坡预应力锚索设计荷载为 500 kN，加荷等级为每级 50 kN。荷载每增加一级应持续稳定 5～10 分钟，然后施加下一级荷载。在施加荷载的同时，采用百分表对锚头位移进行量测，记录锚头位移与荷载的关系，当位移出现突然增加时，应继续施加荷载，当工作锚与锚垫板间或工作夹片与工作锚之间产生约 1～2 mm的间隙位移时，停止试验。试验完成后根据测得的数据绘制荷载-位移曲线，曲线拐点所对应的荷载即为该锚索的当前预应力值。

试验完成后，采用与反力结构同标号的混凝土对锚索锚头进行恢复，防止锚头锈蚀。

3)工程应用

锚固工程结构长期工作性能和工作状态检测技术，为解决锚固工程的长期安全检测评估提供了一种切实可行的解决办法。使得人们能够定期通过检测了解运营一定期限后锚固工程结构的质量安全性能，能够及时发现锚固结构出现的安全隐患，并为补强加固方案提供客观的依据。

该技术在福建省福宁高速公路率先应用，已经取得良好的效果。通过检测使得管理公司基本掌握了沿线重点锚固边坡的安全性和潜在的危险，并对存在安全隐患的边坡制定了补强和加固方案。该技术将得到大量的推广应用，为保障运营线路的安全稳定作出重要的贡献。

(3)锚固工程修复补强技术

1)基本原理

锚固结构预应力补强的原理是通过外力对锚固工程结构中的锚索(杆)进行张拉，对损失了的预应力进行补偿，使之达到设计要求或最大可用值，充分发挥锚固工程结构的作用。

锚固工程预应力补强设备是在预应力检测设备的基础上进行改装而成，主要设备除在预应力检测中使用的锚索连接器、液压式千斤顶(张拉)、轻型超高压油泵(张拉)、荷载位移量测系统和移动电站外，还增加了专用限位片、反顶千斤顶和反顶油泵。

2)工作流程

锚头预应力补偿工作流程可分为外力平衡、预应力补偿、工作锚归位、回顶锁定和补偿后预应力检测五个步骤，如图 6-8 所示。

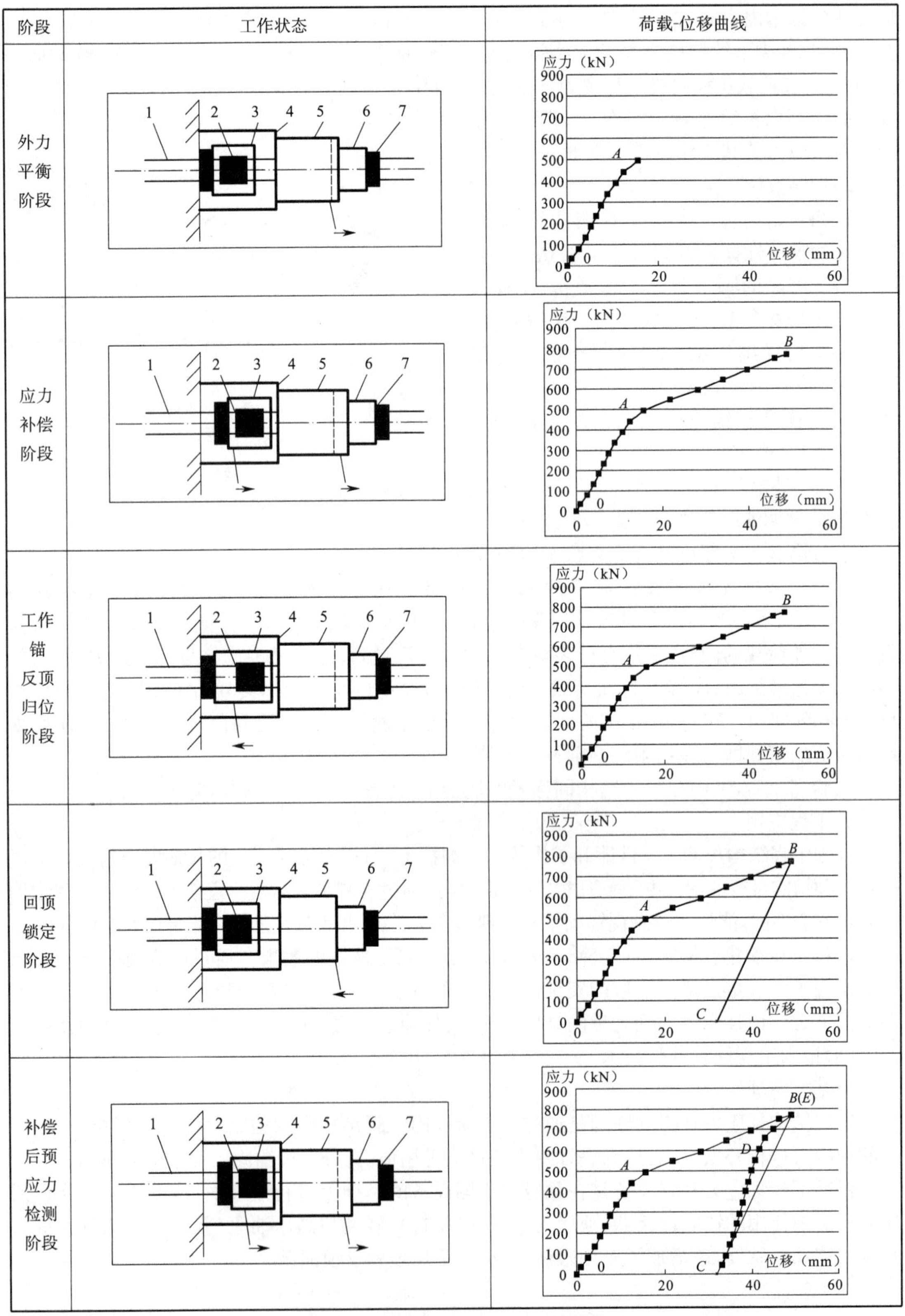

图 6-8　锚固工程预应力补偿过程

1—锚索；2—连接装置；3—支座系统；4—千斤顶；5—传感器；6—工具锚；7—油泵

3)工程应用

对一处运营了10余年的锚固边坡进行了锚固结构安全工作性能检测，其检测结论及补强建议如下：

①从外观检查，锚索承载反力结构以及锚头的工作状态经过十余年的使用，仍然保持基本完好，可以继续使用；

②预应力检测表明，该边坡当前锚索结构预应力损失严重，当前预应力值远小于设计的要求，如果不采取措施，将会对边坡的稳定造成严重影响；

③当前锚固力及结构安全储备检测表明：当前锚索结构锚固段的锚固力仍然可以达到设计要求，并且整体锚索结构仍有一定的安全储备，因此可以对当前的锚索结构的预应力采取补强措施。

6.4　植被防护与生态保护

本节主要介绍西南交通大学周德培教授等在边坡植被防护与生态保护方面所开展的有关理论分析与研究试验工作，及其在福建等山区高等级道路工程建设中的实例应用成果。

6.4.1　边坡植被防护理论基础

(1)岩土边坡浅表破坏特征

边坡的失稳破坏分为深层和浅层破坏两类。边坡的深层失稳破坏是受外界不利因素的影响，开挖出的岩石边坡从坡体内部发生滑动、倾倒等形式的破坏。这种破坏不但毁坏坡面植被，还会因严重的工程事故而造成巨大经济损失甚至危及人身安全。另外还有一类边坡的破坏形式，即浅层破坏，一般发生在坡面的表层或坡面下不足2米的范围内。虽然滑下的土石方量很小，但它严重破坏了坡面的植被，对于这种破坏也应有足够的认识。结合福建山区岩土边坡的特征讨论浅层破坏形式，如图6-9所示。

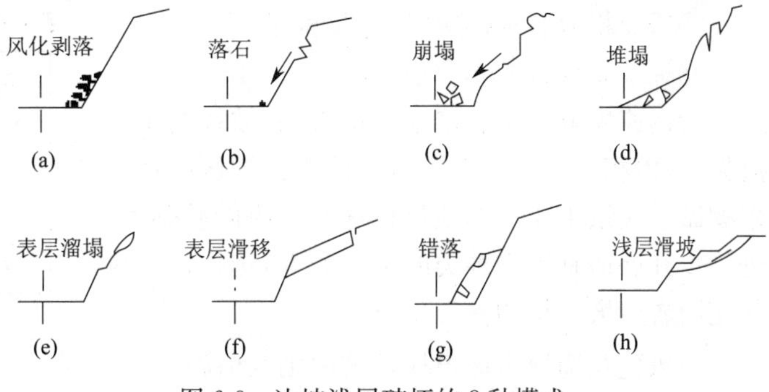

图6-9　边坡浅层破坏的8种模式

(2)浅层稳定性的影响因素

边坡稳定是坡面绿化的必要条件。影响边坡稳定性的各种因素概括起来，主要有地形地貌、岩土性质、岩体结构、水的作用、风化作用、地震及人为因素等。

(3)边坡植被防护加固作用

岩土边坡坡体浅层的岩土性质、地质特征和坡体浅层稳定性直接影响植被护坡工程质量的优劣。

在进行边坡植被护坡设计时，首先必须重视坡体浅层岩土特征和浅层稳定性。作者根据现有岩土边坡的分类，总结出了边坡浅层失稳破坏的8种模式，给出了每种模式的边坡在进行植被护坡设计时应注意的问题。对易风化的类土质边坡，重点讨论了浅层岩土体的风化性。以红层软岩为例，通过试验揭示了其风化破碎的全过程，通过现场调研总结出了风化破坏的四种模式，即碎粒状剥落、碎片状剥落、碎块状剥落和块状剥落。为了防治边坡浅层破坏使之保持稳定，对8种浅层破坏所应采取的工程措施做了一般性讨论，利用有限元方法重点研究了浅层滑移与溜坍的失稳机理。模拟分析了不同坡高、坡率条件下岩石边坡表层土的变形和稳定性，提出了边坡表层土体在重力作用下的变形与坡高、坡度的关系，以及应采用的合理的坡高和坡率。

(4)风化花岗岩边坡植被恢复技术

1)风化花岗岩边坡的岩土特性

福建山区强风化花岗岩边坡较多，这些边坡均为类土质边坡，边坡主体由坡残积土和砂土状或破碎状的全风化或强风化花岗岩组成，边坡岩土力学指标低，遇水易软化。

2)风化花岗岩边坡的植物根系加固机理

国内外学者对植被加固机理的研究更多地侧重于探讨根的强度、根土相互作用以及植被与边坡侵蚀、浅层稳定性的关系。虽然有关植被加固机理的研究文献众多，但能方便应用于工程实际中的却很少，本项目结合全风化花岗岩的特性，进行较系统的根土直剪实验，研究根的数量、根的方向对土的抗剪强度的影响。

3)适宜于风化花岗岩边坡的植物种类

成功进行风化花岗岩边坡植被护坡的关键之一是科学地选择适宜的植物种类，不同的植物具有各自不同的基因特性，因而对环境条件表现出不同的适应性，护坡植物种类的选择应遵循以下原则：

①首选有推广条件的乡土植物；

②优选物候期接近于乡土植物的引进植物；

③适应当地的气候条件；

④适应当地的土壤条件(水分、pH 值、土壤性质等)；

⑤抗逆性强(包括抗旱性、抗热性、抗寒性、抗贫瘠性、抗病虫害性等)；

⑥地面部分较矮，根系发达，生长迅速，能在短期内覆盖坡面；

⑦越年生或多年生；

⑧适应粗放管理，能产生适量种子；

⑨种子易得且成本合理。

为迅速恢复花岗岩侵蚀区植被，有效控制水土流失，国内相关专家学者针对花岗岩侵蚀区的适生植物做了大量工作。本项目在这些成果的基础上，进一步开展适宜植物种类的试验研究，选择适宜风化花岗岩边坡的植物种类见表 6-6。

表 6-6　初选适宜风化花岗岩边坡的植物种类

类　型	植 物 种 类
草本	百喜草，糖蜜草，狗牙根，弯叶画眉草，白三叶
灌木	新银合欢，大叶猪屎豆，马棘
乔木	马尾松，湿地松，火炬松，木荷

4)风化花岗岩边坡植被护坡原则及措施

①边坡植被护坡原则

岩石边坡绿色防护应遵循总的设计原则是：在确保边坡整体稳定的前提下，植被防护要与工程加固措施有机结合，建立既稳固又有生态效应的加固防护结构体系。即在分析边坡稳定性的基础上，确定相应的加固措施，对岩石边坡进行适宜的绿色防护分类，尽量选择适宜于植物生长的较缓的边坡坡率，根据实地调查与研究，并考虑相关要求，确定绿色防护方法、坡面植物类型等。

②风化花岗岩边坡植被防护措施

风化花岗岩边坡可能发生浅层破坏的原因可分为 4 类：沿原、次生结构面破坏；防护不及时、受雨水等因素影响；边坡设计过陡；施工不当。

另外，风化花岗岩路堑边坡的侵蚀、冲刷及由此产生的问题也成为此类边坡的主要工程问题之一。

基于对风化花岗岩边坡稳定性的分析，应合理设计边坡的坡率、坡高，并对风化花岗岩边坡坡面进行绿色防护，并在边坡防治工作中应做好防排水工作。表 6-7 给出了风化花岗岩路基边坡适宜的坡形、工程措施和植被护坡方法的建议。对于不稳定的风化花岗岩边坡，则首先应采取抗滑桩、锚杆框架梁等加固措施后再进行绿色防护。

表 6-7 风化花岗岩路基边坡防护措施

边坡类型	适宜坡形	工程防护措施	植被护坡方法
全风化层路堑边坡(W4)	每级坡高≤10 m，坡率不陡于 1∶1.25	截水骨架	挂网回填客土灌草护坡；喷射种植混合基材灌草护坡；在工程格构内植灌草护坡
强风化层路堑边坡(W3)	每级坡高≤10 m，坡率不超过 1∶0.75	锚杆	
路堤边坡	每级坡高≤6 m，坡率不超过 1∶1.5	截水骨架	

(5)红层岩石边坡植被恢复技术

1)红层岩石边坡的工程特性

红层在我国分布广泛，在福建有泰宁白垩纪红层盆地、闽西上杭白垩纪红层、南雄红层、宁化白垩纪红层盆地等。红层岩性呈现多样性和不均匀性，黏土矿物含量高，化学成分以次生 SiO_2 及倍半氧化物为主。红层具有膨胀崩解的特性，软化系数低。

福建山区红层软岩路堑边坡较多，例如泉三高速公路 SMA4 和 SMA5 合同段就有许多全风化和强风化的红层软岩边坡。这些边坡属类土质边坡，边坡主体由砂土状强风化粉砂岩，碎块状、砂土状强风化硅质粉砂岩及坡残积层，全风化～砂土状强风化粉砂岩，碎块状强风化砂质泥岩，长期风化剥落形成的红层堆积体。红层边坡坡体浅层稳定性差，易产生风化剥落、浅层滑移、溜坍等破坏。

2)红层岩石边坡生态防护机理

通过对红层边坡风化规律的研究可知，影响红层边坡风化的外因主要是气温的变化与降雨的共同作用。在红层浅层快速物理风化的过程中，降雨不只迅速降低红层坡表的温度，使坡体浅层产生很大的温差，导致浅层的风化崩解，而且雨水能很快冲掉坡面已风化崩解的红层碎屑，使碎屑下面风化程度较浅的红层岩体又直接暴露于空气中，进而实现快速的风化崩解。生态防护可通过消除风化碎屑的冲蚀、改变红层坡体浅层的温度场条件和水环境条件 3 方面的功能来控制红层边坡快速的风化崩解。作者分别通过生态防护前后的现场模拟降雨试验和红层坡体浅层温度场及水分场的长期监测结果来阐述红层边坡生态防护的机理，并结合生态防护对红层边坡表层风化的控制及坡面植物根系的作用进一步分析生态防护后红层边坡浅层的稳定性。

3)红层岩石边坡生态防护技术

通过对大量调研资料的整理分析，将工程中常用的生态防护方法归纳为挂三维网喷播植草绿化、挖沟植草绿化技术、土工(网)格栅植草绿化技术、土工格室植草绿化、垂直绿化法、钢筋混凝土骨架内填土反包植草绿化、钢筋混凝土骨架内加筋填土植草绿化技术、钢筋混凝土骨架内加土工格室植草绿化、有机基材喷播植草绿化、路基边坡植树绿化、以硬质岩填料为主的填方边坡的植被护坡、贫瘠土石混合边坡植香根草护坡、浆砌片石形成框格的植被护坡、锚索格子梁植被护坡、植草皮护坡、植生带护坡及高陡边坡的植被护坡方法 17 种，并分别对其护坡原理、护坡特点、施工方法、适用条件、典型设计图等进行阐述。

借鉴现有红层边坡生态防护成功的经验，吸取其失败的教训，并重点解决好红层边坡生态防护在客土配制、土工材料适用性、植物选型、边坡稳定性及后期养护管理等方面存在的问题，本节提出红层边坡适宜的植被护坡方法及植物选择，见表 6-8。

表 6-8 红层边坡适宜的植被护坡方法

分类名称		坡体浅层特征简述	适宜的植被护坡方法
块状结构边坡	裂隙不发育的块状红层边坡	坡面由块状砂岩、粉砂岩等组成，节理、裂隙少，根系深入坡体不多，客土不易黏结于坡面	有机基材喷播植被护坡； 挂网喷播植草护坡； 藤蔓植物护坡
层状结构边坡	顺层红层边坡	坡面岩层无节理、裂隙，根系不能深入坡体，客土难以黏结于坡面	有机基材喷播植被护坡； 挂网喷播植草护坡； 藤蔓植物护坡
碎裂状结构边坡	强风化的碎裂状红层边坡	坡面由易风化的碎裂状岩石组成，节理、裂隙较多，根系能深入坡体，客土不能与坡面风化疏松的岩土材料黏结	有机基材喷播植被护坡； 骨架内填土植草护坡； 挖沟植草护坡
散体状结构边坡	全风化红层及红层堆积体边坡	坡面由强风化的散粒体组成，节理、裂缝极多，根系能深入坡体，客土难以黏结于坡面	有机基材喷播植被护坡； 植香根草护坡； 骨架内填土植草护坡； 土工格室植草护坡

6.4.2 边坡植被防护工程设计与施工

目前常用岩土边坡植被护坡工程技术可以分为三类。其一是林业和园艺的方法，例如人工植树、挖沟植草、植藤蔓植物、铺草皮、植生带护坡等；其二是喷播植被的方法，例如液压喷播植草、有机基材喷播植被护坡等；其三是与工程措施结合的植被护坡方法，例如利用各种土工材料如土工网、土工格室进行植被护坡、利用工程的方法在坡面形成各种框架或格室而进行植被护坡的方法等。本节在详细研究现有植被护坡工程技术的基础上，提出了适合于福建山区道路边坡的特点的植被护坡工程技术。

(1)挖沟植草护坡技术

挖沟植草绿化指在坡面上按一定的行距人工开挖楔形沟，在沟内回填适宜于草籽生长的土壤养料、土壤改良剂等有机肥土，然后在沟内撒播草种或用三维网植被等方法。挖沟植草绿化技术要求不高，虽然人工劳动强度大，施工速度缓慢，但造价较低且绿化效果好，在条件具备的地方应优先考虑。

边坡自身稳定，坡比缓于 1∶0.75，基岩为泥、页岩或砂岩与泥岩互层的易开挖沟槽的软质岩路堑边坡或土质边坡。每级边坡坡高一般低于 15 m。根据坡率和基岩岩性细分为三种情况：

①对于坡高低于 15 m，坡率缓于 1∶1 的泥、页岩边坡，三维网用 U 形锚钉和钢钉固定；

②对于坡率缓于 1∶0.75 的泥、页岩边坡，三维网用 U 形锚钉及锚杆固定；

③坡率缓于 1∶1 的土质边坡，挖沟植草绿化方案效果较好，三维网采用钢钉或 U 形钉固定。

(2)藤蔓植物的护坡技术

垂直绿化法是指栽植攀援性和垂吊性植物，用以遮蔽坡面或混凝土及圬工砌体表面，达到绿化和美化环境的目的。

垂直绿化法一般应用于：

①已修建的圬工砌体等构造物处，如挡土墙、抗滑桩挡土板、锚碇板及声屏障；

②路堑边坡平台上，特别是采用挂网喷浆、护面墙等防护处理的边坡；

③隧道洞口的仰坡上。

垂直绿化法的关键在于选择适宜的攀援性、垂吊性植物。

(3)路基边坡植树绿化

路基边坡植树绿化要求较高，不宜种植高大且根系不发达的树木，特别是在高陡边坡更是如此。高大树木加重了坡体负荷，遇大风时，树木易倒塌造成坡体失稳。对于路堑边坡，主要在边坡平台上及隔离栅附近植树，其中第一级边坡平台上植树要求较高，而隔离栅附近植树还应视经济投资条件而定。中央分隔带绿化还应考虑耐粉尘、耐废气污染的树种。对于路堤边坡，主要在路肩外、边坡平台、高填方路堤边坡上以及隔离栅附近植树，其中路肩外植树对树木要求较高。当填方高度低于20 m时，除在平台上植树外，坡面还施工成拱形护坡，在拱形护坡内植草绿化。当超过20 m，属高填方路堤时，除在拱形护坡内植草外，也可在第二级、第三级路堤边坡拱形护坡内种植常绿矮乔木、灌木，以增强路堤的整体稳定性。

(4)植草皮护坡

该项技术是将其他地方培育的生长优良健壮的草坪，用平板铲或起草皮机铲起，根据待绿化坡面的情况做成一定的大小规格的草皮，运至需绿化的边坡工地，按照预定的设计方法重新铺植在坡面，使坡面迅速形成草坪。草坪移栽成活后，根系将深扎于坡内，以达到边坡绿化和防护的目的。铺草皮是较常用的一种护坡绿化技术。工程中有两种铺植技术，其一是满铺草皮，即将移植草皮满铺在坡面，用木钉固定草皮。这种方法适用于平缓边坡，一般边坡坡率不陡于1∶1.25。其二是对于较大坡率的边坡，或坡体浅层稳定性较差的边坡，常在坡面做成不同形状的框格起到固定坡面的作用，然后在框格内铺草皮。

铺草皮护坡有诸多优点，例如成坪时间短、护坡功能见效快、施工季节限制少等。但是前期管理难度大，新铺的草皮，容易遭受各种灾害，如病虫害、缺水、缺肥等，因此在新铺草皮养护期间，必须加强管理。

适用条件：

①各地区均可应用，但在干旱、半干旱地区应保证养护用水的持续供给；

② 可应用于各类土质边坡、全风化岩质边坡，常用于路堤边坡；

③坡率一般不超过1∶1.0，局部不陡于1∶0.75，每级坡高不超过6 m的稳定边坡；

④适宜的施工季节为春秋两季。

(5)植生带技术

植生带是利用专用机械设备，按特定的生产工艺，把草种、肥料、保水剂等以一定的密度定植在可自然降解的无纺布或其他材料上，并经过机器的滚压和针刺的复合定位工序，形成的一定规格的植生带，再以一定的施工方法铺植在坡面，长出草后就可形成草坪。植生带因不同的规格和材料，其品种类型较多，使用时可按具体工程要求进行选购。

植生带建植草坪，是草坪建植中的一项新技术，在国外应用较早，我国在20世纪80年代开始试制和应用。目前，植生带已广泛应用于城市园林绿化、水土保持以及边坡绿化等工程中。

植生带护坡具有以下特点。

①植生带置草种与肥料于一体，播种施肥均匀，数量精确，草种、肥料不易移动；

②植生带具有保水和避免水流冲失草种的性质；

③草种出苗率高、出苗整齐、建植成坪快；

④采用可自然降解的纸或无纺布等作为底布，与地表吸附作用强，腐烂后可转化为肥料；

⑤植生带体积小、重量轻，便于贮藏，可根据需要常年生产，生产速度快，产品成卷入库，贮存容易，运输、搬运轻便灵活；

⑥施工省时、省工、操作简便，并可根据需要任意裁剪。

植生带护坡适用条件：

①各地区均可应用，但在干旱、半干旱地区应保证养护用水的持续供给；

②一般用于土质路堤边坡，土石混合路堤边坡经处理后可用，也可用于土质路堑边坡；

③常用于坡率1：1.5～1：2.0，坡率超过1：1.25时应结合其他方法使用；

④一般不超过10 m的稳定边坡；

⑤一般施工应在春季和秋季进行，应尽量避免在暴雨季节施工；

(6)挂三维网植被护坡技术

该项技术是在坡面铺设三维植被网，用液压喷播法进行植被。三维植被网的作用是将喷播于坡面的肥料与种子固定，便于生长。网内可填种植土和草籽，具有防冲刷和有利于植物生长的两大功能。即在草皮未长成之前，可保护坡面免受地表水侵蚀；草皮长成后，草根与网垫、泥土一起形成三维植被网，成一个牢固的具有复合力学性能的嵌锁体系。还可起到坡面表层加筋作用，达到加固边坡、美化环境的目的。

三维植被网亦称固土网垫，以热塑性树脂为原料，经多种工序加工而成。产品规格较多，可根据工程具体情况进行选购。

(7)土工(网)格栅植草绿化技术

土工网或土工格栅植草绿化系指在坡面上挂土工网或单向土工格栅，然后采用液压喷播植草进行边坡绿化的方法。由于土工(网)格栅具有一定的抗拉强度(≥7.8 kN/m)，故此法适用于边坡自身深层稳定，坡比缓于1：0.75的土质或易于风化的泥、页岩边坡，特别适用于第四系砾石土边坡。当边坡坡率陡于1：0.75时，若要采用此方法，应加密锚钉间距及改用锚杆固定，并选用高强度格栅。

国内生产的土工网抗拉强度一般在4.8～7.88 kN/m之间，而单向土工格栅抗拉强度大于8 kN/m。对土工(网)格栅材料一般要求如下：

①对自身稳定的边坡，选用抗拉强度>4.8 kN/m的土工网，而对于局部失稳的边坡应选用抗拉强度≥7.8 kN/m的土工网或单向土工格栅；

②材料生产厂家应具有ISO9002质量认证，并具有大批量生产能力，材料供应商应义务为绿化施工单位提供技术支持；

③材料中应加入适量的炭黑及抗氧化剂，以防土工(网)格栅老化、氧化；

④土工网网眼大于5 cm。坡面可喷播面积应达到70%以上。

(8)土工格室植草绿化

土工格室是一种新型特种土工合成材料，主要用于路基加筋、垫层，近年来也开始用于植被护坡工程。土工格室的产品类型较多，可根据具体工程情况选购。其护坡原理是指在展开并固定于坡面上的土工格室内填充改良客土，然后在格室上挂三维植被网或其他土工材料进行喷播施工的一种护坡技术。利用土工格室为草坪植物生长提供稳定、良好的生存环境。采用土工格室植草，可使不毛之地的边坡充分绿化，带孔的格室还能增加坡面的排水性能。

适用条件为：

①各地区均可应用，但在干旱、半干旱地区应保证养护用水的持续供给；

②可用于泥岩、灰岩、砂岩等岩质路堑边坡；

③常用坡率 1∶0.75～1∶1.0,坡率超过 1∶0.75 时慎用;

④每级高度不超过 10 m 的稳定边坡;

⑤一般施工应在春季和秋季进行,应尽量避免在暴雨季节施工。

(9)框格内植被护坡技术

该项技术是在坡面采用浇筑钢筋混凝土、浆砌片石等方法形成方形、人字形、拱形等框架,在框架内用有机基材或其他方法恢复植被从而达到护坡的目的。在框架节点处视边坡稳定性,施作锚索或锚杆,以便将其固定在坡面上或加固坡体。

适用条件为:

①对于稳定性较好的土质边坡或风化的岩石边坡,边坡坡度等于或缓于 1∶1,可采用浆砌片石框架,不必施作锚索或锚杆;

②对于稳定性差的高陡岩土边坡,可采用锚索或锚杆固定钢筋混凝土框架于坡面,同时又可加固坡体;

③根据地表水的排水量,可在框架上设计排水沟,即设计成截水框架。

(10)预应力锚索地梁植被护坡

对于那些浅层稳定性好,但深层易失稳的高陡岩土边坡,不必用框架固定浅层,而只用地梁即可。这样可去掉框架的横梁,从而节省较多的材料。

地梁用预应力锚索固定于坡体,对于稳定性较好的坡体还可采用锚杆固定。地梁之间可采用液压喷播或有机基材喷射植被护坡等方法进行植被。如果坡体浅层稳定性较差,可在地梁之间采用浆砌片石形成框架,然后在框架内植被护坡。

适用条件包括:

①必须用锚索加固的高陡岩石边坡;

②边坡坡度大于 1∶0.5,高度不受限制。

(11)液压喷播植草护坡

液压喷播植草是将草种、木纤维、保水剂、黏合剂、肥料、染色剂等与水的混合物通过专用喷播机喷射到预定区域建植草坪的高效绿化技术。由于喷出的含有草种的黏性悬浊液具有很强的附着力和明显的颜色,所以喷射时不易遗漏与重复,可以均匀地将草种喷播到目的位置。在良好的保湿条件下,草种能迅速萌芽,快速发育成为新的草坪。因此,液压喷播植草是一种高速度、高质量和现代化的绿化技术。

液压喷播植草护坡具有以下特点。

1)机械化程度高

喷播机械包括汽车、喷播机、管道等设施,因此必须是专业化的施工,并有一定的行车道和作业规模,对偏僻的零星边坡施工,液压喷播难显其优势。

2)技术含量高

喷播技术既具有传统的草坪建植方法所具有的共同优点,同时也解决了传统建植方法难以解决的困难问题,如人工播种受风力影响大、坡度大难建植的问题等。实现了草种混播、着色、施肥、播种、覆盖等多种工序一次完成,在最大风力 5 级的情况下,也不影响喷播的效果。

3)施工效率高,成本低

液压喷播可大量减少施工人员和投入,如铺 10 000 m^2 草皮需要大约 77 个工日,而液压喷播 1 台喷播机仅需 1～2 个工作日。而且,液压喷播的单价仅为 5～10 元/ m^2,因此,液压喷播植草是一项低投入、高产出的技术。

4)成坪速度快,草坪覆盖度大

由于草种和肥料等充分的搅拌在一起,种子和幼苗能充分有效地吸收养分、水分。因此,采用液压喷播植草,种子萌发和幼苗生长迅速,成坪速度快,草坪覆盖度大。

5)草坪均匀度大,质量高

由于液压喷播的混合液搅拌均一,喷播的速度也一致,因此采用喷播建植的草坪均匀度很高。

适用条件为:

①各地区均可应用,但在干旱、半干旱地区应保证养护用水的持续供给;

②一般用于土质路堤边坡,土石混合路堤边坡经处理后可用,也可用于土质路堑边坡;

③常用坡率 1∶1.5～1∶2.0,坡率超过 1∶1.25 时应结合其他方法使用;

④每级高度不超过 10 m 的稳定边坡;

⑤一般施工应在春季和秋季进行,应尽量避免在暴雨季节施工。

6.4.3　岩石边坡有机基材喷播植被护坡技术

(1)护坡原理及适用范围

有机基材喷射植被护坡是采用喷射机把基材与植被种子的混合物按照设计厚度均匀喷射到需防护的工程坡面的植被护坡技术,该技术主要针对岩石边坡的植被防护而开发。通过在坡面喷附一层结构类似于自然土壤且能够贮存水分和养分的基材以便植物生长,解决了岩石边坡坡面无法生长植物的难题。除了适用于各类岩石边坡外,还适用于各类贫瘠的土质边坡。喷射植被护坡的基本构造如图 6-10 所示,主要由锚杆、网和基材混合物三部分组成。

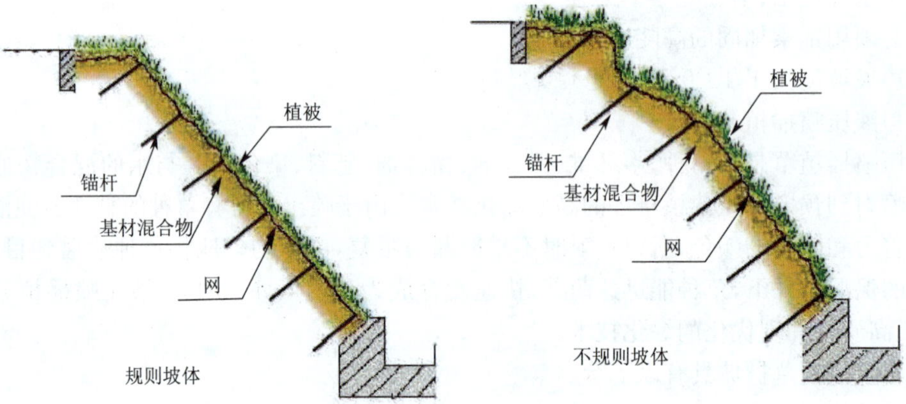

图 6-10　有机基材喷射植被护坡基本构造示意图

锚杆的主要作用是将网固定在坡面上,根据岩石坡面破碎状况,长度一般为 30～60 cm;对于深层不稳定的边坡,要视工程情况加长锚杆,使之既加固边坡又固定网,锚杆的截面积、长度、材质、纵横向间距等应依据坡体稳定性分析结果来设计和选型。

网的作用是固定基材于坡面以利于植物生长,其材质和类型应根据基材和坡体表层土的稳定性来设计和选型,例如可选用普通铁丝网、镀锌铁丝网或土工网等。

基材是绿化基材、种植土、纤维、植物种子等按一定比例的混合物,其中绿化基材是该技术的核心,已有一些专利产品。

(2)有机基材喷射植被护坡技术的应用条件

从技术方面考虑,有机基材喷射植被护坡适用于深层稳定的边坡,若与工程措施相结合,同样可用于深层不稳定边坡的防护。从经济方面考虑，对于坡度较缓、肥力较高的低矮土坡应首先选用施工速度快、成本低的液压喷播、土工网垫植草等护坡方法。有机基材喷射植被护坡主要用于岩石边坡和贫瘠土质边坡。

其应用条件为：

①年平均降水量大于 450 mm、连续干旱时间小于 70 天、温度大于－15 ℃的地区；

②坡度不超过 1∶0.3 的硬质岩边坡；

③各类软质岩边坡、土石混合边坡及瘠薄土质边坡。

由此可见，同其他植被护坡技术相比，有机基材喷射植被护坡技术的适用范围更为广泛。该项技术通过锚杆、网、基材混合物和坡面植物的共同作用来护坡。锚杆一端固定在岩土体，另一端通过网与喷射的基材混合物紧密地连接起来，使喷射的基材混合物与坡面岩土体形成稳定的整体，基材本身又具有一定的强度和抗雨水侵蚀性。坡面植物通过力学效应和水文效应防护喷射的基材混合物及浅层的岩土体，它们的作用有机地结合在一起，实现了边坡防护的目的。此外还改善了生态环境，具有良好的景观效果。

(3)结构设计流程

有机基材喷射植被护坡结构设计也应在满足上述三个条件的情况下进行。对于稳定边坡，首先进行设计调查，然后依次进行具体内容的设计，设计内容包括坡面浅层稳定性分析、坡面目标植物群落的选型及混合植被种子的设计、锚杆及网的设计、绿化基材的选型及基材混合物各组分的配比设计、基材混合物喷射厚度的设计及材料用量的设计，如图 6-11 所示。对于不稳定或稳定性差的边坡应结合其他相关支挡加固工程综合设计。

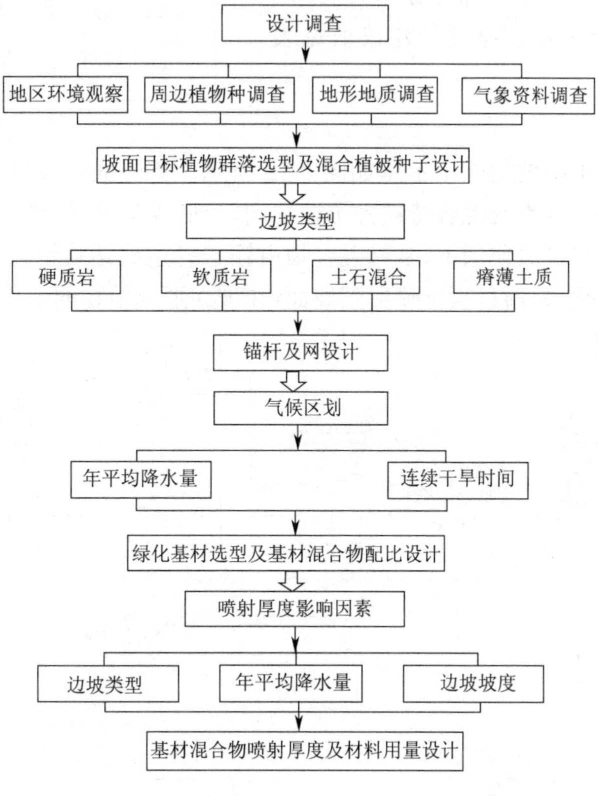

图 6-11 有机基材喷射植被护坡结构设计流程

(4)锚杆与网设计

锚杆与网的作用主要是把基材混合物与坡面岩土体紧密地连接在一起，以提供给坡面植物稳定的生长环境。岩土体的结构类型不同，锚杆与网的使用期限也不同。为了锚杆与网的设计方便，可将岩体划分为硬质岩边坡和软质岩边坡。硬质岩边坡的坡体结构一般是整体状结构、块状结构及层状结构。软质岩边坡的坡体结构通常是碎裂状结构和散体状结构，散体状结构的坡体有时也作为土石混合边坡。另外，把浆砌片石面和混凝土面均看作硬质岩边坡，再加上瘠薄土质边坡，因此有机基材喷射植被护坡技术除应用于硬质岩边坡外，还可应用于软质岩边坡、土石混合边坡和瘠薄土质边坡。由于硬质岩边坡中所用锚杆及网的使用期限都是永久性的，因此需要验证它们的抗腐蚀年限。

(5)基材厚度的设计

基材混合物的喷射厚度影响植物的生长发育。喷射厚度过薄，不利于基材混合物中水分的保持，也不利于植物根系的生长，而喷射过厚又增加了工程造价，并且不利于自身的稳定，因此，需要确定基材混合物的合理喷射厚度。

影响基材混合物喷射厚度的因素主要包括：

①边坡类型；

②年平均降水量；

③边坡坡度。

对于岩石边坡基材混合物的最佳喷射厚度应综合考虑植物品种、年平均降雨量和边坡坡度来确定。在常用约束条件下对于草本植物而言，硬质岩边坡的基材混合物喷射厚度的建议值见表6-9。

表 6-9 硬质岩边坡的基材混合物喷射厚度的建议值

年平均降水量(mm)	坡度	喷射厚度(cm)
600～900	1∶0.3	10～15
	1∶0.5	10～12
900～1 200	1∶0.3	9～10
	1∶0.5	9～10
≥1 200	1∶0.3	8～10
	1∶0.5	8～10

(6)施工方法

有机基材喷射植被护坡的施工示意如图6-12所示。首先通过混凝土搅拌机或砂浆搅拌机把绿化基材、种植土、纤维及混合植被种子搅拌均匀，形成基材混合物，然后输送到混凝土喷射机的料斗。在压缩空气的作用下，基材混合物由输送管道到达喷枪口与来自水泵的水流汇合使基材混合物团粒化，并通过喷枪喷射到坡面，在坡面形成植物的生长层，如图6-13所示。

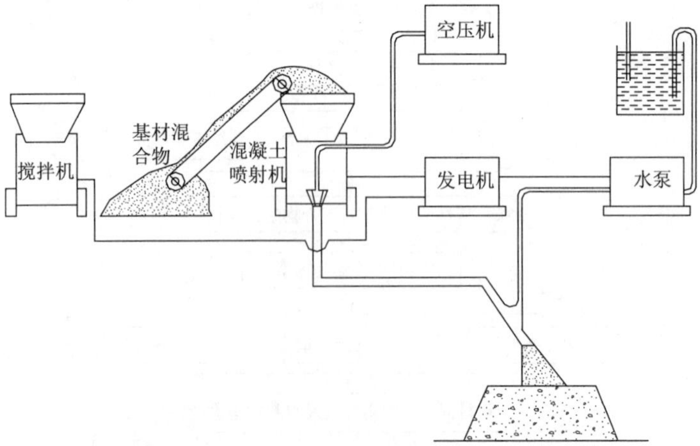

图6-12 有机基材喷射植被护坡施工示意图

图 6-13　有机基材喷射植被护坡

6.4.4　植被防护工程设计原则

要在裸露的岩土坡面特别是硬质岩坡面恢复植被进行绿化，一般都有一定难度。因为对于贫瘠土坡或岩石坡面都没有植被生长的条件，例如适宜的耕植土、水分、根系发育所需的环境等。对于岩石边坡，其岩性复杂、类别多，例如花岗岩、砂岩、泥岩等。地质构造复杂造成坡面结构差别大，例如层状结构的岩体其坡面将是板状岩面，块状结构岩体其坡面将是大块状结构等。这些都是植被护坡的困难之处。考虑到土质边坡恢复植被较岩石边坡容易，因此本章以岩石边坡为研究对象，首先讨论岩石边坡植被恢复的几个关键问题，以便在进行工程设计和施工时加以注意。然后再讨论植被护坡的设计原则、方法，以及为确保工程质量所需的工程质量验收方法与标准。

(1)设计原则

在进行岩石边坡的植被护坡设计时，首先判断边坡是否稳定。若不稳定，则采取合理措施进行支挡加固，然后进行边坡绿化设计。对于稳定边坡，有时为了防止表层局部坍塌、风化、雨水冲刷等原因引起的表层失稳，也需要预先采取工程防护。目前植被护坡总的发展趋势是将工程措施和植被防护相结合，其中对于坡体表面局部失稳、易溜坍、易冲刷的边坡，一般都采用三维土工网垫、土工格栅、土工网、土工格室和浆砌片石形成框格的工程措施和植被防护坡相结合。对于深层失稳，容易产生滑坡的边坡，则采用钢筋混凝土形成框架，用锚杆或锚索加固边坡的工程措施与植被护坡相结合。但是在实际应用时，如何将边坡加固、坡面客土稳定和绿化等有机结合起来形成综合的防护结构体系？为此本项目在总结这些应用技术的基础上，对于这种防护结构体系建议采用如图 6-14 所示的设计流程，为岩土边坡植被防护提供可遵循的设计原则。

可以看出在岩石边坡上进行植被，其设计、施工方法与一般的园艺技术有很大不同。首先要考虑采用有效的工程技术使坡体稳定，包括坡面客土稳定，然后才进行植被。另外在斜坡上植被和平地上植被，也有很大差别。斜坡上的浅层松散的土体会因重力产生滑动下落，在下雨特别是大雨和暴雨时，地表水的流动会造成坡面严重的水土流失，对坡面的植物生长极为不利。另外在斜坡特别是陡坡上，土壤中的水分难以保持。因此既要做好坡面排水又要防止土壤中的水分流失，还要防止坡体浅层岩体风化剥落，同时选择适合于斜坡生长且根系发达的植物。这就是斜坡植被和平地植被的巨大差别，也是斜坡植被较平地植被有很大难度的原因。本节给出的植被护坡工程的设计原则，适合于一般的岩石边坡，可为植被护坡工程设计方案的确定提供科学依据。

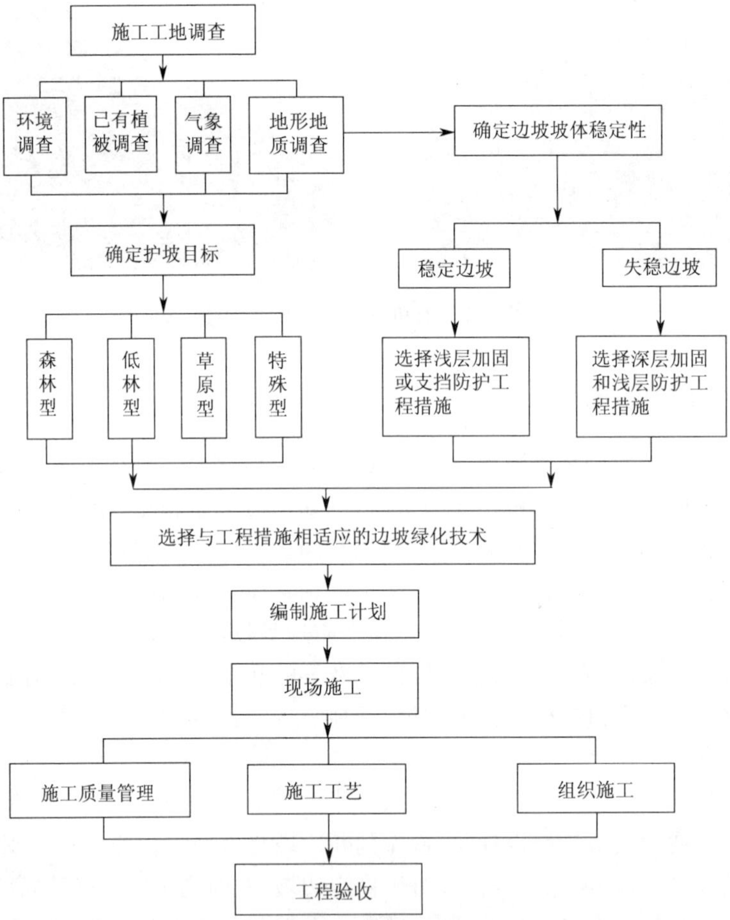

图 6-14 植被防护结构体系的总体设计模式

(2)植物的选择

科学地选择适宜于硬质岩边坡的植物品种是建立坡面植物群落的重要工作之一。不同的植物具有各自不同的基因特性,因而对环境条件表现出不同的适应性。

护坡植物品种的选择应遵循以下一般性原则。

①适应当地的气候条件;

②适应当地的土壤条件(水分、pH 值、土壤性质等);

③抗逆性(包括抗旱性、抗热性、抗寒性、抗贫瘠性、抗病虫害性等)强;

④地上部较矮,根系发达,生长迅速,能在短期内覆盖坡面;

⑤越年生或多年生;

⑥适应粗放管理,能产生适量种子;

⑦种子易得且成本合理。

对于岩石边坡绿化的植物品种选择,除了遵循以上原则外,还应考虑到坡面上除了客土外,无其他可供植物生长的条件。因此坡面植物应以草本植物和低矮灌木为主,其根系易于深入岩体裂缝中,以便吸取更多的营养。

(3)景观效果

目前国内植被护坡发展趋势之一,是不满足单一品种的植草绿化,而是选用多品种结合以便取得综合绿化效果。正因为如此,植被护坡的景观设计应运而生。岩石边坡绿化后的景观效果设计首先应考虑以下两个问题。

①在选择植被种类时,除了考虑前述的选择原则外,还应考虑边坡所在地的植物类型、植被环境。这样做的目的是让边坡植被的小环境与当地植被的大环境一致协调,产生一种总体的景观效果。

②合理选择主景。主景的选择很关键,应根据边坡所在地的环境条件来确定。例如根据边坡环境条件,如果选择草原型作为护坡目标,则应以草坪为主景,将乔、灌、花按一定比例合理配置在草坪或边坡的不同位置,用来加深和衬托草坪主景的气氛。草坪草应以多种草类混栽,做到四季常青。

此外还应考虑环境和意境相结合,环境、意境和人文景观的协调设计,工程固坡的结构应尽量隐蔽,突出植被景观等问题。

6.4.5　植被防护工程验收标准

针对有机基材喷射植被护坡工程技术提出工程质量的验收标准,这些标准同样可用于检验其他植被护坡工程的质量,其内容如下:

(1)为确保有机基材喷射植被护坡工程施工质量,制定本验收标准。

(2)本标准适用于坡度小于1∶0.3的硬质岩、软质岩、土石混合和瘠薄土质边坡的有机基材喷射植被护坡工程的施工验收。

(3)施工所用材料,包括绿化基材、纤维、种植土、混合植被种子、锚杆、网、水泥药卷等,均应在施工前由施工人员按其规格、质量进行验收。

(4)工程中间验收的工序应符合下列规定:

①坡面的清理、平整应在边坡工程交出后进行;

②坡面的清理、平整应在钻孔、安装锚杆前进行;

③钻孔、安装锚杆应在挂网前进行;

④挂网应在基材混合物喷射前进行;

⑤工程中间验收,应分别填写验收记录并签字。

(5)工程竣工验收前,施工单位应提前一周前向验收方提供下列文件:

①工程中间验收记录;

②竣工图及工程决算;

③材料检验报告;

④施工总结报告;

⑤护坡效果照片。

(6)竣工验收时间应符合下列规定:

①低矮灌木、攀缘植物,应在一个年生长周期满后方可验收;

②草本类植物在竣工3个月后验收。

(7)工程质量验收包括下列两方面内容:

①基材混合物的检验指标及评定,见表6-10;

②坡面植被的检验指标及评定,见表6-11。

表 6-10　基材混合物的检验指标及评定

检验指标	工程质量			评定方法
	不合格	合格	优良	
流失状况	有明显沟蚀	有少量流失	无流失	目测及拍摄
收缩裂缝	有大量裂缝	有少量裂缝	基本无裂缝	
剥离状况	剥离严重	有少量剥离	基本无剥离	
喷射厚度/设计厚度	<90%	90%～95%	>95%	每 1 000 m^2 边坡随机取 20 个点测试，取其均值
团粒化度	<50%	50%～70%	>70%	按 GB 7847—87 测定
有效持水量	<30%	30%～40%	>40%	按 GB 7835/36/37—8 测定
pH 值	<6.0 或>7.5	6.0～6.5 或 7.0～7.5	6.5～7.0	按 GB 7859—87 测定

表 6-11　坡面植被的检验指标及评定

检验指标	工程质量			评定方法
	不合格	合格	优良	
植被覆盖率	<80%	80%～90%	>90%	每 1 000 m^2 边坡随机抽取 10 个 1 m×1 m 的面积测试，取其均值
病虫害发生率	>30%	20%～30%	<20%	
颜色(绿)	<70%	70%～85%	>85%	
水分要求	降雨不满足植被生长	降雨基本能满足植被生长	仅靠降雨，且旱季生长良好	现场观测
根系状况	根系不发育	根系发育互相缠绕，扎入岩层裂隙根系少	根系纵横交错，扎入岩层裂隙根系多	

(8)竣工验收后，填报竣工验收单，有机基材喷射植被护坡工程竣工验收单格式应符合表6-12的规定。

表 6-12　建议的有机基材喷射植被护坡工程竣工验收单

工程名称			工程地址		
护坡面积(m^2)					
开工日期		竣工日期		验收日期	
流失状况					
收缩裂缝					
剥离状况					
喷射厚度/设计厚度					
团粒化度					
有效持水量					
pH 值					
植被覆盖率					
病虫害发生率					
颜色(绿)					
水分要求					
根系状况					
施工单位		建设单位		质检部门	
签字：		签字：		签字：	
公章：		公章：		公章：	

为了确保岩石边坡绿化工程的质量，还应制定详细的质量检验内容，依照一定的检验程序进行检验，如图 6-15 所示。按照该程序进行逐项内容的检验，就能很好地保证岩石边坡绿化工程的质量。

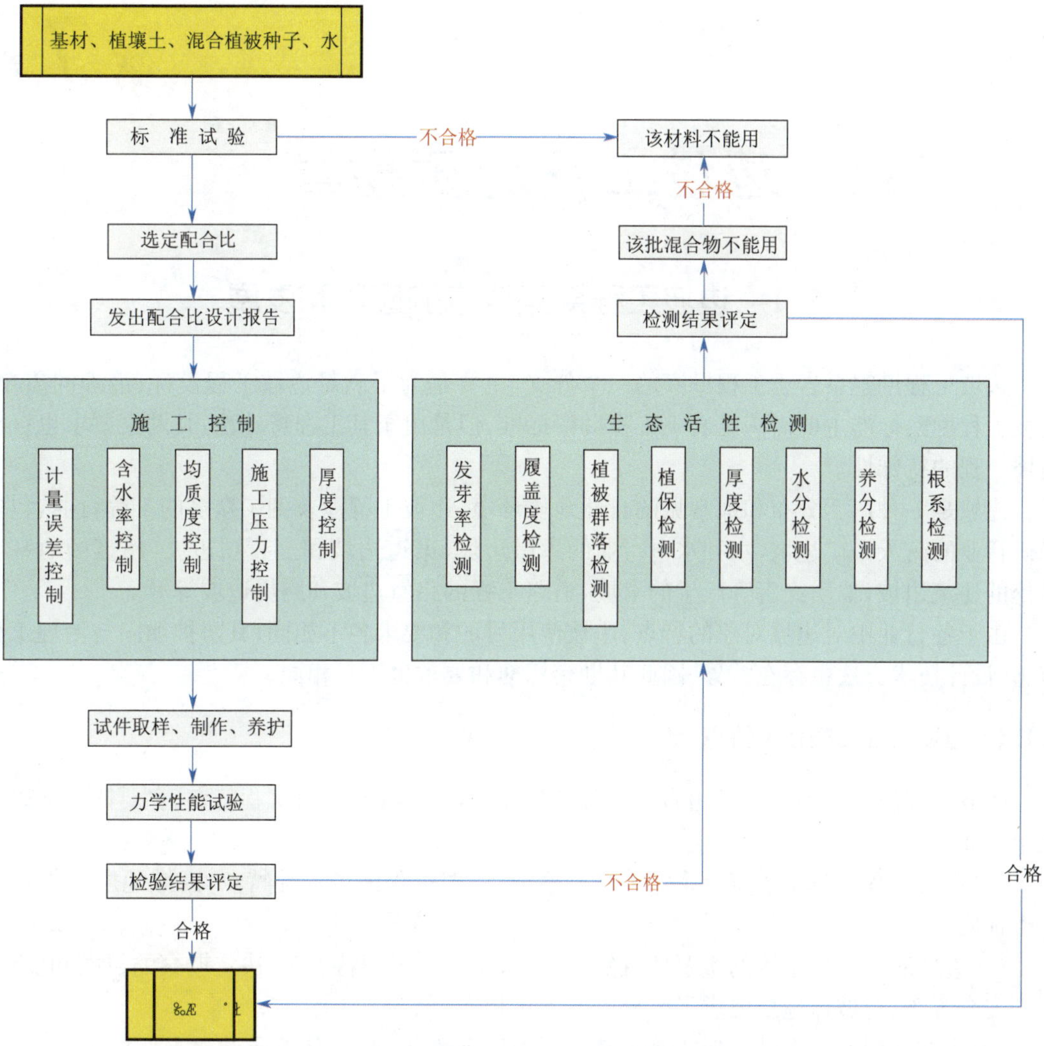

图 6-15　有机基材喷播绿化工程质量检验程序

第 7 章

边坡工程地质勘察

7.1 边坡工程勘察技术的应用和发展

边坡工程勘察系岩土工程勘察的一个分支，主要是为了满足边坡工程设计、治理的需要。边坡工程勘察标准主要需满足岩土工程勘察标准，但是由于其工程特殊性，其勘察要求也存在边坡工程的特殊性。

边坡是一种广泛分布和最常见的自然地质环境，边坡工程涉及到了众多的工程行业，包括采矿行业的露天采矿边坡，水利水电行业的库岸边坡，渠道边坡和土石坝边坡，建筑场地基坑开挖的建筑边坡，地质灾害等产生的滑坡，道路工程的路堑边坡和路堤边坡等等。

由于各行业中对边坡对象的特点、边坡使用目的和要求各不相同，其防护加固与治理工程措施、设计技术方法也存在差异，因此其勘察标准和要求也不尽相同。

7.1.1 边坡工程勘察技术特点

边坡工程勘察目前主要沿用岩土工程勘察标准，但其存在自身工程特点，主要体现在以下几个方面。

(1)边坡工程自身工程特点决定了其勘察特点，即工程的单一性特点，区域地质不能代表工点地质。

(2)边坡所处工程位置的重要性、稳定性要求与防护工程特点等，决定勘察的目的和要求；不同安全等级，对坡体地质要求了解程度亦不尽相同。

(3)边坡不同的变形破坏形式是由其不同地质条件决定，对其地质勘察工作要求迥异；不同类型边坡，如岩质边坡、土质边坡、类土质边坡、二元结构边坡等，其勘察分析手段各不相同。

(4)不同边坡工程项目，边坡工程勘察不一，如露天矿边坡(矿区边坡)、库岸边坡、水电边坡、建筑边坡、地质灾害滑坡、公路边坡等。不同工程要求的勘察项目不同，勘察手段、勘察要求差异较大。

(5)边坡工程利用形式的差别。永久性边坡与临时支护边坡的勘察要求具有明显差别。

7.1.2 边坡工程勘察技术规范

边坡工程勘察是公路、铁路、水利水电、露天采矿，以及建筑场地等工程勘察任务的重要组成部分，随着各行各业的工程需要与实践积累，我国边坡工程勘察技术取得了明显的进步，先后总结发行了相关行业技术规范与规程，或者在相关技术规范中明确边坡工程勘察的目的、要求、内容和方法等。具体可以分为三类，其一是行业技术规范，如《边坡工程勘察规范》(YS

5230—96)、《水电水利工程边坡工程地质勘察技术规程》(DL/T 5337—2006)、《建筑边坡工程技术规范》(GB 50330—2002)等;其二是相关专业勘察规程或勘查规范,如《铁路工程不良地质勘察规程》(TB 10027—2001)和《滑坡防治工程勘查规范》(DZT 0218—2006)等;其三是其他相关技术规范中的重要说明与要求,如《岩土工程勘察规范》(GB 50021—2001)、《公路工程地质勘察规范》(JTC 064—98)、《铁路工程地质勘察规范》(TB 10012—2001)等。

(1)《边坡工程勘察规范》(YS 5230—96),是中国有色金属工业总公司于1996年发布的,是我国最早的边坡工程勘察行业技术规范,适用于工业与民用建筑场地及已有露天矿边坡设置建构筑物地段局部稳定性的边坡岩土工程勘察,不适用于水利工程、铁道工程、公路工程等边坡的岩土工程勘察。本勘察规范明确了边坡工程勘察的基本要求,提出了边坡工程地质调查与测绘方法、工程勘探与测试技术,以及边坡工程监测与稳定性评价内容和方法。

(2)《水电水利工程边坡工程地质勘察技术规程》(DL/T 5337—2006),是由水电水利规划设计总院等单位负责编制而成,国家发展和改革委员会于2006年5月6日发布。本标准适用于大型水电水利工程边坡工程地质勘察,地质条件复杂的中型水电水利工程边坡的工程地质勘察可参照执行。本标准规定了水电水利工程边坡工程地质勘察的内容技术要求和方法。

(3)《建筑边坡工程技术规范》(GB 50330—2002),是由重庆市建设委员会负责编制,中华人民共和国建设部于2002年5月30日发布,是我国首次编制的建筑边坡工程技术规范,本规范适用于建构筑物及市政工程的边坡工程,也适用于岩石基坑工程。本规范的第4节专门论述了边坡工程勘察的有关要求或规定,第5节明确了有关边坡工程稳定性评价内容和方法。

(4)《铁路工程不良地质勘察规程》(TB 10027—2001),是为了统一铁路工程不良地质勘察的技术标准要求,保障勘察质量,适应于铁路工程建设的需要而制定的。适用于新建、改建铁路勘测设计阶段及工程整治中的不良地质勘察。

(5)《滑坡防治工程勘查规范》(DZT 0218—2006),属中华人民共和国地质矿产行业标准,由中国地质调查局负责编制,由中华人民共和国国土资源部于2006年6月5日发布。本规范明确了边坡工程主要灾害及滑坡病害的调查、可行性论证阶段勘查、设计阶段勘查、施工阶段勘查、主要勘查方法、物理力学试验与稳定状态分析、竣工地质报告等内容。

(6)《岩土工程勘察规范》(GB 50021—2001),由中华人民共和国建设部2002年1月10日发布。本规范明确了边坡工程勘察的基本要求,并明确了崩塌、滑坡等不良地质病害的主要勘察内容和方法。

(7)《公路工程地质勘察规范》(JTC 064－98),适用于高速公路、一般新建公路与改建公路的工程地质勘察工作。其中,针对高路堤、深路堑,以及滑坡等不良地质病害等明确了各阶段勘查重点、内容和方法。

(8)《铁路工程地质勘察规范》(TB 10012—2001),适用于新建与改建铁路勘测设计、施工和运营阶段的工程地质勘察工作。其中,明确了深路堑与地质复杂路堑工程地质勘察在各阶段勘测工作中应包括的内容及要求。

7.1.3 边坡工程勘察技术进步

边坡工程勘察是公路、铁路等工程建设的重要组成部分。边坡工程勘察包括各阶段勘察目的和要求、主要勘察内容和方法、边坡稳定性分析与评价,以及边坡工程地质勘察报告编写等基本内容。

边坡工程勘察的水平与质量直接影响整个工程建设的安全、质量、成本和周期,对国家建设和环境保护具有重要意义，必须根据形势发展的要求，制订技术政策，促进行业的技术进步。

为了高新技术和先进适用技术用于边坡工程行业，提高边坡工程建设技术水平，保护和改善环境，结合当前我国岩土工程勘察行业的技术政策要求，总结提出边坡工程勘察技术进步与发展方向如下：

(1)边坡工程应遵守国家经济建设的方针、政策和法规，坚持先勘察、后设计、再施工的基本建设程序。边坡工程勘察工作应严格按照技术标准，满足各勘察阶段对工作内容与深度要求。

(2)在广泛积累边坡工程勘察实践的基础上，总结经验和教训，并重视理论和方法对边坡工程勘察实践的指导作用，提高边坡工程勘察文件的技术含量，使重点复杂边坡工程项目的勘察文件和技术服务达到国际先进水平。

(3)加强边坡工程量化分析力度。发展边坡工程稳定性分析与工后评估方法，特别是要研究发展基于现场检测与监测的分析评价方法。对于重点复杂边坡工程项目，建议采用数值仿真分析与岩土工程反分析技术，重视计算参数的测定、选用和验证工作，提供合理的分析结果，加强概率分析、工程经济分析和风险分析方法的应用研究，提供优化的工程方案与建议。

(4)大力提倡和重视边坡工程的检测与监测。检测、监测与反分析数据，不仅对修正设计、指导施工、保证工程质量、积累工程经验有着极其重要的意义，同时也是发展边坡工程理论与方法的重要依据和基础，要逐步将规范规定必须进行的检测与监测纳入竣工验收程序。

(5)重视边坡工程中地下水问题，加强对地下水贮存、渗流、动态规律及其与边坡工程相互作用的测试、研究与评价工作。

(6)重视对古老滑坡等既有坡体地质病害的分析和研究，总结地区经验，制定相应的技术标准。

(7)鼓励开发和使用新技术、新方法和新手段。密切注意计算机技术、网络技术、数字技术以及航摄和卫星遥感技术的新发展，加强不同的高新科技平台在边坡工程有关专业的应用研究，加速实际生产力的形成。

(8)改进和完善技术装备水平，改变技术手段的落后面貌。着力提高钻探和原状土取样、室内试验和原位测试的技术与装备，逐步实现勘探取样设备、施工机具等产品的标准化与系列化。有计划地开发具有自主知识产权的大型边坡工程分析与设计软件。

7.1.4 公路边坡工程地质勘察

根据公路基本建设程序，公路勘测设计一般可以分为预可行性研究、工程可行性研究、初步设计(或方案设计)、技术设计和施工图设计五个阶段。各阶段对于边坡工程要求解决的工程地质问题的要求不同，根据公路工程建设项目主要勘测设计工作进程，其边坡工程地质勘察工作又可以分为可研勘察阶段、初步勘察阶段、详细勘察阶段和施工勘察阶段，如图 7-1 所示。

可研勘察阶段边坡工程地质勘察，是指在工程可行性研究阶段(预可行性研究阶段一般不涉及具体的边坡工程及其不良地质问题)，即线路走廊拟定后，应采取广泛收集资料、现场踏勘调查、辅以遥感判释，以及必要的钻探和物探方法初步查明拟定线路走廊带内可能存在的重要边坡工程问题或滑坡等不良地质问题的形成条件与分布规律，及其与不同的建设方案的相互影响与作用规律，为不同建设方案的比选和投资估算提供必要的基础资料，即进行预备性边坡工程地质勘察，提出重要地质说明或建议。

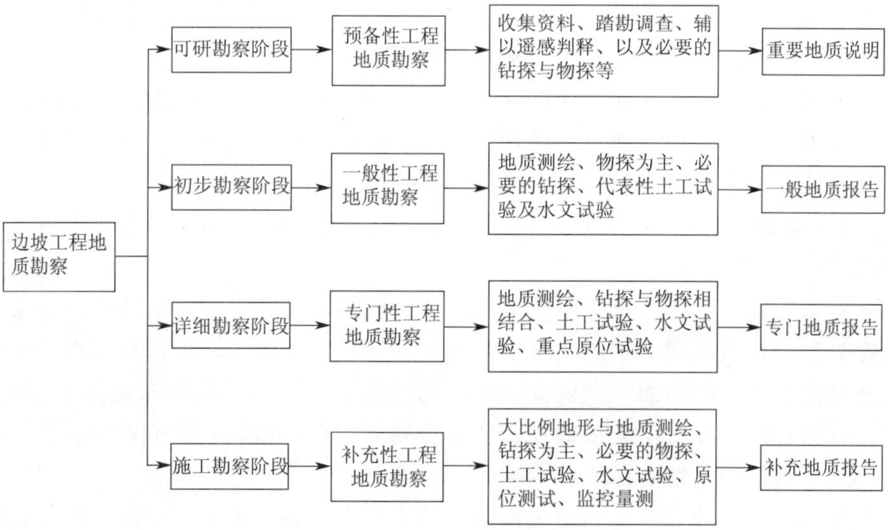

图7-1　边坡工程地质勘察阶段与要求

初步勘察阶段边坡工程地质勘察，是指在初步设计阶段或方案设计阶段，应结合当地自然地理和地质条件开展工程地质测绘，以物探方法为主，结合必要的钻探工作，查明典型的坡体结构条件及其工程作用和影响，并进行代表性土工试验及水文试验，为边坡防护工程设计或滑坡等不良地质整治工程设计提供必要的地质基础资料，即进行一般性边坡工程地质勘察，提出边坡工程一般地质勘察报告。

详细勘察阶段边坡工程地质勘察，是指施工图设计阶段或技术设计阶段，为确定边坡防护工程设计或滑坡等不良地质病害整治工程设计所需的岩土物理力学参数，应以初步勘察阶段所提交的一般地质勘察报告为基础，通过补充和完善工程地质测绘，采用钻探与物探相结合的方法，进一步查明边坡工程地质与水文地质条件，并包括系统的土工试验与水文试验工作，即进行专门性边坡工程地质勘察，提出边坡工程专门地质勘察报告。

施工勘察阶段边坡工程地质勘察，是指在边坡工程施工阶段，基于边坡开挖揭示地形地质条件、坡体结构条件以及地下水活动状态与分布规律等，结合边坡工程稳定性状态与变形动态特征，复查和校核勘察阶段边坡工程地质条件是否符合实际情况，必要时进行修改、补充和完善。并且，对重点复杂的边坡工程路段或滑坡等重要不良地质病害路段，为边坡或滑坡的防护加固工程方案的比选、优化以及动态设计与信息化施工等，进行大比例地形与地质测绘。以钻探手段为主，结合物探工作，必要时开展原位测试，在具备条件或客观需要的情况下实施边坡工程监控量测，查明坡体病害的性质与规模、历史与现状、病害原因与机理，以及稳定状态和发展趋势等，即进行重点边坡工程地质勘察，提出边坡工程补充地质勘察报告或专题地质勘察报告。

7.2　边坡工程地质勘察目的和要求

7.2.1　边坡工程地质勘察的目的

边坡工程地质勘察的目的是为了查明边坡工程或滑坡等不良地质病害区段的工程地质条件和岩土工程参数，分析研究边坡工程与公路建设及使用的相互作用和影响，评估预测边坡或滑坡稳定状态及其发展趋势，并提出可行的处治工程方案和建议意见，为边坡防护加固工程设计或滑坡等不良地质病害整治工程设计提供依据。

边坡的工程地质条件可概括体现在两个方面，即边坡的地质环境背景条件和边坡稳定性的主要影响因素。边坡工程的地质环境背景条件一般包括地形地貌条件、地层岩性条件、地质构造条件和坡体结构条件等；边坡稳定性的影响因素有开挖卸荷的作用和影响、大气降雨的作用和影响、地下水的作用和影响，以及河流的冲刷作用、河库水位升降、地震或爆破等其他因素的作用和影响。

边坡工程地质勘察的任务是查明边坡工程或滑坡等不良地质病害的坡体结构条件和岩土工程参数在外部条件改变或影响的情况下的变化状态与发展规律。重点在于查明坡体内起控制作用的滑动面或潜在破裂面等软弱面(带)的力学状态、发育特征、分布规律和影响因素等，分析和评价在各种因素作用下的坡体稳定状态和发展趋势，并需特别重视坡体地下水和大气降雨等对边坡或滑坡稳定性的作用和影响。

总结近年来山区高速公路高边坡失稳破坏的大量事例，必须结合边坡工程和道路工程建设特点进行地质勘察工作，主要体现如下：

(1)在工程可行性研究阶段的道路工程选线时，由于地质条件复杂，应贯彻“地质选线”的原则，尽量避开不良地质地段。如大型老滑坡、崩塌、坍塌连续分布地段，以及岩层顺倾(顺层)地段，避免开挖后老滑坡复活或产生大量新滑坡。

(2)应重视边坡的工程地质勘察，尽量减少高边坡工程数量，降低边坡高度，改变线路勘察中重桥隧轻路基的状况。据统计，施工后发生病害的大多是路基病害，特别是边坡的失稳破坏，其主要原因就是前期地质勘察资料不足，设计的坡形、坡高和坡率不符合坡体岩土的实际情况。若能在勘察期间查清高边坡的地质情况及可能的变形类型，就可以与隧道和边坡工程方案或移线方案作比较，减少边坡工程数量，降低边坡高度，设计符合实际的坡形，减少边坡发生变形的可能。

(3)高边坡设计为路基工程特殊设计，必须在尽可能详细了解边坡地段的地形地貌、地层岩性、风化破碎程度、构造、坡体结构和地下水分布以及自然斜坡的稳定状况等基础上，预测边坡失稳破坏类型和规模，从而设计出不出现大规模的坡体变形的合理的坡形、坡率、坡高及相应的加固、排水和防护措施，并对施工方法提出严格而详细的要求。

(4)边坡的勘察设计必须贯彻“动态设计、信息化施工”原则。由于种种原因不可能全面掌握全部地质资料，根据边坡开挖揭露的地质情况，修改和完善已有的边坡设计，特别是一些局部、小规模的边坡塌滑加固措施。

(5)边坡加固施工阶段，一方面讲究科学的施工方法，适应于不同的地质条件，对可能发生变形的边坡，必须严格施工季节、工序和方法(防止雨水渗入、逐级开挖逐级加固、控制爆破等)；另一方面加强监测手段，根据监测资料调整施工工序、进度和方法。

根据上述边坡工程勘察特点不难看出，道路工程边坡的地质勘察工作可以分为四个阶段。

第一阶段是以了解、掌握区域地质资料和避免出现大规模、群体性的边坡病害为目标的工程可行性研究阶段。

第二阶段是以初步设计阶段工作要求开展的地质勘察工作。道路工程设计中工程地质勘察要求内容繁多，期间主要以桥、隧等重要构筑物为主要勘察目标，针对目前情况，应兼顾和加强初步设计阶段的边坡工程地质勘察工作，特别是高大复杂的边坡及潜在滑坡的勘察。

第三阶段为施工图设计阶段、针对具体的边坡开展的详细的地质勘察工作，主要特点是以地质调查为核心，辅以必要的地质勘探，以查清边坡体的主要地质条件并分析边坡开挖后的稳定状态，可能发生的变形类型、部位和规模，为设计提供可靠的资料。

第四阶段是对开挖后的高边坡进行地质复查与校核，以备补充和完善边坡工程地质基础与岩土力学参数等资料，变更或优化原有的边坡防护加固工程设计。

7.2.2　可研勘察阶段的基本要求

道路工程建设项目可行性研究阶段边坡工程地质勘察，是为研究对工程方案的比较有关键性影响的滑坡等不良地质病害的工程地质条件，进行必要的工程地质勘察工作，提出工程方案比选的边坡工程地质依据。其边坡工程地质勘察的深度，应根据公路等级、复杂程度及勘察合同与具体要求进行。

可研勘察阶段，边坡工程勘察工作应在广泛和充分收集目标场区既有地质资料和边坡工程实践经验的基础上，以调查访问为主，结合现场踏勘，辅以遥感判释，必要时采用钻探或物探的方法，初步查明滑坡等不良地质病害的类型、性质、规模、范围及其发生和发展情况。特别是大型复杂的古老滑坡体病害及滑坡群病害，应研究其影响路线控制点、路线走向和工程方案选择的边坡工程地质因素及其危害程度与处治方案。

首先，可研阶段边坡工程勘察要求研究控制路线方案的滑坡等不良地质病害的分布范围及其工程地质特征，对路线走向和方案比选的影响应进行重点说明。

同时，可研阶段边坡工程勘察还要求研究控制路线方案的重要桥址的岸坡稳定性，或控制路线方案的长大隧道进出口边坡稳定条件，提出适宜的位置和比选意见。

此外，对于控制路线方案的越岭地段，应研究分析其工程地质基础和不良地质条件，从路堑边坡工程方案出发，提出路线越岭方案及比选意见。

可行性研究阶段边坡工程地质勘察主要包括：调查了解拟选路线的工程地质条件和水文地质条件；对控制路线走向的重点复杂边坡工程或滑坡等不良地质病害应进行总体稳定性评价；对路堑边坡的坡形坡率提出初步推荐意见；研究提出重要边坡工程对桥址位置或隧道进出口等的工程作用和影响。

可行性研究勘察收集资料包括：区域地质与地震资料；沿线的工程地质与水文地质资料；当地的边坡工程勘察设计经验；与目标工程类似的边坡工程实践经验和教训；有条件时收集相关航片与卫片资料。对收集的资料需经现场校核，对重点复杂路段进行踏勘调查，必要时开工程地质勘察工作会议。

可行性研究勘察的边坡稳定性评价，应满足拟选路线的要求，并着重研究分析坡体软弱面（带）及地下水的作用和影响。

当存在对路线有重大影响的复杂边坡问题或滑坡等不良地质病害，且不能避让时，应建议另行专题研究。

工程可行性研究阶段地质勘察工作手段和内容就是利用航测地形图、遥感图像判释、地面调查测绘、地球物理勘探和重点场地钻探等手段，开展以区域性、基础性为特点的地质工作，以便在大范围内，比较深入地查明对线路方案有控制作用的区域性工程地质问题，如大型活动性断裂带、不良地质地段等。

针对边坡工程，该阶段要特别关注的是在可能的几个线路方案中的严重不良地质地段，对于平行路线的顺河区域大断裂、长大顺层地段和不良岩土地段等地质灾害易发地段，要进行可能发生的地质灾害（包括边坡病害）性质、类型、规模和概率的预测，初估出治理工程方案和费用，以便进行比选。对于崩塌、滑坡等斜坡病害群发地段，主要以地表调查为主，内容包括：

①场区地形、滑坡地貌、地层岩性、地质构造和水文气象资料；

②滑坡及构造物的变形历史及现状等，以掌握目前滑坡的稳定程度、性质和类型、发展规模、基本地质条件和主要诱发因素，以及制订滑坡防治工程原则、工程措施、治理工程可行性和投资费用的估算等。

主要勘察内容和方法如下：

(1)工作范围

对于一段道路工程，开展专门的区域地质工作和大范围地质选线，其工作范围应以得到批准的可行性报告所圈定的，包括所有可能的纸上定线方案在内的区域为基础。这项工作的一个重要目的是以工程地质角度为主，综合考虑其他因素，使可能的路线方案范围得到最大限度的缩小，以便使初步设计阶段的地质勘察工作重点突出、工作量恰当，减少反复。

(2)工作内容

该阶段的工作内容是侧重于从宏观角度在需要的最大区域内，查明对线路方案，特别是对重点工程选址起控制作用的地质要素。带有浓厚的区域地质、基础地质和多学科综合性特点。

地层岩性侧重于建立工作区域的标准地层岩性表和标准地层剖面，为开展构造地质和工程地质打下基础；构造地质侧重于搞清地质格局、断裂构造地质组合体系、主要断层破碎带的发育情况和现代活动性、地震地质稳定性、地应力及地质发展史等。

工程地质与水文地质侧重于评价岩性、构造、地下水、不良地质和灾害地质现象对选线的控制作用，以及可能产生的环境工程地质问题。

(3)勘察方法

综合勘察的基本方法和程序是：航测地形图→遥感图像判断→地面调查测绘→地球物理勘探→重点勘探和现场试验。

(4)地形图比例

区域地质工作合适的比例是1∶5 000至1∶20 000的航测地形图，多数情况以1∶10 000最为适用，既可以包括较大面积，又有一定精度，满足该阶段地质工作的需要。

(5)航天航空遥感图像判释

遥感资料具有视域广阔、信息丰富并可以进行各种增强处理等特点。通过遥感图像判释，可以充分进行宏观格局分析，并指导地面地质工作。

为了提高判释效果，可同时应用不同波段、不同片种、不同比例尺的遥感图像进行系列化判释。

(6)地面地质调查测绘

开展地面地质调查测绘、编制区域工程地质图，是整个该阶段地质调查的核心和全部初测工程地质工作的基础。

遥感判释推断可以指导地面调查测绘工作，以减少其盲目性，但最终要通过地面实测的验证和筛选。地球物理勘探、钻探、试验的目的、方法、布置、解释等无不在地质测绘的指导下进行。区域工程地质图是以遥感判释为指导，以地面地质测绘为基础，综合各种勘探成果而完成的。

(7)地球物理勘探

地球物理勘探具有方法多、勘探深度可以人为掌握，以及可以点、线、面结合二维甚至是三维勘探的优点，是该阶段地质工作进行宏观勘察和深部探查的主要手段。应用航空、地面、地下多种物探方法，包括电法、磁法、地震法、电磁法等，从不同物理性质的测试角度进行综合物理勘探，有利于排除间接进行地质解释时出现的多解性或不确定性。

(8)钻探

在充分的地质测绘和地球物理勘探前提下选择具有代表性和控制性的点进行少量钻探是必要的。主要是为了验证或获取具有决策意义的一些推断。

该阶段的工作绝非是单纯的地质工作，而是与其他有关专业工作紧密相关和相辅相成的。对重大路线方案的取舍有重大控制作用的地质因素、地质工作应在投入足够的工作量的基础上，提出确切的评价意见，同时应根据工作成果提出优化下一步初步设计的具体建议。

7.2.3　初步勘察阶段的基本要求

初步勘察阶段的边坡工程地质勘察的任务主要体现在：查明边坡工程路段的区域地质、水文地质和工程地质条件，并作出工程评价；初步查明对公路工程场地位置起控制作用的路堑高边坡或滑坡等的不良地质条件、病害类型、区段范围、性质规模、危害程度和发展趋势等，并提出绕避或治理的地质依据；最终，提供编制初步设计文件有关边坡防护加固工程或滑坡整治工程设计所需的地质资料。

对于初拟的土质路堑边坡高度大于20 m或岩质路堑边坡高度大于30 m的路堑高边坡，或者地质环境脆弱(岩层顺倾线路、软弱面或带较为发育、地下水丰富)，或者古老滑坡堆积等不良地质病害路段，应初步查明其坡体结构条件、边坡稳定程度和发展趋势。

初步勘察阶段的边坡工程地质的勘察重点包括：调查边坡工程分类，即土质边坡、岩质边坡或二元结构边坡；调查二元结构边坡的土岩接触面倾角和倾向，土质边坡的土层性质、分层结构与组成，岩质边坡的岩性条件、岩层产状、岩体结构，以及不利结构面的发育状态与分布规律；调查地形地貌条件(重视古老滑坡场区微地形或微地貌)、水文地质条件，特别是地表水的活动状态和地下水的赋存与运移规律。

边坡工程初步勘察应包括以下内容：

①查明边坡工程路段的工程地质条件和水文地质条件；

②定性、定量评价路堑高边坡或滑坡的稳定性，预测工程活动对边坡稳定性的影响；

③提出路堑边坡开挖的坡形坡率建议；

④对稳定性差的边坡工程或滑坡病害路段，提出初步治理工程措施及设计所需的岩土工程参数。

查明边坡工程路段的工程地质条件应符合下列要求：

①边坡工程场地的岩土种类、成因、分布及物理力学性质，对各类岩土应按其工程性质进行单元层的划分；

②边坡工程场地的地质构造、结构面类型、产状、节理优势面发育特征、软弱结构面的分布情况及其抗剪强度参数；

③滑坡等不良地质病害的分布范围和性状及对边坡稳定性的影响；

④对地质构造复杂或超高边坡路段的工程勘察为Ⅰ级的边坡，尚需调查了解地应力分布情况。

查明边坡工程路段的水文地质条件应符合下列要求：

①调查地表水对坡面和坡脚的冲蚀作用；

②边坡工程路段地下水的类型、补给来源、与地表水体的关系、排泄条件、地下水位深度和

变化幅度、地下水的化学成分等；

③含水层的特征、分布规律、渗透性以及含水层间的水力联系；

④分析边坡工程路段水文地质条件与地形、岩性、地质构造间的联系；

⑤研究水对岩土体浸泡所产生的软化作用。

初步勘察应收集边坡工程路段已有资料，对工程勘察等级为Ⅲ级的场地应进行工程地质调查，对工程勘察等级为Ⅰ、Ⅱ级的场地应进行工程地质测绘，并应采用勘探、测试等手段进行综合勘察。

初步设计阶段的边坡工程地质勘察工作应突出重大地质病害对路线方案的制约。

确定路线方案前应对沿线地质构造带、断层、岩石的层理情况、地质病害的分布及范围等，通过对遥感地质判释资料以及不同勘测阶段的勘探、调查资料的分析，研究路线通过方案并不断优化。对地质较为复杂地段还应注意在设线后诱发并加剧地质病害的可能性，谨慎的确定路线的线位和采取的工程措施。

地质技术人员应配合路线设计师作好地质选线工作，可以沿初步拟定的路线线位，进行全线踏勘，对重点工点进行地质调查，得出初拟线位沿线的基本工程地质情况，评估路线方案的可行性，发现重大不良地质地段或预测工后会出现难以治理的地质病害的路段要及时反馈信息，以便尽快调整路线线位。对重大高边坡和不良地质(如滑坡)应作 1∶1 000～1∶500 比例尺的勘察。

基本确定路线方案后，及时委托有资质的单位进行建设用地地区地质灾害危险性评估工作，并进行大比例尺(1∶10 000)的地质遥感解译及地质灾害调查和工程地质调绘工作，编制 1∶10 000工程地质图和路线区域地质病害现状图。图件的重点是地质灾害和重要工点的工程地质条件，要有针对性，要突出重点，不可以拿 1∶50 000 地质图放大。现在委托地质部门做的图件，有些不能称为工程地质图，只能称为基本地质图(工程地质分区太笼统、工程地质条件的论述太简略)。

地质灾害评估工作不能够代替 1∶10 000 工程地质图的编制，但二者可结合进行，以节约时间和经费。

很多地质灾害(滑坡、泥石流等)由于植被覆盖、后期人工改造以及观察角度和范围有限等原因，在现场难以判断。通过遥感资料(如航片)可以从宏观上观察全貌，合理的解译，有利于对此类不良地质体的正确认识。

当工作中发现仍有重大的地质病害存在或有潜在的重大地质病害时，必须及时调整线位。对于重大的地质病害应尽量绕避，实在无法绕避的要考虑工程措施的可能性与可靠性，尽量在路线的平纵面优化上下功夫(采用分离式路基、用桥隧构造物通过、从滑坡体上部通过、半路半桥等)，避免高填深挖，以减少对地质环境的破坏，提高工程措施的可靠性和安全度。

对地质病害应以预防为主、防治结合、一次根治、不留后患。

对重大地质病害路段进行深入勘察，确定路线可行性，必要时应增加技术设计阶段边坡工程地质勘察。

7.2.4 详细勘察阶段的基本要求

详细勘察阶段的边坡工程地质勘察的目的是根据已批准的初步设计文件中所确定的边坡工程坡形坡率与防护加固工程设计方案和技术要求等基础资料，在初步勘察阶段边坡工程一般地质报告的基础上，有针对性地进行边坡工程地质勘察工作，为编制边坡工程施工图设计文件提供准确、详实和完整的工程地质资料。

其详勘工作任务主要体现在：进一步查明边坡工程区段的工程地质条件和水文地质条件，最终确定本段路基线位及边坡坡形坡率等；进一步查明边坡的坡体结构、稳定条件和影响因素等，为边坡工程防护与加固提供设计和施工必需的地质资料；根据初步设计阶段提出的重点复杂高边坡或滑坡等不良地质病害的防护加固或病害整治工程方案，具体查明其不良地质条件、边坡病害类型、影响区段范围、性质规模、危害程度、稳定状态和发展趋势，并为其防护加固或病害整治工程设计提供必需的地质依据和岩土参数。

边坡工程详细勘察重点有三个方面：其一是对滑坡等不良地质路段，根据已确定的整治工程设计方案，应查明滑坡病害的地形地貌特征、地层岩性条件、地质构造背景、坡体结构类型、岩体结构特征、地下水作用规律，以及病害性质、规模、原因、稳定程度和发展趋势；其二是对存在开挖边坡稳定问题的重点复杂的路堑高边坡路段，基于已确定的防护加固工程方案，应查明地层岩性、地质构造、坡体结构、不利结构面发育状态和地下水赋存与分布规律，以及潜在边坡工程病害的影响范围和危害程度；其三是对影响或控制滑坡滑动或边坡失稳变形和破坏的特殊岩土、滑带岩土和岩土体软弱结构面，应根据其防护加固或整治工程，设计方案要求所需的各项物理力学指标，如抗剪、抗滑指标等，同时查明滑动面或潜在失稳破裂面的形成条件与发展规律。

边坡工程详细地质勘察是对不稳定的路段(如滑坡等不良地质病害路段)或者潜在不稳定的路段(如重点复杂的路堑高边坡路段等)进行的专门性地质勘察工作，其工作内容应包括：

(1)查明滑坡等不良地质病害路段或重点复杂的路堑高边坡路段的工程地质条件和水文地质条件；

(2)明确其抗剪强度等岩土力学指标，分析评价滑坡体或潜在失稳体的稳定性状态，并提出切实可行的防护加固或治理工程措施建议。

查明工程地质条件与水文地质条件，包括：地形地貌与气象气候条件；地层岩性与地质构造基础；岩土体结构特征与坡体结构类型；边坡岩土种类、成因、性质及分布；滑动面或潜在滑裂面的成因性质、位置产状及其组合关系；地下水的类型、水位、赋存、补给、排泄及其动态变化规律，以及泉水湿地的出露情况与分布规律。

边坡工程详细地质勘察应采用工程地质测绘、勘探、测试等手段，工程勘察等级为Ⅰ级的工程，必要时应进行实验室模型试验、位移监测和水压监测。

边坡工程详细地质勘察应满足施工图设计和施工的要求，并应根据滑动面或潜在滑裂面的产状及其组合与坡面的关系、滑动面或潜在滑裂面的工程力学性质，结合各种影响因素进行综合分析评价。

边坡工程的地质勘察工作主要是针对具体边坡开展的详细的地质勘察工作，其特点是以地面的地质调查测绘为核心，辅以必要的地质勘探，以查清边坡体必要的基本地质条件，并分析边坡开挖后的稳定状态以及可能发生的变形破坏类型、部位和规模，为边坡设计提供可靠的地质资料。具体内容和方法如下：

(1)地质调查测绘是边坡勘察工作的主要手段，就是将边坡所在的坡体的基本情况和地质条件反映在1∶500的平面图和立面图上。根据边坡治理的不同阶段，要求不同间距的横断面，方案设计阶段每一地质变形单元要有一个横断面，施工图阶段要求每20～25 m测一条横断面，比例以1∶200～1∶500为宜。

主要工作内容有以下8方面。

①收集边坡所在地段的地层岩性、地质构造、降雨、地震及路线平、纵、横断面设计资料等。

②调查边坡所在山坡的走向、坡向、坡高，各分段的坡形、坡率、坡高；有无侵蚀平台；植被状况；河流、沟谷发育程度，分布密度、切割深度、走向、沟形、沟岸稳定状况；自然山坡上有无变形现象，其类型、规模及产生的部位。

③明确线路在坡体上的位置、走向，欲开挖边坡的高度和形式。

④查明当地同类地层中已有人工开挖边坡的形式和稳定状况。

⑤查明山坡和边坡上地下水出露位置、高程、流量变化。

⑥查明边坡地段岩体的地层、岩性、产状，不同地层在边坡上分布的位置，有无软弱夹层和接触面，其产状及其与边坡开挖面的关系。

⑦查明地质构造(主要是小构造)的分布位置、产状、发育程度、延伸长度、充填物、含水状况及其与开挖面的关系；岩体风化程度、岩体结构、裂隙发育程度。

⑧对于已开挖并已产生变形破坏的边坡，还应收集已开挖边坡的施工方法，包括施工季节、开挖顺序和开挖方式(如爆破等)、边坡变形历史过程、变形类型、发生时间、部位、裂隙分布、发展过程及其施工与降雨的关系。

(2)地质勘探是边坡工程地质勘察工作中的主要手段之一，就是利用钻探、地球物理勘探、深挖等综合手段，将拟开挖边坡地面以下的地质情况如风化程度、断层破裂带的延伸方向和厚度、岩层分布和地下水的分布规律等一一查清，并将其反映在 1∶200～1∶500 的横断面图上。

对于大型复杂的边坡或对重要构筑物构成直接危害的高边坡，如特大桥头、长大隧道的进出口，还应设置地表位移和深部位移监测，以确定边坡的变形规律。对于影响边坡稳定的不同层位的岩土应取样，进行物理力学试验，对地下水进行工程结构有无腐蚀的水质分析。

(3)坡体结构类型。从以上地质调查测绘和勘探资料就可以分析确定边坡的坡体结构和可能的变形类型及规模。

(4)边坡工程稳定性评价。边坡工程稳定性评价是施工图设计阶段和施工开挖前期重要的一个工作环节，是对边坡进行的一个专题性工作。

其主要目的是在已有地质勘察资料和施工图设计基础上，通过现场对每一个边坡的地质条件进行调查复核，利用宏观地质判断辅以必要的力学计算手段对边坡的整体稳定性进行评估。即开挖后能否产生大规模的坡体失稳，并对边坡的坡形、坡率和加固工程设计提出修改意见和建议。

该项工作一般由实践经验丰富的多名专家承担。实践证明，该项工作非常有效，不仅为建设管理单位提供科学的管理方法，而且避免因不合理的设计和施工而引发大量的边坡失稳破坏事件。

当前对于桥位和隧道等构造物工点地质勘察较为重视，但是对于深路堑和陡路堤、斜坡路堤、支挡构造物等路基方面的工点也必须加强，特别是高边坡和不良地质体的勘察和预测。

除了详细的地质勘察工作之外，还要贯彻综合设计原则，在路线设计的各个阶段，对工程地质条件要有充分的了解，保证路线方案的科学性。对地质资料要充分利用，桥位、隧道、路线各有一套地质资料，但彼此经常脱节。比如当桥隧相连时，隧道勘察发现有不良地质现象，边坡工程设计人员却不知道，还把桥台置于其上，因此应加强各专业之间的交流沟通，互相学习。从事路线、隧道、边坡工程设计的人员要尽量多地掌握一些基本的地质知识，以有利于对地质资料的合理使用。

7.2.5 施工勘察阶段的基本要求

施工勘察阶段的边坡工程地质勘察的目的是在边坡工程施工阶段，基于边坡开挖揭示地形地质条件、坡体结构条件以及地下水活动状态与分布规律等，结合边坡工程稳定性状态与变形动态特征，复查和校核勘察阶段边坡工程地质条件是否符合实际情况，必要时进行修改、补充和完善。并且，对重点复杂的边坡工程路段或滑坡等重要不良地质病害路段，为边坡或滑坡的防护加固工程方案的比选、优化及动态设计与信息化施工等需要，进行重点边坡工程地质勘察，提出边坡工程补充地质勘察报告或专题地质勘察报告。

其补充地质勘察工作任务主要有以下 3 点。

(1)以调查测绘为主要手段，详细调查地层岩性、地下水在边坡坡体的分布，以及断层和结构面的发育程度和分布。对坡形、坡率和防护工程设计，重点是对防止坡面变形和局部边坡变形的加固工程措施进行修正。

(2)对与大型复杂或对重大工程构筑物有影响的边坡，进行必要的监测和测试以检验加固工程效果和边坡的长期稳定，并依据监测和测试资料提出合理的施工方法和施工工序。

(3)在整个建设期，配合建设单位对边坡工程管理提供服务，如边坡开挖、加固工程施工、监理和质量保证等，提出系统的规定和细则。

边坡工程详细勘察重点：结合边坡坡体现场开挖揭露地质情况，对边坡体范围内地质情况做详细地质核查。对边坡开挖变形破坏的边坡，进行现场调查和稳定性分析评价，并对变形边坡的防护工程进行重新设计及加固处理。治理破坏工点边坡，并对其预防变形加剧等工程治理进行设计。

施工阶段主要以补充勘察为主，应包括以下内容。

(1)查明设计、施工提出的局部地段的工程、水文地质条件。

(2)按设计或施工的要求进行岩土工程评价，并提出设计所需要的岩土工程参数。

(3)查明局部地段工程、水文地质条件，主要研究分析与局部失稳有关的岩土条件。

施工补充勘察应进行工程地质测绘，必要时可进行少量的钻探、物探工作。

由于地质条件的复杂性和勘察周期的制约，对于滑坡病害或重点复杂的路堑高边坡路段在设计阶段难以布置充分的勘察工作量，无法查清场地详细工程地质条件。在施工期间，可以进行补充勘察，如边坡开挖揭露发现地质条件变化，及时补充和完善有关边坡工程地质资料。施工中发现新的地质问题(如新发现古老滑坡病害堆积体或边坡变形破坏产生滑坡病害等)也要补充勘察。应该把施工期间的勘察工作视作设计阶段勘察工作的重要补充。

另外本阶段应遵循动态设计和信息化施工的原则。有如隧道的超前预报一样，边坡的动态监测是施工阶段必须要进行的工作。施工单位一定要配备过硬的地质技术人员，及时发现问题，不要等到地质病害已经发生才去治理。要有前瞻性、预见性，发现边坡有失稳的趋势之后要立即反馈业主和设计单位，并及时采取合适的加固措施，避免边坡大面积失稳。应该认识到，设计阶段的勘察工作对地质现象和地质规律的认识往往是不全面的，甚至是错误的，据此进行的设计只能称为预设计。在边坡开挖以后，很多问题才会发现，此时应有岩土工程技术人员在现场，对照原有的勘察设计方案，发现新的问题之后通过合理工序及时调整设计方案。

目前施工单位的岩土工程技术人员是极为缺乏的，有时会由于不合理的施工方法导致或加剧了地质病害的发生和发展(如在破碎岩体上放大炮、自下而上开挖边坡等)。施工期间的岩土工程监理工作目前还较为薄弱的，有丰富理论知识和实践经验的岩土监理工程师极为缺乏，使施工期间的地质病害预防工作远远达不到要求。

7.3 边坡工程地质勘察内容和方法

7.3.1 边坡工程分类与分级

(1)边坡分类

关于边坡分类，从其物质组成或岩性条件、边坡工程特点或要素、工程类别或研究领域、边坡成因与坡体结构、变形状态与病害性质，以及各种综合因素等方面都可以进行划分和界定。分类指标不同，分类方法各异，常见边坡分类详见“1.1.2”。

结合公路或铁路等交通道路工程边坡的工程特点和要求，路堑边坡工程较适于按照边坡的物质组成结合其坡体结构特征进行分类。即主要类型基于边坡物质组成划分，亚次类型基于坡体结构特征划分。

据此，基于边坡物质组成，路堑边坡工程类型可以划分为土质边坡、岩质边坡和二元结构边坡等三个基本类型。详见“2.1.2”。

路堑边坡工程的主要亚类边坡还可以进一步细分，如类土质边坡、层状岩石边坡和节理岩石边坡等，详见“2.1.2”。

(2)路堑边坡工程分级

有关边坡工程分级，由于其工程类别的不同，各行业技术规范或规程有各不相同的定义和要求。

在中国有色金属工业总公司发布的《边坡工程勘察规范》(YS 5230－96)中，边坡工程安全等级是根据边坡工程类型的重要性划分为三个安全等级，并基于边坡工程安全等级、场地等级和边坡高度等级建立了边坡工程勘察等级划分标准和方法。

在国家建设部发布的《建筑边坡工程技术规范》(GB 50330—2002)中，边坡工程安全等级是根据边坡工程类型、边坡高度和边坡破坏后果的严重性分为三个安全等级。

在国家发改委发布的《水电水利工程边坡设计规范》(DL/T 5353—2006)中，水电水利工程边坡按其所属枢纽工程等级、建筑物级别、边坡所处位置、边坡的重要性和失事后的危害程度划分边坡类别和安全级别。

在国家水利部发布的《水利水电工程边坡设计规范》(SL 386—2007)中，是根据相关水工建筑物的级别与边坡与水工建筑物的相互间关系，以及对边坡破坏造成的影响程度，进行边坡等级的划分与确定。

直至目前，公路和铁路等道路工程部门尚未建立边坡工程安全级别划分体系，基于公路和铁路等道路工程建设目的和要求，结合路堑边坡工程特点，参考建筑、水利、水电和采矿等部门的实践经验，路堑边坡工程安全等级划分应考虑下列因素：

①对交通道路正常运行的影响程度；

②对人身和财产安全的影响程度；

③边坡失事后的损失大小；

④边坡规模大小；

⑤边坡所处位置；

⑥边坡病害性质；

⑦社会和环境因素；

⑧临时边坡还是永久边坡。

公路、铁路等交通道路边坡工程安全级别可以根据其线路级别、边坡高度、潜在边坡病害性质等划分为如下三个安全级别，见表7-1。

表7-1　边坡工程安全等级划分标准

边坡等级	一级	二级	三级
线路级别系数 J_1	高速公路或一级公路 Ⅰ级铁路 $J_1=3$	二级公路或三级公路 Ⅱ级铁路 $J_1=2$	四级及四级以下公路 Ⅲ级铁路 $J_1=1$
边坡高度系数 J_2	超高边坡 $J_2=3$	高边坡 $J_2=2$	低边坡 $J_2=1$
病害性质系数 J_3	山体变形 $J_3=3$	坡体变形 $J_3=2$	坡面变形 $J_3=1$
边坡等级系数 $J=J_1+J_2+J_3$	$J\geqslant7$	$7>J\geqslant5$	$J<5$

其中，公路是根据其使用任务、功能和适应的交通量划分为五个等级。

高速公路：具有特别重要的政治、经济意义，为专门供汽车分向分车道行驶并全部控制出入的干线公路。

一级公路：为连接重要政治、经济中心，通往重点工矿区、港口、机场，专供汽车分道行驶并部分控制出入的公路。

二级公路：为连接政治、经济中心或大矿区、港口、机场等地的公路。

三级公路：为沟通县以上城市的公路。

四级公路：为沟通县、乡(镇)、村的公路。

我国铁路等级是根据其在铁路网中的作用、性质和远期客货运量确定。

Ⅰ级铁路：铁路网中起骨干作用的铁路，远期年客货运量大于或等于20 Mt者。

Ⅱ级铁路，铁路网中起骨干作用的铁路，远期年客货运量小于20 Mt者，或铁路网中起联络、辅助作用的铁路，远期年客货运量大于或等于10 Mt者。

Ⅲ级铁路，为某一区域服务，具有地区运输性质的铁路，远期年客货运量小于10 Mt者。

基于边坡高度，可以将边坡分为低边坡、高边坡和特高边坡等三类。

低边坡：土质边坡高度小于20 m或岩质边坡高度小于30 m的边坡为低边坡，其边坡设计与防护可参考相关规范或手册的经验处理。

高边坡：土质边坡高度大于20 m或岩质边坡高度大于30 m的边坡为高边坡，边坡高度因素将对边坡稳定性产生重要作用和影响，边坡稳定性分析和防护加固工程设计应进行个别或特别设计计算。

特高边坡：边坡高度大于100 m的边坡为特高边坡，由于其边坡特别高陡，坡体稳定性普遍较差，在相关工程建设中，需要特别重视和研究。

基于山区道路工程的调查研究和相关既有研究成果，结合路堑边坡工程病害的性质和规模，可总结归纳路堑高边坡常见病害包括坡面变形病害、坡体变形病害和山体变形病害等三种类型。

坡面变形病害：一般包括风化剥落、流石流泥（坡面冲刷）、掉块落石、溜坍等浅表层变形和破坏。

坡体变形病害：一般包括崩塌、滑坡、坍塌、坍滑、倾倒、溃屈等边坡变形和破坏。

山体变形病害：一般为古老滑坡或错落堆积体等病害的复活变形和破坏。

7.3.2 边坡工程勘察主要内容

(1)边坡工程勘察工作大纲

基于各阶段边坡工程勘察目的和要求，在勘察任务明确以后，在收集已有资料的基础上经过现场踏勘，应编制出边坡工程地质勘察工作大纲，指导整个勘察工作，其主要内容包括：

①勘察任务来源；

②勘察阶段、勘察目的及技术要求；

③勘察场区自然地理与工程地质概况；

④勘察技术方案、主要勘察手段及其工作量；

⑤勘察人员组织和主要仪器设备配置；

⑥勘察工作进度安排和工作流程规划；

⑦勘察专项任务书（如物探、钻探、试验等）；

⑧勘察报告的主要内容及附件；

⑨勘察经费概算。

(2)边坡工程勘察主要内容

边坡工程勘察应根据不同的边坡工程类型或病害性质确定其主要勘察内容。

1)土质边坡

土质边坡勘察内容应包括地形地貌、土层性质、水文地质条件、物理地质现象、土体物理力学性质、边坡类型划分及破坏形式和稳定性评价。

调查边坡所处地貌单元、沟谷发育情况。查明土质边坡坡度、高度和坡面形态，并按土的性状进行边坡分类。

收集边坡区水文气象资料，调查泉水、露头的分布和流量变化，查明地下水类型、含水层分布与埋藏条件、含水层的水力联系、含水层的补排条件和透水性等。必要时进行地下水位观测，时段不宜小于1个水文年。

查明土体的厚度、物质组成、成因类型，进行土层划分。必要时查明土层底部基岩面起伏形态。

查明边坡坡面上的隆起、塌陷、张裂缝等变形迹象的分布。雨后应加强观察。

必要时进行边坡土体物理力学特性测试，根据土体的成因类型和颗粒组成进行渗透稳定性、振动液化性、膨胀性、耐崩解性、湿陷性等专门性研究。

2)岩质边坡

岩质边坡勘察内容应包括边坡的工程地质条件、工程地质分类、边坡岩体质量分级和边坡稳定性分类、边坡变形破坏机理分析与稳定性评价等。

调查河谷和溪沟的形态对称情况、切割深度、阶地分布与掩埋情况，自然边坡的高度坡度及坡形。并根据边坡岩体变形破坏特征和变形破坏机理进行边坡的变形破坏分类。

收集边坡区水文、气象资料，查明地下水的类型补排条件，地下水位埋深及变幅，泉水分布与流量变化，边坡岩体的渗透性和水文地质结构。地下水位观测时段不宜小于1个水文年。

查明组成边坡的地层岩性、软弱夹层带的分布性状与成因类型。

确定边坡所在的褶皱部位和岩层产状及其变化，划分边坡结构类型，查明对边坡稳定性有影响的结构面分布、产状、性状，进行节理裂隙统计，计算节理连通率。分析各类结构面及其组合的块体与坡面的关系，初步确定可能的变形破坏方式。

查明边坡岩体卸荷裂隙的分布、规模及特征，进行卸荷带划分。查明边坡岩体风化程度，划分风化带，分析卸荷与风化的关系。

必要时进行边坡岩体物理力学特性测试，重点研究对边坡稳定性有影响的软弱夹层带的变形特性和不同条件下的抗剪强度。

3)二元结构边坡

二元结构边坡的工程地质勘察内容除满足相应土质和岩质边坡的勘察内容和要求外，重点是要求勘察确定其土岩接触面的物质、形态、产状、含水状态、力学性质及其对边坡稳定性的作用和影响。

4)滑坡

滑坡的勘察应包括下列内容：滑坡区的地形地貌、地层岩性、地质构造及水文气象条件；滑坡体的分布范围、边界条件、物质组成、厚度和体积；滑动面带的形态、物质组成和物理力学性质；滑床的岩性及完整程度；滑坡引起的变形破坏迹象；滑坡区的水文地质条件；研究其形成年代。

研究滑坡的成因发展规律，进行滑坡类型的划分，区分滑坡的发育阶段。

根据勘察成果进行稳定性分析，预测稳定性变化趋势，进行稳定性分区。必要时布置或完善监测系统，监测其动态变化。

依据滑坡所处部位的滑坡类型、发育阶段、稳定性及发展趋势分析滑坡对道路工程建设与生产运营的不利影响和危害程度。

7.3.3 工程地质调查与测绘

(1)工程地质调查

边坡工程地质调查是边坡工程地质勘察中最基本、最主要的工作。它将从宏观上、整体上掌握边坡所在地段的地层岩性、坡体结构和构造格局；判断边坡是否可能发生整体失稳或局部变形，以及变形的类型、机制和规模大小；提出勘探线、点布置的位置、数量和深度，以及是否需要进行动态监测等。

边坡工程地质调查范围应包括边坡场区及邻近地段，必要时需适当扩大。具体地，调查范围顺边坡走向应超出边坡范围100～200 m，或两侧相邻坡体结构单元，以便于进行地形地质条件的对比。垂直边坡走向(即横断面)向上或向下均应达到稳定地层，一般地，上至坡顶或确认稳定的边坡段，下达当地侵蚀基准面(河底或沟底)，以便预测可能发生的变形规模和发展深度。

边坡工程地质调查所用地形比例尺：可行性研究阶段宜采用1∶5 000～1∶10 000；初步勘察阶段宜采用1∶2 000～1∶5 000；详细勘察阶段和施工勘察阶段宜采用1∶500～1∶2 000。影像资料比例尺：航片宜采用1∶25 000～1∶100 000；卫片宜采用不同时间各个波段1∶250 000～1∶500 000的黑白和假彩色合成或其他增强处理的图像；热红外图像不宜小于1∶50 000。

边坡工程地质调查方法应根据不同勘察阶段和不同勘察目的采用不同的方法。调查整个场区的工程地质、水文地质条件，与道路工程一般工程地质调查方法相同，宜采用线路调查法，即选择有代表性、垂直于道路工程走向的线路，布置观测点进行调查。调查与边坡稳定性有关的节理裂隙及不良地质现象，宜采用详细测线测量法，沿测线布置观测点进行测量。调查边坡工程安全等级为一级的区域地质与场区地质关系时，宜采用航片、卫片解译法。

在边坡工程地质调查工作中，应充分利用当地河岸、沟岸和山坡上的基岩露头以及人工开挖面（如堑坡、采石场、坑、洞等）调查稳定地层的岩性和产状、构造分布及其与临空面、开挖面之间的关系；调查应由整体到局部、由宏观到微观，面、线、点相结合步步深入，先从整体上掌握整个坡体的结构、构造格局和稳定性，再分段、分层调查各个局部的不同特征，以及对已有的和潜在的变形类型和范围，逐一作出评价。同时，在有条件时尽可能采用工程地质类比调查法，工程地质对比是调查评价工作的基础。

观测点应布置在各种地质界线上，在主要结构面上必须布点，观测点的密度根据地质单元体的大小确定；观测点的定位宜采用目测法或半仪器法；观测点的精度在图上的误差不应超过 5 mm。

边坡工程地质调查的主要内容包括：

1）自然山坡形态特征和稳定状况的调查

自然山坡的坡形、坡率和坡高，如直线坡、凹形坡、凸形坡、台阶状坡，每一段的高度、坡度及横向展布长度。他们的形成与不同岩性的地层分布、性质和风化程度有什么内在联系。例如硬岩层常形成陡坡和陡崖，甚至是峡谷，软岩则形成缓坡和宽谷，硬岩谷段多出现危岩、崩塌和落石，软岩宽谷段则多滑坡。

从山坡形态调查中还应区分不同岩土类型的稳定坡、不稳定坡和极限稳定坡。

稳定坡表现为坡面平直、形态圆顺，无坡度突变处的陡坎；岩性较单一或为均匀互层；无不良重力地质现象出现；坡面冲沟分布较均匀且顺直。

不稳定坡表现为坡面凹凸不平，有台坎、平台，且分布不规律。若有滑坡则表现出滑坡的特有地貌特征；若有崩塌落石则边坡上部有崩塌遗迹，坡脚或坡面有块石堆积；若有坍塌则表现为多处上陷下突的不顺特征；坡面冲沟分布不均匀且不顺直，沟岸常不稳定，有坍塌及堆积，甚至有堵沟现象；坡面树木不竖直，有东倒西歪现象，或有“马刀树”、“醉汉林”分布。

极限稳定坡是居于稳定坡与不稳定坡之间的过渡状态，当山坡的平均坡度达到或接近岩土的最大休止角时即处于极限稳定状态。外貌上表现为坡面基本平顺，有少量或局部不平顺，及少量裂缝出现，无大的变形现象。它表明只要再受到自然和人为的作用就会发生变形。

2）地层岩性的调查

地层岩性是构成斜坡的物质基础。岩土的成因和性质决定了其能保持的稳定坡率和高度。

土层，包括各种成因的黏性土、黄土，以及具有崩积、洪积、冲积、残积成因的土，各有其不同的颗粒组成、密实程度、含水状态和强度特征，因此有不同的稳定坡率。如膨胀土只能保持十几度的稳定坡；老黄土可保持近垂直的陡坡；新黄土陡于 45°就可能变形；崩坡积块石土可形成 30°～35°的岩堆和坡积裙；洪积土则随形成时的含水率多少，有的只有几度到十几度（如洪积扇），有的可达 20°～30°（如洪积堆）。岩层的稳定坡率差别很大，坚硬岩石可形成数百米、上千米的陡坡，而软岩坡高数十米、上百米就会变形。

岩层层面和不同成因、不同时代岩层的接触面（如坡积接触面、风化界面、整合面与不整合面)是坡体结构上的软弱面,它们的产状常常控制边坡的稳定。这些面倾向开挖面有地下水作用时,常会发生变形,有多层软弱面就可能形成多层、多级滑坡,如岩石顺层滑坡和多层堆积层滑坡。岩石的风化程度不同,具有不同的强度,所能保持的坡高和坡度也不同。

3)构造结构面的调查

对岩质坡体的稳定性起控制作用的除层面外主要是构造结构面,因此这项调查工作是非常重要的。

宽度数十米至数百米的区域性断裂带造成岩体破碎,形成陡坡中的缓坡段,若铁路、公路等线状建筑物平行穿过该带时,常发生线状分布的一连串边坡变形、滑坡、坍塌、崩塌、落石等严重灾害,且规模巨大、治理困难。

在岩体相对完整的坡段则应重视小构造的作用,小的断层、错动、节理,虽然规模小,但它们密集分布,倾向开挖面和临空面,或有不利的组合,或下附于坡脚时,常常造成边坡失稳。特别是那些贯通性、延伸性、隔水性好的构造面更不利于边坡的稳定。崩塌受构造面控制众所周知,即使是块状坚硬岩体如花岗岩体中的滑坡也受构造面的控制。岩质边坡的调查测绘更应注意小构造的调查测绘及其相互切割的配套分析,包括结构面的产状、性质、密度、延伸长度、结构面的充填物及含水状况等,及其与开挖面的关系。

4)地下水调查

水是边坡失稳变形的重要因素。除调查边坡汇水条件外,更应重视地下水出露情况的调查,包括地下水露头(泉水、湿地)位置、形态(线状、点状、是否承压)、流量、水温、水质等,并分析地下水对边坡稳定性的影响。

地下水呈线状出露处,其下的隔水层常是岩性软弱、遇水软化、容易发生变形的部位。

5)坡体结构调查

坡体结构是坡体内岩、土体及结构面的分布和排列顺序、位置、产状及其临空面(边坡开挖面)之间的关系,它是边坡稳定或失稳变形的地质基础。

在上述地质调查基础上,应分析边坡所在坡体结构类型,从而可预测边坡开挖后可能出现的变形类型和发生部位。

边坡工程地质调查成果汇编应在综合分析研究原始资料的基础上,编制有关的图件和文字说明,包括工程地质调查说明书、综合工程地质图、地层柱状图、代表性剖面图、节理裂隙统计图、素描图、照片及必要的文字说明等。边坡工程安全等级为二、三级时,调查成果可适当简化。

(2)工程地质测绘

边坡工程地质测绘一般是在边坡工程安全等级为一、二级的初步勘察阶段、详细勘察阶段和施工勘察阶段进行。

边坡工程地质测绘的范围应包括工程所涉及的边坡及可能对边坡稳定性有影响的地段。

边坡工程地质测绘的比例尺可根据边坡的规模和地形地质条件确定。平面测绘一般为1∶500～1∶2 000,初步勘察阶段宜采用1∶1 000～1∶2 000,详细勘察和施工补充勘察宜采用1∶500～1∶1 000,对边坡稳定性有重要影响的复杂地段可以采用1∶200;剖面测绘一般为1∶200～1∶1 000,应选择具有代表性的部位按方格网布置地质纵横剖面,测绘地质纵剖面宜沿主要位移或滑动方向布置,横剖面宜在其上中下三部位布置,当边坡变形破坏范围较大时应适当加密剖面;在工程地质测绘中还可以利用计算机建立岩体节理模拟网络模型。

边坡工程地质测绘方法应根据场地工程地质条件分别采用下列方法:测绘线路法,测线应垂直于岩层走向和主要构造线方向布置，测线间距可按边坡投影宽度的1/2布置，当边坡工程安全等级为一级时，测线间距可适当加密；界线追踪法，应沿重要的地质界线和大的不连续面布置观测点进行追踪测绘；露头测绘法，在第四系大部覆盖区，将所有露头观察成果和已有地质资料绘制于测绘底图上，其间的地质迹线用内插法处理。

地质观测点的布置：在地质构造线、地层接触线、岩性分界线、标准层和每个地质单元体，应布置地质观测点；地质观测点的密度，应根据场地地形、地貌、地质条件、成图比例及工程特点等因素综合确定；地质观测点，应充分利用天然和人工露头，当露头较少时，可以布置一定数量的探槽揭露。

地质观测点的定位方法和精度要求：当所用地形图的比例小于等于1∶10 000时，可采用目测法；小于1∶2 000时，可采用半仪器法；大于等于1∶2 000时，应采用仪器法；地质界线、地质观测点测绘精度在图上的误差不应超过3 mm；对边坡有重大影响的地质单元体，需要时可采用扩大比例尺表示。

边坡工程地质测绘成果的编绘应在校审原始资料的基础上，综合分析研究测绘成果，编制有关的图件和文字说明。测绘成果应纳入勘察报告，并应包括工程地质测绘说明书。根据需要编绘工程地质实际材料图、综合工程地质图、节理裂隙统计图、极点图、各种素描图及照片等。

7.3.4　工程钻探与工程物探

(1)边坡工程地质勘探方法和要求

边坡工程勘探方法应根据边坡工程勘察阶段、目的，及其岩土特性等综合确定。边坡勘探一般以工程钻探为主，同时可采用槽探、井探、洞探和工程物探等方法。

可行性研究阶段边坡工程地质勘察，一般只进行少量的物探和槽探，勘探点应布置在需要的和重要的部位。

初步勘察阶段的边坡工程地质勘察，应根据边坡工程实际情况布置勘探线和勘探点，勘探线的间距可以按表7-2确定。每一路堑高边坡工程的勘察至少2条勘探线和1条计算断面，对重点复杂的边坡工程还应加密勘探线的间距和计算断面数量。勘探点应分别在坡顶、坡腰和坡脚各布设1个测点。边坡工程安全等级为一级的边坡工程可以在坡腰上增加1～2个勘探测点。

表7-2　边坡工程勘探线间距

边坡工程等级	土质边坡(m)	岩质边坡(m)	备注
一级	25～50	50～100	
二级	50～75	75～150	
三级	75～100	100～200	

详细勘察阶段边坡工程地质勘探线和勘探点的布置应在初勘的基础上加密，增加的数量应符合准确确定失稳和可能失稳的边界条件的要求，勘探点的深度参照初步勘察阶段一般性钻孔的深度要求。

施工补充勘察，只进行少量钻探、物探等勘探。勘探工作应利用原有勘探线加密或延伸。

(2)工程钻探

每一条主勘探剖面或每个计算断面上的控制性钻孔一般不少于3个，控制性钻孔一般为勘探钻孔总数的1/3～1/2。一般性钻孔进入潜在滑移面或破裂面以下的稳定地层2～3 m(岩质)或3～5 m(土质)，控制性钻孔进入潜在滑移面或破裂面以下的稳定地层3～5 m(岩质)或5～8 m(土质)，预定深度遇软弱层时应适当加深。

布置钻孔时应结合相关测试和监测网的布设一并考虑，在软弱带或滑动带重要部位应采取原状样；钻探应及时测量地下水初见水位和静止水位；当有一层以上地下水时，应分别测定分层水位，并经常观察钻孔水位的变化，记录冲洗液渗漏情况；视需要进行水文地质试验，了解岩土体的透水性，并取水样进行水质分析。

钻孔孔径：一般性钻孔应满足岩芯鉴定的要求，宜为 76～150 mm；测试钻孔应满足相应测试要求，宜为 110～200 mm；取原状土样钻孔不宜小于 110 mm；取原状岩样钻孔不宜小于 76 mm。

钻探方法：土层宜采用无水钻进，套管护壁；岩层宜采用合金或金刚石钻头钻进，当接近软弱层(面)顶部时，应采用无水钻进；定向取芯应采用双重岩芯管，取软弱层原状样宜采用对开式双重或三重岩芯管。

岩芯采取率：土层和软层采取率应达到 90%以上，滑动面或软弱夹层采取率要求达到 100%，岩层采取率应达到 95%以上，破碎岩石采取率应达到 80%以上；当采用定向取芯确定构造带或岩层产状时，定向段岩芯采取率应达到 100%，定向成功率应达到 95%以上。

钻探岩芯应按规定内容进行描述、计算岩石完整性质量指标和编录，并应按顺序摆放在岩芯箱中，采用垂直摄像法拍摄彩照。

(3)工程物探

一般地，工程物探方法常与工程地质测绘配合使用，探查隐蔽的结构面的位置与分布等；也常与钻探配合使用，为钻探成果的内插和外推提供依据；同时，还可以用于测试岩土体的动力参数等。

工程物探方法应根据工程任务要求、边坡环境条件、岩土体物理性状等进行选择，常用的方法有地震波法、电法、声波测试法、测井和孔内电视等，宜采用多种方法进行探测，并与其他勘探方法综合使用，相互验证。

工程物探成果及相应的地质解释，应由已知的物探参数或一定数量的钻孔验证。

(4)槽探、井探和洞探

当覆盖层厚度小于 3 m，需要准确查明岩性分界线、构造线、破碎带宽度、软弱结构面位置等时，可采用槽探。探槽方向应垂直于岩层、构造线、破碎带、软弱结构面走向或滑坡周界，探槽长度应根据需要和所查明的地质条件确定，宽度和深度应根据覆盖层性质和厚度确定。

当潜在滑移面埋藏不大时，可采用井探。探井尺寸的确定应便于操作和取样。当地层较软弱、井壁易坍塌时，应采取支护措施。

当边坡工程安全等级为一级，需要详细查明深部潜在滑移面的位置及特征时，可采用洞探。洞井勘探应根据具体地质条件布置，当软弱结构面或滑动面带为中、高倾角时宜采用平洞，缓倾角时宜采用竖井，其深度应穿过可能失稳界面或软弱风化带。竖井与平洞的深度、长度及断面应由工程需要确定。

对探槽、探井、竖井或平洞，除文字描述记录地层岩性、软弱面带、地质构造等外，尚应以剖面图、展开图等反映槽、井、洞壁及底面的地层、岩性分界、构造特征、取样及原位测试位置，并对具代表性部位拍摄彩照。

7.3.5　综合勘探与新兴技术

(1)综合勘探技术

在地面调查测绘后尚不易查明的情况，如地层埋藏情况，风化界限、埋藏构造、软弱面和潜在滑动面的形状和埋深，以及地下水的含水层、隔水层等，需要通过勘探予以查明。一般勘探采用地球物理勘探，坑、槽、洞探和钻探相结合的综合勘探方法，并应首先考虑采用速度快、花费低的物探和坑、槽、洞探以减少钻探数量。

勘探线的多少应根据勘察阶段的不同而有区别，可行性研究阶段以地面调查为主，一般不安排勘探；初步勘查阶段必须布置少量勘探，一般一段边坡布置 1～2 条勘探线，有滑坡时，每一滑坡主轴线应布置一条勘探线；施工图阶段则应每 30～50 m 布置一条勘探线，并应有拟设工程位置的勘探断面。

勘探线上勘探点的密度，物探点间距为 10～20 m，钻探和坑、槽探点间距为 30～50 m，一条线上不能少于 3 个勘探点。

勘探深度取决于地面调查后推测的需要查明的地质界线的深度及可能发生变形的深度，一般应比以上深度加深 5～10 m。此外，至少应有一孔深度达到当地最低基准面(河沟底或路基面)以下 5～10 m，这样做一方面是防止遗漏最深的破坏面，另一方面是为设置加固工程查清基础情况的需要。

钻探点在横断面上的布置，在拟定边坡的坡脚应有控制性钻孔，其深度应达到路基面以下 8～10 m，一方面控制坡脚软弱地层的分布，另一方面为坡脚支挡工程提供基础资料。边坡中部的钻孔，其深度达路基面高程即可。边坡顶部钻孔只要深度达控制地层及深于推断破坏面以下3～5 m 即可满足要求。只有当整个路基有滑动可能时，才在边坡另一侧布置钻孔。有特殊要求时可适当增加钻孔。

勘探深度一般要达到中风化和微风化岩层 3～5 m，必须揭露覆盖层和强风化层的厚度，因为这是容易发生变形的地层。当遇到岩堆或厚层堆积体，整个边坡均在堆积体中，应揭露基岩顶面的形状以便评价整个堆积体的稳定性。此时钻入基岩的深度应大于当地所见的最大孤石的直径的 1.5 倍，以免误将孤石判定为基岩。

综合勘探技术的选用原则如下。

①物探是钻探重要的补充，它可以查明整个边坡体内的地层分布、埋藏断层和构造破碎带的位置、风化界限及过湿带的分布。虽精度不高，但造价低、速度快，可减少钻孔数量。物探线一般沿地形等高线布设以减少地形影响，其探测深度应大于钻探深度。

物探一般采用电测深法和地震法，前者有利于查清地层和地下水分布，后者能较准确的划分地层界限，可结合使用。

②对如水利工程边坡等特别重要、高大而复杂的边坡，重点部位可布设井探和洞探，它可以更清楚的揭露地层、构造和地下水情况，并可进行试验取样或进行原位试验。

③地表覆盖层较厚、基岩露头少的地区，地表调查有困难，可在覆盖层较薄处布设坑、槽探以查明地下地质情况。

④钻探是边坡地质勘探的最主要手段。

为了查明控制边坡稳定的软弱地层、构造结构面的位置和地下水情况，因此要求有较高的岩芯采取率，一般不小于 85%，以免漏掉软弱夹层。

钻探方法不应采用开水正循环钻进方法，因为它会冲掉薄的软弱夹层，且查不清地下水的分布，建议采用无泵反循环钻进方法。

其基本原理是：在岩芯管顶端接头顶部放一光滑钢球，岩芯管上部接一根长 1 m 的短钻杆，其上钻两个孔眼。每次下钻具前向钻孔中倒一桶冷却用水(有地下水时不倒水)，钻具下入钻孔后，随岩芯进入岩芯管，岩芯上部的水顶开钢球从钻杆上孔眼流出进入钻孔冷却钻头。它的最大优点是岩芯采取率高，可达 90%以上，不会漏掉软弱夹层，不会改变岩芯内部的含水状态,能及时发现地下水。其缺点是钻探速度较慢,尤其是岩层钻探,每回次进尺 0.3~0.5 m,提钻次数多。

目前采用的双筒岩芯管虽可提高岩芯采取率,但仍无法查清地下水情况。也可采用风冷却双筒岩芯管钻进方法。

当边坡岩土体内有较丰富的地下水分布时,应进行抽(提)水试验,查明各层水的分布、流量、补给和排泄方向等,为排水设计提供依据。

(2)面波勘探新技术(刘长平等)

近年来,我国公路交通建设事业迅速发展。由于公路长达数十至数百公里,跨越不同的地形、地貌、地层和地质构造分布区,地质环境复杂,公路沿线的高边坡、深路堑等工程对地质勘察质量的要求越来越高,勘察设计任务繁重。考虑到常规的钻探方法勘探周期长、成本高,已不能满足国家现代化建设及公路发展的要求。为此,近几年在道路工程地质勘察中采用了省时省力、快速经济的瞬态瑞雷面波法。

瑞雷面波法是一种新型的物探技术,同一波长瑞雷波的传播特性反映了岩土介质在水平方向上的变化,不同波长(频率)瑞雷波的传播特性反映了岩土介质在不同深度上的变化。

瑞雷波勘探的直接成果是得到各测点处面波速度随深度的变化曲线,即瑞雷波的频散曲线,根据频散曲线的特征及其变化规律作出符合客观的地质解译,其成果是由各层的厚度和波速,从而查明地下一定深度范围内岩土各分层的岩性、埋深和瑞雷面波传播速度,据此可对岩土的工程地质性质作出评价。

瑞雷波的频散特性和在岩土介质中的传播速度与岩土体的地质条件(矿物成分、密实程度、裂隙发育情况等)密切相关。利用瑞雷波的频散特性和传播速度与岩土物理力学性质的相关性可以解决较多的工程地质问题。

瞬态瑞雷面波法是根据实测频散曲线的变化规律,即按波速的变化来划分地层、判断岩土的物理力学性质,具有快速方便、省时省力的优点,有利于降低勘探成本,缩短勘察周期,提高勘察质量。若在地层变化比较复杂的控制点布设适量的钻孔进行验证,则有助于提高工程物探成果解译的精度,推动瑞雷波勘探技术的进一步发展。

当不同的地层波速有足够的差异时(波速差异超过 10%即可),瑞雷波法的分层较为准确,与钻探分层相符;但当相邻层的波速差异较小,瑞雷波就无法将其分开,只能解译为一层,产生判断失误。因此,设置合理的参数(如选择频率范围,主要考虑要求的勘探深度;选择频率间隔,主要考虑精度和分辨率)进行滤波处理,以消除干扰,提高瑞雷波的探测精度。一般情况下瞬态瑞雷面波法可靠的探测深度为 0~40 m。

在道路工程建设中,瑞雷面波法还可用于滑坡调查、地下采空区探测、软土路基加固处理效果评价、路基质量无损检测等。

总之,瑞雷波法必将在道路工程实践中达到更广泛的应用。

7.3.6　岩土工程测试与监测

(1)岩土工程测试

边坡岩土体物理力学性质试验的目的,主要是获取边坡稳定性分析和治理设计的岩土体参数和数据。其中,软弱层带和结构面的抗剪强度尤为重要,同时岩体应力对高陡边坡稳定性有着重要影响，在有限元等数值分析中需考虑岩体应力因素。

边坡岩土工程测试应根据边坡岩土类型和试验目的分别采用土工试验、岩石试验、模型试验和原位测试等方法。

可研阶段边坡工程地质勘察，可以根据需要进行一定数量的点荷载试验、轻便剪切试验等原位测试。

初步勘察阶段边坡工程地质勘察，对于一级边坡工程，应进行软弱结构面或带的原位剪切试验，每组结构面原位测试数量不少于 3 个，每一单元层的原位测试数量不少于 6 个。

详细勘察阶段边坡工程地质勘察，应尽量利用初勘成果，不足部分可以补充少量的岩土试样进行实验室试验和现场原位测试等，对于一级边坡工程，可以根据设计要求进行实验室模型模拟试验。

施工勘察阶段边坡工程地质勘察，可以根据开挖施工揭露地层或软弱结构面情况，结合边坡工程性质与工程重要性和复杂性，有针对性地进行有关岩土工程试验及原位测试工作。

1)土工试验

土工试验包括物理性质试验和力学性质试验。

物理性质试验有颗粒分析、重力密度、比重、含水率、液塑限等。对于碎石类土，需要时可作现场大体积重力密度试验；对于特殊土，应测定其特殊性指标。

力学性质试验有剪切试验和压缩试验。

土工试验方法和资料整理应符合国家相关标准、规范的规定和要求。

2)岩石试验

岩石试验包括岩块的物理性质试验、岩块的力学性质试验和软弱结构面(带)力学性质试验。

岩块的物理性质试验有重力密度、饱和重力密度、干密度、湿密度、孔隙率、吸水率，以及崩解性和膨胀性试验。

岩块的力学性质试验有抗剪强度、抗压强度、抗拉强度、抗剪断强度、摩擦强度、弹性模量和泊松比等，以及点荷载试验、轻便剪切试验、抗水性弱的岩石或经常处于湿润状态的岩石的饱和剪切强度试验。

岩块的力学性质试验应同时进行干抗剪强度试验和饱和抗剪强度试验。

岩石试验方法和资料整理应符合国家相关标准、规范的规定和要求。

3)模型试验

边坡工程模型试验包括室内模型模拟试验和数值模型模拟试验，模型模拟试验应提交专门的试验报告。

4)原位测试

边坡工程原位测试项目包括原位剪切试验、变形模量测定、弹性模量测定、地应力测量、混凝土与岩土表面摩擦系数试验、地下水流速与流向测定，以及抽水、注水、压水等水文地质试验和岩土承载力试验等。

各种原位测试成果应与室内试验和已有的工程反算参数进行对比，综合确定取用。

(2)边坡工程监测

边坡监测可直接获得边坡信息，掌握边坡稳定状况，检验稳定性分析结果与治理措施的效果，并对边坡变形发展趋势作出预测，为动态优化设计、信息化施工及安全运营服务。

边坡监测可分为勘察期间监测、施工期间监测和运营期间监测。

勘察期间监测主要为评价边坡稳定性、检测分析评价成果、预测边坡变形发展趋势及优化边坡工程设计提供资料。

施工期间监测主要为修改设计、指导施工，并为更新边坡勘察设计施工技术提供依据。

运营期间监测主要为把握边坡工程运行状态、验证边坡加固处理效果、保证边坡工程稳定与交通安全。

边坡工程监测应在充分研究边坡地质勘察资料基础上，结合边坡工程的设计方案布设监测网，监测网布设应满足下列要求：

①监测网应能控制边坡工程及其潜在变形边界，并沿可能滑移方向布置重点监测剖面。

②边坡监测应采用多种方法与手段分期进行，地面或外部监测及地下或内部监测与地质巡视观察相结合，各种监测手段应相互配合、相互佐证。

③监测项目的选择应重点突出，目的明确，并根据边坡开挖过程中出现的地质异常情况及时调整。

④监测点的布设宜利用已有的钻孔、平洞。

根据边坡的地形地质条件、监测目的进行监测手段的选择，常用的监测手段有：

①边坡地面或外部监测：高等级三角网及水准测量、对标监测测缝计、倾斜计、视准线等。

②边坡地下或内部监测：钻孔倾斜仪、多点位移计、应力应变计、地下水位计、水压力计、断层活动监测仪、静力水准仪等。

③水文气象监测：雨量计、水尺等。

边坡工程监测应根据边坡变形破坏类型和现场工作条件选择合适的观测仪器设备，常用的观测仪器及原则有：

①当边坡已经产生滑动时可采用钻孔倾斜仪；当产生拉裂时可采用测缝计；浅层差异性的块体运动可用伸长计、静力水准仪、倾斜仪等。

②应视可能位移量大小选择量程与其相适应的仪器；根据安装点的工作条件选择仪器类型。

③观测周期应根据边坡的变形阶段、水文气象条件确定。一般情况下是定期观测，当边坡处于位移加速阶段或暴雨洪水时，应加密监测。

监测数据要及时整理，并结合地质条件和环境因素等进行监测数据综合分析，提出监测简报、年度监测报告和总报告。

监测报告应包括：边坡的地形地质概况；变形的发生发展情况；监测网布置、方法、精度；各种监测数据的历时变化统计；分析监测数据的动态规律及相关性，比较边坡不同部位的监测数据的差异性，结合地质条件和环境因素等分析其对监测数据的影响程度；依据监测数据判断边坡稳定性现状，预测变化趋势；提出施工和运行期间监测工作的意见。

监测报告应包括下列附图：监测地段主要地质图；监测网布设图；主要监测项目结构安装图；位移或变形历时曲线；位移平面矢量图；地下水位或水压历时曲线图；降雨量历时曲线图；其他各种监测数据分析图件。

7.3.7　滑动面的分析与确定

(1)边坡潜在破裂面的分析

边坡稳定性分析过程中，边坡潜在破裂面的确定大致有三种途径。即工程经验分析法、破坏模式分析法和数值计算分析法。

工程经验分析法是一种工程地质工作者运用最多的依据工程经验和工程地质学分析的方法，一般称之为工程地质类比法。该方法是根据边坡的性状和受力特征，或通过对该边坡前期变形破坏模式的调查，或经过对特征相似的其他边坡破坏形式的总结分析去推测边坡开挖前后的变形破坏机制、特征及影响范围的一种经验方法。

破坏模式分析法是一种依据边坡破坏规律分析的方法。不同地质条件的边坡存在其一定破坏规律，根据现场工程地质条件，结合该类地质以往呈现的破裂面情况，分析并推断其有可能产生的新的破裂面情况。如土质边坡其破裂面一般为圆弧形；岩质边坡一般为楔形体破坏，破裂面为平面形；下伏软层岩体，破裂面一般沿软层滑移；二元结构岩体一般沿岩层交界面滑移，上部为圆弧状，下部为平面状等等。

数值计算分析法是一种基于有限元的分析方法。有限元法最突出的功能就是模拟边坡的应力、应变。一般开展有限元分析时，得出边坡应力、位移、塑性区后就开始进行直观的分析，往往得出的是定性的结果。而目前发展起来的有限元强度折减法需要对现状边坡的抗剪强度系数进行折减以得到边坡的稳定性系数，从而进行相关的分析。

(2)滑坡滑动面的确定

滑动面的确定，在整治滑坡中具有特殊的重要性，它直接影响到滑坡稳定性的判断、推力计算和治理工程的效果。确定滑动面的方法有直接观察法、工程地质对比法和深部位移监测法等。其中常用的是直接观察法和工程地质对比法，近年来，对于大型复杂的滑坡病害或重要工程滑坡病害越来越多地采用深部位移监测法。

1)直接观察法

主要是观察滑动面的各种滑动特征。

①滑带土、石由于受到挤压作用，所以扰动比较严重，常含有夹杂物质，力学强度也低。当滑带为黏性土时，在滑动剪切作用下，产生光滑面，且被挤压成鳞片状，有擦痕。黄土或黏性土中的滑动面不甚明显。

②滑动面(带)通常是沿着基岩顶面，下伏剥蚀面，含水层的顶、底面，软质岩层及其夹层等地质分界面滑动。

③构成滑动面(带)的物质多为云母、滑石、蒙脱石、高岭土、各种黏性土及各种风化严重的泥质页岩、千枚岩、云母片岩、滑石片岩、绿泥石片岩等。根据上述特征，可以直接观察到滑面的位置。如滑面已部分暴露或埋藏不深，可用挖深的方法确定滑面位置。

2)工程地质对比法

此法就是将勘测过程中获得的钻探、挖探、位移观测、水质分析、土质试验及调查访问等资料，互相对比，核对补充，经过全面分析后，使得各方面取得的资料统一起来，再同自然界类似的情况和滑坡体本身内在的条件进行对比，据以判断滑动面的位置。其分析对比方法如下：

①地层的分析对比

有些地层及其风化物很容易形成滑动面，如高灵敏的海相黏土，裂隙黏土，第三系，白垩系，侏罗系的砂、页、泥岩，侏罗系、二叠系的煤系地层，古生界的泥质变质岩系等。

②地质构造的分析对比

埋藏在斜坡内部，倾向与斜坡一致的软弱岩层及夹层、构造断裂面、岩层顶面、古地貌剥蚀面等都可能成为滑动面。

③地貌形态的分析对比

滑坡体表面的微地貌形态与滑坡面的变化是密切相关的。滑坡体表面地形鼓起的地方，滑面形态则成洼槽形(滑坡在纵向上是分级的);滑坡在纵向的陡坎地段,滑面在相应地段坡度亦陡,反之则缓;滑坡体上出现有较高的陡坎时,滑坡可能被分成上下两级;滑体下部出现隆起地形时,往往是滑面变缓或滑面呈反坡的地段。

④滑坡裂缝的分析对比

滑坡裂缝的形状和性质同滑坡各部位受力的情况有关。滑坡两侧雁行状裂缝常是滑面两侧的边界;滑坡下部的鼓胀裂缝地段,滑面坡度也相应变缓或呈反坡;拉张裂缝地段滑动面一般变陡;滑坡体在纵向上分级的滑坡,在其分级衔接处往往出现有弧形拉张裂缝;滑坡区内出现两组呈八字形状的裂缝时,滑坡则被分成两个独立部分。

⑤钻孔岩心与钻进现象的分析对比

滑坡在滑动后,其内部的地层结构、构造发生了变化,如地层的重复、缺失,裂缝的增多、变宽,岩层压碎,节理和层理产状的变陡、变缓,岩石矿物成分和颜色有变化等。由于滑带土、石软弱破碎,故在钻进过程中常发生钻孔涌水、漏水、掉块、卡钻、孔壁坍塌、钻进速度增快或减慢、套管变形等现象。

⑥滑坡水文地质条件的分析对比

滑坡区内地下泉水的出露,多是滑面被切割或暴露的部位;滑舌下部泉水出露的位置,往往是滑面的下缘(滑舌被阻、地下水位抬高者例外);两级滑坡衔接处,常有泉水、湿地和喜水植物出现;滑坡往往沿含水层的顶、底面滑动;黄土滑坡的滑面有的就在含水层中;滑坡体内存在几个含水层,其滑面亦有几个。

上述几项特征,可作为寻找和判断滑面位置、形状、数目的参考。滑坡的地质条件是复杂的,在应用时,应认真综合分析,不应只据某一特点就做出结论。在经过全面分析对比后,把所得各点滑面的坐标和高程标志在滑坡工程地质断面图上,然后连接起来,即是完整的滑动面。若设计需要的计算断面较多,可作出滑动面等高线图。

3)深部位移监测法

滑坡深部位移是滑坡变形和破坏的直接反映,对于处于变形(蠕动)活动中的滑坡,采用坡体深部位移监测是确定滑动面最直观和可靠的方法。坡体位移监测常用方法有:孔内吊锤法、孔内(多点)位移计法、钻孔测斜法以及时域反射法(TDR)。坡体深部位移监测尚可反映滑动面的变形活动动态与规律,是滑坡稳定性评价和滑坡预测预报的重要依据。

7.4 边坡工程地质勘察报告

7.4.1 一般规定与基本要求

边坡工程地质勘察报告,应在收集资料、工程地质调查、测绘、勘探、测试等一系列勘察成果进行逐项检查、全面分析鉴定、参数处理、综合分析的基础上编写。其成果内容应与工程安全等级和勘察阶段相适应。

边坡工程地质勘察报告一般应包括文字部分、图表部分和附件部分。文字部分要求言简意赅,条理清晰,论证有据,结论明确;图表部分要求比例尺选择合理,图面整洁、美观、清晰,数据准确无误,表格简明实用,与文字部分相符;附件部分应包括建设、设计单位对勘察工作的要求以及有关设计更改文件。勘察工作的原始资料,应分项整理验收,与报告书一并归档。

7.4.2 主要内容和编写大纲

当进行边坡专门性工程地质勘察后应编写边坡工程地质勘察报告，有时称“边坡岩土工程勘察报告”。一般应包括文字、图表和附件等三个部分。

(1)文字部分

文字部分应包括前言、自然地理与地质概况、岩土体结构、岩土体物理力学特性、变形机制分析、稳定性分析与评价、结论和建议等。

前言应包括勘察任务、目的和要求；工程概述；勘察工作概况；完成的工作项目和工作量。

自然地理与地质概况应包括自然地理概况(包括气象与水文)；地形地貌；地层岩性；地质构造；水文地质；物理地质现象；地震烈度。

岩土体结构：岩质边坡一般应包括边坡各区岩体结构特性与岩体质量评价，主要结构面组合及其与边坡的关系，不稳定或潜在不稳定岩体的范围、边界条件及规模；土质边坡一般应包括土体分布范围、厚度与规模，基岩面形态特性，土体结构，各土层分布、厚度及土质类型。

岩土体物理力学特性：岩质边坡应包括岩石和主要结构面的物理力学试验成果，边坡稳定性计算所需要的参数建议值；土质边坡(包括滑坡)应包括各土层土体与基岩接触面的物理力学试验成果，边坡稳定性计算所需要的参数建议值；必要时应包括地下水水质分析成果和侵蚀性评价。

边坡变形机制分析宜包括自然边坡形态、变形迹象；监测资料的整理与分析；变形破坏机制；影响诱发因素与发展阶段。

稳定性分析与评价宜分区进行，可分定性与定量分析，内容包括边坡稳定性分区及破坏模式确定；稳定性计算的工况及参数，计算成果分析；边坡稳定性分析与评价；工程边坡坡形坡率的建议；边坡施工运营期间监测意见和治理建议。

结论与建议要求明确具体，为各相关阶段设计或施工提供可靠的地质基础。

(2)图表部分

图件应包括工程地质平面图、工程地质剖面图、主要钻孔柱状图、主要平洞竖井素描图、岩体节理裂隙等值线图玫瑰图、结构面赤平投影图、视需要附工程地质平切面图、地下水等水位线图、基岩面等高线图、变形观测曲线图、地质素描及照片等。

表格应包括岩土试验成果汇总表、水质分析成果表以及位移变形观测成果表等。

(3)附件部分

附件部分应包括边坡勘察任务书、会议纪要、任务变更通知及设计变更文件等。

第 8 章

边坡工程设计理论和方法

8.1 边坡工程设计原则和方法

8.1.1 边坡工程设计原则

(1)边坡工程设计的总体原则

1)稳定性原则

山区高等级道路路堑边坡设计首先应以保证边坡稳定为前提。在此条件下，对需要大量借方路段，可通过放缓边坡来达到边坡稳定；对大量弃方和大量借方难于处置路段，应通过增加边坡防护工程来恰当设计边坡坡率。

2)综合性原则

山区高等级道路路堑边坡设计不宜采用单一的防护措施，而应根据实际情况采用多个防护方案同时进行的综合设计。如放缓边坡加坡面防护，或以工程处治为主，或者工程处治与生物防护相结合。同时，不论采用哪种措施都应加强排水系统设计。

3)特殊性原则

山区高等级道路土质路堑边坡设计不宜采用折线形边坡，应采用上缓下陡，变坡处增设平台的设计方法。对易风化的页岩、泥岩等，采用较缓边坡来保证其稳定时，应对坡面进行全面防护。倾角大于 25°的软岩，走向与坡面一致时，边坡坡度宜与倾角一致，防止顺层滑动否则，应设计可靠的支挡加固工程。

4)简便性原则

有些边坡坡率对整体稳定影响不大，而表面易受雨水侵蚀，常以防护工程类型和方便施工特性来考虑边坡设计。

5)环境保护原则

高等级道路除为社会提供安全、快速、舒适、经济的服务外，还应给人以美的感受，也就是要考虑沿路景观，要求边坡设计要适应工程场地环境保护的要求，并与场地环境相协调。

(2)边坡工程设计的基本要求

①路堑边坡根据其使用年限和保护对象的重要性应是安全可靠的。

②高度 30 m 以下的边坡，原则上以放稳定坡率为主；大于 30 m 的边坡，放缓边坡可能增加大量弃方、破坏大量植被、增大征地量，于环保不利，应在保证边坡开挖基本稳定的条件下，采取相对较陡的坡率，结合支挡加固工程以减小边坡高度。

③由于高边坡的坡脚应力较为集中，加固工程应贯彻“固脚强腰”的原则，“固脚”即加强坡

体下部坡脚一级或二级边坡的支挡能力，“强腰”则是在坡体中部采用锚固工程等措施调整坡脚应力，提高边坡的整体稳定性，并防止高边坡的局部失稳。既要保整体稳定，也要保局部稳定。

④高边坡设计应有完善的地表和地下排水系统，减少水对边坡稳定的作用和影响。

⑤高边坡设计应充分考虑生态保护，美化环境。

8.1.2　坡形坡率设计方法

路堑边坡坡形坡率设计是在自然斜坡工程勘察资料的基础上，结合交通道路线位规划与工程要求，在确保边坡稳定与安全的条件下设计路堑边坡工程，以满足道路工程建设目的和要求。

(1)边坡坡形设计

路堑边坡坡形设计包括边坡总体形态设计和坡级平台设计。

对于边坡总体形态原则上可以设计为直线形、外凸形和内凹形。一般地，对于均质土坡，内凹形边坡整体稳定性较好，外凸形边坡整体稳定性相对较差，直线形边坡介于两者之间，如图 8-1 所示。实际上，由于路堑边坡坡体地层结构的力学性质体现自上而下逐渐增高的特征，故边坡总体形态一般不设计为内凹形，常设计外凸形边坡较为普遍。对于相对高度较低的边坡，其总体形态大多设计为直线形。

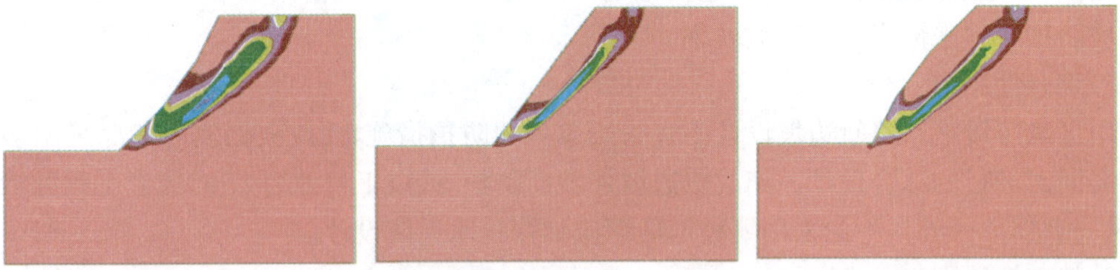

内凹形(F_s=1.58)　　直线形(F_s=1.49)　　外凸形(F_s=1.43)

图 8-1　坡体坡形与稳定程度的关系

在设计边坡总体坡高和总体坡率不变的情况下(即路堑边坡的堑顶和坡脚位置保持不变)，通过计算分析发现台阶状边坡可以比直线形边坡提高坡体的整体稳定性。

其中，对于较陡的边坡(陡于 1∶0.5)和较缓的边坡(缓于 1∶1.0)其稳定性提高不明显。对陡缓适中的边坡(坡率介于 1∶0.5～1∶1.0 之间)提高边坡总体稳定性的效果较好，具明显的区间性。当平台宽度为 1～5 m 时，其效果尤为明显，其后趋缓，当其平台宽度达到台阶高度的 0.8 倍左右时趋于一极限值，即体现单级边坡的破坏。

坡体岩土强度越高，稳定性提高效果越明显；台阶边坡高度越大，稳定性提高效果亦趋明显；增设平台或增加平台宽度对其坡体稳定性的提高受控于单级边坡的稳定性。因此，在确保单级台阶边坡稳定的情况下，宜设计成台阶状边坡以提高边坡的总体稳定度，并以 1～5 m 为佳。

如果边坡高度较大，需要设计成多级台阶状。单级边坡高度一般设计为8～12 m，对于相对完整且强度较高的地层可以设计 15 m 一级甚至更高。有关级间平台的宽度，一般设计为 1～3 m(强度高采用相对较小值，但考虑石方开挖因素，石方边坡宜采用较大值)。过高的边坡，还可以在其坡体中部设计 5～10 m 宽平台（强度高采用相对较小值），将一个高边坡化解为两个以上的相对独立的边坡段，以减少坡脚应力的集中发展，提高边坡的稳定性。

研究发现，级间平台设计为 1 m 时，其边坡稳定性可以明显改善，随着平台宽度的增加，至 3 m 时已无明显改观；在坡体中部设计 6 m 以上大平台时，可以明显改善坡脚应力集中作用和影响，达到分解高大边坡的设计目的。

（2）边坡坡率设计方法

坡率设计方法一般采用工程地质类比法、风化破碎程度确定法、结构面产状确定法、极限坡率图解法、相关规范或手册参考设计法以及数值分析计算法（或稳定系数计算法）。

①工程经验设计法或称工程地质类比法，是基于与设计坡体工程地质条件或坡体地层结构条件基本相类似的既有成功工程实例的边坡坡率，或者基于设计坡体所在地区的相关工程经验，采用类比的方法设计边坡坡率。

②风化破碎程度确定法，即根据组成坡体地层的风化破碎程度或成因类别设计边坡坡率，此类坡率设计法亦属工程经验确定法，见表 8-1。

表 8-1　风化破碎程度确定法

岩层				土层			
风化程度	破碎程度	设计坡率	备注	成因类别	破碎程度	设计坡率	备注
微风化		0.25～0.5		全风化土层		0.75～1.25	
弱风化		0.33～0.75		残积土层		1～1.25	
碎块状强风化		0.50～1.0		坡积土层		1～1.5	
砂土状强风化		0.75～1.0		松散土层		1.25～1.75	
岩体结构整体性较好时取较小值，岩体结构较破碎时取较大值； 岩石较硬时取较小值，岩石较软时取较大值				干燥少水状态取较小值，含水率较高时取较大值； 砂性土取较小值，黏性土取较大值			

③结构面产状确定法，是基于设计坡体内的控制性结构面或软弱带产状设计边坡坡率的方法。这种方法是由于结构面或软弱带的抗剪强度较低，将控制设计边坡的稳定性。设计刷方排除其上覆不稳定岩土，在下伏坡体岩土能够保持稳定的条件下，其控制性结构面或软弱带与边坡走向大体一致且刷方数量不大的情况下不失为一种较好的坡率设计方法，在顺层岩石边坡中经常采用。

④图表公式设计法或称极限坡率图解法，是以极限坡率或安全坡率为基础制做有关图表，根据设计坡体的岩土力学指标在相关图表中插值求解确定设计坡率。如作者开发完成的极限坡高与极限坡率计算器（或安全坡高与安全坡率计算器），可以便捷地确定均质边坡的设计坡率，如图 8-2 所示。

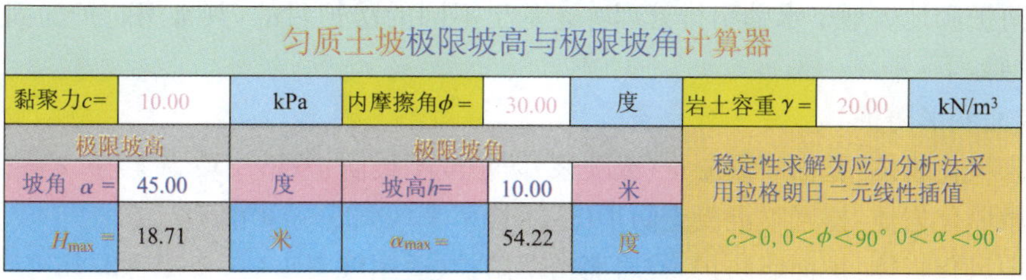

图 8-2　极限坡高与极限坡率计算器

⑤规范或手册参考设计法，即使用有关边坡工程设计规范或设计手册的建议值进行边坡坡率设计。由于现有规范或手册建议取值区间较大或存在明显差异，故仅有指导意义，其适用性不强。

⑥数值分析计算法，或称稳定系数确定法，是采用刚体极限平衡法或有限单元法等数值分析方法，基于坡体岩土强度指标进行分析，计算设计坡体的稳定系数，通过试算或优化确定边坡设计坡率。这种方法一般常在重点复杂的路堑边坡工程设计中使用，具有相对精确的优点(对坡体由多层土边坡的设计更有优势)，但较为费时繁杂，且对边坡勘察与试验资料要求较高。

8.2 防护加固工程设计原则和方法

8.2.1 防护加固工程设计原则

防护加固工程是依据路堑边坡稳定程度与等级标准设计，并经多方案比选优化确定。路堑边坡一般要求严格按照相关设计规范规定的"边坡工程等级"进行设计，其防护加固工程设计的总体原则要求如下：

对于稳定的边坡，即边坡在正常工况稳定系数大于1.2(依据相关设计规范确定，下同)且其他各种非正常工况下稳定系数满足规范要求时，一般无需增设额外支挡加固工程，即可维持坡体的总体稳定。

对于不稳定的边坡，即边坡稳定系数小于1.0，必须增加支挡加固工程，或放缓边坡坡率，以及采用刷坡放缓与支挡加固相结合处理，从而维持坡体稳定，确保边坡稳定系数满足规范规定各种工况条件下的要求。

对于欠稳定或稳定性差的边坡，即边坡稳定系数介于1.0～1.2之间，若不增设支挡加固工程可以保持暂时稳定，但在考虑各种不利因素的作用下，将有边坡失稳的可能，故需要增补一定的支挡加固工程，或经刷坡放缓处理使边坡稳定系数提高到1.2以上，并满足其他各种非正常工况条件下规范规定的稳定系数。

由于地质因素的不确定性和坡体结构的复杂性，对于经综合分析判断认为欠稳定或稳定性差的边坡，应加强其动态设计工作。根据施工实际揭露地层情况和坡体结构，及时分析判断，必要时调整防护或增补支挡加固工程措施，确保坡体稳定和结构安全。

8.2.2 防护加固工程设计方法

路堑边坡防护加固工程设计的目的，主要是抑制路堑边坡各种变形和破坏的可能性设计防护加固工程措施。包括坡面变形防护、浅表层变形防护、块体变形防护、深部变形防护、坡脚应力集中防护和地表地下水的引排处理等。基于不同的防护目的，其常用防护加固工程设计方法可总结如下：

(1)坡面变形防护

微～未风化岩体：岩面喷混凝土(或喷浆)防护或不设防护(适用坡率1∶0.25～1∶0.5)。

中～微风化岩体：挂网喷混凝土防护(适用坡率1∶0.25～1∶0.5)。

强～中风化岩体：护面墙防护，或岩面植草防护(适用坡率1∶0.5～1∶0.75)。

全～强风化层：拱型骨架防护，或三维网植草防护(适用坡率1∶0.75～1∶1.0)。

坡残积层：拱型骨架防护，或喷播植草防护(适用坡率1∶1.0～1∶1.25)。

松散土层：网格骨架植草防护，或喷播植草防护(适用坡率1∶1.25～1∶1.5)。

绿色防护：贯彻“最大限度恢复自然景观、美化环境和生态工程”的现代设计理念。

柔性防护：近年来，主动或被动等柔性防护网工程措施，越来越普遍地应用于防止岩质坡面风化剥落与掉块落石等坡面变形病害。

(2)浅表层变形防护

下伏中～微风化岩：系统锚杆防护。

上覆土层及强风化岩：锚杆框架梁防护。

(3)楔体或局部块体变形防护

以预应力锚杆框架梁及墩垫防护为主。

(4)边坡整体或深部变形防护

以预应力锚索框架梁及墩垫防护为主。

(5)坡脚应力集中防护

以坡脚设桩、墙等支挡结构防护为主，或加厚护面墙工程措施。

(6)地表地下水引排处理

对于坡体地下水引排，以仰斜平孔排水引排为主，结合墙背盲沟及结构泄水孔处理，有时采用边坡渗沟、支撑盲沟及重点部位引排等坡体地下水引排工程措施。

对地表水引排，一般在路堑边坡堑顶均设截排水天沟，坡面结合检查梯设急流槽，以及平台侧沟、路堑边沟等组成综合地表排水系统。

8.3 预应力锚索抗滑桩的设计计算

预应力锚索抗滑桩是中铁西北科学研究院(原铁道部科学研究院西北研究所)于20世纪80年代在国内首先研究开发的一种新型抗滑桩结构形式，其基本结构改进是在普通抗滑桩的桩头部位设置一孔或多孔预应力锚索。

这种新型抗滑桩结构的突出特点是改变了普通抗滑桩的悬臂锚固梁柱结构为近似弹性支座简支梁柱结构，使其桩身受力状态更趋合理，并具有主动加固滑坡体的作用和功能。由于预应力锚索抗滑桩结构合理、造价节省，在铁路、公路及其他工程建设领域滑坡治理中获得了广泛的应用，但是其设计计算理论却不甚完善，仍然有很多问题需要解决。

目前，对于预应力锚索抗滑桩结构的分析计算，可以分为三类。

(1)简化工况法：直接将锚索预应力作为外荷载施加在桩头上，与滑坡推力一起按静力问题计算滑面以上桩身内力及滑面处的剪力和弯矩，而滑面以下桩体内力计算与普通抗滑桩有关计算相同。这类计算方法没有考虑锚索与桩体的变形协调及其历时工况条件，认为锚索的拉力就是所施加的预应力在工作过程中其值保持不变或最终设计拉力状态。这种方法计算较简单，但由于在滑坡推力作用下未考虑锚索与桩的协调变形以及历时荷载作用过程，必将存在工程经济或风险问题。

(2)时步叠加法：这类计算方法的主要特点是考虑预应力锚索与抗滑桩体的变形协调机制，即桩头变位与锚索变形相一致，按预应力锚索抗滑桩的施工顺序和承力步骤计算预应力锚索抗滑桩在各相关工况历时条件下的桩身变形、内力和桩侧应力等，进行叠加求解。其计算依据和合理性均值得探讨。特别是在有前期滑坡推力作用等复杂工况条件下，不能进行各时步的力学叠加。

(3)实时工况法:在时步工况计算法的基础上,建立预应力锚索抗滑桩实时工况计算模式,实现预应力锚索抗滑桩工作全过程的实时动态解。

在另一方面,对于抗滑桩结构内力及桩侧地基应力的解算可以分为组合桩法和全桩解算法两种。组合桩法是对滑面以上的桩体承力段和滑面以下的桩体锚固段分别计算,通过滑面处的连续条件组合求解抗滑桩结构内力及桩侧地基抗力;全桩法是将抗滑桩结构考虑为一整体结构进行解算。

实时工况计算法不仅满足预应力锚索抗滑桩的各时步工况历时条件,而且可以保持各时步工况间的连续变形和受力条件。这种算法便于考虑桩前桩后弹性地基系数的差异、滑面以上弹性地基支座条件在预应力作用下与滑坡推力作用下的差异,以及预应力锚索等效弹性地基约束条件随时步变化的差异等不同边界条件,具有较为广泛的适用性。

作者介绍基于实时工况计算法,建立预应力锚索抗滑桩实时工况计算模式,通过在预应力锚索锁定前后即锁定时建立锚索等效弹簧间断和桩锚变形连续条件,采用线弹性地基梁差分近似解的全桩解算技术实现预应力锚索抗滑桩的全过程实时工况全桩解。并且通过利用 Excel 的规划求解工具,可以较为合理的解决预应力锚索设计拉力及其锁定值的确定与优化问题,以建立较为合理的预应力锚索抗滑桩设计计算理论和方法。

8.3.1　预应力锚索抗滑桩的实时工况

为了解算预应力锚索抗滑桩实时桩身位移、内力及桩侧应力等动态力学参数,需要对锚索抗滑桩的工况条件进行具体的划分,并建立相应的实时工况计算模式。

根据预应力锚索抗滑桩的施工构筑工序、预应力锚索的锁定步骤和滑坡推力的作用时步等桩身受力状态,分析预应力锚索抗滑桩的工况历时条件主要可以分为:抗滑桩的成桩工况、前期滑坡推力作用工况、预应力锚索锁定工况和后期滑坡推力作用工况,以及滑坡推力波动和锚索预应力损失工况等。

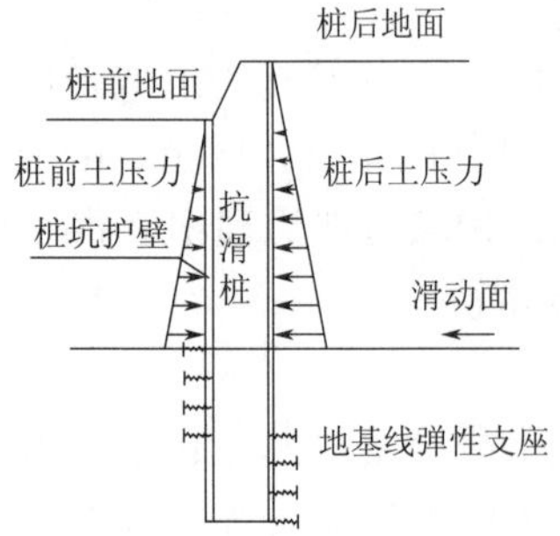

图 8-3　抗滑桩成桩工况

(1)抗滑桩的成桩工况时步

抗滑桩桩身灌筑完成之后,桩头锚索预应力施加之前,一般不考虑滑坡推力的作用(显著变形活动的滑坡体除外),其桩身外荷载为桩身前后两侧的静止土压力荷载,如果桩身前后地面高差明显,则存在不平衡土压差,将产生桩体的小量变形和桩侧反力,严格地说,会影响下一时步的桩体变形和桩侧反力分布。由于考虑这种土压差较小,且基本已在桩身护壁施工期间通过护壁结构调整和承担,故通常视该成桩工况条件为空载条件,如图 8-3 所示。

(2)前期滑坡推力作用工况时步

抗滑桩桩身灌筑完成之后,桩头锚索预应力施加之前,当滑坡病害存在显著的变形活动或存在桩前开挖扰动等不利条件下,必须考虑前期滑坡推力的作用,应该说是部分滑坡设计推力的作用,此时可根据相关工程经验或现场实测值确定外荷载进行计算。

在该时步工况条件下,其外荷载为前期滑坡推力,即前期桩后滑坡推力和桩前滑坡抗力。桩侧地基为滑面以下桩段范围内的线弹性地基支座,如图 8-4 所示。其中需要明确的是,前期滑坡推力作用仅当滑面以上桩后滑坡推力大于桩前滑坡总抗力时才能产生作用,即部分桩后滑坡推力用于平衡桩前滑坡抗力。

(3)预应力锚索锁定工况时步

抗滑桩桩身灌筑完成并达到设计强度要求之后，即可对桩头锚索进行张拉，施加预应力，并按照设计锁定拉力值进行锁定。在该时步工况条件下，其外荷载包括桩头锚索锁定预应力、桩前滑坡抗力和前期桩后滑坡推力。桩侧地基考虑为滑面上下全桩段范围内的线弹性地基支座，如图 8-5 所示。

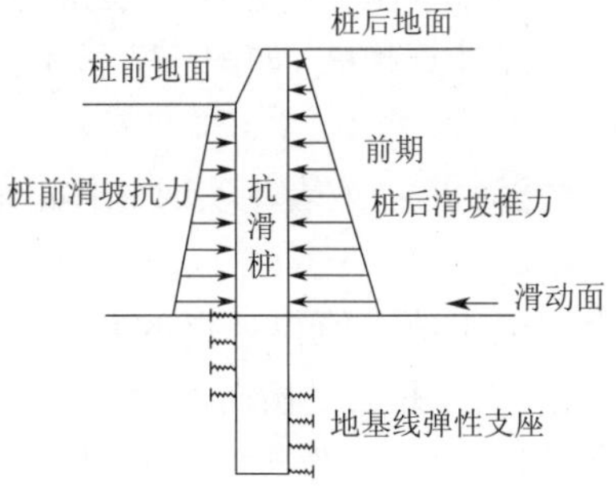

图 8-4　前期滑坡推力工况

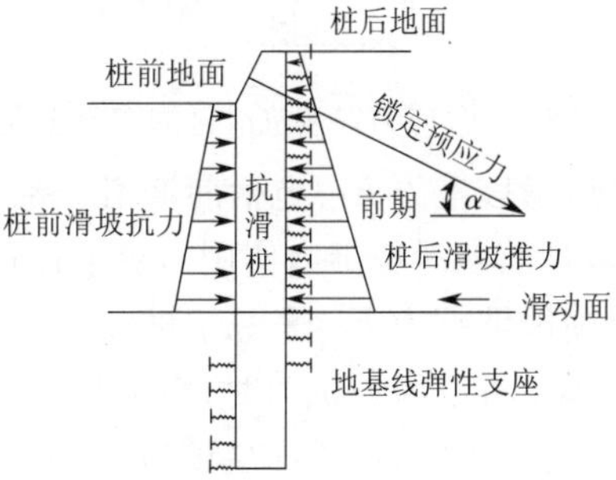

图 8-5　预应力锚索锁定工况

(4)后期滑坡推力作用工况时步

当预应力锚索锁定作业完成以后，预应力锚索抗滑桩还将承担后期滑坡推力直至设计滑坡推力状态，并与预应力锚索协调变形和共同作用。在该时步工况条件下，其外荷载包括后期滑坡推力、桩头锁定预应力和前期滑坡推力与滑坡抗力，即全部荷载作用。桩侧地基为滑面以下桩段范围内的线弹性地基支座和预应力锚索等效线弹性支座，如图 8-6 所示。

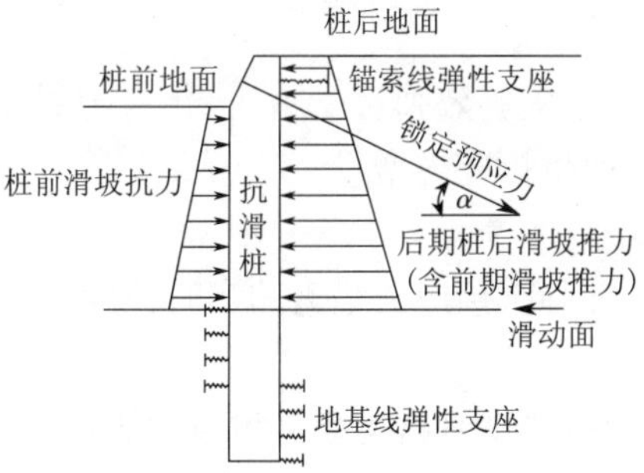

图 8-6　后期滑坡推力作用工况

其中需要明确的是，预应力锚索锁定工况条件下，在滑面以上产生的桩侧抗力部分是由后期滑坡推力平衡所包含；另外，预应力锚索与桩体的协调变形和耦合作用是通过在相应锚头处作用的等效弹性支座处理。

通过对上述预应力锚索抗滑桩的历时时步工况条件的系统分析研究，我们可以发现，对于预应力锚索抗滑桩结构的实时工况计算，其关键技术有如下两个方面：

其一是桩侧地基抗力系数的问题。桩侧地基抗力系数具有以下特点：桩前与桩后的侧向地基抗力系数有可能是不相同的，如桩前桩后地面存在明显高差的情况。当桩体位移为正，即向桩前变形时应取用桩前侧向地基抗力系数；当桩体位移为负或桩体向桩后变形时应取用桩后侧向地基抗力系数。滑面以上与滑面以下桩前侧向地基系数也有显著差别，即由于桩后滑坡推力和桩前滑坡抗力计算荷载的假定可以认为滑面以上桩前侧向抗力为零。

其二是桩体或锚头锁定前后变形的间断和连续问题，即锚索等效弹簧的间断和锚头位移的连续。具体地说，预应力锚索锁定前和锁定后存在一个等效锚索线弹性支座之差，即锁定前不计锚索支座，锁定后要考虑锚索支座，体现桩体与锚索的协调变形；另一方面，锚头位移一旦锁定完成后将存在一个初始变形值(锁定时锚头位移)参与桩锚的协调变形和作用，亦可认为

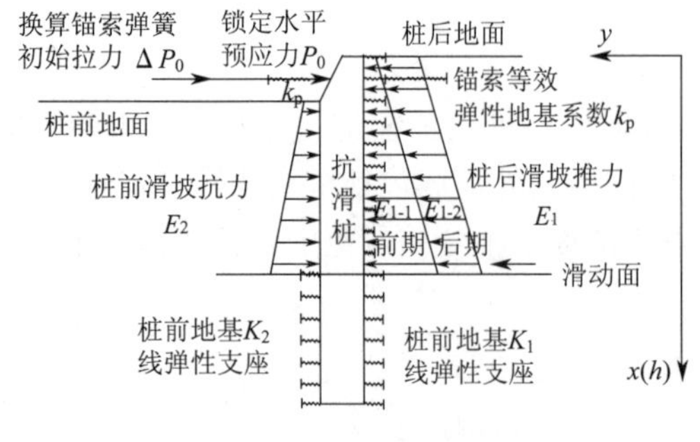

图 8-7　预应力锚索抗滑桩的实时工况

预应力锚索等效弹簧存在一个虚拟的初始拉力值(独立于实际的锁定拉力值之外)，以保持预应力锚索锁定前后锚头位移的连续变形和桩锚协调作用。

通过研究预应力锚索锁定前后的桩体承受荷载和桩侧地基反力特征，并建立锁定前后锚索等效弹簧间断和变形连续条件，可以建立实时工况计算模式，如图 8-7 所示。

其中：

桩后滑坡推力 E_1：包括前期滑坡推力 $E_{1\text{-}1}$ 和后期滑坡推力 $E_{1\text{-}2}$，或者用实时总体滑坡推力表示(包含前期滑坡推力作用)，直至设计滑坡推力。

桩前滑坡抗力 E_2：来源于桩前剩余抗力与被动抗力的极小值。值得一提的是，当桩后滑坡推力小于桩前滑坡抗力时，滑坡抗力取为与滑坡推力相同或一并因平衡而不计。

锚索锁定拉力值 P_0：在预应力锚索锁定之前(含锁定时)，P_0 值为实时张拉或锁定荷载值；在预应力锚索锁定之后，P_0 值为锚索锁定拉力值。

换算锚索弹簧初始拉力 ΔP_0：在预应力锚索锁定之前为零；在预应力锚索锁定之后，ΔP_0 值可以通过锚索锁定时的锚头位移值 y_0 进行换算。

$$\Delta P_0 = k_p \times y_0 \tag{8-1}$$

锚索等效弹簧支座 k_p：预应力锚索可以等效为弹簧支座，实现桩锚的协调变形与耦合作用，产生拉应力增量 ΔP。

$$\Delta P = k_p \times y \tag{8-2}$$

因此，预应力锚索的实时拉应力值可以表示如下：

$$P = P_0 - \Delta P_0 + \Delta P = P_0 + k_p \times (y - y_0) \tag{8-3}$$

桩侧地基抗力条件可以视为由桩后和桩前两侧单向弹簧组成，即桩后弹性支座 k_1 和桩前弹性支座 k_2，其中，桩前滑面以上弹性系数为零，预应力锚索等效为弹性支座 k_p。因此，桩侧抗力系数 k 可以表示如下：

$$k = k_1 + k_2 + k_p \tag{8-4}$$

当 $y \geqslant 0$ 时，$k_1 = 0$

当 $y < 0$ 时，$k_2 = 0$

锚索锁定前，$k_p = 0$

在上面计算模式中有关桩身荷载和桩侧抗力条件，不仅满足或包含预应力锚索抗滑桩的各时步工况历时条件，而且可以保持各时步工况间的连续变形和受力条件，从而建立了预应力锚索抗滑桩的实时动态工况计算模式。

8.3.2　抗滑桩结构分析全桩解算

关于抗滑桩结构内力及桩侧地基应力的解算，在以往的抗滑桩设计计算工作中常采用组合桩法，组合桩法是对滑面以上的桩体承力段和滑面以下的桩体锚固段分别进行力学计算，通过滑面处的连续条件组合求解抗滑桩结构内力及桩侧地基应力。这种组合桩解算法对于普通抗滑桩较为便利，而对于预应力锚索抗滑桩，并且考虑实时工况条件和桩锚协调变形与耦合作用时，就显得十分复杂和局限。因此，作者在既有横向荷载桩相关计算技术成果的基础上，结合有限差分法，推导完成了抗滑桩结构分析全桩解算方法，并开发了一套抗滑桩结构分析计算软件——Analypile。全桩法是将抗滑桩结构考虑为一整体结构进行解算，并适用于预应力锚索抗滑桩的实时工况条件。

(1)基本计算假定

预应力锚索抗滑桩结构分析计算的全桩解算法，需要进行如下基本假定：

①抗滑桩按弹性构件进行计算，地基考虑为线弹性 Winkler 模型，锚索按换算线弹性 Winkler 模型计算。

②锚索桩所承受的滑坡推力和桩头锚索施加预应力(锁定)均按外荷载考虑。

③不计桩周摩擦和桩底反力等桩身轴向力作用。

④预应力锚索抗滑桩的计算模式是根据预应力锚索抗滑桩的施工顺序和承力步骤，采用实时工况条件。

⑤对于预应力锚索抗滑桩实时工况条件下的预应力损失和滑坡推力波动或消涨，采用增减外荷载的方法处理。

⑥桩身位移和滑坡荷载以指向桩前侧为正，桩身剪力以指向桩后为正，桩身弯矩以桩前侧受拉为正。

(2)线弹性地基梁和有限差分法

根据梁柱原理，不考虑轴向力的情况下，在线性弹性地基反力体系中，如果已经给出地基反力系数 k_h 是深度 x 的任意函数，则抗滑桩的基本方程式可以用式(8-5)表示。

$$\frac{d^2}{dx^2}\left(EI\frac{d^2y}{dx^2}\right)+B_pk_h(x)y=\bar{q}(x) \tag{8-5}$$

为了用差分法解上式，将桩的全长 n 等分，并设每等分的长度为 λ。设桩头的编号为3，桩底的编号为 $n+3$，在桩两端的延长线上建立假想点1，2及 $n+4$、$n+5$(这是为了便于电算，避免出现零及负号而假设的)，如图8-8所示。

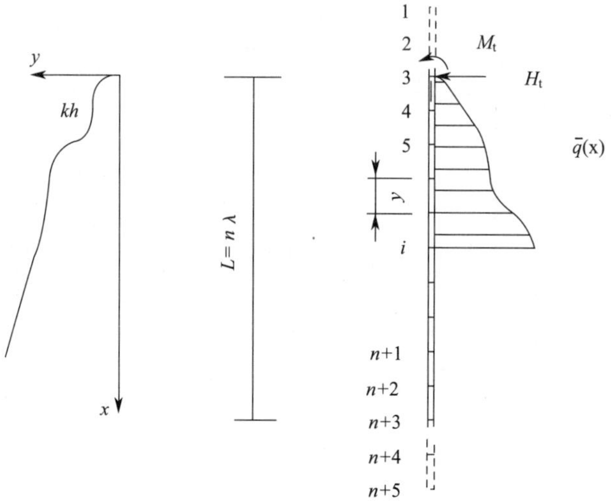

图8-8　有限差分近似解简图

则可建立下式

$$
\left.\begin{aligned}
\left(\frac{\mathrm{d}y}{\mathrm{d}x}\right)_i &\approx \frac{y_{i+1}-y_{i-1}}{2\lambda}\\
\left(\frac{\mathrm{d}^2y}{\mathrm{d}x^2}\right)_i &\approx \frac{y_{i+1}-2y_i+y_{i-1}}{\lambda^2}\\
\left(\frac{\mathrm{d}^3y}{\mathrm{d}x^3}\right)_i &\approx \frac{y_{i+2}-2y_{i+1}+2y_{i-1}-y_{i-2}}{2\lambda^3}\\
\left(\frac{\mathrm{d}^4y}{\mathrm{d}x^4}\right)_i &\approx \frac{y_{i+2}-4y_{i+1}+6y_i-4y_{i-1}+y_{i-2}}{\lambda^4}
\end{aligned}\right\} \tag{8-6}
$$

结合式(8-5)和式(8-6)，挠曲方程可以建立差分近似式表示为

$$
\left.\begin{aligned}
&y_{i+2}-4y_{i+1}+(6+A_i)y_i-4y_{i-1}+y_{i-2}=\frac{\bar{q}(x_i)\lambda^4}{EI}\\
&A_i=\frac{B_\mathrm{p}k_\mathrm{h}(x_i)}{EI}\lambda^4
\end{aligned}\right\} \tag{8-7}
$$

根据桩顶桩底边界条件，并从桩尖 $n+3$ 开始顺次计算，一直计算到 $n+5$ 点。只要按高斯消去法前进消去和后退回代就能解出。但重要的是要考虑桩的位移特性，从桩的下端开始消去，否则精度就会降低。

(3)预应力锚索的等效与简化

由上述抗滑桩结构的有限差分方程可以看出，其迭代方程要求满足桩身荷载和桩侧地基抗力为连续集度分布，而预应力锚索荷载为集中力和点支座约束，因此需要对预应力锚索进行等效和简化。

根据圣维南原理，可以把预应力锚索集中力和点支座等效为邻近差分单元的集度分布，如图 8-9 所示。

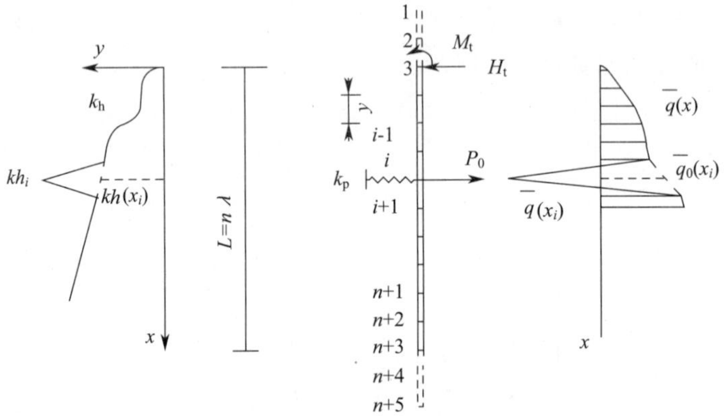

图 8-9 预应力锚索等效示意图

$$\bar{q}(x_i)=\bar{q}_0(x_i)-P_0/\lambda \tag{8-8}$$

$$kh_i=kh(x_i)+k_\mathrm{p}/\lambda \tag{8-9}$$

式中 P_0——锚索集中荷载即锁定拉力值(kN)；

λ——差分单元长度(m)；

k_p——锚索水平换算弹性系数(kN/m)；

$$k_\mathrm{p}=\frac{nEA}{L}\times\cos^2\alpha$$

式中 E——钢绞线的弹性模量(kPa)；

A——单束钢绞线的公称面积(m^2)；

n——桩头锚索钢绞线的总束数；

L——锚索自由段的长度(m)；

α——锚索的倾角(°)。

可见，对于预应力锚索集中力的处理是采用邻近节点等效附加荷载集度的方法处理。同样，锚头等纹线弹性支座是采用邻近节点等效附加地基系数分布的方法处理。

(4)全桩解算技术和方法

预应力锚索抗滑桩实时工况全桩解算，是在上述有限差分方法的基础上按图8-10所示流程解算，并编制抗滑桩结构分析计算程序“Analypile”。

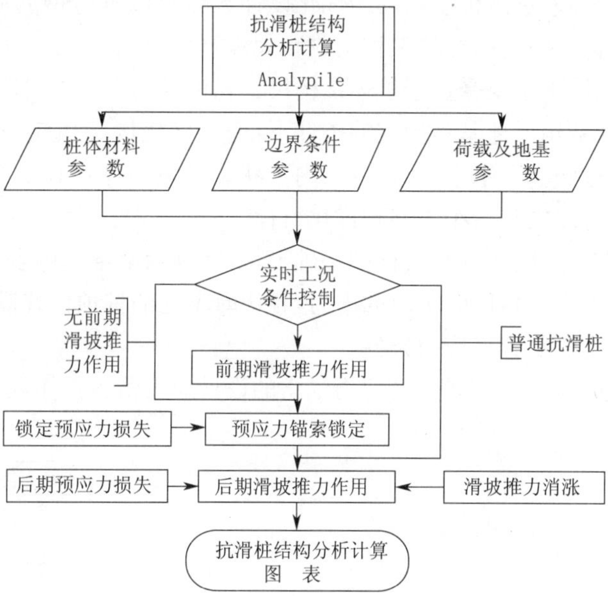

图8-10　全桩解算流程图

该软件适用于普通抗滑桩和预应力锚索(杆)抗滑桩的结构分析与计算，可以考虑多种工况条件：滑坡推力独立作用工况、预应力独立作用工况、滑坡推力和锚索设计拉力共同作用简化工况、滑坡推力和锁定预应力变形协调作用实时工况。抗滑桩结构力学计算为全桩法，采用线弹性地基梁差分近似解，其桩锚变形、桩身内力和桩侧应力均为实时解。

8.3.3　设计拉力及锁定值确定原则和方法

对于桩头预应力锚索的设计，需要解决两个关键问题，即预应力锚索设计拉力值和预应力锚索锁定拉力值的确定原则和方法。在以往工程实践中，具有代表性的有以下几种：王化卿等将预应力锚索的设计拉力值确定为净滑坡推力在滑面处产生的剪力值的1/2～4/7；刘小丽和桂树强等根据桩锚索协调变形进行锚索预应力值的设计；王桢等基于减少桩身弯矩和工程造价的目标，试算提出为桩体受力15%～25%的经验值。

上述方法大多以经验为主或者结合求解便利与工程利弊考虑，缺乏明确的工程意义、确定原则和系统方法，在工程实践中存在一定的困难和局限。作者基于本节建立的预应力锚索抗滑桩的实时工况和全桩解，特别是配合开发的预应力锚索抗滑桩结构分析计算软件“Analypile”的 Excel 平台，便于规划求解，从而可以较为合理地解决预应力锚索设计拉力及其锁定值的确定原则和方法。

首先，对于预应力锚索设计拉力值的确定，可以建立在预应力锚索抗滑桩最终设计工况的基础上，如图 8-11 所示，即在设计滑坡推力和设计锚索拉力值的共同作用下，并满足前述工况等限制条件，最终使其工程的桩体与锚索达到最优化组合。

具体地，是在桩体的几何结构尺寸基本确定和场地锚固条件基本可行的条件下，以桩锚工程的指标工程造价最小化(如桩体两侧最大弯矩之和)作为优化目标，以其主要历时工况状态(包括位移、内力及桩侧应力)作为约束，通过规划求解优化确定预应力锚索设计拉力值(多排锚索计算时优势更为明显)。

优化目标：预应力锚索抗滑桩结构的最优化设计显然是以桩身钢筋混凝土与预应力锚索工程总造价最小为目标。经过以往的工程实践和大量算例分析发现，一般在场地锚固条件具备的情况下，其工程总造价主要受控于桩体结构尺寸和桩身内力状态(控制结构配筋量或含筋率)。本节主要讨论在结构尺寸基本确定的条件下，通过优化设计预应力锚索总拉力值，进而优化桩身内力状态与桩侧应力水平，而桩身的内力状态又主要体现在桩身弯矩总量，因此，作者选定桩体两侧最大弯矩之和最小为问题优化目标。

主要约束条件：在上述问题优化目标的基础上，其问题约束条件可表示为设计最终工况的内力(最大正负弯矩)不小于各历时工况的内力，各历时工况的桩顶位移满足工程条件要求，各历时工况计算桩侧应力满足容许应力条件。

求解变量：该问题的求解变量即为预应力锚索的设计拉力值。具体规划求解策略如图 8-12 所示。

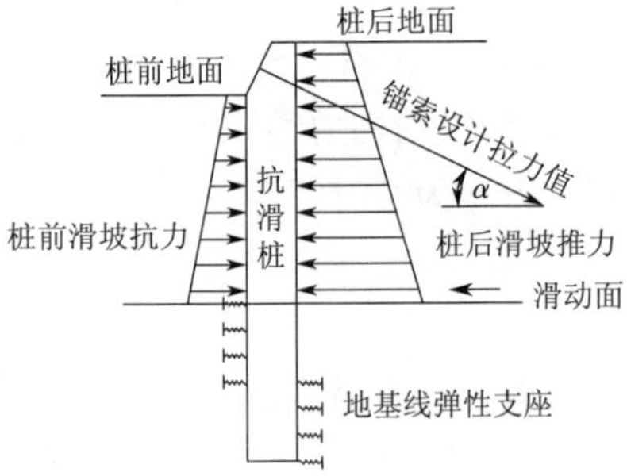

图 8-11　最终设计工况

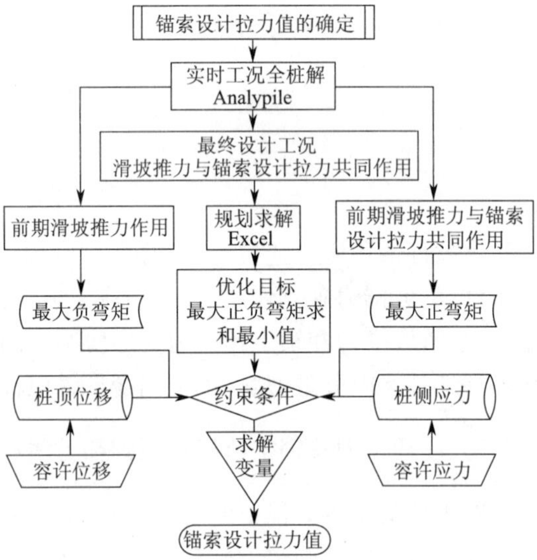

图 8-12　设计拉力值求解流程图

在另一方面，预应力锚索锁定拉力值要求满足桩体与锚索变形协调或相容，使设计滑坡推力作用后，预应力锚索之应力水平达到或满足其设计拉力值。

基于所述的抗滑桩结构分析计算程序“Analypile”及其开发平台 Excel 工具，对于锚索锁定拉力值的确定较为简单，只需对设计最终实时工况条件进行试算或优化即可。对于单排锚索，可以采用Excel工具的单变量求值方法确定。对于两排或多排锚索，则采用Excel工具的规划求解方法确定，即选定某一合理优化目标(如正负弯矩之和最小)，以各排锚索的最终计算应力水平满足相应设计拉力值为约束条件，以各排锚索的锁定百分率为可变量进行优化求解即可。具体规划求解策略如图8-13所示。

此外，基于规划求解工具的便利，也可在预应力锚索抗滑桩设计实时工况条件下，对预应力锚索设计拉力及其锁定值进行综合规划求解。

预应力锚索抗滑桩的各时步工况条件复杂，虽经多年理论研究和工程应用，但在当前对该结构的设计计算尚存在一定的局限性或技术问题。通过建立预应力锚索抗滑桩的实时工况条件及计算模式，推导和完善线弹性地基梁的有限差分方程，实现了具有较为广泛适用条件的关于抗滑桩结构力学分析计算的实时全桩解，并编制了抗滑桩结构分析计算程序"Analypile"，提出了预应力锚索设计拉力值的确定原则和预应力锚索锁定拉力值的估算策略。使预应力锚索抗滑桩结构设计计算较为简便明了，并且相对较为合理可靠。其中值得一提的是，当前对于桩侧地基抗力或反力体系，以及桩后滑坡推力和桩前滑坡抗力的分布和作用规律等有待进一步研究和完善，从而使预应力锚索抗滑桩的结构设计计算更为经济合理且安全可靠。

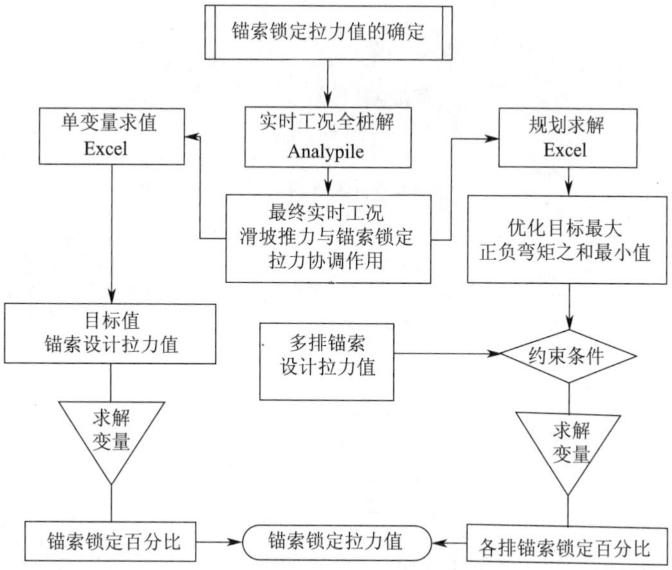

图8-13　锁定拉力值求解流程图

8.4　锚固工程设计计算

边坡锚固是对潜在失稳或将来可能发生失稳的滑体，采用锚固技术进行加固处理。因此锚杆(索)设计的任务首先根据工程地质勘察与分析研究，确定潜在滑移体的位置、规模、形态、大小及稳定状态，然后确定边坡的工程性质与稳定性重要程度，选择合理的破坏准则和安全系数。在此基础上，决定锚杆(索)布局、安设角度及预应力值，设计锚杆(索)和锚体的类型和尺寸，验算锚杆(索)稳定性和设计锚头等主要内容。其设计流程如图8-14所示。

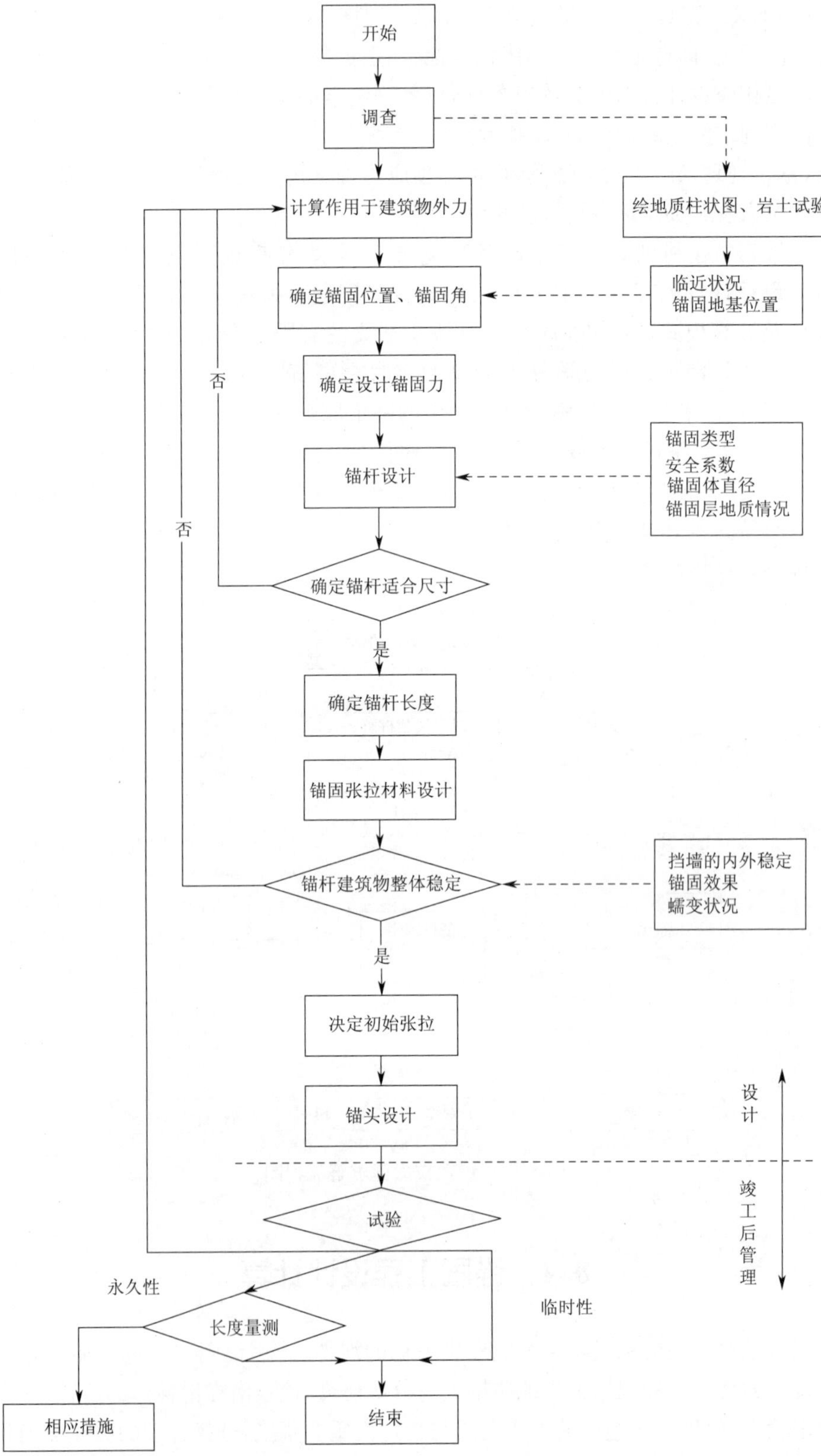

图 8-14　一般边坡锚杆(索)设计流程图

8.4.1　预应力锚杆(索)加固边坡原理

穿过边坡滑动面的预应力锚杆(索),外端固定于坡面,内端锚固于滑动面以下的稳定岩体中,锚固所施加的预应力主动的改变了边坡岩体的受力状态和滑动面上力的不平衡条件,既提高了岩体的整体性,又增加了滑面上的抗滑力,从而达到加固边坡,提高稳定性的目的。

采用预应力锚杆(索)加固边坡,主要利用了锚杆(索)与岩体的共同作用,大大地改善了边坡岩体的稳定条件。其一,由于预应力作用,使不稳定滑体处于较高围压的三向应力状态,岩体强度和变形特征比单轴压力及低围压条件高得多;其二,结构面压紧状态,使结构面对岩体变形的消极影响得以减弱,从而显著地提高了岩体的整体性;其三,锚杆(索)的锚固力直接改变了滑面上的应力状态和滑动稳定条件。

8.4.2　边坡稳定性验算及锚固力计算

(1)边坡稳定许用安全系数

边坡许用安全系数$[F_s]$,是指边坡容许的最小安全系数。其值大小直接关系到边坡工程的安全性和经济性,所以,合理的选用$[F_s]$是边坡锚固工程设计需要首先解决的问题。一般边坡工程加固容许安全系数需根据工程的重要程度,依据相应工程类规范来确定。在福建省高速公路建设中,边坡工程建设安全许用安全系数为1.2。

(2)边坡稳定性分析及锚固力计算

边坡稳定性评价与分析,需根据各边坡工程特点进行。边坡工程自身不同于一般岩土工程,其稳定性评价受诸多因素影响,即边坡工程稳定性的系列影响因素,详细内容在前文中已有叙述。

对稳定性计算而言,其中最主要的因素为工程地质条件。首先岩体工程类型(岩质边坡、土质边坡及二元结构边坡)对边坡稳定性评价有影响。不同岩体地质条件及岩体强度差别较大,强度参数误差对边坡稳定性评价影响相对也较大。

不同地质条件边坡,潜在失稳破坏模式也相应不同。对于目前稳定性评价手段和计算方法,不同失稳模式其评价与计算方法也相应不同。对其计算模式的选择直接关系到稳定性评价的正确与否。

不同地质条件,在数值计算过程中,其采用岩体强度参数标准和计算分析本构模型也不相同,直接影响到计算分析的正确与否。

其他因素,如地下水的考虑、地震因素等,均是对边坡稳定性评价与分析的主要考虑因素,直接关系到计算边坡稳定性准确的重要因素。为了使工程边坡达到需要满足的安全系数,对需要施加的预应力也是直接影响因素。

为了达到边坡许用安全系数,需要对其工程进行稳定性评价,计算出是否需要增强坡体安全程度。如果需要,则应根据边坡稳定性评价结果,考虑所需要增加的预应力数值,再计算该边坡的稳定状态,直至满足条件为止。其计算出的需要增加的外加力,则是需要施加于边坡工程的预应力。

在考虑边坡岩层条件下,若需要考虑坡体局部稳定状态,也需要增加部分锚固工程等。

8.4.3　边坡锚固设计应考虑的问题

通常在边坡工程加固过程中,一般采用黏结式预应力锚杆(索),这里主要介绍这类锚杆(索)设计时应考虑的问题。

(1)锚杆(索)设计拉力值的确定

预应力锚杆(索)设计拉力值以边坡稳定性分析结果为依据,综合考虑锚杆(索)布置形式等因素,在满足边坡安全的前提下,合理的确定其大小。预应力锚杆(索)的布置形式和排距、间距的确定,应以对滑动面提供均匀压力,避免出现大范围的拉力区及不发生群锚效应为原则。

(2)锚杆(索)安全系数的确定

锚杆(索)的安全系数为其极限拉力值与设计拉力值的比值,其大小由对锚杆(索)特征的认识程度和锚杆(索)可能失效后的危害程度来确定。一般来讲,边坡岩体加固工程中预应力锚杆(索)的安全系数取为1.5～2.0,但是对于工程而言,在锚固工程设计中,其具体安全系数应以相应规范为准。

(3)锚杆参数设计

1)锚杆(索)锚固段长度的确定

预应力锚杆(索)的失效通常是由杆件与锚固体的握裹力或锚固体与孔壁间黏结强度不足引起的,锚杆(索)锚固段长度的选择应分别对上述两种情况进行验算,取两者的较大值。同时,锚固段长度不应小于3 m,必要时,可通过预应力锚杆(索)的基本试验来确定。锚杆(索)锚固段长度可按下式进行计算:

$$l_{m1}=\frac{K\cdot Q_t}{\pi\cdot d\cdot n\cdot\xi\cdot g_s} \tag{8-10}$$

$$l_{m2}=\frac{K\cdot Q_t}{\pi\cdot D\cdot n\cdot\xi\cdot g'_s} \tag{8-11}$$

式中 l_{m1}、l_{m2}——锚杆(索)与锚固体和锚固体与锚杆(索)钻孔壁破坏时锚杆锚固段长度;

Q_t——锚杆(索)轴向设计拉力;

d,D——一束钢筋束和锚固孔的直径;

n——锚杆钢筋束的根数;

ξ——折减系数,取0.85;

g_s、g'_s——钢筋束与锚固体和锚固体与钻孔孔壁间的黏结强度;

K——锚杆的安全系数。

2)锚杆(索)自由段长度的确定

锚杆(索)自由段长度主要应根据被加固边坡的可能滑动面的产状、深度和锚杆(索)设计位置来确定。同时,应超过滑动面1.0 m,并应大于5.0 m,以防止锚杆(索)由于岩体变形而产生过大的预应力损失。

3)锚杆(索)倾角的确定

锚杆(索)倾角对锚固效果有显著的影响,因此,选择最佳的倾角能取得最好的效果。实际应用中,锚杆(索)倾角的选择需要考虑钻孔与灌浆的方便、合理来加以确定。

(4)锚杆(索)的防腐设计

采用预应力锚固工程的边坡一般服务年限较长,属于永久性锚固,因而锚杆的防腐设计与防腐措施极为重要,它直接影响边坡的长期稳定性。通常,预应力锚杆(索)的防腐采取不同部位分别处理的方法。

锚固段防腐通常采用隔离架的方法,使预应力钢筋束周围浆体保护层厚度大于2.0 cm。在腐蚀环境中,必须进行双层防腐。

自由段的防腐是其防腐处理的关键部位,通常采用双层防腐处理,即首先在预应力钢筋束外表面涂一层保护层(一般采用防腐材料如:润滑油、防锈油等),然后包裹塑料布,反复几次后装入塑料管内。必要时，在锚杆(索)张拉完毕后，对自由段进行二次封闭注浆，在塑料管周围形成浆体保护层。

锚头采用与外部腐蚀环境隔绝的防腐方法。常采用盒具或混凝土来密封，且在盒具内填充防腐膏或润滑油等。

此外，防腐材料需保持化学稳定性和长期有效性，并且各种防腐材料之间不得发生不良反应。

(5)预应力锚杆(索)的试验

对预应力锚杆(索)进行试验，可以验证锚杆的的适应性，揭示锚杆(索)设计施工中存在的问题及预测锚杆(索)的长期工作性能。岩体边坡加固技术中，预应力锚杆(索)一般进行基本试验、验收试验和预应力长期观测等三项主要试验。

(6)预应力锚杆(索)与喷射混凝土砂浆锚杆的联合使用

预应力锚杆(索)旨在加固岩体边坡不稳定滑动体，确保边坡的深层稳定和整体稳定。而岩体边坡中的局部失稳体或表面岩块的塌落，可采用喷射混凝土、挂网(即配筋)喷射混凝土和砂浆锚杆来加固。砂浆锚杆按一般规律布置，能有效地加固岩体浅层的不稳定岩体，且可提高岩体的自稳能力。预应力锚杆与喷射混凝土、挂网喷射混凝土和砂浆锚杆联合使用，在岩体边坡加固工程中具有良好的适应性。

8.5　柔性防护网工程设计计算

柔性防护网技术在边坡工程中已有大量推广和应用，其工程设计计算理论和方法日显重要。作为我国在该领域的先行者，布鲁克(成都)工程有限公司阳友奎等，基于大量的工程实践与理论研究，系统总结了主动网和被动网的设计计算方法。

8.5.1　主动网设计计算

主动加固系统是采用高强度钢丝格栅覆盖边坡，通过钢筋锚杆来固定(一般按梅花型布置，根据需要可以施加一定的预应力)，从而实现边坡加固的一种柔性防护新方法，如图 8-15 所示。它适用于具有浅表层岩土体变形滑动、危岩落石等潜在地质灾害的土质和岩石边坡的加固，是在一定条件下替代传统喷射混凝土、浆砌片石护坡的一种新技术，具有环保、美观、适应各种复杂地形等突出优势，已在边坡防护中得到了广泛应用。

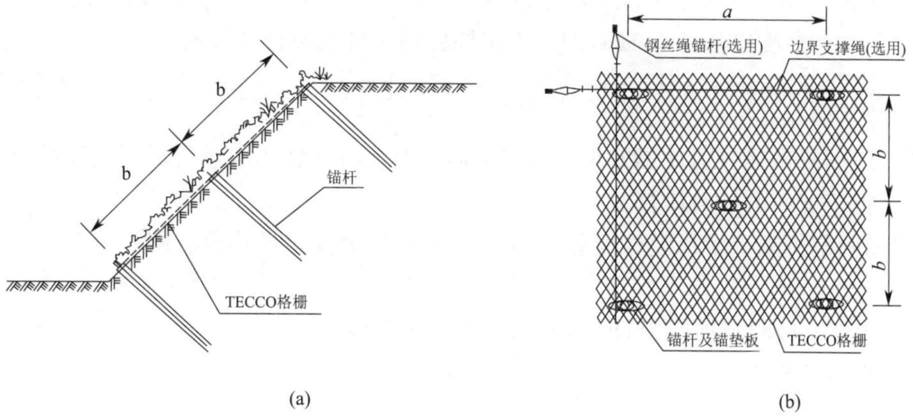

图 8-15　主动加固系统示意图

主动网设计计算主要考虑两方面问题，即平行于坡面的浅表层失稳和锚杆间的局部失稳。

对于平行于坡面的整体滑动浅表层失稳，必须采用锚固方式来进行整体加固，每根锚杆都必须以一定安全性分担图 8-16 内厚 t 的巨型岩土块的下滑力。

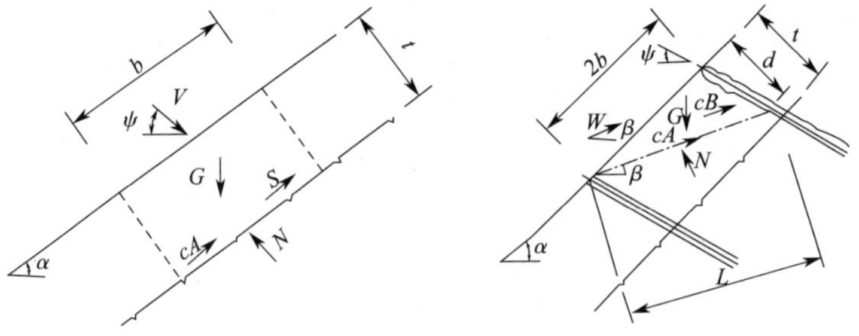

图 8-16 平行于坡面的整体滑动单元力学模型

其中 G 为单元体自重；c 为与水平面呈 α 夹角的滑动面黏聚力；A 为单元体滑动底面面积；V 为锚杆预应力，它与锚杆方位相同并与水平面呈 ψ 角；S 为锚杆必须提供并传递给下伏稳定层的抗滑力，在力学意义上它也等于无锚杆条件下单元体的剩余下滑力；N 为下伏地层的法向反作用力。

考虑极限平衡和摩尔-库仑破坏条件，可得出作为几何和岩土体特征参数、预应力 V 和模型不确定性修正参数 F_m 函数的锚杆抗剪力 S 的一般方程：

$$S=\frac{F_m G\sin\alpha-F_m V\cos(\psi+\alpha)-[G\cos\alpha+V\sin(\psi+\alpha)]\tan\phi-cA}{F_m} \tag{8-12}$$

式中 ϕ 和 γ 分别为覆盖层岩土体的内摩擦角和容重；$G=abt\gamma$。

在式(8-3)基础上，对岩土体参数 c、ϕ、γ 分别引入大于或等于 1 的不确定性修正系数 F_c、F_φ、F_γ(其中内摩擦角以 tan 值进行修正，即内摩擦系数进行修正)，得到用于设计计算的实际采用值 $c_d=\dfrac{c}{F_c}$、$\tan\phi_d=\dfrac{\tan\phi}{F_\varphi}$、$\gamma_d=\dfrac{\gamma}{F_\gamma}$；此外，由于预应力 V 的施加通常是通过扭矩来间接控制的，而螺纹规格的非绝对标准化和通过螺纹来传递的轴向荷载计算方法本身的近似性，再加上荷载施加后可能存在的初期明显衰减，实际的预应力大小可能大于或小于计算值，为此，再考虑了 V 力加固作用的计算中必须以小于或等于 1 的修正系数 F_V 来得到设计计算采用值 $V_d=VF_V$。结合以上参数与公式(8-12)，即可得出锚杆最小抗剪设计计算值 S_d：

$$S_d=\frac{F_m G_d\sin\alpha-[G_d\cos\alpha+V_d\sin(\psi+\alpha)]\tan\phi_d-F_m V_d\cos(\psi+\alpha)-c_d A}{F_m} \tag{8-13}$$

基于以上分析，确保边坡不发生平行于坡面的整体滑动破坏需进行下列三种安全性检算。

(1)平行于坡面的抗滑检算

确保锚固范围内抗滑稳定性检算，即是锚杆的抗纯剪安全性检算。则：

$$S_d\leqslant S_R/F_S \tag{8-14}$$

式中 S_R 为锚杆极限抗剪能力；F_S 锚杆抗纯剪安全系数。

(2)格栅抗顶破检算

确保格栅在预应力作用下不发生破坏，则：

$$V_{d1}\leqslant D_R/F_{DR} \tag{8-15}$$

式中　$V_{d1}=VF_{V1}$，F_{V1} 为修正系数。

(3)锚杆复合承载力计算

锚杆受预应力轴向力作用，其还受岩土体下滑的横向剪切作用。因此

$$\left(\frac{V_{d1}F_{VR}}{V_R}\right)^2+\left(\frac{S_dF_{SR}}{S_R}\right)^2\leqslant 1 \tag{8-16}$$

其中，V_R 为锚杆极限抗拉能力。

对于局部失稳分析，首先考虑其加固区域的岩体失稳形式，图 8-17 考虑了可能发生的(a)和(b)两种不同的局部破坏模式。

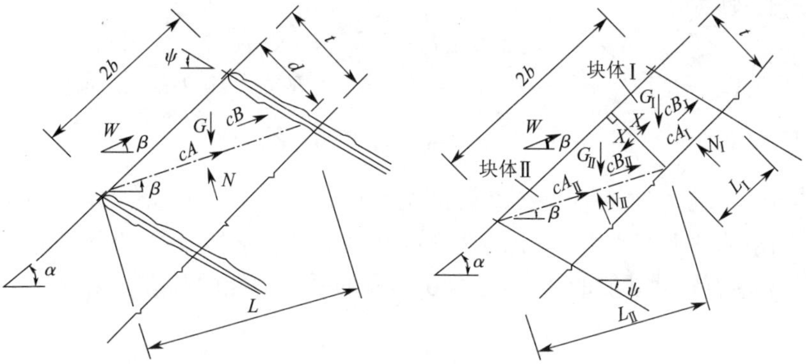

图 8-17　局部破坏模式力学模型

1)破坏模式(a)

计算力 W 的公式如下：

$$W=\frac{G_d(F_m\sin\beta-\cos\beta\tan\phi_d)-c_d(A+B)}{F_m} \tag{8-17}$$

其中，B 为两侧面面积之和；$B_{Ⅰ}$ 和 $B_{Ⅱ}$ 分别表示块体Ⅰ和Ⅱ的相应面积；β 为滑移面的倾角。

2)破坏模式(b)

计算力 W 的公式如下：

$$W=\frac{G_{Ⅱd}(F_m\sin\beta-\cos\beta\tan\phi_d)-c_d(A_{Ⅱ}+B_{Ⅱ})}{F_m}+\frac{X_d[F_m\cos(\alpha-\beta)-\sin(\alpha-\beta)\tan\phi_d]}{F_m} \tag{8-18}$$

其中：

$$X_d=\frac{G_{Ⅰd}(F_m\sin\alpha-\cos\alpha\tan\phi_d)-c_d(A_{Ⅰ}+B_{Ⅰ})}{F_m} \tag{8-19}$$

8.5.2　被动网设计计算

被动网防护工程设计主要在于根据现场条件和实际需要确定系统的类型(RX、CX、AX、或 CAX)、能级、系统高度、系统长度和现场布置位置等。

系统类型的选择主要取决于地形、系统设置后内侧的通行要求以及所需防护能级等，其中因 RX 型系列的能级范围涵盖了常见落石的冲击动能范围而得到最广泛的采用。系统长度取决于防护对象的规模或展布范围，以及潜在落石的分布范围特别是其危害威胁的范围。这

两个方面的设计一般是容易实现的。

系统能级、系统高度和现场布置位置的设计是设计成功与否的关键。包括落石的速度、动能、运动形式、弹跳高度和运动轨迹在内的落石运动特征是合理设计的根本前提，其中尤以动能和弹跳高度最为重要。这些特征参数的可靠确定除决定于经验和正确的分析计算模型外，还取决于有关现场特征内容的详细调查。在此基础上，采用有关运动学理论和相应的简化模型是可以根据以下主要公式进行有关参数的模拟计算的。

滚动或滑移模式时的加速度：

$$a = g(\sin\theta - \mu\cos\theta) \tag{8-20}$$

弹跳模式触地后速度：

$$v''_x = A_1\cos\theta - A_2\mu\sin\theta \qquad v''_y = -A_2\cos\theta - A_1\sin\theta \tag{8-21}$$

$$A_1 = R_t(v'_x\cos\theta - v'_y\sin\theta) \qquad A_2 = R_n(v'_x\sin\theta - v'_y\cos\theta) \tag{8-22}$$

落石冲击动能：

$$E = \frac{1}{2}mv^2 + \frac{1}{2}I\omega^2 = 0.6\,mv^2 \tag{8-23}$$

式中　g 为重力加速度；μ 为坡面摩擦系数；θ 为坡面角；v'_x，v'_y，v''_x，v''_y 分别为落石触地弹跳前后 x 和 y 方向(水平和竖直方向)上的速度；I 为落石的转动惯量；ω 为落石冲击挡石网前的角速度。为省去落石转动动能的计算，通常在落石的平动动能的基础上乘以 1.2 的系数一并考虑。

8.6　锚索抗滑桩的设计计算工程应用实例

下面介绍一个用于治理某滑坡病害的预应力锚索抗滑桩结构分析计算实例。

如图 8-18 所示，滑面以上滑体为碎块石土堆积层，考虑综合岩土强度(这里忽略岩土黏聚力)，$\gamma_1=19.0\ \mathrm{kN/m^3}$，$\phi_1=26°$。滑动面以下滑床为风化严重的泥岩、页岩，可按密实土层考虑，$\gamma_2=21.0\ \mathrm{kN/m^3}$，$\phi_2=42°10'$。

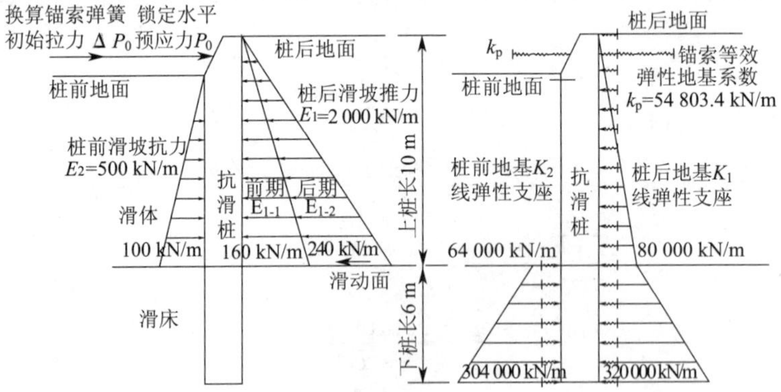

图 8-18　桩身荷载及抗力系数分布图

设桩处桩后滑坡推力 $E_1=2\ 000\ \mathrm{kN/m}$，前期滑坡推力 $E_{1\text{-}1}=800\ \mathrm{kN/m}$(抗滑桩施做完成后且锚索锁定前)；桩前剩余抗滑力 $E_2=500\ \mathrm{kN/m}$(桩前被动抗力大于桩前剩余抗力)。

抗滑桩前、后滑体厚度不相同，分别为 6 m 和 10 m；滑动面处的地基系数：桩后为 $A_1=80\ 000\ \mathrm{kN/m^3}$，桩前为 $A_2=64\ 000\ \mathrm{kN/m^3}$；滑动面以下地基系数的比例系数 $m=40\ 000\ \mathrm{kN/m^4}$。

8.6.1　抗滑桩结构初拟设定

基于本算例滑坡病害要素与特征，其治理工程措施是采用一排预应力锚索抗滑桩作为主体支挡工程。桩间距（中至中）为 6 m，单根抗滑桩总长设计为 16 m，其中滑面以上桩长 10 m（桩前地面比桩后地面低 2 m），滑面以下桩长 6 m，桩截面尺寸设计为 2 m×3 m。抗滑桩的弹性模量为 2.6×10^{7} kPa。

8.6.2　预应力锚索初拟设定

桩头以下 1 m 处设计预应力锚索，初拟设计预应力锚索为 2 孔，单孔设计拉力为 1 500 kN，由 12 束预应力钢绞线制做，采用普通拉力型锚索；锚索总长为 24 m，自由段长 14 m，锚固段长 10 m，锚孔孔径为 150 mm，向下俯斜 25°；预应力锚索锁定百分率初拟为 80%。

钢绞线弹性模量为 2×10^{8} kPa，单束钢绞线公称面积为 139 mm^2，则桩头锚索（24 束）刚度系数换算为锚索位置处土层的水平等效弹性地基系数为：

$$k_{\mathrm{p}}=\frac{nEA}{L}\times\cos^{2}\alpha=\frac{24\times2\times10^{8}\times139\times10^{-6}}{14}\times\cos^{2}25^{\circ}=39\ 145.28\ (\mathrm{kN/m})$$

8.6.3　预应力锚索抗滑桩初拟分析计算

基于本算例的滑坡设计资料，在上述抗滑桩结构尺寸及桩头预应力锚索的初拟设定条件下，即可采用抗滑桩结构分析计算软件“Analypile”对其进行初拟分析计算。

首先启动 Excel，加载抗滑桩结构分析计算程序 Analypile，输入基础数据资料即可完成本例预应力锚索抗滑桩的初拟分析计算，见表 8-2。

其中，桩后滑坡推力和桩前滑坡抗力均考虑为三角形分布；锚固段桩侧容许应力按换算土层计算（主要考查滑面以下并取前后桩侧一致）。

滑体换算高度：

$$h'_1=\frac{\gamma_1}{\gamma_2}h_1=\frac{19.0}{21.0}\times10=9.048\ (\mathrm{m})$$

忽略黏着力时，滑面处桩侧容许应力

$$[\sigma_0]=\frac{4}{\cos\phi}(\gamma h\tan\phi+c)$$

$$=\frac{4}{\cos42^{\circ}10'}\times21.0\times(9.048+0)\times\tan42^{\circ}10'$$

$$=928.70(\mathrm{kPa})$$

桩底处桩侧容许应力：

表 8-2　预应力锚索抗滑桩基础数据表

抗滑桩的材料参数			
抗滑桩的截面宽度		2.00	m
抗滑桩的截面长度		3.00	m
抗滑桩的弹性模量		2.60E+07	kPa
桩身节点数		161	
节点间距		0.10	m
桩间距		6.00	m
截面惯性矩		4.50E+00	m^4
锚固工程参数			
锚杆(索)设计拉力值(P)		3 000.00	kN
锚杆(索)的总束数(n)		24	
钢绞线弹性模量(E)		2.00E+08	kPa
锚杆(索)自由段长度(L)		14.00	m
单束锚杆(索)公称截面(A)		0.000 139	m^2
锚孔向下倾斜角度(α)		25.00	deg
锚杆(索)等效地基系数(k)		39 145.28	kN/m
抗滑桩基本设计参数			
桩　长	滑坡总推力	前期推力	滑坡抗力
m	kN/m	kN/m	kN/m
16.0	2 000.0	800.0	500.0

注：桩侧滑坡推力及地基系数与容许应力通过节点换算输入。

$$[\sigma_{6.0}] = \frac{4}{\cos 42^{\circ}10'} \times 21.0 \times (9.048 + 6.0) \times \tan 42^{\circ}10'$$
$$= 1\ 544.63\ \text{kPa}$$

8.6.4　预应力锚索设计拉力及锁定值的确定

为确定桩头预应力锚索的设计拉力和锁定值，可通过调用 Excel 规划求解工具，弹出规划求解参数菜单，设定目标单元格、可变单元格和约束条件，见表 8-3。

执行规划求解，获得优化结果如为预应力锚索设计拉力为 3 252.20 kN(水平方向值)。

锁定百分率为 55.65%，即 1 809.8 kN。

表 8-3　优化模型单元对应表

优化目标	最终工况条件下桩体两侧最大弯矩之和为最小。单元格 J17=MIN(ABS(N22)+ABS(N23))
可变单元	1. 锚索设计拉力。单元格 E34 2. 锚索锁定百分率。单元格 F34
约束条件	1. 前期滑坡推力作用工况桩后最大弯矩小于最终工况桩后最大弯矩； 锚索锁定工况桩前最大弯矩小于最终工况桩前最大弯矩。 单元格 N22≥AH22；N23≤AV23 2. 桩顶位移满足工程要求。单元格 C14≤0.05 mm 3. 桩侧应力满足地基容许应力要求。单元格 Q23≤R23 4. 最终工况锚索应力达到或满足锚索设计拉力。单元格 E34=P34

8.6.5　预应力锚索抗滑桩结构分析计算结果

通过 Excel 规划求解确定桩头预应力锚索的设计拉力和锁定值，获得预应力锚索抗滑桩结构分析计算最终结果如图 8-19 至图 8-21 所示。

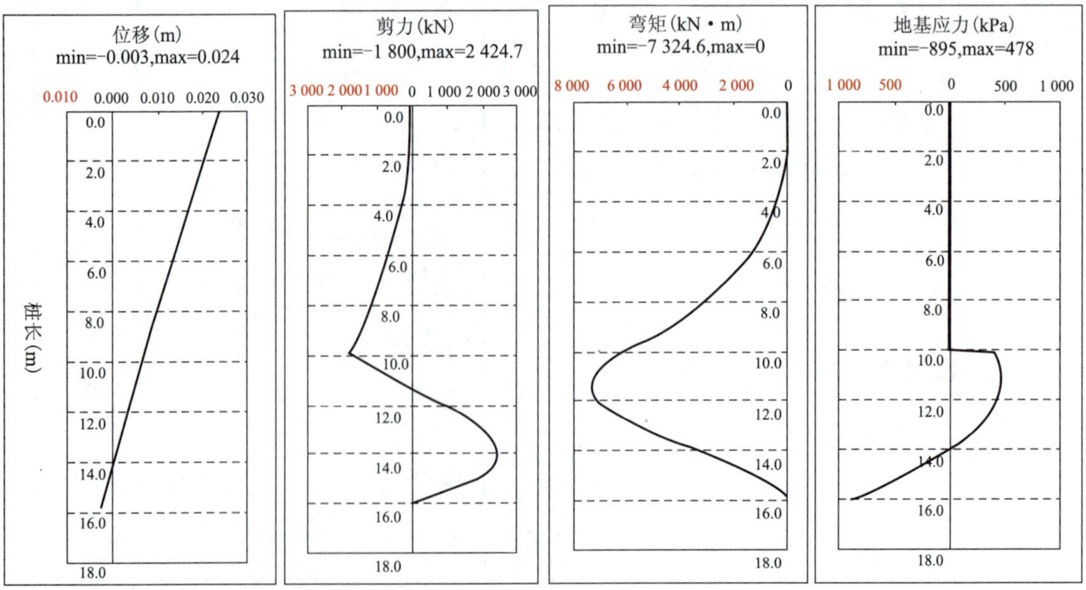

图 8-19　前期滑坡推力作用工况桩身位移、剪力、弯矩及地基应力分布图

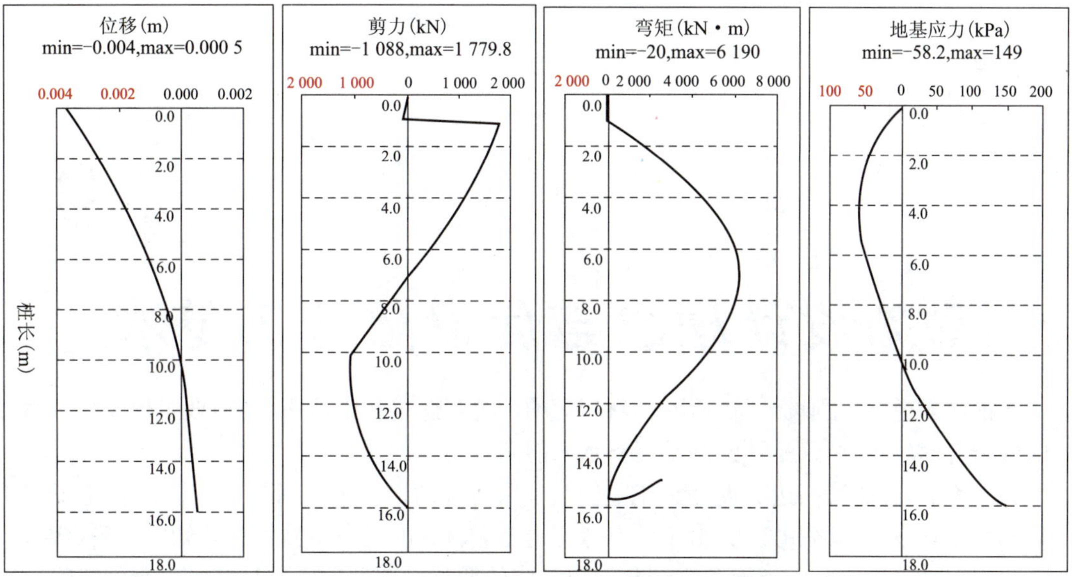

图 8-20　预应力锚索锁定工况桩身位移、剪力、弯矩及地基应力分布图

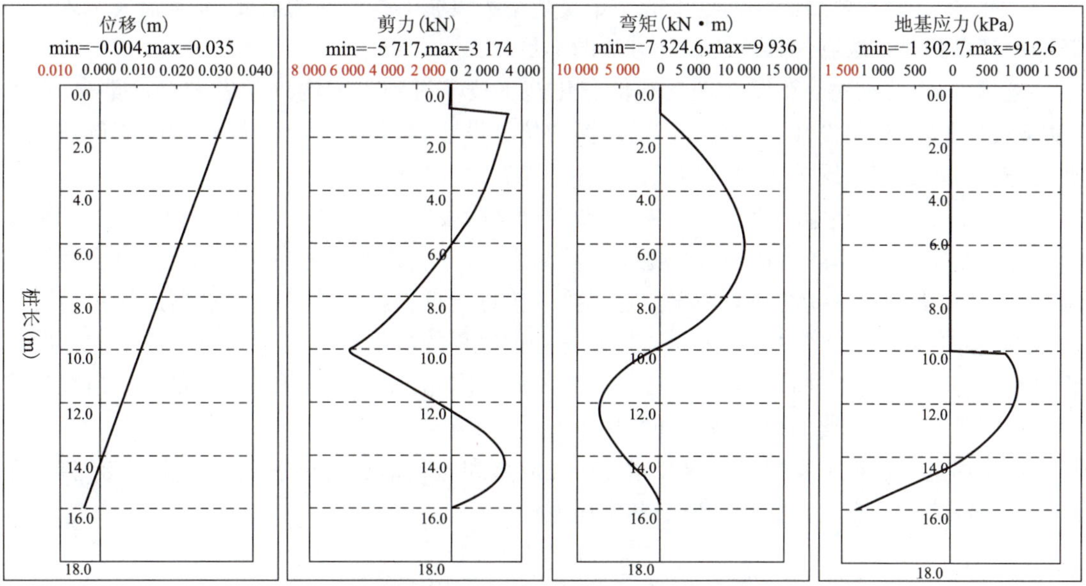

图 8-21　最终设计工况桩身位移、剪力、弯矩及地基应力分布图

第 9 章

动态设计理念与信息化施工技术

当前国内道路工程设计“重桥隧、轻路基”的传统观念仍然很严重，在边坡工程勘察方面投入的经费普遍较少，所采集到的基础资料远未能满足实际设计要求。

另一方面，在路堑高边坡设计工作中仍然采用传统的地质勘察、设计计算、工程施工的单一化和程式化设计思路和方法，由于没有考虑岩土类材料的时空变异性和认知的不确定性，不能针对工程施工中揭露的地层条件变化作出相应的调整。这种静态设计施工过程的缺陷是显然的，甚至有造成较大规模的工程失效而酿成严重事故的危险。

因此，传统设计思路已经远远不能满足复杂路堑边坡工程设计的需要，非常需要引入一些新的设计思路和方法以弥补传统设计方法的不足。

近年来，边坡工程动态设计理念和信息化施工技术得到了国内外学者的普遍重视，有关“动态设计”、“信息化设计”、“信息反馈设计”、“仿真设计”等名词逐步被大家采用，以阐述一种通过施工阶段的信息反馈来调整和优化设计的动态设计过程和方法。

实际上，对于复杂的路堑高边坡来说，要在勘察阶段查清所有的影响边坡稳定性的因素是不可能也是不经济的，随着边坡开挖施工过程的进展，一些原来较为模糊的地质条件会逐渐明晰，而且还可能会出现新的地质情况。通过施工信息化反馈技术将这些动态信息转化为可以用来调整和优化设计的资料，并采用边坡开挖支护过程的数值仿真模拟来对边坡防护加固工程进行动态设计，是一种较为先进的设计施工模式。因此，这一设计施工方法的系统研究和推广应用将具有非常重要的理论意义和实用价值。

本章通过对边坡工程数值仿真技术的研究成果和施工信息化反馈技术的应用与完善，介绍了路堑高边坡动态设计的基本思路和实用方法。

9.1 动态设计理念

9.1.1 动态设计思路

路堑高边坡动态设计的思路是在边坡工程地质勘察成果的基础上，采用边坡开挖与加固各阶段的数值仿真模拟手段进行边坡坡形坡率和防护加固工程的预设计；然后在边坡工程施工过程中贯彻动态设计理念，采用信息化施工反馈技术，根据边坡开挖揭示地质条件变化和监控量测反馈的结果，对预设计文件进行调整优化与仿真模拟，直至边坡防护加固工程竣工验收；必要时尚需进行必要的补强加固设计，以保证边坡防护加固工程的可靠与安全。其总体思路可概化如图 9-1 所示。

路堑高边坡动态设计思路的核心就是贯彻动态设计和信息化施工的理念，贯彻这一理念是基于复杂路堑高边坡的工程特点，以及勘察设计对边坡对象认识的不足，力求使边坡工程设计能根据环境背景和工程对象的变化不断深化认识，逐步调整和完善相应的工程地质模式、数值分析模型和计算控制参数，从而使得边坡工程设计逐步完善，以确保边坡防护加固工程对策的科学性和可靠性。

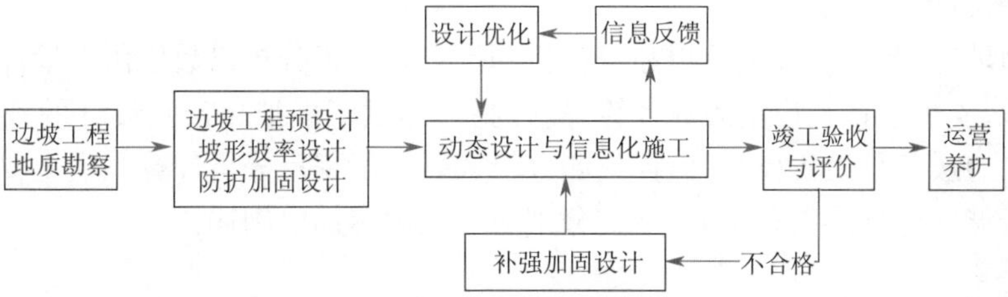

图 9-1　路堑高边坡动态设计思路

9.1.2　动态设计流程

根据边坡工程设计的特点，以路堑高边坡动态设计的思路为基础，结合前述的有关边坡工程地质基础理论、岩土工程数值计算理论、边坡开挖松弛区和变形破坏机理研究的成果，补充边坡开挖支护模拟技术和稳定性数值计算方法，着重完善边坡信息化施工反馈的技术与方法，并将这些研究成果融入到边坡工程设计的实施过程，可以建立一整套路堑高边坡动态设计的实用方法，其基本操作流程如图 9-2 所示。

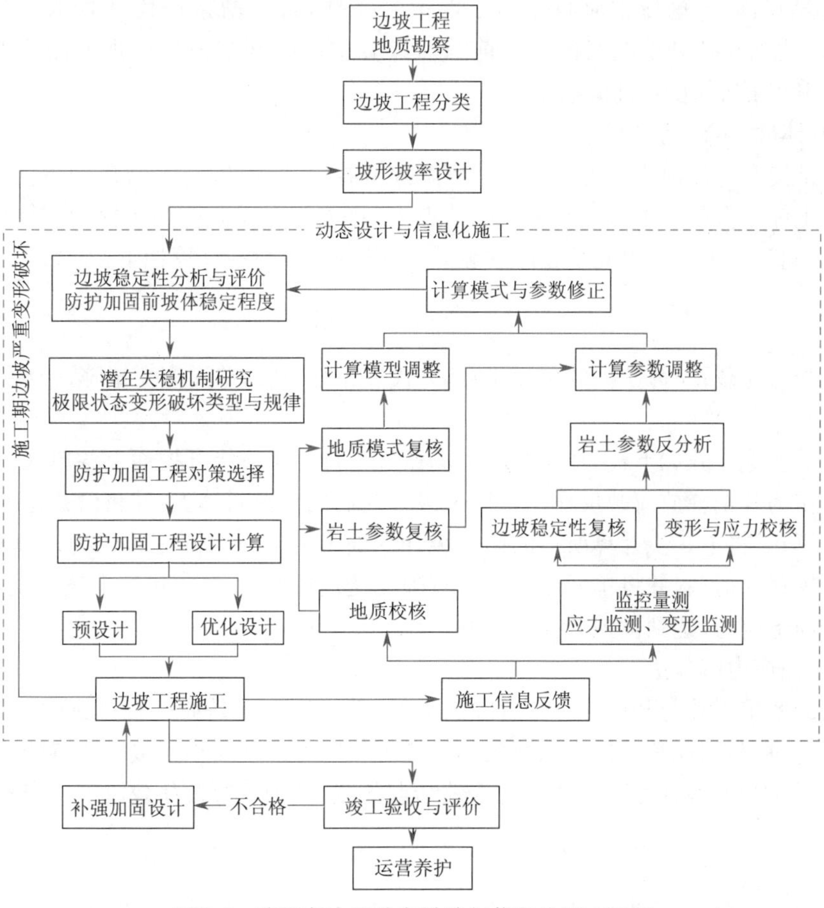

图 9-2　路堑高边坡动态设计与信息化施工流程

整个操作流程有正分析和反分析两条主线。正分析是在边坡工程地质勘察的基础上对边坡工程进行实用分类和基本坡形坡率设计，然后运用数值仿真技术对边坡防护加固工程进行预设计和施工期动态调整与设计优化；反分析是在施工期采用信息反馈技术对地质条件进行校核，并结合监控量测的结果，对边坡数值计算模式和岩土物理力学参数进行动态调整，以修正和完善工程设计方案。

在实际边坡工程设计中，正分析和反分析同等重要。正分析以数值仿真设计技术为核心，包含开挖模拟、支护模拟和稳定系数计算等新内容，提供了虚拟化仿真设计的技术手段；反分析则主要包含边坡工程地质校核、监控量测分析和岩土工程反分析计算三项主要内容，提供了对预设计进行调整优化的信息来源，下文分别对有关内容加以阐述。

9.2 仿真设计技术

9.2.1 开挖卸荷模拟

有限元等数值算法可以模拟复杂地质条件下的分步开挖过程，其基本原理是通过将开挖面上的应力完全解除，使其成为应力自由面，以模拟复杂岩土体对工程开挖卸荷的力学响应过程。

数值计算中对开挖问题的计算处理是首先计算挖去的岩土体对保留岩体施加的开挖释放荷载，然后将此开挖释放荷载作用于保留岩土体，采用增量迭代计算求解开挖后系统的平衡状态，达到模拟开挖的目的。目前数值计算常用的开挖模拟处理方法主要有开挖体应力解除法和开挖面应力解除法两种。

(1)开挖体应力解除法

该方法是使开挖体内应力为零从而达到解除开挖面应力的目的，常用的方法一般是首先计算开挖岩土体与保留岩土体接触单元的节点力，将该节点反向施加于保留岩土体上作为开挖释放荷载，同时将被开挖单元从程序中删除，其开挖释放荷载计算如下：

$$P=\sum_{i=1}^{m}\int_{v_i}B^{\mathrm{T}}\sigma_0\,\mathrm{d}V \tag{9-1}$$

式中 P 为开挖荷载；m 为挖去的单元总数；V 代表单元；B 为单元应变矩阵；σ_0 为开挖区初始应力场。

该方法的实施步骤如下：①在初始应力场条件下计算第一级开挖面上各单元的节点力；②将此节点力作为开挖释放荷载反作用于第一级开挖后的保留岩体上，并将已开挖单元删除，进行有限元计算；③将上一步计算所得的第二级开挖面上的节点力同理转化为计算第二级开挖时需要的开挖释放荷载，并将单元删除进行有限元迭代计算；④反复进行上述开挖分析即可完全解除开挖面上应力，达到模拟开挖的目的。

(2)开挖面应力解除法

该方法的实施步骤与开挖体应力解除法类似，其区别在于是通过直接解除开挖面上的应力来模拟开挖过程，因此其开挖释放荷载的计算不仅应考虑开挖单元接触节点的节点力，还应计其开挖单元所受的各种外荷载产生的等效结点荷载，其开挖等效荷载以下式表示：

$$P=\sum_{i=1}^{m}\int_{v_i}B^{\mathrm{T}}\sigma_0\,\mathrm{d}V-\sum_{i=1}^{m}\left[\int_{v_i}N^{\mathrm{T}}f\,\mathrm{d}V+\int_{s_i}N^{\mathrm{T}}\,\overline{P}\,\mathrm{d}s\right] \tag{9-2}$$

式中 P 为开挖荷载；m 为挖去的单元总数；V 代表单元；B 为单元应变矩阵；σ_0 为开挖区初始

应力场；N 为单元位移形函数矩阵；f 为初始应力场单元内受到的体力；$\overline{P}$为引起初始应力场的已知应力边界上的面力。

从基本原理看，开挖问题即是将开挖面上的应力完全解除，使其成为应力自由面，因此两种方法的本质是一致的，只是从不同的角度来计算开挖释放荷载而已。事实上在商业化岩土工程分析程序中，这两种典型处理方法都有采用，体现了各软件本身对有限元开挖问题的理解。

9.2.2 支挡加固模拟

如何在数值模拟中体现用以稳定边坡的支挡加固结构的作用和影响是路堑高边坡数值仿真分析中非常重要的内容。由于加固高边坡的工程结构形式各异，并且这些支护结构与边坡岩土体的相互作用机理相当复杂，要在数值分析中准确的模拟这些结构的加固机理，使之与实际结构的受力状态和变形破坏特征相符合的确是一件非常艰巨的工作。

近年来，国内外学者提出了多种结构单元模型，并配合有关程序的开发，形成了较为完善的边坡支护模拟技术。对于路堑高边坡的数值仿真分析来说，需要理解各种结构单元模型的基本原理和功能特点，掌握应用这些模型准确的模拟边坡支护系统的方法和技巧，下面结合常用的岩土分析程序讨论几种常用支护结构的模拟方法。

(1)挡墙模拟

路堑挡墙对于土质边坡、破碎岩石边坡或坡脚出露控制性缓倾结构面的岩质边坡来说仍然是一种有效的支护措施，其受力机理是将边坡对挡墙的作用力通过整体墙身传至墙底与摩擦力相平衡。

基于这种受力机理可以采用两种方式对挡墙进行模拟：其一是通过等效平衡力系来模拟挡墙的支护效果，只是这种方法难以模拟挡墙与岩土体的相互作用；其二是通过实体单元来模拟，给实体单元赋予墙身混凝土的物理力学参数，同时还需对挡墙与岩土体的界面采用类似于节理单元的模型进行处理，以反应界面的接触条件和传力机理。这两种处理方法在一般数值模拟程序中均可轻易实现。比如 PHASE2 中可以采用 Joint 单元来模拟挡墙与岩体的接触界面，FLAC 中同样可以采用 interface 单元来达到同样的效果。

(2)抗滑桩模拟

抗滑桩是处理边坡的一种常用支挡措施，抗滑桩属于水平承载桩，其受力条件类似于垂直放置的弹塑性地基梁，一般不做垂直承载桩考虑，但有时也需考虑桩体与岩土界面的接触条件。

根据这一原理，一般采用梁单元来模拟桩土相互作用和抗滑桩的加固效果，有时需要在桩土界面考虑接触条件，水平承载桩的梁单元模拟在 SIGMA/W、PHASE2、PLAXIS 和 FLAC 等岩土分析程序中很容易实现。在 FLAC 程序中还专门提供了 Pile 单元来模拟桩的工作原理，这种单元不仅具有梁单元的特性，而且可以采用剪切和法向弹簧来方便的模拟桩土界面的工作特性。

(3)锚杆(索)地梁模拟

近年来在路堑高边坡的加固中，混凝土锚杆(索)地梁或框架作为有效的坡面抑制结构被广泛采用。总体来讲，不管是处于锚索锁定作业阶段还是处于坡体大变形阶段，其受力机理都可简化为受集中荷载作用的弹塑性地基梁，因此采用梁单元来模拟其受力状态及地梁与边坡岩土的相互作用机理是合适的。

由于地梁结构所受的锚杆(索)集中荷载一般不垂直坡面,在交角较大时可能会因为切向力分量过大而使得地梁产生滑移,这在实际工程中曾有例证。因此,这时需要考虑设置界面单元来模拟地梁与岩土界面的接触特性。

(4)锚杆(索)模拟

锚杆(索)作为路堑高边坡主要的加固手段得到较为广泛和深入的研究,这方面的研究成果也是非常丰富的,可以为我们提供较为全面的模拟方案。

根据结构形式的不同,锚杆(索)的加固效果有两种比较典型的受力机制。

一种是在锚杆(索)的两端施加一对等大反向的外力,类似于无黏结锚索的端锚结构;其受力机制事实上可以采用在锚杆(索)两端直接施加外力就可以模拟其加固效果,当然很多程序都特别提供了可以模拟这种受力机理的更为全面的专门锚杆模型,比如 PHASE2 中的端锚模型和 SIGMA/W 中的 Bar 结构单元。

另一种典型受力机理是通过水泥浆和锚杆(索)或者水泥浆与围岩介质之间的黏结剪切抗力来体现锚杆(索)的加固效果,类似于加预应力或不加预应力的黏结型锚杆(索)结构。这种锚杆(索)的模拟则需要考虑锚杆(索)的切向刚度、法向刚度以及屈服和滑移条件等,建立更为复杂的锚杆(索)模型。FLAC 和 PHASE2 等程序都提供了类似的单元模型。

工程中更常见的预应力锚杆(索)事实上是以上两种锚杆(索)结构的复合,其自由段类似于端锚结构,锚固段类似于黏结型锚杆(索)结构,这种模型在岩土类分析程序中是非常普遍的。另外,在大多数程序中锚杆(索)单元可以在任意时步激活或撤除,从而能够灵活的模拟各种锚固施工方案。

9.3 边坡工程反分析技术

9.3.1 目的和意义

基于现场量测信息为数值分析提供实用的"计算参数"的反分析方法,从 20 世纪 70 年代开始发展至今,作为工程预测分析的一部分,有着良好的应用前景。

反分析的基本思想最先由 Kavanxh(1973)、Gioda 等人提出,Sakurai(1983)首次给出了均匀地应力与岩体弹性模量的有限元反分析数值解。近十几年来,国内外许多研究者做了大量研究与应用工作,并发展了弹塑性、黏弹性、黏塑性等非线性反分析;在确定性反分析的基础上发展了灰色系统、模糊数学等非确定性反分析;在有限元法反分析的基础上发展了边界元、离散元、半解析元等反分析法。对现场量测误差的处理、优化、校验等技术也有了长足发展。

结合山区高等级道路边坡工程实践的特点,基于边坡防护加固工程设计的计算参数不确定性,在边坡开挖施工过程中,充分利用坡体现场量测信息或坡体宏观变形动态响应,通过边坡工程仿真模拟技术,反馈修正计算参数、优化设计方案、指导边坡工程施工,对边坡工程研究与实践具有重要的理论意义和实用价值。

9.3.2 反分析方法

岩土工程的反分析技术首先起源于地下工程的开挖设计,然后很快得到了各国学者的普遍重视。边坡工程反分析技术主要涉及边坡工程数值仿真模拟技术、应力与变形监控量测技术两类,这些技术手段前文已有叙及,本节主要讨论常用的几种反分析方法在路堑高边坡信息化施工中的应用，即应力反分析、位移反分析和稳定度反分析。

(1)应力反分析

传统的应力反分析方法是采用坡体岩土实测的应力资料，对边坡场区的初始应力场条件进行反演和确定，是岩土工程反分析计算研究较早、发展较为成熟的方法。

对于路堑边坡这种近地表开挖工程，一般地应力的影响较小，但是随着山区高等级道路的大力发展，路堑边坡高度已经突破了传统概念。例如云南元墨高速公路路堑边坡已达 300 m 高的规模，对于这种峡谷地带的深路堑开挖工程，应该考虑场区初始地应力对边坡稳定性的影响。

因此，根据有限的场区地应力量测资料，采用边坡工程应力反分析方法对场区初始应力场进行反演分析，是一种较为经济和有效的方法；但是地应力量测需要采用昂贵的设备，测点较为分散，而且影响因素较多，可靠性相对较差，并不便于在边坡工程推广应用。

应力反分析方法的另一个应用是利用现场监测的结构应力变化信息来反演边坡的稳定状态。对于路堑高边坡这种分阶段开挖工程来说，不同的施工工序和施工方法将对边坡稳定性产生重要影响。一般而言要求采用逐级开挖逐级支护的施工方案，这样前阶段已经施工完成的支护结构将随着后续开挖而产生结构应力和变形的调整以发挥阻滑加固作用。在实际工程中，锚固工程的预应力状态是最容易采集到的监测信息之一，因此这种方法在路堑边坡工程中具有很好的应用前景。

(2)位移反分析

边坡的位移反分析是基于岩土体位移的实际量测结果，通过建立合理的数值计算模型，反演分析边坡岩土强度和应力条件等参数，或对边坡稳定性进行预测。

路堑高边坡施工过程中比较容易获取的变形信息一般有坡体宏观位移，坡体深部位移和结构变形位移。坡体宏观位移一般采用大地经纬测量获取，可以直接与边坡数值模型建立关联；坡体深部位移不仅可以直接参与数值模型，而且可以作为对边坡稳定度的判断依据。结构变形位移常与结构应力监测成果互为补充，作为边坡工程反分析的依据资料。

对于复杂的岩土材料来说，易于测得，也是比较可靠的数据就是边坡岩土体的位移。由于位移量测系统建立相对难度较低，相应的宏观位移测值也较可靠，特别是钻孔深部位移测斜技术的发展可以较为准确的捕捉到边坡滑动面附近的位移量值，结合岩土数值模拟技术的进步，使边坡的位移反分析技术逐步成熟，在路堑边坡的工程设计中具有实用价值。

(3)稳定度反分析

边坡工程中研究较早的是边坡的稳定度反分析，也是边坡工程反分析中最常用、最有效和应用较为成熟可靠的分析手段。

由于边坡的极限平衡计算和数值模拟计算都可以给出安全系数这一定量评判标准，这样当路堑高边坡施工过程中出现变形破坏时，就可以通过考查边坡滑动这一现象。基于对边坡稳定度的正确判断，对边坡岩土强度参数以及岩土的应力和变形进行反演分析，应用最多的当属对边坡滑带岩土强度 c、ϕ 值的反演计算。

9.3.3　技术特点和适用条件

反分析的目的大多是为了确定“正确的计算参数”，体现在反分析的内容上大都是反分析岩土体变形参数和地应力。更有意义的反分析在于将反分析的成果用于对该工程或同等条件工程的安全性与经济合理性的评价和预测。这就要求不仅反分析地应力与岩土体变形参数，还要反分析岩体强度参数与支护参数。

在边坡工程中，具体的开挖步序与支护方案对实测位移有直接影响，反分析中如果不考虑这些直接因素的影响，则反分析已无任何实际意义可言。因此，模拟实际工程开挖过程与支护方法的仿真反分析方法更为重要。

反分析所采用的模型大都很简单，如均质各向同性体、均匀初始地应力场、竖向应力为自重应力等。这些简化假定同多数工程实际不符，而岩土体中通常都存在的节理、裂隙、软弱夹层等不连续面在大多数反分析中都未能予以考虑，这就使得反分析所得的参数只是一种“等效参数”或“综合参数”。它的意义也仅限于利用这种模型及所得参数进行同一工程的后续计算与数值分析方面，而不能将反分析结果同实验结果进行比较，更不能与另一不同地质构造、不同介质力学模型、不同地层应力场的工程进行比较。

9.4 信息化施工技术

9.4.1 基本原理和方法

路堑高边坡信息化施工是指充分利用当前边坡开挖揭露的工程地质条件和监控量测到的岩土及结构应力变形等大量信息反馈，通过与预设计阶段掌握的资料进行比较和分析，在判断前期设计与施工合理性的基础上，修正边坡仿真设计计算模式和岩土力学参数，预测后期工程可能出现的新行为与新动态，并进行防护对策与施工方案再优化，以指导后期边坡工程开挖与防护加固施工，确保边坡工程安全可靠。

作为路堑高边坡动态设计的主要支撑，信息化施工技术近年来得到日益重视，可以说工程界接受了为什么要进行信息化施工的观念。但是信息化施工究竟应该如何操作尚未形成系统的认识，缺乏针对性强的实用操作方法。为此，本节首先论述路堑高边坡信息化施工原理。

路堑高边坡信息化施工原理包含信息采集、分析处理和修正反馈这三个方面的内容，这三方面内容既贯穿于高边坡动态设计的全过程，也反应了信息化施工所采用的主要技术手段和处理方法。

(1)信息采集

当前国内路堑高边坡的勘察设计常规手段在采集边坡工程信息方面是非常不够的。因为边坡工程是一个开放变化的复杂系统，本身包含丰富而复杂的信息资源，因此要准确认识这个系统将是一件十分困难的任务。

结合高边坡工程的分阶段施工特点，可以从以下两方面对信息采集方案进行补充完善：其一是通过在边坡工程施工期进行地质校核，对前期勘察设计资料进行修正和完善；其二是采用多种技术手段对边坡开挖过程中表现出的宏观变形进行巡查，对岩土体和工程结构的应力和变形进行监测，从而进一步深化对边坡对象的认识。

需要指出的是，施工过程中的信息采集是随施工进展而认知不断深入的过程。

(2)分析处理

对施工过程中采集的数据如何进行分析处理包含三方面的内容：

①对边坡开挖地质校核的资料进行整理分析，并与前期掌握的资料进行对比研究，通过对边坡工程地质模式的校核对数值计算模型进行调整。

②通过对监测量控的基础资料进行整理分析，与边坡预设计分析模型中稳定性评估结果

和应力变形信息进行对比，采用边坡工程反分析技术对岩土力学参数进行反演分析。

③对边坡开挖面的岩土力学参数进行评估，结合岩土参数反算成果综合确定数值分析模型中采用的边坡岩体力学参数。

(3)修正反馈

路堑高边坡施工中的修正反馈是基于采集数据的分析处理结果，从计算模型和岩土参数两方面对边坡进行动态仿真修正分析。首先给出更符合实际的边坡稳定性计算结果；然后对边坡变形破坏模式修正评估，据此对防护加固对策进一步调整优化；最后得出优化设计的施工图以指导边坡继续施工。

图9-3给出了路堑高边坡信息化施工的反馈流程，包含了信息采集、分析处理和修正反馈的主要内容，以及各流程模块之间的关联特性和反馈机制，概括了信息化施工的原理和方法。下面着重阐述信息化施工过程中采用的地质校核和监测量控手段。

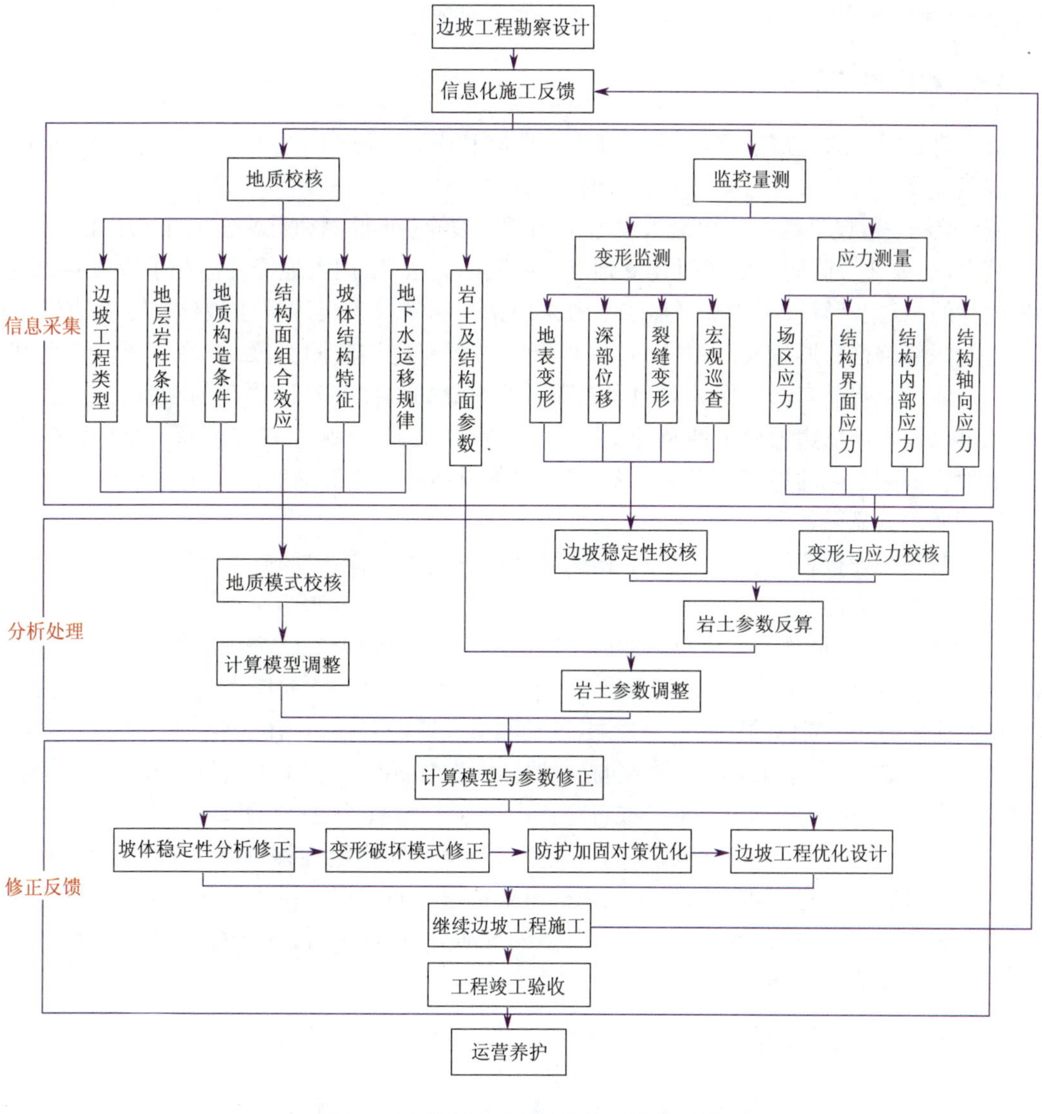

图9-3　路堑高边坡信息化施工反馈流程

9.4.2　地质校核与修正

信息化施工中的地质校核，主要是依据影响路堑高边坡的因素，结合施工开挖揭露的工程地质对象而综合确定。常用的校核方法遵循由浅入深的原则，主要包含 3 方面的内容。

(1)通过对开挖的边坡对象进行总体评估，按照“2.1”建立的路堑边坡工程实用分类确定边坡的基本类型。若边坡工程类型与设计存在较大的偏差，常需要实施紧急性的防护对策和施工方案调整，这在实际施工中并不是极为鲜见的个案。

(2)根据边坡开挖面揭露的工程地质条件，着重从地层岩性条件、地质构造条件、结构面组合条件、坡体结构特征和地下水运移规律这五个方面进行边坡地质复核。以这些对比复核的结果作为边坡工程地质模式和数值计算模型进行调整的依据。

(3)通过“5.2”介绍的经验评估方法可以对边坡岩土体与结构面的物理力学参数进行评估，作为对数值计算模型中岩土参数进行调整的重要依据。

9.4.3　工程检测与监测

信息化施工中的监控量测，主要是从变形监测和应力量测两个方面来丰富其内容，可以结合边坡工程反分析方法得出非常有意义的成果。

变形监测一般包含地表变形监测、深部变形监测、裂缝变形监测和宏观巡查四个方面的内容。

其中，地表变形监测一般通过建立地表监测网的方法，采用大地经纬监测手段获取边坡位移控制点的相对变形量；深部变形监测一般采用钻孔测斜仪采集埋置于坡体内部垂直钻孔内测斜管的深部位移变形量或采用 TDR 等更新颖的深部位移监测手段；裂缝变形监测尤其适用于当坡体产生明显变形时作为对地表宏观可见裂缝的长度和宽度作简易和紧急监测，其监测结果可以作为评估边坡稳定性及其发展趋势的重要依据；宏观巡查应由专门培训过的人员对边坡地表可能发生的局部变形破坏做巡视，以便总体把握边坡的变形发展动态，这在施工后期和运营期尤其显得重要。

应力监测一般包含场区应力监测、结构界面应力监测、结构内部应力监测和结构轴向应力监测等四个主要方面。

其中，场区应力量测主要涉及高地应力区的地应力量测和岩土结构作用下的土压力量测两个主要内容；结构界面应力主要涉及承压结构下作用界面处的法向应力量测和锚杆结构与浆柱体或浆柱体与孔壁岩体的切向应力量测，这种测量一般需要很精密的仪器或只能通过关联的应力监测间接求得；结构内部应力主要包括桩墙结构或坡面混凝土抑制构件的内部应力量测；结构轴向应力量测一般主要通过钢筋计或者穿孔式测力计等对锚固系统的轴向内力进行量测。

这些变形监测和应力量测的成果既可以用来校核前期稳定性评估结果的准确性，也是作为对当前边坡稳定性进行再分析和再认识的重要依据。通过将这些成果纳入到边坡工程反分析的总体框架内，可以进行有关岩土力学参数的反演分析，作为对数值仿真模型中计算参数进行调整的另一个重要来源。

9.4.4　优化设计与施工控制

在山区道路边坡工程建设过程中，应加强前期工作，即勘察设计工作，特别是边坡工程地质勘察工作。

在边坡工程施工过程中，应加强边坡监控量测工作，特别是在边坡开挖期间和长时期降雨期间应加强坡体变形巡查与监测，实时把握坡体变形动态信息，并反馈设计，指导施工。

认真贯彻执行动态设计理念与信息化施工技术，充分利用岩土体自稳能力优化设计方案，力争节约边坡防护加固工程造价，兼顾环境生态成本，确保边坡稳定和施工安全。

边坡工程施工，特别是重点复杂的边坡工程或较大型的滑坡病害治理工程施工是一个系统工程。在该系统中，设计图只是目标，而在自开工到竣工整个为实现设计目标的过程中，将受到许许多多确定和不确定因素(地质条件变化等)的影响，包括设计计算、工程材料性能、施工精度、荷载、环境条件变化等诸多方面在理想状态与实际状态之间存在的差异。施工中如何从各种受误差影响而失真的参数中找出相对真实之值，对施工状态进行实时识别(监测)、调整(变更)、评估(预测)，对设计目标的实现是至关重要的。

上述工作一般需以现代控制论为理论基础来进行，所以称之为施工控制。

(1)施工控制在边坡工程施工中的作用

①边坡工程施工控制不仅是边坡工程施工技术的重要组成部分，而且也是实施难度相对较大的部分。

②边坡工程施工控制是确保边坡工程施工质量的关键。

③边坡工程施工控制又是边坡工程建设的安全保证。

(2)边坡工程施工控制的任务

对边坡工程施工过程实施控制，确保在施工过程中边坡坡体和防护加固工程结构的内力和变形始终处于容许的安全范围内，确保边坡稳定状态符合设计要求。

(3)边坡工程施工控制的内容

边坡工程施工控制的内容主要有几何(变形)控制、应力控制、稳定控制、安全控制。

1)几何(变形)控制

边坡坡体和防护加固工程结构在施工过程中总要产生变形，并且变形将受到诸多因素的影响，极易使在施工过程中的实际状态偏离预期状态。所以，必须对边坡工程实施控制，使其实际位置与预期状态之间的误差在容许范围内并符合设计要求。

2)应力控制

边坡坡体和防护加固工程结构在施工过程中受力情况是否与设计相符合是施工控制要明确的重要问题。通常通过结构应力的监测来了解实际应力状态，若发现实际应力状态与理论应力状态的差别超限就要进行原因查找和调控，使之在允许范围内或满足设计要求。

3)稳定控制

边坡防护加固工程结构的稳定性关系到边坡稳定和施工安全。有不少边坡工程在施工中发生失稳破坏，因此在边坡工程施工中不仅要严格控制变形和应力，还要严格控制施工各阶段边坡的局部和整体稳定。目前主要是通过稳定分析计算(稳定安全系数)，并结合结构应力、变形情况来综合控制其稳定性。

4)安全控制

边坡工程施工安全控制是上述变形控制、应力控制、稳定控制的综合体现。上述各项得到了控制，安全也就得到了控制，在施工控制中需根据实际情况，确定其安全控制重点。

9.5　工程应用实例

作为工程实例计算，主要是利用 Hoek-Brown 强度准则结合动态设计理念对路堑边坡进行稳定性分析。结合对该准则岩土体参数确定的定量化修正和路堑边坡稳定性评价的分阶段性研究，选取福建省泉三高速公路某典型路堑边坡工点，对其进行稳定性评价。

路堑边坡的稳定性评价时，根据路堑边坡工程特点，分三阶段(即勘察设计阶段、开挖施工阶段和变形破坏阶段)对其岩土体强度与坡体稳定性进行评价与相应的坡形坡率和动态防护工程设计。并且，针对各阶段所获得的坡体地质资料的不同与差异，分别利用 Hoek-Brown 评估各阶段揭露地质情况下岩体强度参数，对其坡体进行稳定性分析，并检验 Hoek-Brown 评估方法的合理性。

9.5.1　实例工程概况

以福建省泉三(泉州—三明)高速公路(三明市境)SMA10 合同段 YK201＋830～＋980 右侧路堑高边坡为典型工程实例(图 9-4)，利用 Hoek-Brown 强度准则，对该路堑边坡各阶段所处的稳定状态进行评价，并进行相应坡形坡率与防护工程调整。

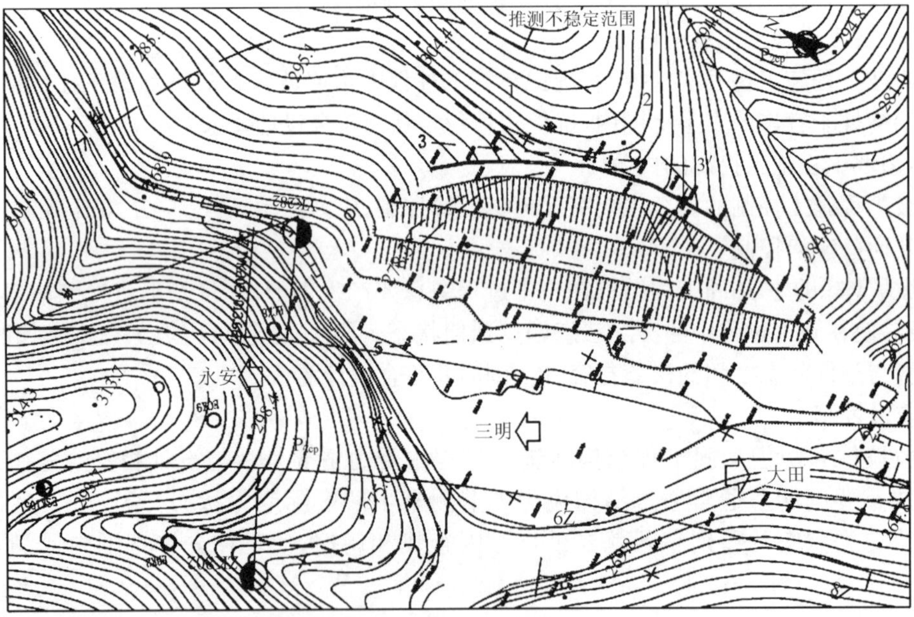

图 9-4　路堑边坡地形图

该工点位于永安市埔岭镇员当坑自然村北侧。设计高速公路右侧切一圆形山包以深挖路堑通过。边坡最大中心挖方深度约 26 m，所处路段为后洋隧道进口。原初步预设计阶段采用缓坡刷方结合宽平台方案，开挖 4 级，坡高 34 m，采用普通防护。

边坡坡面刷方结束后，因遇持续暴雨作用，坡体出现变形。后采取刷方缓坡、增加防护加固等措施，确保该坡体稳定。选取该典型工点进行研究分析，对其各阶段的分析方法进行简要介绍，并依据计算成果对 Hoek-Brown 修正的岩体评价方法进行校验与应用。

9.5.2 勘察设计阶段

(1)场区工程地质基础

本段边坡设计阶段,采用工程地质勘察数据分析坡体的稳定状态。工程地质勘察阶段提供的主要勘察资料整理如下:

1)地形地貌

该边坡地形属低山丘陵地貌类型,边坡右侧切一圆形山包,边坡走向与原自然斜坡走向基本垂直(边坡线路走向 339°)。山上植被发育,自然斜坡体稳定。

2)地层岩性

该边坡地层结构为:上覆坡残积黏性土,厚度约 2～12 m;边坡主体为二叠系翠屏山组(P2cp)强风化粉砂岩,其中砂土状强风化地层厚度约 2～5 m,岩芯呈褐红色和灰色,组织结构基本破坏,原生矿物均已风化呈砂土状,遇水易软化、崩解;碎块状强风化地层,厚度约 7～26 m,紫红色,岩芯呈 5～7 cm 碎块,节理裂隙发育,层理不清,锤击易碎,矿物成分风化明显;下伏为弱风化粉砂岩,浅灰色、青灰色,岩芯多呈 5～8 cm 碎块或 12～20 cm 柱状,岩质较新鲜,中厚层状,裂隙较发育,倾角以 30～45°为主,RQD=55%～65%;

3)地质构造

二叠系翠屏山组(P2cp)粉砂岩(间夹薄层泥岩、页岩及煤线),岩层产状 160°∠45°,与边坡倾向基本垂直,对该边坡稳定性影响小。

场地内及附近未发现有对边坡稳定性有影响的断裂构造通过。

4)水文地质特征

边坡场区位于坡体下部,地表无水源。边坡坡脚处主要为地表水汇集,地下水主要赋存于基岩风化带内孔隙裂隙潜水,富水性弱,钻孔勘察揭示边坡地下水埋深约 20 m。

5)不良地质现象

K201+950 处坡体地质情况如图 9-5 所示。

根据工程地质基础资料分析有如下基本判断:①该场区地形地貌和地质条件可以满足路堑边坡工程开挖的设计要求;②工程勘察显示,边坡场区未见控制性断裂构造通过;③边坡主体物质构成为碎块状强风化粉砂岩,覆盖层厚约 4～8 m;④边坡下伏弱风化基岩,顺坡向倾角约 30°,易形成控制性底界;⑤层面倾向与边坡倾向基本垂直,对边坡稳定性影响较小;⑥边坡地下水位较高;⑦边坡挖深较大,岩体存在松弛、扰动。

(2)边坡坡形、坡率设计

边坡坡形、坡率设计建立在工程地质勘察和边坡工程分类的基础上,根据线路走向与地形地貌总体设计边坡坡形坡率,以确保工程在建期间和道路通车后的边坡在使用年限内的稳定。其边坡工程设计,一般包含坡形设计和坡率设计。

边坡坡形设计包括边坡总体形态设计和坡级平台设计。边坡总体形态外凸型设计较为普遍,一般为台阶型边坡。

边坡坡率设计一般可采用工程地质类比法、风化破碎程度确定法、结构面产状确定法、极限坡率图解法和数值分析计算法等方法综合确定。

本工点 K201+890～+980 右侧高边坡的坡率设计主要依据该地区既有工程经验,结合勘察钻孔揭露边坡地层结构、风化破碎程度和强度参数,结合数值分析手段来确定。下部第一、二、三级设计坡率为 1∶1.0,第四级设计坡率为 1∶1.25 直至坡顶,第二级级平台设计宽度为 4 m,其余为 2 m;采用普通防护。具体设计详见图 9-5 所示边坡 K201+950 断面设计图。

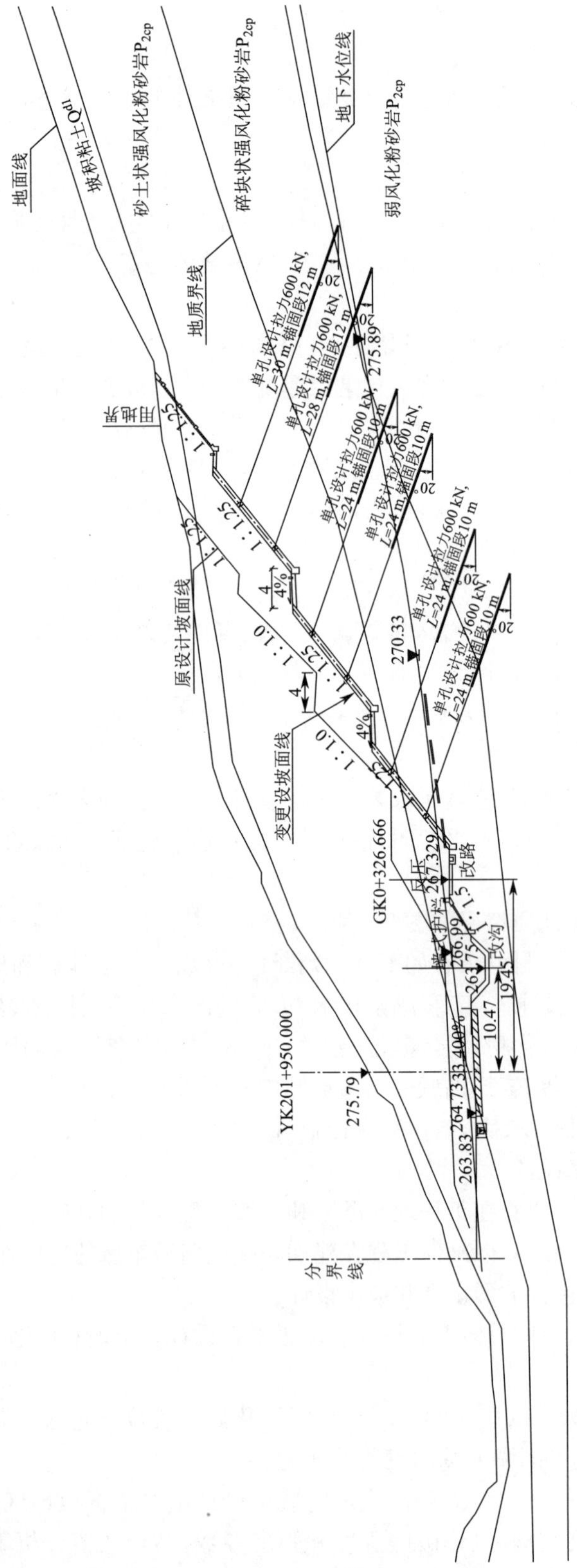

图 9-5　K201＋950 断面地质状况(单位:m)

(3)岩土体参数确定的阶段性研究

高等级道路工程建设主要经历勘察设计、工程施工建设和施工期间工点失稳变形等阶段，对边坡工程这类岩土工程而言，不同阶段对岩土体地质及强度的认识是不同的，且对边坡的认识和了解是逐步加深的。

利用广义 Hoek-Brown 强度准则评价岩体强度，其参数 σ_{ci}、GSI、m_i 和 D 的确定存在难度，且后三个参数没有合适的试验手段能够直接得到(参数 m_i 可利用试验通过线性统计回归的方法分析得到；在没有试验的条件下，可以根据岩性查表参考)。如此进一步增加了强度准则在工程应用中的不确定因素，因而在现有的条件下，只有准确的把握岩土体工程地质条件、岩土性质、开挖扰动程度等因素才能对坡体稳定性给出准确的评价。

针对以上工程特点，利用"5.2"提出的三阶段分析方法应用 Hoek-Brown 强度准则对路堑边坡工程的岩土体强度与坡体稳定性进行动态分析。即勘察阶段、开挖施工阶段和变形破坏阶段。

针对这三阶段工程地质的揭露特点和前文介绍的对其参数确定的研究成果，分阶段对其岩土体参数进行确定，如图 9-6 所示。

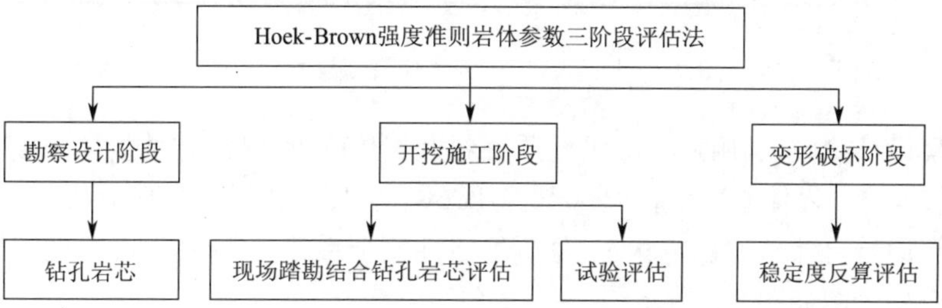

图 9-6　阶段性评价岩体参数

针对工程建设工程量大，采取试验研究费时，且需大量人力物力等局限性，本节提出对岩体参数主要依据勘察资料和反分析来确定，即勘察阶段主要依据勘察钻孔岩芯评估、开挖施工阶段依据现场踏勘地质复查结合钻孔岩芯评估、变形破坏阶段依据稳定度反分析确定。

(4)岩体强度参数的确定

有关岩体强度评估，在"5.2"中已有详细介绍。利用 Hoek-Brown 强度准则原理及其评估岩体强度方法，对该工点进行了钻孔试验。选取其中两个代表性钻孔作为参数提取依据，利用修正的 Hoek-Brown 岩体强度评估方法对该工点进行岩体强度评估，分析岩体强度参数结果，见表 9-1。

表 9-1　勘察设计阶段评估岩体参数表

地层名称	容重 (kN/m³)	杨氏模量 (kPa)	泊松比	抗拉强度 (kPa)	基本参数值				岩体常数			等效强度参数	
					σ_{ci} (MPa)	GSI	m_i	D	m_b	s	a	c (kPa)	ϕ (°)
坡残积黏性土	18	1e4	0.4	1	—	—	—	—	—	—	—	20.5	15.2
砂土状强风化粉砂岩	20	2.2e5	0.35	—	5	17	6	0.3	0.183	3.55e−5	0.553	30	22.4
碎块状强风化粉砂岩	22	2.55e5	0.3	—	10	25	7	0.5	0.197	4.54e−5	0.531	68	24.4
弱风化粉砂岩	24	2.86e6	0.25	—	25	52	9	0.5	0.915	0.001 7	0.505	287	42.6

(5)边坡稳定性分析

前面根据工程特点对该段边坡进行坡形坡率设计。结合工程地质勘察结论,依据其提供的工程岩体强度参数值对该路堑边坡进行稳定性评估。这里采用 PHASE2 平面有限元软件对该段边坡进行数值模拟开挖分析研究。结合工程变形状态,其变形主要集中在边坡大里程方向,本节故以断面 K201+950 地质模型建立分析模型,具体有限元数值模拟离散模型如图 9-7 所示。

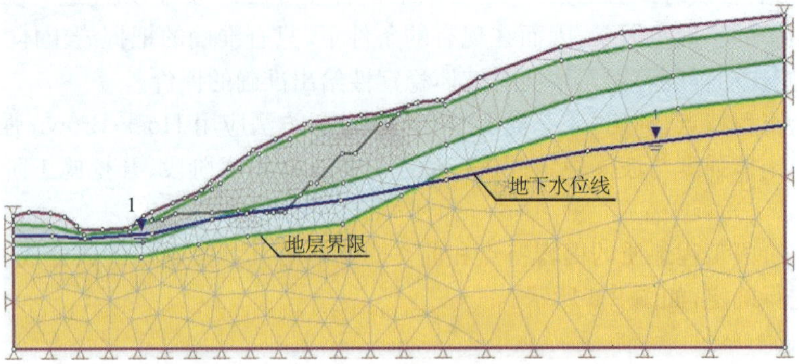

图 9-7 K201+950 断面有限元数值模拟图

边坡勘察设计阶段,利用勘察提供地质资料及岩体强度参数,评估岩体强度与坡体稳定状态。利用上表 9-1 中岩体参数值,结合 Hoek-Brown 强度准则进行数值分析。

数值计算原始自然斜坡稳定状态,分析稳定性安全系数为 1.61。边坡稳定性安全系数与分析最大剪应变云图如图 9-8 所示。

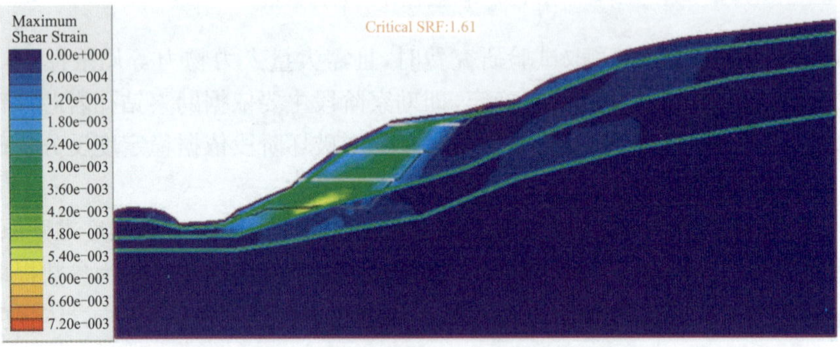

图 9-8 自然边坡计算安全系数及最大剪应变云图

边坡坡形坡率设计后,利用 PHASE2 模拟开挖分析边坡稳定状态。计算中根据坡体实际平台数,每一级坡面为一步计算过程,共分五步(第一步计算自然边坡应力状态)。计算结果如图 9-9 所示,安全系数为 1.37,坡体不需增加防护加固工程。

从图上可知,坡体最大位移出现在第二级坡脚处,但量值较小,坡体处于稳定状态。

9.5.3 开挖施工阶段

前阶段为边坡根据工程地后勘察资料结合专家经验对边坡进行坡形坡率及防护工程设计。边坡在开挖后,根据其揭露地质情况,对边坡工程稳定状态进行评估。

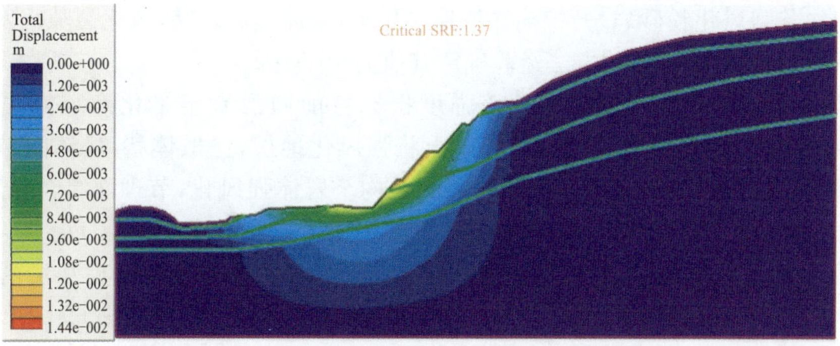

图 9-9　预设计计算安全系数及总位移云图

依据实际坡体地质，结合路堑边坡工程特点，采用合适的评价方法对岩体强度进行评估，并分析路堑边坡的稳定状态。

本节采用广义 Hoek-Brown 强度准则对岩质路堑边坡进行稳定性分析，并结合边坡开挖揭露地层情况对岩体强度指标进行取值。图 9-10 为该边坡依初步设计方案刷方后坡形。

图 9-10　K201＋830～＋980 右侧路堑边坡开挖后坡形图

该边坡开挖后，坡体上部为坡残积黏性土，中部为砂土状强风化的粉砂岩，岩体结构破碎，呈散体状；至第一级时坡体为碎块状强风化的粉砂岩，岩体结构为碎块状，结构面发育，层理面斜交坡面基本垂直。

坡体开挖揭示坡面沿层面形成岩层界面，岩体结构面含泥质夹层，形成主控不利结构面。

(1)岩体强度参数评估

广义 Hoek-Brown 强度准则评价岩体强度，需要确定的变量为岩石单轴抗压强度 σ_{ci}、岩体地质强度指标 GSI、完整岩石常数 m_i 及坡体开挖扰动因子 D。结合本工点开挖揭露地层地质情况和实际控制性地层对坡体进行岩体参数评价。

岩石单轴抗压强度 σ_{ci}的确定。对于完整岩石可以采用岩石单轴抗压强度试验或现场的点荷载试验来确定。也可依据 Hoek 理论现场评估岩石单轴抗压强度的标准指标，根据现场岩性的描述估算岩石的抗压强度。

本段边坡上覆砂土状强风化粉砂岩，根据开挖揭露地层显示，岩体大部分矿物已风化成次生矿物，该层上部呈砂土状，下部夹少量碎块状，手捏易碎。该地层初步地勘资料未提供岩石单轴抗压强度，本节根据现场勘察揭露地层岩性，依据表 2-3 评估方法由经验确定其值为 5 MPa。

下伏碎块状强风化粉砂岩，开挖揭露该地层显示，岩体呈碎块状，风化裂隙很发育，锤击声哑易碎，依据 Hoek 提供的评估方法经验确定其值为 10 MPa。

岩体地质强度指标 GSI 的确定。该强度指标目前尚没有定量化确定方法，主要依据 Hoek 提供的图表对比评估法确定。上覆砂土状强风化地层，呈散体状，块体间结合程度差，岩体极度破碎，夹少量碎石，呈棱角状和浑圆状结构。岩体强风化，节理面组合强度较低。根据坡体岩层结构面组合评价结合勘察阶段钻孔岩芯 RBI 分析，GSI 值仍取 17。

下伏碎块状强风化地层，岩体呈碎块状结构，岩体由多组不连续面相互切割，岩体强风化，变形结构面较为平滑，依据查表对比分析并结合勘察阶段岩芯估算 GSI 值，其值仍取 25。

综合勘察阶段与坡体开挖后地层揭露情况，根据实际坡体地质状况，分析其岩体参数，其值取值同勘察阶段评价，见表 9-1。

对坡体主控结构面考虑，坡体沿层面含碎石、泥质夹层，形成坡体不利结构面组合，对坡体稳定性存在不利影响。对坡体稳定性评价，采用数值分析方法，本节以节理单元进行分析，以 Mohr-Coulomb 强度准则分析节理单元，依经验与坡体稳定状态反分析其参数，取值 c 为 23 kPa，ϕ 为 19°，不考虑结构面张拉，强度取 0。

(2)开挖施工阶段坡体稳定性评价

对坡体稳定性分析，依据对岩体强度参数的评估取值，利用平面有限元建立数值模拟分析。考虑主控结构面不利稳定性影响，以不利结构面沿层面考虑。数值计算分析结果如图 9-11 所示。

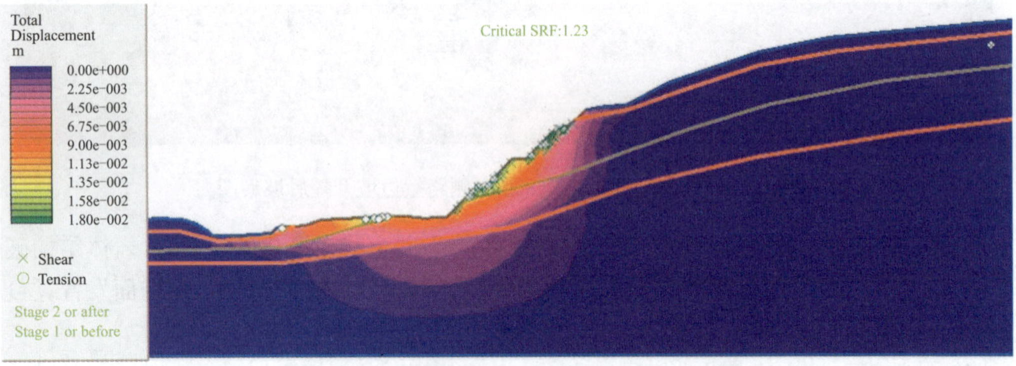

图 9-11 开挖阶段安全系数及总位移云图

坡体数值计算分析，考虑主控结构面不利组合影响，坡体安全系数为 1.23，坡体仍处于稳定状态。

综合本节对开挖坡体岩体参数评价，对于采用 Hoek-Brown 强度指标，分析岩质路堑边坡稳定状态，岩体参数评价时需要注意以下几点：

①岩体强度参数的确定中，不确定性因素较强，岩体强度参数取值需要根据工程经验判断，并结合工程实际反分析确定。

②岩石单轴抗压强度需经采样由试验室确定，或由现场点荷载试验确定。对于强风化状岩体，试样较难取得，可根据 Hoek 提供理论依据并结合岩性一般强度经验值确定。

③岩体地质强度指标确定，现场勘察依赖性较强，没有定量化确定方法，需依据实际地质情况确定。

④开挖扰动系数 D 的取值随机性较大，对于路堑岩质边坡取值没有工程经验依赖。岩体扰动系数 D 对边坡岩体强度参数的评价影响较大，对于边坡开挖扰动系数 D 的取值需谨慎。

⑤利用有限元分析路堑边坡工程稳定性，针对均质体边坡较为合理。对于路堑边坡工程常见的破坏均由结构面控制，在工程应用中，缺乏合适的分析手段加以考虑。在采用有限元或极限平衡法等手段对岩质路堑边坡分析时，应结合实际工程地质条件谨慎处理。

9.5.4　变形破坏阶段

(1)边坡开挖变形

边坡开挖完成后，根据现场地质复核，坡体地质条件与勘察阶段地质情况相比存在差异。后因持续暴雨冲刷，已基本开挖完成的坡体出现失稳现象。

该滑坡后缘裂缝呈圈椅状下错，并延伸至大里程侧堑坡顶后侧山头；开挖坡面两侧各分布两条斜向侧界裂缝，在边坡第二级、第三级坡面均有剪出变形裂缝；边坡第一级小里程侧剪出裂缝斜切坡面与第二级坡脚裂缝相连；偏大里程侧坡脚前缘呈叠瓦状拱起变形，反翘剪出最远处距坡脚约 20 m。边坡变形如图 9-12 所示。

(a)坡面剪出变形

(b)坡脚路基反翘剪出变形

图 9-12　边坡变形情况

其中图 9-12(a)为第一级坡面形成的剪出口，图 9-12(b)为坡脚附近路基反翘剪出口。边坡变形后地质勘查发现坡体内结构面发育，由多道主控结构面控制变形，产状 39°∠35°为路面反翘剪出口，255°∠24°、215°∠24°等也为不利结构面因素。地下水较为发育，顺坡结构面一般较潮湿，或见泥化现象。坡体变形沿不利结构面变形失稳破坏，这些不利结构面控制坡体稳定状态，体现了岩质路堑边坡结构面因素对坡体稳定性的影响。

(2)变形破坏阶段稳定性评价

该坡体在工程刷方结束后，坡体出现变形，且规模相对较大。对变形破坏阶段坡体稳定性研究与防护工程设计，主要采用稳定度反分析方法进行分析研究。

在岩质路堑边坡工程中，岩质边坡的破坏往往由主控不利结构面、地下水、人类活动等因素引起。本工点变形失稳主要由于开挖卸荷后，遇持续暴雨作用，雨水沿开挖坡面下渗，坡体分多层沿不利结构面变形。根据坡体变形失稳情况反分析其岩体结构面强度参数。

利用数值分析方法对变形失稳坡体进行稳定性分析。根据坡体不利结构面组合关系，数值建模中以节理单元模拟岩体主控结构面影响，由其主要不利结构面产状等效换算坡体计算视倾角。坡脚处反倾不利结构面结构面产状为160°∠45°，坡体沿其剪出变形；坡脚下部主要不利结构面产状为255°∠24°，为坡体变形滑动依附面，坡体主要沿该结构面滑动，并致使坡脚路基沿反倾结构面剪切变形；坡面第一级中上部，坡体沿其不利泥质（含碎石）夹层剪切变形，该层主要位于岩层交界面附近。

本节采用坡体稳定度反分析该变形失稳边坡岩体结构面强度参数，计算坡体稳定度为0.99，岩体结构面强度参数见表9-2。

表9-2　不利结构面强度参数

结构面名称	结构面倾角		强度参数		评估方法
	真倾角(°)	视倾角(°)	黏聚力 c(kPa)	内摩擦角(°)	
反倾结构面(39°∠35°)	35	31	15	13	反分析
缓倾结构面(255°∠24°)	24	23	20	14.5	
沿层面夹层(160°∠45°)	45	9	23	19	

该边坡稳定度分析，岩体强度参数采用开挖阶段评估岩体强度参数值，见表9-1。结合边坡工程坡体变形发展趋势与稳定状态关系，分析坡体变形状态，图9-13为开挖结束后坡体变形云图，该图为坡体总位移云图。从图中分析，坡体沿第一级层面变形突出，位移较大；坡脚处主要依附反倾结构面剪出；坡体整体变形沿缓倾结构面变形失稳。

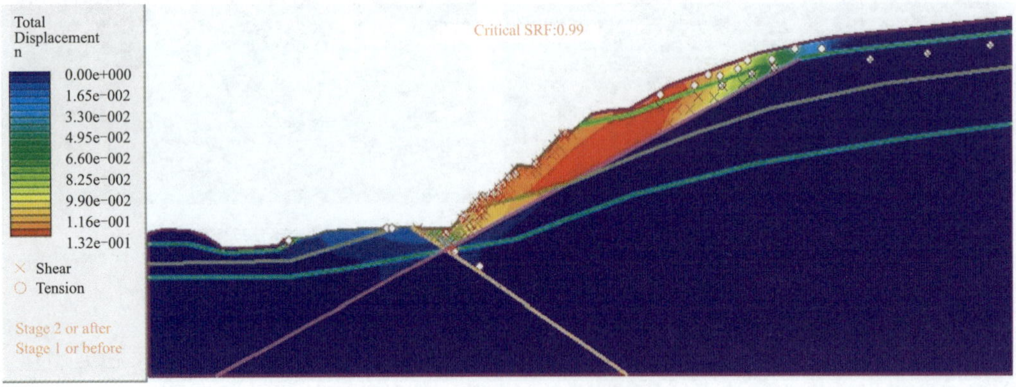

图9-13　开挖后坡体变形位移图

根据变形破坏模式分析，云图显示坡体顶部与第二级坡面部位主要为张拉破坏，第一级坡脚与坡面处为剪切破坏。

结合工程实际破坏形式，该数值分析较接近工程实际。对其工程实际变形，数值反分析体现了较为合理的描述。

依据反分析计算岩体强度参数，计算其原自然坡稳定状态。利用数值模拟分析，该边坡原自然坡计算稳定系数为1.46，即处于稳定状态，与坡体所处状态相符。

(3) 变形破坏阶段治理工程

边坡开挖变形后，根据实际地质情况结合坡体变形模式和计算分析结果进行设计变更。

根据现场踏勘坡体病害调查，该边坡变形破坏特征主要为坡体沿不利倾向的结构面产生变形，整体沿结构面滑动，并发展贯通而失稳。

对该类型病害边坡工程的治理一般主要采用以下三个方案：①采用岩土锚固工程稳定边坡，主要是锚杆或锚索框架结构，施以预应力张拉；②采用支挡结构稳定边坡，主要采用坡脚挡墙或抗滑桩（或预应力抗滑桩）工程；③采用锚固与支挡结构相结合的方案稳定边坡。

对于 K201＋830～＋980 段路堑边坡，考虑滑面为坡脚下一定深度，且大于挡墙基础埋深，则采用造价昂贵的抗滑桩工程，在该段设置挡墙加固边坡难以取得预想的工程效果并缺乏经济性。

当然对于该工程坡体变形发展趋势，由于边坡存在多级滑面，且坡体上部为砂土状强风化的粉砂岩，坡体存在多组不利结构面，若单独施以抗滑桩或锚索抗滑桩工程，难以满足工程上部结构的稳定。因而坡体上部结构仍需结合锚固工程，以使坡体达到满足的工程安全要求。

因此，结合本工程特点和数值分析结果，考虑经济和技术上的优势，本次治理主要采用边坡锚固工程结合坡体刷方放缓边坡，对该病害坡体进行病害治理。

变更后坡体坡形整体变缓，坡体总体高度增加，最高断面共分五级。变更后坡率变缓，第一、二级坡率为 1∶1.25；第三、四、五级坡率为 1∶1.5，中间均设 4 m 宽平台。

工程整体防护工程采用预应力锚索框架加固边坡。边坡第一、二、三、四级设计预应力锚索框架工程，框架宽 6 m、高 8 m，每片框架设 4 孔锚索，单孔设计预应力为 900 kN。

坡面防护工程，框架内设计 TBS 植草或三维网植草；顶级边坡在滑坡刷方的基础上设计拱型骨架植草，以有效防治雨水冲刷，并绿化坡体。工程设计坡面图如图 9-14 所示。

图 9-14　K156＋590～＋670 段右侧路堑高边坡最终设计方案

设计变更后，经数值分析坡体稳定系数为 1.02。坡体上部坡顶部位存在张拉屈服，沿坡面特别是第一级坡体上部即不利结构面部位处存在张拉和剪切屈服区，坡体仍处于欠稳定状态，如图 9-15 所示。根据数值分析现实，需对坡体进行防护加固。

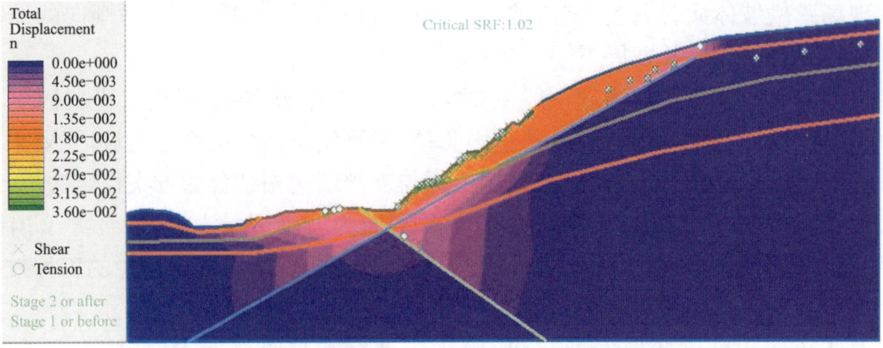

图 9-15　变更设计后刷方坡形图与稳定状态

采用坡体加固设计方案，结合工程实际地形，K201＋950 处坡体共四级，第四级采用普通坡面防护，不参与岩体计算。坡体第一、二、三级采用预应力锚索框架结构防护，单孔设计预应力为 900 kN。利用数值分析方法，结合前期评价岩体强度参数，计算坡体加固工程后稳定系数为 1.28，即防护设计工程与坡体稳定性满足工程安全要求，如图 9-16 所示。图 9-17 为坡体变更设计后坡形、坡率图。

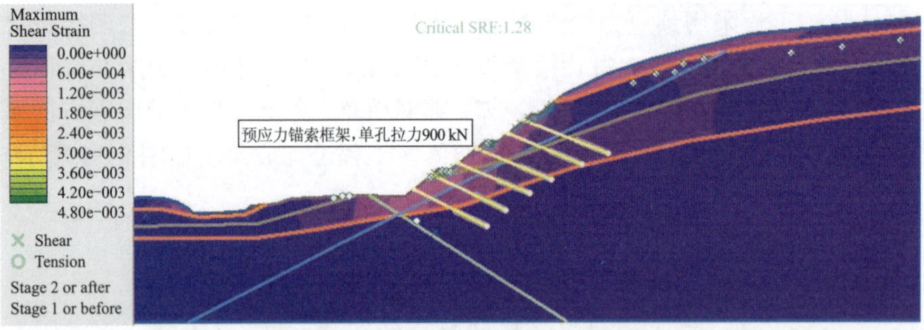

图 9-16　变更防护工程设计与稳定状态

图 9-17　变更设计后实际坡形及防护(防护工程未完成)

第 10 章

边坡工程工后评估

10.1 边坡工后评估工作

10.1.1 工后评估目的和意义

鉴于路堑边坡地形条件困难、地质结构复杂、环境背景脆弱，其边坡稳定与安全问题较为突出。为确保边坡的长期稳定，对路堑高边坡进行工后评估，及时准确地把握边坡的稳定性现状和发展趋势，必要时实施补强加固工程或工程检测与监控量测，对山区高等级道路的交通运营畅通和安全具有重要的指导意义和实用价值。

10.1.2 主要评估内容和方法

工后评估工作主要内容包括路堑边坡工程分类、路堑边坡稳定性影响因素调查分析、边坡稳定性分析与评价，以及主要边坡工程病害调查及其整治工程对策建议等。

基于边坡工程稳定性分析与评价的基本原则和常用方法，结合山区高等级道路路堑边坡的工程特点，工后评估工作常采用工程地质类比评估法、数值分析计算评估法和检测监测评估法相结合的综合评估方法。

在相关地区路堑边坡工程调查与评估咨询工作经验的基础上，高等级道路路堑边坡工后评估工作要求采用收集资料与现场调查相结合，定性分析与数值计算相结合，边坡普查与重点复查相结合的系统工作程序，遵循由简到繁、由浅入深、全面排查、突出重点的工作原则，综合分析和评价有关边坡当前稳定性现状等级及其发展趋势，并对重点复杂边坡提出主要防护加固工程结构检测与坡体变形监控量测及其应急方案建议。主要工作内容和技术路线如图 10-1 所示。

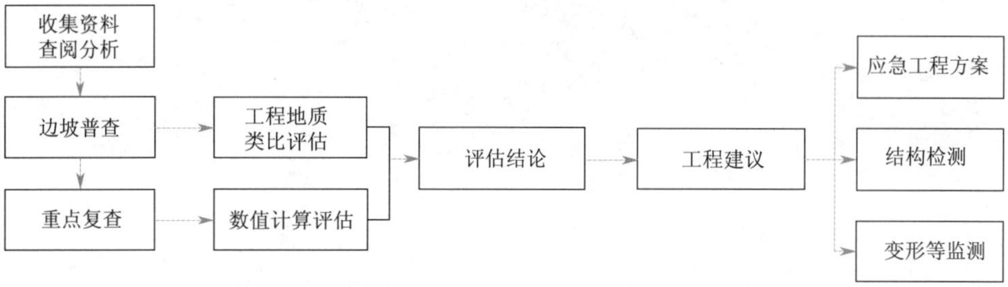

图 10-1　路堑边坡主要评估工作内容和评估技术路线框图

10.2　常用工后评估方法

路堑边坡工后评估的核心内容就是边坡稳定性分析与评价，常用的分析与评价方法有工程地质类比法、地质数据图解分析法和数值分析计算法，以及近年来日益受到重视并开展应用的工程检测监测法。

10.2.1　工程地质类比评估法

工程地质类比法或工程经验法是基于边坡对象的地形地貌条件、坡体结构特征、岩土力学性质、岩体质量指标、风化破碎程度、构造裂面发育状态以及地下水活动状况和外部环境条件等，参考具有类似工程地质与水文地质条件的既有边坡工程实践或其他相关成功经验，对其坡形坡率及防护加固工程措施等逐项进行合理性与可靠性分析和比对，并进行边坡整体稳定性评价。同时，可以通过分析边坡变形破坏的形成和发展来判断其原因，进而判断当前边坡的稳定状态，并预测其未来发展趋势。

工程地质类比法能综合考虑多种因素，快速对边坡的稳定状况和发展趋势进行推测，为勘测定量分析和综合治理创造条件，是现阶段经常采用的稳定性评估方法之一。

10.2.2　地质数据图解分析法

地质数据图解分析法一般是针对岩质边坡的坡体性质和岩体结构条件，根据结构面发育状态与组合特征，对其坡体或岩体稳定性进行图解分析和评价。

采用如图 10-2 所示的球面投影分析，这种球面投影分析法是岩质路堑边坡岩体结构面调查分析、结构面及结构面组合对坡体稳定性的不利作用和影响判断，以及对边坡稳定程度与潜在变形破坏模式评价的有效手段和重要方法。

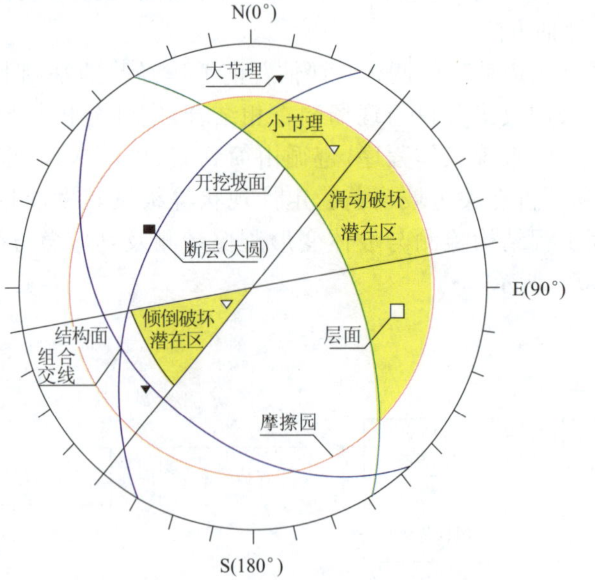

结构面类型：□—层面；■—断层；▽—小节理；▼—大节理

图 10-2　边坡岩体结构面潜在失稳球面投影向量图

10.2.3　数值分析计算评估法

数值分析计算法是通过建立边坡计算模式，确定岩土计算指标，选择特定计算方法，得出边坡稳定程度或安全程度的定量指标和结论，即稳定系数或安全系数。

边坡稳定性评价的定量分析计算法主要有极限平衡分析法和应力应变分析法两大类。前者以条分法和楔形体解析法为代表，后者主要是有限单元法等数值模拟算法。对于土质边坡稳定性分析和评价常用极限平衡条分法；对于岩质边坡稳定性分析常用楔形体解析法；对于重点复杂边坡的数值模拟分析常用应力应变分析法。

10.2.4　工程检测监测评估法

近年来，由于边坡工程检测与监测技术水平的提高与普及，基于客观反映边坡历时活动状态与规律的监控量测资料对重点复杂的边坡工程进行稳定性评价越来越被广大的工程技术人员和有关专家学者所重视，并体现明显的有效性和可靠性。

工程检测监测评估法又可分为工程检测评估法和动态监测评估法。

工程检测评估法是对路堑边坡工程质量及结构应力状态进行检测，通过比对路堑边坡工程设计条件和工作状态要求，进行边坡稳定性、安全性校核评估。

动态监测评估法是通过实时监控量测路堑边坡坡体变形、结构应力及其他相关物理特征参量，研究分析其活动动态和发展规律，建立相应的边坡稳定程度分级标准，依此进行路堑边坡稳定性分析和评价，必要时可以建立预警阀值或进行预测预报。

工程检测评估和动态监测评估相结合，即工程检测监测综合评估方法，是今后路堑边坡工程稳定性评估的发展趋势和重要研究与应用方向。

10.3　稳定等级与评价标准

10.3.1　边坡稳定等级

综合运用上述边坡稳定性分析计算手段和评估方法，一般可以将路堑边坡稳定程度划分为稳定的边坡、稳定性差（或欠稳定）的边坡和不稳定的边坡等三个基本等级。

根据《公路路基设计规范》，高速公路路堑边坡稳定程度等级可定量划分为边坡稳定系数大于 1.2 为稳定的边坡；边坡稳定系数小于 1.0 为不稳定边坡；边坡稳定系数介于 1.2 和 1.0 之间的为稳定性差（或欠稳定）的边坡。

由于路堑边坡工程问题的复杂性和多样性，上述基本等级划分在实际工程应用中还显较为粗略，需要进一步细化，以便更准确地描述路堑边坡的稳定状态并采取相应的工程对策。

因此，结合高等级道路路堑高边坡的工程特点，对路堑高边坡的稳定程度等级进行进一步细化和扩展，其扩展分类又可分为稳定、基本稳定、基本稳定但局部稳定差、稳定性差，整体稳定性差且局部不稳定和不稳定共六个等级。

10.3.2　稳定评价标准

基于边坡不同稳定等级或状态的工程特点与变形规律，经过总结其相应的定性描述，并结合各阶段边坡稳定性分析计算定量指标，可以综合给出“路堑边坡稳定性等级及评价标准”，见表 10-1。

表 10-1 路堑边坡稳定性等级及评价标准

<table>
<tr><th rowspan="2">稳定性等级</th><th colspan="2">评价标准</th></tr>
<tr><th>定性描述</th><th>定量指标</th></tr>
<tr><td>稳定</td><td>无变形，无不利稳定因素，防护加固设计充分、质量良好、稳固可靠</td><td>$F_s \geqslant 1.2$</td></tr>
<tr><td>基本稳定</td><td>基本无变形，无重要不利稳定因素，防护加固设计基本可行、质量可靠</td><td rowspan="2">$1.1 < F_s < 1.2$</td></tr>
<tr><td>基本稳定但局部稳定性差</td><td>基本无变形，局部或浅表层存在变形破坏迹象或者不利稳定因素，防护加固工程设计局部不足</td></tr>
<tr><td>稳定性差</td><td>存在局部坡面或防护结构变形但无严重破坏，明确存在不利稳定因素，或者边坡高陡、结构复杂、工程安全特别重要，或者防护加固工程设计不足、质量一般、针对性不强</td><td rowspan="2">$1.0 < F_s \leqslant 1.1$</td></tr>
<tr><td>稳定性差且局部不稳定</td><td>局部坡面或防护结构变形破坏较严重，相应防护加固工程设计明显不足</td></tr>
<tr><td>不稳定</td><td>发现较为严重的变形和破坏，存在易滑地层或岩组、不利稳定的坡体结构条件、岩体不利结构面发育、坡体地下水丰富等重要不利稳定因素的作用和影响，或者防护加固工程明显不足、质量粗劣、效果较差或已失效</td><td>$F_s \leqslant 1.0$</td></tr>
</table>

10.4 工程应用实例

浙江龙丽丽龙（龙游—丽水、丽水—龙泉）高速公路，简称两龙高速公路，全线长 222.24 km，由龙丽、丽龙两个高速公路路段组成，系浙江省西南部地区重要的交通干线。其中，龙丽高速公路长 119.78 km，丽龙高速公路长 102.46 km。2006 年 12 月 31 日，龙游经北埠至龙泉段 199 km 建成通车，莲都段 23 km 于 2007 年 12 月 25 日建成通车。

两龙高速公路原设计标准为山区一级公路，2002 年开始施工，其后改扩建为高速公路。原一级公路路基工程已于 2004 年基本完成，在一级公路基础上改建为高速公路，路线位置基本不变。两龙高速公路路线多穿行在低山丘陵峡谷之间，沿线地形条件困难、地质构造复杂、地层岩性多变、不良地质岩组发育，大量采用切坡筑路的方法，形成 265 处路堑高边坡（边坡高度大于 20 m），是路堑边坡病害的易发区和多发区。

由于原设一级公路与高速公路技术标准的差异和路堑边坡防护加固理念的影响，两龙高速公路设计边坡坡率一般较陡、边坡高度较大、安全储备偏小，部分高边坡的防护加固工程存在适宜性或针对性不强、系统性或可靠性不足等问题。两龙高速公路在施工过程中曾发生多处较大规模的路堑边坡滑坡病害及其他边坡工程变形和破坏现象，在通车仅一年多的情况下产生了较多的路堑高边坡病害问题。种种迹象表明两龙高速公路路堑高边坡工程环境背景脆弱、地质条件复杂、安全储备不足，工程隐患难免。

为了有效预防边坡病害，建设一条安全畅通的山区高速公路，对两龙高速公路路堑高边坡的稳定性进行工后评估。现场调查各边坡的状态，分析其病害原因，评价其稳定性，提出完善路堑高边坡防护加固工程处治措施及保证边坡稳定和安全运营监测等建议，具有重要的理论意义和实用价值。

10.4.1　龙丽高速高边坡工后评估

(1)边坡基本信息

龙丽高速公路高边坡调查总计 114 处。其中,20～29 m 有 38 处,占边坡总数 33%;30～39 m 有 40 处,占边坡总数 32%;40～49 m 有 15 处,占边坡总数 14%;50 m 以上有 21 处,占边坡总数 21%。20～40 m 的边坡所占比例比较大,达到一半以上。

其中,土质或类土质边坡有 8 处,占边坡总数 7%;二元结构边坡有 32 处,占边坡总数 29%;岩石边坡有 74 处,占边坡总数 64%。如图 10-3 所示,龙丽高速公路路堑高边坡主要为岩石边坡。在所调查的 114 处边坡中有 3 处滑坡。

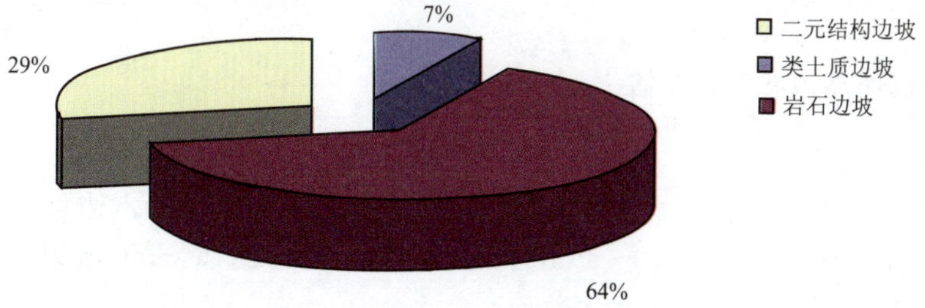

图 10-3　龙丽高速公路路堑边坡类型

(2)典型病害类型

鉴于龙丽高速公路建设的特殊历史背景、复杂的地质环境,地质病害多发是不可避免的,由于在正式通车前对这些病害整治设计观念的差异,部分边坡整治没有达到高速公路设计标准。

龙丽高速公路绝大多数边坡采用的防护工程是以预防边坡表层冲刷或掉块落石为主,边坡加固以挂网植草和柔性网为主,防护手段单一,加固措施薄弱。并且对边坡排水重视不够,排水措施普遍不完善。经调查总结龙丽高速公路路堑高边坡病害主要有以下几类,如图 10-4 所示。

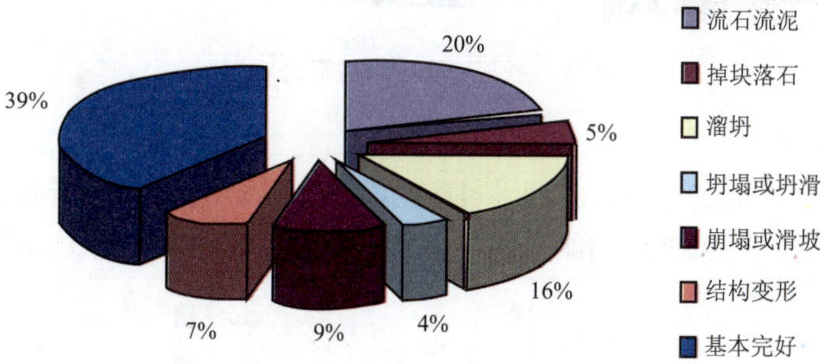

图 10-4　龙丽高速公路路堑高边坡典型病害类型分布图

(3)工后评价结果

在龙丽高速公路 114 处边坡中,稳定路堑高边坡 44 处,占边坡总数 39%;基本稳定路堑高边坡 26 处,占边坡总数 23%;基本稳定、局部稳定性差路堑高边坡 29 处,占边坡总数 25%;稳定性差路堑高边坡 9 处,占边坡总数 8%;稳定性差、局部不稳定高边坡 5 处,占边坡总数的 4%;有 1 处不稳定边坡、占边坡总数 1%,如图 10-5 所示。

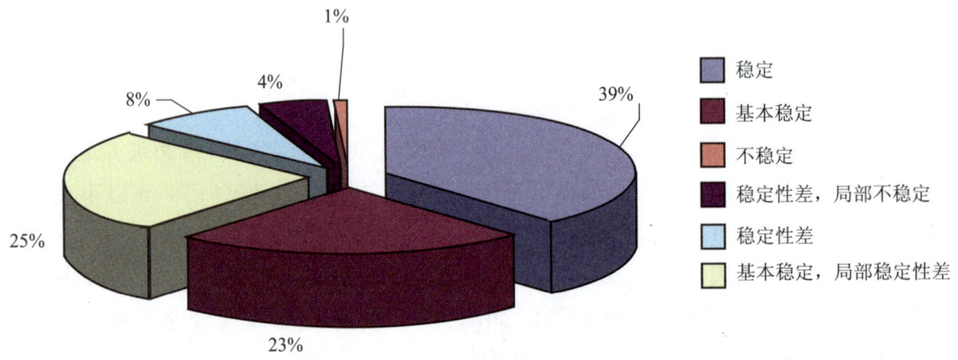

图 10-5　龙丽高速公路路堑边坡稳定性统计分布图

10.4.2　丽龙高速高边坡工后评估

(1)边坡基本信息

丽龙高速公路路堑高边坡调查总计 151 处，20～29 m 有 57 处，占边坡总数 36%；30～39 m有 43 处，占边坡总数 32%；40～49 m 有 26 处，占边坡总数 15%；50 m 以上有 25 处，占边坡总数 17%。20～40 m 的边坡占大多数。

其中，土质或类土质边坡有 32 处，占边坡总数 21%；二元结构边坡有 44 处，占边坡总数 29%；岩石边坡有 75 处，占边坡总数 49%。如图 10-6 所示，岩石边坡是构成龙丽高速公路路堑高边坡的主体。在丽龙高速公路的 151 处路堑高边坡中，有 4 处滑坡。

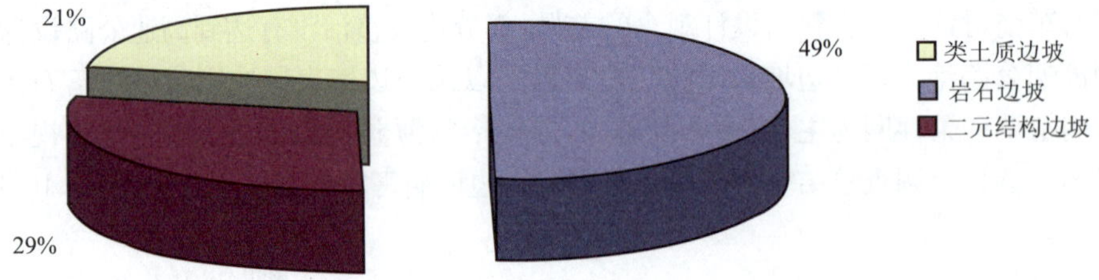

图 10-6　丽龙高速公路路堑边坡类型

(2)典型病害类型

丽龙高速公路与龙丽高速公路相同，同样存在防护手段单一、加固措施薄弱，以及对边坡排水重视不够等问题。经调查总结丽龙高速公路路堑高边坡病害如图 10-7 所示。

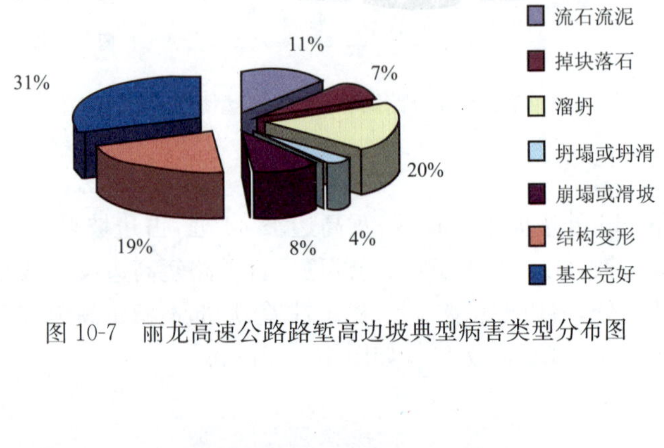

图 10-7　丽龙高速公路路堑高边坡典型病害类型分布图

(3)工后评价结果

在丽龙高速公路 151 处路堑高边坡中,稳定的路堑高边坡 37 处,占边坡总数 25%;基本稳定的路堑高边坡 59 处,占边坡总数 39%;基本稳定、局部稳定性差的路堑高边坡 47 处,占边坡总数 30%;稳定性差的路堑高边坡 4 处,占边坡总数 3%;稳定性差、局部不稳定的路堑高边坡 2 处,占边坡总数 1%;不稳定的路堑高边坡 2 处,占边坡总数 1%,如图 10-8 所示。

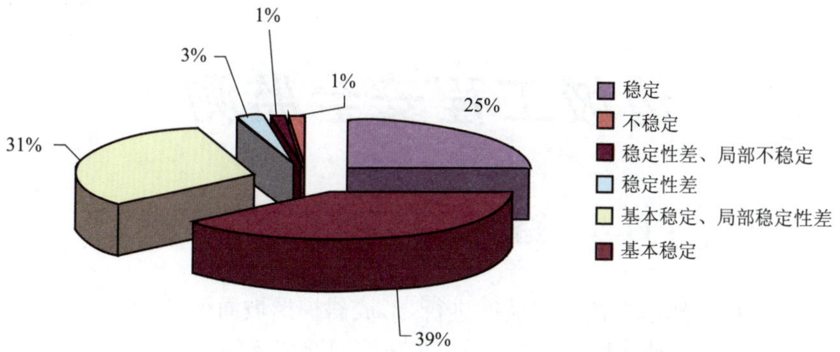

图 10-8　丽龙高速公路路堑边坡稳定性统计分布图

10.4.3　两龙高速高边坡发展趋势

鉴于两龙高速公路路堑高边坡工程稳定性现状和发展趋势,随着时间的推移和环境条件的变化,其路堑高边坡岩土体将进一步松弛,在地表水和地下水的不断作用下,地质条件呈不断恶化状况发展,特别是遇有灾害性气象如台风暴雨的作用和影响时,路堑高边坡产生病害在所难免。轻者会影响公路正常运营,影响交通通畅和行车安全,重者在运营期间可能会产生较大的塌方断道、车毁人亡等重大事故,造成不良的政治、社会影响和较大的经济损失。

因此,当前的路堑边坡防护加固工程难以维持其长期稳定与安全,必需引起高度重视并采用必要的工程措施,确保路堑边坡稳定和交通安全。

在评估的基础上,管理部门已采取不同措施对不同类型边坡进行监测、补强和加固,相信通过这些工作可以消除隐患,保障公路安全畅通。

第 11 章

边坡工程安全监测

11.1 路堑边坡开挖变形规律

路堑边坡的开挖自然地表按一定坡度进行，形成斜梯形坡面形态。

如图 11-1 所示，在这种开挖卸荷作用下，在开挖初期坡体的总变形以向上方向为主，随着开挖卸荷的逐级进行，依附于坡表的侧向变形逐渐增大，开挖至坡脚后，坡体的侧向变形显著增加甚至超过垂直向上的变形位移。

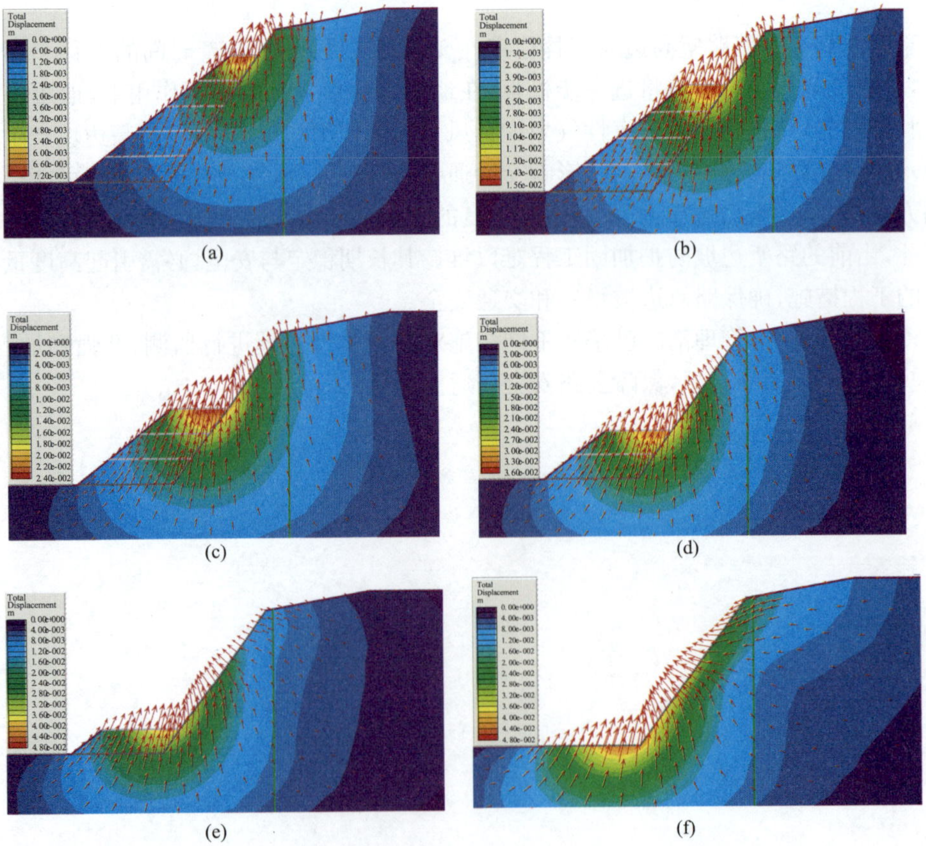

图 11-1　坡体开挖进程总变形位移云图与矢量图

在施工现场进行坡体开挖，通常侧向变形位移较为显著，垂直变形位移主要表现为回弹。垂直位移表现为回弹是因为上覆岩体开挖后自重荷载丧失，其力学效果等同于对边坡施加等量反向荷载，因而导致边坡产生向上的变形。因开挖造成的垂直向上的变形位移常常被忽略，其实坡体开挖造成的垂直向上的变形量值与侧向变形位移量相当，只是这种变形在逐级开挖过程中已经被每次的适当超量开挖所掩盖。

11.1.1　垂直变形规律

图 11-2 与图 11-3 分别为坡体逐级开挖卸荷所造成的变形位移分解到垂直与水平方向上的变形位移矢量图。

从图 11-2 中可以看到，坡体开挖过程中垂直变形位移最大量值总是位于坡脚以下部分，随着向下开挖的不断进行，最大垂直变形位移中心不断迁移。

从图 11-3 中可以看到，水平方向变形位移随着向下的开挖过程也呈现出不断的增大趋势，水平方向最大变形位移中心部位随着开挖的进行逐渐向下迁移，但迁移至一定深度后，并不再继续向下迁移，坡体变形的这种分布形态反映了较强的工程地质及物理力学意义。即开挖高程越低，卸荷越剧烈，水平方向最大变形位移中心迁移至一定深度后并不继续向下迁移，是因为当开挖形成了变形的空间条件后，空间约束小，应力的释放不再受到空间阻力。如图 11-3的六级开挖边坡其最大变形位移中心位于坡体的第三级开挖部位，如图 11-3(e)所示。

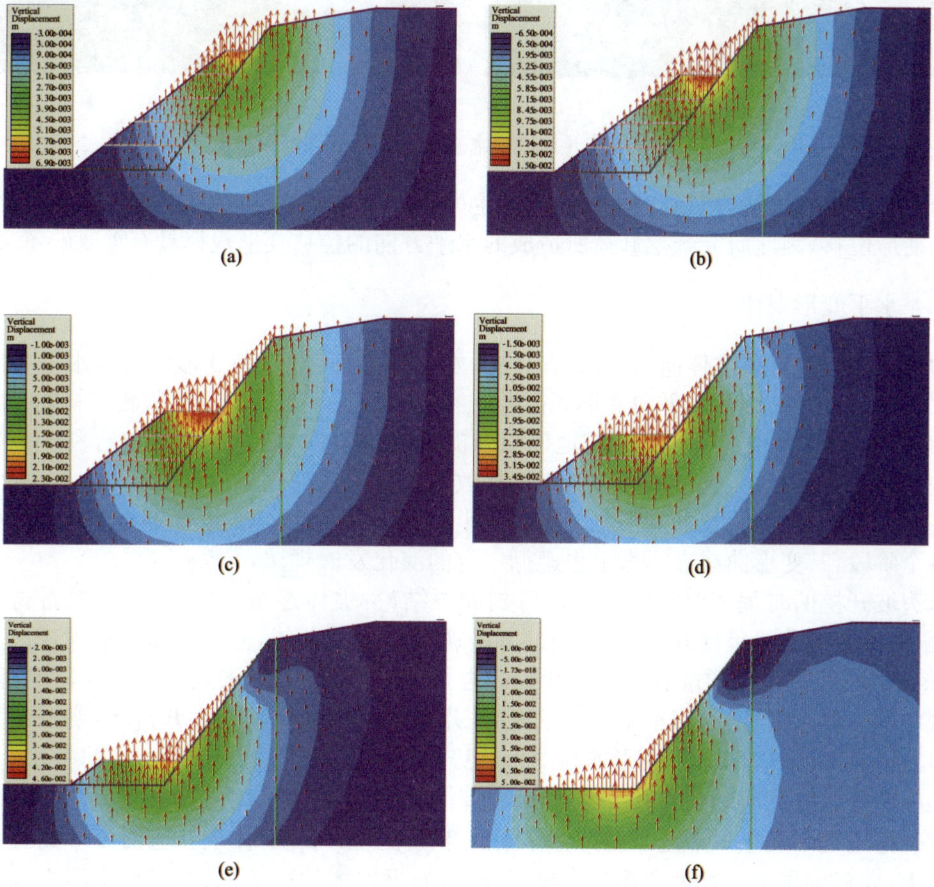

图 11-2　坡体开挖进程垂直变形位移云图与矢量图

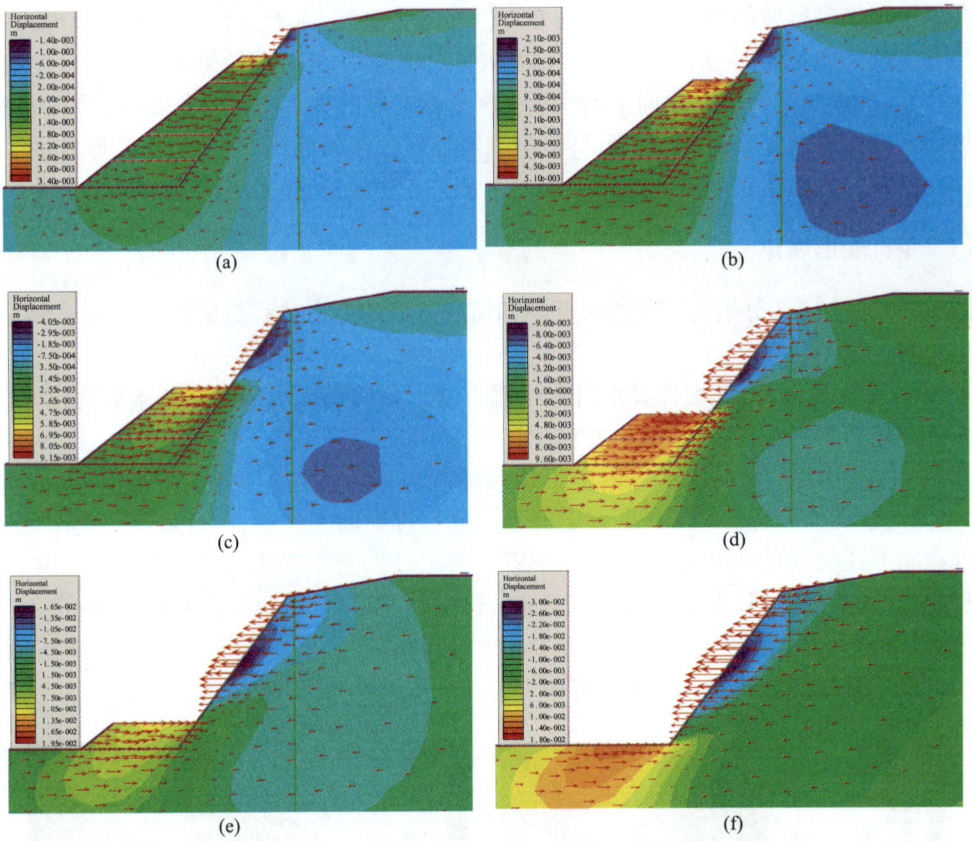

图 11-3　坡体开挖进程水平变形位移云图与矢量图

由于总变形位移量分解到向上垂直方向上变形位移对坡体稳定性产生的影响小于水平方向上的变形位移，因此研究开挖卸荷所造成的水平方向的位移变形规律具有重要的意义。

11.1.2　水平变形规律

边坡开挖卸荷造成坡体向开挖卸荷临空面发生变形回弹，这种变形常常以水平方向较为显著。对于边坡开挖卸荷水平向变形规律的研究是基于大量边坡的测斜监测资料的分析结果上的 。因此，采用数值分析手段系统地模拟分析坡体的水平向变形规律不仅有利于更好地掌握边坡整体的变形规律，也是对测斜监测结果数据分析的理论化与系统化。

随着开挖的进程，边坡的变形状况不断发生变化，经历由稳定到不稳定直至最终发生变形破坏各个阶段，其变形曲线在形态上也遵循一定的演化发展规律。

从边坡开挖的时程变形曲线上可以得到如下结论：坡体逐级开挖，以开挖揭露高程为界限，界限以上变形曲线呈现开口状，界限以下呈现 D 形变形曲线，开口段曲线最大变形量值大于 D 形变形曲线最大变形量值。随着开挖的进行，变形曲线上界限点不断下移，开口段曲线也呈现中部位移大的特征，直至最后开挖完成，开口段变形曲线呈现大开口状，变形最大点位于开口段顶点，界限以下 D 形变形曲线变形趋势趋于平缓，如图 11-4 所示。

边坡开挖这种侧向卸荷作用不仅改变着坡体的应力场，而且不断改变着坡体的变形场。坡体在开挖过程中发生变形是工程开挖作用的卸荷效应的表现，体现在监测变形曲线上为开挖量越大，变形则越大。这种变形具有累积效应，如果坡体的应力场、变形场不能再调整为平衡状态时，应力会发生突然释放，而变形则向破坏趋势发展。

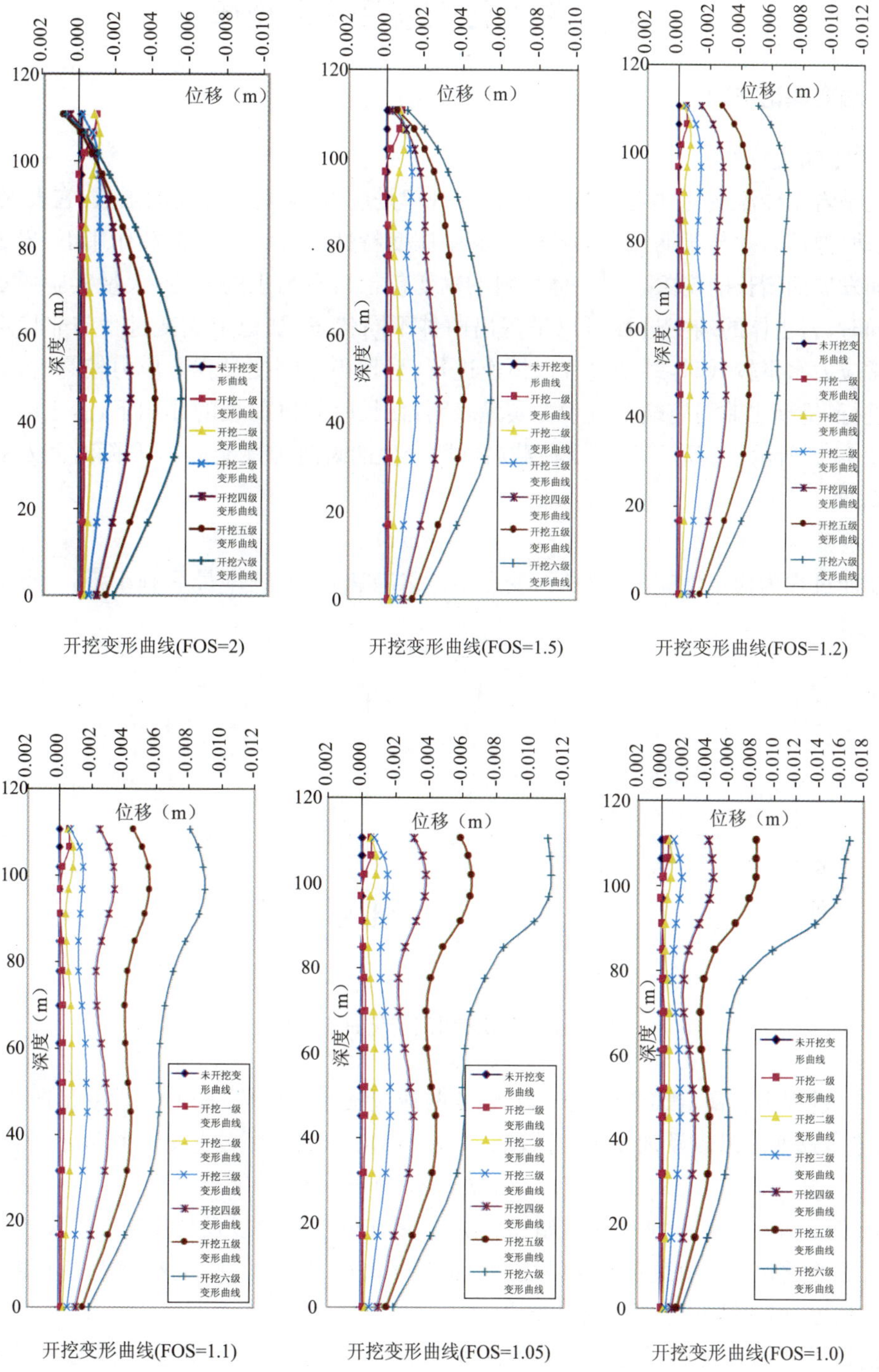

图 11-4　坡体逐级开挖过程曲线形态变化图

因此，对于开挖成型的坡体由于其稳定状况不同，变形曲线的形态也不同。当坡体稳定状况较好时，变形曲线呈现为上部位移小于下部位移的 D 形曲线，随着强度参数降低，稳定状况下降后变形曲线呈现为 B 形曲线，最终变形曲线由 B 形向 P 形变形曲线演化。

11.2 路堑边坡蠕变变形规律

11.2.1 蠕变理论基础

(1)岩土蠕变特性

蠕变是岩土体流变特性之一，岩土的流变规律是应力、应变与时间的函数，它表现为蠕变、松弛、流动、弹性后效与长期强度的特性。其中蠕变特性是指在恒量荷载作用下，岩土体总应变随时间发展而增长的现象。岩土体材料的蠕变包括岩石与土的蠕变，大量实验揭示在应力水平不同时，岩土体的蠕变过程可以呈现出两种不同状态，既稳定蠕变过程与非稳定蠕变过程。通常应力水平较低时，蠕变过程以恒速进行，呈现稳定蠕变过程。应力较高时，蠕变过程以加速进行，呈现出非稳定蠕变过程。实验表明：在长时间恒荷载的作用下，岩土的典型蠕变曲线如图 11-5 所示。变形等于承受荷载后立即产生的瞬时弹性变形 ε_0 和随时间发展的变形 $\varepsilon(t)$ 之和，即

$$\varepsilon=\varepsilon_0+\varepsilon(t) \tag{11-1}$$

当蠕变过程为稳定性蠕变过程时，变形 $\varepsilon(t)$ 以减速发展，速率最后趋于零，变形值趋于其极限值。

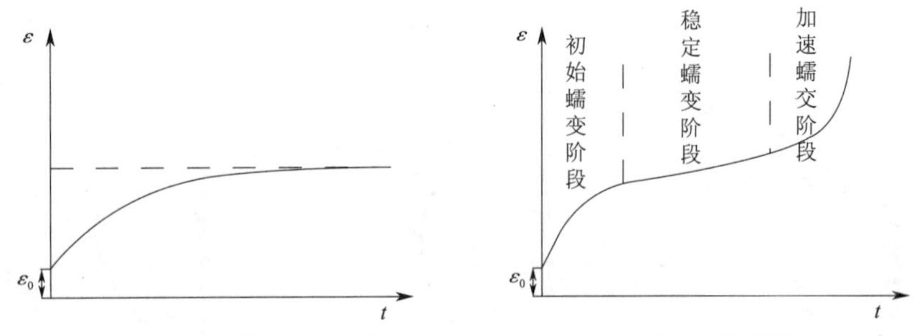

(a)稳定型蠕变　(b)非稳定型蠕变

图 11-5　变形随时间变化的蠕变曲线

当蠕变过程为非稳定蠕变过程时，其蠕变曲线包括 4 个阶段：瞬时弹性变形阶段、初始蠕变阶段、稳定蠕变阶段以及加速蠕变阶段。上式中随时间发展的变形 $\varepsilon(t)$ 可表示为：

$$\varepsilon(t)=\varepsilon_1(t)+\varepsilon_2(t)+\varepsilon_3(t) \tag{11-2}$$

式中　$\varepsilon_1(t)$、$\varepsilon_2(t)$、$\varepsilon_3(t)$ 分别对应初始蠕变阶段、稳定蠕变阶段以及加速蠕变阶段的变形量。

岩土的性质和荷载值决定了各蠕变阶段的持续时间，同种岩土，荷载越大稳定蠕变阶段的持续时间越短，加速蠕变阶段出现得越快。

无论是岩石的蠕变曲线还是土体的蠕变曲线都会呈现出衰减蠕变特性与非衰减蠕变特性，其界限关键在于岩土的蠕变极限应力，亦即长期强度。

当岩土体的应力小于极限应力，将产生衰减蠕变，即使时间继续增长也不会产生破坏；而当岩土体中的应力等于或者大于极限应力时，岩土体由蠕变变形趋向变形破坏。图 11-6 与图 11-7分别为不同应力水平下的岩石与土的蠕变曲线。

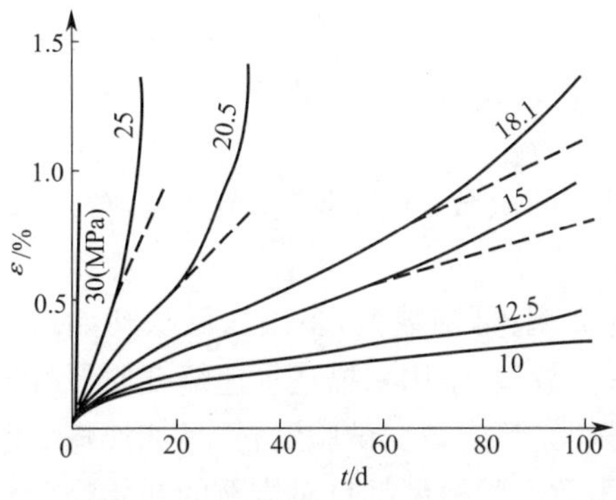

图 11-6　不同应力下的岩石蠕变曲线

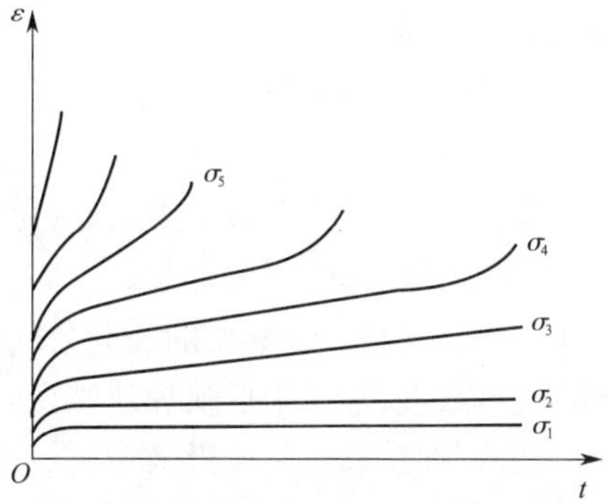

图 11-7　不同应力下的土蠕变曲线

(2)岩土蠕变模型

蠕变模型是研究岩土蠕变规律的基础内容之一。蠕变作为岩土体本身固有的流变性质之一,还与岩土其他流变性质诸如应力松弛、流动特性、弹性后效、长期强度等有着密切的关系。

为了研究岩土的蠕变特性及其力学行为,建立描述其应力—应变—时间关系的本构模型,这便是蠕变模型。在长期的研究工作中,人们采用多种途径和方法得到了各种不同类型的蠕变模型。

1)元件组合模型

元件组合模型是采用模型基本元件按照一定规律组合表征岩土的蠕变特性与力学行为,基本元件又可以分为弹性元件、塑性元件、黏性元件,如图 11-8 所示。根据现场或室内岩土蠕变、松弛试验得到的应力—应变—时间关系曲线,将基本元件进行不同的组合来分析岩土变形过程中的弹性、塑性和黏性性质,所构建的模型是微分形式的本构模型。这种模型物理意义明确,能够比较全面地反映岩土的各种流变性状,比如蠕变、应力松弛、弹性后效等,因而在实际工程中应用十分广泛。

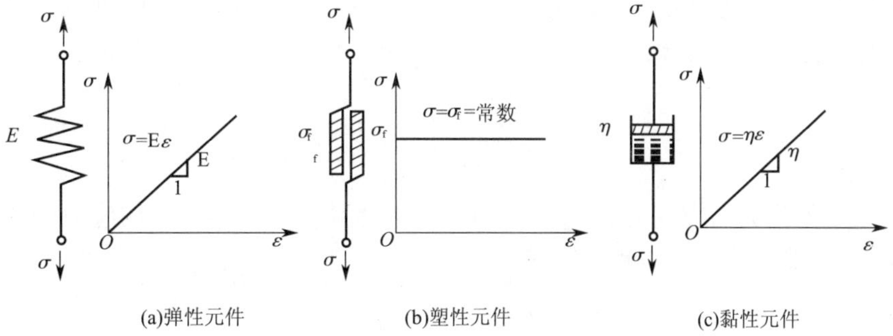

图 11-8　蠕变模型基本元件

元件组合模型有马克斯威尔体(Maxwell)、开尔文体(Kelvin)、宾汉姆体(Bingham)以及由上述若干个元件体和基本元件组合而成的广义模型,比如广义开尔文(Kelvin—Voigt)模型、广义马克斯威尔(Generalized Maxwell)模型、伯格斯(Burgers)模型、西原模型等。通过这类模型或模型组合形成的复合流变模型可以不同程度地模拟岩土变形与时间有关的性状。

2)经验模型

经验本构模型通常是在岩土流变试验的基础上,根据试验数据建立岩土的应力、应变(或应变速率）与时间的函数关系式。几种常见的蠕变经验公式有对数函数型、幂函数型、指数函数型以及多项式等类型，描述岩土变形—时间曲线全过程的蠕变方程一般可表示为：

$$\varepsilon=\varepsilon_e+\varepsilon(t)+At+\varepsilon_T(t) \tag{11-3}$$

式中 ε 为总应变；ε_e 为弹性应变；$\varepsilon(t)$ 为描述初始蠕变的函数；A 为常数；At 和 $\varepsilon_T(t)$ 分别为描述等速蠕变和加速蠕变的函数。

目前，关于材料介质蠕变的经验公式主要有 3 种类型：幂函数型，多用来反映初始蠕变阶段的性质；对数型，常用来反映加速蠕变阶段的性质；指数型，多用来描述等速蠕变阶段性质。

由于岩石加速蠕变阶段极为短暂，一般很难获得其完整的蠕变试验资料，且加速蠕变阶段变形规律复杂，不易找到相应的函数表达式，因而大多数经验模型都只对岩石的初始蠕变和等速蠕变性态进行描述。

3）积分形式的流变模型

积分型流变模型是一种数学模型，其本构方程、蠕变方程和松弛方程都是积分形式，较适合描述变应力作用下岩石的流变规律。

在变应力 $\sigma(t)$ 的作用下，岩石一维积分型本构方程可采用下列通式表示

$$\varepsilon(t)=\frac{1}{E}\left[\sigma(t)+\int_0^t K(t-\tau)\sigma(t)\mathrm{d}\tau\right] \tag{11-4}$$

或者改写成

$$\sigma(t)=E\left[\varepsilon(t)-\int_0^t R(t-\tau)\varepsilon(t)\mathrm{d}\tau\right] \tag{11-5}$$

式中 $K(t-\tau)$ 为蠕变核；$R(t-\tau)$ 为松弛核。

积分型本构模型是根据遗传流变理论，在蠕变方程（或松弛方程）和 Boltzmann 叠加原理基础上导出的，考虑了既往荷载和变形的历史过程。如果蠕变核或松弛核取成不同形式，则可得到不同的本构方程。

对于式（11-4）所表示的蠕变型本构方程，其蠕变核 $K(t-\tau)$ 形式是通过试验资料确定的，它在数学上应是可积函数，通常有指数函数、幂函数、双曲线函数等类型。如果本构方程中的 $\sigma(t)$ 是线性的，则积分型流变模型反映的流变特性也是线性的，当 σ 为恒量时，一维线性蠕变方程可表示为：

$$\varepsilon(t)=\frac{\sigma}{E}\left(1+\int_0^t K(t)\mathrm{d}t\right) \tag{11-6}$$

当考虑岩石的应力与应变为非线性关系时，可将本构方程中的 $\sigma(t)$ 用应力函数 $f(\sigma)$ 进行修正。此时，一维非线性蠕变方程可写成：

$$\varepsilon(t)=f_0(\sigma)+f(\sigma)\int_0^t K(t)\mathrm{d}t \tag{11-7}$$

式中 $f_0(\sigma)$ 为 $t=0$ 时的应力函数；$f(\sigma)$ 为 $t>0$ 时的应力函数。

积分型流变模型可以反映的岩石流变特性比较广泛，对于较复杂的流变问题，将涉及到复杂的数学变换与推导，使问题变的更复杂，因此在实际中尚未广泛应用。

4）蠕变损伤断裂模型

由于岩石是一种典型的非连续、非均质缺陷材料，因而将损伤力学与断裂力学引入岩石的流变研究就是必然和自然的。

随着损伤力学方法在岩石力学研究中的不断发展，在岩体损伤蠕变模型的研究与应用方面取得了不少进展。虽然损伤力学的概念简单、明确，但对岩石而言，其度量则十分困难，也难

以找到直接可以验证的方法。基于微观方法所建立的蠕变模型，由于岩石中裂纹以及断裂的几何形状复杂，充填、闭合、相互影响与假设不符，因此有一定的局限性。

5）定常蠕变模型与非定常蠕变模型

在岩土力学计算分析中蠕变模型所采用的力学参数大多是定常的，即认为所有岩土力学参数都与时间无关，不随着时间增长而变化，这是一种人为的假定。

实际上，岩土介质材料性质复杂，在地质构造运动、地下水渗流、自然风化以及工程开挖卸荷等因素的作用下，其某些力学参数随着时间的变化是明显的，比如岩体弹性模量和强度等参数随时间的增长而降低，室内试验已经证明了这个事实。

岩土介质材料与时间参量有关并与黏壶元件 η 相并联的基本流变力学性态共有纯黏、黏弹、黏塑和黏弹塑等 4 种，将它们再与瞬弹（E）和塑性（F）元件作串、并联组合，则可派生出 10 多种不同的复合流变本构模型。

然而，将这些模型应用于岩土材料蠕变特性研究还需要解决很多问题，对应特定材料的蠕变模型的选取以及模型参数的确定都是首先要研究与解决的。

对于坡体岩土介质蠕变特性的研究，更需要真实地反映坡体在长期变形过程中的稳定与材料强度状况。而定常蠕变模型描述的是材料蠕变是在常值应力持续作用下，材料变形随时间不断发展的过程，假定应力水平不变，力学参数为常数，这与岩土体材料发生蠕变后强度发生衰减、稳定度降低的事实不符。

因此，考虑岩土力学参数衰减变化的非定常蠕变模型的研究将更加直接与客观地反映岩土体的非线性黏性时效特性，采用非定常的非线性蠕变模型代替传统上定常的线性蠕变模型能更加准确地预测工程岩土体的时效非线性变形特征，目前对这方面的研究还处于起步阶段。

定常蠕变模型假定岩土力学参数随着时间不发生变化。当考虑岩土介质材料实际情况下的材料的劣变过程，引入非定常参数时，从某种意义上来说可以表征岩土体的损伤演化过程。所谓引入非定常参数，就是在蠕变模型中考虑力学参数与强度参数的衰减。

对于蠕变模型中引入定常参数与引入非定常参数情况下计算值与实测值的比较，吕爱钟教授基于页岩蠕变试验数据，首先利用已有的页岩单轴压缩蠕变试验结果，在假定岩石为 H-K 体且模型参数为定常的前提下，采用 DFP（davidon-fletcher-powell）最优化方法进行参数辨识，根据各应力水平求得参数，计算不同时刻的应变值，并与相应时刻的应变实测值进行对比。定常参数情况下 H-K 体参数的辨识结果显示，在特定应力水平下按定常参数模型计算的应变计算值与实测值差异明显，如图 11-9 所示。

当将 H-K 体中的弹性模量 E_k 视为非定常参数，并假定 E_k 为时间的指数函数关系，采用 DFP 最优化方法进行参数辨识，在应力水平为 $\sigma_c = 23$ MPa 时，应变计算值与实测值吻合度较好，如图 11-10 所示。通过计算值与实测值的对比可见，不考虑岩土参数的时间相关性将引起较大的误差，实验验证了引入非定常参数的必要性。

（3）边坡蠕变概念

蠕变的概念来源于流变力学，通常是指在恒量荷载作用下，总应变随时间发展而增加的现象。蠕变理论在各工程和生产领域中，都得到了广泛的研究与应用。

在岩土工程领域中，岩土体的蠕变性质对边坡、隧道、地下工程等的安全与长期稳定都起着显著影响与控制作用。

岩土体的蠕变性质主要体现为两方面：一是在剪切应力作用下岩土体以长期位移形式出现的剪切蠕变；二是岩土骨架蠕变所引起的岩土体的体积变形亦即固结（压密或剪胀）作用。

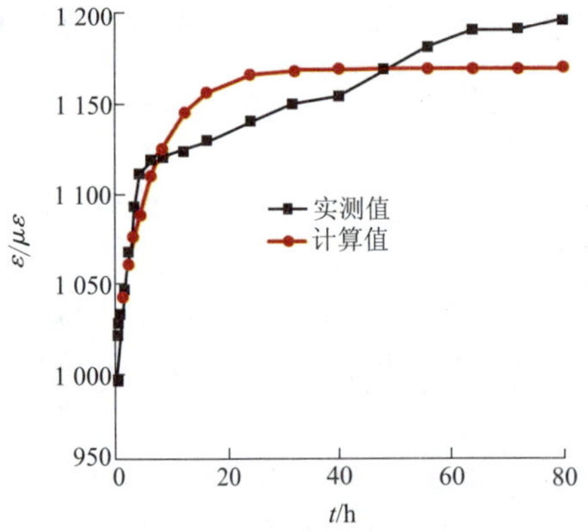

图 11-9　$\sigma_c=23$ MPa 时应变值(定常)

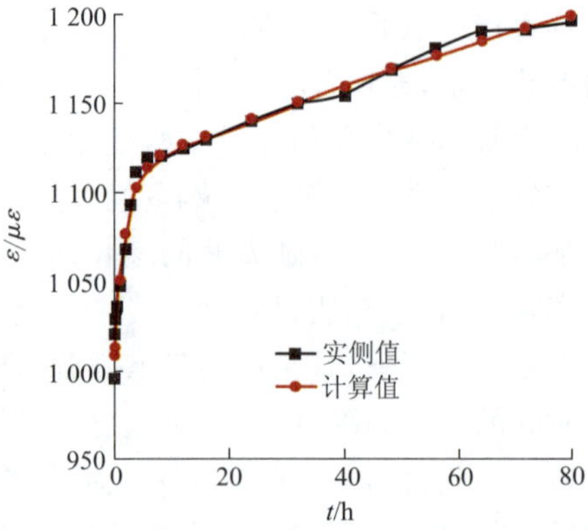

图 11-10　$\sigma_c=23$ MPa 时应变值(非定常)

边坡坡体由岩土介质材料组成,通常含有地质风化差异界面、软弱夹层、不连续面等易发生蠕动变形的岩土带(区)。自然坡体未开挖前坡体内为天然应力状态,开挖卸荷使坡体又受到卸荷力的作用,边坡坡体的蠕变不仅包含坡体岩土介质材料的蠕变,还包括软弱夹层以及岩土界面的蠕变。

边坡的蠕变可以采用如下定义:坡体在自重应力以及水平应力为主的构造应力场的作用下,并经受开挖卸荷、大气降雨等触发因素的影响,长期经受各种地质营力、风化营力的作用,致使坡体的变形随着时间持续增加的性质为边坡蠕变。

(4)边坡蠕变与岩土蠕变的区别和联系

边坡蠕变与岩土蠕变是既有联系又有区别的两种不同时变过程。

研究表明,边坡发生蠕动变形至出现滑坡灾害的过程中,一般表现出蠕滑、滑动和剧滑等典型发展阶段,与岩土介质材料蠕变试验曲线中的减速、匀速与加速蠕变三个特征段存在很强的对应性。

以往学者对二者并未进行过仔细的区分甚至出现混淆,特别是将岩石(或者土体)的蠕变过程曲线与边坡坡体的时变发展过程曲线混为一谈,而实际上虽然二者的时变过程曲线具有相近的形式,但是在本质上是有区别的。

边坡的时变发展过程曲线通常是依据坡体监测数据绘制而成,由于边坡坡体作为一种非均质结构体,其蠕变过程曲线所包含的蠕变规律远较岩石(或土体)的复杂。

对于边坡,并非所有的时变过程都要经历三个阶段,要视坡体具体的滑动结构特征与滑动的环境条件而定,坡体滑移大多数情况下在第二阶段就稳定下来(这种稳定可由工程加固或卸荷处理措施予以控制)。只有滑移体边界条件(蠕变边界条件)和外部作用条件足以使滑移体蠕变进入加速蠕变阶段,滑坡剧滑才有可能。

岩石(或者土体)的蠕变过程曲线通常由室内压缩或剪切试验得到,其所包含的蠕变信息成因单一,且荷载水平恒定。

边坡坡体发生蠕变的力学机制不仅取决于土与岩石本身的蠕变性态,还与坡体内软弱夹层的土与碎石之间的摩擦特性、颗粒接触状态,及其相对运动密切相关。边坡蠕变包含了复杂变动的信息,不仅仅体现了蠕变因素,还体现了坡体累积进展效果。

边坡蠕变以岩土蠕变为基础,岩石(或土体)的蠕变规律可以为推测边坡坡体蠕变规律提供依据,但其不等同于坡体蠕变规律。

11.2.2　蠕变影响因素

(1)坡体物质组成

路堑边坡按组分物质分类可以分为土质边坡、岩质边坡，以及二者之间过度类型的二元结构边坡。

土质边坡是指坡体组分为土体，土体主要是由固、液、气三相组成的多相介质。土体的蠕变特性是影响土质边坡长期强度与长期变形稳定性的关键因素，土质边坡尤其是含软黏土层的坡体易发生明显的蠕动变形，实验结果及其分析表明矿物成分及其含量是土质边坡发生蠕变的重要因素，土体的黏滞系数或蠕变变形阻力随着黏土矿物含量的增加而减小，黏土矿物通过颗粒表面的结合水影响土的蠕变性质，其中强结合水是土体产生蠕变的主要因素，而弱结合水则是相对次要的因素。

因此，从微观上，特定矿物组分的含量影响着土体的蠕变性质；从宏观上，是软黏土层决定着土质边坡的蠕变特性。

组成岩质边坡的岩层根据其性质不同可以分为软岩与硬岩。其中软岩是指软弱不良岩层，是相对硬岩而言的。软岩分布比较广泛，多为泥岩、页岩、粉砂岩和泥质矿岩等，具有软弱、松散、破碎、膨胀性等特点。岩质边坡发生蠕变通常含有上述软弱夹层。因此，对于岩质边坡，组成坡体的岩石本身性质是影响其蠕变的内因。

(2)地下水的变化

地下水对坡体的影响体现在对边坡固相介质强度的弱化作用。

在边坡的长期演化变形过程中，地下水通过化学、水力学的方式促使岩层的矿物成分及显微结构发生变化，从而引起岩石强度发生连续衰减。这种衰减具有典型的时效性，体现出一种蠕变特性。

对于土体，地下水使土体饱和度增加，自重增加，同时吸力锐减，引起抗剪强度大幅度下降，从而造成坡体蠕变持续地进行。

地下水对坡体的影响可以从力学作用方面以及物理化学作用两方面来阐述，力学作用表现为静水压的有效应力作用，动水压的冲刷作用；物理化学作用即指软化、泥化、膨胀溶蚀等作用。在这两方面作用下坡体性质逐渐恶化，发生变形最终趋向破坏。

(3)其他方面的影响

除了上述两方面的影响，坡体的残余应力释放状态、温差等也是影响边坡发生蠕变的影响因素。但这些影响通常是在坡体处于高应力状态才能体现的出，比如对建于高山峡谷中大型水电工程边坡才有显著的影响效果。

11.2.3　蠕变变形规律

(1)坡体材料蠕变特性

边坡坡体是一个复杂的非均质材料集合体，其蠕变特性是坡体组成材料诸如土体、岩体、软弱结构面等组成部分的蠕变性质的集中反映。

土体发生蠕变主要受其所含矿物成分和化学成分的控制，如果土体中黏土矿物(亲水性矿物)含量较多，如蒙脱石、伊利石及高岭石等含量较多时，遇水后发生胀缩使土体强度降低，进而导致其发生变形。

黏土矿物广泛分布于沉积岩、风化岩浆岩、风化变质岩及第四系中。当坡体中的黏土矿物

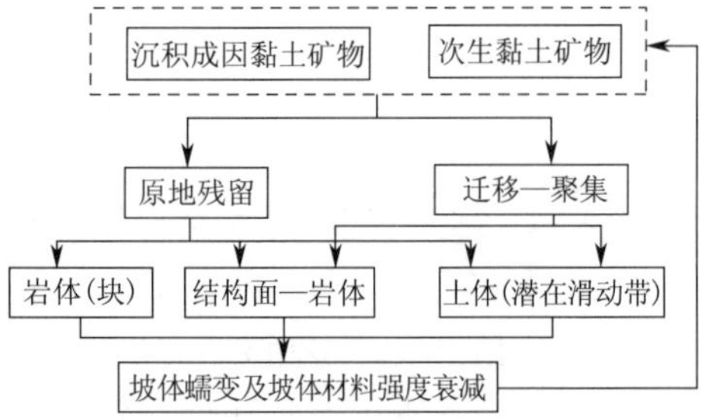

图 11-11　坡体材料蠕变与坡体演化的关系

发生迁移—聚集时，则会影响到坡体的宏观结构面以及滑带的长期演化。

黏土矿物与坡体的变形发展之间还不是简单的单向驱动关系，坡体的蠕动变形在造成边坡坡体岩土介质材料的质量、整体性及稳定性降低的同时，将增大坡体的空隙度、渗透系数及吸收降水能力，导致坡体地下水径流加剧。这不仅会促进既有黏土矿物的迁移，而且会促进次生矿物的形成，进而又反过来驱动坡体发生蠕变，循环进行最终导致边坡发生变形破坏，如图 11-11 所示。

对于边坡坡体蠕动变形的研究，以往常按坡体的物质组成将边坡分为土质边坡与岩质边坡来进行研究，并分别采用土力学与岩体力学理论来进行阐述。但是，在表生条件下，边坡坡体长期变形与演化发展是渐进性的，除了土体与岩体之外，还存在介于两者之间的过渡产物，即强风化坡体、类土质坡体。黏土矿物及其含量同样决定着这种半岩、半土介质的主要物理及力学强度特性。

对于各种土类与岩石材料蠕变性质的研究，都是基于蠕变模型的试验与理论来进行研究的，但迄今为止所发展的关于一般土体或岩石材料的蠕变模型都是采用定常蠕变模型。

根据近年来的研究发现，岩土介质材料的蠕变过程实际上同时也是材料的劣化过程，因此采用非定常蠕变模型对坡体的蠕变规律进行研究更符合实际。

非定常蠕变模型所表达的应力—应变—时间关系体现坡体岩土介质材料的损伤特性，其研究结果与实测数据吻合度更高。

坡体岩土材料的蠕变体现在材料参数随着坡体发生变形而发生的变化，主要是弹性模量(E)、泊松比(μ)以及黏聚力(c)与内摩擦角(ϕ)等参数的变化。

在开挖卸荷作用下，由于岩体受到的是拉力，岩体材料在拉伸作用下，其弹性模量 E 随着拉力增加而减小。开挖完成后，在坡体缓慢的长期变形过程中，弹性模量变化也比较缓慢，逐渐趋近某个临界值，因此弹性模量也是时间的函数，随着时间的延长而降低。

同样，由于侧向卸荷发生应力释放，产生回弹胀变与松弛破裂，节理逐渐扩张、延伸、串通、产生新的裂缝，呈现出缓慢的扩容现象，因此使泊松比 μ 值衰变，体现在数值上即是 μ 的量值增加。对于黏聚力 c 与内摩擦角 ϕ 随着时间的变化如图 11-12 所示。

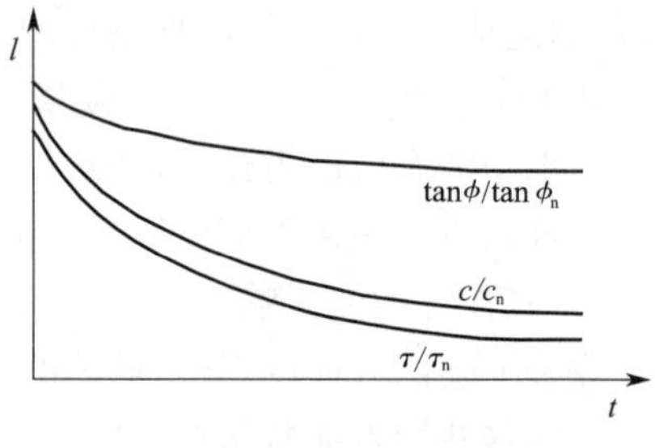

图 11-12　黏聚力、内摩擦角及剪切强度随着时间的衰变(肖光明，2000)

对于边坡岩土体材料介质，由于坡体中存在断层、节理、层理等不同成因、不同序次的非连续界面(结构面)，其所含结构面的力学性质及其组合状况是影响其力学性质的最关键因素。因此，不仅要研究边坡岩土材料介质随着时间的蠕变变形规律，特别要研究结构面材料的力学参数的衰减造成的蠕动变形规律特征。造成结构面强度衰减主要是各种风化营力的作用，其中以地下水对结构面的软化弱化作用最为显著。

(2)坡体蠕变边界条件

坡体的蠕变发展规律除了受上述坡体岩土介质材料蠕变特性影响和控制外，还受到坡体蠕变边界条件的影响与控制。所谓坡体蠕变边界条件是指诸如坡体应力条件的变动以及坡体地下水渗流场的变动等。

1)坡体应力应变条件

边坡在施工开挖期间其坡体应力是不断变化的,这种变化通常是剧烈的。

坡体应力场的变化与开挖卸荷量的大小与方式有直接关系,在坡体应力场动态变化的同时,坡体的变形也持续地增加,且当坡体开挖施工完成后,其应力场的调整以及坡体变形也并不随即停止,而是随着时间变化发展,变形趋于稳定需要延续一个较长的时期。

坡体应力场在开挖期间变化较快,开挖完成后变化是缓慢的,当变形积累达到破坏状态时,应力场会发生突变。

对于边坡土体部分,开挖卸荷仅造成自重应力的释放,开挖完成后,土体的应力释放也基本完成。

当边坡岩体岩性软弱,或者有垂直于卸荷方向的节理断裂时,开挖卸荷后,应力发生释放。当应力释放至岩体抗拉强度的平衡状态时,残余应力将被锁闭,但残余应力会随着边坡岩体衰变劣化而逐渐释放,锁闭应力最终减小至消失。

当边坡岩体岩性坚硬,垂直于卸荷方向的节理断裂不发育时,由于坡体的强持力特性,可使岩体的抗拉强度大于卸荷后将释放的应力强度,则边坡在开挖卸荷后产生回弹变形的应力降低,大部分应力都被锁闭。这种锁闭的应力会在某个触发因素的作用下突然爆发。

2)坡体地下水边界条件

地表或地下水对坡体蠕变的作用主要有两方面:第一方面就是地下水的长期效应,即侵蚀性地下水对岩土体的弱化,引起岩土体结构、强度变化,也就是因为水的作用促使岩土介质材料的蠕变;第二方面就是地下水渗流场的周期变化,这种变化可以是急剧的也可以是缓慢的。

地表水以及地下水对坡体蠕变的影响最终是以地下水渗流场的变化来实现的,而在微观上,是地下水渗流场的周期变化引起周期性渗压作用。

坡体蠕变的边界条件,主要是地下水渗流场的周期变化。通常情况下,岩土体中渗流场与应力场通过某种方式维系着一种动态平衡关系,当其中任何一方发生变化时,另一方都会通过它们之间的联结方式自动调整,以达到新的平衡。如果某一方的变化超过的幅度较大,就可能破坏了平衡体系,进而引发变形破坏。

(3)边坡蠕动变形规律

大量工程实践表明,岩质边坡开挖以后,岩体的应力调整和变形并不是瞬时完成的,而是随着时间变化发展,变形趋于稳定需要延续一个较长的时期。边坡的这种长期变形过程正是边坡岩土体蠕变特性的体现。如果对于岩土体这种特性的认识不够则将导致延误施工甚至工程失败。

以往对路堑开挖边坡的稳定性评价以及边坡工程防治设计常采用极限平衡分析方法,仅从平衡条件求得滑面上的抗滑稳定系数,不能反映边坡因长期变形降低抗滑稳定系数的问题。而随着边坡设计理论的研究深入,分析边坡岩土体蠕变特性,并在掌握和摸清了岩土体蠕变特性和蠕变规律的基础上进行针对性的防治是今后边坡工程研究的方向。

黄润秋(2005)提出了自然河谷边坡发育的三个阶段理论,即表生改造、时效变形与失稳破坏。这个理论同样适合路堑开挖边坡的发育过程,其中的时效变形体现的是一个动态的变化过程,即坡体的蠕动变形过程。

对于变形中的蠕动边坡,人们不仅关心其稳定性系数问题,而且更关心变形过程及其动态发展的演变。因为后者决定着边坡的失稳破坏方式与时间。

从岩石力学概念上认识，蠕变体是正在变形过程中的固体，并非刚性体。因此，对于边坡蠕动研究将涉及到形变方面的研究以及变形功能方面的研究，而不仅是用刚体极限平衡方法把坡体看作刚体算出稳定系数的研究。

在边坡开挖阶段，开挖荷载对坡体变形起主导作用，坡体含结构面的普遍存在导致坡体变形并不完全是随着开挖荷载瞬时产生、立即稳定的弹性变形。开挖引起的坡体变形趋势会持续一段时间，这个时间最长甚至可以达到几十年，并且随着时间的推移，在各种地质营力，尤其是水文地质条件变化的作用下，这种变形可以在停止后又出现复活甚至加速变形的特征。

边坡岩土体的蠕变主要是由岩土的蠕变以及软弱夹层、不连续面等的蠕变构成。大量的软弱夹层蠕动变形实验证明，弱层抗剪强度是随着剪应力作用时间的延长而降低。许多边坡工程滑坡事故发生之前，大都经历一定时间后才发生失稳破坏，特别是受软层强度蠕动过程降低控制的边坡失稳破坏更是如此。

坡体软层在瞬时（$t=0$）荷载作用下的抗剪应力称为瞬时强度 τ_0，在长期荷载作用下的抗剪应力的临界强度称为长期强度极限 τ_∞，在瞬时强度 τ_0 和长期强度极限 τ_∞ 之间一定时间内产生失稳破坏的抗剪应力称为长期强度。

稳定蠕变经历减速蠕变阶段后，变形将趋于常量。当作用的剪应力 $\tau \leqslant \tau_\infty$ 时，亦即剪应力小于或等于软弱岩层的长期极限强度时，出现稳定蠕变。

当作用的剪应力 $\tau > \tau_\infty$ 时，则发生非稳定蠕变，其变形过程为：经减速蠕变阶段后，将过渡到等速蠕变，当变形积累到一定程度后，即进入加速蠕变阶段，直至破坏。所以非稳定蠕变具有产生破坏的潜在可能性，揭示其特性即可以进行蠕动边坡稳定性的动态评价。

边坡的蠕动变形（时变）过程包括孕育、发展以及灾变演化阶段，它是构成坡体的岩土介质时效力学行为的宏观表现。

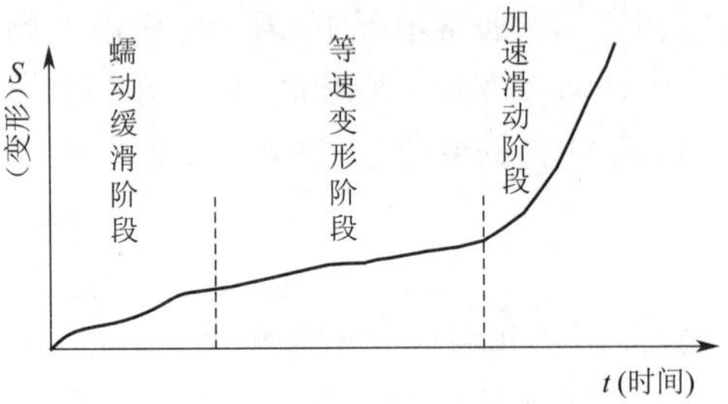

图 11-13 边坡蠕动变形过程曲线

基于边坡滑坡的位移监测结果可知，坡体的长期滑动变形随着时间的发展规律如图11-13所示。体现滑坡动态变形发展过程的三个阶段：蠕动缓滑阶段、等速变形阶段和加速滑动阶段。产生这三个阶段的内因直接与坡体岩土材料的蠕变特性有关，同时还受坡体地质条件、水文条件以及其他诸如环境因素的影响和制约，是坡体岩土蠕变特性与各种变动因素合力作用的综合效果。

以往以蠕变理论为基础的坡体变形规律研究仅反映的是岩土变形过程中位移与时间之间的关系，没有考虑坡体变形过程中的应力状态与强度的变化，因此还难以对坡体变形过程中的稳定状态进行评估与分析。

岩土体材料介质的变形都要经历孕育与发展等阶段已为大量实验所证明，岩土体在受力过程中会产生残余变形，从峰值强度到残余强度的变化要经历一个过程，岩土体的黏聚力和内摩擦角都会随着时间的增长而发生变化。因此，岩土体的变形是以时间为自变量的函数，其变形可表示为：

$$\gamma = \gamma_0 + \gamma(t) \tag{11-8}$$

以土体发生剪切破坏为例，其抗剪强度服从库仑定律，与土体的黏聚力(c)及内摩擦角(ϕ)有关，且与剪切面上的正应力成线性变化。实验表明土体的黏聚力与内摩擦角都随着时间的增长而呈现降低趋势，且黏聚力随着时间变化的幅度要比摩擦角随着时间变化的幅度大。从图11-12中可以看到，抗剪强度τ随着时间的衰减规律与黏聚力相同，因此可以考虑采用综合摩擦角衰减规律来反映岩土材料强度参数随着时间衰减的规律。

对于路堑边坡，开挖完成时安全度最高，由于岩土介质的蠕变特性，开挖完成后安全度随着时间会呈现降低趋势，这种现象正是因为岩土体存在残余强度的缘故。岩土体的性质不同，其残余强度特性也不同，残余强度的内摩擦角主要取决于其所含矿物成分。

对于路堑边坡长期变形规律的研究都是首先从研究蠕变模型开始的，但至今为止考虑黏聚力与内摩擦系数时间效应的蠕变模型还不多。

边坡的变形破坏大多与时间相关。对于边坡的稳定性评价采用极限平衡法、有限元等数值方法已经较为成熟，但是对于坡体长期变形规律以及长期稳定性的研究还处于起步阶段。因此，将极限平衡法、有限元法与蠕变分析结合起来引入到边坡的长期稳定性分析中有重要的意义。考虑坡体蠕变因素，以蠕变理论为基础的有限元稳定性分析是一种可行的方法。

坡体岩土介质的黏聚力和内摩擦角随着时间发生变化，因此仅用理想弹性或弹塑性体性质来表达岩土介质的变形特征已经遇到困难。在岩土介质的变形发展过程中，其抗力取决于岩土介质界面处以及岩土材料内部颗粒间的摩擦力，岩土材料的变形导致其内部相互间的剪切滑移，减小了原先的静止黏聚力和内摩擦系数，而且随着蠕变时间的不断增加，岩体材料内部微裂隙不断扩张，变形量逐渐聚集积累，从而使岩体材料内晶体结构发生位错而致使强度锐减。同时岩性不同，材料黏聚力和内摩擦系数随着时间衰减规律也不同。

对于路堑边坡变形规律尤其是长期变形规律的研究可以从两个方面着手，即控制和制约着坡体变形规律的因素主要是边坡岩土体本身的材料蠕变性质，以及控制和制约着坡体变形的边坡蠕变条件。例如地下水渗流场、温度场等的变化。其中，决定岩土体介质材料的蠕变有材料的弹模E与泊松比μ，以及材料黏聚力和内摩擦系数等材料参数。因此，对于路堑边坡蠕变规律可以从坡体材料蠕变和坡体蠕变边界条件两个方面进行研究。

(4)边坡蠕变类型

自然界的边坡都是经历了漫长的地质历史年代，在各种地质营力作用下形成的，因此现今的坡体内存在平衡的地应力系统。其中，应力的来源有构造残余应力、岩体自重应力、地震力、地下水的动静水压力以及温度应力等。这诸多应力与改造坡体的各种地质营力进行着能量的交换，维系着坡体的应力平衡系统，直至外部触发因素的强制性改造或者某种地质营力(比如地震力等)的骤变致使坡体失稳发生变形破坏。

通常情况下，边坡坡体都是含有孔隙与裂隙(包括层理、不整合面、板理、冷凝面等)的地质蠕变体，孔隙与裂隙成为地下水的储存空间。从物性上论述，边坡坡体变形破坏的发展过程呈现出弹性、塑性，以及黏性等概化特性。

从边坡坡体的变形特征出发，可分为以下几种蠕变类型：开裂蠕变、滑移蠕变、倾倒蠕变、溃屈蠕变。

1)开裂蠕变

开裂蠕变是指开裂变形最终或在工程年代不会发生开裂破坏、溃屈破坏和滑坡的蠕变。开裂蠕变坡体的裂缝从成因上有压致拉裂、滑动拉裂、抽块蠕滑、蠕滑拉裂、塑流拉裂、卸荷拉裂等。

由坚硬岩体组成的高、陡边坡，在人工开挖后，当构造残余应力、岩体自重应力等形成的最小应力到达或超过岩体的抗拉强度时，边坡岩体即形成裂隙，或原有裂隙张开。

当边坡由软硬相间的岩层组成，坡体内存在较厚的软弱夹层、岩层倾角平缓时，通常不易很快形成滑坡。在构造应力、岩土体自重应力等的作用下，坡体会沿着软弱夹层产生剪切蠕变滑移，导致其上和其间的坚硬岩层被拉断，形成地表裂缝或者地下空隙。

2)滑移蠕变

通常边坡发生变形破坏都要经历一个过程，首先是坡体出现裂缝，随着裂缝的扩展以及数量的增多，坡体内滑移面逐渐趋向贯通，贯通后坡体便具备整体滑动的条件。但是，具备这个条件后坡体并不一定立即发生整体剧滑，往往要延续一定时间后发生滑动。有的甚至出现变形不再积累，即边坡滑移终止，这种边坡变形即被称作滑移蠕变。

在工程实践中，这种坡体滑动后宏观变形停止的蠕变现象倍受关注，这种地质病害体往往在各种外部触发因素的作用下复活成为新的滑坡病害。比如库岸边坡在水库蓄水后发生滑坡。在高速公路建设中，当线路穿越这种病害体时，开挖卸荷尤其是在坡脚的应力解除时，往往导致边坡滑坡事故的发生。

3)倾倒蠕变

坡体发生倾倒变形的倾倒蠕变体其变形特点是边坡发生变形时上部水平位移大，下部水平位移小，并伴有垂直位移。

对于倾倒蠕变体，根据地质结构、边坡最终失稳破坏的形式不同又可以分为以下几种类型：

①双层地质结构倾倒蠕变体：边坡上部为坚硬岩层，下部为软弱岩层，且下部软弱岩层厚度较大，因而压缩总量大，坡内与坡外的压缩量差异较大，在侧向卸荷作用下，坡体发生倾倒破坏或者滑移倾倒破坏。

②缓倾层状结构倾倒蠕变体：砌块状结构倾倒蠕变体，层状或似层状岩体，顺坡或者逆坡倾向，倾角平缓。岩体易风化，没有明显软弱夹层，即不具备顺层滑坡条件，比如板岩、泥岩、粉砂岩等。平行边坡的断裂构造将边坡岩体切割成柱状、板状。在风化卸荷作用下，以及上覆崩坡积层下滑引起的牵引，柱状或者板状岩体发生倾倒变形。变形的显著特点是层面呈锯齿状错位和三角形裂隙的出现。

4)溃屈蠕变

边坡岩土体发生溃屈变形比较少见，是一种在特定地形地质条件下才会发生的物理地质现象。

欧阳孝忠(2000)将溃屈蠕变体的特点概括如下：

①层理发育，且具有软弱夹层，即层面抗剪强度低；

②顺向坡，且岩层倾角较陡，一般在 40° 以上；

③边坡较高，且边坡角与岩层倾角近乎一致；

④边坡中下部不存在缓倾角软弱结构面，即无条件与陡倾软弱结构面联合构成贯通性滑面。

边坡蠕变体的性质决定了边坡发生变形破坏的方式与规模等。蠕变使坡体区(或带)剪切滑移速度或快或慢，蠕变使坡体变形具有滞后性。

边坡发生蠕变现象的同时，也伴随着岩土体其他流变现象的发生，比如岩体松弛现象等。

因此，对蠕变特性的研究要同时兼顾岩体卸荷松弛等特性的研究。

11.3　边坡工程安全监测体系

边坡监测的目的就是监视开挖坡体的安全，研究坡体的变形过程，为设计、施工、决策等提供与积累可靠的资料。通过监测可以把握坡体变形、应力以及地下水活动等动态特征和发展规律，指导边坡工程施工和控制施工进程，并为边坡工程反分析与数值仿真提供参数。取得可靠的监测成果资料，可以进一步查明坡体病害的性质、规模、成因、滑面形态和滑坡推力等。分析判断坡体稳定性状态及其发展趋势，必要时进行监测预警，或灾害预测预报。边坡工程监测也是边坡防护加固或整治工程效果评估与预测的重要手段。

路堑边坡开挖属于一种对坡体的侧向卸荷作用，它破坏了坡体原有的力学平衡系统。

从岩土力学的角度来看，边坡处治是通过某种结构人为给边坡岩土体施加一个外力作用或者通过人为改善原有边坡的环境，最终使其达到一定的力学平衡状态。

由于坡体工程地质条件、水文地质条件以及各种岩土力学作用的复杂性，地质勘察不能完全真实地揭露坡体条件，处治设计也不能完全考虑边坡内部的真实力学效应。因此，为了反映边坡岩土真实力学效应、检验设计施工的可靠性和处治后的边坡稳定状态，边坡工程动态监测具有重要的意义。

11.3.1　边坡工程监测体系

路堑边坡监测包括变形监测、应力监测，以及地下水等其他监测。其中，变形监测主要包括地表大地变形、坡体深部变形监测以及支护结构变形监测；应力监测主要包括坡体地应力监测、锚杆(索)力监测及支护结构应力监测；地下水监测包括地下水位、降雨等特征量的监测。如图 11-14 所示。

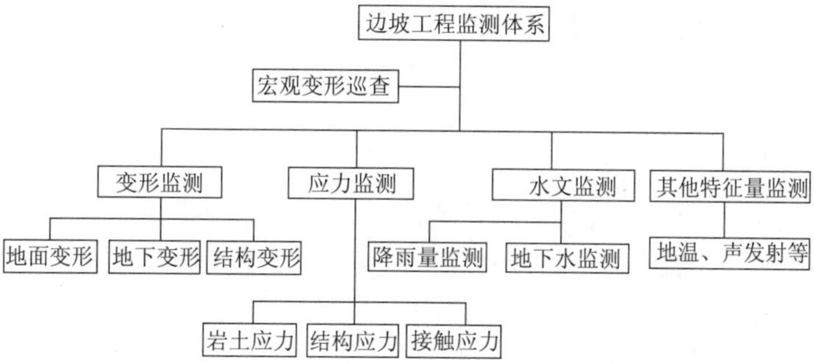

图 11-14　边坡工程监测体系

11.3.2　主要监测内容和方法

在路堑边坡工程实践中，常用的边坡监测方法主要有简易监测法、仪器监测法、设站监测法、GPS 监测法、远程监测法等。

(1)简易监测法

当坡体地表出现明显的裂缝变形时，为了监测坡体地表裂缝的变形活动和发展情况，基于临时性保障施工、生产、生活及交通运输等安全的目的，在边坡现场经常采用如图 11-15 所示的两种简易监测方法。

对于那些地表裂缝变形活跃的滑坡，需要了解和掌握其地表裂缝连续变形活动动态，或者由于其工程或建筑的重要性，需要重点设防监测，一般采用埋设专门的监测仪器的方法实施滑坡监测，如图 11-15、图 11-16 所示。

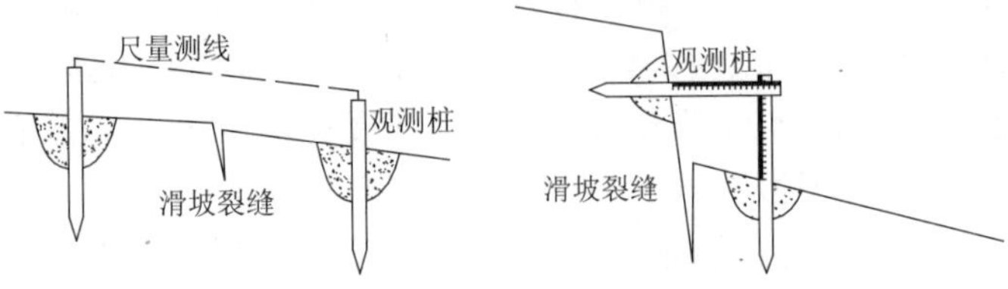

（a）打桩观测裂缝　（b）固定标尺观测裂缝

图 11-15　裂缝观测示意图

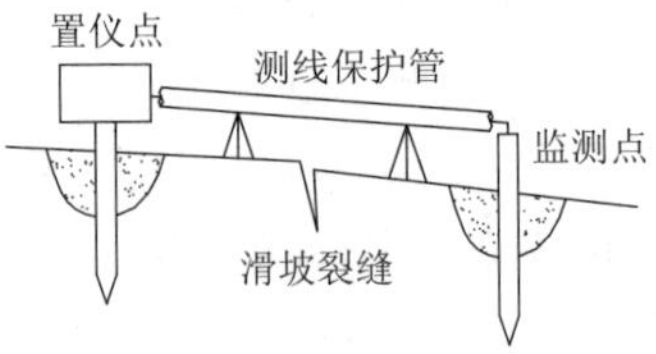

图 11-16 裂缝仪器观测示意图

（2）坡体深部位移监测法

坡体深部位移监测是边坡变形监测中的一种十分重要和有效的方法。深部位移监测作为一种针对坡体内部变形量测的方法，不同于传统的地表量测。地表量测虽然具有范围大、精度高等优点，但其无法克服一个弱点，那就是不能监测到边坡岩土体内部的蠕变，无法了解和掌握滑动面的位置。然而，深部位移监测可以得到坡体内部尤其是深部的变形状态。

路堑边坡发生变形破坏是一个累积的过程，经历孕育、演化，直至变形破坏等过程，其实质是坡体内部滑带塑性区的发育和发展的过程。

坡体深部变形与地表变形存在一定的关系，这种关系虽然受各种环境因素的影响，总体上来说是当坡体变形趋向不稳定状态时其深部小于浅部位移。当深部变形位移量达到一定量值时，坡体发生变形破坏，体现出一个突变的力学过程，可以说深部变形决定坡体的稳定状态。路堑边坡内部位移监测的手段很多，目前国内使用较多的主要有钻孔测斜仪（或钻孔倾斜仪）与多点位移计（钻孔多点伸长计）两类。

钻孔测斜仪在路堑边坡工程的大量使用时间还不长，利用钻孔测斜仪监测坡体内部变形情况是一种非常有效的手段，本节在研究坡体开挖过程中变形发展规律时，所做的工程场区监测实验便是基于钻孔测斜监测手段。

（3）坡体应力监测法

坡体变形发生和发育的过程，其实际是坡体内部岩土应力变化和发展的过程。为了深入了解坡体变形性质、变形机制、稳定程度和发展趋势，可以进行应力监测。

坡体应力监测包括土中应力监测、结构应力监测和接触（结构与岩土的接触）应力监测。通过坡体应力监测可以查明坡体内部岩土与整治工程结构的应力分布、活动状态和发展规律。

岩土应力监测主要包括土中应力监测与地应力监测等内容，对坡体进行岩土应力监测目的是监测坡体内部岩土的应力变化动态。通过土中应力监测，了解坡体应力分布状态，定量解析坡体变形破坏机制，帮助工程技术人员认识坡体变形性质和规模，准确把握其稳定程度和发展趋势。

在边坡应力监测中除了边坡岩土应力监测外，对于坡体防护结构的结构应力的监测也十分重要。结构应力监测主要包括桩板墙、抗滑桩、挡墙等防护加固结构物应力监测以及锚固工程中的锚固应力监测。

11.4　坡体深部位移动态监测技术

11.4.1　钻孔测斜仪测斜原理

钻孔测斜仪由四大部分组成:读数仪、传输电缆、测量探头及测量导管,如图 11-17 所示。

测斜管在监测前埋设于要测的坡体内,测斜管内有四条十字型对称分布的凹型导槽,作为测斜仪滑轮上下滑行轨道。测量时,使传感器的导向滚轮卡在测斜管内壁的导槽中,沿槽滚动将传感器放入测斜管,并由引出的导线将测得数据显示在测读仪上。

测斜仪的原理是通过摆锤受重力作用来测量传感器与铅垂线之间的倾角,进而计算垂直位置各点的水平位移。

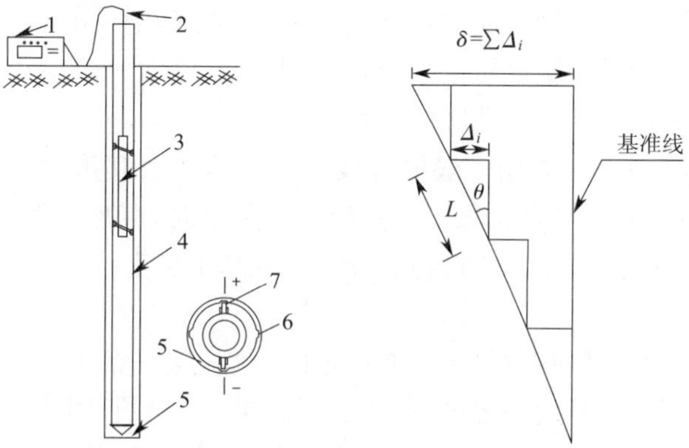

图 11-17　测斜仪量测原理示意图

1—读数仪;2—传输电缆;3—测试探头;4—测量导管;5—孔内回填;6—导向槽;7—导向轮

11.4.2　测斜管安装埋设要求

钻孔测斜仪测量数据的可靠与真实性受很多关键因素的影响,其中导管的安装质量是一个很重要的因素。

导管的安装包括钻孔的形成、导管的吊装以及回填灌浆。

钻孔测斜需要在钻好的钻孔中实施,因此钻孔的质量直接影响到安装的质量和后续测量,要求钻孔尽可能垂直并保持孔壁平整。如果坡体工程地质条件较差,裂隙较多或者已经发生过错动等情况,可采用套管护孔。钻孔除应达上述要求外,还必须穿过可能的滑动面进入稳定的岩层内。采用钻具定位开孔,成孔偏斜度不允许超过 1°,钻孔应钻至下卧硬土层或基岩内 3～5 m。若软土层深厚难以进入硬土层时,钻孔至足够深度不产生水平位移,视管底端的水平位移为零,作为固定端,否则导管顶端应校正。

第一根导管管底用塑料板封死,用芯模将两管槽对准,涂抹黏合剂,固定接头导管,减小槽口纵向扭曲。将接装好的测斜管平直地移向孔口,底端朝向孔口,用人力或机械拉住两根护绳索,对正施测的方向均匀弯曲测斜管,绳索随测斜管同步放到孔底。埋设孔较深,地面接成全管向钻孔内放置有困难时,可分段在地面连接,整体在孔口埋设时连接。导管埋至预定深度,校正导向槽的方向后,在导管与钻孔壁之间用砂浆或水泥浆填充。

对于岩体完整性较好的钻孔,采用压力泵灌浆效果无疑是最佳的,但当岩体破碎、裂隙发育甚至与大裂隙或溶洞贯通时，可考虑使用无压灌浆，即利用浆液自重回填整个钻孔。但选择这种方法时应当谨慎，必须保证浆液流至孔底。当实施无压灌浆浆液流失仍十分严重时，可考虑适当调整水泥稠度，甚至往孔内投放少许干砂做阻漏层直至回灌满。

导管埋设完成后停留一段时间，使钻孔中砂浆凝固体密实紧贴导管，进行零点读数测试，并测量管口高程。

11.4.3 监测方法和监测周期

完成测斜管埋设工作后，便可以进行现场测试。

由于钻孔测斜仪资料的整理都是相对于一组初始测值来进行的，故初始值的建立相当重要。一般在回填材料完全固结后读数，而且最好是进行多次读数以建立一组可靠的基准值。

读数的方法：对每对导槽进行正、反方向两次读数，这样的读数方法可检查每点读数的可靠性，当两次读数的绝对值相等时，应重新读数以消除可能是记录不准带来的误差。

从仪器上直接读取的是一个电压信号，然后根据系统提供的转换关系得到各点的位移；逐点累加则可得到孔口表面处相对于孔底的位移。

钻孔深部位移监测的监测周期一般要视坡体变形速度及其重要性而定。一般为每月一次，雨季加密；如果变形急剧，或者其稳定与安全非常重要时，应加密监测，可以5～10天监测一次；如果变形速度缓慢，则可2～3月监测一次；如果趋于稳定，可以半年监测一次，直至稳定1～2年后停止监测。

试验证明温度变化对测斜仪测量结果有一定的影响，这一点在测斜监测测试过程中是首先要注意的问题。由于测斜孔内外温度不一致，测试探头放入孔内测量时，温度变化对测斜仪的测量结果影响较大，其零点偏移因温升与温降又有所不同，温升时偏移迅速，温降时偏移缓慢。对于伺服加速度计式测斜仪，温度变化引起的总偏移量与起始温度无关。福建省等沿海地区，夏季气温较高，孔外温度常大于孔内，多属于温降的情形。

11.4.4 监测误差分析与处理

测斜仪器监测所得位移与实际位移之间总是存在一定的误差，并且这种误差不可能绝对消除。因此，在边坡的长期监测过程中，常常出现部分测斜数据离散性较大，位移方向不合理的现象。

测斜仪的误差可以分为偶然误差和系统误差。大量实测数据显示，测斜仪每点测量的偶然误差一般小于0.16 mm，系统误差为0.11 mm，偶然误差的累加为测量点数的平方根的倍数，系统误差的累加为测量点的倍数。

在变形监测中，如果系统误差不变，则2次数据相减，系统误差抵消，偶然误差为原来测值的平方根倍数。

(1)零点偏移误差

测斜仪探头在垂直状态下的理论测值为0，但实际情况下探头一般会有一个接近0的小数输出，这就是零点的偏移误差。

在偏移值不变的情况下，零点的偏移误差可以通过正、反方向测量来修正。但如果在相同的一次测量中，零点偏移值改变，则此时的系统误差无法通过正、反测量数据相减来消除，则需要另外修正。

造成仪器零点偏移值改变的主要因素有如下情况：探头受到碰撞或冲击，加速度计对撞击较敏感,电缆施放过程中探头撞击测孔底部,会造成仪器零点偏移值改变;测量过程中如果测管接头位置有间隙,在定位导向滑轮弹簧力的作用下,探头会有一定的冲击。另外,探头温度的改变会改变传感器的输出值,所以一般要求探头放至测管底部后停留 5 分钟,待探头温度与测管内温度一致后再开始测量。

(2)角度定位旋转误差

大部分测斜仪都安装 2 个加速度计,测量相互正交的 2 个方向(设定为 A 方向、B 方向)的偏斜量。

理论上测量 A 方向的加速度只反映 A 方向的倾斜变化,不包含 B 方向的倾斜数据,但是实际加速度计安装过程中存在微小的定位偏差。由于转角的存在,测量 A 方向的加速度计的测量数据会包括微小的 B 方向测量数据。同样测量 B 方向的加速度计的测量数据会包含有微小的 A 方向的测量数据。

角度定位旋转误差属于系统误差,如果加速度计的角度定位不变,2 次测量偏移值相减即可消除转角误差。

影响角度定位旋转误差的因素主要有如下几方面:探头受到碰撞冲击,在影响零点偏移的同时亦会造成角度定位误差;探头定位导轮和轴承的磨损会造成实际测量定位误差;不同的探头加速度计初始角度定位不同。

(3)深度测量误差

探头测量深度的不同会造成深度测量误差,测量安装时角度倾斜越大,摆动越大,则因为探头测量深度的不同而造成的测量误差越大。

产生深度误差的原因通常由以下几方面造成:测管长度改变,管口长度非整数测量长度倍数的改变,从而造成改变所有测点的测量位置,测量长度通常为 0.5 m;另外当电缆长度改变时或者电缆定位标点位置改变都会引起深度测量误差的产生。

(4)测斜管导槽扭转误差

测斜仪探头是依靠测斜管导槽定位,测斜管的导槽的扭转将导致测斜仪实际方位的扭转。因此,实际上导槽沿深度构成的面并非平面而是一个空间扭曲面,测量得到的每个点的位移实际上并非同一方向的位移。根据假设,将它们视为同一方向进行不断累加必然带来误差。

产生测斜管导槽扭转误差的原因主要是由于测斜管长度引起的。测管越长则导槽扭角改变越大,测管在安装过程中受到扭转力而使测管受扭。

消除这一误差的办法是测管在安装过程中尽量避免受扭转力,选用优质的铝合金测管以减少导槽扭转误差,当测管长度较长时利用测扭仪器测量各个数据点处导槽的方位角。然后将用测斜仪得到的各点位移按此方位角向预定坐标平面投影,这样处理得到的各点位移才是该平面的真实位移,处理得当后钻孔中表面点的位移大致上反映了该点的真实位移。

上述各种误差对于由于人为因素而产生的偶然误差必须尽量避免,而对于系统误差可以通过数据后处理或者一定的策略来消除。

总体而言,系统误差的处理基本措施可以通过测量相互正交的 2 个方向的数据来完成,反方向的测量是消除零点偏移误差的基本条件,因此必须完成正、反两个方向的测量。

测斜管必须有一个不动的底部基准,它不仅是指一个基点,而是指的一个基准段,即要求有一定数量不动的测点,用来率定测斜仪探头,为系统误差的消除提供依据。

另外,为了减小测斜仪的误差,从测斜仪和测斜导管的选用、测斜管的埋设以及实际观测中的每一个环节,均需要严格要求。

在影响测斜仪精度的各种因素中，温度变化的影响是一个既重要又特殊的因素，它常导致长期观测中测量结果的紊乱。为彻底消除温度变化的影响，应在测斜仪测量中进行温度修正。

11.4.5　监测结果分析和整理

(1)坡体位移监测曲线

基于钻孔测斜的位移监测，主要是针对坡体深部位移的量测，同时包含对孔口地表处或者滑动面处的位移监测，对于坡体深部位移监测，通常取钻孔测斜管底端为基准点向上逐段累加。

初始值一般取钻孔回填灌浆一个月后的读数。经钻孔测斜仪读取回来的数据，在进行室内资料整理时通常绘制以下各种位移特性曲线。

位移增量—深度曲线，即各测点相对各自初始值的位移随着深度的变化，如图 11-18 所示，其中又可以分成 A 向、B 向及其合成位移随着深度变化的 3 种曲线。

累积位移—深度曲线，即由孔底累积到各计算点的位移随着深度的变化，如图 11-19 所示，其中又可以分为二者相互正交的 A 向、B 向两个方向以及合成位移随着深度变化的 3 种曲线。

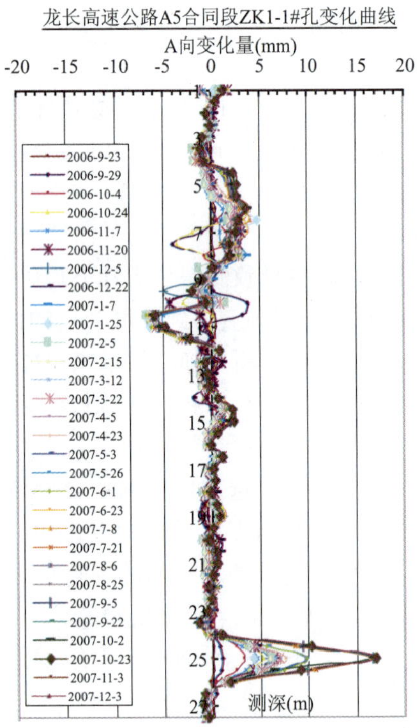

图 11-18　位移增量—深度监测曲线

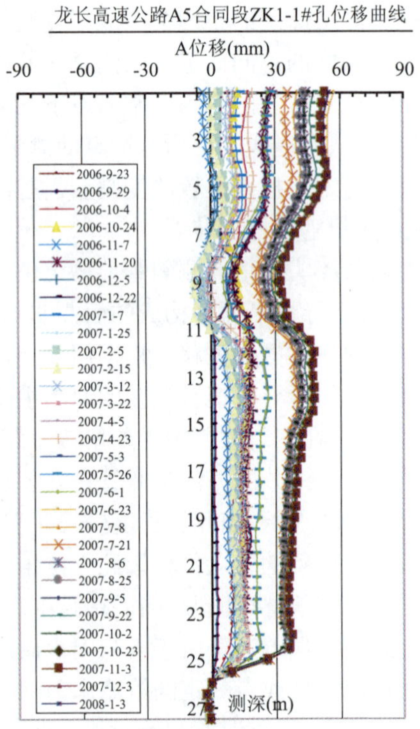

图 11-19　累积位移—深度监测曲线

除了上述两种主要的曲线外，还包括位移—时间曲线、位移方向—深度曲线、孔口或滑面位移历时曲线以及孔口合成位移矢量图。为了更确切的了解滑动的发展趋势，在监测变形曲线分析时，常常考察滑动带(面)处的位移—时间过程曲线，尤其是在坡体发生变形并采取了及时防护加固的坡体，通过考察滑动带处的位移—时间过程曲线来分析防护加固的工程效果。

在进行监测数据处理时，可以绘制多种位移监测曲线，如相对位移—深度曲线，累积位移—深度曲线、位移过程曲线等。通过考察累积位移—深度曲线有无明显相对错动和滑动带出现，并结合最大累积变形量值的大小来判断坡体的稳定状况，考察相对位移—深度曲线有无明显单(或双)锯齿状突变变形的出现来分析坡体的稳定状况，以及考察位移过程曲线变化的周期性或者趋势性来分析坡体的稳定状况。

对于坡体发生大变形或者出现滑动面后，应从以下几方面分析监测数据来判断坡体的稳定状态：

①绘制孔口地表处或滑动面处的位移—时间过程线，看位移是持续增长还是呈现周期性起伏或者趋于不变；

②绘制不同时间的相对位移曲线，考察相对位移是急剧变化还是缓慢变化，当变化急剧时表明坡体的不稳定状态正在发展；

③绘制不同时间位移方向—深度曲线，考察位移方向是急剧变化还是缓慢变化，或者基本不变，变化急剧往往发生在坡体扰动剧烈区；

④综合以上各种曲线形态特征，结合累积位移—深度曲线对坡体的稳定状态进行分析判断。

在以上曲线形态特征判断中要把握曲线形态特征与量值大小两方面的因素来分析。

需要注意的是，在对测斜位移监测曲线进行分析时，应综合参考地质资料，依照钻孔岩芯描述进行分析，如果监测所得位移—深度曲线上斜率突变处恰好与地质上的构造特征协调对应，则可认为该处即是滑坡的控制面。在分析位移随时间的变化规律时地下水位资料及降雨资料也是需要考虑的。

(2)位移监测曲线的扭转修正

边坡深部位移监测的精度不仅取决于测斜仪器本身(读数仪、探头)，而且与监测设施测斜导管及其安装质量有密切关系，测斜导管在制造过程中会产生螺旋角——扭角，在安装时，由于各节测管之间的定位误差也会形成导槽的扭转。定位误差属于系统误差，与测试导管的长度成正比，可以通过一定的方法消除，而由于安装引起的联结误差属于随机误差，应该尽量避免。

若测斜导管的扭角较大，仍按无扭角来处理监测数据，所得结果误差亦较大。因此，有条件时，应该在测斜导管埋设后，测量其扭角，并依照扭转公式计算位移，在不能测得扭角的情况下，应设法减小扭角产生。

(3)位移监测曲线形态特征变化的影响因素

在消除了测斜监测在观测过程中产生的误差、扭转误差、仪器误差等误差后，测斜监测曲线的变化还将受到以下诸多因素的影响。首先是钻孔测斜管的回填质量，测斜孔钻孔一般终孔孔径不小于 110 mm，将测斜管连接后逐节放至所需深度。测斜管周围视岩土形状与坡体地质条件可采用水泥砂浆回填或者用干砂回填，对于砂浆要求其变模与岩土介质基本匹配，对于填砂要求采用有一定级配的干砂。当回填质量较差时，造成测斜管与岩土体不能有效协调变形，往往会呈现出不密实曲线特征，即相对位移—深度曲线上各点的位移量波动很大。其次是初测时间，一般要求回填一个月后开始监测，初测时间较早所测得曲线的变化主要反映了填砂的密实沉积变化所导致的曲线变化，另外降雨过程引起的地表水与地下水的变化，以及坡体开挖爆破、地震等都可以导致瞬时或者暂时的位移变形突变，对于这些因素的影响，常常会因为外因的消失，位移曲线又回归到稳定曲线特征。

边坡岩土体发生变形致使预埋在坡体中的测斜导管产生与岩土相应的弯曲变形，测斜管的弯曲是由它的各段的倾角变化反映出来的，当边坡发生显著变形或者出现滑动迹象时，由于边坡滑坡体剪切面的形成和变化量的增大，测斜导管产生的弯曲变形也加大，当弯曲到一定程度后会达到测斜仪通过测斜导管的极限位置，即测斜仪无法通过，则被认为测斜导管被"剪断"。实际上在有些情况下，由于钻孔本身弯曲、灌砂不密实、坡体局部变形显著造成测斜导管弯曲过大但并未真正剪断，当防护工程及时施加在此类坡体时，将抑制住变形继续发展。为了继续监测到变形的发展情况可通过测斜仪与测斜导管参数关系计算方法来分析此类情况。对于坡体地质结构、构造、长期地下水位特征引起的位移监测曲线特征变化将在后续详细讨论。

(4)监测曲线非坡体变形信息识别

1)错误监测曲线剔除

由于监测技术人员的错误或者其他原因，往往会出现某次监测曲线的错误，但是这种错误单凭一个钻孔的位移—深度累积曲线往往无法识别，可以通过同一批次的多个钻孔的同一次的位移监测曲线形态来识别。如果同一次监测时间所监测到的不同钻孔中的该次曲线多呈现出违反规律性，同时与同一个钻孔中该次监测时间的前后时间监测曲线差别较大即为错误监测曲线，如图 11-20 与图 11-21 为同一个坡体同一批次不同钻孔的监测曲线，可以看到监测的曲线在同一批次的多个钻孔中都出现违反规律性，与之前以及后续的监测位移情况出入较大，因此可以断定此次监测曲线为错误曲线，应剔除。

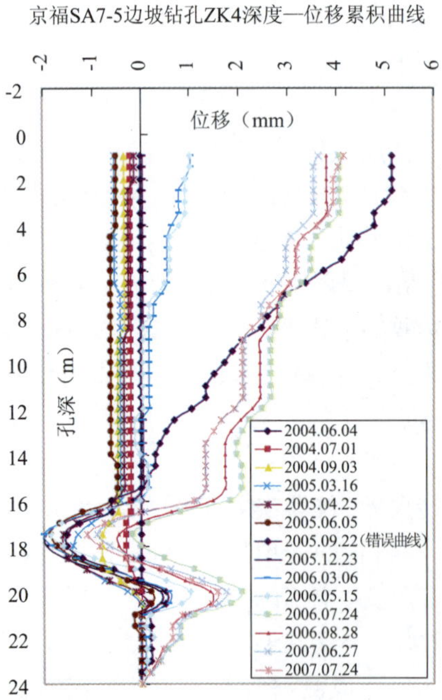

图 11-20 错误位移监测曲线

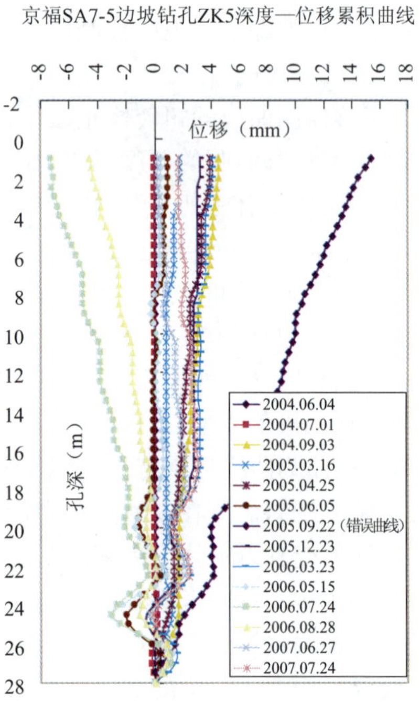

图 11-21 错误位移监测曲线

2)钻孔灌浆(砂)不密实曲线形态特征

钻孔测斜仪器需要在钻孔中放入带有正交导槽的测斜管，测斜管和钻孔孔壁之间需要采用和周围岩土介质变模基本匹配的浆液或者干砂回填，以便测斜管所反映的变形位移能代表周围介质的真实位移。但是在实际监测工作中由于技术人员操作不到位，以及坡体地质条件差造成孔壁塌落等原因常常出现灌浆(砂)不密实情况，使得监测所得大量由于灌浆(砂)不密实所造成的不密实位移曲线。如图 11-22 和图 11-23 所示，其深度一位移累积变形曲线变形规律紊乱，由于这种变形曲线变形量值变化范围通常也不大，易和相对稳定曲线的起伏变化型曲线混淆。为了判明曲线的性质，首先应对测斜仪进行标定，以排除仪器本身不正常的因素，其次依靠灌浆(砂)记录，在后期数据处理时取初始值之前的测斜管管形—孔深曲线和后期的孔深曲线，以及后期的孔深—累积位移曲线综合分析判断。在高速公路路堑边坡监测中，大量采用干砂回填方式，采用这种方式不仅会出现大量的不密实曲线，甚至会出现孔壁含空腔的位移曲线。所谓空腔是指测斜管与钻孔孔壁之间存在的间隙，即呈现出图 11-24 所示位移曲线形态。图 11-24 为间隙存于上部，且管在 4～12 m 埋深处四周都存在间隙，图 11-25 深部管的一侧间隙明显，深部间隙的存在不仅使位移曲线在深部形成圆滑的凸形鼓起曲线形态，也影响着上部的曲线摆动。

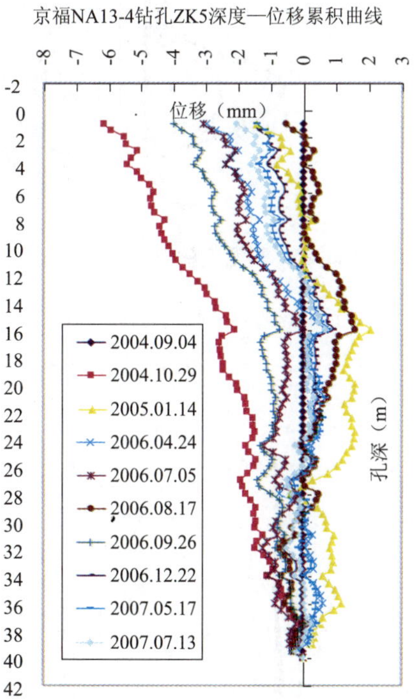

图 11-22　灌浆(砂)不密实位移监测曲线

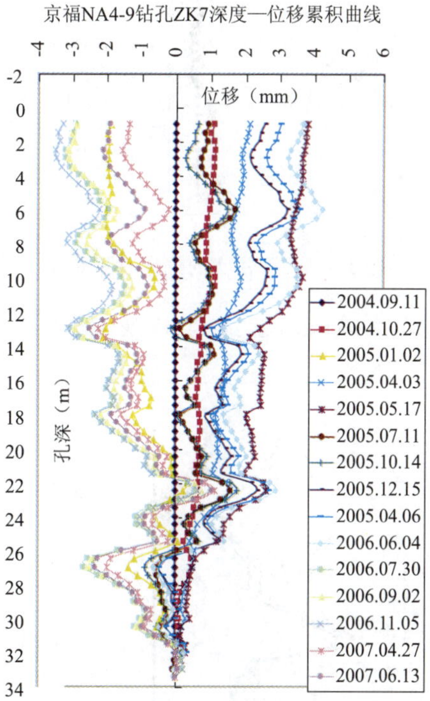

图 11-23　灌浆(砂)不密实位移监测曲线

3)钻孔深度不足曲线形态特征

边坡测斜监测要保证所监测数据能真实反应坡体内部岩土的变形情况，测斜管必须有一个不动的底部基准，它不仅是指一个基点，准确地说是需要一个基准段，保证测斜仪器能探测到 5～10 个不动的测点。同时位移监测曲线所反映出来的位移变形情况都是相对于坡体不动的部分，但对于实际坡体钻孔往往不能深入基岩之中，这就要求在不能深入基岩的情况下，至少也要保证钻孔深度穿过相对稳定层 3～5 m。钻孔测斜仪钻孔深度若穿过潜在滑面深度不足，或者不能到达相对稳定地层，则反映在位移监测曲线上为位移曲线上各点都有明显的变形位移值直至孔底，其在监测深度—位移累积曲线上为曲线在孔底附近各点测值远离坐标轴，如图 11-26 所示为钻孔深度不足典型监测曲线形态。图 11-27 反映深入的相对稳定地层稳定性较差造成的监测曲线摆动特征。

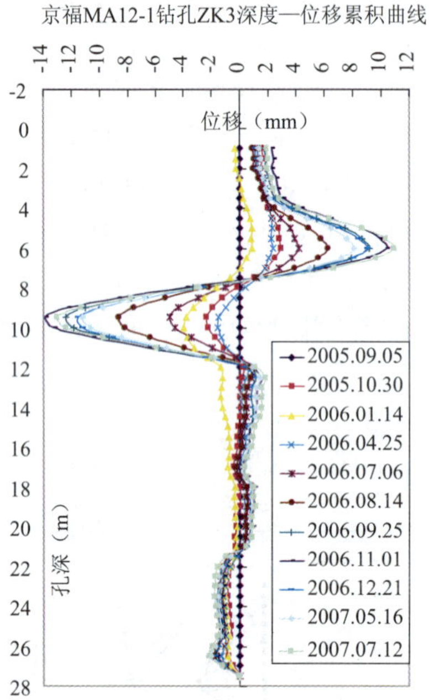

图 11-24　不密实的位移监测曲线

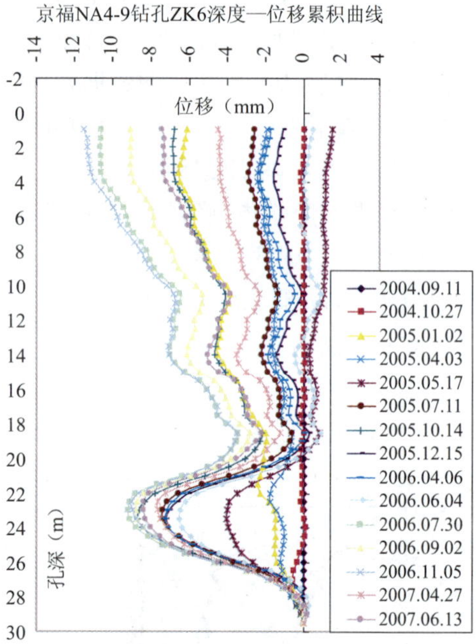

图 11-25　不密实的位移监测曲线

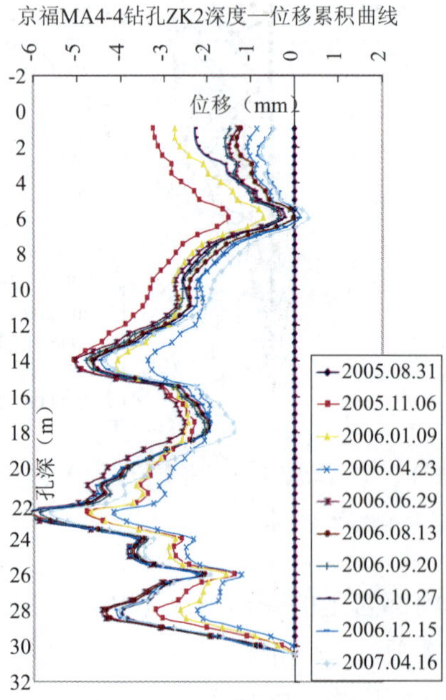

图 11-26　钻孔深度不足位移监测曲线

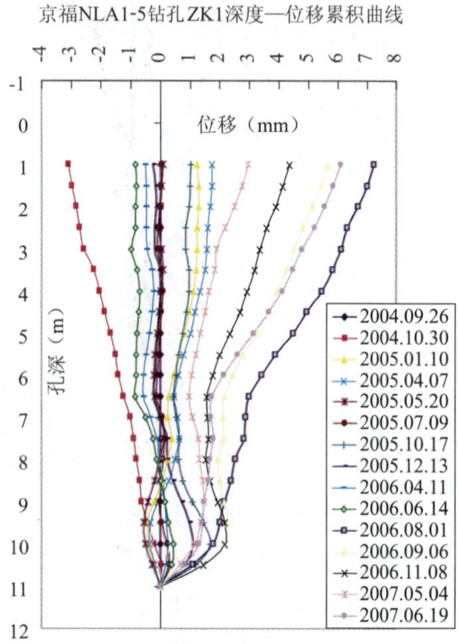

图 11-27　钻孔深度不足位移监测曲线

11.5　TDR 边坡立体监测预警系统

11.5.1　目的和意义

近年来，随着国民经济建设和交通工程发展由沿海向山区辐射和延伸，道路边坡工程问题十分突出，特别是面临大量的山区路堑边坡工程技术难题。边坡工程地质病害和灾害的发生将造成严重的经济损失并威胁人民的生命安全，有关管理部门和广大工程技术人员越来越关心和重视边坡工程的稳定与安全。

目前，大多数路堑高边坡在其设计、施工和运行管理中都没有布设相应的自动安全监测系统，观测物理量也没有制定相应的预警指标。山区道路工程总体上存在边坡安全监测系统不完善、观测手段传统落后、信息资料分析严重滞后等问题。导致养护与管理人员不能及时、准确地掌握沿线路堑高边坡实际运行状态，不能为交通道路工程的有效管理提供科学依据，不但直接影响边坡工程安全的实时监控效率和质量，给日常管理带来诸多的安全隐患，甚至会导致严重恶性事故的发生。

建立一种边坡自动化监测与安全预警系统，是满足这种边坡监测的有效手段之一。

在国内岩土工程或边坡工程领域，目前时域反射（TDR）技术的研究正在积极地开展，基于其廉价和遥测的特点，进行了 TDR 技术滑坡监测预报的研究与应用。TDR 技术的应用研究已经引起研究人员的广泛关注和政府部门的极大重视，特别是其具有价格低廉、布设灵活、控制面广以及便于实现远程实时监测等特点，在路堑高边坡自动化监测预警领域具有广阔的应用前景。

11.5.2　TDR 工作原理

TDR 技术，即时域反射技术（Time Domain Reflectometry），是一种电子测量技术，近年来一直被用于各种物体形态特征的测量和空间定位。在美国，研究人员在 20 世纪 90 年代中期将时间域反射测试技术用于滑坡等地质灾害变形监测，针对岩石和土体滑坡曾经作过许多的试验研究，取得了令人满意的成绩。

Dr. Ching L. Kuo 针对 TDR 系统，在岩土工程自动监测中进行了成功开发和应用。

如图 11-28 所示为 TDR 测试原理的示意图，即作为钻孔测斜技术的替代或补充，监测滑坡滑动面的变形活动动态与发展规律。

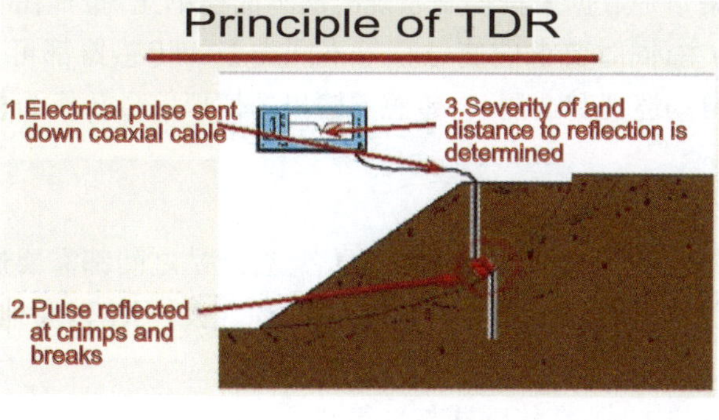

图 11-28　TDR 测试原理示意图

11.5.3　系统的基本组成

TDR技术的边坡立体监测与预警系统由边坡信息采集站、路段信息监控站和远程信息管理站等三个部分组成，如图11-29所示。

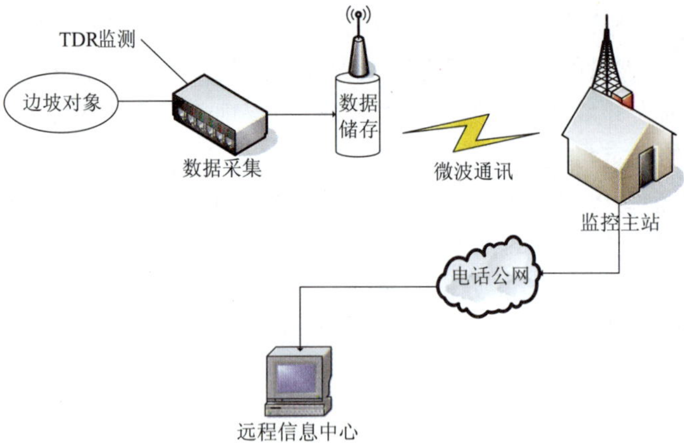

图11-29　TDR边坡自动化监测与安全预警系统示意图

11.5.4　系统的关键技术

该系统的关键技术主要包括边坡立体信息量测技术、信息自动采集技术、信息传输技术、边坡安全评价与预警模型，以及系统管理软件开发与应用等。

(1)边坡立体信息量测技术

概括边坡监测技术方法一般有宏观迹象描述法、简易观测法、仪器监测法、设站监测法和远程监测法等。常用信息量有裂缝、变形、位移、应力、地下水等，以及其他位移相关信息量(如TDR)、应力相关信息量(如声发射)，或者环境条件相关信息量(如降雨和地温等)。该系统基于路堑高边坡的工程特点，选择与边坡坡体位移相关的TDR参数作为系统监测信息量，充分利用其造价低廉、量测快捷、数字传输，以及便于实时监测和远程控制等优点开发TDR边坡立体监测技术。

(2)信息自动采集技术

针对道路工程高边坡安全监测设施分布范围广且分散的特点，信息自动采集拟采用分布式数据采集。数据采集站是数据采集控制系统的基本测控单元，布置在测点附近(即以边坡为单位)，以TDR参数为主，同时要求应使位移等不同类型的传感器都可接入，能够独立运行，并对接入传感器进行自动巡视和选测，将传感器输出的模拟信号转换为抗干扰性能好、便于传送的数据信号。

(3)信息传输技术

在边坡信息采集站、路段信息监控站和远程信息管理站之间都需要进行信息传输，可以根据实际需要和环境条件选择通讯方式。微波、专用电缆、电话网络以及地球同步数字卫星等都可以作为信息通讯的手段。

本系统采用3种通讯方式：在传感器与采集站之间用电缆线连接；采集站和监控站之间用微波方式(无线)；监控站信息可通过电话网络传至任何地方。微波通讯可以采用RS485方式，电话通讯可以采用 Modem 方式。

(4)边坡安全评价与预警模型

在高边坡自动监测与安全预警系统中，安全评价与预警模型是至关重要的部分。有了安全评价模型，才能根据监测数据评价边坡的安全，而安全评价的可靠性除了依赖于监测数据的准确性，主要就取决于评价模型的合理性。因此，在高边坡自动监测与安全预警系统设计中，应结合路堑高边坡的工程特点和稳定性状况，建立针对各边坡的具体条件和运行环境的合理的安全评价模型。

(5)系统管理软件开发与应用

系统软件应实现的主要功能包括采集、检测、控制、存储、计算处理、安全评价及预测、通信等。

软件采用模块结构，有数据采集处理、安全预警和远程信息管理三大模块。

数据采集处理模块：设采集站选择菜单，监测边坡及测线布置可以图示和修改；可以随时设置或取消报警限值；采集的数据以测线编号顺序列表、查看、编辑、另存等。

安全预警模块：设有采集站选择菜单；调用采集处理模块的数据；有边坡安全分析与预警模型；评价结果自动弹出；当有险情时自动弹出报警窗口、发布报警蜂鸣和电话拨号指令。

远程信息管理：接收监控主站的参数与数据库，随时了解边坡安全运行现状；安装有与监控站相同的安全评价与预警软件，以便能够进行远程的安全评价和预警。

11.5.5　系统的开发应用

图 11-30 至图 11-32 所示为 TDR 边坡立体监测预警系统的一个工程应用实例。

图 11-30　TDR 边坡自动化监测基站

(a)TDR垂直电缆安装　　(b)TDR水平电缆安装

图 11-31　TDR 电缆测线的布设和安装

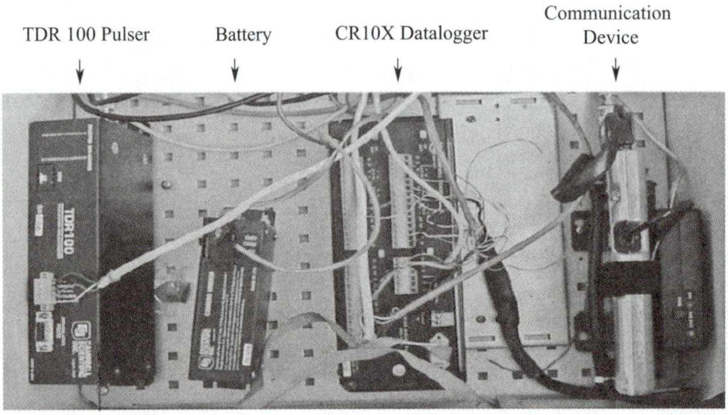

图 11-32　TDR 监测预警系统设备

第 12 章

边坡工程养护管理

12.1 边坡养护管理概况

12.1.1 高速公路边坡养护管理

高速公路是一个国家现代化的重要标志之一，也是保障国家经济快速发展必不可少的基础设施。

我国的高速公路发展比西方发达国家晚近半个世纪的时间，1988 年上海至嘉定高速公路建成通车，结束了我国大陆没有高速公路的历史。经过二十多年的持续快速发展，我国高速公路建设已经取得了举世瞩目的成就，大大推进了我国公路交通现代化水平，使公路基础设施总体水平实现了历史性跨越，也促进了综合运输体系的进一步发展，并为推动我国国民经济和社会事业的发展做出了巨大贡献。

“十一五”期间我国新增高速公路 3.2 万公里，约占通车总里程的 45%。到 2010 年年底，全国高速公路总里程将达到 7.3 万公里，排名列全球第二，仅次于美国。预计“十二五”期间我国高速公路里程将超过美国。到 2020 年，我国的国家高速公路网将基本建成，高速公路通车总里程将达 10 万公里。

高速公路养护管理是高速公路运营管理的重要组成部分，是保证高速公路优良服务水平的主要手段之一。

目前，我国高速公路建设已经进入“建养并重”的阶段，确立了“建养并重、协调发展；深化改革、强化管理；提高质量、保障畅通”的公路工作方针。各省(市、区)高速公路相关部门也不断加强养护管理的投入力度，但是随着管养里程的增加，养护管理工作强度骤然加大，过去那种人工报表，人工统计的管理方式已经不能适应管理的要求。

近年来，我国高速公路养护管理的组织形式呈多样化趋势。其中既有专业管理机构，也有综合管理机构；既有单纯以管理为主的养护机构，也有管理兼自身施工队伍的养护机构。各省(市、区)高速公路均设有专门的机构来从事养护管理工作，这是我国高速公路养护管理得以发展的最基本的保证。各地养护管理机构也注重选拔专业技术人才，充实到养护生产第一线，改善高速公路养护管理技术。部分省市在总结过去的养护管理工作的基础上，对如何建立完善的高速公路养护管理体系进行了许多有益的尝试。

12.1.2 边坡养护管理研究现状

国外发达国家在道路工程选线时对于不良地质路段一般采取“绕避”的原则，而且对于路堑边坡的设计、施工等大多采取较强的防护加固措施，因此工后边坡的养护管理问题在国外并不突出，国外也没有制定针对边坡养护的具体的技术规范。

美国高速公路养护管理体系比较完善，已制定了公路维修养护和养护机械的规范，养护作业基本实现机械化，州际公路（全部是高速公路）平均每 60 km 设置一个服务区，日常养护工作由服务区完成，路面预防性养护及路面翻修养护则由专业养护公司完成，但对于边坡的养护还没有专门的技术规范。西班牙、瑞典、加拿大公路的养护模式为承包制，将公路养护承包给养护公司，养护公司对公路养护质量负责，但也没有对应于边坡养护的专门的技术性规范。英国的地方政府和咨询公司通常作为养护代理，直接负责干线公路的养护管理工作。养护管理代理人通常负责巡逻、调查和检查路网及其附属结构，但是不同地区的养护代理制定的养护计划、养护技术标准不易统一，也没有针对于边坡养护的专门的技术性标准规范。法国的公路养护工作由专门为其服务的机械公司负责，机械公司按照法国《道路、机械、维修及航空基地章程》进行管理，但是对于边坡的养护工作也没有明确的规定。德国的公路养护由养护部门负责，其机械化程度高，对于道路的各种构筑物几乎都有相应的养护车，但边坡养护却没有相应的养护机械，也没有出台相应的养护规章。

我国目前还没有针对高速公路高边坡的特点及养护标准做出具体规定。交通部 2009 年发布的最新的《公路养护技术规范》(JTG H10—2009)中只是原则性地提出路基的养护内容和要求，难以满足边坡养护的具体操作和实施。

香港政府于 1977 年 7 月成立了“土力”控制处，并开始介入香港的滑坡问题，到 1999 年已经建立了较完善的边坡安全管理体系，称为“边坡安全系统”(slope safety system)，该系统具有政策规定、研究和有关教育的功能。这个安全管理体系主要包括边坡管理政策制定、有关的规范建立、专项工程、教育和信息服务四个部分，其主要目标有两个，即降低风险度和提高公众的风险防范意识。

张晓初等人(1998 年)基于 GIS 建立了 324 国道广东云浮段边坡数据库及边坡信息管理系统(YFRSIS)，主要包括数据预处理和输入模块、数据管理和维护模块、边坡属性查询模块、边坡稳定性分析模块、预测预报模块和数据输出模块六个模块，对不同类型的边坡给出了不同的评价模型，并列出各种参考模式。这个系统主要是针对边坡的稳定性评价及边坡的安全预警。

陈杰等(2004 年)研发了“高速公路高边坡信息管理及边坡动态监测系统”，这个系统主要功能是高边坡信息管理和高边坡动态监测及评估处理。

李维峰等(2004 年)在台湾开发了边坡管理系统，主要由边坡基本资料库、工程资料库、灾损资料库、巡检资料库四项资料库和道路边坡编码系统组成。

庄世勇等对矿山边坡的管理、治理和监测等方面也做了一些研究；李安光等开发了地质数据采集和预处理、地质数据库管理、地质模型的建立和更新、地质储量计算以及边坡稳定性评价等集内外业为一体的“露天煤矿地质信息管理系统”；马鞍山矿山研究院研发了“露天矿边坡管理信息系统”(SEMIS)，其主要功能有建立边坡工程地质模型、对边坡稳定状态做出跟踪评价和预测、边坡信息采集为工程措施提供依据、对现场传感器及其他监测仪器监测数据的及时处理从而为工程判断和预报分析提供依据以及边坡稳定性分析等。这些研究主要体现在采矿边坡信息及生产的管理。

浙江台州高速集团有限公司研发了“高速公路构造物管养信息系统”，包括桥梁与路基的高边坡、高挡墙和隧道管养信息系统三部分，此系统主要也是体现在信息的管理。此外，各高校也针对边坡问题研发了相关系统。

杨彩芸等基于GIS研发了襄十高速公路边坡养护管理系统，但其主要的研究内容是GIS应用，对边坡养护决策甚少提及。唐建新等(2009年)开发了边坡档案管理信息系统，该系统的开发为边坡数据管理提供了一个新的技术手段。其主要功能有基本GIS功能、数据查询功能、空间数据维护功能以及属性数据维护功能。

成都理工大学(1995年)开发了"地质灾害信息系统及防治对策支持系统"；刘大安等(2000年)研发了适于工程地质、岩石力学特点且更能满足地质工程设计与施工要求的"综合地质信息系统"，将工程地质力学和系统科学在地质工程动态优化设计和信息化施工中有机地结合起来，并发挥了更大的作用；申力等(2000年)基于空间分析方法，并结合地质灾害预测、地质环境评价模型，研发了具有针对性的专用型的"地质灾害信息管理系统"；李浩等(2008年)研发了基于数码影像的边坡工程地质信息系统。这些系统的研究主要体现在地质灾害信息资料等的管理。

白世伟等根据汉十高速公路韩家娅边坡工程的特点，利用已经开发的三维地层信息系统，建立了边坡工程地质信息数据库，实现了GIS支持下的边坡可视化设计及快速稳定性评估。

浙江大学防灾工程研究所研发了基于WebGIS网络平台的浙江省公路边坡信息查询系统。该边坡信息查询系统主要是对已经产生的较大规模病害的边坡进行建档管理。

吴玉财等(2008)将数据库管理、分析预测和图形可视化三者无缝集成，研发了边坡工程监测信息可视化查询、分析及预警系统。该系统具有方便、快捷、及时、准确和直观的特点。

综上所述，目前对边坡信息管理系统、监测信息管理系统及地质灾害信息系统等的研究已经取得了一定的成果而且也在不断发展着。但是，对边坡养护管理系统的研究大多以信息管理为主且实际操作性不强，对边坡的养护技术与评估决策研究不够深入，不能满足高速公路等高等级道路对边坡养护工作的要求，需要加强其系统化、规范化和程序化的研究与应用。

12.2　边坡养护管理技术

12.2.1　边坡养护的特点

由于道路穿越山区，因此高等级公路路堑高边坡在设计和修建过程中遇到的地质情况都比较复杂，为了行车安全需要采取防护措施的种类越来越多也越来越复杂，建成之后如何对传统路堑防护工程未遇到的养护问题进行有依据的操作是值得深入研究的内容。

本节在日常养护规则的基础上，分析主要的路堑防护结构的养护内容，通过有针对性的及时养护使边坡长期处于良好的服务状态，最大限度地减少或避免路堑高边坡各组成部分的损坏，并保证一旦损坏能及时修复。同时提高养护工作质量，防治结合，治理道路边坡存在的病害和隐患，逐步提高边坡的抗灾能力，对原有加固防护不力的边坡进行分期整改，以达到保持路堑高边坡的各组成部分均处于完好状态的效果，从而保证道路具有安全、快捷、舒适、经济、美观的使用功能。

有关边坡养护管理工作的特点可以总结如下：

(1)养护工作的必要性

边坡病害是主要的道路病害之一，病害种类繁多且突发性强，养护工作的疏忽不仅对道路及相关设施是一种潜在的危害，对过往的行驶车辆及驾乘人员的生命也会构成巨大的威胁。

公路是国家的基础设施，除一、二级公路外，我国的高速公路均实施收费制度，边坡养护工作不到位造成的交通事故最终将归咎于高速公路养护管理公司。为保证高速公路有良好的路况以保障过往交通安全，是高速公路养护管理公司的首要任务。因此，高速公路边坡养护是一种必要性的工作。

(2)养护工作的经常性

高速公路具有过往车流量大、载重量大和行车速度快等特点，要保持道路边坡处于良好的服务水平，为司乘人员提供安全舒适的行车环境，则要求对高速公路经常进行边坡养护工作，如日常检查、定期检查和专项检查等。

(3)养护工作的及时性

边坡病害随时都可能发生，特别是雨季期间降雨造成边坡病害频频发生，发现病害后必须及时处治，否则病害将继续扩大，造成更大的安全隐患，不仅对过往车辆的安全和司乘人员的生命构成威胁，而且对道路及其设施也造成潜在的危害。同时，随着时间的推移，病害加剧发展，维修加固费用将大大增加。

(4)养护工作的特殊性

已竣工运营的高速公路，具有全封闭行驶、过往车辆行驶速度快等特点，这些客观因素使得道路养护不可能像施工期那样允许大型机械到现场作业。边坡维修养护的作业面积常常要封道以争取作业空间，对道路交通流畅造成了很大的影响，又由于机械化程度低，更多的是要靠人工作业，故养护维修成本高。

另一方面，养护施工是在高速行驶的车辆旁边，虽然有临时摆放的安全警示设施，但由于车辆行驶速度快，突发事件多，故危险性高。

(5)养护工作的复杂性

已投入运营的高速公路，高边坡的养护工作尤为复杂。由于设计施工方面的原因，边坡高陡，平台宽度不够，许多高边坡未修筑检修道，给边坡的日常检查造成很大的困难。一些采用植被进行防护的边坡，随时间的推移，植被生长茂盛，不仅上坡检查困难，而且一些小变形亦难以察觉。

(6)养护工作的环保性

边坡养护维修不仅要考虑实用性，而且应当考虑与周围环境的协调性，尽可能不破坏边坡场区的生态环境，体现环保的概念。养护过程中，废弃物的处理要符合相关要求，以免对环境造成影响。

12.2.2 基本原则和要求

边坡养护应遵循以下原则：

(1)加强边坡巡查，及时发现问题。发现问题后应尽早处理，以“预防为主，治早治小，一次根治，不留后患”为原则。

(2)对边坡必须进行预防性、经常性和周期性养护。加强对边坡坡面状况巡视，掌握边坡的实际情况，根据边坡的实际情况制定日常小修保养和预防性、经常性、周期性养护工作计划，如月(旬)度计划、季度计划、年度计划和远景规划。对于存在严重安全隐患或处于不稳定状态的边坡应及时制定大中修工程计划。

(3)加强养护责任管理,专人专事,成立专门的边坡养护小组。根据养护计划分配养护资金,组织养护人员及必要的设备等,确保边坡养护工作的顺利进行。同时加强养护施工质量管理和监督,保障施工质量。

高速公路边坡养护要求主要有以下几点:

①边坡坡面应保持平顺、坚实、无裂缝;

②经常注意观察路堑高边坡,发现问题应及时处理;

③及时清理边坡滑塌部分,避免堵塞路面及边沟;

④对边坡加固的各种设施应经常检查、维护,以保证其完整性良好;

⑤严禁在边坡上及坡脚、护坡道上挖土取料、种植农作物或修建其他建筑物;

⑥土质边坡出现裂缝时,可用黏性土填塞捣实,以防表层水渗入路基体内,如出现潜流涌水,可开沟截断水源,将潜水引向路基外排出;

⑦填土路堤边坡处理时,应将原坡面挖成阶梯形,然后分层填筑夯实,并应与原坡面衔接平顺。

12.2.3 主要内容和方法

一般而言,边坡工程的养护工作包括路肩、边坡、排水系统、防护工程、支挡工程、锚固工程等方面的内容。

(1)路肩

路肩若松软,往往使路面边缘发生毁坏,即所谓的"啃边"破坏。路肩松软多是因水的作用,所以路肩的养护与维修工作的重点就是减少或消除水对路肩的危害。

路面范围的地表水需通过路肩排出,因此必须经常保持路肩的横坡平整顺适,硬路肩与路面横坡相同,土或植草的路肩应比路面横坡大1%~2%,以利排水。

土路肩因雨天会车、停车造成的车辙、坑洼,或因行车道加铺磨耗层、保护层造成的错台、残积物等,必须及时整理或清除,积水与淤泥应排出和清理,并填平夯实,恢复其原来状态。

路肩过高妨碍路面排水时,应铲削整平,达到符合规定的坡度。

路肩外缘由于流水冲刷等各种原因形成缺口时,应及时修补,使其保持整齐顺适。

(2)边坡

边坡包括路堑边坡和路堤边坡。边坡养护工作的目的是保持其稳定性,即边坡坡面应经常保持平顺、坚实、无裂缝。严禁在边坡上及路堤坡脚、护坡道上挖土取料或种植农作物。

对于石质路堑边坡,应经常注意边坡坡面岩石风化发展情况,以及边坡上的危岩、孤石的变动。发现问题及时采取适当的处理措施,如抹面、喷浆、勾缝、灌浆、嵌补、锚固等,以免堵塞边沟或危及行车和行人。

对于土质路堑边坡、碎落台、护坡道等,如经常出现缺口、冲沟、沉陷、塌落或受洪水、边沟流水冲刷及浸水时,应根据水流、土质等情况,选用种草、铺草皮、栽灌木丛、铺柴束、篱格填石、投放石笼、干砌或浆砌片石护坡等措施进行防护和加固。

边坡如发生坍塌需要修整时,不能在边坡上贴土修补。应在毁坏的地段上,从上到下先挖成土台阶,再分层填土夯实,夯实后的宽度要稍超出原来的坡面,以便最后切出坡面。边坡上的植被对保护边坡大有益处,不能铲除,并禁止在边坡上割草、放牧。

(3)排水系统

水是影响边坡稳定的主要因素之一,边坡滑塌不稳定事故大都是由于水的原因所引起的,排水可以增加土体的内在抗剪强度,从而提高边坡的稳定性。排水措施也是采用其他各类加固措施时,都必须考虑的辅助措施。

路基排水系统能否正常工作,直接影响到边坡的稳定性。因此,加强对各排水设施的日常养护与维修,是确保边坡稳定的关键环节。

对边沟、截水沟、排水沟以及暗沟(管)等排水设施,应保持水流通畅,并防止水流集中冲刷边坡。特别是汛前,应全面进行检查;雨中必须上路巡查,及时排除堵塞、疏导水流;暴雨后应进行重点检查,如有冲刷、损坏,须及时修理加固,如有堵塞应立即清除。

对土质边沟,应经常保持设计断面,满足排水要求。沟底应保持不小于0.5%的纵坡,在排水有困难的路段,不宜小于0.3%,边沟外边坡也应保持一定的坡度,以防坍塌,阻塞边沟。

在管养工作中,要针对现有排水系统不完善的部分逐步加以改进、完善,充分发挥各种排水设施的功能。例如,对有积水的边沟,应将水引至附近低洼处;对疏松土质或黏土上的沟渠,需结合地形、地质、纵坡、流速等实际情况综合考虑加固。

如发现渗沟、盲沟出水口处长草、堵塞,应进行清除和冲洗;对有管渗沟应经常检查疏通,以保证管内水流通畅;如发现反滤层淤塞失效,则应翻修,并剔除其中较小颗粒的砂石,以保证其孔隙,便于排水;如位置不当,则应另建渗沟或盲沟。

(4)防护工程

1)植被防护

由于草本植物早期生长速度非常快,而且耐贫瘠,可以尽快恢复边坡的植被覆盖,所以公路边坡的植物定居后,在其群落结构中,仍是以草本植物为主,灌木属于从属的位置。但是,这样的植物群落结构非常的不稳定,如果措施跟不上,草本植物过度发育,群落中的灌木很快就会因为营养、阳光、水分和其他资源不足而被草本植物"吃掉"。另一方面,一旦草本植物把土壤中的营养捎耗到一定程度,很可能出现大面积的衰退,并且重新回到裸地的状态,这种现象在以往的高速公路植被恢复建设中已经是屡见不鲜。

未雨绸缪,制定合理养护管理措施,促进植物群落向目标群落转化,是公路边坡绿化的重要内容。主要养护措施包括肥水管理措施、补栽措施、其他辅助管理措施,如修剪、间苗、疏枝以及采用化学药剂等。

2)浆砌片石、锚喷防护

从环保的观念上讲,虽然各种拱形骨架的浆砌片石护坡及锚喷防护形式不美观,但其本身具有防冲刷,易观测等优点,仍广泛应用于边坡防护中。浆砌片石护坡养护应观察护坡有无局部脱落、沉陷、滑动、下沉、隆起、裂缝等现象,以及坡面是否有涌水及渗水状况,并应检查泄水孔是否起作用。对于这些病害,一般可采用嵌补和凿平方法处治。

锚喷防护应检查喷锚面是否出现裂缝,若有裂缝应进行简易观测,同时进行修补;喷锚面是否出现掉块及鼓胀,若有出现则及时修补;坡面锚筋是否出现露筋,出现露筋应及时封闭。

3)柔性网防护

柔性网是防止岩质边坡掉块落石的有效措施,有主动柔性网和被动柔性网两种。对于主动网,检查时注意观察主动网的锚头是否封闭锈蚀,网内是否存在落石兜集,主动网是否紧贴坡面,是否破坏。对于被动网,应检查其紧固部位的螺栓是否松动,立网是否变形等。

(5)支挡工程

挡土墙是支承路基填土或山坡土体,以防填土或土体失稳的构造物。挡土墙除应经常检查外,还应进行定期检查。另外,在气候反常或超载重车通过等特殊情况下,还应进行专项检查。

如果发现挡土墙裂缝、断裂、倾斜、鼓肚、滑动、下沉、表面风化、泄水孔不通、墙后积水、周围地基错台或出现空隙等情况,应查明原因并观察其发展情况,采取合理的措施进行修理加固,同时建立技术档案。

圬工或混凝土墙的裂缝、断缝,如已停止发展,应立即进行维修、加固,将裂缝缝隙凿毛,经清除碎碴、杂物后用水泥砂浆填塞;对混凝土或钢筋混凝土挡墙的裂缝,可用环氧树脂黏合,也可用混凝土黏结剂涂抹缝壁,然后用混凝土或水泥砂浆填塞。

挡土墙的泄水孔应保持通畅,如有堵塞应加以疏通。疏通困难时,应视墙后地下水情况或增设泄水孔,或加做墙后排水设施。不能使墙后积水,否则将增大墙后土压力,甚至有挤倒、挤裂墙身的可能。

砖、石、混凝土或钢筋混凝土挡土墙墙面出现碱蚀或风化时,可将风化表层凿除,露出新茬,然后用水泥砂浆抹面或喷涂。

挡土墙与边坡连接处,易被雨水冲成沟槽或缺口,应及时填补夯实,恢复原状。

(6)锚固工程

锚索(杆)框架加固的边坡工程,需经常进行检查。仔细检查框架是否有变形开裂、下错等,若有应用环氧树脂黏合,也可用混凝土黏结剂涂抹缝壁,再用混凝土或水泥砂浆填塞,使外锚墩或框架处于良好工作状态;发现框架表面有蜂窝麻面等施工"后遗症",应先清除松动硬块,然后凿毛、湿润,最后采用比原设计框架的混凝土更高一级的混凝土填补、抹平。

检查锚头是否有积水、锈蚀等病害。若有应及时排水至干净,并封堵水源,然后进行除锈、防腐处理。检查锚垫墩是否有移动,锚具是否有脱落等。平时对锚垫锚具应经常进行除锈维护,防止松动。当框架出现断梁露筋时,应查明缘由。若是由于锚索锚固力设计不足导致的毁锚断梁,在增加锚固力的同时,应重新设计框架。若是由于框架配筋不足或框架截面尺寸太小,则应考虑重新配筋及加大框架截面等措施。

12.2.4　边坡安全防控措施

边坡工后安全防控是指在边坡运营服务期间,查清边坡存在的各种安全隐患。合理的检查制度和边坡监测是研究和确定边坡安全隐患的有效措施,并为采取积极有效的防护和加固措施提供科学的依据。

(1)检查制度

建立合理的边坡检查制度是尽早发现边坡病害,在其发展初期进行维修养护避免病害扩大给后期整治造成更大困难的有效手段。边坡的养护检查应坚持日常巡查,观察边坡的坡面状况,尽量做到 1 次/d 养护巡查,并做好巡查记录,同时养护管理单位还应就边坡的运营状况分别组织经常性检查、定期检查和专项检查。

经常性检查:在日常宏观巡查的基础上对边坡进行较为详细的检查,以目测为主,配合简单工具,至少每季度一次,且对一些病害较轻的边坡进行一般性养护维修。

定期检查:由养护管理单位组织有相应资质的单位参加,对于那些一般性养护维修无法解决的病害边坡进行现场踏勘,根据以往的勘察设计资料结合现场调查情况及病害的发展历史、现状，组织有经验的技术人员或专家进行会议讨论并形成病害整治意见。定期检查一般以每年两次为宜，且不少于一次。

专项检查：病害严重、定期检查中难以判明损坏程度（如锚索（杆）应力损失状况、抗滑桩的受力状况等），为了对病害整治提供合理的方案需进行专项检查。专项检查应委托具有相应资质的单位进行，对边坡防护结构的技术状况，各种缺陷和病害进行全面细致检查，对检查项目的现状、承载能力做出正确的评估，提出维修加固或改造的建议性方案。

（2）边坡监测

边坡监测目的在于把握坡体变形、应力以及地下水活动等动态特征和发展规律。高边坡监测的主要项目有裂缝观测、地表位移、地下位移、水压力、地面震动等。对于重点边坡应采取必要的监测手段以便及时掌控边坡的变形发展，防止因边坡失稳而导致的事故的发生。其主要监测内容和方法有：

①裂缝观测：裂缝监测的目的是观测相对变形，包括缝的张合变化和错动。一般是在裂缝的两边埋设标桩，桩顶安装精密的测量标志，定期测量其变化。

②地表位移监测：依据地形、地质勘察资料、边坡加固措施，确定监测点和基准点位置，选定监测方法与设备，并提出监测频率。

③深孔变形监测：深孔变形监测有沉陷、倾斜、地下水位及水压力监测，还可以进行地下水流向、流速测定和水质分析。常用的监测设备有钻孔测斜仪、多点位移计、测缝计、测压仪、声发射仪等。

④地下水监测：监测地下水的升降、变化幅度及其与地表水、大气降水的关系与规律。地下水监测前应先有一个水文库资料，且雨期应重点监测。

⑤锚索（杆）监测：锚杆和锚索监测主要是对锚索（杆）长度、应力的监测。

通过边坡工程监测，可以得到可靠的边坡变形和破坏动态资料。监测数据可用于分析判断坡体当前稳定性状态及其稳定发展趋势并进行灾害预报，同时为制定切合实际的处治方案提供可靠的数据支撑，消除边坡安全隐患，避免边坡失稳对行车安全造成威胁。

12.3 边坡养护管理系统

12.3.1 边坡养护管理系统研究

我国是一个多山国家，山地、高原、丘陵占国土面积的69%，高速公路的建设不可避免要穿越山区。由于高等级公路技术标准高，特别是在较复杂的地质条件下，边坡问题彰显突出。除了在勘察、设计和施工阶段应采取必要的处理措施外，如何对已建成通车的高速公路边坡进行有效、科学地养护管理已引起业界及高速公路运营管理公司的日益关注。

虽然我国每年在边坡养护中投入大量的人力、财力和物力，但还是不同程度地存在着重建轻养、养护资金不到位、养护质量不合格等现象，养护体制仍存在着不少缺陷。为了使有限的养护资金充分发挥作用，避免养护资金流失、保质保量地完成边坡养护任务，使高速公路或高速铁路等运营畅通和安全，边坡工程养护部门需要建立一套完整的边坡养护组织管理体系，实现对边坡工程的管理数据化、养护规范化及决策科学化。

目前，我国已出台了桥梁、隧道及公路养护的相关规范，但由于边坡工程本身的特殊性及复杂性，仍未有受到业界认可的边坡养护管理规范出台。而各省市及相关地区的高速公路养护管理公司一般将辖区内的高速公路边坡的养护管理承包给相应省市的公路养护公司，但养护公司的养护人员对边坡的运营养护管理认识往往不到位，不仅分工不明确而且对边坡养护管理没有针对性，生搬硬套其他公路构筑物养护办法对边坡进行养护管理。通常只是将日常简单巡检或暴雨雪等恶劣天气后巡检所发现的边坡病害记录后上报上级管理部门，待上级领导审批后才对边坡病害进行整治处理，对边坡的病害，尤其是重大安全隐患的防范还处于相当被动的局面。

因此，研发公路边坡养护管理系统，规范边坡工程基本信息资料管理、边坡检查制度、边坡安全稳定状态评估、边坡病害管理及其发展趋势预测的同时，建立一套针对各种常见的边坡病害养护对策库，不仅能够改变目前边坡养护管理"无法可依"、"杂乱无章"的状态，而且对于提高边坡养护管理的社会效益、经济效益和环境效益，也有十分重要的意义和实用价值。

近几年，我国经济处于快速发展的阶段，对高速公路建设工期提出了紧迫要求。由于建设速度加快，建设时间缩短等原因，导致在高速公路设计和施工中，无可避免地存在着对高边坡给高速公路投入营运后，可能带来的问题和威胁研究不够充分的问题。对劈山路段的复杂边坡往往只是按通常的习惯采取简单化的常规性设计方法，忽略详细勘探和研究工作。

此外，由于部分高速公路施工和监理工作不到位，甚至偷工减料，给高边坡的稳定留下很大的隐患。由于高速公路作为运输干道，车流量大，行车速度快，一旦出现高边坡事故，将对交通运输的安全和人民的生命财产带来巨大威胁，并将造成严重的社会影响。

边坡病害(特别是滑坡灾害)对已运营的高速公路不仅是巨大的危害，对国民经济和人民生命财产的影响也日益突出。特别是在雨季期间，连续的强降雨常导致边坡滑塌、泥石流等地质灾害，不仅阻碍交通而且造成了大量的人员伤亡。

现阶段我国已通车运营的高速公路边坡现存的问题日益突出，而且有关部门也越来越重视，其中相当大部分问题的解决可以通过加强养护管理和整治改造工作来实现。

然而，边坡工程问题的解决必须做到有章可循，系统化、规范化的制定一套适应我国边坡工程实际情况的高速公路边坡养护管理系统可实现这一目标。具体地说有以下几点：

(1)研究高速公路边坡养护管理系统，有利于推动边坡养护工作的开展，提高高速公路边坡服务能力，节约高速公路维护资金。

近二十几年来，我国公路事业蓬勃发展，许多早期建设的一、二级公路及部分高速公路未经维修加固仍在服务，边坡长年累月在自然营力的作用下不断老化，必须采取行之有效的办法进行修复、加固，方能提高边坡的服务能力。

但是，对所有边坡进行修复加固的做法既不现实也不科学，实践证明，采用适当的加固和改造措施对部分边坡进行有效的维修加固，能很大程度上消除边坡病害隐患，保障交通安全。研究与开发一套能适应繁重的边坡养护工作的高速公路边坡养护管理系统，既能保证养护工作的顺利开展，还能创造良好的效益。

(2)研究高速公路边坡养护管理系统，有利于规范边坡工程养护工作，消除边坡工程安全隐患，减少或避免边坡工程事故的发生。加强对存在病害及防护不当的边坡的维修和加固改造是消除边坡安全隐患，提高道路通行能力和服务能力的有效途径。

国内外已竣工运营的高速公路边坡发生滑塌等病害而造成人员伤亡的事故频频发生，其中缘由种种，但如果能对边坡进行全面的"工后"检查与评估，及时发现问题，可避免许多不必要的事故。

因此，研究与开发一套能满足实际养护工作需要的高速公路边坡养护管理系统，是消除边坡安全隐患，避免因边坡病害而发生交通事故的有力保证。

(3)研究公路边坡养护管理系统，为边坡的养护工作提供强有力的管理和技术支持，有利于推动我国边坡工程建设技术水平的提高与发展。

对高速公路边坡养护管理系统的研究，主要是研究高速公路边坡病害、病害整治对策、边坡工后评估方法和边坡养护信息资料的管理。

因此，研究成果对边坡工程建设及运营维护有积极的借鉴作用，对于提高边坡养护决策和管理信息化水平，保障公路交通安全和服务质量具有重要现实意义。

12.3.2　边坡养护管理系统开发

下文将介绍边坡养护管理系统 SMMS(Slope Maintenance and Management System)。

(1)系统的要求和组成

边坡养护管理系统(SMMS)集边坡基本信息、动态信息、边坡稳定状态评估及养护决策、养护维修记录管理和档案资料管理于一体，可用以规范边坡养护管理、提高养护维修决策水平、合理且科学地利用养护资金。其基本要求如图 12-1 所示。

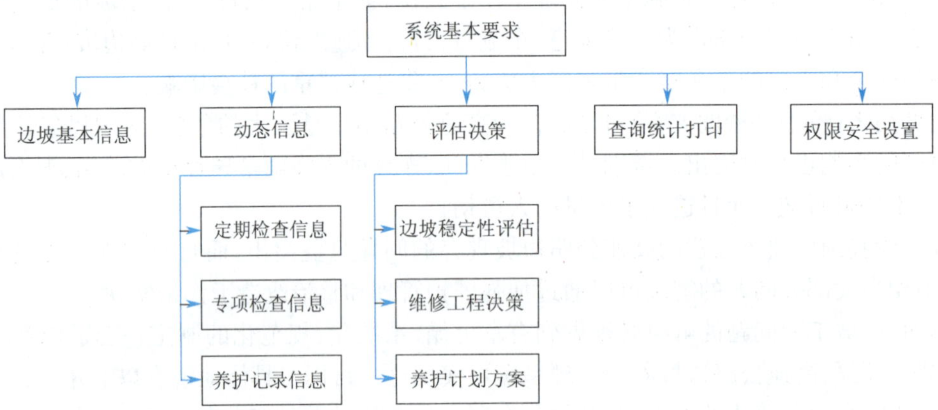

图 12-1　系统的基本要求

根据系统的基本要求，可以确定系统结构的基本组成，为系统的开发建立框架。系统结构的基本组成如图 12-2 所示。

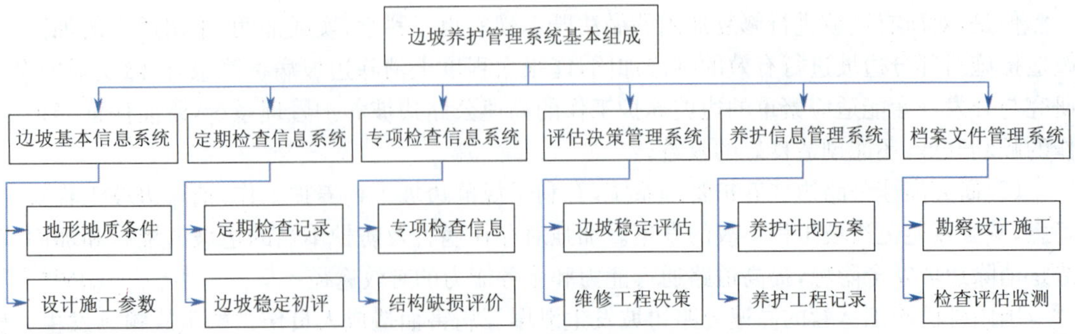

图 12-2　养护系统的基本组成

本节所介绍的边坡养护管理系统是在 Windows XP 操作系统下完成的，通过开发通用信息(数据库)管理软件——数据大师实现的。系统登录界面及子系统选择界面如图 12-3、图 12-4 所示。

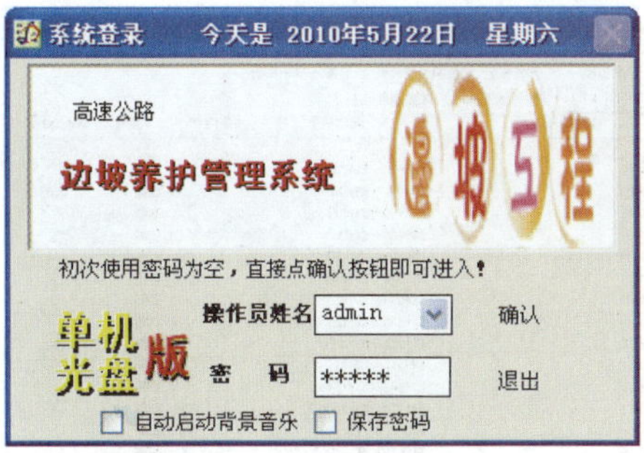

图 12-3　系统登录界面

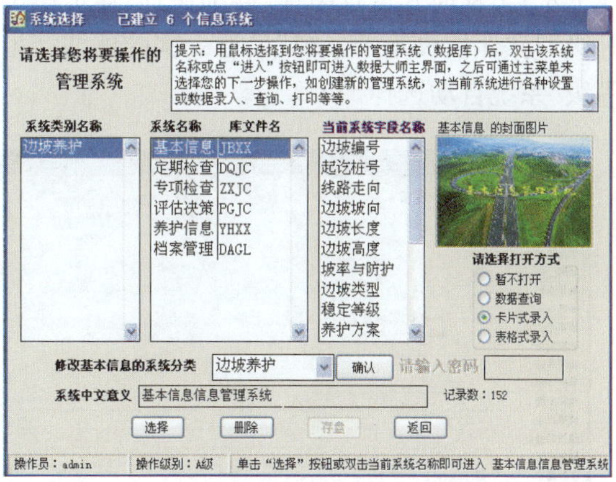

图 12-4　子系统选择界面

(2)基本信息管理子系统

边坡基本信息管理子系统是实现基本信息资料储存管理的系统，可对边坡的基本信息进行添加、删除、修改、浏览、检索及打印。该子系统是整个系统的基础，为其他子系统提供基本数据服务，同时也体现边坡通过最近一次养护维修后其稳定状态及相应的养护措施。

选择"边坡基本信息子系统"将出现如图 12-5 所示的子系统主界面。"边坡基本信息子系统"主要包括一个子系统主表、一个子系统子表和一个报表预览打印区。

图 12-5　边坡基本信息子系统主界面

在边坡基本信息子系统主界面的数据处理的下拉菜单中可以通过卡片式录入或表格式录入进入子系统主表录入界面，如图 12-6 所示。主表录入项目包括边坡编号、起讫桩号、走向、坡向、坡长、坡高、坡率与防护、边坡类型、稳定等级、养护方案、地形地貌、地层岩性、地质构造、地下水、工程简介全景图片、详细照片、养护单位和主管部门等边坡工程基本信息。其中"稳定等级"与"评估决策子系统"最近一次的评估结果自动关联，而"养护方案"则根据对应的"稳定等级"系统自动选择。

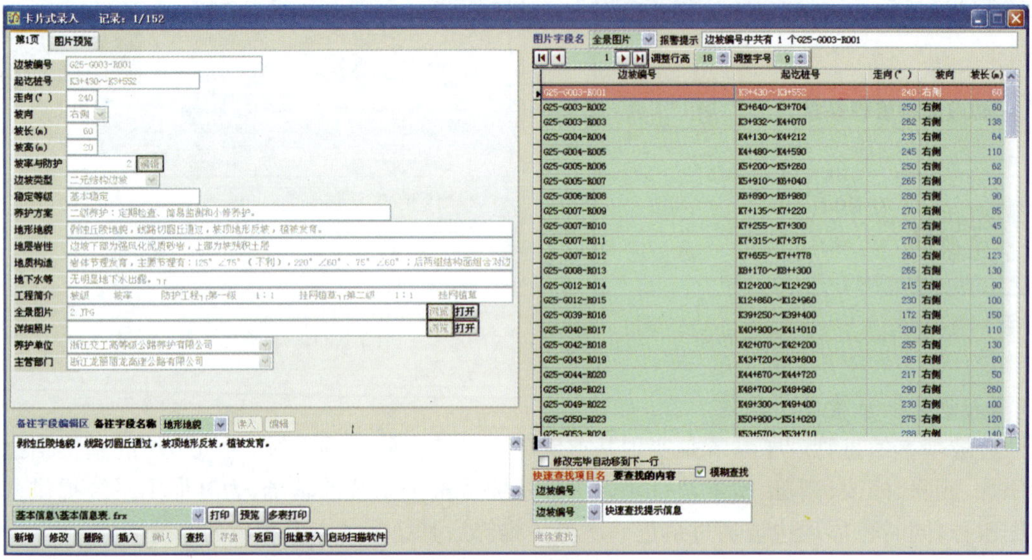

图 12-6　基本信息子系统主表录入界面

在边坡基本信息子系统主表界面"坡率与防护"项中选择编辑进入子表数据编辑窗口，其录入界面如图 12-7 所示，子表录入项目包括边坡编号、坡级、坡率和防护等信息。

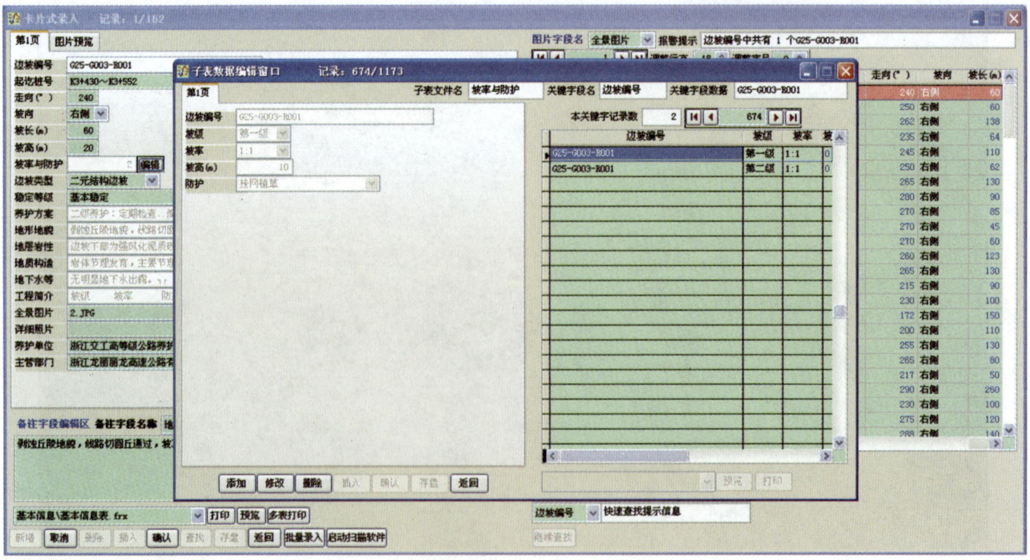

图 12-7　基本信息子系统子表录入界面

有关本系统的设计表格如“边坡工程基本信息明细表”等都可以在此预览和打印。预览打印报表时，可通过指定打印范围而得到不同的打印结果，打印范围包括全部记录、指定记录、分类别打印、当前记录和打印指定页等。

(3)定期检查管理子系统

根据《公路养护技术规范》对路基边坡的养护要求，对公路沿线的边坡，除进行日常巡查等经常检查工作之外，还需结合当地自然环境条件、边坡工程特点和相关工程要求等，对路基边坡安排定期的检查工作，检查公路沿线边坡的坡面、坡体、排水设施，和防护加固工程结构等工作状态，并且综合多因素研判，对其边坡稳定性现状及发展趋势进行初步分析和评价。

边坡工程定期检查管理包括坡面状况、排水设施、结构变形和边坡破坏等外观检查和边坡稳定性初步评价结论，以及检查日记、专门报告和必要的图表与说明等。

定期检查管理子系统即对边坡养护巡查等记录资料的管理，对边坡的稳定状态有一个粗略的评价，为边坡是否需进行专项检查及养护提供相应的建议。选择“定期检查管理子系统”将出现如图 12-8 所示的子系统主界面。“定期检查管理子系统”主要包括一个子系统主表和一个报表预览打印区。

图 12-8 定期检查管理子系统主界面

在边坡定期检查子系统主界面数据处理的下拉菜单中可以通过卡片式录入或表格式录入进入子系统主表录入界面，如图 12-9 所示。主表录入项目包括边坡编号、起讫桩号、坡向、坡长、坡高、检查次序、检查日期、坡面状况、排水设施、结构变形、边坡变形、稳定初评、检查建议、养护建议、检查日记、主要图片和备注等边坡工程基本信息。其中“起讫桩号”、“坡向”、“坡长”、“坡高”字段根据关键字段“边坡编号”，由“边坡基本信息子系统”中的数据自动填充。

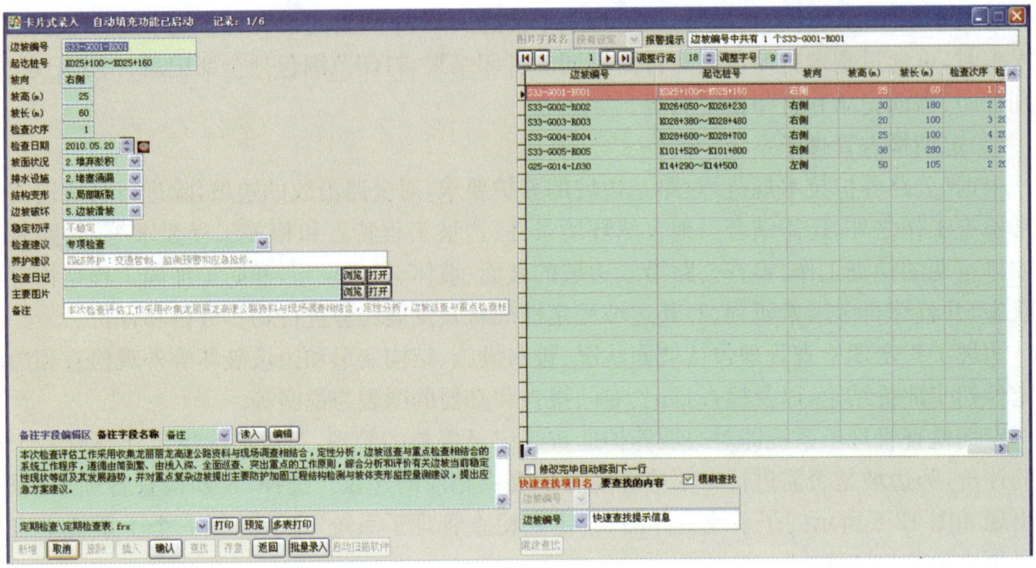

图 12-9　定期检查管理子系统主表录入界面

坡面状况、排水设施、结构变形、边坡破坏的选项如图 12-10 至图 12-13 所示。边坡稳定初评根据检查所发现的问题进行计算确定，采用 100 分制递减计算，计算公式如下：

$$100-(\text{val}(\text{substr}(\text{坡面状况},1,1))*1+\text{val}(\text{substr}(\text{排水设施},1,1))*2+\text{val}(\text{substr}(\text{结构变形},1,1))*3+\text{val}(\text{substr}(\text{边坡破坏},1,1))*6)\tag{12-1}$$

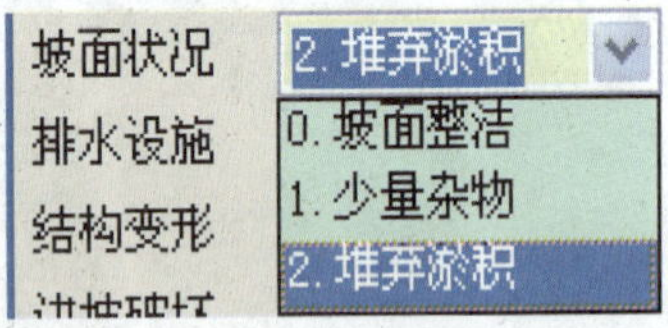

图 12-10　坡面状况选项

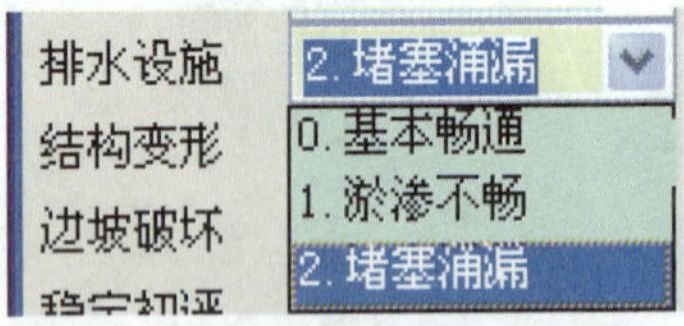

图 12-11　排水设施选项

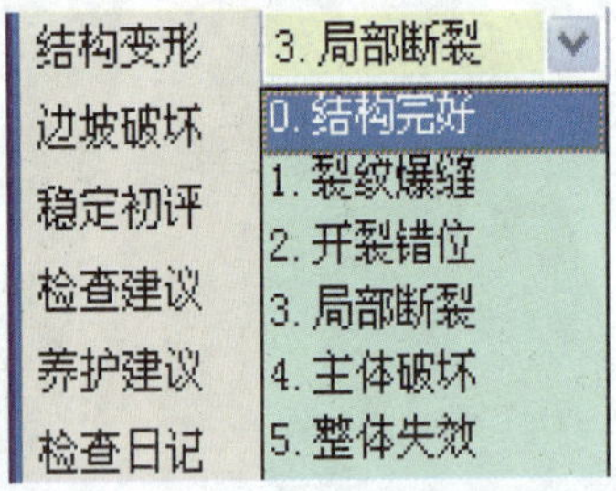

图 12-12　结构变形选项

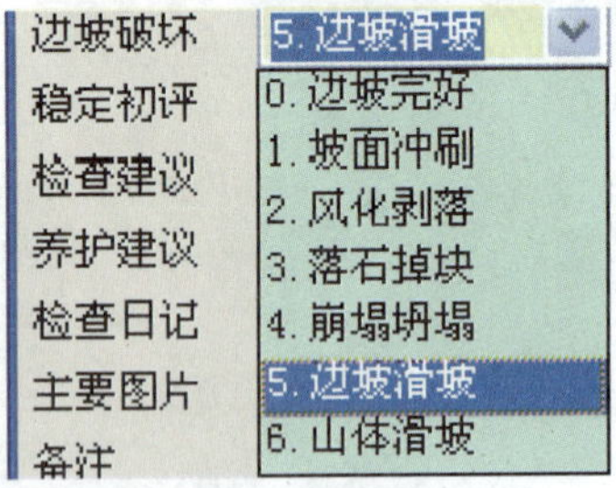

图 12-13　边坡破坏选项

式(12-1)中坡面状况、排水设施、结构变形、边坡破坏所占的比重分别为 1、2、3、6。根据检查发现的破坏严重程度取各自的缺损值，再分别乘以各自的比重，最后用式(12-1)计算得到稳定初评值，由计算出的稳定初评值确定其稳定状态。当稳定初评值在[0,60]区间时，为不稳定状态；在(60,80]区间时，为稳定性差状态；在(80,90]区间时，为基本稳定状态；在(90,100]区间时，为稳定状态。根据这四个稳定状态，系统自动确定边坡养护建议，共分四级。一级养护：宏观巡查和日常保养；二级养护：定期检查、简易监测和小修养护；三级养护：专项检查、专业仪器监测(检测)和大修治理;四级养护:交通管制、监测预警和应急抢修。

预览打印定期检查管理子系统的报表时(如“定期检查管理明细表”),可以通过指定打印范围而得到不同的打印结果,打印范围包括全部记录、指定记录、分类别打印、当前记录和打印指定页等。

(4)专项检查管理子系统

边坡工程专项检查,是在路基边坡定期检查工作的基础上,如果发现边坡主体防护加固工程出现严重变形和破损,对边坡稳定与安全存在显著的作用和影响时,需要对其主体防护加固工程结构的工作状态和缺损情况进行评价,并充分考虑相关结构设计的合理性和工程施工质量的可靠性进行综合分析和评价,得出可靠的评估结论。同时,在有关单一结构缺损评估结论的基础上,对预应力抗滑桩、预应力锚索框架和预应力锚杆框架等复合结构进行缺损评估。

选择“专项检查管理子系统”将出现如图 12-14 所示的子系统主界面。“专项检查管理子系统”主要包括一个系统评价主表、六个单项评价子表(抗滑桩的桩体评价、挡土墙的墙体评价、框架地梁的结构评价、桩头锚索的锚索评价、框架锚索的锚索评价、锚索框架的结构评价)和一个报表预览打印区。

图 12-14　专项检查管理子系统主界面

在“边坡专项检查子系统”主界面的数据处理的下拉菜单中可以通过卡片式录入或表格式录入进入系统主表录入界面,如图 12-15 所示。主表录入项目包括边坡编号、起讫桩号、坡向、坡长、坡高、抗滑桩、工程总量、检查数量、单桩评价、综合评价、挡土墙、单段评价、框架地梁、单片评价、桩头锚索、框架锚索、框架锚杆、单孔评价、锚索桩、锚索框架、锚杆框架等边坡防护加固工程专项评价信息。其中“起讫桩号”、“坡向”、“坡长”、“坡高”字段根据关键字段“边坡编号”,由“边坡基本信息子系统”中的数据自动填充。

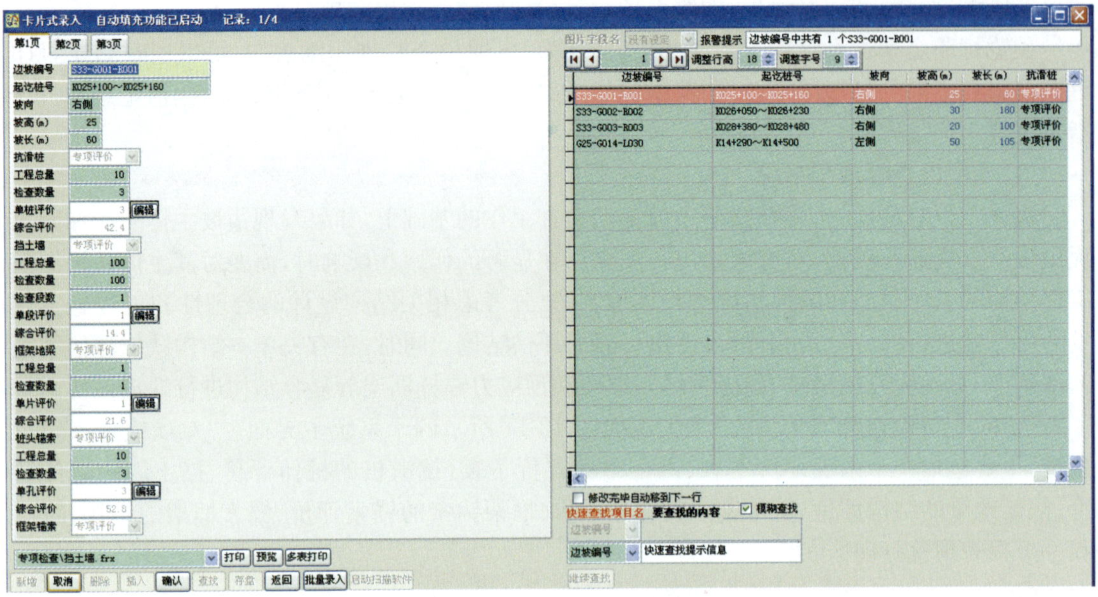

图 12-15 专项检查管理子系统主表录入界面

在“专项检查管理子系统”主表界面中“单桩评价”项中选择编辑进入子表数据编辑窗口，如图 12-16 所示。“单桩评价”子表录入项目包括边坡编号、检查桩号、检查日期、工作状态、设计质量、施工质量、缺损评价等专项工程评价信息。工作状态、设计质量、施工质量的选项如图 12-17至图 12-19 所示。

单桩缺损评价采用 120 分制递减计算，计算公式如下：

$$(120-val(substr(工作状态,1,1))*10)*(1-val(substr(设计质量,1,1))/5)*(1-val(substr(施工质量,1,1))/5) \quad (12-2)$$

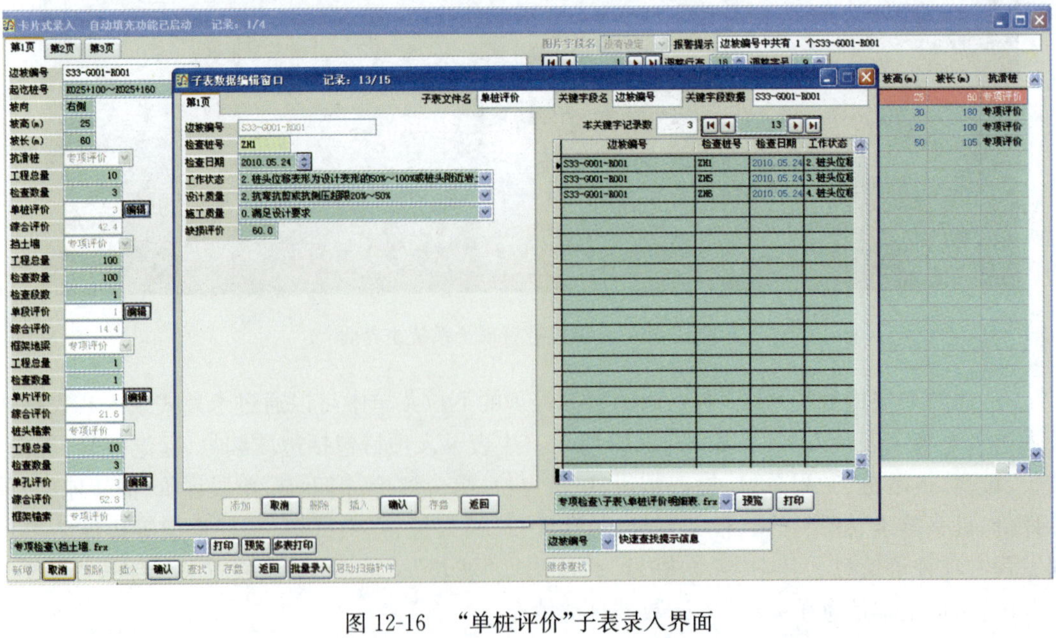

图 12-16 “单桩评价”子表录入界面

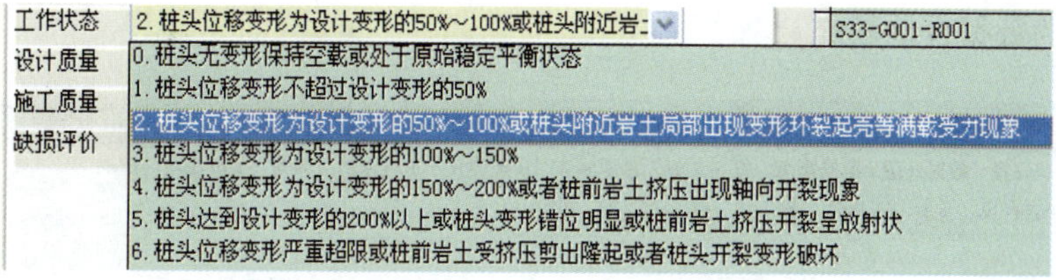

图 12-17　单桩工作状态选项

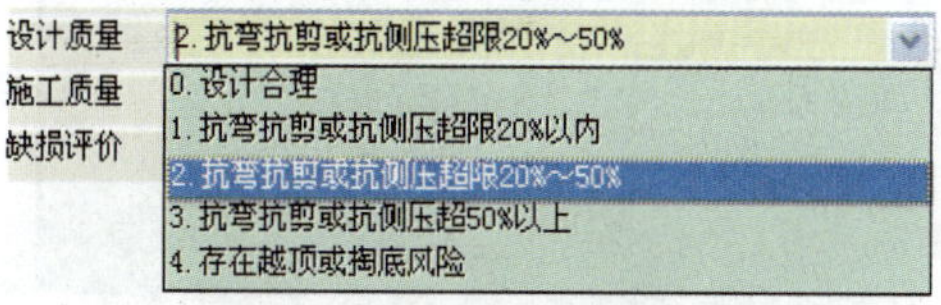

图 12-18　单桩设计质量选项

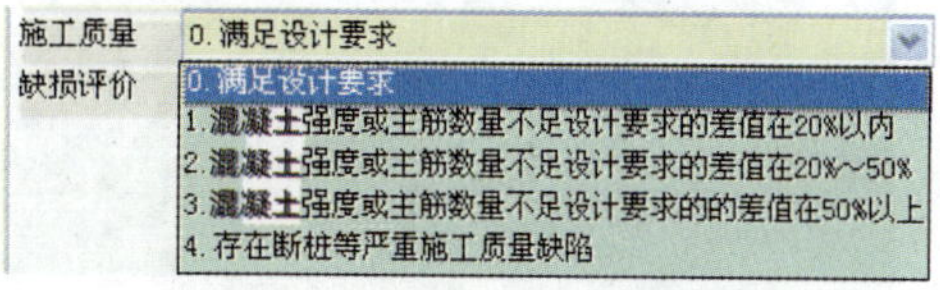

图 12-19　单桩施工质量选项

式(12-2)中工作状态、设计质量、施工质量所占的比重分别为 10、5、5，计算时根据各自的破坏严重程度取缺损值，再分别乘以各自的比重，最后采用式(12-2)进行计算得到单桩缺损评价值。挡土墙等其他五个单项评价子表应用与“单桩评价”子表类似。当遇到复合结构时，如锚索抗滑桩，则锚索与桩分别计算各自的缺损评价值，再乘以系统设定的系数可得到锚索抗滑桩的缺损评价值。

预览打印专项检查管理子系统的报表时(如“抗滑桩工程专项检查管理明细表”)，可以通过指定打印范围而得到不同的打印结果。打印范围包括全部记录、指定记录、分类别打印、当前记录和打印指定页等。

(5)评估决策管理子系统

边坡工程评估决策管理子系统主要包括边坡稳定性评估、维修养护方案设计和边坡养护计划制定。其中，边坡稳定性评估是通过专家咨询或经验建立层次结构模型，基于定期检查管理和专项检查管理等，分层次评估边坡防护加固工程结构状态、坡面病害类型与程度，以及坡体变形特点与规律，即采用改进的层次分析法和专家咨询法评估、预测边坡的稳定性状态和发展趋势。

在边坡稳定性评估结果的基础上，该子系统基于从病害发生原因到病害治理措施的原则，结合其病害性质、病害规模、产生原因、发育状态和发展趋势等，提出系统综合的整治工程建议，供有关边坡养护维修决策和计划方案参考或使用。

评估决策管理子系统即根据养护人员检查过程中发现的各类边坡病害问题对边坡进行科学的评价，不仅对边坡整体稳定有定性的评价而且对局部的稳定性也做出定性的评价，同时针对各类病害提供一一对应的养护维修建议。

选择“评估决策管理子系统”将出现如图 12-20 所示的子系统主界面。“评估决策管理子系统”主要包括一个子系统评估决策主表、一个评估记录子表和一个报表预览打印区。

在边坡评估决策系统主界面的数据处理的下拉菜单中可以通过卡片式录入或表格式录入进入系统主表录入界面，如图 12-21 所示。主表录入项目包括边坡编号、起讫桩号、走向、坡向、坡长、坡高、评估记录、结构变形、排水工程、防护工程、支挡工程、锚固工程、结构评价、坡面变形、坡面冲刷、风化剥落、落石掉块、坡面评价、坡体变形、坍塌崩塌、边坡滑坡、山体滑坡、坡体评价、综合评价、整体等级、局部等级、工程对策方案建议等边坡稳定评估与维修决策建议信息。其中“起讫桩号”、“坡向”、“坡长”、“坡高”字段根据关键字段“边坡编号”，由“边坡基本信息子系统”中的数据自动填充。

图 12-20 评估决策管理子系统主界面

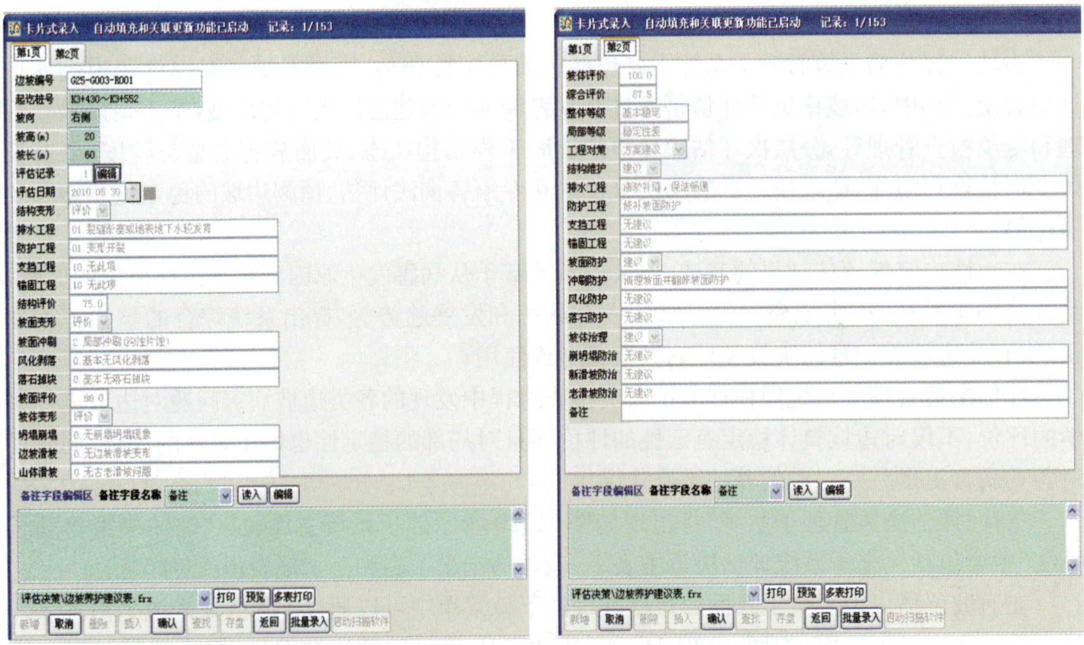

图 12-21 评估决策管理子系统主表录入界面

在评估决策管理系统主表界面“评估记录”项中选择编辑进入子表数据编辑窗口，如图 12-22所示。子表录入项目包括边坡编号、评估序次、评估日期、结构评价、排水工程、调整系数、单价评价、防护工程、支挡工程、锚固工程、坡面评价、坡面冲刷、风化剥落、落石掉块、坡体评价、坍塌崩塌、边坡滑坡、山体滑坡、综合评价、整体等级、局部等级等边坡稳定状态评估信息记录。结构评价所包含的排水工程、防护工程、支挡工程、锚固工程评价，选项如图 12-23 至图 12-26所示。若有条件，也可采用专项检查子系统的结论，再进行结构缺损评价。坡面评价和坡体评价应用与结构评价类似，评价采用本节第四章所介绍的改进的层次分析法和专家经验(咨询)法相结合的方法。

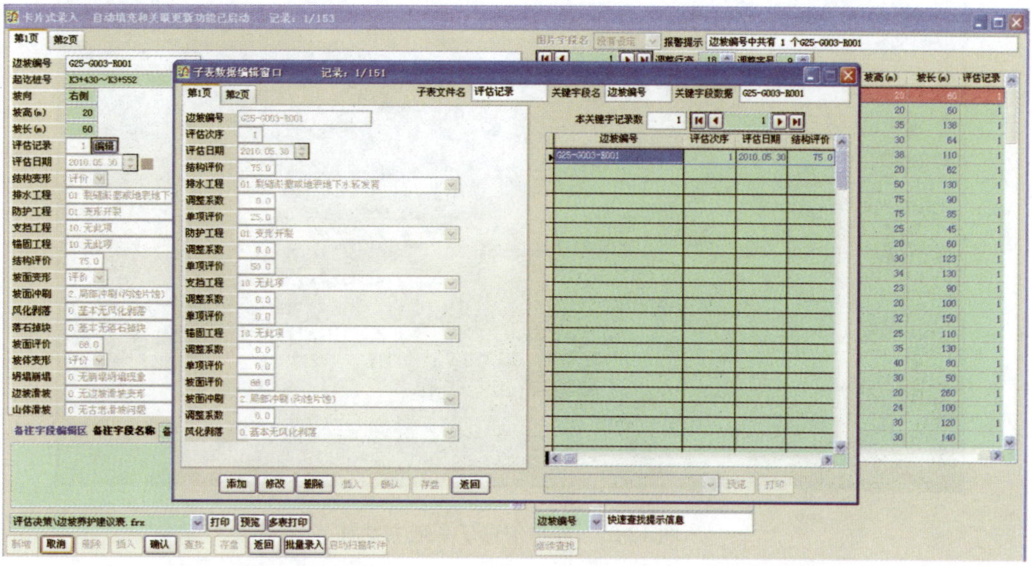

图 12-22　评估决策管理子系统子表录入界面

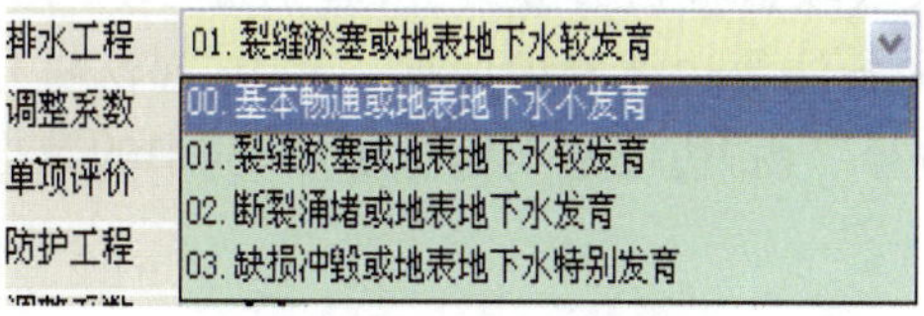

图 12-23　排水工程选项

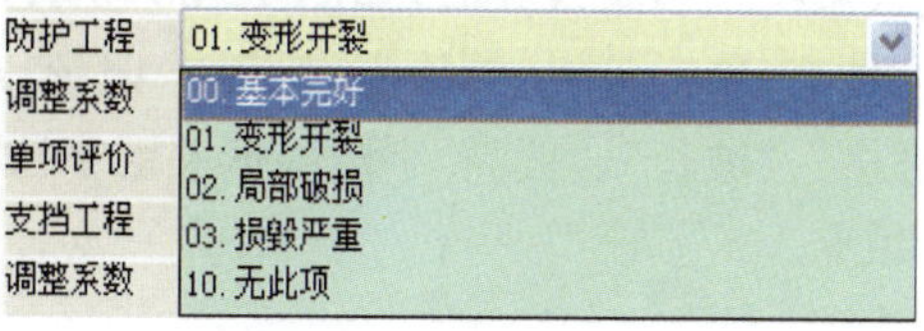

图 12-24　防护工程选项

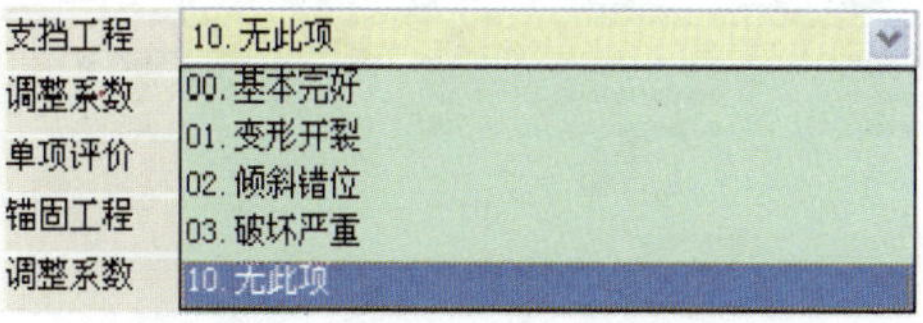

图 12-25　支挡工程选项

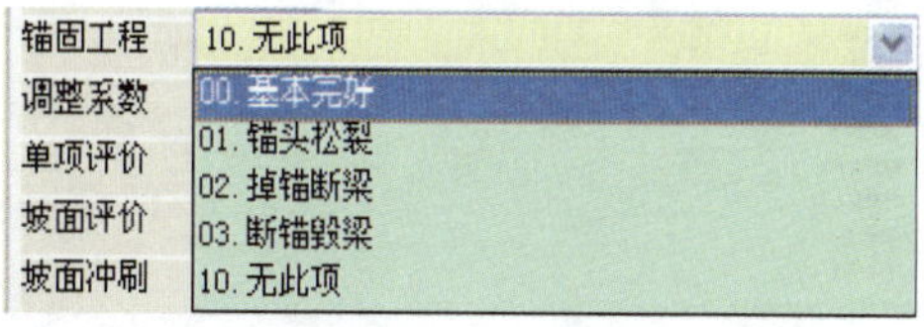

图 12-26　锚固工程选项

预览打印专项检查管理子系统的报表时(如“评估决策明细表”)，可以通过指定打印范围而得到不同的打印结果，打印范围包括全部记录、指定记录、分类别打印、当前记录和打印指定页等。

(6)养护信息管理子系统

边坡养护信息子系统即在评估决策系统对边坡的稳定状态的定性评价后对边坡采取的养护维修内容等进行管理的系统。主要记录项目有养护作业的时间、养护工程类型、主要工作内容和养护工程费用等。

选择“边坡养护信息子系统”将出现如图 12-27 所示的子系统主界面。“边坡养护信息子系统”主要包括一个系统主表、一个养护记录子表和一个报表预览打印区。

图 12-27 养护信息子系统主界面

在边坡养护信息子系统主界面数据处理的下拉菜单中可以通过卡片式录入或表格式录入进入系统主表录入界面，如图 12-28 所示。主表录入项目包括边坡编号、起讫桩号、坡向、坡长、坡高、稳定等级、养护方案、养护记录、总费用和备注等边坡养护信息。其中“起讫桩号”、“坡向”、“坡长”、“坡高”字段根据关键字段“边坡编号”，由“边坡基本信息子系统”中的数据自动填充。

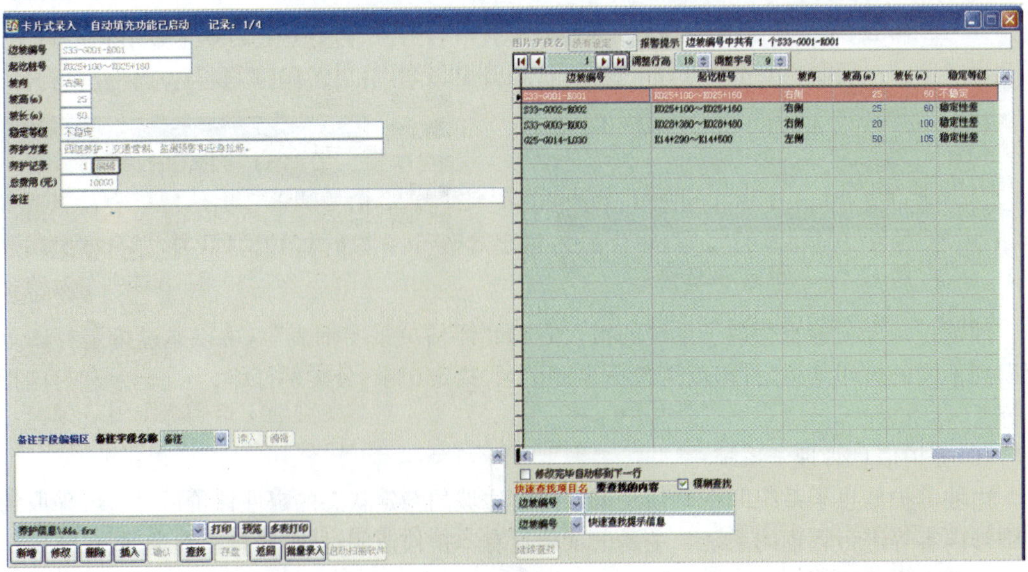

图 12-28 养护信息子系统主表录入界面

在边坡养护信息子系统主表界面“养护记录”项中选择编辑进入子表数据编辑窗口，如图 12-29所示。子表录入项目包括边坡编号、养护次序、完成日期、养护级别、工作内容、工程费用、主要图片、详细图片和备注等边坡养护信息。

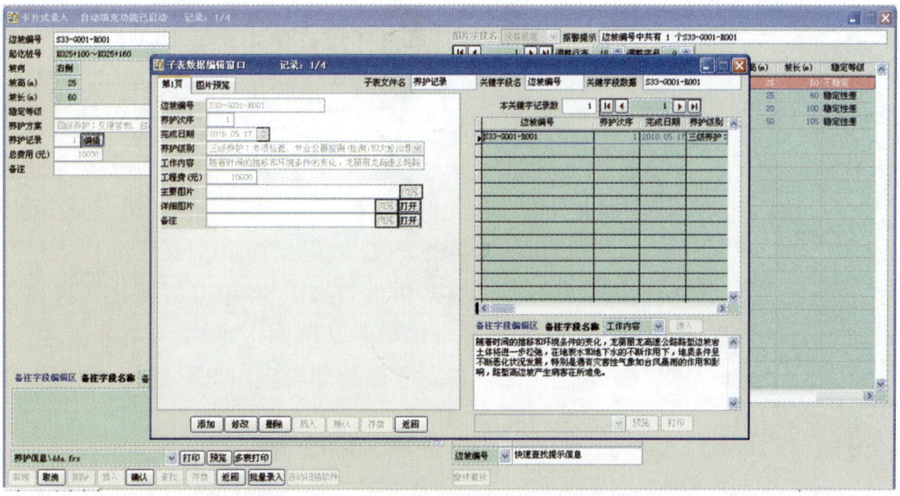

图 12-29　养护信息子系统子表录入界面

预览打印养护信息子系统的报表时(如“边坡养护信息明细表”)，可以通过指定打印范围而得到不同的打印结果，打印范围包括全部记录、指定记录、分类别打印、当前记录和打印指定页等。

(7)档案信息管理子系统

档案信息管理子系统主要是对进行过病害治理的重点边坡进行归档管理的系统。主要存储地质勘察报告、边坡设计文件、工程竣工资料、评估或监测报告以及其他相关文件等。

选择“档案信息子系统”将出现如图 12-30 所示的子系统主界面。“档案信息子系统”主要包括一个系统主表、一个案卷明细记录子表和一个报表预览打印区。

图 12-30　档案管理信息子系统主界面

在边坡档案系统主界面数据处理的下拉菜单中可以通过卡片式录入或表格式录入进入子系统主表录入界面，如图 12-31 所示。主表录入项目包括专题名称、案卷编号、案卷明细和备注等档案信息。

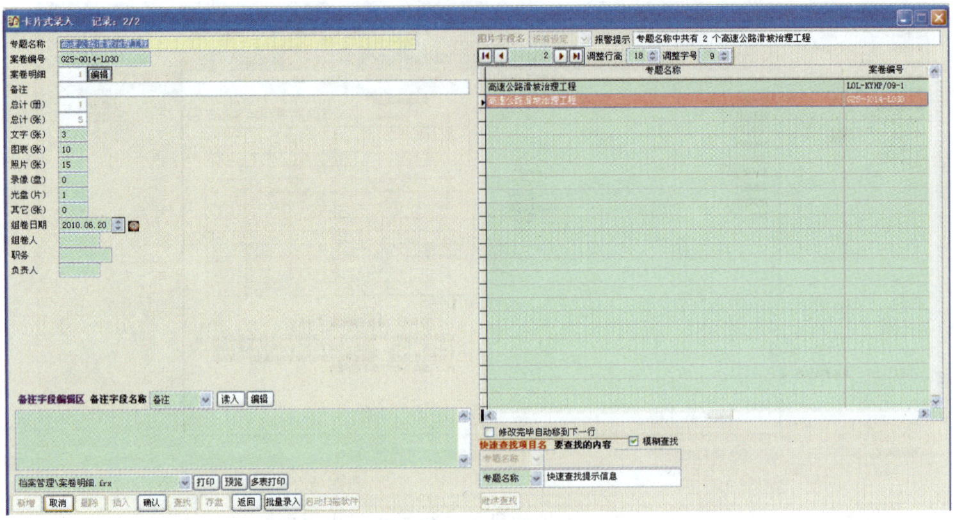

图 12-31　档案管理信息子系统主表录入界面

在档案信息系统主表界面中"案卷明细"项中选择编辑进入子表数据编辑窗口，如图 12-32 所示。子表录入项目包括案卷编号、序号、分号、盒号、柜号、内容摘要、编制单位、编制日期、页数、册数、归档日期、保管期限和备注等档案信息。

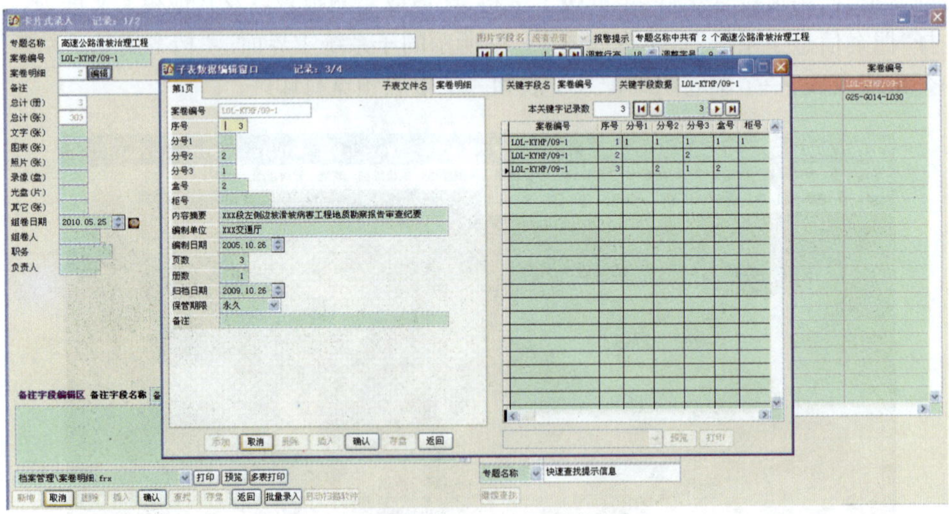

图 12-32　档案管理信息子系统子表编辑窗口

预览打印养护信息子系统的报表时，如"档案信息明细表"，可以通过指定打印范围而得到不同的打印结果。打印范围包括全部记录、指定记录、分类别打印、当前记录和打印指定页等。

(8)系统其他应用

除上述几个子系统的数据处理这一主要应用工具外，本系统还具有系统管理、系统设置、数据查询、打印制表、多库操作、子表操作和系统维护等辅助应用工具，下文是对这几个常用的拓展功能的描述。

1）系统管理

可以完全根据系统开发的需要和特点，建立各种管理系统及其相应的子系统，自定义数据项目、录入限制条件、计算公式、报表格式、系统密码、操作权限等，因而实现了自己定制软件管理的功能。

系统管理菜单如图 12-33 所示，系统管理员可以在系统管理主菜单中选择新建管理系统菜单，即可进入系统登记窗口。新建管理系统功能只允许系统管理员调用。

2）系统设置

在该系统软件中，系统名称等定义并不意味着系统已经建立，此时若在 DOS 提示符下用“ DIR”列文件，也将看不到“GDZC. DBF”这个文件。只有运用该软件的系统设置功能调用建数据库模块，方可将已登记注册的数据库文件真正建立起来。如图 12-34 所示，系统设置包括设置数据项目、设置录入限制条件、定义公式、自动填充、关联更新、定义子表以及图片和文档管理等。实现对建立新库和对旧库结构进行修改等功能。

图 12-33　系统管理菜单

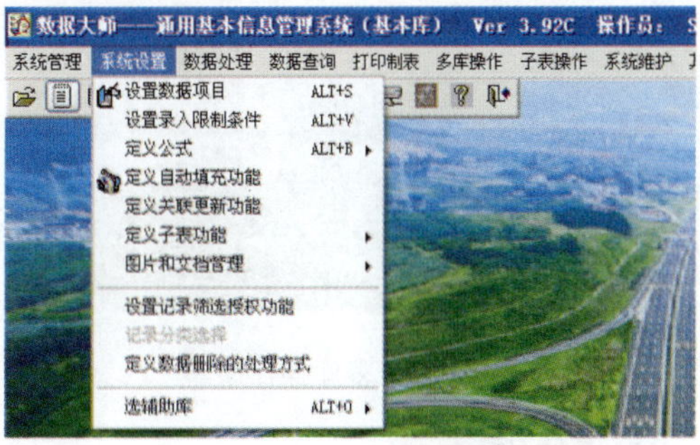

图 12-34　系统设置菜单

3）数据查询

该系统软件具有十分方便和实用的数据查询功能，包括任意多重条件查询、卡片式查询、关联方式查询。包含子表查询，以及数据统计与统计图表等功能，如图 12-35 所示。

4）打印制表

快速动态报表制作是该系统软件主要特点之一，能自动保存所创建报表的各种设置，用户能方便地设置报表标题、表头、表体、表尾、附注等，从而使打印的表格既实用又美观。对不能用快速动态报表创建的各种复杂报表，该系统软件还提供了建立复杂报表功能点击打印制表菜单的建立复杂报表菜单项，首先输入报表文件名称，然后点确定按钮即进入报表设置模块，再点设置按钮即可进入报表设计器。除此之外，还可以在此引入快速报表中创建的报表，以便修改后作为复杂报表使用，如图 12-36 所示。

5）多库操作

管理系统的核心是数据库的操作和应用，为方便对数据库的改造或更新，系统软件专门设计了多库操作功能，包括旧库生成新库、其他库追加、其他库转入、数据库记录转移和多库汇总功能等，如图 12-37 所示。

6）子表操作

子表是针对某一字段设置的明细表或称子库、辅助库，一个基本库最多可以设置 10 个子表，一个字段可以设置一个子表。在基本库基础上增设子表，可以扩充基本库的管理功能。在该系统软件中对子表的操作专门设计了子表数据查询、子表数据打印和由子表生成新库等功能，如图 12-38 所示。

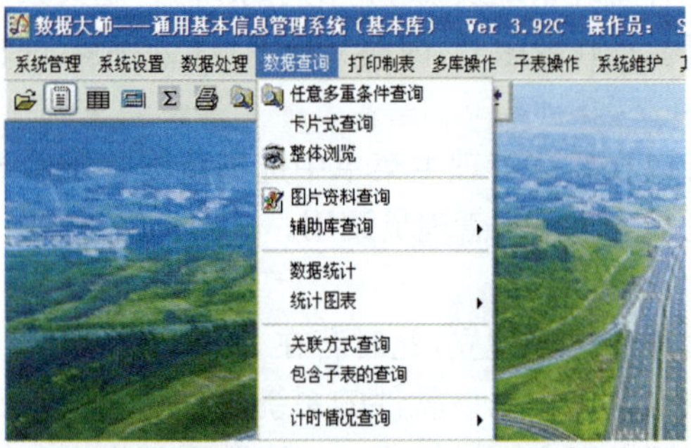

图 12-35　数据查询菜单

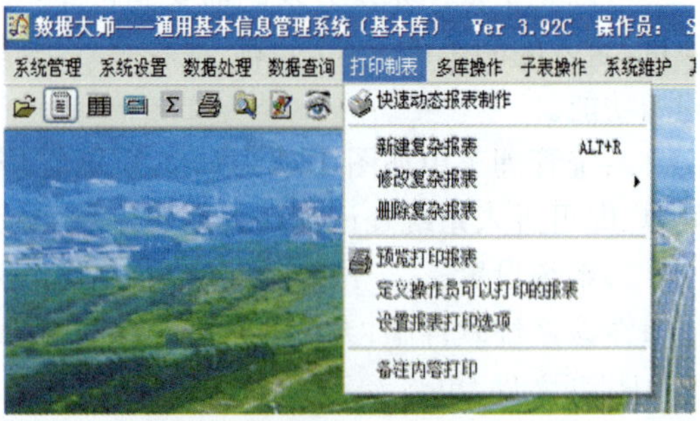

图 12-36　打印制表菜单

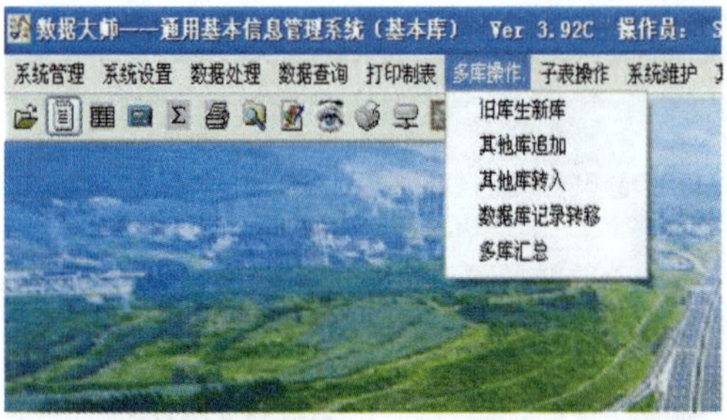

图 12-37　多库操作菜单

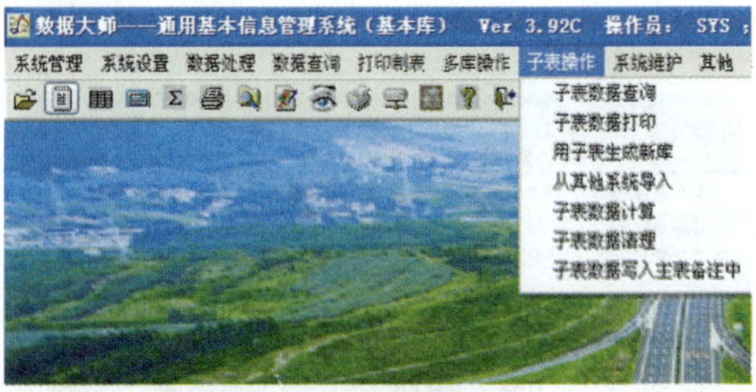

图 12-38　子表操作菜单

7）系统维护

该系统维护采用了快速的引入、贮存和备份等系统维护技术，包括系统数据备份、多数据库备份、系统数据读入和引入已有系统等功能，可以提高系统操作的可靠性、灵活性和方便性，如图 12-39 所示。

图 12-39　系统维护菜单

12.3.3　边坡养护管理系统应用

（1）工程概况

本节研究的边坡养护管理系统辅佐浙江龙丽丽龙高速公路有限公司进行边坡相关资料管

理与边坡稳定状况分析评价，为养护部门制定合理的养护计划提供决策依据。系统的应用主要分为六个子系统，为了详细说明系统的具体应用及在实际应用中的有效性、正确性，本章以边坡养护实例来说明系统如何实现边坡养护管理工作的规范有序化。

浙江龙丽丽龙（龙游—丽水、丽水—龙泉）高速公路，简称“两龙”高速公路，全线长 222.24 km，由龙丽、丽龙两个高速公路路段组成，属浙江省规划建设“两纵两横十八连三绕三通道”中十八连之二连，系浙江省西南部地区重要的交通干线，也是国家重点公路建设规划的黑龙江嘉荫至福建省南平主线组成部分，其地理位置如图 12-40 所示。其中，龙丽高速公路长约119.78 km，起于龙游吕塘角枢纽互通立交，接杭金衢高速公路和杭新景高速公路龙游支线，途经龙游县、遂昌县、松阳县、丽水市，终于丽水市莲都区北埠，设北埠枢纽互通与丽龙高速公路相接；丽龙高速公路长约 102.46 km，起于莲都区富岭枢纽互通立交，在北埠枢纽互通与龙丽高速公路相连，途经丽水市、云和县、龙泉市，终于龙泉城关大猫亭。2006 年 12 月 31 日，龙游经北埠至龙泉段 199 km 建成通车，莲都段 23 km 于 2007 年 12 月 25 日建成通车。

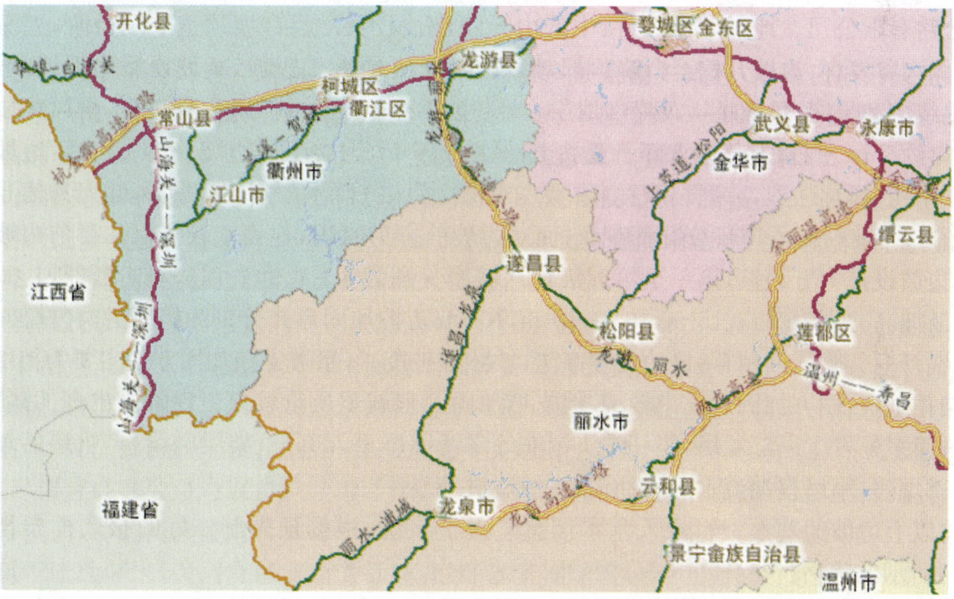

图 12-40　两龙高速公路地理位置图

两龙高速公路原设计标准为山区一级公路，2002 年开始施工，其后改扩建为高速公路。原一级公路路基工程已于 2004 年基本完成，在一级公路基础上改建为高速公路，路线位置基本不变。两龙高速公路路线多穿行在低山丘陵峡谷之间，沿线地形条件困难、地质构造复杂、地层岩性多变、不良地质岩组发育，大量采用切坡筑路的方法，形成 260 余处高度大于 20 m 的路堑高边坡，是路堑边坡病害的易发区和多发区。

由于原设计一级公路与高速公路技术标准的差异和路堑边坡防护加固理念的影响，两龙高速公路设计边坡坡率一般较陡、边坡高度较大、安全储备偏小，部分高边坡的防护加固工程存在适宜性或针对性不强、系统性或可靠性不足等问题。两龙高速公路在施工过程中曾发生多处较大规模的路堑边坡滑坡病害及其他边坡工程变形和破坏现象，在通车仅一年多的情况下产生了许多路堑高边坡病害问题。因此两龙高速公路路堑高边坡工程环境背景脆弱、地质条件复杂、安全储备不足、工程隐患多。

随着时间的推移和环境条件的变化,"两龙"高速公路路堑边坡岩土体进一步松弛,在地表水和地下水的不断作用下,地质条件呈不断恶化状况发展,遇有灾害性气象(如台风暴雨)的作用和影响时,路堑高边坡发生病害在所难免。轻则影响公路正常运营、交通畅通和安全行车,重则在运营期间将产生严重的塌方断道,发生车毁人亡等重大事故,造成不良的政治、社会影响和严重的经济损失。因此,当前的路堑边坡防护加固工程难以维持其长期稳定与安全,必须引起高度重视并采用必要的工程措施,确保路堑边坡稳定和交通安全。

(2)基本信息

"两龙"高速公路边坡数量较多,本节选取其中较有代表性的丽龙 K14+290~+500 左坡为例,介绍本节所研究的边坡养护管理系统各子系统的应用。

丽龙 K14+290~+500 边坡概况:该边坡编号为 G25—G014—L030,其中 G25 表示丽龙高速在国家高速公路网中的编号,G014 表示里程为 14 km 处的高边坡,L030 中 L 表示左侧边坡,030 表示该边坡是线路左侧的第三十个边坡;边坡线路走向为 215°; 边坡高度约 50 m;为类土质边坡;养护单位为浙江交工高等级道路养护有限公司;养护主管部门为浙江龙丽丽龙高速公路有限公司。地形地貌条件:中低山丘陵,山涧沟谷地貌,坡顶呈平缓台阶,远端为陡崖,两侧沟谷发育,边坡开挖至台阶顶部,形成约 50 m 的人工边坡,堑坡顶后为反坡;坡顶有高压电线塔和果园,坡面植被茂盛。地层岩性:边坡主体为全~强风化凝灰岩,全风化层呈砂土状,厚约 7 m 左右;上部为含碎石亚黏土,厚约 1.6 m,为类土质边坡。地质构造:边坡岩体呈块状结构,风化强烈,节理裂隙发育。水文地质:受大气降水影响比较明显,也与地表径流互相补给,地下水位随季节性变化而变化;面对边坡前方为水田,地表水较丰富。目前边坡工程情况:边坡设计为五级坡,第一至第五级设计坡率分别为 1∶1.0,1∶1.0,1∶1.25,1∶1.25,1∶1.5;坡高分别为 5 m,15 m,10 m,10 m,10 m;防护加固形式分别为挡墙、锚杆框架、锚杆框架、锚杆框架和挂网植草;该边坡较高陡,坡体植被茂盛,堑坡支挡加固方式主要为挡墙和锚杆框架相结合,刷方加固后坡率较缓,但支挡加固工程施工质量较差。现阶段出现的病害有:一级坡面多处发生局部溜坍,锚杆端头钢筋外露锈蚀严重,部分框架梁竖梁悬空;墙后填土疏松,局部塌陷;小里程端流水形成冲沟,在挡墙里漫流。

将以上边坡的基本资料录入基本信息管理子系统,根据预先制作好的报表框架得到如表 12-1所示的表格。

另外,基本信息管理子系统还可以对指定边坡基本信息的项目进行图表统计,图 12-41 至图 12-44 是 对边坡工程而言比较关心的边坡高度统计图和边坡类型统计图。

龙丽高速公路高边坡总计 114 处,其中 20~29 m 有 38 处,占边坡总数 33%;30~39 m 有 40 处,占边坡总数 32%;40~49 m 有 15 处,占边坡总数 14%;50 m 以上有 21 处,占边坡总数 21%。可见20~40 m 的边坡所占比重较大,达 65%,如图 12-41 所示。

龙丽高速公路有类土质边坡 8 处,占边坡总数 7%;二元结构边坡 32 处,占边坡总数 29%;岩石边坡 74 处,占边坡总数 64%。岩石边坡所占比重较大,达 64%,如图 12-42 所示。

丽龙高速公路路堑高边坡总计 151 处,其中 20~29 m 有 57 处,占边坡总数 36%;30~39 m有 43 处,占边坡总数 32%;40~49 m 有 26 处,占边坡总数 15%;50 m 以上有 25 处,占边坡总数 17%。20~40 m 所占比重较大,达 68%,如图 12-43 所示。

丽龙高速公路有类土质边坡 32 处,占边坡总数 21%;二元结构边坡 44 处,占边坡总数 29%;岩石边坡 75 处,占边坡总数 51%。岩石边坡所占比重较大,达 50%,如图 12-44 所示。

表 12-1　K14＋290～＋500 边坡基本信息表

<table>
<tr><td>边坡编号</td><td colspan="3">G25－G014－L030</td><td rowspan="7"></td></tr>
<tr><td>起讫桩号</td><td colspan="3">K14＋290～K14＋500</td></tr>
<tr><td>线路走向</td><td>215°</td><td>坡　向</td><td>左侧</td></tr>
<tr><td>区段长度</td><td>105 m</td><td>坡　高</td><td>50 m</td></tr>
<tr><td>边坡类型</td><td colspan="3">类土质边坡</td></tr>
<tr><td>养护单位</td><td colspan="3">浙江交工高等级公路养护有限公司</td></tr>
<tr><td>主管部门</td><td colspan="3">浙江龙丽丽龙高速公路有限公司</td></tr>
<tr><td colspan="5">地形地貌条件</td></tr>
<tr><td>地形地貌</td><td colspan="2">地层岩性</td><td>地质构造</td><td>地下水等</td></tr>
<tr><td>中低山丘陵，山涧沟谷地貌，坡顶呈平缓台阶，远端为陡崖，两侧沟谷发育，边坡开挖至台阶顶部，形成约 50 m 的人工边坡，堑坡顶后为反坡，坡顶有两高压电线塔和果园，植被茂盛</td><td colspan="2">边坡主体为全～强风化凝灰岩，全风化层呈砂土状，厚约 7 m 左右；上部为含碎石亚黏土，厚约1.6 m。该边坡为类土质边坡</td><td>岩体呈块状结构，风化强烈，节理裂隙发育</td><td>受大气降水影响比较明显，也与地表径流互相侧向补给，地下水位随季节及附近地表水体水位变化而变化。面对边坡前方为水田，地表水较丰富</td></tr>
<tr><td colspan="5">边坡工程设计</td></tr>
<tr><td>坡　　级</td><td colspan="2">坡　　率</td><td>坡　　高</td><td>防护加固</td></tr>
<tr><td>第一级</td><td colspan="2">1∶1.0</td><td>5 m</td><td>挡墙</td></tr>
<tr><td>第二级</td><td colspan="2">1∶1.0</td><td>15 m</td><td>锚杆框架</td></tr>
<tr><td>第三级</td><td colspan="2">1∶1.25</td><td>10 m</td><td>锚杆框架</td></tr>
<tr><td>第四级</td><td colspan="2">1∶1.25</td><td>1 0 m</td><td>锚杆框架</td></tr>
<tr><td>第五级</td><td colspan="2">1∶1.5</td><td>10 m</td><td>挂网植草</td></tr>
<tr><td colspan="5">工 程 简 介</td></tr>
<tr><td colspan="5">该边坡较高陡，坡体植被茂盛，堑坡支挡加固方式主要为挡墙和锚杆框架相结合，刷方加固后坡率较缓，但支挡加固工程施工质量较差。现阶段出现的病害有：一级坡面多处发生局部溜坍，锚杆端头钢筋外露锈蚀严重，部分格构梁竖梁悬空；墙后填土疏松，局部塌陷；小里程端流水形成冲沟，在挡墙里漫流</td></tr>
</table>

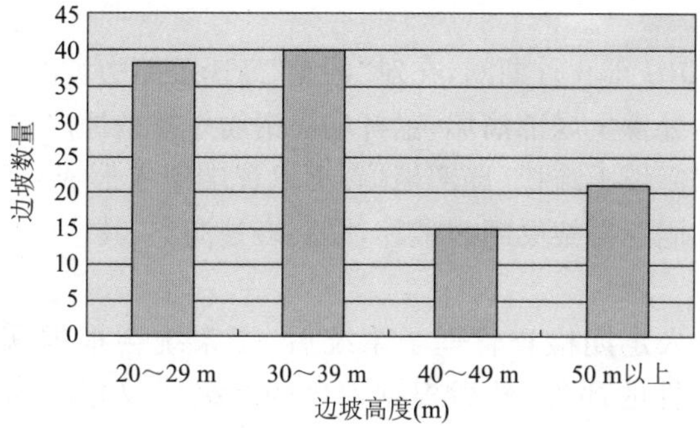

图 12-41　龙丽高速公路路堑边坡高度统计

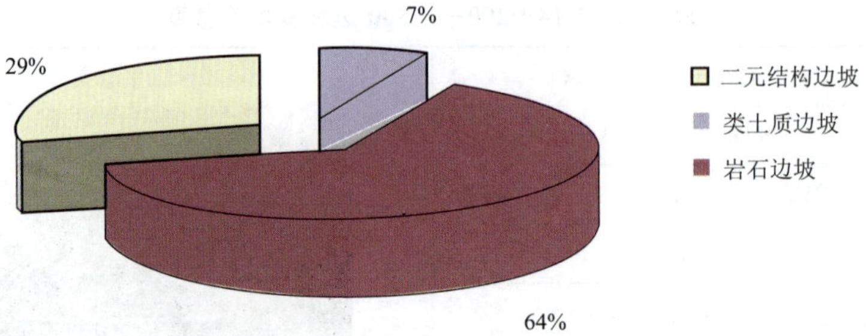

图 12-42 龙丽高速公路路堑边坡类型

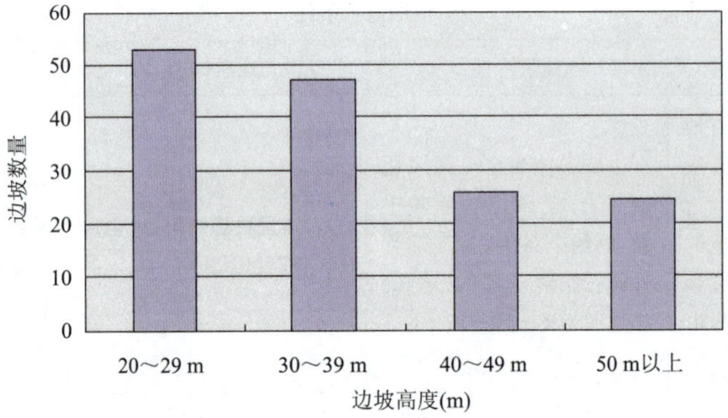

图 12-43 丽龙高速公路路堑边坡高度统计

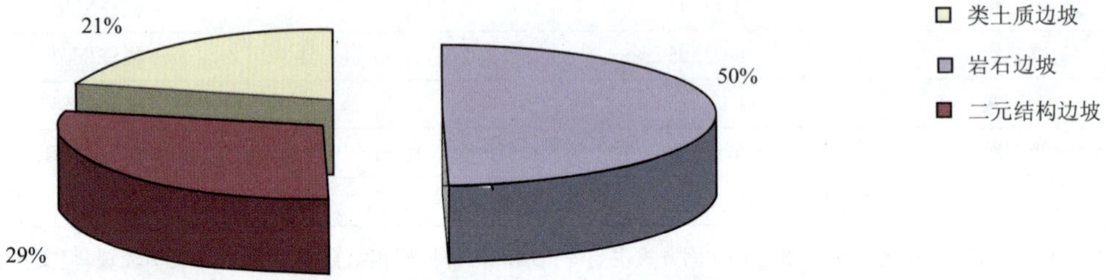

图 12-44 丽龙高速公路路堑边坡类型

(3)定期检查

从 2010 年 3 月至 2010 年 6 月期间,在对"两龙"高速公路边坡的定期检查时,发现该边坡有以下病害:一级坡面多处发生局部溜塌,锚杆端头钢筋外露锈蚀严重,部分格构梁竖梁悬空;平台排水沟局部断裂;墙后填土疏松,局部塌陷;小里程端流水形成冲沟,在挡墙面漫流;大里程侧边坡出现破坏,原加固的框架梁断裂破坏,梁底多处淘空,其主要病害如图 12-45 至图 12-50 所示。

在以上病害问题录入定期检查管理子系统后,子系统会根据病害的严重程度对边坡的稳定性进行一个初步性的评价,然后根据评价的结果建议相应的养护方案,见表 12-2。

图 12-45　框架梁内部局部崩塌

图 12-46　坡体的滑塌、框架梁破坏

图 12-47　框架混凝土开裂露筋

图 12-48　排水沟断裂下错

图 12-49　局部崩塌

图 12-50　锚杆端头和钢筋外露

表 12-2　K14＋290～＋500 边坡定期检查表

主管部门：　　　　制表日期：2010. 05. 24

<table>
<tr><td>边坡编号</td><td>起讫桩号</td><td>边坡坡向</td><td>边坡长度</td><td>边坡高度</td><td>检查次序</td><td>检查日期</td></tr>
<tr><td>G25－G014－L030</td><td>K14＋290～K14＋500</td><td>左侧</td><td>105 m</td><td>50 m</td><td>第 2 次</td><td>2010. 05. 20</td></tr>
<tr><td>坡面状况</td><td>排水设施</td><td>边坡破坏</td><td>稳定初评</td><td rowspan="2">养护建议</td><td colspan="2" rowspan="2">三级养护：专项检查、专业仪器监测(检测)和大修治理</td></tr>
<tr><td>1. 少量杂物</td><td>2. 堵塞涵漏</td><td>2. 风化剥落</td><td>稳定性差</td></tr>
<tr><td>备注</td><td colspan="6">本次检查评估工作采用收集龙丽丽龙高速公路资料与现场调查相结合，定性分析，边坡巡查与重点检查相结合的系统工作程序，遵循由简到繁、由浅入深入全面巡查、突出重点的工作原则，综合分析和评价有关边坡当前稳定性现状等级及其发展趋势，并对重点复杂边坡提出主要防护加固工程结构检测与坡体变形监控量测建议，并提出应急方案建议</td></tr>
</table>

（4）专项检查

根据定期检查的养护建议，需对该边坡进行专项检查，因此在对边坡进行相应的专项工程检查后，将检查结果录入系统，系统会根据各专项工程的工作状态、设计质量和施工质量对各专项工程进行评价，见表12-3至表12-5。

表12-3　K14＋290～＋500边坡挡土墙工程专项检查明细表

主管部门：　　　　制表日期：2010.05.27

边坡编号	G25－G014－L030	坡向	左侧	高等级道路边坡工程专项工程评估系统				综合评分
起讫桩号	K14＋290～K14＋500	工程总量（m）	105	检查数量（m）	105	检查段数	1	96.0
检查段桩号	检查日期	工作状态		设计质量		施工质量		单段评分
K14＋290～K14＋500	2010.05.26	0.基本无变形		1.抗倾抗剪或抗滑移超限20%以内		0.满足设计要求		96.0

表12-4　K14＋290～＋500边坡框架工程专项检查明细表

主管部门：　　　　制表日期：2010.05.27

边坡编号	G25－G014－L030	中铁西北科学研究院边坡工程专项评估系统						综合评分
起讫桩号	K14＋290～K14＋500	边坡坡向	左侧	工程总量（片）	15	检查数量（片）	5	15
检查桩号	检查日期	工作状态		设计质量		施工质量		单片评分
1	2010.05.26	1.锚节点出现压致变形裂纹		1.抗弯抗剪或梁底应力超限20%以内		0.满足设计要求		64.0
3	2010.05.26	0.基本无变形		1.抗弯抗剪或梁底应力超限20%以内		0.满足设计要求		80.0
6	2010.05.26	1.锚节点出现压致变形裂纹		1.抗弯抗剪或梁底应力超限20%以内		0.满足设计要求		64.0
7	2010.05.26	1.锚节点出现压致变形裂纹		1.抗弯抗剪或梁底应力超限20%以内		0.满足设计要求		64.0
12	2010.05.26	0.基本无变形		0.设计合理		1.混凝土强度或主筋数量不足设计要求的差值在20%以内		80.0

表12-5　K14＋290～＋500边坡锚杆工程专项检查明细表

主管部门：　　　　制表日期：2010.05.27

边坡编号	G25－G014－L030	高等级道路边坡工程专项评估系统						综合评分
起讫桩号	K14＋290～K14＋500	边坡坡向	左侧	工程总量（孔）	60	检查数量（孔）	5	68.8
检查孔号	检查日期	工作状态		设计质量		施工质量		单孔评分
K1	2010.05.26	2.锚杆拉力超设计拉力值20%～50%，或者损失20%～50%		0.设计合理		1.注浆体强度或锚杆长度与设计要求差值在10%以内		64.0
K2	2010.05.26	1.锚杆拉力达设计正常工作状态限值（±20%以内），或者预张拉变形已恢复并向前挤压		0.设计合理		1.注浆体强度或锚杆长度与设计要求差值在10%以内		72.0
K5	2010.05.26	2.锚杆拉力超设计拉力值20%～50%，或者损失20%～50%		0.设计合理		1.注浆体强度或锚杆长度与设计要求差值在10%以内		64.0

续上表

边坡编号	G25－G014－L030	高等级道路边坡工程专项评估系统						综合评分
起讫桩号	K14＋290～K14＋500	边坡坡向	左侧	工程总量(孔)	60	检查数量(孔)	5	68.8
检查孔号	检查日期	工作状态		设计质量		施工质量		单孔评分
K7	2010.05.26	1. 锚杆拉力达设计正常工作状态限值(±20%以内)，或者预张拉变形已恢复并向前挤压		0. 设计合理		1. 注浆体强度或锚杆长度与设计要求差值在 10%以内		72.0
K8	2010.05.26	1. 锚杆拉力达设计正常工作状态限值(±20%以内)，或者预张拉变形已恢复并向前挤压		0. 设计合理		1. 注浆体强度或锚杆长度与设计要求差值在 10%以内		72.0

进行以上专项工程评价后，系统还可以对复合结构(比如锚杆框架)进行评价。同时还可以对指定项目进行选择性打印或者图表统计(比如评价分数低于 60 分的挡土墙)。

(5)评估决策

边坡评估包括结构工程评价、坡面变形评价及坡体变形评价三部分。同时将结构工程分为包括排水系统、边坡表面防护工程、支挡工程和锚固工程评价四个方面的内容；将坡面变形评价分为包括坡面冲刷、风化剥落和落石掉块三个方面的内容；将坡体变形分为评价包括坍塌崩塌、边坡滑坡和山体滑坡三个方面的内容。然后利用层次分析法和专家咨询法建立边坡稳定性评估模型。

对于病害不严重的边坡，应用定期检查管理子系统所建议的养护方案进行养护维修便可以满要求。但对于病害较复杂，难以分清主次时，可应用评估决策管理子系统进行更为详细的稳定性评估，同时针对每种病害提供相应的养护建议。K14＋290～＋500 边坡的评估结果表和病害养护建议见表 12-6、表 12-7。

表 12-6　K14＋290～＋500 边坡稳定评估表

主管部门：　　　　　　　　　　　　　　　　　　　　　制表日期：2010.06.02

边坡编号	G25－G014－L030	起讫桩号	K14＋290～K14＋430	边坡坡向	左侧	评估日期	2010.05.30
稳定等级	稳定性差	局部等级	不稳定	综合评分	69.4	单项评分	
结构评估	排水工程	02. 断裂涌堵或地表地下水发育				58.9	
	防护工程	00. 基本完好					
	支挡工程	10. 无此项					
	锚固工程	03. 断锚毁梁					
坡面评估	坡面冲刷	1. 零星冲刷(剥蚀掉块)				94.0	
	风化剥落	0. 基本无风化剥落					
	落石掉块	0. 基本无落石掉块					
坡体评估	坍塌崩塌	0. 无崩塌坍塌现象				75.0	
	边坡滑坡	1. 单级边坡滑坡变形					
	山体滑坡	0. 无古老滑坡问题					
备注							

表 12-7　K14＋290～＋500 边坡维修决策估表

主管部门：　　　　　　　　　　　　　　　　　　　　　　　　　　制表日期:2010.06.02

<table>
<tr><td rowspan="2">序号</td><td>边坡编号</td><td>G25－G014－L030</td><td>起讫桩号</td><td>K14＋29～K14＋430</td><td>边坡坡向</td><td>左侧</td></tr>
<tr><td>稳定等级</td><td>稳定性差</td><td>局部等级</td><td>不稳定</td><td>评估日期</td><td>2010.05.30</td></tr>
<tr><td rowspan="4">1</td><td rowspan="4">结构工程</td><td>排水工程</td><td colspan="4">修补断裂，疏通清堵</td></tr>
<tr><td>防护工程</td><td colspan="4">无建议</td></tr>
<tr><td>支挡工程</td><td colspan="4">无建议</td></tr>
<tr><td>锚固工程</td><td colspan="4">减重反压，必要时重设支挡锚固及地下排水等工程措施</td></tr>
<tr><td rowspan="3">2</td><td rowspan="3">坡面变形</td><td>坡面冲刷</td><td colspan="4">修补坡面防护</td></tr>
<tr><td>风化剥落</td><td colspan="4">无建议</td></tr>
<tr><td>落石掉块</td><td colspan="4">无建议</td></tr>
<tr><td rowspan="3">3</td><td rowspan="3">坡体变形</td><td>坍塌崩塌</td><td colspan="4">无建议</td></tr>
<tr><td>边坡滑坡</td><td colspan="4">系统锚杆或锚杆框架加固</td></tr>
<tr><td>山体滑坡</td><td colspan="4">无建议</td></tr>
</table>

对于边坡养护来说，最为关心的莫过于边坡的稳定问题，应用评估决策管理子系统可以输出所有边坡的稳定性情况报表，包括整体稳定性和局部稳定性。表 12-8 和表 12-9 是系统统计输出的“两龙”边坡稳定性报表。

表 12-8　龙丽高速公路 20 m 以上高边坡稳定性评价表

序号	起讫桩号	坡向	坡高(m)	坡长(m)	边坡类型	整体稳定性	局部稳定性
1	K15＋487～K15＋550	左	23	50	类土质边坡	基本稳定	稳定性差
2	K15＋550～K15＋700	左	49	150	二元结构边坡	基本稳定	稳定性差
3	K15＋755～K16＋003.6	左	60	249	二元结构边坡	基本稳定	稳定性差
4	K16＋009～K16＋072	左	39	63	类土质边坡	稳定	
5	K25＋072～K25＋176	右	28	104	二元结构边坡	稳定性差	不稳定
6	K26＋020～K26＋245	右	26	226	岩石边坡	稳定	
7	K26＋040～K26＋263	左	31	223	二元结构边坡	稳定	
8	K28＋402～K28＋500	左	28	98	二元结构边坡	稳定	稳定性差
9	K29＋070～K29＋276	右	29	206	二元结构边坡	稳定	
10	K30＋650～K30＋870	右	20	220	二元结构边坡	基本稳定	稳定性差
11	K31＋700～K31＋800	右	24	100	岩石边坡	稳定	
12	K36＋800～K37＋000	右	45	200	二元结构边坡	基本稳定	稳定性差
13	K37＋170～K37＋320	右	33	150	岩石边坡	稳定	
14	K37＋214～K37＋350	左	31	136	二元结构边坡	稳定	
15	K39＋500～K39＋675	右	35	175	岩石边坡	稳定	
16	K40＋650～K40＋744	右	37	94	岩石边坡	稳定	
17	K42＋250～K42＋400	左	22	150	岩石边坡	稳定	
18	K46＋270～K46＋460	左	35	190	岩石边坡	基本稳定	局部稳定性差
19	K46＋550～K46＋650	左	28	100	岩石边坡	稳定	

续上表

序号	起讫桩号	坡向	坡高(m)	坡长(m)	边坡类型	整体稳定性	局部稳定性
20	K46＋885～K47＋004	左	32	119	岩石边坡	稳定	
21	K51＋300～K51＋490	左	60	190	岩石边坡	基本稳定	稳定性差
22	K53＋605～K53＋740	左	37	110	岩石边坡	基本稳定	
23	K53＋850～K53＋920	右	27	70	二元结构边坡	基本稳定	稳定性差
24	K54＋310～K54＋430	右	32	120	类土质边坡	基本稳定	
25	K54＋780～K55＋050	右	50	270	二元结构边坡	稳定	
26	K54＋780～K55＋050	右	50	270	二元结构边坡	稳定	
27	K55＋297～K55＋340	左	26	43	岩石边坡	稳定	
28	K55＋360～K55＋580	左	54	220	岩石边坡	稳定性差	不稳定
29	K56＋700～K56＋808	右	36	108	岩石边坡	稳定	
30	K56＋848～K57＋020	右	20	172	岩石边坡	稳定	
31	K56＋900～K57＋000	左	36	100	岩石边坡	基本稳定	稳定性差
32	K57＋750～K58＋010	左	21	260	二元结构边坡	稳定	
33	K61＋038～K61＋095	右	21	57	岩石边坡	稳定	
34	K63＋100～K63＋218	右	34	118	岩石边坡	稳定	
35	K63＋225～K63＋330	右	30	105	岩石边坡	基本稳定	稳定性差
36	K65＋250～K65＋400	左	43	150	岩石边坡	稳定	
37	K65＋468～K65＋542	右	25	74	岩石边坡	稳定	
38	K65＋700～K66＋200	右	67	500	二元结构边坡	稳定	
39	K65＋930～K66＋133	左	51	203	岩石边坡	稳定	
40	K67＋110～K67＋332	右	24	222	岩石边坡	基本稳定	稳定性差
41	K67＋170～K67＋420	左	23	250	岩石边坡	基本稳定	稳定性差
42	K92＋600～K92＋680	左	32	80	岩石边坡	稳定	
43	K92＋830～K92＋930	左	35	100	岩石边坡	稳定	
44	K93＋380～K93＋600	左	38	220	岩石边坡	基本稳定	稳定性差
45	K93＋700～K93＋850	右	46	150	岩石边坡	基本稳定	稳定性差
46	K93＋600～K93＋700	左	24	100	岩石边坡	稳定	
47	K93＋830～K94＋000	右	33	170	岩石边坡	基本稳定	稳定性差
48	K94＋075～K94＋110	右	28	35	岩石边坡	稳定	
49	K97＋600～K97＋980	右	75	380	岩石边坡	基本稳定	稳定性差
50	K100＋044～K100＋220	左	47	－176	岩石边坡	稳定	
51	K100＋600～K100＋680	右	26	80	二元结构边坡	稳定	
52	K100＋680～K100＋770	右	39	90	二元结构边坡	稳定	
53	K100＋770～K100＋850	右	22	80	二元结构边坡	稳定	
54	K101＋530～K101＋800	右	29	270	岩石边坡	基本稳定	稳定性差
55	K102＋316～K102＋540	右	50	224	岩石边坡	基本稳定	
56	K102＋931～K103＋050	右	23	119	二元结构边坡	稳定	

续上表

序号	起讫桩号	坡向	坡高(m)	坡长(m)	边坡类型	整体稳定性	局部稳定性
57	K103+082～K103+182	右	26	100	类土质边坡	稳定	
58	K103+349～K103+504	右	42	155	二元结构边坡	稳定	
59	K103+668～K103+800	右	32	132	二元结构边坡	稳定	
60	K104+015～K104+160	右	22	145	二元结构边坡	基本稳定	
61	K104+932～K105+100	右	49	168	岩石边坡	稳定	
62	K105+192～K105+272	右	33	80	岩石边坡	基本稳定	稳定性差
63	K106+000～K106+076	右	58	76	岩石边坡	稳定	
64	K106+356～K106+535	右	36	179	岩石边坡	稳定性差	
65	K106+620～K106+910	右	38	290	岩石边坡	基本稳定	稳定性差
66	K107+380～K107+570	右	53	190	岩石边坡	基本稳定	
67	K107+570～K107+700	右	61	130	岩石边坡	基本稳定	稳定性差
68	K108+265～K108+390	右	59	125	岩石边坡	基本稳定	稳定性差
69	K108+418～K108+505	右	30	87	岩石边坡	稳定	
70	K108+752～K108+895	右	33	143	岩石边坡	稳定	
71	K108+780～K108+900	左	36	120	岩石边坡	稳定	
72	K108+950～K109+060	右	27	245	类土质边坡	基本稳定	稳定性差
73	K109+480～K109+572	右	30	112	二元结构边坡	稳定	
74	K109+572～K109+788	右	66	216	岩石边坡	基本稳定	
75	K109+852～K110+072	右	58	220	岩石边坡	稳定	
76	K110+150～K110+385	右	31	235	岩石边坡	稳定	
77	K110+440～K110+524	右	20	84	岩石边坡	基本稳定	稳定性差
78	K110+925～K111+180	右	43	155	岩石边坡	基本稳定	稳定性差
79	K111+200～K111+320	右	60	120	岩石边坡	稳定	
80	K111+360～K111+572	右	72	212	岩石边坡	稳定	
81	K111+578～K111+664	右	57	86	岩石边坡	基本稳定	稳定性差
82	K111+664～K111+832	右	65	168	岩石边坡	基本稳定	稳定性差
83	K112+444～K112+556	右	53	112	岩石边坡	基本稳定	稳定性差
84	K112+592～K112+715	右	51	123	岩石边坡	基本稳定	
85	K112+900～K113+050	右	28	150	二元结构边坡	基本稳定	稳定性差
86	K114+770～K114+870	右	27	100	岩石边坡	稳定	
87	K114+890～K15+000	右	34	110	岩石边坡	稳定	
88	K115+175～K115+262	右	35	87	岩石边坡	稳定	
89	K115+262～K115+324	右	28	62	岩石边坡	稳定	
90	K115+324～K115+430	右	38	106	岩石边坡	稳定	
91	K115+430～K115+630	右	40	200	岩石边坡	稳定	
92	K115+912～K116+108	右	51	196	岩石边坡	稳定	
93	K116+240～K116+336	右	28	76	岩石边坡	稳定	

续上表

序号	起讫桩号	坡向	坡高(m)	坡长(m)	边坡类型	整体稳定性	局部稳定性
94	K116+336～K116+394	右	22	58	岩石边坡	稳定	
95	K116+394～K116+438	右	21	44	岩石边坡	稳定	
96	K116+438～K116+500	右	26	62	岩石边坡	稳定	
97	K116+500～K116+580	右	31	80	岩石边坡	稳定	
98	K116+900～K117+150	右	40	250	二元结构边坡	稳定	
99	K117+192～K117+275	右	48	83	岩石边坡	稳定	
100	K117+560～K117+710	右	29	150	岩石边坡	基本稳定	稳定性差
101	K117+780～K117+924	右	24	144	二元结构边坡	稳定	
102	K119+144～K119+216	左	24	72	二元结构边坡	稳定	
103	K119+610～K119+715	右	23	105	二元结构边坡	稳定	
104	K119+796～K119+900	右	22	104	类土质边坡	稳定	
105	遂昌收费站内坡		40		岩石边坡	稳定性差	
106	遂昌收费站外坡		40		岩石边坡	基本稳定	稳定性差

表 12-9　丽龙高速公路 20 m 以上高边坡稳定性评价

序号	起讫桩号	坡向	坡高(m)	坡长(m)	边坡类型	整体稳定性	局部稳定性
1	K3+430～K3+552	右	20	60	二元结构边坡	基本稳定	稳定性差
2	K3+640～K3+704	右	20	60	二元结构边坡	基本稳定	稳定性差
3	K3+932～K4+070	右	35	138	岩石边坡	基本稳定	稳定性差
4	K4+130～K4+212	右	30	64	岩石边坡	基本稳定	稳定性差
5	K4+480～K4+590	右	38	110	岩石边坡	基本稳定	稳定性差
6	K5+200～K5+260	右	20	62	岩石边坡	基本稳定	稳定性差
7	K5+910～K6+040	右	50	130	二元结构边坡	稳定	
8	K6+890～K6+980	右	75	90	岩石边坡	稳定	
9	K7+135～K7+220	右	75	85	岩石边坡	稳定	
10	K7+255～K7+300	右	25	45	岩石边坡	稳定	
11	K7+315～K7+375	右	20	60	岩石边坡	稳定	
12	K7+655～K7++778	右	30	123	岩石边坡	基本稳定	稳定性差
13	K8+170～K8++300	右	34	130	岩石边坡	稳定	
14	K12+200～K12+290	右	23	90	二元结构边坡	稳定性差	不稳定
15	K12+860～K12+960	右	20	100	二元结构边坡	基本稳定	稳定性差
16	K39+250～K39+400	右	32	150	岩石边坡	基本稳定	基本稳定
17	K40+900～K41+010	右	25	110	二元结构边坡	稳定	
18	K42+070～K42+200	右	35	130	岩石边坡	稳定	
19	K43+720～K43+800	右	40	80	岩石边坡	稳定	
20	K44+670～K44+720	右	30	50	岩石边坡	基本稳定	稳定性差
21	K48+700～K48+960	右	20	260	岩石边坡	稳定	

续上表

序号	起讫桩号	坡向	坡高(m)	坡长(m)	边坡类型	整体稳定性	局部稳定性
22	K49+300～K49+400	右	24	100	岩石边坡	稳定性差	
23	K50+900～K51+020	右	30	120	二元结构边坡	基本稳定	基本稳定
24	K53+570～K53+710	右	30	140	岩石边坡	基本稳定	稳定性差
25	K53+800～K53+900	右	30	100	二元结构边坡	稳定	
26	K55+800～K55+920	右	40	120	岩石边坡	稳定	
27	K56+100～K56+490	右	35	390	二元结构边坡	基本稳定	稳定性差
28	K62+400～K62+480	右	30	80	岩石边坡	稳定	
29	K62+580～K62+730	右	50	140	二元结构边坡	稳定	
30	K67+010～K67+110	右	25	100	岩石边坡	基本稳定	稳定性差
31	K67+370～K67+540	右	55	170	类土质边坡	稳定	
32	K67+900～K68+010	右	60	110	二元结构边坡	基本稳定	稳定性差
33	K68+060～K68+200	右	50	140	二元结构边坡	稳定	
34	K68+370～K68+500	右	45	130	二元结构边坡	基本稳定	
35	K68+590～K68+670	右	48	80	类土质边坡	稳定	
36	K68+800～K69+000	右	70	200	类土质边坡	稳定	
37	K69+040～K69+070	右	30	30	二元结构边坡	稳定	
38	K74+370～K74+480	右	45	110	岩石边坡	稳定	
39	K79+450～K79+560	右	25	110	岩石边坡	稳定	
40	K79+640～K79+700	右	30	60	二元结构边坡	稳定	
41	K81+280～K81+320	右	23	40	岩石边坡	稳定	
42	K81+280～K81+320	右	23	40	岩石边坡	稳定	
43	K83+930～K84+120	右	56	190	岩石边坡	基本稳定	稳定性差
44	K84+390～K84+580	右	120	190	二元结构边坡	基本稳定	稳定性差
45	K84+800～K84+990	右	40	190	岩石边坡	基本稳定	
46	K84+990～k85+100	右	58	110	岩石边坡	稳定	
47	K85+130～K85+240	右	48	110	岩石边坡	稳定	
48	K85+520～K85+800	右	40	280	岩石边坡	稳定	
49	K85+900～k86+000	右	75	100	类土质边坡	稳定	
50	K86+050～K86+120	右	60	70	类土质边坡	稳定	
51	K86+180～K86+520	右	45	340	岩石边坡	稳定	
52	K86+680～K86+750	右	45	70	二元结构边坡	基本稳定	稳定性差
53	K87+080～K87+190	右	27	110	岩石边坡	基本稳定	稳定性差
54	K88+470～K88+600	右	30	130	类土质边坡	稳定性差	
55	K90+090～K90+130	右	20	140	岩石边坡	稳定	
56	K90+400～K90+570	右	55	170	二元结构边坡	基本稳定	稳定性差
57	K90+610～K91+030	右	50	420	岩石边坡	稳定	
58	K91+150～K91+200	右	45	50	岩石边坡	稳定	

续上表

序号	起讫桩号	坡向	坡高(m)	坡长(m)	边坡类型	整体稳定性	局部稳定性
59	K91+680～K91+870	右	60	190	岩石边坡	基本稳定	稳定性差
60	K94+360～K94+400	右	25	40	二元结构边坡	稳定	
61	K100+890－k101+000	右	25	110	类土质边坡	稳定	
62	K3+100～K3+205	左	20	105	类土质边坡	稳定	
63	K3+910～K4+050	左	25	140	岩石边坡	稳定	
64	K4+150～K4+200	左	25	50	岩石边坡	基本稳定	
65	K4+980～k5+080	左	25	100	二元结构边坡	稳定	
66	K5+550～K5+612	左	30	65	岩石边坡	基本稳定	稳定性差
67	K5+740～K5+770	左	30	130	岩石边坡	稳定	
68	K5+830～K5+884	左	40	54	岩石边坡	稳定	
69	K6+105～K6+170	左	25	65	岩石边坡	稳定	
70	K6+665～K6+755	左	45	90	二元结构结构	基本稳定	稳定性差
71	K7+580～K7+650	左	70	70	岩石边坡	基本稳定	稳定性差
72	K7+990～K8+088	左	45	98	岩石边坡	基本稳定	
73	K8+390～K8+550	左	45	160	岩石边坡	稳定	
74	K9+051～K9+085	左	45	34	岩石边坡	稳定	
75	K9+200～K9+290	左	35	90	类土质边坡	稳定	
76	K9+830～K9+890	左	35	60	二元结构边坡	稳定	
77	K9+900～K10+000	左	35	100	类土质边坡	稳定	
78	K10+000～K10+050	左	25	50	类土质边坡	稳定	
79	K10+485～K10+540	左	20	55	二元结构边坡	稳定	
80	K10+580～K10+690	左	65	110	岩石边坡	稳定	
81	K10+690～K10+780	左	38	90	类土质边坡	稳定	
82	K10+780～K10+870	左	35	90	类土质边坡	稳定	
83	K11+020～K11+130	左	20	110	二元结构边坡	稳定	
84	K11+175～K11+300	左	35	125	二元结构边坡	基本稳定	
85	K11+500～K11+680	左	40	180	二元结构边坡	基本稳定	
86	K12+230～K12+300	左	70	70	岩石边坡	基本稳定	
87	K12+785～K12+870	左	35	85	二元结构边坡	基本稳定	稳定性差
88	K13+140～K13+170	左	20	30	二元结构边坡	基本稳定	
89	K13+450～K13+710	左	25	260	类土质边坡	基本稳定	稳定性差
90	K14+110～K14+240	左	30	120	类土质边坡	稳定	稳定性差
91	K14+290～K14+430	左	50	105	类土质边坡	稳定性差	稳定性差
92	K15+000～K15+180	左	25	240	类土质边坡	稳定	稳定性差
93	K15+180～K15+320	左	25	140	类土质边坡	基本稳定	
94	K15+380～K15+485	左	28	105	类土质边坡	稳定	不稳定
95	K15+555～K15+615	左	35	60	类土质边坡	基本稳定	

续上表

序号	起讫桩号	坡向	坡高(m)	坡长(m)	边坡类型	整体稳定性	局部稳定性
96	K15+670～K15+720	左	24	50	类土质边坡	稳定	稳定性差
97	K15+800～K15+875	左	40	75	类土质边坡	基本稳定	
98	K15+900～K15+970	左	35	70	类土质边坡	稳定性	
99	K15+970～K16+050	左	25	80	类土质边坡	稳定	
100	K17+320～K17+420	左	40	100	类土质边坡	稳定	
101	K17+570～K17+645	左	22	75	二元结构边坡	稳定	
102	K20+511～K20+627	左	30	116	类土质边坡	基本稳定	稳定性差
103	K20+745～K20+870	左	25	30	二元结构边坡	稳定	
104	K21+250～K21+400	左	35	150	二元结构边坡	稳定	
105	K26+150～K26+210	左	20	60	岩石边坡	基本稳定	稳定性差
106	K30+750～K30+830	左	30	80	岩石边坡	基本稳定	稳定性差
107	K30+960～K31+270	左	30	310	岩石边坡	基本稳定	
108	K31+530～K31+560	左	20	30	岩石边坡	稳定	
109	K31+660～K31+725	左	20	55	岩石边坡	稳定	
110	K34+200～K34+400	左	35	200	岩石边坡	基本稳定	稳定性差
111	K34+940～K35+250	左	30	310	岩石边坡	基本稳定	稳定性差
112	K35+396～K35+519	左	35	30	岩石边坡	基本稳定	稳定性差
113	K35+842～K35+930	左	30	30	岩石边坡	基本稳定	稳定性差
114	K41+550～K41+620	左	30	70	岩石边坡	基本稳定	
115	K41+550～K41+620	左	30	70	岩石边坡	基本稳定	
116	K42+320～K42+410	左	50	120	岩石边坡	基本稳定	稳定性差
117	K42+419～K42+557	左	60	136	岩石边坡	基本稳定	稳定性差
118	K50+875～K50+990	左	25	115	二元结构边坡	稳定	
119	K51+875～K52+005	左	20	30	二元结构边坡	稳定	
120	K52+330～K52+400	左	25	70	类土质边坡	稳定	
121	K52+415～K52+465	左	23	50	类土质边坡	稳定	
122	K53+570～K53+770	左	38	200	二元结构边坡	稳定	
123	K54+040～K54+190	左	32	150	二元结构边坡	基本稳定	稳定性差
124	K55+822～K55+920	左	25	98	岩石边坡	稳定	
125	K62+400～K62+480	左	28	80	二元结构边坡	稳定	
126	K62+650～K62+800	左	30	150	二元结构边坡	基本稳定	稳定性差
127	K63+100～K63+270	左	20	170	类土质边坡	稳定	
128	K63+270～K63+480	左	20	210	土质边坡	稳定性差	
129	K67+020～K67+130	左	30	110	二元结构边坡	稳定	
130	K68+350～K68+450	左	20	100	类土质边坡	稳定	
131	K68+750～K68+820	左	20	70	二元结构边	稳定	
132	K72+700～K73+020	左	26	320	岩石边坡	基本稳定	稳定性差

续上表

序号	起讫桩号	坡向	坡高(m)	坡长(m)	边坡类型	整体稳定性	局部稳定性
133	K73+080～K73+250	左	27	380	岩石边坡	稳定	
134	K73+250～K73+460	左	20	380	类土质边坡	稳定性差	
135	K73+595～K73+630	左	20	35	二元结构边坡	稳定	
136	K73+710～K73+830	左	29	120	岩石边坡	稳定	
137	K74+300～K74+490	左	40	190	岩石边坡	稳定	
138	K78+490～K78+600	左	20	110	岩石边坡	基本稳定	
139	K78+680～K78+760	左	23	80	类土质边坡	稳定	
140	K78+800～K78+850	左	25	50	岩石边坡	稳定	
141	K78+850～K79+150	左	60	300	岩石边坡	稳定	
142	K79+270～K79+380	左	25	110	二元结构边坡	稳定	
143	K79+580～K79+700	左	45	120	岩石边坡	基本稳定	稳定性差
144	K79+920～K80+000	左	42	80	岩石边坡	稳定	
145	K80+900～K81+080	左	50	180	岩石边坡	稳定	
146	K90+160～K90+194	左	25	34	岩石边坡	稳定	
147	K91+020～K91+100	左	50	80	岩石边坡	稳定	
148	K91+200～K91+380	左	35	180	岩石边坡	稳定	
149	K91+380～K91+420	左	40	40	岩石边坡	基本稳定	
150	K91+490～K91+550	左	40	60	岩石边坡	基本稳定	稳定性差
151	K91+950～K92+050	左	40	100	岩石边坡	基本稳定	稳定性差
152	K92+290～K92+350	左	25	60	岩石边坡	稳定	
153	K93+500～K93+680	左	30	180	类土质边坡	稳定	
154	K96+500～K96+650	左	45	150	二元结构边坡	稳定	

由表 12-8 可知，在龙丽高速公路 106 处 20 m 以上高边坡中，稳定边坡 65 处，基本稳定边坡 37 处(包含局部稳定性差 30 处)，稳定性差边坡 4 处(包含局部不稳定 2 处)；由表 12-9 可知，在丽龙高速公路 154 处 20 m 以上高边坡中，稳定边坡 90 处，基本稳定边坡 57 处(包含局部稳定性差 43 处)，稳定性差边坡 7 处(包含局部不稳定 2 处)。龙丽丽龙高速公路边坡稳定性统计图如图 12-51、图 12-52 所示。

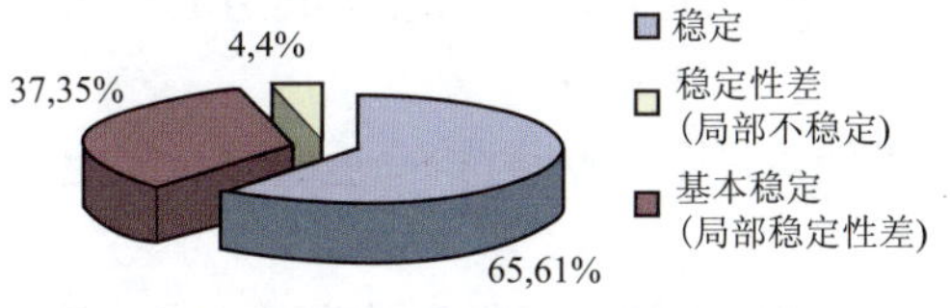

图 12-51　龙丽高速公路高边坡稳定性统计图

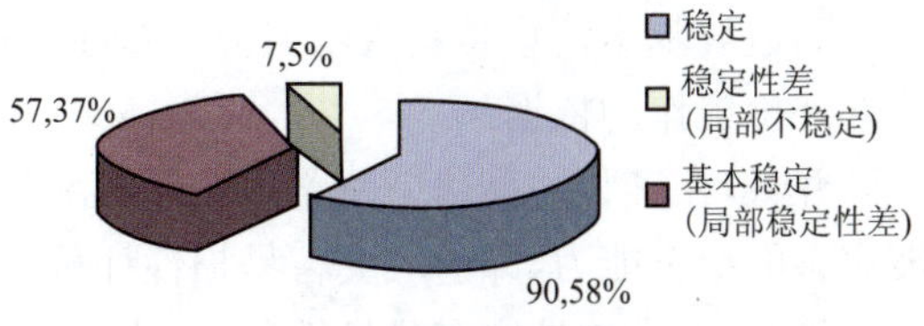

图 12-52　丽龙高速公路高边坡稳定性统计图

2010 年 5 月中铁西北科学研究院南方分院对“两龙”边坡进行工后评估，边坡运营安全评估工作采用资料收集与现场调查相结合、定性分析与定量计算相结合、边坡巡查与重点检查相结合的系统工作方法，综合分析和评价有关边坡当前稳定性现状等级及其发展趋势，最后提出应急处治方案建议。根据现场调查的情况及拍摄的边坡照片，在内业整理时利用本节所研究的边坡养护管理系统对“两龙”所有的边坡进行稳定性评价，系统评价的结果和稳定性统计图与现场踏勘和调查后的讨论相对比发现，系统评估结论与现实情况基本吻合，可以达到边坡养护管理的要求，且适宜养护人员操作，实用性好。实践表明，本节所研究的边坡养护管理系统基本能满足高速公路边坡养护管理的需求，具有较好的实际意义。

以上是通过丽龙 K14＋290～＋500 左侧边坡为例介绍本节所研究的边坡养护管理系统在浙江“两龙”边坡的应用，结果表明本系统具有较好的实际应用效果，可以作为边坡养护管理单位辅助决策工具。系统从安装使用到现在已近半年，通过对“两龙”边坡养护人员的技术交接，在系统运行过程中未出现大的异常问题，情况良好，是养护人员进行边坡养护管理工作的有力工具。本养护管理系统不仅在“两龙”高速公路边坡养护中得到了广泛的应用，而且已开始应用于浙江“金丽温”高速公路边坡养护管理工作，养护人员已能应用本系统指导一般性的边坡日常养护问题。

12.4 高边坡安全检查与风险评价

12.4.1 高边坡检评概述

(1)评价基础

为了编制统一的高边坡检查评价标准，基于有关高速公路沿线的地形地质条件，结合高边坡的工程特点与运营要求，应建立以下检评工作基础：

①总结高边坡检查的内容和方法。

②归纳高边坡失稳诱发地质灾害的主要影响因素，提出高边坡地质灾害的易发性分析方法。

③基于高边坡防护加固工程结构的缺损状态和边坡地质病害的发育状态，提出高边坡稳定性分析和高边坡危险性分析与评价方法。

④结合高速公路的交通流量和设计时速等高边坡地质灾害风险控制指标，提出高边坡地质灾害易损性分析方法。

⑤综合高边坡地质灾害易发性、危险性和易损性提出高速公路高边坡风险评估的方法。

(2)评价体系

高边坡安全评价应建立在全面的和系统的高边坡巡检调查成果的基础上。

高边坡安全检查包括高边坡基本信息调查和高边坡动态信息调查。

高边坡基本信息是其边坡灾害易发性评价工作的基础，高边坡动态信息是其边坡灾害危险性评价工作的依据。

并且，在其相关高速公路路段交通状况与设计要求的条件下，分析评价高速公路对特定边坡灾害的承灾能力，即边坡灾害易损性评价。

最后，综合边坡灾害易发性评价、边坡灾害危险性评价和边坡灾害易损性评价结果，提出高速公路高边坡灾害风险指数。同时根据其边坡灾害风险指数确定风险等级，进而依据边坡灾害风险管理准则提出相应的防控对策。

高边坡安全检查评价体系如图 12-53 所示。

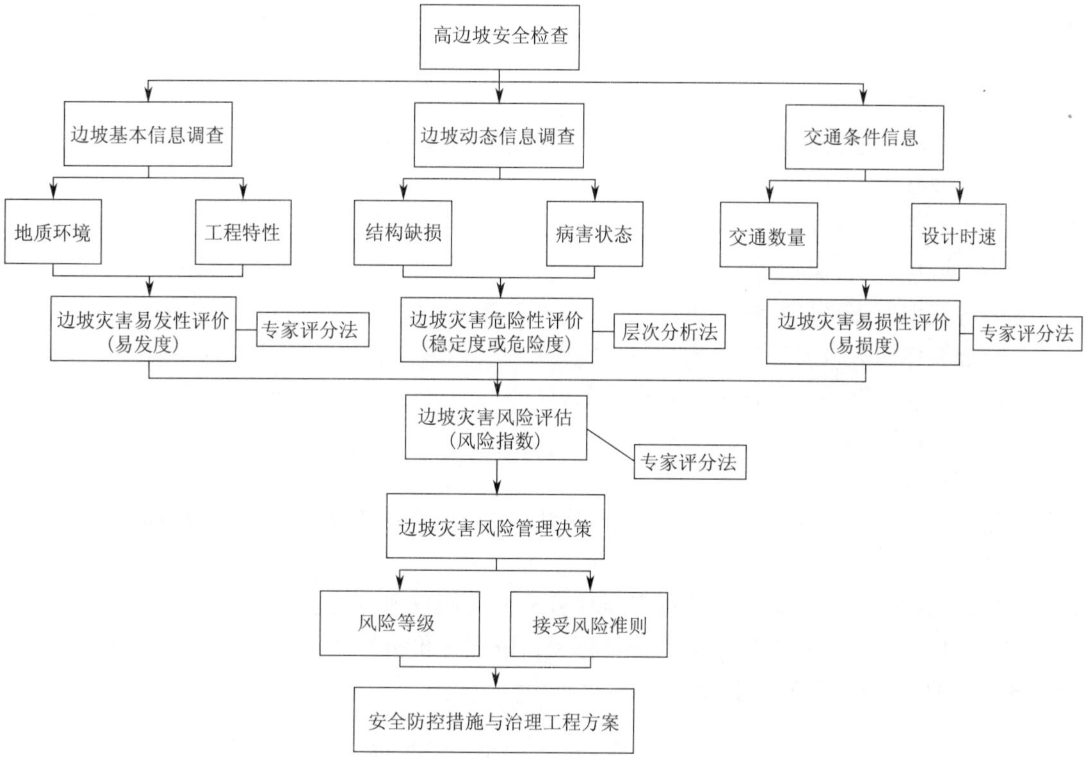

图 12-53　高边坡安全检查评价体系示意图

(3)评价标准

为了统一高边坡检查评价标准,综合高边坡地质灾害易发度、危险度和易损度提出了一种简易高速公路高边坡风险的计算方法,具体以风险指数表示如下:

风险指数=危险度×易发度×易损度

易发度=易发指数/27

危险度=危险指数/100

易损度=易损指数/6

易发指数:通过归纳高边坡失稳诱发地质灾害的主要影响因素,提出高边坡地质灾害的易发性分析方法,建立易发指数计算模式。

危险指数:是基于高边坡防护加固工程结构的缺损状态和边坡地质病害的发育状态,提出高边坡稳定性分析和高边坡危险性分析与评价的方法,建立危险指数计算模式。

易损指数:结合高速公路的交通流量和设计时速等高边坡地质灾害风险控制指标,提出高边坡地质灾害易损性分析方法,建立易损指数计算模式。

在高边坡风险评估结论的基础上,根据其风险指数可以划分为五个不同的风险等级,进而提出相应的防控对策。五个不同风险等级对应为可忽略、可容许、可接受、不可接受和拒绝接受五个接受准则。即:

①可忽略指对高速公路边坡稳定性及行车安全均无任何影响;

②可容许指对高速公路边坡稳定性影响微小,但对行车安全无影响;

③可接受指对高速公路边坡稳定性存在潜在影响因数,但对行车安全无影响;

④不可接受指对高速公路边坡稳定性存在影响,并且对行车安全存在安全隐患因素;

⑤拒绝接受指对高速公路边坡稳定性影响严重，并且对行车安全存在较高风险的安全隐患或直接影响行车安全的问题。

(4)评价内容

本次制定的高速公路高边坡安全检查评价标准的主要内容如下：

①高边坡基本信息调查；

②高边坡动态信息调查；

③高边坡地质灾害易发性分析；

④高边坡地质灾害风险性分析；

⑤高边坡地质灾害易损性分析；

⑥高边坡地质灾害风险评估与管理决策方法。

(5)评价方法

1)专家评分法

常用专家评分法有加法评价法、连积评价法、和数相乘评价法、加权评价法和功率系数法等评价法。

本次制定检查评价标准所采用的专家评分模型为加权评价法。

加权评价法是将评价对象中的各项指标项目依照评价指标的重要程度，给与不同的权重，即对各因素的重要程度做区别对待。

$$W=\sum_{i=1}^{n}A_iW_i \tag{12-3}$$

式中　W——评价对象总得分；

W_i——评价对象的 i 指标项得分；

A_i——i 指标项的权值。

$$\sum_{i=1}^{n}A_i=1,0<A_i\leqslant 1$$

2)层次分析法(AHP)

层次分析法的基本步骤如下：

①建立层次结构模型

在深入分析实际问题的基础上，将有关的各个因素按照不同属性自上而下地分解成若干层次，同一层的诸因素从属于上一层的因素或对上层因素有影响，同时又支配下一层的因素或受到下层因素的作用。最上层为目标层，通常只有 1 个因素，最下层通常为方案或对象层，中间可以有一个或几个层次，通常为准则或指标层。当准则过多时应进一步分解出子准则层。

②构造成对比较阵

从层次结构模型的第 2 层开始，对于从属于(或影响)上一层每个因素的同一层诸因素，用成对比较法和 1～9 比较尺度构造成对比较阵，直到最下层。

③计算权向量并做一致性检验

对于每一个成对比较阵计算最大特征根及对应特征向量，利用一致性指标、随机一致性指标和一致性比率做一致性检验。若检验通过，特征向量(归一化后)即为权向量，若不通过，需重新构建成对比较阵。

④计算组合权向量并做组合一致性检验

计算最下层对目标的组合权向量，并根据公式做组合一致性检验，若检验通过，则可按照组合权向量表示的结果进行决策，否则需要重新考虑模型或重新构造那些一致性比率较大的成对比较阵。

可见，AHP 方法不仅原理简单，而且具有扎实的理论基础，是定量与定性方法相结合的优秀的决策方法，特别是定性因素起主导作用的决策问题。

(6)评价规定

高边坡安全检查评价，应先由养护单位按规定自行检查评定，然后由咨询或相关单位验收评价。评价结果应以验收评价结果为准。

高边坡安全检查评价应在边坡基本信息齐全和边坡动态信息可靠的基础上进行。

高边坡安全检查评价，应在实施过程中进行必要的抽查，以验证其收集资料的准确性和完整性。现场抽查应做好记录，对抽查项目的质量状况进行详细记载。现场抽查采取随机抽样的方法。

养护公司应按照本标准要求定期对其管养路段高边坡安全情况进行检查评价，并保存检查与评价的原始记录，实现“一坡一档，定期检查，动态评价”。

路段公司可根据本标准对各路段高边坡安全防控的管理情况进行监控和检查，并根据平时掌握的情况对养护公司所做的检查评价进行审定。

养护管理部门可根据本标准对高边坡安全防控的管理情况进行检查评价。

12.4.2　高边坡安全检查

高边坡安全检查主要包括高边坡基本信息调查和高边坡动态信息调查。

(1)基本信息调查

高边坡基本信息主要包括边坡编号、起讫桩号、线路走向、边坡坡向、区段长度、边坡高度、边坡坡级、边坡坡率和边坡防护加固工程措施，以及边坡地形地貌条件、地质构造特点、坡体结构类型、地下水发育状态与分布规律等。同时，边坡工程基本信息还应包括边坡的工程简介、工程图片、养护单位和主管部门等信息。边坡工程基本信息调查项目见表 12-10。

表 12-10　路堑高边坡基本信息表

<table>
<tr><td>路段名称</td><td colspan="3"></td><td colspan="2" rowspan="8">图片</td></tr>
<tr><td>边坡编号</td><td colspan="3"></td></tr>
<tr><td>起讫桩号</td><td colspan="3"></td></tr>
<tr><td>线路走向</td><td></td><td>坡向</td><td></td></tr>
<tr><td>区段长度</td><td></td><td>坡高</td><td></td></tr>
<tr><td>边坡类型</td><td colspan="3"></td></tr>
<tr><td>养护单位</td><td colspan="3"></td></tr>
<tr><td>主管部门</td><td colspan="3"></td></tr>
<tr><td colspan="6">工程地质与水文地质条件</td></tr>
<tr><td colspan="2">地形地貌</td><td colspan="2">地层岩性</td><td>地质构造</td><td>地下水等</td></tr>
<tr><td colspan="2"></td><td colspan="2"></td><td></td><td></td></tr>
</table>

续上表

坡形坡率与防护加固设计			
坡级	坡率	坡高	防护加固
第 1 级			
第 2 级			
第 3 级			
第 4 级			
第 5 级			
备注			
工程简介			

边坡编号——按顺序调查边坡工程的编号，编号原则建议为："道路名称"－"起点里程"－"边坡坡向"－"边坡序号"，如"G15－K2230－L－001"或"G15－K2230－L001"。

起讫桩号——按边坡起点至终点的里程桩号调查，如"K003＋200～K003＋300"。

线路走向——调查本边坡段线路前进方向的走向(里程增大方向)，以方位角表示，现场可使用地质罗盘确定。

坡向——选择本边坡段所在线路的左侧或右侧(里程增大方向)。

区段长度——调查本段边坡起终点沿线路的间距，以"m"为单位。

坡高——调查本段边坡的最大边坡高度，以"m"为单位。

坡率与防护——调查本段边坡的各级边坡坡率、坡高和防护加固工程措施。

边坡类型——调查本段边坡的边坡工程类型，如土质边坡、岩质边坡和二元结构边坡等。

地形地貌——调查本段边坡场区的地形地貌特点。地形地貌特征是地质体在内外营力长期共同作用下形成的地表景观，是地质环境中最明显最直接的外在表现。浙江地区主要有山地、丘陵、平原、河流等基本地貌类型。

地层岩性——调查本段边坡组成坡体的地层岩性条件，主要包括土体、岩体的类别，风化破碎程度等。

地质构造——调查本段边坡场区构造与坡体结构特点。主要依据地勘报告，如大型断裂，褶皱等；或者来源于现场调查，如小型断层、大规模结构面、岩层产状、软弱夹层以及节理发育程度与坡体结构类型等。

地下水等——调查本段边坡场区的地下水的赋存条件与运移规律等。主要依据地勘报告，或者现场调查边坡地下水表观特征，如坡面有无渗流痕迹、坡体有无漏水迹象等。

工程简介——调查本段边坡工程的概括信息。

图片资料——以图片文件存取，供浏览和报表打印等使用。

养护单位——调查本路段边坡养护单位名称。

主管部门——调查本路段边坡养护主管部门名称。

(2)动态信息调查

高边坡动态信息调查主要包括排水工程调查、普通防护工程调查、支挡工程调查、锚固工程调查等边坡防护加固工程结构的缺损状态调查，以及坡面冲刷调查、风化剥落调查、掉块落石调查、坍塌崩塌调查、边坡滑坡调查、山体滑坡调查等边坡病害发育状态调查。高边坡动态信息调查项目如表 12-11 所示。

表 12-11　路堑高边坡动态信息表

项目 P1	缺损系数				
排水工程	0.5				
基本畅通	0				
裂缝淤塞	1				
断裂涌堵	2	图片			
缺损冲毁	3				
有无此项	1				
备注					
项目 P2	缺损系数	项目 P3	缺损系数	项目 P4	缺损系数
防护工程	1	支挡工程	1	锚固工程	1
基本完好	0	基本完好	0	基本完好	0
变形开裂	1	变形开裂	1	锚头松裂	1
局部破损	2	倾斜错位	2	掉锚断梁	2
损毁严重	3	破坏严重	3	断锚毁梁	3
有无此项	1	有无此项	1	有无此项	1
备注		备注		备注	
项目 P5	缺损系数	项目 P6	缺损系数	项目 P7	缺损系数
坡面冲刷	1	风化剥落	1	掉块落石	1
基本未冲(坡面整洁)	0	基本无风化剥落	0	基本无落石掉块	0
零星冲刷(剥蚀掉块)	1	斑块状风化剥落	1	偶发落石掉块	1
局部冲刷(沟蚀片蚀)	2	片带状风化剥落	2	零星落石掉块	2
大部冲刷(坡面泥流)	3	大面积风化剥落	3	频繁落石掉块	3
有无此项	1	有无此项	1	有无此项	1
备注		备注		备注	
项目 P8	缺损系数	项目 P9	缺损系数	项目 P10	缺损系数
崩塌坍塌	1	边坡滑坡	1	山体滑坡	1
无崩塌坍塌现象	0	无边坡滑坡变形	0	无古老滑坡问题	0
局部或级内边坡崩塌坍塌	1	单级边坡滑坡变形	1	古老滑坡病害迹象	1
大部或跨级边坡崩塌坍塌	2	多级边坡滑坡变形	2	古老滑坡复活变形	2
整体边坡崩塌或坍塌	3	整体边坡滑坡变形	3	古老滑坡变形严重	3
有无此项	1	有无此项	1	有无此项	1
备注		备注		备注	

排水工程——调查确定排水工程结构(截水沟、边沟、排水沟等)的缺损程度或地表地下水的赋存与发育程度。

防护工程——调查确定普通防护工程结构(喷锚、护面、骨架、柔性网,以及植被防护等)的缺损程度。

支挡工程——调查确定支挡工程结构(挡墙、抗滑桩等)的缺损程度。

锚固工程——调查确定锚固工程结构(锚杆、锚索、框架地梁等)的缺损程度。

坡面冲刷——是指坡面岩土在坡面径流或暴流的冲刷下产生泥石流失的现象(规模较大时可产生坡面泥石流)。

风化剥落——是指坡面裸露的岩体在岩石物理风化和水理作用下逐渐演变成碎屑物质剥离底层岩面而形成坠落的病害现象。

掉块落石——一般指坡体上由于节理、风化等形成的小型土块或岩石等分离体在重力、冰劈、根劈或其他外力的作用下从坡顶或坡面掉落的病害现象。

坍塌崩塌——坍塌一般是指土质边坡或破碎岩石边坡,在降雨或地下水等触发因素的作用下,由于坡率过陡,坡脚软化失去支撑,致使其上覆相应部分岩土崩解、坍落,并堆于坡脚的坡体病害现象;崩塌是坡体上部分岩土体在重力作用下突然脱离山体向下坠落、翻滚、碰撞,并堆积于坡脚的坡体病害现象。

边坡滑坡——是指斜坡上的部分岩土体由于各种原因在重力作用下沿一定的软弱面(或软弱带)整体地向下滑动并以水平运动为主的坡体地质病害现象。

山体滑坡——主要调查边坡所处山体是否存在古老滑坡问题。

12.4.3 灾害易发性评价

根据高边坡的类型、坡高、坡率、坡顶地形、病害潜在规模、病害历史、坡体结构、地表水和地下水等特征与规律,结合相关工程经验,采用因子叠加法,可以建立高边坡地质病害易发性分析方法,见表 12-12。

表 12-12 高边坡地质病害易发性分析

类型	坡高	坡率	坡顶地形	潜在规模	病害历史	坡体结构	地表水	地下水	易发指数
									24
易发程度	3	3	3	3	3	3	3	3	
病害易发程度描述									
土质边坡	20	>1.25	α<0°	单级坡	基本没有	风化土	反坡 地形	坡面干燥	低(1)
	30	1.0~1.25	0°<α<20°	跨级坡	局部坍滑	坡残积土	平顺 地形	坡面潮湿	中(2)
	40	<1.0	α>20°	多级坡	边坡滑坡	崩滑流堆积土	沟槽 地形	泉水湿地	高(3)
二元结构	25	>1.0	α<0°	二级坡	基本没有	反倾接触	反坡 地形	坡面干燥	低(1)
	40	0.75~1.0	0°<α<20°	三级坡	局部坍塌	水平接触	平顺 地形	潮湿渗水	中(2)
	55	<0.75	α>20°	四级坡	坍塌滑坡	顺倾接触	沟槽 地形	泉水湿地	高(3)
岩质边坡	30	>0.75	α<0°	一级坡	基本没有	相对完整	反坡 地形	坡面干燥	低(1)
	50	0.75~0.5	0°<α<30°	二级坡	局部崩塌	岩体破碎	平顺 地形	裂面渗水	中(2)
	70	<0.5	α>30°	三级坡	崩塌滑坡	层面顺倾	沟槽 地形	泉水湿地	高(3)

注:当实际情况介于两项之间时;可内插取值;当实际情况超出项目描述范围时,可外延取值。

12.4.4 灾害危险性评价

高边坡地质灾害危险性分析应该建立在高边坡工程稳定性评价的基础上,即评价其边坡失稳诱发地质灾害的危险程度。

其中,边坡稳定性评估可以通过专家咨询或经验建立层次结构模型,基于边坡动态信息检查等,分层次评估边坡防护加固工程结构状态、坡面病害类型与程度,以及坡体变形特点与规律,即采用层次分析法评估预测边坡的稳定性状态和发展趋势。据此建立高边坡地质病害危险性分析方法,见表 12-13。

表 12-13　高边坡地质病害危险性分析

项目名称	权重系数	组成系数	缺损系数	调整权重	修正权重	评分
排水工程 P1	4.2	1	2.5	4.2	7.7	2.9
防护工程 P2	8.3	1	3	8.3	15.2	3.8
支挡工程 P3	16.5	1	0	16.5	30.2	30.2
锚固工程 P4	16.5	1	0	16.5	30.2	30.2
坡面冲刷 P5	3	1	2.5	3	5.5	2.1
风化剥落 P6	1	1	0	1	1.8	1.8
落石掉块 P7	5.1	1	0	5.1	9.3	9.3
崩塌坍塌 P8	8.3	0	0	0	0.0	0.0
边坡滑坡 P9	12.4	0	0	0	0.0	0.0
山体滑坡 P10	24.8	0	0	0	0.0	0.0
稳定指数	100			54.6	100.0	80.4
危险指数	19.6					

12.4.5　灾害易损性评价

由于高速公路高边坡地质灾害承险体特别繁杂,所以在风险评价中,不可能逐一评价它们的易损性,我们提出采用其关键影响因子进行统计分析,如交通流量和设计时速等,各影响因子的权重需根据实际情况或者专家调查法获取。现采用因子叠加法,结合高速公路的交通流量和设计时速等高边坡地质灾害风险控制指标,提出高边坡地质灾害易损性分析方法,见表 12-14。

表 12-14　高边坡地质病害易损性分析

路段名称			
项目	交通数量	设计时速	易损指数
数量			
易损级别	3	3	6
风险级别描述			
易损级别	低(1)	中(2)	高(3)
交通数量	待定	待定	待定
设计时速	≤60	80	≥100

12.4.6　风险评估与管理决策

(1)风险评估方法

综合高边坡地质灾害易发度、危险度和易损度提出了高速公路高边坡风险评估的一种简易方法，见表 12-15。

表 12-15 高边坡地质病害风险综合评估

<table>
<tr><td>评估项目</td><td>易发指数</td><td>危险指数</td><td>易损指数</td><td>风险指数</td><td rowspan="3">易发度＝易发指数/24
危险度＝危险指数/100
易损度＝易损指数/6</td></tr>
<tr><td>评估指标</td><td>18</td><td>25</td><td>4</td><td>0.111 111</td></tr>
<tr><td colspan="5">风险指数＝危险度×易发度×易损度</td></tr>
</table>

(2)风险管理决策

在高速公路高边坡风险评估结论的基础上，根据其风险指数可以划分为五个不同的风险等级，并对应于可忽略、可容许、可接受、不可接受和拒绝接受等五个接受准则，进而提出相应的防控对策，见表 12-16。

表 12-16 高边坡地质病害风险管理决策

风险等级	风险指数	接受准则	防控对策
一级	≤0.05	可忽略	日常养护管理
二级	0.05～0.1	可容许	加强日常养护管理及必要的监控措施，需要注意
三级	0.1～0.15	可接受	完善边坡工程监控措施，引起重视
四级	0.15～0.25	不可接受	制订病害防治工程方案，工程整治
五级	≥0.25	拒绝接受	封闭交通和启动预案，应急抢险

第 13 章

典型滑坡灾害治理

13.1　梅列互通滑坡

13.1.1　工程概况

梅列互通滑坡位于福建省三明市三明农药厂后山，三福（三明—福州）高速公路三明连接线终点梅列互通区。梅列互通区位于沙溪河的东岸，坡脚前缘有国道线通过，并与城市道路相连。互通主线及匝道沿一个近东西走向的山坡的南侧深挖路堑通过，形成左侧高达 56 m 的路堑高边坡。边坡区地质情况复杂，原山坡两侧曾出现坍塌、滑坡等多处病害。

梅列互通区滑坡包括梅列互通老滑坡和梅列互通高边坡滑坡两个部分，如图 13-1 所示。

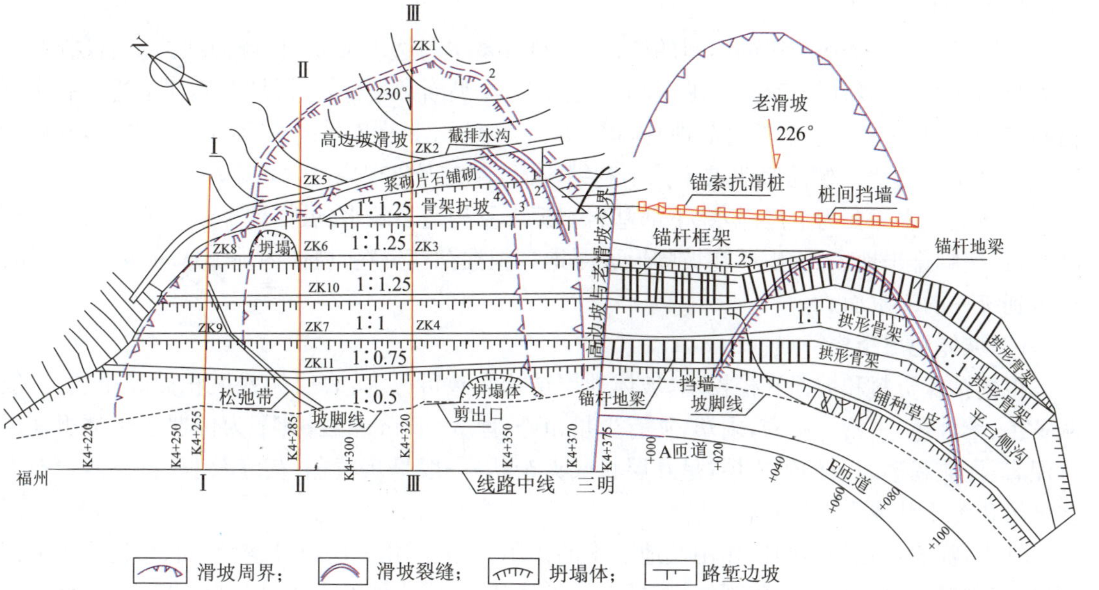

图 13-1　梅列互通滑坡平面简图

梅列互通老滑坡发生于高速公路互通工程建设以前，与梅列互通高边坡相邻，位于梅列互通匝道路堑边坡上方，对匝道工程建设存在影响和危害。

梅列互通老滑坡可明显分为上下两级滑坡体，上级滑坡体采用预应力锚索抗滑桩排治理，下级滑坡体基于互通匝道的路堑边坡工程，设计清刷滑坡主体结合锚固工程治理。

梅列互通高边坡滑坡是由于路堑边坡开挖触发的典型的较大规模的边坡滑坡病害。

2000 年 11 月，当刷方施工至第一级坡面，左侧路堑边坡坡顶发现变形裂缝，坡面多处拉裂，并逐渐发展扩大，同时边坡底部局部有沿结构面剪出现象。判断该边坡已经处于挤压-滑动的危险状态，遂即采用应急加固工程处理，维持边坡暂时稳定，控制变形发展和扩大，为边坡补充工程地质勘察和根治工程设计争取了时间。经根治工程处理，成功地治理了该高边坡滑坡，确保了梅列互通工程建设工期及其坡体稳定和安全。下面重点介绍梅列互通高边坡滑坡及其治理情况。

13.1.2 工程环境和地质基础

(1)地形地貌与气候气象

梅列互通滑坡场地地形为剥蚀丘陵，丘顶平坦，山"脊"线走向为北西 40°～50°，开挖边坡位于该山体的西南坡，原始地形坡度约 20°左右。线路基本上从山坡中部切坡通过，刷坡线已接近山顶。

本区属中亚热带气候，年均降雨量 1 656 mm，多集中在 4～6 月份，8～9 月份多暴雨。

(2)工程地质与水文地质

梅列互通高边坡位于三明向斜的南西翼，地层是侏罗系长林组(J3C)的泥岩、泥质粉砂岩、砂岩及砂砾岩等，该套地层在边坡区西南侧不整合覆盖于燕山早期花岗岩体之上。

一条北西向复合断层在边坡后部通过，由于沉积地层岩性较杂，受后期褶皱和断层等区域构造作用的影响，岩层破碎，地层软硬不匀，其层面呈波状起伏且产状变化大，在边坡东侧后部三农厂内岩层产状为 N21°～33°E/N41°～52°W，边坡西侧国道 205 线公路边岩石露头，岩层在产状 N60°E/S35°E。

边坡区内是一个次一级的向斜的核部，向斜轴基本与边坡面垂直，倾向线路。岩层破碎，层内节理和次级小断层发育。滑坡区临近构造带，小型断裂发育，在滑坡东侧便道边见有小型错断，产状 350°∠32°，主要贯通节理有 80°∠30°、64°∠21°及 250°∠32°等几组。其中，产状为 250°∠32°的节理为左侧路堑边坡主控不利结构面，存在泥化现象且含水率高。

边坡地下水主要为上层滞水、下部基岩裂隙水及构造裂隙水，坡体地下水主要受大气降雨补给，在坡脚排出地表，降雨后在坡脚形成湿地。根据钻探资料，坡体内地下水分布复杂，没有揭示到统一的潜水面。

(3)坡体地层结构特点

根据钻探资料和坡面开挖揭示，坡体地层结构大致可分为：表层为残坡积砂黏土层，一般灰黄色、紫红色，稍密～中密，硬塑，夹有少量角砾，厚 3～5 m 左右；其下为侏罗系长林组强风化泥岩、泥质粉砂岩及砂砾岩层，呈互层状或夹杂状，一般呈灰黄色、灰绿及灰白色等，岩石大多已风化为土状或土夹碎石状。

其中，泥岩风化物经构造作用及地下水的作用，形成泥化夹层，夹层受层面、结构面等的控制，相当破碎。该层总体呈碎裂结构，局部成散体状，构成边坡的主体，层厚约 25～35 m。

基岩为中风化砂岩、泥质粉砂岩层，一般呈灰绿、灰白色，岩石相对完整，较坚硬。

边坡主体由破碎岩石组成，即该路堑高边坡为一破碎岩石高边坡。

13.1.3 滑坡病害特征及产生原因分析

(1)滑坡病害特征

梅列互通高边坡滑坡位于三福高速公路三明连接线 K4＋206～＋375 段，该路堑边坡设计坡高 56 m，共七级（每 8 m 为一级）。

2000 年 11 月初，当开挖边坡刷方施工至第一级坡面，仅差 1～2 m 即达线路标高时，已施做坡顶排水沟前部浆砌片石护面在 K4＋350～＋360 段出现裂缝并逐渐发展。经过现场调查，发现该边坡底部有沿结构面剪出现象，在 K4＋250～＋270 段附近发现有变形迹象，坡体后部山顶树林中也产生拉张大裂缝。该边坡的变形已具有边坡滑坡变形的特征，即前有剪出口，后有拉张裂缝贯通下错，两侧“八”字形裂缝发育。滑坡沿线路横宽 170 m，垂直线路纵长约 100 m，滑体最厚达 30 m，滑动岩土体近 30 万 m^3，为破碎岩石滑坡。

该边坡在开挖完成四级后，除局部表面受开挖影响，产生松动或溜塌外，坡体未见有大规模变形迹象，后经改坡刷缓处理；当开挖至接近设计高程时，边坡顶部产生两段裂缝，一段位于路堑开挖线以外 35～40 m，裂缝长约 20 m，即 $1^{\#}$ 裂缝，北西～南北向延伸，局部有下错现象。另一段接近左侧界，裂缝长约 15～20 m，即 $8^{\#}$ 裂缝，呈羽状，走向呈北东～东西向。这两段裂缝在随后施工过程中连通并分别向两侧界发展。

滑坡侧界裂缝主要集中于浆砌片石护坡坡面及砌筑完成水沟附近。右侧界（东侧）变形明显，主要裂缝有 4 条，即 $1^{\#}$～$4^{\#}$ 裂缝，大致呈南北向弧形分布，该处裂缝一般张开 0.5～2 cm。左侧界（西侧）变形较小，其主要裂缝共 3 条，即 $5^{\#}$～$7^{\#}$ 裂缝，裂缝较细小，但随后也有进一步的发展和张开。

滑坡前部变形除接近坡脚存在的松弛带之外，最明显的表现是坡脚一些夹泥结构面的上盘错出变形，结构面相对错出一般 2～3 cm，其中可见明显的擦痕。结合监测资料分析，滑坡出口位于路基面附近。

（2）滑坡原因分析

梅列互通高边坡的坡体地层结构复杂，边坡高度较大，工程作用和环境影响显著，其产生边坡滑坡的原因可以归纳如下：

①首先，该边坡的坡体地层结构以砂泥岩互层为主，或呈夹杂状，岩石大多已风化为土状或土夹碎石状。右侧匝道路堑边坡部位有燕山早期花岗岩体侵入，地质构造作用强烈，地层软硬不匀，不利结构面发育。泥岩风化物经构造作用及地下水的作用，形成泥化夹层，夹层受层面、结构面等的控制，相当破碎。岩体呈碎裂结构，局部成散体状，且层间错动带发育，其构造裂面主体方向为倾向开挖路堑，是边坡变形产生滑坡的地质基础。

②其次，由于路堑边坡开挖，破坏了坡体原有的力学平衡，并形成新的临空面，是该边坡变形失稳产生滑坡病害的主要触发因素。

③此外，地下水的作用和大气降雨对该边坡变形的影响较为显著。监测资料揭示，雨后边坡滑动面附近变形明显增大。

13.1.4　滑坡变形机理和稳定性分析

为了研究分析梅列互通高边坡滑坡的变形破坏机理，特别是路堑边坡开挖对坡体稳定性的作用和影响，可以采用数值分析计算方法进行揭示（基于有限元计算软件 PHASE2）。

（1）数值分析模型

梅列互通高边坡为一典型的破碎岩石边坡，其计算断面如图 13-2 所示。经七级边坡开挖可抽象或概化为图 13-3 所示的计算模型，其计算参数见表 13-1。

（2）失稳破坏模式

根据数值分析成果，梅列互通高边坡变形破坏产生滑坡的失稳过程和破坏模式的体现如

图 13-4所示。坡体塑性屈服区的分布特点和最大剪应力集中发展的趋势如图 13-5 所示。

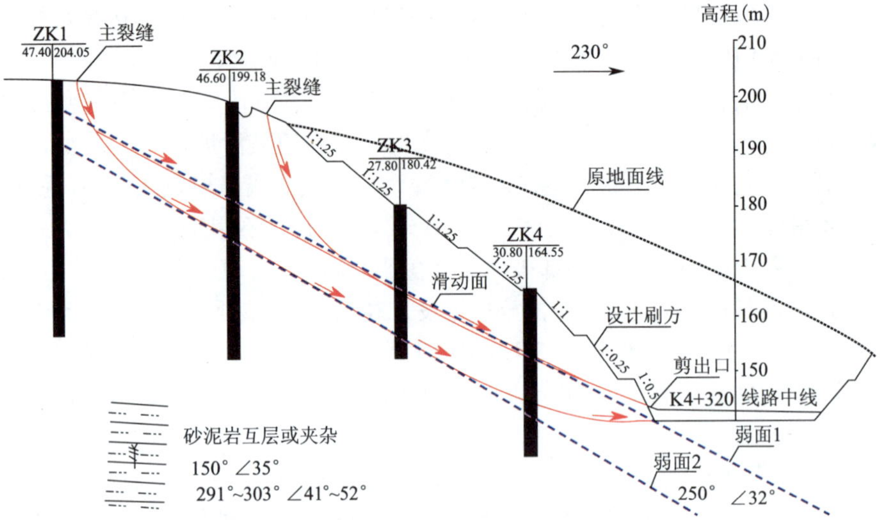

图 13-2　梅列互通高边坡滑坡主轴工程地质断面图(Ⅲ—Ⅲ)

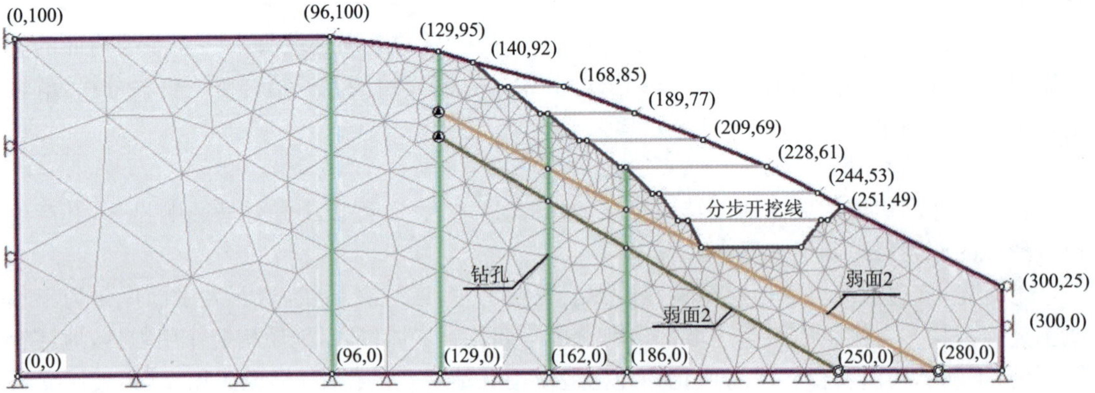

图 13-3　梅列互通高边坡滑坡计算模型图(Ⅲ—Ⅲ)

表 13-1　模型主要计算参数表

基本岩体	弹性模量(MPa)	泊松比	容重(kN/m³)	峰值黏聚力(KPa)	峰值摩擦角(°)	残值黏聚力(KPa)	残值摩擦角(°)
破碎岩石	50	0.3	22	32	45	35	28
结构面	法向刚度(KPa)	切向刚度(KPa)	黏聚力(KPa)	摩擦角(°)			
弱面 1	10 000	1 000	26	25			
弱面 2	8 000	600	24	15			

从坡体内塑性屈服区的发育特点与发展规律可以看出,随着开挖进程,开挖上部第七至第六阶坡体时,主要体现坡体卸荷回弹特征;开挖上部第五和第四阶坡体时,其塑性区主要发育在开挖坡面层,体现坡体卸荷回弹和坡面松弛变形的特点;开挖至第三阶时,塑性区在坡脚有集中发育趋势;开挖至第二阶时,坡脚剪切屈服集中区明显影响至上层结构面,即弱面 1 的中下段产生剪切屈服;开挖至第一阶时,剪切屈服区沿弱面 1 急剧发展,并在坡体上部产生大面

积拉剪屈服，且发展影响至下层结构面，即弱面 2 在上下段分别产生剪切屈服，坡脚亦呈扩展趋势。潜在破坏模式主要体现为沿上层结构面的整体滑移和沿下层结构面的蠕动变形和破坏。

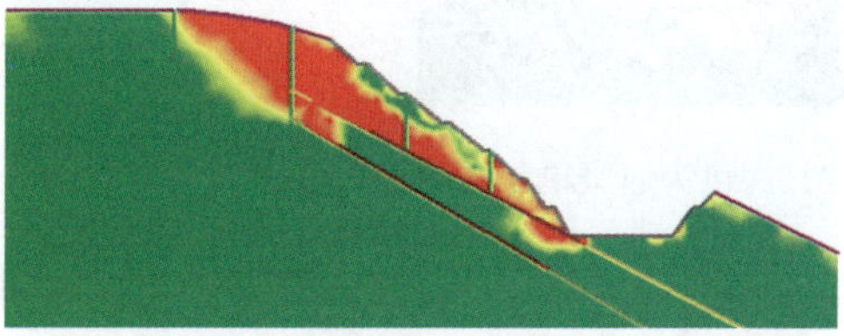

图 13-4 屈服区分布图(深色为屈服单元集中区)

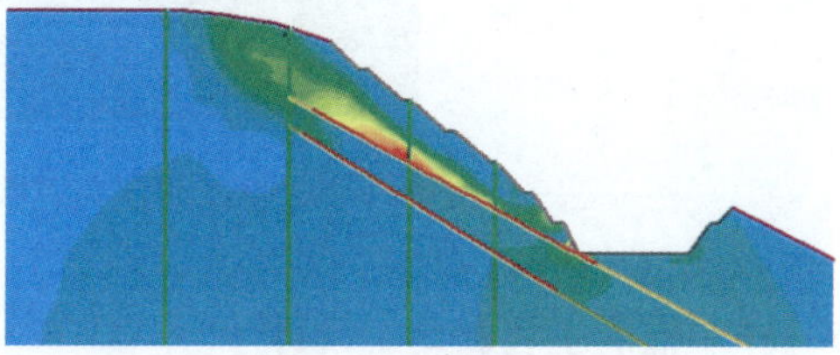

图 13-5 最大剪应变云图(深色为高值集中区)

(3)边坡开挖对坡体稳定性的影响

由数值分析结果可以看出，在不同的开挖坡级条件下，其坡体稳定性相应呈动态变化，并且随着开挖深度越大，其坡体稳定度越小，呈快速递减的趋势，如图 13-6 所示。其中，开挖上部第七、六阶，坡体稳定度反应在开挖卸荷作用下整体斜坡稳定度的提高；开挖上部第五阶即开挖三级以后，坡体稳定度体现路堑边坡的稳定性，呈下降趋势；开挖至下部第二阶即开挖六级时，路堑边坡进入欠稳定状态；开挖至下部第一阶即全部七级开挖完成时，路堑边坡稳定性骤降，接近极限平衡状态。可以看出，边坡开挖对坡体稳定性的影响规律与现场坡体变形破坏特征相一致。

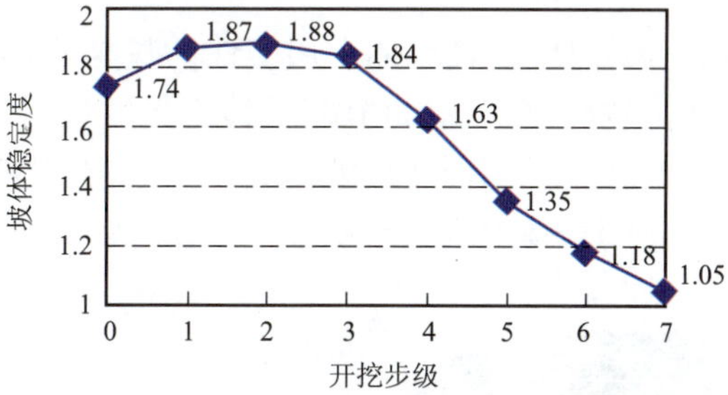

图 13-6 分级开挖与坡体稳定度的对应图

13.1.5 应急加固工程

2000 年 11 月，当刷方施工至第一级坡面，该路堑边坡坡顶发生严重的变形和破坏，判断该边坡已经处于挤压-滑动的危险状态，必须采取应急抢险工程处理，维持边坡暂时稳定，控制变形发展和扩大，为边坡补充工程地质勘察和根治工程设计争取时间。

由于本工程条件限制，不宜在坡体上部刷方减载或坡脚堆载反压，因此采用了在边坡第三、六阶边坡坡面设置应急的锚固工程措施，布置了预应力锚索框架工程。锚索长度均为 30 m，第六阶锚固段长 10 m，单孔设计拉力 500 kN，第三阶锚固段长 12 m，单孔设计拉力 650 kN。应急锚固工程于 2001 年 2 月基本施工完毕。

其应急加固工程效果可以由图 13-7 体现，明显发现其坡体上层塑性区的发展得以有效抑制，坡体稳定度提高至 1.09，其坡体潜在失稳模式体现聚集深层弱面发展，这一特征与坡体深部位移监测结果吻合。

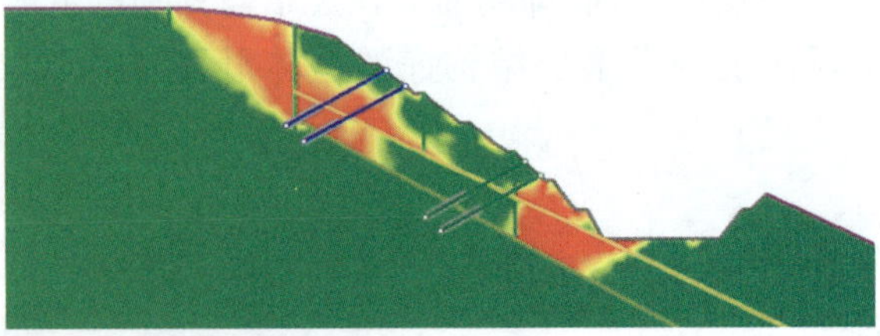

图 13-7 应急工程潜在屈服区分布图(深色为屈服单元集中区)

13.1.6 根治工程及动态设计

基于治理滑坡病害“一次根治、不留后患”的设计原则，梅列互通高边坡滑坡在实施应急加固工程以后，根据该滑坡病害的补充工程地质勘察资料和坡体位移监测成果，对该滑坡进行了根治工程处理。

即分别在第二、四、五阶坡面增补设计预应力锚索框架工程，并在已应急锚固的第六阶坡面增设一排预应力锚索工程，以及在坡脚的第一阶坡面增设路堑抗滑挡墙工程，并结合仰斜平孔排水等工程综合治理。

第二阶坡面上、下排锚索长度分别为 33 m 和 29 m，锚固段长度均为 15 m，单孔设计拉力为 1 000 kN；第四阶、第五阶坡面上下排锚索长度分别为 42 m 和 41 m，锚固段长度均为17 m，单孔设计拉力为 1 000 kN；第六阶坡面增设中排锚索长度为 38 m，锚固段长度为 12 m，单孔设计拉力为 600 kN。

根治工程效果可以由图 13-8 体现，其坡体上层塑性区基本可以被抑制，根治工程实施后坡体稳定度提高至 1.17；结合坡脚路堑抗滑挡墙，坡体稳定度达到 1.24，满足设计与工程要求。其坡体潜在失稳模式体现沿深层弱面变形蠕动滑移，在坡顶拉裂区集中发展，坡脚体现剪切变形和破坏特点。这一特征与坡体宏观变形动态和深部位移监测结果亦较为吻合。

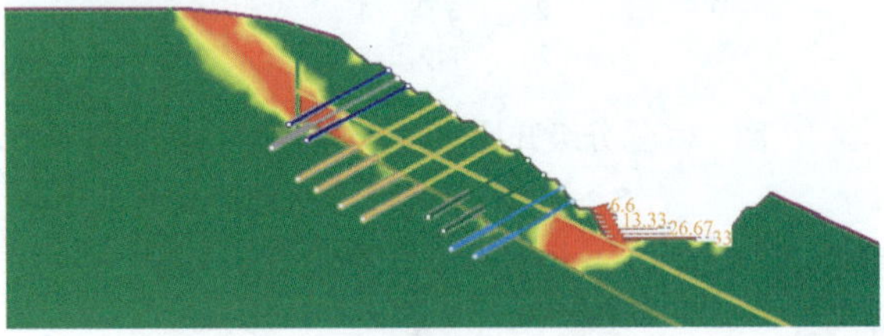

图 13-8 根治工程潜在屈服区分布图(深色为屈服单元集中区)

在梅列互通高边坡的防护加固工程设计中明确提出了“动态设计理念和信息化施工技术”。

首先，根据边坡滑坡病害的初期变形破坏迹象判断该滑坡处于蠕动挤压至滑动阶段，果断采取了应急加固工程措施；然后，结合滑坡病害工程地质勘察和坡体位移动态特征与规律，增补设计了根治工程措施，并依据坡体深部位移监测资料和有关数值分析计算成果，增加了锚固深度；此外，还根据监测资料判断边坡加固后的稳定状态，追加设计了第二阶坡面的预应力锚索地梁加固工程，并继续进行坡体深部位移监测，以便掌握坡体稳定性的发展趋势和评价治理工程效果。

13.1.7 滑坡监测与工程效果评价

梅列互通高边坡滑坡监测主要包括地表位移监测和坡体深部位移监测。

地表位移监测是采用全站仪坡面控制点监测和主要裂缝简易尺量监测，地表位移监测主要在施工期进行，为把握坡体宏观和全局的变形动态提供了及时可靠的资料。

坡体深部位移监测是利用地质勘察钻孔采用钻孔测斜仪进行监测，共布置深孔位移监测孔 9 个（编号 ZK1～ZK9）。监测过程中，一些监测孔由于施工破坏或滑坡变形剪断，又进行了恢复或增加。监测从 2000 年 12 月开始共历时六年半，提供了详实可靠且非常宝贵的坡体变形动态历时资料，为滑动面位置的确定、坡体稳定性判断和治理工程效果检验与评估奠定了基础。下面简要介绍其监测成果。

滑坡监测初期，监测结果显示，滑动面（带）在坡体中部埋深在 17.0～18.0 m 附近，边坡中部Ⅲ－Ⅲ断面（ZK2）深部位移速率较Ⅱ－Ⅱ断面（ZK5）位移速率为大，Ⅲ－Ⅲ断面上的 ZK2 到 2001 年 6 月，累积位移在滑动方向上达到 55 mm，而后监测管剪断，如图 13-9 所示。Ⅱ－Ⅱ断面上 ZK6 位移也达到 45 mm，滑坡位移速率平均为 0.2～0.3 mm/d。而后滑坡变形明显减缓以至基本停止。边坡前部 ZK4、ZK7 变形较大，至 2001 年 4～5 月，监测管剪断破坏。

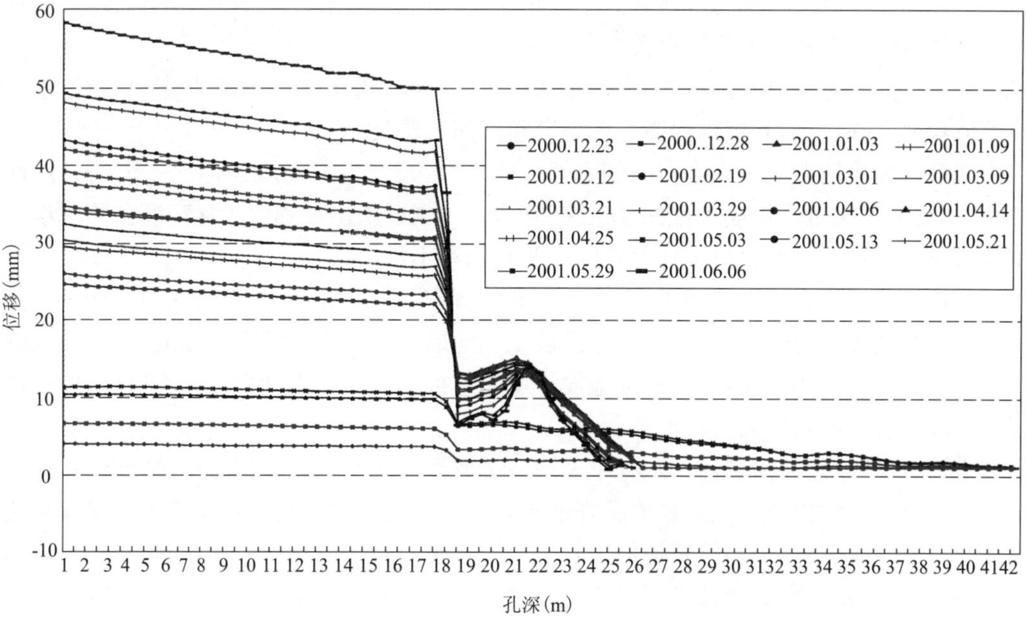

图 13-9 监测孔 ZK2 深位移曲线图（A 方向）

2001 年 4 月后，即应急工程施工完毕并预拉起作用之后，由补充的 BZK2、ZK5、ZK10 等监测孔显示，深部滑动面产生了活动，BZK2、ZK5 和 ZK10 深层滑动面埋深分别为 35.0 m、31.0 m、28.5 m，但位移量较小。至 2002 年 1 月，BZK2、ZK5 和 ZK10 位移累计分别接近 5 mm、14 mm 和 1～2 mm。

同时，边坡前部钻孔深部则基本没有变化，如 ZK4、BZK4、ZK7 和 ZK7 下部补充增设的监测孔 ZK11，滑动面埋深分别为 23.0 m、23.5 m、25.5 m 和 18.0 m。边坡前部这几个监测孔的位移在经历监测初期快速增加以至监测管破坏(位移超过 50 mm)后,补充监测孔位移都在增加,但速率较小,与中后部监测孔位移变化有一定差别。

分析深部变形原因,除了坡体深部存在软弱面或带等地质因素外(如 ZK2 在坡体深部 34 m 和 38 m 处均存在软弱带),主要原因为锚固工程作用影响所致。通过数值分析发现,无论是应急锚固工程还是根治锚固工程,锚固工程都将有效抑制或减少加固坡体范围内的变形,同时影响或增大坡体深部的变形,如图 13-10 所示。

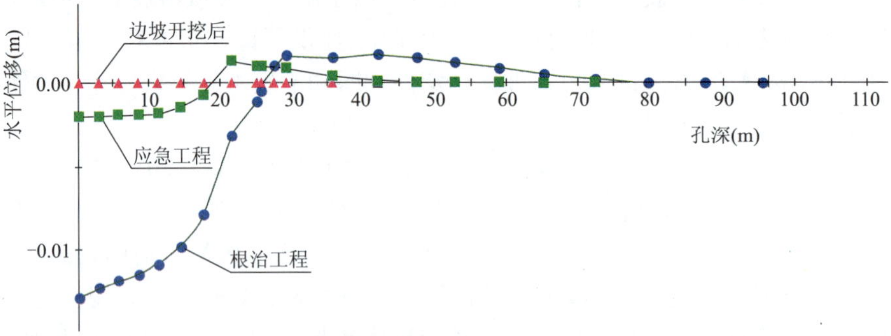

图 13-10　锚固工程作用后 ZK2 孔深位移增量曲线图(数值分析结果)

坡体深部位移监测结果与坡体宏观变形相一致,与数值分析计算结果基本吻合,与工程措施和大气降雨作用存在明显的依存关系。

综合分析其监测成果,可以认为梅列互通高边坡滑坡当前已趋于稳定状态,显示治理工程措施已成功地发挥作用,并可以保障坡体稳定和高速公路交通安全。

梅列互通高边坡滑坡是一个典型的路堑边坡滑坡,其发生与发展均体现一定的必然性和规律性,既反映了路堑高边坡工程的复杂性和危险性,也反映出在福建山区高速公路建设初期路堑高边坡防护加固工程设计工作存在的一些问题和不足。

经过认真分析研究该滑坡病害性质、体积规模、产生原因、滑动机理、潜在失稳模式、变形活动规律及其坡体稳定性发展趋势,结合滑坡工程地质勘察与滑坡动态监测成果,采用数值分析与工程经验相结合的方法,及时有效地设计了应急抢险加固工程和根治工程措施,成功地治理了这一较大规模的路堑高边坡滑坡。

其中,在该路堑边坡滑坡治理工程中采用的边坡滑坡病害调查分析方法、边坡位移动态监测手段、数值模拟计算技术、应急加固工程措施以及动态设计理念和信息化施工技术等系统技术方法,在福建山区高速公路路堑边坡工程生产实践中取得了广泛的应用,积累了较为可靠的成功经验,对其他地区类似边坡工程实践及其防护加固工程或治理工程设计具有指导意义和参考价值。

13.2　八尺门互通滑坡

13.2.1　工程概况

八尺门滑坡位于福建省福鼎市白琳镇白岩村境内,福宁高速公路(福鼎至宁德)八尺门互通区。该滑坡为一古老滑坡群,滑坡区横宽约 650 m,纵长约 400 m,滑体厚度 5～25 m,滑坡总体积约 20 万 m^3。

福宁高速公路全长160 km,2000年2月动工建设。在修建八尺门互通时,设计互通区主线及匝道基本从滑坡区中前部以路堑的形式通过。由于路堑开挖破坏了坡体原有的力学平衡,触发了多个滑坡块体的局部复活,引起了坡体的变形和破坏,不得不增设大量的预应力锚固工程和桩墙等支挡工程进行整治,从而严重影响了施工工期,并大量地增加了工程投资,致使滑坡治理工程造价高达5 500万元。

八尺门滑坡病害性质复杂,滑体规模较大,先后设计了抗滑挡墙、普通抗滑桩、预应力锚索抗滑桩、预应力锚索框架、预应力锚索地梁、预应力锚杆框架、预应力锚杆地梁、系统锚杆等支挡加固工程,以及仰斜平式钻孔排水和边坡支撑渗沟等引排坡体地下水工程措施进行综合治理。可谓各种滑坡治理工程措施齐全,其工程针对性较强,突出重点与特点,具典型的示范作用和意义。

同时,针对八尺门滑坡的分析和治理,开展了较为全面和系统的滑坡监测与试验工作,监测成果和工程应用表明,其治理工程效果良好。

13.2.2 工程环境和地质基础

(1)地形地貌与气候气象

八尺门滑坡区所在的福建福鼎八尺门地处滨海丘陵地貌,为丘陵坡积裙地貌单元,地形高差约60 m,相对较大。微地貌可辨释出多处后部圈椅状、前部地形凸出和坡体呈缓坡台阶状的古老滑坡地形地貌特征。

当地气候为中亚热带海洋性季风气候,年平均气温13.4℃～20.2℃,年平均降雨量1 250～2 350 mm,无霜期235～300 d。

(2)工程地质与水文地质

八尺门滑坡区位于福鼎白垩世火山喷发盆地东南缘,地处福鼎—霞浦断裂带东侧。地层主要分布为上覆坡积碎石土及残积亚黏土,下伏石帽山群下段下组英安质晶屑凝灰岩,局部为凝灰岩。

该滑坡区内水文地质复杂,地表水系不发育,地下水丰富。地下含水层主要有两层:第一层为亚黏土含水层,其孔隙较大、连通性较好,钻孔提桶抽水试验结果为1.3～24 T/d;地下水类型为第四纪孔隙潜水,接受大气降水补给。第二层为残积土层及以下风化土含水层,为弱承压型潜水,其补给来源于大气降雨的垂直渗透。径流方向受地形控制,排泄方式以泉点的形式为主,滑坡区内泉点流量0.01～2.2 L/s。

(3)坡体地层结构特点

该滑坡区内坡体地层结构从上至下主要为坡积亚黏土、残积亚黏土、全风化凝灰岩、强风化凝灰岩和弱风化凝灰岩。

坡积亚黏土层(Q_4^{dl}):黄色、灰褐色、灰黄色,坡积成因,较具黏性和砂感,砂含量20%～25%,最多达46%,普遍分布于滑坡区内。分布厚度不均,坡腰厚,坡脚薄,最大揭示厚度18.2 m。硬塑,潮湿～饱和。局部夹块石及孤石,粒径200～400 mm,密实,厚度0.5～8.45 m,埋深不规律。其中发现多层黏性富水带,具镜面擦痕或新鲜滑动擦痕,厚度0.15～1.6 m,埋深分别为6.25～7.4 m、12.8～12.95 m和16.5～17.6 m,是典型的滑带发育部位。

残积亚黏土层(Q_4^{el}):灰黄色、灰褐色、紫色,具黏性,含少量角砾和砂,原岩结构已全部破坏。硬塑、潮湿。厚度1.51～11.05 m,局部见古老滑面擦痕及新鲜滑动擦痕,土质松软,含水率丰富。

全风化凝灰岩($K_1sh_1^a$):灰色、灰黑色,岩芯呈土状,母岩结构较清晰,为凝灰结构,坚硬,潮湿,厚 0.9～10.2 m,局部见有强风化残留体。

强风化凝灰岩($K_1sh_1^a$):灰黑色,岩芯呈碎块状,局部为砂土状,凝灰结构,碎块构造,大部分矿物已风化,厚度 0.9～17.49 m,局部见有弱风化残留体。

弱风化凝灰岩($K_1sh_1^a$):灰黑色,岩芯呈碎块状、短柱状,凝灰结构,碎块状构造,少部分矿物已风化,最大揭示厚度 8.0 m。

13.2.3 滑坡病害性质及产生原因

(1)滑坡变形历史与发展

在 2000 年修建高速公路以前,八尺门滑坡区有一省道“沙吕线”在其坡体前缘通过。据现场调查访问,早在 1993 年沙吕线一带就曾产生局部边坡滑动变形,且逐年均有一定的发展,但其总体变形较为缓慢,未造成较大的破坏。随着高速公路八尺门互通区的建设,该滑坡变形和破坏开始活跃,其危害和威胁亦日趋明显,如图 13-11 所示。

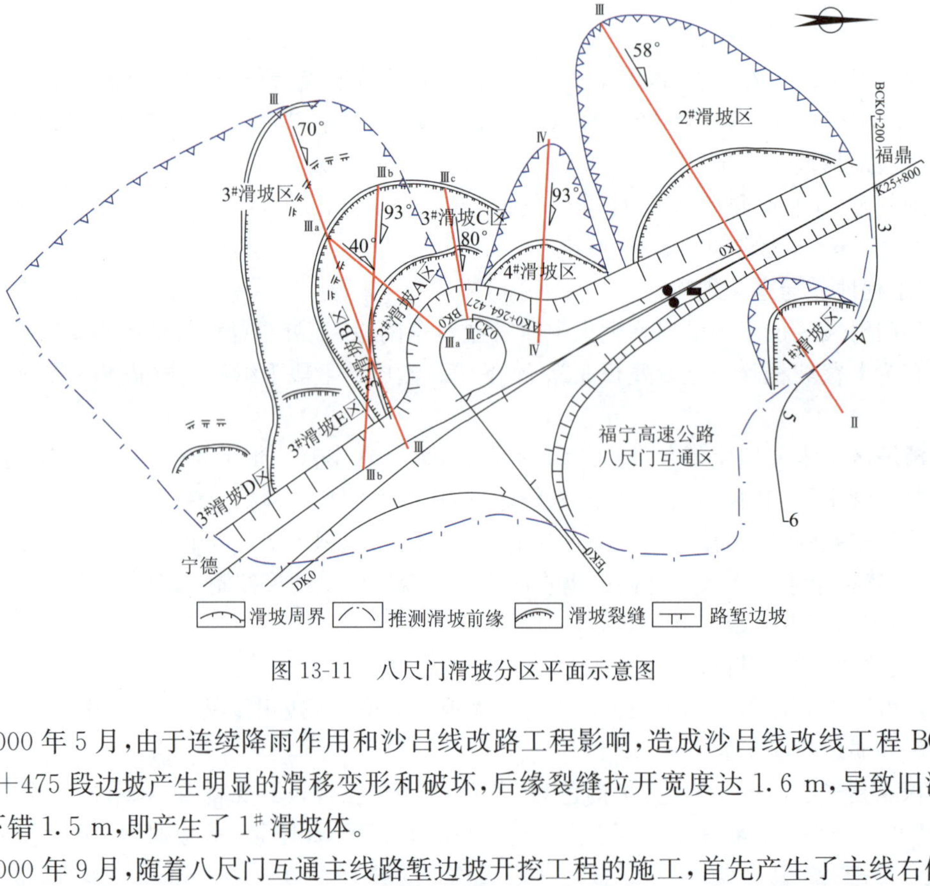

图 13-11 八尺门滑坡分区平面示意图

2000 年 5 月,由于连续降雨作用和沙吕线改路工程影响,造成沙吕线改线工程 BCK0+360～+475 段边坡产生明显的滑移变形和破坏,后缘裂缝拉开宽度达 1.6 m,导致旧沙吕线路面下错 1.5 m,即产生了 1# 滑坡体。

2000 年 9 月,随着八尺门互通主线路堑边坡开挖工程的施工,首先产生了主线右侧路堑边坡的变形开裂,同时其坡体上部也出现多处裂缝变形和破坏。其工程诱发了 2# 滑坡体(K23+855～AK0+100)的变形复活,并持续发展和扩大。

2001 年 6 月,随着八尺门互通 B 匝道的施工,触发了 3# 滑坡体的变形和破坏,先后产生了 3# 滑坡(AK0+258～YK24+480)A 区、B 区、C 区、D 区和 E 区坡体变形和破坏。

2001 年 10 月,随着八尺门互通 A 匝道的施工(主线段与 B 匝道之间),产生了 4# 滑坡体

(AK0＋120～＋258)的整体变形和破坏，前缘隆起剪出，后缘整体下错，并有向后部坡体牵引发展和扩大的趋势。

八尺门滑坡在高速公路互通区边坡开挖工程施工期间，由于路堑开挖破坏了坡体原有的力学平衡，触发了多块滑坡的局部复活变形和破坏，历经一年多时间的发展，其变形破坏日甚，严重危害和威胁高速公路边坡稳定与施工安全。

(2)滑坡产生原因

八尺门滑坡变形破坏严重，病害性质复杂，综合分析其滑坡产生原因可以归纳为如下几个方面：

①八尺门互通区微地貌可辨释出多处后部圈椅状、前部地形凸出和坡体呈缓坡台阶状的古老滑坡地形地貌特征，八尺门滑坡区是一个古老滑坡群，属大型堆积层滑坡。古老滑坡堆积体这种脆弱的地质环境背景是其产生严重的滑坡病害的地质基础。

②八尺门互通区主线及匝道设计基本从滑坡区中前部以路堑的形式通过，由于路堑开挖破坏了坡体原有的力学平衡，是其产生滑坡变形和破坏的主要触发条件之一。

③八尺门互通区坡体地下水丰富，泉水湿地发育，在地下水的长期作用下，滑带岩土将浸水软化或弱化，且其孔隙水压的上扬将减小或降低滑带岩土的抗剪强度，恶化坡体稳定条件，因此地下水的作用是其主要影响因素之一。

④该滑坡场区大气降雨充沛，台风灾害频发，特别是持续暴雨的作用导致地表水体的大量入渗，加剧了各种动静水压的作用和影响。

13.2.4　滑坡病害特征及稳定性分析

八尺门滑坡病害是发育在一个古老滑坡群基础上的多个滑坡块体复活变形和破坏，由于八尺门互通区的建设等工程触发因素作用，先后产生了4个主要滑坡病害区，各滑坡区的病害特征及其稳定性分析如下：

(1)1#滑坡区

1#滑坡区位于古老滑坡体北侧前缘沙吕线改线工程BCK0＋360～＋475段，沿线路横宽约115 m，滑坡纵长约90 m。沙吕线路堑开挖8～10 m，从八尺门滑坡区北侧条块前缘通过。2000年5月由于连续降雨作用和沙吕线改路工程建设影响，造成边坡产生明显的滑移变形和破坏。1#滑坡中前部基本沿古老滑动面滑动，后部牵引坡体拉裂，滑坡后缘裂缝拉开宽度达1.6 m，滑坡后壁下错1.0～1.5 m，如图13-12所示。

根据宏观迹象判断该新生滑坡体处于蠕动挤压至时滑时停阶段，体现遇雨即滑的特点，其变形破坏不断发展和扩大，坡体稳定度为1.0左右。

(2)2#滑坡区

2#滑坡体位于互通主线与A匝道间K23＋855～AK0＋100段，沿线路横宽约190 m，滑坡纵长约250 m。本段主线路堑设计开挖10～15 m，从八尺门滑坡区北侧条块之中前部通过。2000年9月，当八尺门互通主线路堑边坡开挖3～5 m时，首先产生了主线右侧路堑边坡的变形开裂，同时距线路50～80 m处的上部坡体及民户也出现多处裂缝变形和破坏。

2#滑坡前期变形破坏体现为浅层滑动，古老滑动面位于设计主线路基标高附近，随着主线路基向下开挖，如不进行工程治理，必将持续发展和扩大，直至古老滑坡整体复活，如图13-12所示。

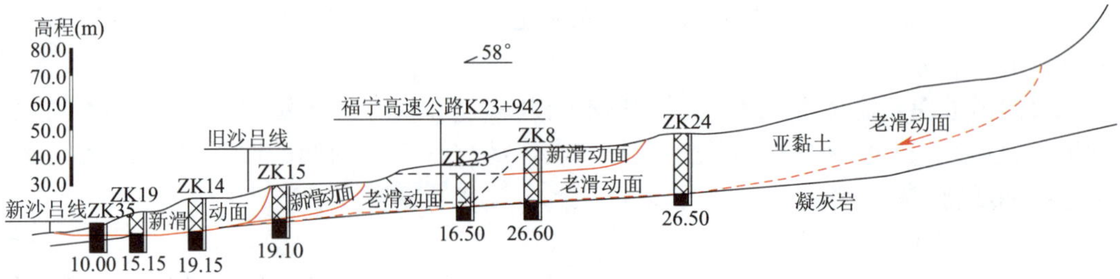

图 13-12　1#、2#滑坡主轴断面图(Ⅱ—Ⅱ)

(3)3#滑坡区

3#滑坡为八尺门滑坡区之南侧条块，其范围包括 AK0＋258.085～＋264.427，BK0＋000～＋087.428 和 YK24＋270～＋480 共三段坡体，沿线路横宽约 300 m，滑坡纵长约 350 m。

3#滑坡又分为 A、B、C、D、E 五个变形破坏区，其中 A 区为 BK0＋013～＋087.428 段，属路堑边坡滑坡滑动变形破坏区；B、D、E 区为 YK24＋270～＋480 段，属古老滑坡体复活变形活动区；C 区为 AK0＋258.085～＋264.427 和 BK0＋000～＋013 段，属牵引变形破坏区。

对于 A 区滑坡(其牵引变形活动包括 B 区)，坡体变形原因主要为 B 区路堑下切开挖，切削古老滑坡体之侧脚支撑，并历经多次台风暴雨作用，在古老滑坡体的脆弱地质背景条件下，坡体地下水作用加剧，岩土强度指标骤降，首先产生了路堑边坡滑坡变形和破坏，并进而牵引古老滑坡体之 B 区变形开裂。

因此，A 区滑坡又可分为前后两级，前级滑坡为路堑边坡滑坡，滑带发育于坡残积层及砂土状强风化凝灰岩内部，其变形破坏剧烈，稳定系数为 1.0 或略低于 1.0；后级滑坡主要依附于古老滑动面发育和活动，即强风化层内的软弱夹层或中风化岩层顶面由于受滑动方向制约，其整体稳定系数介定为 1.05 左右。

对于 B、D、E 区滑坡，主要体现为古老滑坡体的复活变形活动，其滑带发育集中于强风化岩层的顶底界面软层，即分为浅层滑坡和深层滑坡，浅层变形明显，深层存在蠕动，经判断浅层滑坡的稳定系数为 1.02 左右，深层滑坡的稳定系数为 1.05 左右。

对于 C 区滑坡，是由于 3#滑坡之 A、B 区及 4#滑坡的变形和破坏而牵引发展所成，其坡体结构条件与两侧古老滑坡体具有明显的差异。就当时变形而言，亦可分为深浅两层，浅层滑坡稳定系数为 1.02 左右，深层滑坡稳定系数为 1.05 左右。

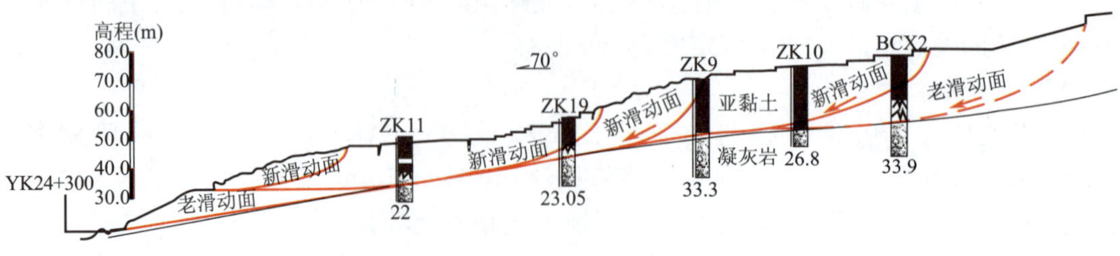

图 13-13　3#滑坡主轴断面图(Ⅲ—Ⅲ)

(4)4#滑坡区

4#滑坡区范围为 AK0＋120～AK0＋258.085 段，沿线路横宽约 140 m，纵长约 160 m。4#滑坡介于 2#滑坡和 3#滑坡体之间，亦可认为是 2#古老滑坡之“南块”滑坡体，由于其前缘主线路基开挖，诱发古滑坡复活变形和破坏。

4# 滑坡又可分为前后两级，前级滑坡变形破坏严重，稳定系数判断为 1.0；经坡体深部位移监测揭示，其后级滑坡存在蠕动变形迹象，但暂无地表变形反映，其稳定系数判断小于 1.1。

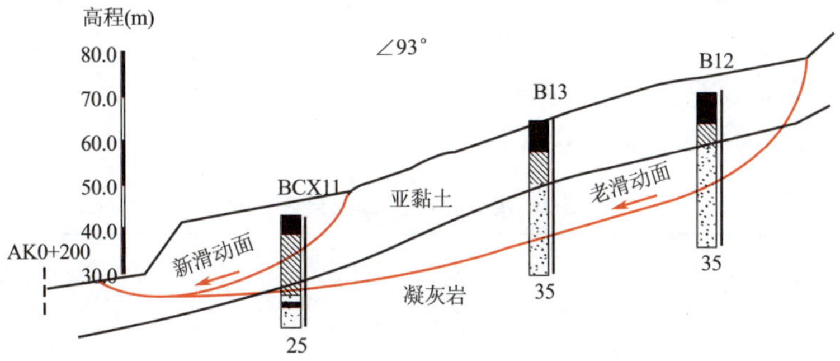

图 13-14 4# 滑坡主轴断面图(Ⅳ-Ⅳ)

13.2.5 滑坡治理工程

如上所述，八尺门滑坡区包括 1#、2#、3# 和 4# 四个滑坡体，坡体破坏严重，并且随着八尺门互通主线和匝道路堑工程的继续开挖下切，其坡体变形将进一步发展和扩大，严重危害八尺门互通工程的建设与安全，必须采取有效的支挡加固工程进行整治。

其中，1# 与 2# 滑坡体相对独立，其坡体结构与稳定状态较为明确；3# 和 4# 滑坡体的变形和破坏存在一定的相互联系和影响。特别是 3# 滑坡体的变形破坏性质较为复杂，各变形破坏区有较强的依存关系及相互作用和影响。

下面简要说明 1#、2# 滑坡体的主要治理工程措施，相对详细介绍 3# 和 4# 滑坡体的滑带指标反算、滑坡推力计算及其治理工程设计。

(1)1# 和 2# 滑坡体的主要治理工程措施

对于 1# 滑坡体，其主要治理工程措施包括：

①在该滑坡体上部局部刷方减重，清理坡面变形破坏体，减少下滑推力；

②在 BCK0＋405～＋460 段右侧坡脚设计抗滑挡墙工程，加强坡脚支挡；

③夯填主要滑坡裂缝，结合沙吕线改路工程完善该滑坡区的地表排水系统，并结合抗滑挡墙工程在 BCK0＋405～＋460 段设计支撑渗沟，引排坡体地下水。

对于 2# 滑坡体，其主要治理工程措施包括：

①在 K23＋840～AK0＋100 段右侧第一阶路堑边坡平台设计预应力锚索抗滑桩一排共 43 根，强力支挡开挖路堑边坡坡脚；

②在 K23＋900～AK0＋100 段右侧第二阶路堑边坡坡面设计预应力锚索地梁加固；

③在 K23＋840～AK0＋100 段右侧第一、二阶路堑边坡坡脚设计仰斜平式钻孔排水工程，并对主要泉水湿地设计地下水引排工程处理。

(2)3# 和 4# 滑坡体的治理工程设计

由于八尺门 3# 和 4# 滑坡体规模较大、性质复杂、工程重要，曾历经多方案设计比选并采用动态设计理念和信息化施工技术，各方案设计治理工程的总体思路大体一致，主要工程措施基本相同。下面重点介绍其中一个治理工程设计方案。

1)滑带指标反算

在滑坡病害治理工程设计计算过程中,滑带强度指标的选择与确定至关重要,一般采用以反算指标为主,结合有关试验与经验综合确定。

首先根据 3$^{\#}$、4$^{\#}$ 滑坡各块体的坡体地层结构、滑带发育部位、深部位移监测、地表变形破坏,以及地下水作用特征与规律,综合分析判断各滑坡块体的稳定程度,即稳定系数。然后以坡体稳定系数为基础,反算各滑动块体的主滑带强度参数指标。

3$^{\#}$、4$^{\#}$ 滑坡各断面滑带指标反算结果见表 13-2。

表 13-2 滑带指标反算结果统计表

滑坡编号		3$^{\#}$ 滑坡											4$^{\#}$ 滑坡	
块区编号		主断面			A 区		BDE 区		C 区				主断面	
断面编号		Ⅲ	Ⅲ－1	Ⅲ－2	Ⅲ$_a$		Ⅲ$_b$		Ⅲ$_c$		Ⅲ$_c$－1		Ⅳ	
滑面编号					前级	后级	浅层	深层	浅层	深层	浅层	深层	前级	后级
稳定系数		1.02	1.02	1.02	1.0	1.05	1.02	1.05	1.02	1.05	1.02	1.06	1.0	1.09
指标	c(KPa)	5	6	6	4	4	8	10	10	10	10	10	10	10
	ϕ(°)	6	5	5	5	5	7.6	10.4	19	19.8	17.5	17.5	12.3	12.3

注:3$^{\#}$ 滑坡主断面所代表块体对本工程影响较少,主要体现 A,B,C,D,E 各区块作用特征。

2)滑坡推力计算

通过上述滑带指标反算,结合该互通区工程设计实际情况,综合考虑各断面边坡形态和地下水状态的改造与变化,计算各主要工程断面滑坡推力结果见表 13-3。

表 13-3 滑坡推力计算结果统计表

滑坡编号	3$^{\#}$ 滑坡			4$^{\#}$ 滑坡
块区编号	A 区	BDE 区	C 区	主断面
断面编号	Ⅲ$_a$	Ⅲ$_b$	Ⅲ$_c$	Ⅳ
安全系数	1.25	1.2	1.2	1.2
滑坡推力	850 kN/m	1 590 kN/m	1 133 kN/m	2 296 kN/m
支挡加固工程结构承力分布	上排锚索框架 500 kN/m 下排锚索框架 500 kN/m	抗滑桩 1 000 kN/m 桩头锚索 650 kN/m	上排锚索框架 750 kN/m 下排锚索框架 500 kN/m	锚索框架 750 kN/m 抗滑桩 1 000 kN/m 桩头锚索 680 kN/m

3)治理工程设计

根据八尺门互通区 3$^{\#}$、4$^{\#}$ 滑坡的病害性质、变形现状、产生原因、稳定程度和发展趋势,结合互通区路堑开挖工程设计的实际情况,在上述有关各滑坡条块的稳定度评估、滑带指标反算和滑坡推力计算等分析计算成果资料的基础上,设计采用预应力锚索抗滑桩、预应力锚索框架、仰斜平孔排水和抗滑挡墙等综合治理工程措施对其进行工程整治,如图 13-15 至图 13-19 所示。

①边坡刷方工程

对于八尺门互通 3$^{\#}$、4$^{\#}$ 滑坡,原则上按原设计坡形坡率进行边坡工程刷方。对局部因滑动变形破坏或治理工程需要的,适当调整平台宽度和设计坡率。

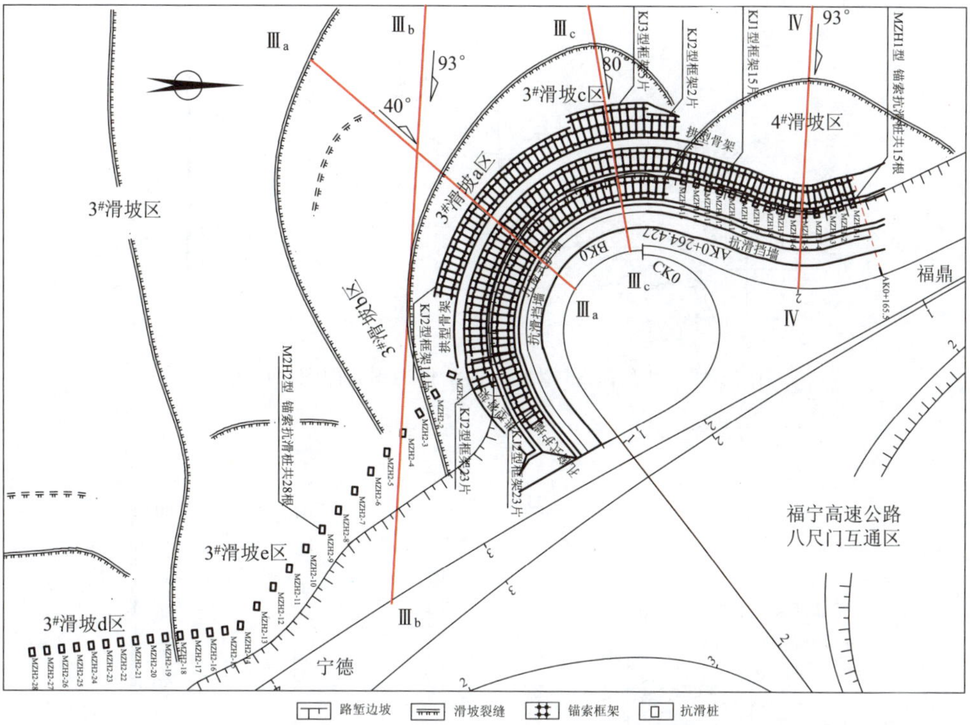

图 13-15 八尺门 3#、4# 滑坡治理工程平面布置图

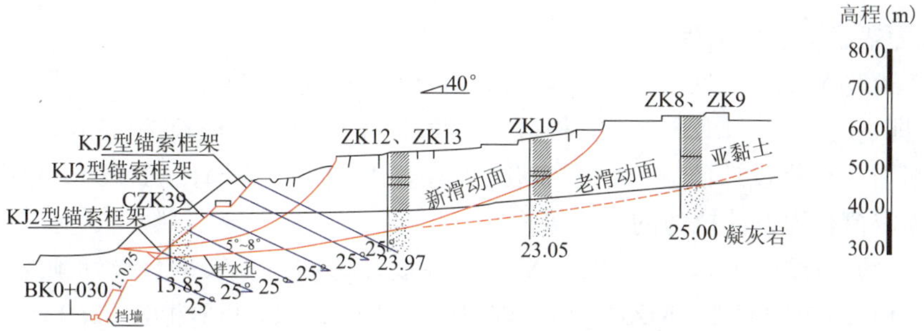

图 13-16 八尺门 3# 滑坡 A、B 区治理工程断面图(Ⅲa-Ⅲa)

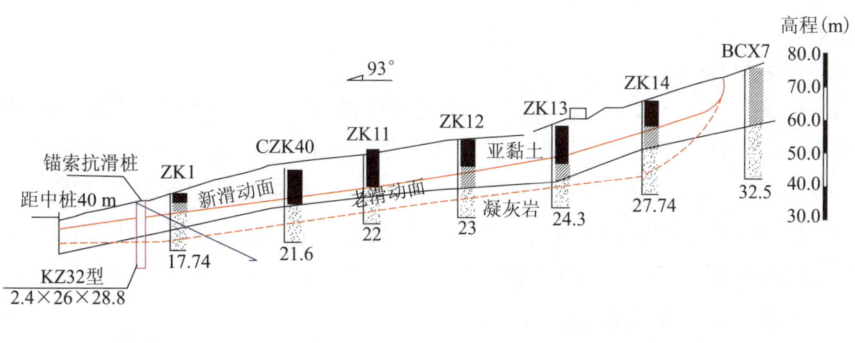

图 13-17 八尺门 3# 滑坡 B、D、E 区治理工程断面图(Ⅲb-Ⅲb)

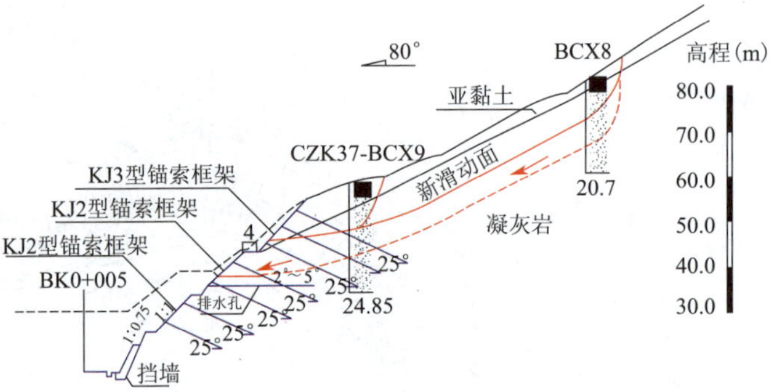

图 13-18　八尺门 3# 滑坡 C 区治理工程断面图(Ⅲc-Ⅲc)

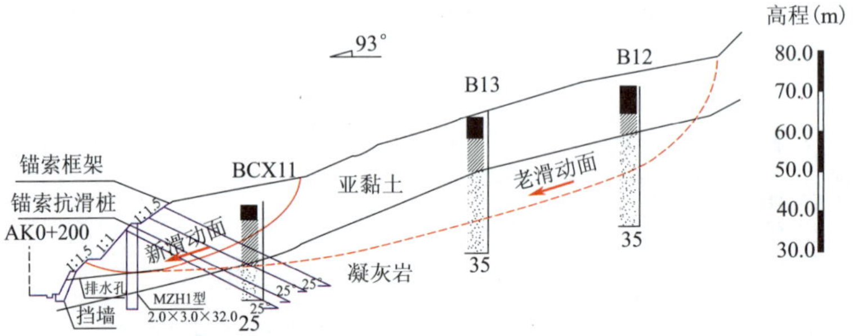

图 13-19　八尺门 4# 滑坡治理工程断面图(Ⅳ-Ⅳ)

②预应力锚索抗滑桩工程

对于 3# 滑坡 YK24＋270～＋480 段，在设计线路山侧坡体前缘设计预应力锚索抗滑桩一排共 28 根，即 MZH2-1～MZH2-28。桩截面为 2.0 m×3.0 m，桩长 20.0 m，桩纵轴线间距 6.0 m。各桩桩头分别设计预应力锚索 2 孔，锚索长度 40 m，锚固段长 15 m，单孔设计拉力 1 450 kN，锁定荷载为设计拉力的 0.6 倍。

对于 4# 滑坡 AK0＋165.5～＋258.085 段，在设计边坡第二级平台设计预应力锚索抗滑桩一排共 15 根，即 MZH1-1～MZH1-15。桩截面为 2.0 m×3.0 m，桩长 22.0 m，桩中心间距 5.0 m，各桩桩头分别设计预应力锚索 3 孔，即上排 1 孔和下排 2 孔，成“品”字型布置，上排锚索长度 46 m，下排锚索长度 44 m，锚固段长 12 m，单孔设计拉力为 1 130 kN，锁定荷载为设计拉力的 0.6 倍。

③预应力锚索框架工程

对于 AK0＋165.5～＋258.085 段第三级坡面，设计 KJ1 型预应力锚索框架共 15 片；对于 AK0＋258.085～BK0＋070 段第二级坡面，设计 KJ2 型预应力锚索框架共 23 片；对于 AK0＋258.085～BK0＋060 段第三级坡面，设计 KJ2 型预应力锚索框架共 23 片；对于 AK0＋258.085～＋264.427 段第四级坡面，设计 KJ2 型预应力锚索框架共 2 片；对于 BK0＋013～＋045段第四级坡面，设计 KJ2 型预应力锚索框架共 14 片；对于 BK0＋000～＋013 段第四级坡面，设计 KJ2 型预应力锚索框架共 5 片。

KJ1 型预应力锚索框架：每片框架宽为 5 m，其上设上下两排共 4 孔预应力锚索，上排锚索长度 47 m，下排锚索长度 45 m，锚固段长度均为 8 m，单孔设计拉力为 750 kN，锁定荷载为设计拉力的 0.8 倍。

KJ2 型预应力锚索框架：每片框架宽为 6 m，其上设上下两排共 4 孔预应力锚索，上排锚索长度 18～40 m，下排锚索长度 15～36 m，锚固段长度均为 8 m，单孔设计拉力为 750 kN，锁定荷载为设计拉力的 0.8 倍。

KJ3 型预应力锚索框架：每片框架宽为 6 m，其上设上中下共三排预应力锚索，上排锚索长度 28 m，中排锚索长度 25 m，下排锚索长度 23 m，锚固段长度均为 8 m，单孔设计拉力 750 kN，锁定荷载为设计拉力的 0.8 倍。

④仰斜平孔排水工程

由于八尺门互通 3#、4# 滑坡区坡体地下水丰富，且是其坡体变形和破坏的主要原因之一，引排坡体地下水至关重要，以利于提高滑带岩土强度，减少孔隙水压力，增强坡体稳定，减少下滑推力，确保结构可靠和交通安全。

布设平孔排水工程如下：

在 AK0＋165.5～＋258.085 段第一级坡面布设平孔排水工程一排共 32 孔，孔间距 2.5 m，孔深 25 m；在 AK0＋258.085～BK0＋013 段第三级坡面布设平孔排水工程一排共 12 孔，孔间距 3 m，孔深 25 m；在 BK0＋013～＋070 段第二级坡面布设平孔排水工程一排共 46 孔，孔间距 3 m，孔深 25 m。

⑤ 抗滑挡墙工程

由于八尺门互通 3#、4# 滑坡 A、B 匝道区路堑边坡较高，抗滑桩等抗滑加固工程大多置于堑坡上，考虑客观地质条件和施工因素影响，其坡脚支挡加固工程尤为重要，故在 AK0＋165.5～BK0＋087.482 段设计抗滑挡墙一排共长 203 m，墙高 6 m，墙基嵌入路面以下 1.5 m。墙顶以上坡面(已设框架坡面除外)采用孔窗式护面墙或拱型骨架植草防护。

⑥其他工程措施

夯填主要滑坡裂缝，并结合八尺门互通工程建设完善该滑坡区的地表排水系统。

13.2.6　滑坡监测与工程效果评价

为了研究分析八尺门滑坡病害性质、体积规模、滑面位置、稳定程度和发展趋势，对八尺门滑坡开展了包括地表变形监测、地下变形监测、重点结构物变形监测、锚索应力监测、桩侧应力监测、地下水监测，以及锚索抗拔破坏试验等较为全面和系统的滑坡监测与试验工作。以便掌握滑坡坡体变形动态特征与规律，了解支挡加固工程结构的受力状态，并作为该滑坡区治理工程动态设计和信息化施工的基础和评价治理工程效果的依据。

八尺门滑坡区共设地表位移监测点 104 个，滑体深部位移测斜监测 45 孔，同时进行地下水位监测；抗滑桩桩顶及桩身位移监测共 8 根，设深部位移测斜管 18 孔；抗滑桩桩侧应力监测共 8 根，设土压力计 45 个；锚固工程的锚索测力计监测设 21 孔，并完成锚索抗拔力破坏试验共 9 孔。

监测成果显示：八尺门滑坡区的地表位移和坡体深部位移及抗滑桩桩身变形已趋于稳定；预应力锚索的应力变化在正常的范围以内；抗滑桩桩侧应力均小于设计值，并且没有发现新的宏观变形破坏迹象。因此，综合分析监测成果，可以认为八尺门滑坡当前处于基本稳定状态，其治理工程效果明显，达到和满足设计目的和工程要求。

八尺门滑坡是一典型的工程滑坡，即高速公路工程建设引起古老滑坡体的复活变形和破坏。通过对八尺门滑坡的研究分析和工程治理，总结经验教训有以下几点：

(1)工程场地稳定性评价的重要性

在八尺门互通区建设初期，由于忽视了古老滑坡的存在，其互通主线和匝道基本设计在古老滑坡体的中前部以开挖路堑的形式通过，直接切断了滑坡坡体的力学联系，破坏了原有坡体的力学平衡，触发了大范围和多区域的路堑边坡失稳及古老滑坡体的复活，造成了较为严重的工程病害和损失。

(2)滑坡灾害认识与判断的重要性

在八尺门滑坡病害发生的前期，主要体现为1#、2#滑坡区内路堑边坡的局部变形和破坏，由于受认识水平、工作深度及工程投资等多种因素影响和制约，对该滑坡的危害性认识不足，存在一定程度的判断失误的问题，以致在互通主线和匝道路堑全面开挖的情况下诱发了大面积滑坡复活变形和破坏。相反地，在该滑坡治理工程后期，加强了该滑坡的研究分析和方案论证，对该滑坡的认识和判断正确，及时采取有效的治理工程措施，并强化预加固的设计理念，成功地治理了八尺门滑坡病害，顺利完成了八尺门互通工程建设。

(3)互通区滑坡病害发育的规律性

对于山区高速公路建设，由于其地形条件困难、地质条件复杂，其互通区一般需要设计在相对较为宽缓的场地，而古老滑坡发育区往往具有这种地形条件或地貌特征。

这样一来，不少高速公路的互通区就可能不适当地选址于古老滑坡堆积体上，且山区地形的互通立交难免设计深挖路堑工程，从而较易引起古老滑坡体的复活变形和破坏。如福建山区高速公路还曾发生了福泉(福州—泉州)高速公路官秀互通滑坡、漳龙(漳州—龙岩)高速公路新祠互通滑坡、三福(三明—福州)高速公路梅列互通滑坡和三明北互通滑坡等。

因此，高速公路的互通区选址应尽可能避开古老滑坡堆积体，如受线位控制，应在准确详实查明滑坡工程地质条件及互通区工程作用和影响的基础上，优化线位布置，避免或减少对古老滑坡体的扰动破坏作用和影响，并且设计采用有效的预加固工程措施，确保坡体稳定和工程安全。

13.3 金斗山滑坡

金斗山滑坡位于福建省长深高速公路南平境内。高速公路在滑坡坡脚以路堑形式通过，在边坡开挖过程中，该段发生坍塌和滑坡，历经数次工程变更后，该滑坡处于基本稳定状态。

该段高速公路通车后，由监测单位一直进行深孔位移监测，监测资料显示滑坡深部位移受降雨影响明显。2010年5月下旬持久强降雨期间，该滑坡体含水率增大，岩土体趋于饱和状态，坡体渗水严重，岩土体软化，力学指标急剧降低，滑坡体再次变形，且往浦城方向和后山发展，诱发老滑坡复活变形。

13.3.1 工程地质环境

(1)地形地貌及气候气象

地貌上属闽北低山丘陵地貌、冲洪积沟谷，高程100～340 m，植被发育。金斗山山体滑坡后部山梁走向为北北东向，山坡较陡，坡度约40°，局部发育陡崖。山坡体中部斜坡坡度较缓，具两级缓坡平台，坡度约15°～25°。缓坡上发育3条北西向浅沟，具老滑坡微地貌特征。

滑坡场区属亚热带季风湿润气候区，具有大陆性气候特征，兼受海洋性气候影响，温和多雨，年平均气温17.4℃～19.3℃，年平均降雨量1 669～1 906 mm，全年雨日164～177 d，3～4月为春雨季，雨量约占23%～24%，10月至次年2月为少雨期，约占全年20%，降雨分布不均匀，变化很大。根据当地居民介绍，金斗山地形条件易形成局部特殊气象，其降雨量相对周围明显偏大。

(2)工程地质与水文地质

金斗山滑坡处于构造接触带部位，构造断裂、构造破碎带或构造结构面带发育，岩层中多见岩脉穿插，岩层破碎，节理裂隙发育。组成边坡的残积粉质黏土和砂土状强风化砂岩层较深厚，强风化层厚度为 20～35 m，节理裂隙发育，遇水易软化，为易滑地层，岩层易沿长大贯通构造结构面(带)和不同岩性接触面产生滑移，为该边坡发生变形的地质基础。

地下水类型主要为孔隙潜水和基岩裂隙水。崩坡积层和坡残积层中的孔隙潜水和强风化岩中的网状孔隙裂隙水较丰富，主要受大气降水和基岩裂隙水补给，水位变化较大。基岩裂隙水(断层破碎带水)较丰富，主要以带状或层状形态分布于断层结构面带中，具承压性。

由于滑坡前缘公路边坡坡脚设置高度大，长度长的片石混凝土挡墙，破坏了地下水的排泄途径，故该滑坡地下水位总体呈后部底、前缘高，地下水在前缘具有承压特性。

13.3.2　滑坡灾害特点

(1)变形历史与现状

该段公路边坡在线路开挖过程中，即发生坍塌和滑坡，坡面出现贯通裂缝，坡顶截水沟处错台明显。

2007 年 8 月初对该段边坡进行第一次变更设计，在施工过程中，ZK211＋720～＋930 段坡顶果园坡地内出现数条裂缝，最远距离变更刷坡后坡顶线约 80 m。

2007 年 8 月～2007 年 12 月，坡顶拉裂缝不断扩展，裂缝最宽处约 100 cm，下错约 200 cm，形成严重的滑坡地质病害。经过一系列工程变更后，滑坡基本达到稳定状态，进入工后调整期。

2010 年 5 月该滑坡再因持久强降雨诱发再次复活，具体表现为后缘裂缝距离线路中心线水平距离约 260 m，与线路中心的相对高差达 100 m，两侧滑动裂缝贯通，后部果园坡体内也形成多道牵引裂缝；边坡发生多处浅表层滑坍，坡面浅表层解体现象普遍；坡脚一级挡墙在 ZK211＋780～＋840 段距路面 2～3 m 处产生宽约 5～10 mm、最大外错量近 30 mm 的剪出口裂缝。

除抗滑桩内的四个深孔监测孔外，其余 10 个深孔监测孔在 6 月 19 日至 24 日之间全部被剪断。而抗滑桩内的监测孔孔口位移均超过 100 mm，变形深度最大达 32 m，监测孔内地下水位明显抬高。

通过抗滑桩桩体地质取芯，抗滑桩出现两段芯样呈现碎块状，部分芯样呈散体状。

(2)病害性质与规模

该滑坡为风化层基岩滑坡，边坡工程触发老滑坡的局部复活，在特殊灾害气象条件下，形成规模巨大的山体滑坡地质灾害。

当前，该滑坡周界裂缝贯通、明显，变形滑坡体横宽约 340 m，纵长约 265 m，平均厚度约 20 m，总体积达 125 万 m^3，形成一个巨型的山体滑坡地质灾害。

(3)稳定性分析与评价

根据滑坡的变形现状，结合深孔位移监测，该边坡目前处于蠕动挤压变形阶段，从稳定性分析角度判断为欠稳定状态，滑坡整体稳定性差，局部不稳定。滑坡整体稳定系数介于0.98～1.02，滑坡上部牵引段稳定系数1.02左右，滑坡体下部稳定系数0.98左右，因此对该滑坡的治理已到了刻不容缓的地步。

金斗山滑坡稳定性的定量计算主要是在合理确定计算断面和计算参数的基础上，通过数值分析计算，定量评价该滑坡的稳定现状及其发展趋势，计算成果见表13-4。

表13-4　金斗山滑坡各滑面稳定程度评估与稳定系数计算结果一览表

计算断面	滑面编号	滑面分层	滑体分级	评估稳定程度	计算稳定系数 F_s	备注
ZK 211+840	1	现有滑面	下级	$F_s \approx 1.0$	0.993	极限平衡
	2		上级	$1.02 < F_s < 1.05$	1.024	
	3	潜在滑面	下级	$F_s \approx 1.0$	1.010	极限平衡
	4		上级	$1.02 < F_s < 1.05$	1.034	
ZK 211+740	5	现有滑面	下级	$F_s \approx 1.0$	1.005	极限平衡
	6		上级	$1.02 < F_s < 1.05$	1.020	
	7	潜在滑面	下级	$1.02 < F_s < 1.05$	1.024	
	8		上级	$1.02 < F_s < 1.05$	1.039	

(4)危害程度和发展趋势

根据金斗山滑坡的变形现状，结合深孔位移监测及地表位移监测，综合分析认为当前该山体滑坡变形破坏严重，边坡滑坡既有抗滑工程基本失效，滑坡整体不稳，处于大变形后的调整阶段，遇雨即产生缓慢滑动变形，必将进一步破坏高速公路设备及抗滑工程结构，严重危害和威胁公路畅通与交通安全。若任其发展，很有可能产生大规模的滑动和破坏，并由此形成严重的山体滑坡型泥石流，造成重大的地质灾害，严重威胁浦南高速公路的安全。

13.3.3　治理工程对策

针对该巨型的山体风化基层滑坡，治理对策为：应急反压＋减重工程、排水隧洞、支挡加固工程及既有门架桩补强加固，如图13-20所示。

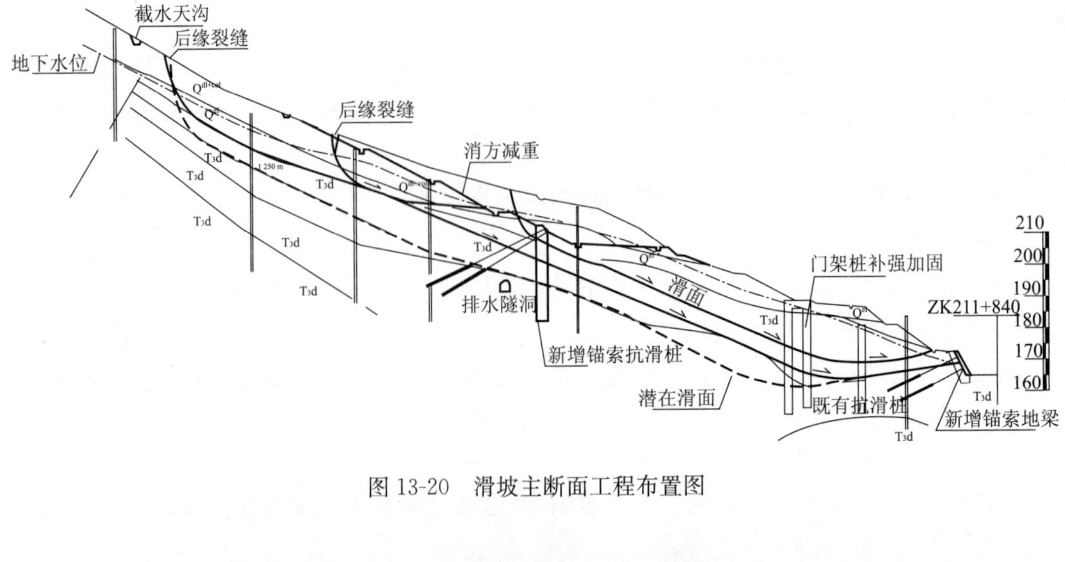

图13-20　滑坡主断面工程布置图

在上述滑坡稳定性分析与滑带指标反算等计算成果的基础上，结合拟设滑坡整治工程措施，模拟计算滑坡治理工程效果。并且根据有关规范要求，取用稳定性安全系数为 1.2 计算滑坡推力。计算成果见表 13-5。

表 13-5 主要计算滑面稳定性分析与滑坡推力计算一览表

计算断面	初始状态					减重刷方	泄水隧洞	滑坡推力	备注
	编号	分层	分级	稳定评估	计算 F_s	减重后 F_s（10 万 m^3）	排水后 F_s（下降 2 m）	kN（$F_s=1.2$）	
ZK 211+840	1	现有滑面	下级	$0.98<F_s<1.02$	0.993	1.038	1.095	330+300	控制设计
	2		上级	$1.02<F_s<1.05$	1.024	1.027	1.089	420	
	3	潜在滑面	下级	$0.98<F_s<1.02$	1.010	1.074	1.114	280+300	
	4		上级	$1.02<F_s<1.05$	1.034	1.024	1.070	1900	控制设计
ZK 211+740	5	现有滑面	下级	$0.98<F_s<1.02$	1.005		1.079	1120+400	控制设计
	6		上级	$0.98<F_s<1.02$	1.020		1.082	700	
	7	潜在滑面	下级	$1.02<F_s<1.05$	1.024		1.062	920+400	
	8		上级	$1.02<F_s<1.05$	1.039		1.070	1 200	控制设计

（1）应急反压与减重工程

根据滑坡的病害性质及规模、稳定性分析与评价等，并结合危害程度及发展趋势，对该滑坡紧急展开抢险救灾行动。在坡脚形成一道长约 120 m，宽约 8 m，高约 8 m 的反压墙，坡面全部覆盖并形成地表水排出通道，在滑坡前缘 3 级坡面布置仰斜排水孔进行地下水疏导排泄，在边坡中上部进行消方减重，设计减载体积约 12 万 m^3。经过软件模拟计算，刷方减载工程能提高滑坡整体稳定系数 0.03 左右，滑坡稳定系数升至 1.03 左右。

（2）排水隧洞

夯填滑坡周界裂缝及滑坡体上的裂缝，在滑坡周界 10 m 外侧布置截水天沟，完善滑坡体上的地表排水工程，修复既有各级边坡平台上的水沟。

鉴于该滑坡滑体地下水丰富，雨季地下水位抬升快等特点，在滑坡体中部设置一道排水隧洞（3 m×3 m 截面）。排水隧洞横穿滑坡体，隧洞洞底纵向坡率为 10%，排水隧洞位于潜在的砂土状强风化砂岩滑面以下不少于 3 m，位于碎块状强风化砂岩地层中，隧洞上曲拱设置放射状仰斜排水孔，放射角度 30°，仰斜排水孔在隧洞纵向按 5 m 间距布置，排水孔钻穿滑面不少于 2 m。

考虑到排水隧洞的大截面尺寸，设置排水隧洞后，滑坡体整体地下水位降低约 2 m，根据软件模拟计算结果显示，设置排水隧洞后，滑坡整体稳定系数提高 0.1 左右，滑坡稳定系数升至 1.09 左右。

（3）支挡加固工程

根据该滑坡主滑方向长度大，并结合滑坡初期变形特征等，布置两排锚索抗滑桩进行加固。一排布置在滑坡中部刷方减重区，抵挡滑坡体上部滑体推力；一排布置在滑坡体前缘，抵挡滑坡体前部滑体推力。

在该滑坡前缘片石混凝土挡墙上布置预应力锚索地梁，间距 3 m。

根据软件模拟计算结果显示，主要支挡加固工程设置后，滑坡体整体稳定系数升至 1.2 以上，满足公路路基设计规范要求。

（4）既有门架桩补强加固

根据该滑坡既有门架抗滑桩特点，并在抽芯检测的基础上，充分论证其可用性后，对该既有抗滑桩实施主筋补强加固及桩身高压注浆加固。具体为在门架桩山侧抗滑桩设置预应力锚索，锚固段设在桩底弱风化地层中；门架桩外侧抗滑桩预应力锚索锚固段设在桩内；个别抗滑桩由于桩长偏短，预应力锚索锚固段设在桩底以下。

13.3.4　几点认识

通过对金斗山滑坡的研究和治理，分析总结可以得出以下几点认识：

(1)金斗山滑坡具有古滑坡的微地貌特征，滑坡前缘较平缓，被当地人开垦为果园，后缘具有明显的陡缓交接带，滑坡体前缘缓坡上发育 3 条浅沟。线路在滑坡前缘以路堑形式通过，破坏了古老滑坡的力学平衡，引发滑坡的局部复活，其后经过持久强降雨的诱发，古老滑坡展现深层及大范围的复活。

(2)滑坡体前缘未设置地下排水工程，由于高度大、长度大挡墙的存在，坡体地下水在前缘无法顺利排泄，致使滑坡体长期处于饱水状态，诱发滑坡体的复活。

(3)鉴于国内对既有抗滑桩补强工程相关经验及工艺偏少，故本次滑坡设计对抗滑桩补强加固设计所考虑的作用处于保守考虑。

(4)线路选线对于避开古滑坡尤为重要，但是对于经人类改造后的古滑坡的认识，困难颇大，这就要求野外地质工作者更为细密的野外勘察，不能满足于线路两侧一定区域的勘查，对于上陡下缓的山坡应站在对面高处远眺，才能发现古老滑坡的痕迹，一次根治。

13.4　箭丰尾滑坡

13.4.1　工程概况

三明市永安箭丰尾山体滑坡病害位于福建省永安市境内，距洪田镇约 2 公里，永武高速公路 205 国道改线 GK0＋850～ GK1＋445 段，如图 13-21 所示。

因永武高速公路建设需要，在 K10＋500～K12＋000段借用原国道线位，国道向山侧上方以挖方路基的形式改移，现发现存在严重的山体滑坡病害，起讫桩号为 GK0＋850～ GK1＋445。该段改线挖方边坡可以划分为 3 个区段，即：A 段，GK0＋850～GK1＋110；B 段，GK1＋110～＋250；C 段，GK1＋250～＋445。其中，A 段原设为 5 级边坡最高约 40 m，B 段原设为 2 级边坡最高约 15 m，C 段原设为 3 级半边坡最高约 28 m。

2007 年 12 月以来，在国道改线边坡的路堑开挖和防护加固工程施工过程中，先后多次产生了局部边坡坍塌和边坡滑坡等地质病害，为确保国道边坡稳定和交通安全，设计采用抗滑桩、抗滑挡墙、预应力锚索框架、预应力锚索地梁以及地表地下排水工程等综合的边坡病害治理工程措施。

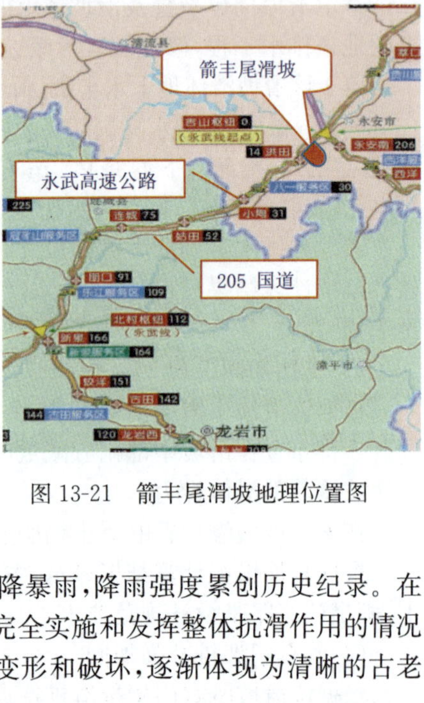

图 13-21　箭丰尾滑坡地理位置图

2010 年 4～6 月，福建省永安市洪田镇境内长时间普降暴雨，降雨强度累创历史纪录。在本段边坡与滑坡病害治理的主体工程即抗滑桩工程尚未完全实施和发挥整体抗滑作用的情况下，由于持续强暴雨的作用和影响，诱发本段山体的严重变形和破坏，逐渐体现为清晰的古老滑坡体的局部或较大范围的复活，业已形成重大的地质灾害隐患，并直接破坏国道与高速公路路面及抗滑工程结构，威胁道路畅通及公共安全。

13.4.2 滑坡地质基础

(1)地形地貌

箭丰尾斜坡体位于文川河右岸(东侧)山坡的坡麓上，属剥蚀丘陵地貌区，总体坡度约15°，中部较缓呈多级平台状，上部较陡可达30°。坡体中冲沟较发育，山坡上植被较发育，坡体上有多条伐木运输道，坡脚处为新建205国道和永武高速公路，如图13-22所示。

图 13-22 箭丰尾滑坡全景地形图

从上图13-22中可以看出，本段自然斜坡坡脚前缘位于文川河冲刷凹岸，斜坡总体具有明显的负地形或凹陷地形的特点，其主体可以分为左右即A、B两个区段或两个条块，A、B两条以中部较深冲沟为界，在地形上都具有陡缓相间的多级台阶地貌，其中A条的台阶状块体更为发育。

从微地貌分析判断，本段斜坡具有古老滑坡体的地形地貌特点，而且其滑体规模特别巨大，属重大的不良地质病害体。正是由于其古老滑坡规模巨大，后期地貌改造作用强烈，往往不易被察觉或辨识。

(2)地层岩性

据前期工程地质测绘及钻孔成果，该段山体滑坡场区内表层为较厚坡残积层(Q^{el-dl})，下伏基岩为二叠系童子岩组(P_{1t})中薄层粉砂岩、炭质粉砂岩及其风化层。

主要地层由上至下描述如下：

含碎石坡积粉质黏土：黄褐色、褐红色，成分以粉粒、黏粒为主，黏感强，含10%～30%碎石、角砾，棱角状，黏性差，泡水易软化，干时即散体状，厚度最大可达15 m；

残积砾质黏性土：灰、灰黄色，浅灰色，可塑，稍湿，原岩组织结构基本破坏，但尚可辨认，有残余强度，岩芯呈砂土状，局部夹有碎石，块径2～7 cm为主，岩芯遇水易软化崩解；

砂土状强风化炭质泥岩：黑褐、灰黄色，泡水后呈泥团状，含有少量1～2 cm碎石，结构凌乱，局部夹有水云母，泥碳含量较高，有煤炭味道；

砂土状强风化炭质粉砂岩：灰黑色，呈砂土状，局部含有30%～40%的1～4 cm碎石，原岩结构大部分破坏，矿物显著风化变化，泡水易软化，局部质纯为炭质泥岩；

碎块状强风化炭质粉砂岩：灰褐色，以1～5 cm块状为主，部分可掰开，块状占总量60%～70%，其余为砂土状，局部质纯为炭质泥岩；

弱风化炭质粉砂岩：灰褐色，较破碎，以3～6 cm块状或短柱状为主，破裂指数大于20条/m，且大部分有铁锰质渲染，TCR为70%～80%，饱和抗压强度约16 MPa，抗剪强度1 MPa左右，岩层产状总体倾向西侧，倾角16°～30°；

砂土状强风化粉砂岩、泥岩：灰黄杂褐红色，含有10%～20%的1～2 cm碎块，质较硬，矿物显著风化变色；

碎块状强风化粉砂岩、泥岩：灰白色，呈1～4 cm碎块状，大部通体风化变色，但质较硬，块状占总量70%～80%，TCR为50%左右；

弱风化粉砂岩：灰褐色，较破碎，呈3～6 cm块状或短柱状为主，破裂指数大于20条/m，且大部分有铁锰质渲染，TCR为70%～80%，饱和抗压强度约15～34 MPa，抗剪强度3 MPa左右。岩层产状总体倾向西侧，倾角16°～30°。

(3)地质构造

该山体滑坡场区大地构造上位于闽西南拗陷带中，总体地处以南北向不对称向斜的东翼，向斜轴部位于文川溪，西侧岩层陡倾(倾角30°～50°)，东岸岩层缓倾(倾角15°～25°)，呈舒缓波状。

场区内GK1+112处冲沟发育似有一小背斜，北部产状为340°∠23°，南部产状为185°∠31°，区内岩层产状较为紊乱，倾角变化较大。该场区内还发育两条区域构造，分别为近南北向断层F1和北东向断层F2从坡体前部和右侧穿过。

其中，F1为压性断层，产状近南北，延伸十余公里，将整个坡体划分成为上下两个区域，断裂带影响宽度约50～80 m，从HP16等孔可见带内风化强烈，岩石破碎局部见构造挤压角砾。

F2张性断裂位于场区南侧边缘，产状N80°E/S70°～80°，地貌上为一笔直深切沟谷，带内地下水较丰富，地表常年有水。由于场区坡残积层覆盖较厚，除地表负地形外，其他构造特征不明显。

(4)水文气象

该场址属亚热带季风湿润气候，年降雨年1 500～1 800 mm，场区内常年有水的冲沟有三条近东西向分布和坡脚的文川河，其余各支沟则季节性有流水。

(5)地下水发育状况

区内发育地下水主要为坡残积风化层孔隙水和基岩裂隙水，水量较为丰富。

其中，坡残积层孔隙水主要分布松散坡积土中，为上层滞水，主要接受大气降水补给，顺地形排泄。基岩裂隙水主要赋存于深部基岩裂隙及构造带中，以构造破碎带相对富水。

场区坡体由软硬相间的近顺倾岩层、F1断裂带和F2张性断层，形成了复杂的储水构造和导水廊道，理论上研究区内的中风化、强风化炭质粉砂岩为整个山坡体的相对隔水层，但从钻探揭露表明，这个相对隔水层并不连续，加上F1和F2断层的错动，使得坡体岩体破碎、结构松散，不能形成连续的隔水层，地表水下渗后在局部暂时停滞，而后迅速向下、向临空排泄。如有连续隔水底板的区域地下水位普遍较高，相反则地下水位较低，这就是导致相邻钻孔的观察水位相差悬殊的原因。

13.4.3 滑坡灾害特点

(1)病害历史与现状

本段205国道改线边坡在施工过程中，曾发现边坡局部变形和破坏，分别采用预设防护加固与局部边坡病害治理等变更工程措施。

2008 年 12 月，本段国道改线边坡防护加固工程完成，未发现明显变形和破坏迹象。

2009 年 6 月，福建永安地区连续降雨，首先是 2009 年 6 月下旬，GK1＋110～＋250 段坡体深部位移监测发现变形反映；2009 年 7 月 3 日，GK1＋250～＋445 段边坡发生严重变形和破坏；2009 年 7 月 10 日，国道和高速公路间挡墙出现变形破坏，坡体有些深部位移监测孔被剪断。

特别是 2010 年 4 以来，由于持续强暴雨的作用和影响，诱发本段山体的严重变形和破坏，逐渐体现为清晰的古老滑坡体的局部或较大范围的复活，对国道与高速公路路面及抗滑工程结构等造成严重的变形和破坏。

永武高速公路 205 国道改线段山体滑坡地质病害主要包括山体变形、边坡变形、路面变形和抗滑工程结构破坏等。

山体变形主要表现为自然山坡后部环形拉裂下错，滑坡两侧羽状或雁行拉裂贯通和延伸，滑坡深部剪切滑移迹象明显。

路堑边坡变形主要表现为开挖边坡剪切外错、挤压变形或者局部坍塌等。

路面变形主要表现为国道水泥混凝土路面变形开裂、高速公路沥青混凝土路面隆起，以及国道与高速公路中间挡墙剪裂和公路边沟挤压破坏等。

抗滑工程结构变形主要表现在抗滑挡土墙剪裂、框架地梁剪断、锚索锚头拉断或崩裂，以及抗滑桩剪断破坏等。

滑动面变形破坏如图 13-23 和图 13-24 所示。

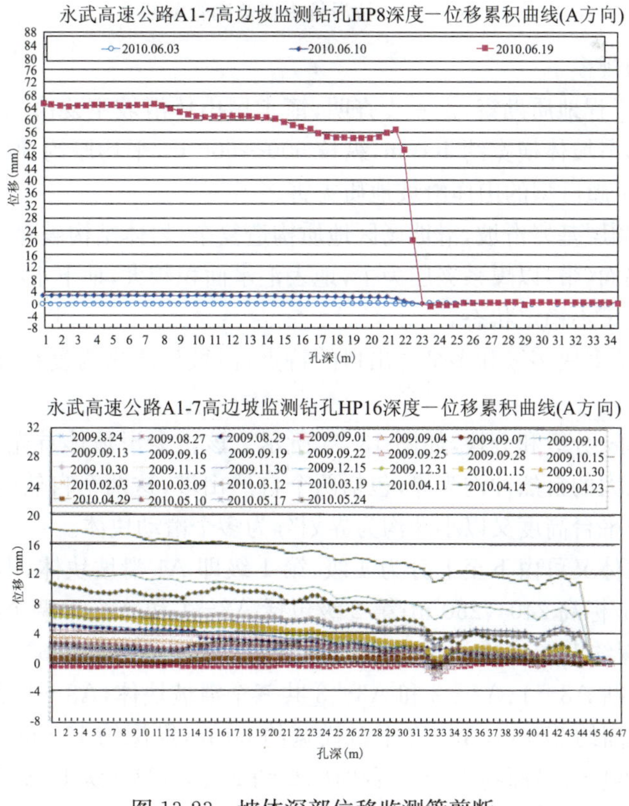

图 13-23　坡体深部位移监测管剪断

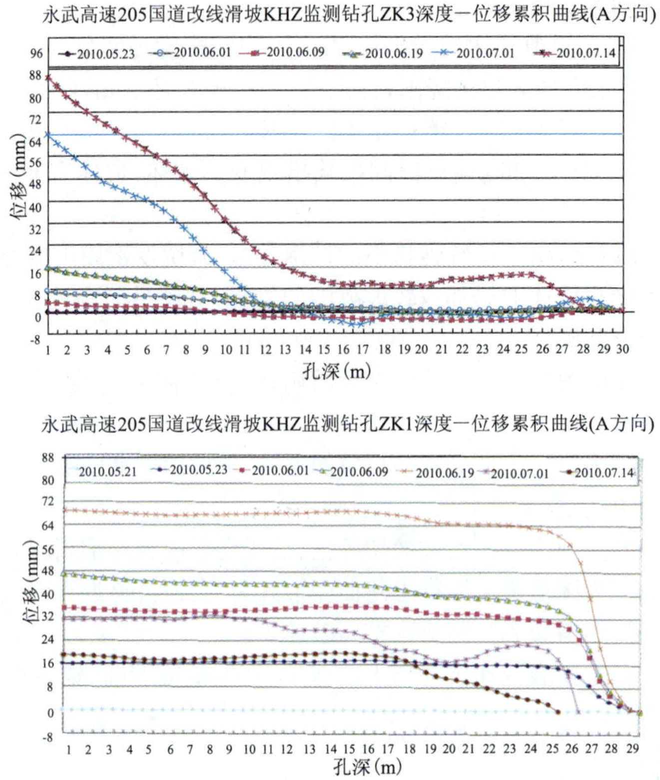

图 13-24　抗滑桩内置监测管剪断

(2)病害性质与规模

经过补充滑坡工程地质勘察，进一步查明，箭丰尾山体滑坡主要由 A 段和 B 段两个自然山体组成，当前变形滑坡体横宽约 400 m，纵长 500～600 m，平均厚约 30 m，滑动变形总体积达 600 万 m^3，是一个超巨型的山体滑坡地质灾害。

该古老滑坡为顺层基岩滑坡，滑坡场区地质构造复杂，岩体结构破碎，风化深度较大，地层岩性软弱易滑，滑动面(带)以煤系夹层为主，地表汇水面积较大，地下水特别发育，滑坡整体稳定性较差，局部多处于不稳定状态。

该滑坡具有多条多块多级和多个剪出口的特点，滑坡性质极为复杂，滑坡规模特别巨大，滑坡灾害十分严重。

有关滑坡的分条、分级和分块，如图 13-25 所示。该古老滑坡体首先可分为 A、B 两个大条，即以其中部一较大的自然冲沟为界，包括两个自然山坡，这两个自然山坡上分别发育有多级滑坡平台，同一级平台高度又以小冲沟为界划分为多个滑动块体。

其中，A 条滑坡体又可由下至上分为 4 级，第 1 级即 A1 滑坡块体，本级块体平台横宽约 100 m，纵深约 70 m，标高 240～250 m；第 2 级包括 A2－1 和 A2－2 两个滑坡块体，A2－1 平台横宽约 80 m，纵深约 100 m，台面标高约 255 m，A2－2 平台横宽约 60 m，纵深约 80 m，标高约 260 m；第 3 级包括 A3－1、A3－2 和 A3－3 共三个滑坡块体，A3－1 平台横宽约 80 m，纵深约 100 m，台面标高约 270 m，A3－2 平台横宽约 80 m，纵深约 100 m，台面标高约 265 m，A3－3 平台横宽约 60 m，纵深约 100 m，台面标高约 270 m；第 4 级即 A4 滑坡块体，本级块体平台横宽约 80 m，纵深约 50 m，台面标高约 290 m。

图 13-25 滑坡分条分级分块示意图

同样,B 条滑坡体也可由下至上分为 4 级,第 1 级包括 B1－1 和 B1－2 两个滑坡块体,B1－1 平台横宽约 150 m,纵深约 100 m,台面标高约 240 m,B1－2 平台横宽约30 m,纵深约 50 m,标高约 250 m;第 2 级即 B2 滑坡块体,本级块体平台横宽约 100 m,纵深约 100 m,标高 270 m;第 3 级即 B3 滑坡块体,本级块体平台横宽约 100 m,纵深约 120 m,标高 290 m;第 4 级即 B4 滑坡块体,本级块体平台横宽约 100 m,纵深约 150 m,标高 300 m。

最后,在 A、B 两条滑坡体的顶部共同牵引发育有一缓坡台地,可以视为其共有的第 5 级平台,即 AB5 滑坡块体,呈狭窄的脊梁状,是当前滑坡体变形活动最高或最远位置。

(3)稳定性分析与评价

箭丰尾古老滑坡体首先可分为 A、B 两个大条,即以其中部一较大的自然冲沟为界,包括两个自然山坡,这两个自然山坡上分别发育有多级滑坡平台,同一级平台高度又以小冲沟为界划分为多个滑动块体。

为了分析计算箭丰尾滑坡的稳定性,选取代表 A、B 两个大条滑坡体的Ⅳ-Ⅳ和Ⅴ-Ⅴ两个滑坡主轴断面作为计算断面。

基于该滑坡的坡体结构条件与滑坡活动特征,结合其变形活动历史与现状及其发展趋势,该主断面的滑动面具有多层和多级的特点。其分析计算滑动面为可以分为一、二、三、四级滑坡体,前缘剪出口分别考查在国道与高速路的中间挡墙一线以及文川河岸边剪出的最低剪出口，由此可以组成 8 个可能的分析计算滑动面。

箭丰尾滑坡稳定性的定量计算主要是在合理确定计算断面和计算参数的基础上，基于深孔位移监测准确确定滑动面位置与动态，通过数值分析计算，定量评价该滑坡的稳定现状及其发展趋势。

对于滑面计算参数的选择与确定，是基于该滑坡治理工程实施前各可能滑面的变形活动特点及相应稳定程度，反算各滑动面的主滑带力学指标。即以反算参数为主，结合相关试验与经验参数综合确定。

1）主滑带指标反算

反算主滑带指标是该滑坡治理工程实施前各可能滑面的变形活动特点及相应稳定程度的基础上，结合相关试验与经验参数，反算各滑动面的主滑带力学指标。反算滑带指标计算成果见表 13-6。

表 13-6 箭丰尾滑坡岩土力学指标反算成果一览表

项 目	反算力学指标				备 注
	岩土名称	γ(kPa/m)	c(kPa)	ϕ(°)	
滑体	坡残积层	18	15	25	参考试验值
	砂土状强风化层	19	10	30	参考试验值
	碎块状强风化层	20	10	40	参考经验值
滑床	弱风化粉砂岩				稳定基岩
4—4 断面滑动面	牵引段	19	10	16	综合取值
	抗滑段	20	10	20	考虑软弱面
	一级主滑带	20	10	15.5	反算指标
	二级主滑带	20	10	10	反算指标
	三级主滑带	20	10	12	反算指标
	四级主滑带	20	10	13.5	反算指标
5—5 断面滑动面	牵引段	19	10	25	综合取值
	抗滑段	20	5	15	考虑软弱面
	一级主滑带	20	10	15	反算指标
	二级主滑带	20	10	17.5	反算指标
	三级主滑带	20	10	14	反算指标
	四级主滑带	20	10	12	反算指标

2）滑坡稳定性分析

在上述滑面与岩土参数条件下，根据箭丰尾滑坡的病害特点与工程设计要求，其稳定性分析计算考虑三种主要工程状态，即本次设计治理工程实施之前的当前状态、减重刷方工程完成后状态，以及排水隧洞施做并发挥排水作用后的状态，分别进行稳定性分析与评价，其计算成果见表 13-7。

3）滑坡推力计算

箭丰尾滑坡治理工程主要包括刷方减重工程、泄水隧洞工程、抗滑桩工程和锚固工程等。

表 13-7　箭丰尾滑坡稳定程度分析计算成果一览表

计算断面	滑面编号	滑体分级	评估稳定程度	计算稳定系数 F_s	备注
4—4 断面	1	一级滑坡体	$1.0<F_s<1.005$	1.005	变形破坏严重，前缘出口清晰
	2	二级滑坡体	$1.01<F_s<1.015$	1.013	侧界与后缘裂缝断续可见
	3	三级滑坡体	$1.01<F_s<1.015$	1.007	侧界清晰，后缘裂缝断续可见
	4	四级滑坡体	$1.0<F_s<1.005$	1.004	侧界清晰，后缘裂缝长大贯通
5—5 断面	1	一级滑坡体	$1.005<F_s<1.01$	1.008	变形破坏严重，前缘出口清晰
	2	二级滑坡体	$1.01<F_s<1.015$	1.009	侧界与后缘裂缝断续可见
	3	三级滑坡体	$1.005<F_s<1.01$	1.005	侧界清晰，后缘裂缝断续可见
	4	四级滑坡体	$1.005<F_s<1.01$	1.006	侧界清晰，后缘裂缝连续

在上述滑坡稳定性分析与滑带指标反算等计算成果的基础上，结合滑坡整治工程措施，模拟计算滑坡治理工程效果。并且，根据有关规范要求，取用稳定性安全系数为 1.2，计算滑坡推力。计算成果如表 13-8 所示。

表 13-8　主要计算滑面稳定性分析与滑坡推力计算一览表

计算断面	编号	滑体分级	初始状态	减重刷方后	施做泄水洞后	拟设支挡加固	滑坡推力	备注
			稳定度 F_s	F_s(A 区刷 17 万 m^3，B 区刷 8 万 m^3)	F_s(A 区降 3 m，B 区降 2 m)	安全系数 F_s	kN	
4—4 断面	1	一级	1.005	1.005	1.062	1.211	2 500	4 500 kN/m
	2	二级	1.013	1.170	1.242	1.386		
	3	三级	1.007	1.023	1.092	1.252	2 000	
	4	四级	1.004	1.013	1.081	1.221		
5—5 断面	1	一级	1.008	1.008	1.077	1.206	1 500	4 000 kN/m
	2	二级	1.009	1.009	1.061	1.206	2 500	
	3	三级	1.005	1.028	1.085	1.207		
	4	四级	1.006	1.037	1.105	1.228		

(4)危害程度和发展趋势

箭丰尾山体滑坡是一个超巨型的山体滑坡地质灾害。滑坡场区地质构造复杂，岩体结构破碎，风化深度较大，地层岩性软弱易滑，滑动面(带)以煤系夹层为主，地表汇水面积较大，地下水特别发育，滑坡整体稳定性差，局部多处于不稳定状态。

总体评估认为，该山体滑坡变形破坏严重，滑坡整体不稳，处于蠕动挤压至缓慢滑动阶段，体现遇雨即滑的变形特点，必将进一步破坏国道和高速公路设备及抗滑工程结构，严重危害和威胁公路畅通与交通安全。

若任其发展，很有可能产生大规模的滑动和破坏，造成重大的地质灾害。由于该段坡体前缘河道相对较为狭窄，上游邻近洪田镇，一旦产生整体的大规模滑动，亦有可能严重侵占河道，甚至形成滑坡堵江，造成灾难性的次生灾害。

因此，必须采取果断措施，有效抑制滑坡的变形活动与发展趋势，并采用综合的治理工程措施根治该巨型山体滑坡地质灾害，确保滑坡稳定与交通安全，保障当地居民和国家财产不受危害和损失。

13.4.4 治理工程对策

由于箭丰尾山体滑坡规模巨大、性质复杂、变形破坏十分严重，必须采取系统的和综合的滑坡治理工程措施。主要根治工程措施包括减重刷方工程、地表排水工程、地下排水工程、支挡加固工程和补强修复工程等。

(1)应急反压与减重工程

1)应急反压工程

2010 年 7 月，为防止该滑坡体继续变形恶化，引发大规模地质病害，决定对该山体滑坡先行采取应急反压与减重刷方工程。

国道与高速公路间挡墙外变形区进行堆载反压，反压区长约 400 m，宽约 10 m，高约 4 m。

2)GK0＋770～GK1＋100 段减重刷方

从现有滑坡体 A2 区开始向坡体内刷方，坡脚设置一宽平台，纵向坡度 4%，横向坡度 1%。左侧刷方区第一、二级刷方坡面高均为 4 m，坡率 1∶1.25，平台宽 2～10 m；第三级刷方坡面坡率 1∶1.25，高 8 m；第四级刷方坡面坡率 1∶1.25，与自然边坡相接。右侧刷方区经由 A3－1 区和 A3－2 区顺刷到 A 区与 B 区间的自然冲沟。第一、二级刷方坡面高均为 4 m，坡率 1∶1.5，平台宽 10 m；第三级刷方坡面坡率 1∶1.5，与自然边坡相接。

A2 区和 A3 区共计刷方土石方 27.4 万 m^3。

3)GK1＋050～GK1＋200 段减重刷方

刷方区域包括三个刷方平台，即位于 B2 区的下部刷方平台、B3 区的中部刷方平台，和由 B4 区与 A4 区组成的上部刷方平台。

首先，从现有滑坡体 B2 区开始向坡体内刷方，本区域刷方主要为抗滑桩工程提供施工平台；然后从现有滑坡体 B3 区开始向坡体内刷方，坡脚设置一宽平台，纵向坡度 5%，横向坡度 1%；第一级刷方坡面高为 4 m，坡率 1∶1.5，平台宽 10 m；第二级刷方坡面高为 4 m，坡率 1∶1.5，设置为一宽平台约 70 m，平台延伸至 B4 区，纵向坡度 5%，横向坡度 1%；在 B4 区和 A4 区设计第三、四级刷方，坡面高均为 4 m，坡率 1∶1.5，平台宽 10 m；第五级刷方坡面高均为 8 m，坡率 1∶1.5，平台宽 10 m；第六级刷方坡面坡率 1∶1.5，与自然边坡相接。

下部 B2 区刷方为结合抗滑桩排工程刷方，刷方边坡为一级，刷方平台排水与要求与上级刷方平台相同，边坡刷方坡率为 1∶1.5，与自然边坡相接。

B2、B3、B4 区及 A4 区共计刷方土石方约 13.9 万 m^3。

经减重和反压后进行的地表位移和深部位移监测表明，该滑坡体变形速率减缓，但其变形活动仍在继续，如不采取进一步措施其后果十分严重。

(2)地表和地下排水工程

1)滑坡区外围截排水天沟

由于该山体滑坡规模巨大，滑坡区外围截排水沟分为顶部、左侧和右侧三个部分布设。

滑坡区外围截排水天沟原则要求布设在滑坡周界约 10 m 以外。滑坡顶部外围截排水沟由于军事光缆限制，分为光缆以上截排水沟和光缆以下截排水沟两段。

光缆以上截排水沟布设在 G1 至 G6 一线，向右侧排水至滑坡区外；光缆以下截排水沟布设在 G9 至 G18 一线，向左侧排水至滑坡区外。

滑坡右侧外围截排水沟为结合 C 区边坡滑坡外围截排水沟综合布置，布设在 G20 至 G26 一线，向右侧排水至滑坡区外自然冲沟。

滑坡区外围截排水沟具体截面型式为Ⅰ形排水沟，顶口净空宽150 cm，沟底 110 cm，深 80 cm，采用 M10 浆砌片石砌筑，厚度 30 cm，浆砌片石底部铺设一层防水土工布，截水沟顶面采用 2 cm 厚砂浆抹平。滑坡区外围截排水天沟共长约 1 018 m。

2)减重刷方坡项截排水天沟

减重刷方坡项截排水天沟原则要求布设在减重刷方坡项约 5 m 以外。在 A 区减重刷方边坡坡顶布设坡项截排水天沟一道，汇入滑坡区外围截排水沟；在 B 区减重刷方边坡坡顶布设坡项截排水天沟一道，分别汇入滑坡区外围截排水沟或者刷方区内急流槽。

减重刷方坡项截排水天沟截面型式与滑坡区外围截排水天沟一致，采用Ⅰ型排水沟。减重刷方坡项截排水天沟共长 1 169 m。

3)减重刷方平台排水沟

A 区和 B 区坡脚宽平台均设置两道排水沟，分别位于坡体内侧及平台外侧距离边缘线 3 m位置。

平台排水沟截面型式为Ⅱ型排水沟，净空宽 60 cm，深 50 cm。平台排水沟沟体采用 M10 浆砌片石砌筑，厚度为 30 cm，浆砌片石底部铺设一层防水土工布，排水沟顶面采用 2 cm 厚砂浆抹平。减重刷方平台排水沟共长 3 230 m。

平台排水沟设置纵向排水坡率，纵向排水坡率均为 1%，经截排水沟引入铺砌完好的自然冲沟。

急流槽设计宽度 1.2 m，刷方 A3－2 区域两侧急流槽均对应自然冲沟部位，刷方区域 A4 及 B4 的 GK1＋104 断面两侧的急流槽同样对应自然冲沟部位。

4)滑坡区冲沟沟底铺砌

滑坡体范围内自然冲沟均需采用 M10 浆砌片石铺砌，沟身铺砌高度不得低于洪水位线，厚度为 30 cm，顶面采用 2 cm 厚砂浆抹平。遇有沟底泉眼应接引归槽处理。滑坡区冲沟沟底铺砌共长约 902 m。

5)夯填主要滑坡裂缝

对于滑坡区的主要滑坡裂缝应经黏土夯填处理，避免表水集中入渗恶化坡体稳定。裂缝夯填要求沿裂缝纵向挖槽，挖槽要求入裂缝两侧土体及地表以下均不小于 50 cm，然后采用黏土夯填满槽封闭。并且，夯填表面向外或向下的排水坡不少于 5%。夯填主要滑坡裂缝共长约 1 200 m。

6)泄水隧洞排水

在滑坡中上部，布设两条截排水隧洞置于深层滑动面以下，截排箐丰尾滑坡场区坡体地下水。

为加快施工进度，从 A 区和 B 区两条块之间自然冲沟边选择适当位置为进口，施做一条斜洞至下排截水隧洞，再延伸出一条联系洞至上排截水隧洞。

排水隧洞有两种支护型式，一种是拱形支护，主要采取钢拱架锚喷支护结构，局部围岩地质较差处采用二次衬砌支护结构；另一种是梯形支护，采取预制钢筋混凝土梁柱拼装结构。

(3)支挡加固工程

本次设计支挡加固工程包括分区分级设置预应力锚索抗滑桩支挡和分块设置预应力锚索框架加固等部分。

1)预应力锚索抗滑桩工程

A 区和 B 区各设置两排预应力锚索抗滑桩支挡。

①A 区预应力锚索抗滑桩

上排锚索抗滑桩布置在距刷方坡脚约 40 m 平台上，自 ZH1 至 ZH2，布置 36 根 MZH1 型锚索抗滑桩，桩中心间距 6.0 m，桩截面 2.4 m×3.6 m，每根桩设置 2 排 4 孔预应力锚索，单孔设计荷载 1 500 kN。

下排锚索抗滑桩分南北两段布置。

北段自 ZH5 至 ZH6 共布置 29 根 MZH2 型锚索抗滑桩，桩中心间距 6.0 m，桩截面3 m×4 m，每根桩设置 3 排 5 孔预应力锚索，单孔设计荷载 1 000 kN。

南段自 ZH7 至 ZH8 共布置 21 根锚索抗滑桩，桩中心间距 6.0 m。南段抗滑桩桩的锚索设置有两种型式，一种为 3 排 5 孔预应力锚索，每孔有 8 束锚索，单孔设计荷载 1 000 kN；另一种为 3 排 6 孔预应力锚索，每孔有 12 束锚索，单孔设计荷载 1 500 kN；其中 3 排 5 孔预应力锚索抗滑桩共 5 根，3 排 6 孔预应力锚索抗滑桩共 9 根。

②B 区预应力锚索抗滑桩

上排锚索抗滑桩布置在刷方区下部平台坡脚，自 ZH3 至 ZH4，布置 23 根 MZH3 锚索抗滑桩，桩中心间距 6.0 m，桩截面 3 m×4 m，每根桩设置 2 排 4 孔预应力锚索，单孔设计荷载 1 500 kN。

下排锚索抗滑桩布置在既有国道边坡第一级平台和第二级平台，共 29 根，第一级平台自 ZH9 至 ZH10 布置，第二级平台自 ZH11 至 ZH12 布置，共布置 24 根 MZH4 型和 5 根 MZH5 型锚索抗滑桩，桩中心间距 6.0 m，除利用 5 个截面为 2 m×3.5 m(MZH5 型)既有桩坑外，其余桩截面均为 2 m×3 m(MZH4 型)，每根桩置 2 排 4 孔预应力锚索，单孔设计荷载 1 000 kN。

2)预应力锚索框架

在 A 区刷方区域左上部第三级边坡设预应力锚索框架加固，共 18 片，自 KJ1(GK0+850)至 KJ2(GK0+920)布置。单片框架宽度均为 8 m，每片框架上设 4 孔预应力锚索，单孔设计荷载为 700kN。每孔预应力锚索由 6 束 1 860 MPa、ϕ15.24 高强度低松弛无黏结钢绞线组成。

在 B 区刷方区域上半部第三级边坡及第四级边坡上分别布设预应力锚索框架 9 片和 16 片。第三级边坡锚索框架自 KJ7(GK1+161)至 KJ8(GK1+205)布置。第四级边坡锚索框架分别自 KJ3(GK1+116)至 KJ4(GK1+158)和自 KJ5(GK1+167)至 KJ6(GK1+201)布置。单片框架宽度均为 8 m，每片框架上设 4 孔预应力锚索，单孔设计荷载为 700 kN。每孔预应力锚索由 6 束 1 860 MPa、ϕ15.24 高强度低松弛无黏结钢绞线组成。

(4)其他工程对策

针对既有路堑边坡和国道与高速公路挡墙及路面等结构变形现状和发展趋势，在系统检测评估既有抗滑桩工程和锚固工程的工作状态与工程效果的基础上，主要考虑对 A 区下排南段既有抗滑桩和国道与高速公路之中间挡墙上增设补强与修复工程。

国道中间挡墙共设预应力锚索地梁 73 根，预应力锚索 146 孔，单孔设计拉力 700 kN，每根预应力锚索由 6 束 1 860 MPa、ϕ15.24 高强度低松弛无黏结钢绞线组成。确保路堑边坡与道路结构的局部稳定和整体作用。

刷方平台及坡脚大平台设计草灌乔结合植被防护措施，刷方坡面设计草灌结合植被防护。

同时，需要建立该滑坡体的地表、地下、结构、道路、应力等全方位的监控量测系统，把握滑坡变形活动动态和发展规律，评估滑坡整治工程效果，保障国道和高速公路的交通安全。

箭丰尾滑坡是一个超大型滑坡灾害，其地质背景条件、灾害发育特点、稳定性状态及发展规律均具有典型的代表性。因此，箭丰尾滑坡灾害的治理工程对策，对同类滑坡灾害的认识与治理具有重要的指导意义和实用价值。

参 考 文 献

[1] 程建军,廖小平,王浩,等．滑坡推力计算方法的对比研究与应用．水文地质工程地质,2008,35(1):44-47.

[2] 王浩,廖小平,程建军．路堑边坡数值防真设计的思路与方法．路基工程,2008(1):15-16.

[3] 施斌,刘志彬,姜洪涛．论土体结构各层次的功能及其相互关系．工程地质学报,2007,15(5):577-584.

[4] 王浩,廖小平,等．三福高速公路K201滑坡病害的应急工程效果与根治工程对策．中国地质灾害与防治工程学报, 2007,18(2).

[5] 吴顺川,金爱兵,高永涛.基于广义 Hoek-Brown 准则的边坡稳定性强度折减法数值分析.岩土工程学报,2006,28(11):1975-1980.

[6] 张领帅,王升玉.Hoek-Brown经验准则在边坡参数确定中的应用.山西建筑,2006,32(6):104-105.

[7] 廖小平,刘代文,王浩．预应力锚索抗滑桩的实时全桩解．特殊地质与灾害防治,2006.

[8] 廖小平,王浩, 安孟康, 曹国安．全长黏结型预应力锚杆的数值分析与现场测试．岩石力学与工程学报, 2006,25(2).

[9] 廖小平,杨伟震．福建山区高速公路边坡工程与锚固技术．公路,2005(8).

[10] 李培勇,杨庆,栾茂田.Hoek-Brown岩石破坏经验判据确定岩石地基承载力的修正.岩土力学,2005,26(4):664-666.

[11] 冯君,周德培,李安洪．顺层岩质边坡开挖松弛区试验研究．岩石力学与工程学报,2005,24(5).

[12] 赵晓彦, 胡厚田, 庞烈鑫,等．类土质边坡开挖的卸荷作用及卸荷带宽度的确定．岩石力学与工程学报,2005,(04).

[13] 巫德斌,徐卫亚.基于 Hoek-Brown 准则的边坡开挖岩体力学参数研究.河海大学学报,2005,23(1):89-93.

[14] 冯君,周德培,李安洪．顺层岩质边坡开挖松弛区试验研究．岩石力学与工程学报,2005,24(5).

[15] 刘小丽,张占民,周德培．预应力锚索抗滑桩的改进计算方法．岩石力学与工程学报,2004, 23(15):2568-2572.

[16] 王浩,廖小平．路堑高边坡防护加固工程数值仿真设计技术的探讨//岩土锚固技术与工程应用(中国岩土锚固工程协会2004年会文集). 北京:人民交通出版社,2004.

[17] 张大洲, 钟世航, 熊章强．应用超声波法和陆地声纳法测量松弛带厚度．东华理工学院学报:自然科学版,2004(04).

[18] 王桢．锚索抗滑桩的受力特点及锚索与桩受力协调问题．岩土锚固技术与工程应用．北京:人民交通出版社,2004.

[19] 黄润秋．中国西部岩石高边坡应力场特征及其卸荷破裂机理//第七届全国工程地质大会论文集．北京:地质出版社,2004.

[20] 王毅, 聂德新, 任光明．一种高边坡岩体卸荷分带方法的探讨．工程地质学报, 2004.

[21] 廖小平.类土质路堑边坡变形破坏类型及其锚固工程对策研究.岩石力学与工程学报,2003,22(2):2765-2772.

[22] 廖小平.福建龙岩地区公路滑坡灾害规律及其防治工程对策.岩石力学与工程学报,2003,22(增2):2751-2758 .

[23] 黄毅, 夏长江, 邬钢,等．龙滩工程爆破振动监测及松弛变形检测应用研究．水力发电, 2003(10).

[24] 肖世国, 周德培．开挖边坡松弛区的确定与数值分析方法．西南交通大学学报, 2003(03).

[25] 谭文辉,周汝弟,王鹏,等.岩体宏观力学参数取值的GSI和广义 Hoek-Brown 法.有色金属,2002,

54(4):16-18.
[26] 肖世国,周德培．岩石高边坡的动态设计施工模式．岩石力学与工程学报,2002,21(9).
[27] 刘小丽,周德培,杨涛．预应力锚索抗滑桩设计预应力值的一种方法．工程地质学报,2002.
[28] 冯光乐,罗蓉,凌天清等. RM R 法在公路边坡应用中的几点修正. 长安大学学报,2002,22(6):19-24.
[29] 黄润秋，林峰，陈德基，等．岩质高边坡卸荷带形成及其工程性状研究．工程地质学报,2001(03).
[30] 邓建辉，李焯芬，葛修润．岩石边坡松动区与位移反分析．岩石力学与工程学报，2001(02).
[31] 朱赞浚,颜志平,杨航宇．公路边坡监测与信息化施工．广东公路交通,2001(增):19-23.
[32] 宋建波,于远忠. 岩体经验强度准则及其强度参数 m,s 的确定方法. 西南工学院院报,2001,16(1):26-29 .
[33] 赵尚毅,时卫民,郑颖人．边坡稳定性分析的有限元法．地下空间,2001(12).
[34] 靳晓光,王兰生,沈军辉．岩土工程监测在地质灾害评价预测中的应用．成都理工学院学报,2000,27:217-220.
[35] 廖小平,边坡工程设计理论与实践[J] ,科技情报,2000(2):35-36.
[36] 徐健. Hoek-Brown 强度准则参数的改进算法. 重庆大学学报,2000,23(4):68-71.
[37] 哈秋舲．岩石边坡工程与卸荷非线性岩石(体)力学．岩石力学与工程学报,1997(04).
[38] 徐卫亚,邵建富．高陡岩体边坡工程反馈设计理论与方法研究．三峡大学学报:自然科学版,1997,19(2).
[39] 李宁,尹森箐．边坡安全监测的仿真反分析．岩石力学与工程学报,1996,15(1):9-18.
[40] 廖小平．一种新的边坡模拟技术．路基工程,1993(1).
[41] 王化卿,李传珠,刘励忠,等．预应力锚索抗滑桩设计与施工//滑坡文集:第 7 集．北京:中国铁道出社,1990.
[42] E. Hoek. and E. T. Brown. Underground Excavation in Rock. London: Institution of Mining and Metallurgy, 1980.
[43] E. Hoek. and J. W. Bray. Rock Slope Engineering. London: Institution of Mining and Metallurgy, 1981.
[44] E. Hoek. and E. T. Brown. Empirical strength criterion for rock masses. J. Geotech. & Geoenv. eng. 1980,106(9):1013-1035 .
[45] E. Hoek. Practical Rock Engineering. Canada,2006.
[46] Hoek E. Strength of jointed rock masses, 23rd, Rankine Lecture. Geotechnique, 1983, 33(3): 187-223.
[47] Hoek E, Brown E T. The Hoek-Brown failure criterion a 1988 update//Pros. 15th Canadian Rock Mech. Symp. Toronto: Civil Engineering Dept, University of Toronto, 1988: 31-38.
[48] 刘东明,林才奎．高速公路边坡绿化理论与实践．武汉:华中科技大学出版社,2010.
[49] 佴磊,徐燕,代树林,等．边坡工程．北京:科学出版社,2010.
[50] 张玉芳,杨延,房锐．高轻型支挡技术及应用．北京:科学出版社,2010.
[51] 谭文辉,蔡美辉．边坡工程广义可靠性理论与实践．北京:科学出版社,2010.
[52] 陈洪凯,唐红梅,崔志波,等．公路高边坡地质安全与减灾．北京:科学出版社,2010.
[53] 杨人光．岩土结构稳定性理论与滑坡预测预报．北京:地质出版社,2010.
[54] 张玉芳,王春生,张从明．边坡病害及治理工程效果评价．北京:科学出版社,2009.
[55] 张从明,李国峰,等．公路边坡治理措施及安全评价方法．北京:人民交通出版社,2009.
[56] 霍明,王恭先．中国典型工程边坡:交通工程卷．北京:人民交通出版社,2008.
[57] 姚爱军,薛廷河．复杂边坡稳定性评价方法与工程实践．北京:科学出版社,2008.
[58] 王文忠,冉启发,孙世国,等．高陡软岩边坡控制与智能匹配优化设计技术．北京:科学出版

社，2008.
[59] 朱彦鹏，王秀丽，周勇．支挡结构设计计算手册．北京：中国建筑工业出版社，2008.
[60] 张永兴．边坡工程学．北京：中国建筑工业出版社，2008.
[61] 郑颖人，陈祖煜，王恭先，凌天清．边坡与滑坡工程治理．北京：人民交通出版社，2007
[62] 姜德义，朱合华，杜云贵．边坡稳定性分析与滑坡防治．重庆：重庆大学出版社，2007
[63] 郭长庆，梁勇旗，魏进，等．公路边坡处治技术．北京：中国建筑工业出版社，2007.
[64] 刘大文，胡建忠．工程安全监测技术．北京：中国水利水电出版社，2007.
[65] 王树仁，何满潮，武崇福，等．复杂工程条件下边坡工程稳定性研究．北京：科学出版社，2007.
[66] 刘兴远，雷用，康景文．边坡工程设计、监测、鉴定、加固．北京：中国建筑工业出版社，2007.
[67] 邹丽春、王国进、汤献良.复杂高边坡整治理论与工程实践．北京：中国水利水电出版社，2006.
[68] 陈祖煜．岩质边坡稳定分析—原理·方法·程序．北京：中国水利水电出版社，2005.
[69] 陈谦应，蒋树屏，柴贺军，杨建国．山区公路路基稳定理论与实践．北京：人民交通出版社，2005.
[70] 高民欢，李辉，张新宇，等．高等级公路边坡冲刷理论与植被防护技术．北京：人民交通出版社，2005.
[71] 郜玉兰，周永昌．地质病害处治应用技术．北京：地质出版社，2005.
[72] 中华人民共和国铁道部．TB 10001—2005 铁路路基设计规范．北京：中国铁道科学出版社，2005.
[73] 中华人民共和国交通部．JTG D30—2004 公路路基设计规范．北京：人民交通出版社，2004.
[74] 王恭先，徐峻岭，刘光代，李传珠．滑坡学与滑坡防治技术．北京：中国铁道科学出版社，2004.
[75] 霍明主编．山区高速公路勘察设计指南．北京：人民交通出版社，2003.
[76] 程良奎．岩土锚固．北京：中国建筑工业出版社，2003.
[77] 李建林. 卸荷岩体力学．北京：中国水利水电出版社，2003.
[78] 陈祖煜．土质边坡稳定分析—原理·方法·程序．北京：中国水利水电出版社，2003.
[79] 唐辉明等．公路高边坡岩土工程信息化设计的理论与方法．武汉：中国地质大学出版社，2003.
[80] 建筑边坡工程技术规范(GB 50330—2002). 北京：中国建筑工业出版社，2002.
[81] 杨志法，王思敬等．岩土工程反分析原理与应用．北京：地震出版社，2002.
[82] 宋建波，张倬元，于远中等. 岩体经验强度准则及其在地质工程中的应用. 北京：地质出版社，2002 .
[83] 赵长海．预应力锚固技术．北京：中国水利水电出版社，2001.
[84] 徐邦栋．滑坡分析与防治．北京：中国铁道科学出版社，2001.
[85] 中华人民共和国铁道部．TB 10025—2001 铁路路基支档结构设计规范．北京：中国铁道科学出版社，2001.
[86] 崔政权，李宁．边坡工程—理论与实践最新发展．北京，中国水利水电出版社，1999.
[87] 铁路第一勘察设计院．铁路工程设计技术手册：路基．北京：中国铁道出版社，1995.
[88] 范广勤．岩土工程流变力学．北京：煤炭工业出版社，1993.
[89] R. L. Schuster，R. J. Krized. 铁道部科学研究院西北研究所译．滑坡的分析与防治．北京：中国铁道出版社，1987.
[90] 福建省地质矿产局．福建省区域地质志．北京：地质出版社，1985.
[91] E. Hoek，J. W. Bray. 岩石边坡工程．卢世宗等译．北京：冶金工业出版社，1983.
[92] 张倬元，王士天，王兰生．工程地质分析原理．北京：地质出版社，1982.
[93] 岩质边坡稳定性的试验研究与计算方法. 中国科学院武汉岩体土力学研究所编著. 北京：科学出版社，1981 .
[94]《公路路基设计手册》编写组．公路路基设计手册．北京：人民交通出版社，1982.
[95] 刘代文．Hoek-Brown 强度准则在岩质路堑边坡工程中的修正与应用研究．福州大学硕士学位论文，2008.
[96] 程建军．路堑边坡变形特征与发展规律及安全监测评估方法研究．铁道科学研究院博士学位论

文,2008.
[97] 王浩. 岩质路堑高边坡设计理论和方法研究. 铁道科学研究院博士学位论文,2007.
[98] 冷景岩. 顺倾层状岩石路堑边坡失稳与加固的应用研究. 铁道科学研究院硕士学位论文,2005.
[99] 王浩. 类土质路堑高边坡的失稳机理和加固工程对策研究. 铁道科学研究院硕士学位论文,2004.
[100] 肖世国. 岩石高边坡开挖松弛区及加固支挡结构研究. 西南交通大学博士学位论文, 2004.
[101] 盛谦. 深挖岩质边坡开挖扰动区与工程岩体力学性状研究. 中国科学院武汉岩土力学研究所博士学位论文,2002.
[102] 安孟康. 库岸边坡地下水渗流特征及其成灾规律的研究. 铁道科学研究院硕士学位论文,2000.